Kirchen- und Theologiegeschichte in Quellen

Ein Arbeitsbuch

herausgegeben von
Volker Leppin, Harry Oelke und Adolf Martin Ritter

Band VI
Außereuropäische Christentumsgeschichte
Asien, Afrika, Lateinamerika 1450–1990

Vandenhoeck & Ruprecht

Außereuropäische Christentumsgeschichte

Asien, Afrika, Lateinamerika 1450–1990

Herausgegeben von
Klaus Koschorke, Frieder Ludwig und Mariano Delgado

Unter Mitwirkung von
Roland Spliesgart

Vandenhoeck & Ruprecht

Bibliografische Information der Deutschen Bibliothek:

Die Deutsche Nationalbibliothek verzeichnet diese Publikation in der Deutschen Nationalbibliografie; detaillierte bibliografische Daten sind im Internet über https://dnb.de abrufbar.

5. Auflage
Durchgesehener Nachdruck der Ausgabe 2012

Umschlaggestaltung: SchwabScantechnik, Göttingen
DTP: Tanja Posch-Tepelmann
Druck und Bindung: Hubert & Co. BuchPartner, Göttingen

Printed in the EU

Vandenhoeck & Ruprecht Verlage
www.vandenhoeck-ruprecht-verlage.com

ISBN 978-3-525-55462-3

VORWORT ZUR ERSTEN AUFLAGE

Die Landkarte des Weltchristentums hat sich dramatisch verändert. Lebten um 1900 noch 82% der christlichen Weltbevölkerung in Europa oder Nordamerika, so ist gegenwärtig eine Mehrheit in den Ländern der südlichen Hemisphäre anzutreffen (im Jahr 2000 knapp 60%), und dies mit wachsender Tendenz. Auch im globalen ökumenischen Diskurs nimmt das Gewicht der außereuropäischen Kirchen ständig zu. Wie nie zuvor in seiner Geschichte ist das Christentum zur Weltreligion geworden.

Diesen veränderten ökumenischen Rahmenbedingungen sucht der vorliegende Quellenband Rechnung zu tragen. Zum ersten Mal wird hier die Christentumsgeschichte Asiens, Afrikas und Lateinamerikas in vergleichender Perspektive dokumentiert. Damit wird zugleich das Spektrum klassischer Kirchengeschichtsschreibung um die weltkirchliche Perspektive erweitert. Die Textauswahl setzt ein Mitte des 15. Jahrhunderts – dem Beginn der iberischen Expansion – und endet mit dem Epochenjahr 1989/90, das das Ende des Kalten Krieges und für die Kirchen der südlichen Hemisphäre neue Herausforderungen brachte. Zwar reicht die Geschichte des Christentums in Asien und Afrika weit über das 15. Jahrhundert zurück. Dennoch bezeichnet die iberische Expansion der frühen Neuzeit eine markante Zäsur. Erst seit diesem Datum gibt es eine christliche Präsenz auch in der „Neuen Welt" und zugleich vielfältige Verbindungen zwischen den entstehenden Überseekirchen in den drei bezeichneten Kontinenten.

Die Geschichte des Christentums in Asien, Afrika und Lateinamerika ist lange Zeit fast nur aus westlich-missionarischer Perspektive wahrgenommen worden. Demgegenüber sucht die vorliegende Auswahl zugleich die Vielzahl lokaler Initiativen und die spezifischen Erfahrungen und Ausprägungen des Christentums im Kontext der unterschiedlichen außereuropäischen Kulturen zur Sprache zu bringen. Stimmen einheimischer Christen – zur Erfahrung der *Conquista*, der Frage der Sklaverei oder der Forderung kirchlicher Unabhängigkeit und einer ihrer Situation entsprechenden Theologie – werden ebenso dokumentiert wie die konfessionelle und kontextuelle Vielgestaltigkeit der sich formierenden Kirchen in Übersee. Der Quellenband ist so angelegt, daß neben der Vielfalt regionaler Entwicklungen stets auch die übergreifenden Themen und Etappen der Außereuropäischen Christentumsgeschichte in den Blick kommen. Zugleich werden sie auf den weiteren Rahmen der Geschichte des Weltchristentums bezogen.

Konzipiert wurde das Quellenbuch in erster Linie für den akademischen Unterricht (und das Selbststudium) der Kirchengeschichte. Zugleich dürfte es für Studierende und Lehrende der Religions- und der Missionswissenschaft, der Europäischen Überseegeschichte sowie der verschiedenen regionalen Kulturwissenschaften von Interesse sein. Das Quellenbuch kann sowohl als Grundlage einer Spezialvorlesung zur Außereuropäischen Christentumsgeschichte wie in Verbindung mit den traditionellen kirchengeschichtlichen Epochenvorlesungen und Lehrveranstaltungen (etwa zur Kirchengeschichte im Zeitalter der Reformation oder zur Kirchlichen Zeitgeschichte) genutzt

werden. Die Herausgeber hoffen, damit zugleich im deutschen Sprachraum einen Beitrag zur kurrikularen Verankerung der Außereuropäischen Christentumsgeschichte als neuer Teildisziplin der Kirchengeschichte zu leisten, die in der internationalen Diskussion ständig an Bedeutung gewinnt.
Der vorliegende Quellenband ist das Ergebnis einer intensiven Zusammenarbeit. Für den Asien-Teil zeichnet Klaus Koschorke (München) verantwortlich, für den Abschnitt über Afrika Frieder Ludwig (St. Paul/USA) und für die Texte zu Lateinamerika Mariano Delgado (Fribourg/Schweiz). Initiiert und koordiniert wurde das Gesamtprojekt von Klaus Koschorke. Im Lateinamerika-Teil erfolgte die Auswahl und Kommentierung der Dokumente zum Protestantismus sowie einiger anderer Texte (Nr 257f. 276–281. 285–289. 296. 298–300. 310–315. 317) durch Dr. Roland Spliesgart (München). Bei der Erstellung des Konzepts wirkten Prof. Johannes Meier (Mainz) und Dr. Annegret Langenhorst maßgeblich mit. Übersetzungen aus europäischen Quellensprachen leisteten, neben den jeweiligen Herausgebern, für Texte in Portugiesisch: Dr. Michael Lauble, Dr. Roland Spliesgart; Spanisch und Latein: Dr. Michael Lauble; Italienisch: Dr. Cristina Ricci-Wallraff; Niederländisch: Dr. Wim van Meurs; Englisch: Chantal Demuijlder, Corinna Poll, Christian Weller. Die Verantwortung liegt beim jeweiligen Herausgeber. Übersetzungen aus außereuropäischen Quellensprachen sind beim betreffenden Text angezeigt.
Hilfreich waren die Stellungnahmen verschiedener Fachkollegen. Hervorgehoben seien die Voten von Thomas Kaufmann (Göttingen), Johannes Schilling (Kiel) und Martin Wallraff (jetzt Basel/jeweils Kirchengeschichte), Klaus Hock (Rostock/Religionswissenschaft), Michael Sievernich S.J. (Mainz/Pastoraltheologie) und Reinhard Wendt (Hagen/Europäische Überseegeschichte). Dank gilt ebenso den Studierenden und Mitarbeitern des Instituts für Kirchengeschichte in München, die die unterschiedlichen Fassungen kritisch kommentierten. Die Münchener Universitätsgesellschaft und die Fritz-Thyssen-Stiftung (Köln) haben die Arbeiten am Quellenband mit einem namhaften Betrag unterstützt.

VORWORT ZUR DRITTEN AUFLAGE

Erfreulicherweise ist rasch eine dritte Auflage notwendig geworden. 2007 erschien auch eine englische Ausgabe des Quellenbandes (bei Eerdmans, Grand Rapids/USA), eine spanische Edition (bei Editorial Trotta, Madrid) ist für 2010 vorgesehen. Wir werten dies als Indiz für das wachsende Interesse an den globalen Dimensionen der Christentumsgeschichte. Der Text wurde kritisch durchgesehen, verschiedene Fehler beseitigt und die bibliographischen Angaben sowie einzelne Übersetzungen aktualisiert. Die technische Betreuung der dritten Auflage lag bei Tanja Posch-Tepelmann M.A. (München).

Klaus Koschorke Frieder Ludwig Mariano Delgado

INHALTSÜBERSICHT

ASIEN I. 1450–1600

A. Christen in Asien vor Ankunft der Portugiesen

1. Thomaschristen in Indien

Die Ankunft der Portugiesen in Asien seit 1498 markiert wohl eine neue Etappe, aber keineswegs den Beginn christlicher Präsenz in Asien, deren Anfänge vielmehr teilweise bis in altkirchliche Zeiten zurückreichen. So in Indien, wo gesicherte Erkenntnisse über die kontinuierliche Existenz christlicher Gemeinden seit dem 3. Jh. bis in die Gegenwart vorliegen. Seit dem 7. Jh. schlossen sich die indischen Gemeinden dem Verbund der ostsyrisch-nestorianischen „Kirche des Ostens" an, die auf dem Höhepunkt ihrer Ausbreitung im 13. und 14. Jh. von Mesopotamien bis Zentralasien und China sowie von Sibirien bis Südindien reichte. Im Mittelalter lieferten europäische Reisende wie Marco Polo oder Johannes von Monte Corvino wiederholt vereinzelte Nachrichten über das indische Christentum. Ein wichtiges Dokument des 15. Jh.s ist der Bericht des venetianischen Kaufmanns Nicolò de' Conti, der Indien zwischen 1415 und 1439 bereiste (Text a). Eine Schilderung der indischen Verhältnisse zu Beginn des 16. Jh.s aus thomaschristlicher Perspektive bietet Text (b). Er ist einem Brief entnommen, den eine Delegation indischer Kleriker 1504 nach ihrer Rückkehr aus Mesopotamien an das Oberhaupt der nestorianischen Kirche – den Katholikos Mar Simeon – verfaßte, den sie dort aufgesucht und der sie zu Bischöfen bzw. Priestern geweiht hatte.

a) Das Zeugnis des Nicolò de' Conti (1415–1439)

Der besagte Nicolò fuhr weiter und erreichte eine Stadt an der Küste, die Mylapore heißt [im Südosten Indiens, nahe dem heutigen Chennai/Madras] und am zweiten Golf jenseits des Indus liegt. Dort liegt der Leichnam des Hlg. Thomas in einer großen und schönen Kirche ehrenvoll begraben. Er wird von den Häretikern verehrt, die Nestorianer heißen und von denen in dieser Stadt etwa tausend leben.

b) Syrisches Dokument von 1504

Nun möchten wir Deine Liebe [Katholikos Mar Simeon] informieren, daß wir durch Gottes Beistand und die Kraft Deiner von Gott erhörten Gebete gesund [von unserer Reise nach Mesopotamien wieder] im gesegneten Land Indien angekommen sind. Dank sei Gott, dem Herrn aller Menschen, der diejenigen, die an ihn glauben, kennt! Alle Christen hier waren sehr zufrieden mit uns, und unser Vater Mar Johannes ist noch am Leben und schickt Dir seine Grüße. Es gibt hier um die dreißigtausend christliche Familien, unsere Glaubensgenossen, und sie flehen zum Herrn, Dir ein langes Leben zu gewähren. Sie haben angefangen, neue Kirchen zu bauen, sind in jeder Hinsicht erfolgreich und leben in Frieden und Sicherheit. Was das Kloster des Hlg. Thomas des Apostels angeht, so sind einige christliche Männer dorthin gegangen, haben dort Wohnung genommen und richten es jetzt wieder her. Es liegt ... in einer Stadt namens Mylapore im Land Silan, einem der indischen Länder [im Südosten Indiens]. Die Länder Indiens sind sehr zahlreich und mächtig, ... und unser Land, in dem Christen leben, heißt Malabar. Es hat etwa 20 Städte, von denen drei berühmt sind: Karangol [Cranganore], Pallur [Palayur] und Kullam [Quilon]. ... Sie beheimaten Christen und Kirchen und liegen in der Nachbarschaft der großen und mächtigen Stadt Calicut [im heutigen Kerala], deren Einwohner götzenanbetende Heiden sind.

Quelle: (a) A. E. Medlycott, India and the Apostle Thomas, London 1905, 95; (b) G. Schurhammer, The Malabar Church and Rome during the early Portuguese period and before, Trichinopoly 1934, 1–

10 (nach: J. S. Assemani, Bibliotheca Orientalis ..., Rom 1758, 3/1, 589–99). – *Lit.*: A. Mingana, The Early Spread of Christianity in India, Manchester 1926, 36–41; M. Mundadan, The Arrival of the Portuguese in India and the Thomas Christians under Mar Jacob 1498–1552, Bangalore 1967; Neill, History 1, 26–86. – *Allgemein*: J. C. England, The Hidden History of Christianity in Asia. The Churches of the East before 1500, Hongkong 1996; I. Gillman/H.-J. Klimkeit, Christians in Asia before 1500, Ann Arbor 1999; S. H. Moffet, A History of Christianity in Asia. Vol. 1, San Francisco 1991; C. Baumer, Frühes Christentum zwischen Euphrat und Jangtse. Eine Zeitreise entlang der Seidenstraße zur Kirche des Ostens, Stuttgart 2005 [illustrierte Darstellung]; England, ACT I, 3–26.

2. Nestorianer und armenische Christen in Südasien (1508)

Der Italiener Ludovico di Varthema bereiste zwischen 1503 und 1507 Ägypten, Arabien, Persien und Indien. Wieweit er darüber hinaus – wie in seinem erstmals 1510 in Rom erschienenen „Itinerario de Ludovico de Varthema Bolognese nello Egypto“ dargestellt – persönlich zur malaiischen Halbinsel, zu den Molukken und Java weiterfuhr oder ob seine detailgenaue Schilderung dieser Regionen auf mündlichen Informationen des sprachkundigen Reisenden beruht, wird in der Forschung unterschiedlich beantwortet. Durch Varthema gelangten genauere Kenntnisse der Handelswege des Indischen Ozeans nach Europa. Zugleich berichtete er wiederholt über versprengte Christen (Ostsyrer bzw. Nestorianer, Armenier) in verschiedenen Regionen Südasiens (Indien, Thailand, Burma) zu Beginn des 16. Jh.s.

Daher machten wir uns auf den Weg ... und gelangten zu einer Stadt namens Caicolon [Kayankulam, Südindien] fünfzig Meilen von Calicut entfernt. Der König dieser Stadt ist ein Heide und nicht sehr reich; Lebensweise, Kleidung und Bräuche sind die gleichen wie in Calicut. Hierher kommen viele Kaufleute, weil in dieser Gegend Pfeffer von ausgezeichneter Qualität wächst. In der Stadt fanden wir einige Thomas-Christen, die dort als Kaufleute leben und wie wir an Christus glauben, und sie sagen, daß alle drei Jahre ein Priester aus Babylon [Mesopotamien] komme, um sie zu taufen. Diese Christen beachten die Fastenzeit und feiern Ostern wie wir und haben auch dieselben Feierlichkeiten und Heiligenfeste, wie wir sie haben, aber die Messe feiern sie wie die Griechen und verehren vier Heilige mehr als alle anderen: den hlg. Johannes, Jakobus, Matthias und Thomas. In der Stadt selbst ist es ganz wie in Calicut, und zwar in Bezug auf das milde Klima, die Landschaft und die Sitten der Bewohner. [...]

[Im indischen Bengalen] trafen wir einige christliche Kaufleute, die erklärten, sie kämen aus einer Stadt namens *Sarnau* [Ayutthaya, der damaligen Hauptstadt von *Thailand*]; sie hatten Seidentücher, Aloëholz, Brasilholz und Moschus zum Verkauf herbeigebracht und erzählten, in ihrem Lande gebe es viele christliche Herren, aber sie seien Untertanen des Großkhans von Cathay [China]. Die Kleidung dieser Christen bestand aus einem gefältelten Überwurf aus Kamelot, und die Ärmel daran waren mit Baumwolle gefüttert; auf dem Kopf trugen sie eine Mütze aus rotem Tuch von eineinhalb Spannen Länge. Diese Leute sind so weiß wie wir und bekennen sich zum Christentum; sie glauben an die Dreifaltigkeit und desgleichen an die zwölf Apostel, die Evangelisten und kennen auch die Taufe mit Wasser; aber sie schreiben anders als wir, nämlich so wie in Armenien. Und sie erklärten, Geburt und Passion Christi zu beachten, und befolgten auch die vierzigtägige Fastenzeit sowie viele andere Festtage im Ablauf des Jahres. Diese Christen haben keine Schuhe, aber sie tragen seidene Beinkleider, wie sie die Matrosen anhaben; diese Hosen sind besetzt mit Juwelen, und auch an den Händen tragen sie viele Edelsteine. ... Sie sagten auch, daß es in der Nachbarschaft von Rum [Byzanz], also beim Großtürken, mächtige christliche Könige gebe. [...]

Die Stadt *Pegu* [im heutigen *Myanmar/Burma*] liegt auf dem Festland und nahe beim Meer; links von ihr, also im Osten, fließt ein herrlicher Strom ... Der König ist Heide. Glaube, Sitten, Lebensart und Kleidung sind ähnlich wie in Tarnassari, aber die Hautfarbe der Menschen ist etwas heller ... Die Stadt ist ummauert und besitzt feste Häuser und Paläste aus Stein mit Mörtel. Der König gebietet über zahlreiche Fußsoldaten und Reiter und hat bei sich auch mehr als tausend Christen aus jenem Land, das oben erwähnt wurde [Thailand]; jedem von ihnen gibt er monatlich sechs Parado in Gold Besoldung und kommt für ihren Unterhalt auf. [...]

Quelle: Ludovico de Varthema, Reisen im Orient, in: J. Osterhammel/F. Reichert (Hgg.), Fremde Kulturen in alten Berichten, Sigmaringen 1996, 2, 189f. 209f. 211; vgl. J. W. Jones (Hg.), The Itinerary of Ludovico di Varthema of Bologna from 1502 to 1508, as translated from the Original Italian Edition of 1510, London 1928, LXVIff. – *Lit.*: D. F. Lach, Asia in the Making of Europe. Bd. 1/2, Chicago 1965; J.-P. Rubiés, Travel and Ethnology in the Renaissance. South India through European Eyes, 1250–1625, Cambridge/New York 2000; Schmitt, Dokumente 2, 227–230 (Bibliographie).

3. China: Zeugnisse über Juden und Christen

In China hören mit dem Ende der christenfreundlichen Yüan-Dynastie 1368 auch chinesische und europäische Nachrichten über nestorianische Gemeinden im Reich der Mitte auf, die dort seit 635 nachweisbar sind. Unterschiedliche Zeugnisse dokumentieren andauernde jüdische Präsenz. Zugleich erfahren wir Anfang des 17. Jh.s aus Briefen des Jesuiten Matteo Ricci von Restbeständen altchristlicher Gemeinden in China.

a) Juden in Kaifeng: Die Stele von 1489

Eine Steininschrift vor der Synagoge von Kaifeng berichtet über deren Wiederaufbau im Jahr 1489 nach einer Überschwemmung durch den Gelben Fluß:

Ai Ching und andere reichten beim Provinzkommissar eine Petition ein, mit der Bitte um Erlaubnis (die sie erhielten), die Synagoge nach den Plänen der alten Synagoge von *Chih-yüan* wieder aufzubauen.

b) Matteo Ricci über die Juden von Kaifeng (1605)

Von einem Juden erfuhren die Unseren, daß es in Kaifeng-fu, der Hauptstadt der Provinz Honan, zehn oder zwölf Familien von Juden gibt, mit einer sehr schönen Synagoge, die von ihnen vor kurzem zum Preis von 10.000 Dukaten renoviert worden ist ... Sie haben hier [in Kaifeng] seit 500 oder 600 Jahren gelebt, und noch viel mehr Familien ihrer Glaubensgenossen lebten in Hangchow-fu mit einer Synagoge und auch in anderen Gegenden, dort aber ohne Synagoge. Dennoch starben sie allmählich aus.

c) Matteo Ricci über die Reste des chinesischen Christentums (1605)

[Brief von 26.7.1605:] Wir erfuhren [über Christen in der Provinz Honan] von einem, der nach seinem Glaubensbekenntnis, seiner Staatsangehörigkeit und seinen Merkmalen Jude war und der mich in den letzten Tagen besuchte, da er von meinem Ruf erfahren hatte und wegen eines der vielen Bücher, die von unseren Tätigkeiten berichten. Deshalb verstand er, daß wir weder Mauren noch Heiden sind, und dachte, daß wir seinem Glauben angehörten. Dieser Mann, dessen Nachnamen Ai lautete, lebte in der Hauptstadt der Provinz Honan. [...] Er sagte, daß sie [die chinesischen Juden] die Überlieferung haben, daß viele Mauren, Christen und Juden mit dem König Tamerlane gekommen waren, als dieser vor 800 Jahren ganz Persien und auch China

erobert habe, und daß die Mauren vorherrschend seien, während es [nur] noch wenige Christen und Juden gebe. In der Gegend von Honan gebe es jedoch noch alle drei Sekten, auch wenn die christliche fast ausgestorben sei.
[Brief vom 26.7.1605:] Vor einigen Tagen haben wir mit Bestimmtheit erfahren, daß es in den vergangenen 500 Jahren eine gute Anzahl von Christen in China gegeben hat, und daß es an vielen Orten noch beachtliche Reste von ihnen gibt. In den vergangenen Jahren habe ich geschrieben, daß wir eine christliche Gemeinschaft in Gebieten gefunden haben, die China unterstehen, aber außerhalb der großen nördlichen Mauern, wohin wir bis heute niemand schicken konnten ... Nun wissen wir, daß es in der Mitte Chinas, einen halben Monat von hier [in Peking] und in derselben Entfernung von Nanjing, in der Provinz Honan und in deren Hauptstadt mit Namen Kaifeng fünf oder sechs Familien von Christen gibt, die fast das wenige Christentum, das sie besaßen, verloren haben, da sie vor vielen Jahren ihre Kirche in einen Tempel für einen Götzen namens *Kuang wang* umgewandelt haben.

Quelle: (a) D. D. Leslie, The Survival of the Chinese Jews. The Jewish Community of Kaifeng, Leiden 1972, 29; (b) Opere storiche del P. Matteo Ricci S.I. Bd. 1: I Commentari della Cina, Macerata 1911, 469f; (c) Ebd., Bd. 2: Le lettere della Cina, Macerata 1913, 291. 290. – *Lit.*: A. C. Moule, Christians in China before the year 1550, New York 1930, 1–26; W. Ch. White, Chinese Jews. A Compilation of Matters Relating to the Jews of K'ai-fêng Fu, Toronto 1966; R. Malek (Hg.), From Kaifeng to Shanghai. Jews in China, Nettetal 2000, 30ff; Sunquist, Dictionary 139–146 (Art. China); England, ACT I, 10ff; N. Standaert (Hg.), Handbook of Christianity in China. Vol. I: 635–1800, Leiden etc 2001.

B. Vasco da Gama in Indien

4. Auf der Suche nach „Christen und Gewürzen“ (1498)

Am 20.5.1498 landete ein portugiesisches Geschwader unter dem Kommando Vasco da Gamas in Südwestindien nahe der Handelsmetropole Calicut. Damit war den Portugiesen, die zuvor Afrika umrundet (vgl. Text 115) und von Ostafrika aus den Indischen Ozean überquert hatten, die Entdeckung eines direkten Seewegs nach Asien gelungen, den auch die früheren – im Auftrag der spanischen Krone auf der alternativen westlichen Atlantikroute unternommenen – Expeditionen des Christoph Columbus seit 1492 (vgl. Text 218) zwar gesucht, aber nicht gefunden hatten. Über die erste Indienfahrt Vasco da Gamas 1498 liegt uns in Gestalt des „Roteiro“ der Augenzeugenbericht eines namentlich nicht bekannten Mitglieds seiner Mannschaft vor, aus dem im Folgenden zitiert wird. Er läßt sowohl die ideologischen und ökonomischen Motive der ersten portugiesischen Asienexpeditionen – die dort „Christen und Gewürze“ anzutreffen hofften – wie die zwangsläufig folgenden interkulturellen Mißverständnisse deutlich erkennen. Alles was nicht muslimisch war, galt den Portugiesen zunächst als christlich. Ihr erster Gottesdienst auf indischem Boden fand so irrtümlich in einem Hindu-Tempel statt (Text 5a), und die Geschenke der an afrikanische Verhältnisse gewohnten Europäer wurden als völlig ungenügend zurückgewiesen (Text 5b). Erst später – auf der zweiten portugiesischen Asienexpedition 1500 unter Pedro Álvares Cabral, die als Nebenergebnis zur Entdeckung Brasiliens führte – traten die Portugiesen in Kontakt mit den realen Thomaschristen. Zugleich erkannten sie, daß es sich bei dem König und den Bewohnern von Calicut um Hindus und nicht um Christen handelte (Text 5c).

Und am Sonntag fuhren wir nah an Gebirgen vorbei, die oberhalb der Stadt Calicut liegen, und fuhren an jene so nah heran, bis daß der Lotse, den wir an Bord hatten, sie erkannte und sagte, daß dies das Land wäre, wo wir hin wollten. Und am gleichen Tag warfen wir nachmittags Anker, zwei *Leguas* unterhalb der Stadt Calicut. [...]
Und nachdem wir so vor Anker lagen, kamen vom Lande vier Barken auf uns zu. Sie kamen, um zu erfahren, wer wir wären, und nannten und zeigten uns Calicut. Und

desgleichen am anderen Tage kamen wieder diese Barken zu unseren Schiffen, und der Kommandant [Vasco da Gama]schickte einen der Verbannten nach Calicut und die, mit denen er fuhr, führten ihn hin, wo zwei Mauren von Tunis wohnten, die kastilianisch und genuesisch sprechen konnten, und der erste Gruß, den sie ihm zuriefen, war der: „Hol dich der Teufel! Wer hat dich hergebracht?“
Sie fragten, was wir so weit in der Ferne suchten, und er antwortete ihnen: „Wir kommen, Christen und Gewürze zu suchen.“ Sie sagten zu ihm: „Warum schickt der König von Kastilien niemand her und der König von Frankreich und die Signoria von Venedig?“ Und er gab ihnen zur Antwort, daß der König von Portugal es nicht dulden wolle, daß sie jemand herschickten, und sie sagten, daß er gut daran täte.
Dann bewirteten sie ihn und gaben ihm Weizenbrot mit Honig zu essen, und nachdem er gegessen hatte, kam er zurück zu den Schiffen, und mit ihm kam einer von den besagten Mauren. Und als dieser an Bord trat, waren seine ersten Worte: „Willkommen, willkommen! Viele Rubine, viele Smaragde! Danket Gott auf den Knien, daß er euch in ein Land gebracht hat, wo es soviel Reichtum gibt!“ Wir waren sehr überrascht, als wir ihn sprechen hörten, und konnten kaum glauben, daß es so weit von Portugal entfernt einen Menschen gibt, der unsere Sprache versteht.

Quelle: A. Herculano/A. Castello de Paiva (Hgg.), Roteiro da Viagem de Vasco da Gama em MCCCCXCVII. Lisboa [2]1861, 61–81, zitiert nach: Schmitt, Dokumente 2, 135f. – *Lit.*: F. Hümmerich, Vasco da Gama und die Entdeckung des Seewegs nach Ostindien, Hildesheim/New York 1977; K. M. Panikkar, Malabar and the Portuguese, Bombay 1929; F. M. Rogers, The Quest for Eastern Christians: Travels and Rumors in the Age of Discovery, Minneapolis 1962; K. Koschorke (Hg.), „Christen und Gewürze“, Göttingen 1998; Reinhard, Expansion 1, 50–68; Neill, History 1, 87ff.

5. Fiktive und reale Kontakte zu den Thomaschristen

a) Besuch einer „Kirche“ in Calicut (1498)

Die Stadt Calicut ist christlich. Diese Christen sind Menschen von brauner Hautfarbe, und ein Teil von ihnen trägt große Bärte und lange Haare. Andere tragen das Haar kurzgeschnitten, und wieder andere haben den Kopf glattgeschoren. [...] Am anderen Morgen – es war Montag, der 28. Mai [1498] – ging der Kommandant, um mit dem König zu sprechen, und er nahm dreizehn seiner Leute mit, unter ihnen auch mich. Wir legten alle Festtagskleider an und nahmen Bombarden auf den Booten mit und Trompeten und viele Flaggen. Als der Kommandant an Land ging, war besagter Burghauptmann inmitten einer vielköpfigen Schar von bewaffneten und unbewaffneten Leuten zur Stelle, die Vasco da Gama und uns mit vielen Zeichen der Freude und Gastlichkeit empfingen [...]
Sie führten uns zu einer großen Kirche, in der es folgendes zu sehen gab: Zunächst der Gesamtbau der Kirche: er war von der Größe eines Klosters, ganz aus behauenen Steinen erbaut und mit Ziegeln gedeckt. An ihrem Hauptportal stand eine Bronzesäule von der Höhe eines Mastes, und oben auf dieser Säule war ein Vogel, der ein Hahn zu sein schien, und noch eine andere Säule, die von Manneshöhe und sehr dick war. In der Mitte des Kircheninnenraumes befand sich eine Kapelle ganz aus behauenem Stein mit einer bronzenen Tür, die gerade so hoch war, daß ein Mensch hindurch schreiten konnte. Zu dieser Tür gelangte man über eine steinerne Treppe. In der Kapelle befand sich ein kleines Bild, von dem sie sagten, es stelle die Mutter Gottes dar, und vor dem Haupteingang der Kirche, längs der Wand, waren sieben kleine Grabmäler. Hier verrichtete der Kommandant [Vasco da Gama] ein Gebet und wir anderen mit ihm. In die besagte Kapelle traten wir jedoch nicht ein, da auch die Eingeborenen

dies nicht tun, mit Ausnahme von einigen bestimmten Leuten, die Kirchendienst tun. Diese werden *Quafees* genannt. Die Quafees tragen Kordeln über die Schulter – es ist die linke Schulter – und unter der Schulter des rechten Armes hindurch, so wie die Diakonen bei uns die Stola tragen. Sie spritzten Weihwasser auf uns und gaben einem von uns eine weiße Erde, die Christen hierzulande gewöhnlich auf Stirn und Brust und um den Hals herum und auf die Ellenbogen streichen. Diese Zeremonie vollzogen sie umständlich vor dem Kommandanten und gaben auch ihm von dieser Erde, damit auch er sich damit bestreiche; der Kommandant nahm sie zwar entgegen, gab sie aber einem von uns in Verwahr, wobei er zu verstehen gab, daß er sich später damit bestreichen würde.

Rings an den Wänden der Kirche waren viele Heilige gemalt; diese trugen Heiligenscheine, doch war ihre Darstellung fremdartig, denn die Zähne waren so groß, daß sie einen Zoll aus dem Munde hervorstanden, und jeder Heilige hatte vier oder fünf Arme.

Hinter dem Kirchengebäude war ein großer Teich, der ebenfalls aus behauenen Steinen gebaut war, wie die vielen anderen, die wir bisher auf dem Weg gesehen hatten.

b) Mißerfolg beim Samorin in Calicut (1498)

Als der König [der Samorin von Calicut] in den Raum kam, in dem sich unser Kommandant [Vasco da Gama] schon befand, warf er sich auf ein anderes Ruhebett, auf dem viele golddurchwirkte Stoffe lagen, und fragte den Kommandanten, was er wolle. Und der Kommandant sagte ihm, daß er Gesandter des Königs von Portugal wäre, der Herr über große Ländereien sei und reich in jeder Hinsicht, mehr als irgendein König in jenen Gegenden, und daß seit sechzig Jahren die Könige, seine Vorgänger, jedes Jahr Schiffe auf Entdeckungsreisen ausgeschickt hätten, weil sie wüßten, daß es in jenen Regionen christliche Könige gebe wie sie. Deswegen hätten sie befohlen, dieses Land zu entdecken, und nicht, weil sie Gold oder Silber brauchten. Denn das hätten sie in solchem Überfluß, daß sie es nicht aus jenem Lande holen müßten. [...] Der König antwortete darauf und sagte, daß er willkommen sei und daß auch er ihn für einen Bruder und Freund ansehen und ihm Gesandte nach Portugal mitschicken wolle. [...]

Und am Dienstag hatte der Kommandant folgende Dinge bereit, um sie dem König [als Geschenk] zu schicken, nämlich: zwölf Stück gestreiften Baumwollstoffes, vier Mützen von Scharlach, sechs Hüte und vier Korallenzweige sowie einen Packen Metallbecken, worin sechs Stück waren, eine Kiste Zucker und vier gefüllte Flaschen, zwei voll Olivenöl und zwei voll Honig. Aber es ist der Brauch, daß man dem König nichts bringt, ohne es zuerst seinem Haushofmeister, einem Mauren, sowie den *Bayle* wissen zu lassen. Und als der Kommandant es diesem zeigte, da kamen sie und fingen an, über das besagte Geschenk zu lachen und meinten, daß das nichts wäre, um es dem König zu schicken. Daß der ärmste Kaufmann, der von Mekka käme, oder ein Inder mehr als das gäben ... Dies hier aber werde der König nicht nehmen. [...]

Es kränkte uns aber sehr, daß ein christlicher König so schmählich an uns handelte. [...] Aber wir maßen ihm nicht so viel Schuld zu, weil wir genau wußten, daß wir den Mauren, die hier wohnten, sehr unbequem waren. Sie waren nämlich Kaufleute von Mekka und vielen anderen Gegenden und kannten uns [und verleumdeten uns beim Samorin] [...]

An einem Mittwoch – es war der 29. August [1498] – beschloß der Kommandant, da er der Ansicht war, daß wir bereits gefunden und entdeckt hatten, wonach wir ausgefahren waren, nämlich Gewürze und Edelsteine, und weil wir doch nicht in Frieden und Freundschaft mit den Bewohnern von dem Lande Abschied nehmen konnten ... , abzufahren, und so gingen wir ohne Verzug unter Segel und traten unseren Weg nach Portugal an.

c) Die Mission des Cabral (1500)

Die Stadt [Calicut] ist groß und nicht von Mauern umgeben. [...] Der König ist ein Götzendiener, obgleich die anderen [Vasco da Gama und seine Leute] geglaubt haben, er sei ein Christ. Diese haben nicht so viel über deren Sitten erfahren wie wir, die wir in Calicut so lange wegen der Geschäfte verhandelten. Selbiger König wird von ihnen *Gnaffer* genannt, und beinahe alle seine Edelleute und Untertanen, die ihm dienen, sind dunkelhäutige Menschen, gleich den Mauren, und sie sind wohlgebaut und gehen vom Gürtel aufwärts nackt. [...]
In einiger Entfernung von Cucchino [Cochin] befindet sich ein Ort namens Carangollor [Cranganor], an dem Christen, Juden, Mauren und Kaffern leben; und an diesem Ort begegneten wir einem Juden aus Sevilla, der auf dem Weg über Kairo und Mekka dorthin gelangt war. Und von dort kamen auch zwei andere Christen mit uns, die sagten, daß sie nach Rom und nach Jerusalem zu reisen gedächten. Der Kapitän empfand große Freude über diese beiden Männer. [...]
Jener Gebieter von Cochin schickte mit diesen Schiffen zwei Gesandte zu dem König von Portugal sowie zwei Geiseln, die darauf sicher zurückkehren konnten. Als sie ihre Rückfahrt antraten, trafen die Mauren und die Leute von Calicut Vorkehrungen, um sie zu kapern, und sie bewaffneten mehr als hundertfünfzig kleine Schiffe mit mehr als fünfzehntausend Mann; aber da die Portugiesen Waren geladen hatten, wollten sie nicht kämpfen, auch konnten sie von den anderen nicht eingeholt werden, da sie dicht am Wind segelten, was die anderen nicht vermögen.
Bei der Herfahrt gelangten sie zu einer Insel, auf der sich der Leib des Apostels Thomas befindet. Der Herr derselben empfing sie mit großen Schmeicheleien und gab ihnen einige Reliquien des genannten Heiligen. Er bat sie, bei ihm Spezereien zu laden, die er ihnen bis zu ihrer Rückkehr auf Kredit zu überlassen gedachte. Sie waren jedoch zur Gänze beladen und vermochten nicht noch mehr aufzunehmen. Sie waren bei dieser Fahrt zwölf Monate auf dem Weg, die Rückreise aber währte nur vier Monate. Und sie sagten, daß sie es von nun an in acht oder längstens zehn Monaten zu machen vermöchten.

Quelle: (a) G. Giertz (Hg.), Vasco da Gama. Die Entdeckung des Seewegs nach Indien. Ein Augenzeugenbericht 1497–1499, Stuttgart etc. [2]1986, 81f. 85–88; (b) Ebd. 91f. 95f. 121; (c) J. Pögl (Hg.), Die reiche Fracht des Pedro Álvares Cabral. Seine Indische Fahrt ... 1500–1501, Stuttgart 1986, 124f. 137f. 169f. – *Lit.*: A. Disney/H. Booth (Hgg.), Vasco da Gama and the Linking of Europe and Asia, Oxford 2001; A. M. Mundadan, History of Christianity in India, Bangalore 1984, 1, 242ff. 255ff.

6. Die Landung der Portugiesen aus arabischer Sicht

[Der arabische Chronist Kutb-ad-din an Nahrawali im 16. Jh.:] Zu den erstaunlichen und außerordentlichen Ereignissen am Beginn des zehnten Jahrhunderts nach der Hedschra zählt auch die Landung der verfluchten Portugiesen in Indien. Sie sind eine Nation der verfluchten Franken [= Europäer]. Eine ihrer Banden hatte die Meerenge bei Ceuta angelaufen, war in das [Meer der] Finsternis vorgedrungen und hatte das Gebirge von Al-Komr passiert, wo der Nil entspringt. [Bevor sie die Westküste Indiens erreicht hatten und sich noch an der afrikanischen Ostküste befanden,] versuchten sie noch, Informationen über dieses Meer [den Indischen Ozean] zu erlangen. Dies bis zu dem Zeitpunkt, als sie einen erfahrenen [arabischen] Seemann namens Ahmad

Ibn Malid als Lotsen benutzten. Der Anführer der Franken ... hatte ihn kennengelernt, und der portugiesische Admiral hatte ihn verhext. Dieser Seemann – er war betrunken – offenbarte die Route dem Admiral ... In Goa, wie ein Ort an der Küste des Dekan heißt – und diese Stadt ist gegenwärtig in der Hand der Franken –, bauten sie ein Fort [...] Ohne Verzögerung kam Nachschub aus Portugal; sie begannen gegen die Muselmanen zu kreuzen, machten Gefangene und plünderten. Sie nahmen jedes Schiff mit Gewalt und fügten dabei den Muselmanen, aber auch allen anderen Seeleuten große Verluste zu.

Quelle: A. da Silva Rego/T. W. Baxter (Hgg.), Documentos sobre os Portugueses em Moçambique e na Africa central 1497–1840, Lisboa 1962, 1, 32–35; Übersetzung nach: Schmitt, Dokumente 2, 142ff.

7. Thomaschristen über die Ankunft der Portugiesen (1504)

[Aus einem Brief thomaschristlicher Kleriker an den Katholikos Mar Simeon, Oberhaupt der nestorianischen „Kirche des Ostens", von 1504:] Ihr sollt wissen, Vater, daß der König der Christen des Westens, unserer fränkischen Brüder, starke Schiffe in dies Land [Indien] schickte, und daß diese ein ganzes Jahr auf See waren, bevor sie uns erreichten. Sie kamen aus südlicher Richtung von der anderen Seite [des Ozeans] vom Land Äthiopien, von Habash (Negerland), und kamen hier in Indien an, wo sie Pfeffer und ähnliche Gewürze kauften, bevor sie zu ihrem Land zurückkehrten. Dann studierten sie sehr gründlich den Seeweg [nach Indien]. Daraufhin schickte der oben genannte König – möge Gott sein Leben schützen – sechs große Schiffe, die die Stadt Calicut innerhalb von sechs Monaten erreichten. Nun gibt es in der Stadt Calicut viele Mohammedaner, die der Neid wütend gegen die Christen gemacht hat. Sie beschuldigten sie vor dem heidnischen König, verbreiteten Lügen über sie und sagten: „Diese Männer sind aus dem Westen gekommen, sie haben Dein Land und Deine schönen Städte gesehen; sie werden zu ihrem König zurückkehren und werden gegen Dich viele Armeen auf Schiffen mitbringen; sie werden Dich belagern und Dir Dein Land wegnehmen".

Es folgt ein längerer Bericht über die Kämpfe zwischen den Portugiesen einerseits und den Muslimen und dem Samorin von Calicut andererseits; letztere unterliegen. Anschließend wird über den ersten Kontakt der thomaschristlichen Delegation mit den Portugiesen nach ihrer Rückkehr aus Mesopotamien berichtet:

Es gab etwa zwanzig Männer von ihnen in der Stadt Cannanore, als wir von der Stadt Omruz in der indischen Stadt Cannanore ankamen. Wir gingen zu ihnen und sagten ihnen, daß wir Christen sind, und erzählten ihnen unsere Geschichte. Sie freuten sich und gaben uns schöne Kleider [als Geschenk] ... Wir blieben bei ihnen zweieinhalb Monate, und eines Tages baten sie uns, Messe zu lesen. Sie haben für sich einen schönen Platz wie eine Kapelle eingerichtet, und ihre Priester lesen dort täglich Messe, wie es ihr Brauch ist ... Am Sonntag des *Nasardai,* nachdem ihr Priester die Messe beendet hatte, gingen auch wir hin und feierten die Messe, worüber sie sich freuten. Danach verließen wir sie und gingen zu unseren christlichen Landsleuten, die acht Tagesreisen entfernt von dort leben.

Quelle: G. Schurhammer, The Malabar Church and Rome during the early Portuguese period and before, Trichinopoly 1934, 2ff. – *Lit.*: A. M. Mundadan, The Arrival of the Portuguese in India and the Thomas Christians under Mar Jacob 1498–1552, Bangalore 1967, 67. 70ff.

C. KOLONIALKIRCHLICHE STRUKTUREN

8. Portugiesische und spanische Patronatsmission

Die Teilung der außereuropäischen Welt in eine spanische und portugiesische Interessensphäre, wie sie von Papst Alexander VI. in der Bulle *Inter cetera* von 1493 verfügt wurde (s. Text 223a), wirkte sich in Asien – nach den Modifikationen der Verträge von Tordesillas 1494 und Zaragoza 1529 – so aus, daß das seit 1565 effektiv in Besitz genommene philippinische Inselreich spanische Kolonie wurde, während das übrige Asien den Portugiesen zugewiesen war. Unterschiedlich waren dabei die Formen kolonialer Herrschaft. Während die Portugiesen primär an der Sicherung ihres asiatischen Handelsmonopols interessiert waren und dabei zumeist kaum über einen „Stützpunktkolonialismus" ohne extensiven Territorialbesitz hinauskamen, kam es in den spanisch beherrschten Philippinen zu einer flächendeckenden Kolonialpräsenz. Beiden iberischen Mächten gemeinsam war das Modell der Patronatsmission. Im Gegenzug zur Verpflichtung, in ihrem Herrschaftsbereich für die Ausbreitung des katholischen Glaubens zu sorgen, unterstanden die entstehenden Kolonialkirchen dem „Patronat" bzw. der Kontrolle der jeweiligen Krone. Rechtlich verankert wurde diese Regelung in einer Serie von ständig aktualisierten Papstbullen, die einerseits bereits im 15. Jh. die Ansprüche Portugals auf Afrika und Asien absicherten (Text a) und andererseits die Rechte und Pflichten der spanischen Herrscher in ihren Übersee-Besitzungen beschrieben. Letztere interpretierten ihre aus dem Patronat erwachsenden Rechte zunehmend exklusiv und suchten die Versuche römischer Einflußnahme nach Möglichkeit zu unterbinden. So ermächtigte Philipp II. in einem Gesetz vom 16.3.1580 seinen Statthalter auf den Philippinen, frei gewordene kirchliche Stellen sofort wieder zu besetzen (Text b). Vgl. auch Text 229.

a) Die Bulle „Inter Cetera" von Papst Calixt III. (1456)

Und ebenso entscheiden, bestimmen und verfügen wir [Papst Calixt III.] aufgrund [unserer] obengenannten [päpstlichen] Macht und [unseres sicheren] Wissens für immer, daß die geistliche und jedwede ordentliche Gerichtsbarkeit, die Herrschaft und die Amtgewalt in geistlichen Dingen über die Inseln, die Dörfer, Häfen, Länder und Orte, welche vom [afrikanischen] Kap Bojador und Kap Nun bis über ganz Guinea und über die Südküste hinaus bis zu den [Gebieten der] Inder bereits erworben sind und noch erworben werden und deren Lage, Anzahl, Eigenart, Bezeichnungen, Benennungen, Grenzen und örtliche Gegebenheiten wir als in diesem Schreiben ausdrücklich festgehalten gelten lassen wollen, der Ritterschaft und dem [Christus-] Orden für alle künftigen Zeiten gehören und zustehen. Dies bewilligen und schenken wir ihnen [dem portugiesischen König Afonso etc.] von jetzt an mit diesen Worten auf Grund unserer [päpstlichen] Macht und aus [sicherer] Kenntnis. [...]
Gegeben zu Rom bei St. Peter, im Jahre 1455 nach der Fleischwerdung des Herrn, am dritten Tag vor den Iden des März [13. März], im ersten Jahr unseres Pontifikats.

b) Praxis des Patronats auf den Philippinen (1580)

Aufgrund der großen Entfernung zwischen den Königreichen [Spaniens] und den Philippinen sowie aufgrund des Nachteils, der durch die Vakanz der Pfründe entstehen könnte, bis Wir [Philipp II.] einen Nachfolger präsentieren, befehlen Wir dem Statthalter und Generalhauptmann besagter Inseln, bei Vakanz der Würden, Domherrenwürden und anderer Pfründe in der Metropolitankirche ... andere Personen zu präsentieren, die gut geeignet sind und die erforderlichen Qualitäten besitzen, um anstelle der Vorgänger und ausgestattet mit demselben Stipendium jene Ämter zu bekleiden. Bei der Präsentation der Kandidaten sollen die Patronatsgesetze eingehalten werden.

Quelle: (a) Monumenta Henricina. Bd. 12 (1454–1456), Coimbra 1971, 286–288, Übersetzung nach: Schmitt, Dokumente 2, 230–237; (b) Recopilación de Leyes de los Reynos de las Indias, Madrid 1791 ([N]1973), 1, 40–41 (Buch I, Titel VI, Gesetz 16). – *Lit.*: P. A. Jann, Die katholischen Missionen in Indien, China und Japan, Paderborn 1915; A. da Silva Rego, Le Patronage Portugais de l'Orient, Lissabon 1957; B. J. Wenzel, Portugal und der Heilige Stuhl. Das portugiesische Konkordats- und Missionsrecht, Lissabon 1958; T. R. de Souza, The Portuguese in Asia and their Church Patronage, in: M. D.David (Hg.), Western Colonialism in Asia and Christianity, Bombay 1988, 11–29; Reinhard, Expansion 1, 50ff; Sunquist, Dictionary 623–627 (Art. Padroado).

9. Goa als politisches und kirchliches Zentrum

Zentrum des portugiesischen Imperiums in Asien wurde das 1510 eroberte indische Goa, seit 1530 Hauptquartier der politischen Verwaltung des portugiesischen „Estado da Índia". 1534 wurde es zum Bischofssitz und 1558 in den Rang einer Metropolitankirche erhoben, der gegen Ende des Jh.s zehn eigene Suffragandiözesen in Indien, Malaysia, China und Japan unterstanden. Die Grenzen des Erzbistums Goa, das die kirchliche Oberhoheit sowohl in den portugiesisch kontrollierten Gebieten Asiens wie außerhalb derselben beanspruchte, reichten so vom Kap der Guten Hoffung in Afrika bis nach China. Auch nach dem im 17. Jh. einsetzenden Zerfall des portugiesischen Kolonialreiches blieb Goa bis 1961 in portugiesischem Besitz.

a) Erhebung Goas zum Bischofssitz (1534)

1534 wurde Goa zum Bischofssitz erhoben. Die Grenzen der neu geschaffenen Diözese definiert die Bulle *Romani Pontificis* Papst Pauls III. vom 8.7.1539 wie folgt:

Kraft apostolischer Autorität bestimmen und ordnen wir auf Dauer an, daß die Grenzen der Diözese Goa vom Kap der Guten Hoffnung bis einschließlich Indien und von Indien bis nach China reichen, mit allen Plätzen sowohl auf festem Land wie auf Inseln und sowohl in den bereits entdeckten wie den noch zu entdeckenden Gebieten, in denen der genannte König Johannes [von Portugal], so wie wir es erfahren haben, Festungen und mehrere Städte, Lager und Plätze unterhält, in denen eine größere Zahl von zum rechten Glauben bekehrte [einheimische] Christen und auch viele Portugiesen leben. Dies unter der Voraussetzung, daß [auch] der genannte König Johannes dies will und ihm zustimmt.

b) Klagen über die Immoralität von Siedlern und Klerus

[Der Dominikaner Fray Duarte Nunes, Apostolischer Kommissar, in einem Brief an den portugiesischen König vom 12.1.1522:] Was das Leben des Klerus und der Mönche betrifft, die außerhalb des Klosters leben, sind die meisten von ihnen sehr korrupt, und durch ihr schlechtes Beispiel ist die Frömmigkeit der Christen in diesem Land ernsthaft ruiniert. So möge Eure Hoheit einige Leute mit tadelloser Moral und guter Bildung entsenden, um den Zustand dort zu verbessern. Denn wenn das nicht geschieht, werden diese Christen für Gott oder Eure Hoheit nur von sehr geringem Nutzen sein.

[Der Jesuit Fray Lancilotto um 1555:] Es gibt hier unzählige Portugiesen, die sich Scharen von Mädchen kaufen und mit ihnen allen schlafen, und dies ist allgemein bekannt. Dies wird zu einem solchen Exzess getrieben, daß es einen Mann in Malakka gab, der vierundzwanzig Frauen aller Rassen besaß, alle seine Sklavinnen, an denen er sich erfreute ... Andere Männer jedoch, sobald sie sich eine Sklavin leisten können, nehmen sie fast immer als Freundin (*amiga*). Und meiner unmaßgeblichen Meinung nach gibt es noch viele andere unehrenhafte Vorgänge.

c) Stellung der Nicht-Christen (1522)

[Der Dominikaner Fray Duarte Nunes am 12.1.1522:] Es wäre ein Dienst an Gott, diese [Hindu-] Tempel hier auf der Insel von Goa zu zerstören und sie durch Kirchen mit Heiligen zu ersetzen. Jeder, der auf dieser Insel leben möchte, sollte Christ werden, und in diesem Fall soll er seine Grundstücke und Häuser, wie er sie jetzt hat, behalten dürfen. Falls er sich aber weigert, soll er die Inseln verlassen ... Es mag sein, daß diese Leute keine guten Christen werden, aber ihre Kinder schon ... und so wird Gott gedient sein, und Ihrer Hoheit ebenfalls, denn es wird die Rettung von so vielen verlorenen Seelen bedeuten.

d) Einführung der Inquisition in Goa (1543)

Genau in diesem Jahr [1543] geschah es, daß ein in Goa seßhafter Bakkalaureus der Medizin namens Jeronimo Dias, aus der Kaste der „Neuen Christen" [konvertierter Juden], im Laufe ungezwungener Gespräche mit seinen Freunden über bestimmte Dinge sprach, die gegen unseren heiligen Glauben waren. Als der Bischof informiert wurde, befahl er seine Verhaftung und die Vernehmung der Zeugen. Als er zusammen mit anderen Leuten, die sich mit ihm unterhalten hatten, verhaftet wurde, verteidigte er weiter gewisse Standpunkte aus dem Alten Gesetz gegen unseren heiligen Glauben. Das alles zeigte, daß er [noch immer] Jude war, und das Verfahren wurde abgeschlossen. Darauf ging der Bischof zur Residenz des Gouverneurs, wo eine Beratung stattfand, an dem auch Magister Diogo [Borba], der Mönch Antonio, bischöflicher Kommissar der Franziskaner und Prediger, ein anderer Prediger aus dem Dominikanerorden sowie der Generalvikar [Miguel Vaz] teilnahmen. Nachdem sie die Unterlagen über den Fall durchgesehen hatten, sprachen sie ihr Urteil. Dieses wurde vom Bischof unterschrieben [...]. Der Generalauditor las das apostolische Urteil des Bischofs ... und verkündete von der obersten Stufe der Treppe aus: „Nachdem sie das Urteil der Hlg. Kirche zur Kenntnis genommen hat, in dem der Bakkalaureus Jeronimo Dias wegen Häresie verurteilt worden ist, fällt die Justiz unserer Majestät des Königs durch öffentliche Verkündigung folgendes Urteil bezüglich des genannten Falls: Wegen Häresie gegen den heiligen katholischen Glauben soll dein Körper lebendig verbrannt und zu Asche gemacht werden. Falls du um Vergebung bittest, deinen Irrtum eingestehst und wie ein Christ sterben möchtest, wirst du zuerst erdrosselt werden, damit du die Qualen des Feuers nicht fühlst." Während man am Tisch des Gouverneurs den Fall behandelte, sprach Magister Diogo mit dem Bakkalaureus und tadelte ihn scharf. Die Folge war, daß dieser bereit war, Reue zu zeigen, so daß er, als das weltliche Urteil wie oben genannt verkündet wurde, geduldig zuhörte und sich seiner Sünde öffentlich beschuldigte. Bald wurde er eingekerkert. Dort verlangte er nach der Beichte und beichtete bei Magister Diogo. Er wurde an den Pranger gestellt, begleitet von Magister Diogo, der ihn als Akt der Barmherzigkeit begleitete, bis er erdrosselt wurde. Dann wurde er verbrannt und sein Körper zu Asche gemacht.

Quelle: (a) Bullarium collectio, quibus ... ius Patronatus ... conceditur I, Olisipone 1707, 173, nach: P. A. Jann, Die katholischen Missionen ..., Paderborn 1915, 90; (b) Neill, History 1, 115. 97; (c) Neill, History 1, 115; (d) A. K. Priolkar, The Goa Inquisition, Bombay 1961, 22f. – *Lit.*: A. M. Mundadan, History of Christianity in India, Bangalore 1984, 1, 437–459; RGG[4] 3, 1069f: Art. Goa; Neill, History 1, 220. 235ff.

D. Franz Xaver in Asien (1542–1552)

Wie kein anderer verkörpert der Baske Franz Xaver (Don Franscisco de Jassu y Xaver) (1506–1552) den weitgespannten Horizont der jesuitischen Missionsbewegung des 16. Jh.s. Am 15.5.1542 aus Lissabon im indischen Goa angekommen (Text 10a), verließ er sehr bald diese portugiesische Enklave, um weiter im Süden des Subkontinents außerhalb der portugiesischen Besitzungen unter den bereits christianisierten Paravern tätig zu werden (Text 10b, vgl. Text 16). 1545–1547 wirkte er in Malakka und auf den Molukken (Text 11), von wo er (nach zeitweiliger Rückkehr nach Indien) nach Japan aufbrach, dessen Boden er erstmals am 15.8.1549 betrat (Text 12a–b). Von Japan aus richtete er seine Blicke nach China (Text 13), vor dessen Toren – auf der Insel Sanzian bei Kanton – er am 3.12.1552 verstarb. Er wurde zum Begründer der Jesuitenmissionen in Indien, Japan und China.

10. Indien

a) Goa (1542)

[Brief an die Väter der Gesellschaft in Rom: Goa, 18.9.1542:] [...] Wir sind schon im fünften Monat in Goa, der Hauptstadt [Portugiesisch-] Indiens. Die Stadt ist schön, sie wird von einer großen Kathedrale gekrönt und ist fast ganz von Christen bewohnt. Ein zahlreiches Domkapitel, ein Franziskanerkloster mit vielen Ordensbrüdern und mehrere andere Kirchen geben der Stadt das christliche Gepräge. Wir müssen Gott, unserm Herrn, Dank sagen, daß der Name Jesu Christi in einem so fernen Lande, mitten unter den Heiden, also leuchtet. [...]

b) Südindien: Die Paraver (1542–1544)

[Brief an Ignatius von Loyola in Rom: Tuticurín, 20. Oktober 1542:] [...] Wir kamen durch Orte von Christen, bei denen es jetzt acht Jahre her sein wird, dass sie Christen wurden. An diesen Orten wohnen keine Portugiesen, weil das Land extrem unfruchtbar ist und äußerst arm. Weil sie niemanden haben, der sie in unserem Glauben unterweist, wissen die Christen dieser Orte nicht mehr von ihm als zu sagen, sie seien Christen. Sie haben niemanden, der ihnen die Messe liest, nicht einmal einen, der sie das Credo, das ‚Vaterunser', das ‚Gegrüßet seist du Maria' oder die Gebote lehrt. An diesen Orten taufte ich, als ich ankam, alle Kinder, die noch nicht getauft waren; ich habe also eine große Menge von Kleinkindern getauft, die den Unterschied zwischen rechts und links nicht kennen. Als ich an diesen Orten ankam, haben mich die Kinder nicht mein Brevier lesen noch essen noch schlafen lassen, sondern ich sollte sie einige Gebete lehren. Da habe ich zu erkennen begonnen, dass solchen das Himmelreich gehört. Weil ich eine so heilige Bitte nur unfromm hätte abschlagen können, habe ich sie so unterwiesen, beginnend mit dem Bekenntnis des Vaters, Sohnes und Heiligen Geistes, über das Credo, das ‚Vaterunser', das ‚Gegrüßet seist du Maria'. Ich habe bei ihnen große Begabungen erkannt. Und gäbe es jemanden, der sie im heiligen Glauben unterwiese, halte ich es für sehr sicher, dass sie gute Christen wären.

Quelle: (a) E. Vitzthum (Hg.), Die Briefe des Francisco de Xavier 1542–1552, Leipzig 1939, 39; (b) M. Sievernich (Hg.), Franz Xaver. Briefe und Dokumente 1535–1552, Regensburg 2006, 105. – Lit. allgemein: G. Schurhammer, Franz Xaver. Sein Leben und seine Zeit. Bd. 2/1–3: Asien (1541–1552), Freiburg etc. 1973; ders., Der hlg. Franz Xaver in Japan (1549–1551), Schöneck 1947; P. Aoyama Gen, Die Missionstätigkeit des hlg. Franz Xaver in Japan aus japanischer Sicht, St. Augustin 1967; A. C. Ross, A vision betrayed. The Jesuits in Japan and China, Edinburgh 1994; M. Sievernich, Die Jesuitenmissionen in Asien (16.–18. Jahrhundert), in: ThPh 77, 2001, 389–420; R. Haub/J. Oswald (Hg.), Franz Xaver – Patron der Missionen, Regensburg 2002; Sunquist, Dictionary 909f (Art. Xavier, F.); Moffett, Asia II, 9ff. 62ff. 68ff.

11. Südostasien : Das Sultanat Ternate

[Brief an die Gefährten in Rom: Cochin, 20.1.1548:] [...] Nachdem ich alle Orte von Christen auf diesen Inseln besucht hatte, kehrte ich erneut nach Maluco [d.h. in die Stadt Ternate auf den Molukken-Inseln] zurück, wo ich weitere drei Monate blieb [...] In diesen drei Monaten, welche ich dieses zweite Mal in Maluco war, predigte ich an den Mittwochen und Freitagen nur den [einheimischen] Frauen der Portugiesen, welche aus dem Land stammten, und ich predigte ihnen über die Glaubensartikel und Gebote und die Sakramente der Beichte und Kommunion. Denn es war in dieser Zeit Fastenzeit; und so haben zu Ostern viele kommuniziert [d.h. das Abendmahl genommen], die vorher nicht kommunizierten.

Mit Hilfe Gottes unseres Herrn entstand in diesen sechs Monaten, die ich in Maluco war, viel Frucht, sowohl bei den Portugiesen und ihren Frauen, Söhnen und Töchtern als auch bei den Christen von dem Land. [...]

Der König von Maluco [Hairun] ist Maure [Muslim] und Vasall des Königs von Portugal, und er sieht eine große Ehre darin ... Dieser König spricht sehr gut Portugiesisch. Und die Hauptinseln von Maluco gehören Mauren. Maluco ist kein Festland, sondern es sind alles Inseln. Der König wird nicht Christ, weil er die fleischlichen Laster nicht aufgeben will, und nicht weil er Mafoma [Mohammed] zugetan ist. Von einem Mauren hat er nichts anderes als dass er, als er klein war, beschnitten worden ist, und danach, als er groß war, hundert Mal verheiratet ist, weil er hundert Hauptfrauen hat und viele andere. Die Mauren jener Gebiete haben keine Lehre von der Sekte von Mafoma. Es fehlt ihnen an Alfaquis [Priestern], und die, welche es sind, wissen sehr wenig, und fast alle sind sie Ausländer.

Dieser König hat mir viele Freundlichkeiten erwiesen, so dass es ihm die Hauptmauren [die muslimischen Großen] seines Landes übel nahmen. Er wünschte, dass ich sein Freund sei, und machte mir Hoffnungen, dass er irgendwann einmal Christ würde. Er wollte, dass ich ihn lieb hätte trotz dieses Makels eines Mauren, und sagte mir, dass wir, Christen und Mauren, einen gemeinsamen Gott hätten und dass wir irgendwann einmal alle eins sein würden. Er freute sich sehr, wenn ich ihn besuchte; aber ich konnte nie bei ihm erreichen, dass er Christ würde. Er versprach mir, einen seiner Söhne ... Christ werden lassen, unter dieser Bedingung, dass er, nachdem er Christ geworden, König der Maureninseln würde.

Quelle: M. Sievernich (Hg.), Franz Xaver. Briefe und Dokumente 1535–1552, Regensburg 2006, 201–202.

12. Japan

a) Erste Pläne

[Brief an die Gefährten in Rom: Cochin, 20.1.1548:] [...] Als ich in dieser Stadt Malakka war, brachten mir einige portugiesische Kaufleute, sehr vertrauenswürdige Männer, große Nachrichten von einigen sehr großen Inseln, die erst seit kurzer Zeit in diesem Gebiet entdeckt worden waren, welche die Inseln von Japan heißen. Nach ihrer Auffassung könne man dort große Frucht für die Vermehrung unseres heiligen Glaubens gewinnen, mehr als in allen anderen Gebieten Indiens, weil es ein in hohem Maß wissbegieriges Volk sei, was die Heiden Indiens nicht sind.

Es kam mit diesen portugiesischen Kaufleuten [auch] ein Japaner, mit Namen Angero, auf der Suche nach mir, weil nämlich die Portugiesen, die von Malakka aus dorthin kamen, mit ihm über mich gesprochen hatten. Dieser Angero kam mit dem Verlangen, bei mir zu beichten, weil er nämlich den Portugiesen von bestimmten Sünden berichtet hatte, die er in seiner Jugend begangen hatte; und er bat sie um Abhilfe, damit Gott unser Herr ihm so große Sünden vergebe. [...]

b) Erfahrungen in Japan

[Brief an die Gefährten in Goa: Kagoshima, 5.11.1549:] Und so brachte uns Gott am Tag unserer Herrin im August des Jahres 1549 in diese Länder, wohin zu gelangen wir so sehr gewünscht hatten. Und ohne in einem anderen Hafen Japans anlanden zu können, kamen wir nach *Kagoshima*, welches die Heimat [des japanischen Begleiters] Paul vom Heiligen Glauben [Angero] ist, wo alle uns mit viel Liebe empfingen, sowohl seine Verwandten, wie die es nicht waren.
Von Japan lasse ich Euch aufgrund der Erfahrung, die wir von diesem Land haben, wissen, was wir von ihm mitbekommen haben: Zuerst sind die Leute, mit denen wir bis jetzt gesprochen haben, die besten, die bis jetzt entdeckt worden sind. Und mir scheint, unter ungläubigen Leuten werden sich keine anderen finden, die die Japaner übertreffen. Es sind Leute von sehr gutem Umgang, und im Allgemeinen gut und nicht böswillig, Leute von Ehre, dass es sehr zu verwundern ist. Sie schätzen die Ehre mehr als irgendetwas anderes. Sie sind im Allgemeinen arme Leute, und die Armut unter Edlen und solchen, die es nicht sind, sehen sie nicht als Schande an. [...]
Sie freuen sich sehr, Dinge von Gott zu hören, vor allem wenn sie sie verstehen. Von so vielen Länder, die ich in meinem Leben gesehen habe, sowohl der Christen wie derer, die es nicht sind, habe ich niemals Leute gesehen, die so zuverlässig nicht stehlen. Sie beten keine Götzenbilder in Tiergestalt an. Die meisten von ihnen glauben an Männer der Vergangenheit, welche, soviel ich mitbekommen habe, Männer waren, die als Philosophen lebten. Viele von diesen beten die Sonne und andere den Mond an. Sie freuen sich, der Vernunft gemäße Dinge zu hören. Und obwohl es Laster und Sünden bei ihnen gibt, scheint ihnen, wenn man ihnen Gründe gibt, welche zeigen, dass das, was sie tun, schlecht getan ist, gut, was die Vernunft verteidigt.

Quelle: (a) M. Sievernich (Hg.), Franz Xaver. Briefe und Dokumente 1535–1552, Regensburg 2006, 203; (b) Ebd., 317–318.

13. Pläne für China

[Brief an die Gefährten in Europa: Cochin, 29.1.1552:] Das Land China ist nahe bei Japan, und wie oben bereits geschrieben, wurden die dortigen Sekten aus China gebracht. China ist ein sehr großes Land, friedlich, ohne irgendwelche Kriege zu haben; ein Land mit viel Gerechtigkeit nach dem, was die Portugiesen schreiben, die dort waren. Es gibt mehr Gerechtigkeit als in jedem [Land] der ganzen Christenheit. Die Leute von China, die ich bis hier sowohl in Japan wie in anderen Gegenden gesehen habe, sind sehr scharfsinnig, mit großen Begabungen, viel mehr als die Japaner, und sie sind Menschen vielen Studiums. Das Land ist überaus wohlhabend ... und sehr bevölkert mit großen Städten, und Häusern aus gut bearbeiteten Steinen, und ... ein an vielen Seiden sehr reiches Land. Von den Chinesen habe ich als Kenntnis, dass es in China viele Leute von verschiedenen Gesetzen [d.h. Religionen] gibt. Und nach der Information, die ich von ihnen habe, scheint es, dass es Mauren [Muslime] oder Juden sein müssen. Sie können mir nicht sagen, ob es Christen gibt.
Ich glaube, dass ich in diesem Jahr [15]52 dorthin gehen werde, wo der König von China ist. Denn es ist ein Land, wo das Gesetz unseres Herrn Jesus Christus sehr ge-

mehrt werden kann. Und wenn man es dort annähme, wäre es eine große Hilfe, dass sie in Japan das Vertrauen auf die [buddhistischen] Sekten verlieren, an die sie glauben. Denn ... nach Japan ist es nur eine Überfahrt von achtzig Meilen über das Meer.

Quelle: M. Sievernich (Hg.), Franz Xaver. Briefe und Dokumente 1535–1552, Regensburg 2006, 358.

E. KULTURKONTAKTE

14. Philippinen: Bekehrung und Verteufelung

a) Magellan als Prediger (1521)

Bei der Suche nach einer Westpassage zu den Molukken bzw. der daraus resultierenden ersten Weltumsegelung (1519–1521) erreichte eine spanische Expedition unter Leitung von Fernande de Magellan 1521 auch die später Philippinen genannte Inselgruppe. Auf der Insel Cebu gewann er einige lokale Herrscher für das Christentum. Symbolisch für die enge Verbindung von Glaubenspredigt und spanischer Kolonisierung ist die Tatsache, daß es Magellan – und nicht der die Expedition begleitende Weltpriester – war, der zu den Cebuanos predigte. Der Bericht über Magellan als Missionar, der durch den Chronisten Pigafetta erhalten ist, gibt Einsicht sowohl in den religiösen Eifer des spanischen *Conquistador* wie in die unklaren Vorstellungen der Cebuanos über die Bedeutung der Taufe in dieser Situation eines kulturellen Erstkontaktes.

Der Kapitän [Magellan] sprach viel über den Frieden, und daß er bete, Gott im Himmel möge seine Worte bestätigen. Sie [die Bewohner der Insel Cebu] sagten, daß sie noch niemals jemanden so hätten reden hören, aber daß sie große Freude hätten, ihm zuzuhören. Als der Kapitän sah, daß sie ihm bereitwillig zuhörten und antworteten, begann er, Argumente vorzutragen, um sie zur Annahme des Glaubens zu bewegen. Als er sie fragte, wer nach dem Tod des Königs die Herrschaft übernehmen werde, antwortete man ihm, daß der König keine Söhne, sondern nur Töchter habe, und daß die älteste von ihnen die Frau eines seiner Neffen sei. Dieser sei deshalb der Kronprinz. [Sie sagten, daß] wenn Väter und Mütter alt werden, man sie nicht mehr ehrte, sondern daß ihre Kinder ihnen Befehle geben. Der Kapitän erzählte ihnen, daß Gott den Himmel, die Erde, das Meer und alles andere geschaffen habe und daß er uns befehle, unsere Väter und Mütter zu ehren. Wer dies nicht tue, sei zum ewigen Feuer verdammt. Er sagte, daß wir alle von Adam und Eva, unseren ersten Eltern, abstammen und daß wir eine unsterbliche Seele haben, und viele andere Dinge, die mit dem Glauben zu tun haben. Alle ersuchten den Kapitän fröhlich, ihnen zwei Männer dazulassen, oder wenigstens einen, die sie in Glaubensangelegenheiten unterrichten könnten, und [sagten], daß sie ihnen große Ehren erweisen würden. Der Kapitän antwortete ihnen, daß er jetzt niemanden bei ihnen lassen könne, aber wenn sie Christen werden wollten, würden unsere Priester sie taufen, und das nächste Mal werde er Priester und Mönche mitbringen, die sie in Glaubenssachen unterrichten würden. Sie antworteten, daß sie zuerst mit ihrem König sprechen und daß sie Christen werden würden, [worauf] wir alle vor großer Freude weinten. Der General-Kapitän sagte ihnen, daß sie nicht aus Furcht oder um uns zu gefallen Christen werden sollten, sondern aus eigenem Willen, und daß er diejenigen nicht belästigen würde, die nach ihrem eigenen Gesetz lebten, aber daß die Christen besser angesehen und behandelt werden würden als die anderen. Alle riefen wie aus einem Munde, daß sie nicht aus Angst oder um uns zu gefallen Christen werden würden, sondern aus eigenem freiem Willen.

b) Filipino-Religion als „Teufelswerk“

Obwohl spanische Berichte über die vorhispanische Filipino-Religion in den Details auseinandergehen, sind die Grundlinien klar, zumindest für die größeren Völker aus dem Tiefland von Luzon und den Visayas. Typischerweise interpretierten die frühen Missionare sie als Werk des Teufels, dessen Einfluß, ja sogar Anwesenheit sie selbst sehr deutlich wahrzunehmen glaubten.

Ihr ganzes Regierungssystem und ihre Religion beruhen auf Sitten und Bräuchen, die vom Teufel selbst eingeführt worden sind, der durch ihre Götzen und Priester zu ihnen sprach. Sie haben diese Überlieferungen in ihren Liedern bewahrt, die sie auswendig kennen, da sie sie von Kindesbeinen an gehört haben – wenn sie beim Rudern, beim Arbeiten, beim Feiern und Zelebrieren gesungen wurden und vor allem beim Trauern um die Toten. In diesen barbarischen Liedern besingen sie die erfundene Abstammungsgeschichte und die eitlen Taten ihrer Götter. Unter ihnen machen sie einen zum Hauptgott, der allen anderen überlegen ist. Die Tagalogs nennen ihn *Bathala Mei-capal*, was ‚der Gott, der der Erschaffer ist' oder ‚der Schöpfer' bedeutet, und die Visayas nennen ihn *Laon*, was ‚Altertum' bedeutet. Sie sprechen von der Schöpfung der Welt, dem Ursprung der menschlichen Rasse, der Sintflut, der Belohnung der Herrlichkeit, der Strafe und anderen unsichtbaren Dingen. Auf diese Weise erzählen sie unzählige Lügen und variieren sogar in der Erzählweise; manche erzählen sie so, manche anders. So kann man sehr gut sehen, daß es sich um Lügen und Fabeln handelt [...]
Zusammengefaßt besteht ihre Abgötterei – wie die vieler anderer Völker – darin, daß sie ihre Ahnen anbeten und als Götter betrachten, besonders Männer, die sich durch gute oder grausame Taten ausgezeichnet haben. Zum Andenken an ihre Ahnen haben sie kleine Götzenbilder, manche aus Stein, manche aus Stroh, andere aus Knochen, aus Elfenbein oder aus Krokodilzahn und andere aus Gold; diese werden *larawan* genannt, was Götzenbild, Bild oder Statue bedeutet. Zu ihnen nehmen sie Zuflucht, wenn sie in Not waren, und machten ihnen barbarische Opfer. [...]
Obwohl sie keine Tempel hatten, hatten sie Priester, Männer und Frauen, die die Tagalogs *Catalonan* und die Visayas *Babailan* nennen. Derjenige hatte dieses Amt inne, der am besten mit dem Teufel umgehen konnte, der ihn täuschte, und mit den blinden Menschen, die er mit tausenden Täuschungen betrog.

Quelle: (a) Antonio Pigafetta, Primo viaggio intorno al mondo, in: E. H.Blair/J. A. Robertson (Hgg.), The Philippine Islands, Cleveland 1903/09, 33, 142–145; (b) Pedro Chirino S.J., Relación de las Islas Filipinas i de lo que en ellas an trabaiado Los Padres dae la Compañia de Iesus, Rom 1604 (= Manila 1890), 52–55. – Lit.: Moffett, Asia II, 150ff; Sunquist, Dictionary 509 (Art. Magellan, F.); 654–657 (Art. Philippines).

15. Japan: Religionsgespräche der Jesuiten und Buddhisten (1551)

Bereits wenige Jahre nachdem die Portugiesen Japan erreicht hatten, landete Franz Xaver 1549 zusammen mit zwei Begleitern (Pater Cosme de Torres und Fray Juan Fernández) auf der Südinsel Kyushu. Mit Hilfe von Dolmetschern begannen sie ihre Tätigkeit. Nach einem erfolglosen Vorstoß in die Landeshauptstadt Miyako/Kyoto ließen sie sich in der kulturell und religiös bedeutenden Residenz Yamaguchi nieder. Dort kam es u.a. zu einer Debatte mit Vertretern des Zen-Buddhismus, denen gegenüber die Jesuiten die Sonderstellung des bewußtseinsbegabten Menschen im Kosmos zu erläutern suchten. Dieses Gespräch des Cosme de Torres mit den Buddhisten vom 20.10.1551 ist durch das Protokoll des sprachkundigen Juan Fernández erhalten und als „erste Dokumentation vom Zusammenstoß asiatischer und europäischer Art zu denken“ (W. Reinhard) gewürdigt worden.

Nachdem Ew. Hochw. [= Franz Xaver] abgereist waren, gab es vielerlei Fragen, welche die Japaner stellten. Sie waren ganz verändert, als sie sahen, daß Ew. Hochw. fortgegangen seien, derart, daß sich das Haus füllte vom Morgen bis zur Nacht; denn sie meinten, jetzt sei niemand mehr da, der sie mit der Gnade und Hilfe des Hlg. Geistes besiegen könnte.
Auf diese Fragen antwortete P. Cosme de Torres, und ich [J. Fernández] diente dabei als Dolmetscher.
Und da der Pater mir befohlen hat, immer in japanischer Sprache aufzuschreiben, was jene fragen und er ihnen antwortet, so will ich hier von jenen Punkten, die ich aufgeschrieben habe, Ew. Hochwürden Mitteilung machen.
Zuerst kamen viele *Zen-shu*, Priester und Laien. Wir fragten sie, was sie taten, um Heilige zu werden. Sie antworteten lachend, es gäbe keine Heiligen; es sei also gar nicht notwendig, sich seinen Weg zu suchen. Denn nachdem jenes große Nichts ins Dasein getreten sei, könne es nichts anderes tun, als sich wieder ins Nichts zu verwandeln.
Wir fragten sie viele Dinge, um ihnen klar zu machen, daß es ein Prinzip *(principio)* gebe, das allen anderen Dingen ihren Anfang gibt. Sie gaben zu, daß dem so sei, indem sie sagten, „Dies ist ein Prinzip, aus dem alle Dinge hervorgehen: Menschen, Tiere, Pflanzen. Jedes geschaffene Ding hat in sich dieses Prinzip, und wenn der Mensch oder das Tier sterben, dann verwandeln sie sich in die vier Elemente, in das, was sie waren, und dieses Prinzip kehrt zurück in das, was es ist.“ Dieses Prinzip, sagen sie, ist weder gut noch böse, hat weder Seligkeit noch Schmerz, stirbt nicht und lebt nicht, so daß es ein Nichts ist.
Wir fragten, ob ein Unterschied sei zwischen Menschen und Tieren. Sie antworteten, im Geborenwerden und Sterben seien sie gleich. Aber in einer Beziehung seien die Tiere besser; denn im Leben lebten sie ohne Sorgen, Gewissensbisse und Traurigkeit, anders aber die Menschen.
Wir fragten, was das sei, worin sich der Mensch von den Tieren unterscheide, nämlich daß er Traurigkeit, Sorgen und Gewissensbisse fühle?
Sie antworteten, wie es viele Arten von Tieren gebe, und so verschieden voneinander in den Lebensbedingungen, so sei auch der Mensch verschieden unter ihnen.
Wir sagten ihnen, wenn es auch vielerlei Insekten und andere Tiere gebe und sie auch verschieden seien im Körper, so seien sie doch, Große und Kleine, insofern sie weder Gut noch Böse kennten, alle von einer Art. Der Mensch aber sei hierin sehr verschieden von ihnen allen und einzig in seiner Art.
Sie antworteten: „Mag dem auch so sein, aber im Geborenwerden, im Sterben und in der Seele sind doch die Menschen und Tiere eins.“
Wir sagten ihnen, das sei nicht der Fall. Auch wenn man ein Kind nach der Geburt unter die Tiere versetzte, so daß es keine Menschen sähe; sobald es die Körperkräfte dazu habe, spreche es und wisse Gut und Böse zu unterscheiden, und wenn es etwas gegen die Vernunft tue, habe es Gewissensbisse. Sie sollten sagen, was das für ein Ding sei, womit es die Gewissensbisse empfinde. [...]
Sie sagten, von der Materie des Körpers wüßten sie wohl, daß es vier Elemente wären; aus was für Materie aber erschaffe Gott die Seele?
Wir antworteten ihnen: „Als Gott die Welt erschuf, brauchte er, um die Elemente Sonne, Mond usw. zu machen, keine Materie zum Erschaffen zu suchen, sondern einzig mit seinem Wort und Willen schuf er sie neu. Ebenso schafft er auch die Seelen ohne jede Materie, einzig durch sein Wort und seinen Willen.“ [...]

Quelle: G. Schurhammer, Die Disputation des P. Cosme de Torres S.J. mit den Buddhisten in Yamaguchi im Jahr 1551, Tokio 1929, 66–68; cf. Schmitt, Dokumente 3, 475–478 (Einleitung von W. Reinhard).

F. Formen einheimischen Christentums

16. Südindien: Massenübertritte der Paraver (seit 1535)

So unterschiedlich die Motive, die zur Annahme des Christentums führten, im Einzelnen auch waren: sie führten vielfach zur Ausbildung einer dauerhaften neuen religiösen Identität. In den Jahren 1535–1538 kam es zu einem Massenübertritt der an der südindischen Fischerküste lebenden Paraver zum Christentum. Die vormals privilegierte Kaste der Paraver, die sich mit Perlenfischerei beschäftigte, war zunehmend in die Abhängigkeit indisch-arabischer Händler geraten. Zugleich sah sie sich wachsenden Pressionen lokaler Hinduherrscher ausgesetzt. Für die Paraver lag es daher nahe, sich unter den Schutz der Portugiesen zu stellen, was zugleich eine Hinwendung zum Christentum zur Folge hatte. Eine besondere Rolle spielte dabei ein einheimischer Christ namens João da Cruz, der 1513 als Fünfzehnjähriger vom Fürsten von Calicut an den Hof König Manuels I. nach Lissabon geschickt wurde und dort zum Christentum übertrat. Nach Indien zurückgekehrt, setzte er sich mit großem Eifer für die Ausbreitung seines neuen Glaubens ein, wobei sich ökonomische, politische und religiöse Interessen aufs Eigentümlichste verbanden. Die zunächst oberflächliche Annahme des katholischen Glaubens durch die Paraver erwies sich als dauerhaft und überlebte wechselnde kolonialpolitische Konstellationen wie etwa den Übergang zur Herrschaft der kalvinistischen Niederländer im 17. und der Engländer im 19. Jh. Sie etablierten sich als eine christliche Kaste im südlichen Indien. Der folgende um 1580 verfaßte Bericht stammt von P. Manuel Texeira SJ, der persönlich Zeitzeugen der geschilderten Vorgänge kannte. Vgl. auch Text 10b.

Da sich die Paraver in solcher Beschwerde und Bedrängnis [durch die örtlichen Muslime] sahen und kein anderes Heilmittel wußten, holten sie sich Rat bei einem christlichen Malabaren [= Südinder], einem vornehmen Mann, der in Portugal gewesen war ... Er hieß João da Cruz und hatte einige Pferde als Geschenk zu den Königen jenes Landes gebracht. Sie frugen ihn, was sie in solch großer Bedrängnis und Beschwerde tun sollten. Da João da Cruz ein guter Christ war, sagte er ihnen, da die Mohammedaner sich der Gunst der [Hindu-] Könige des Landes bedienten, so wisse er für ihre Nöte kein anderes Heilmittel als sich um Hilfe an den König des Himmels, der sehr mächtig sei, und an die Portugiesen zu wenden. Da dieselben Christen seien, würden dieselben zur See mit ihren Flotten helfen, falls sie selber unseren hlg. Glauben annähmen. Und die Portugiesen würden sie nicht nur aus jener Beschwerde befreien, in der sie zur Zeit seien, sondern vielleicht würden sie mit ihrer Hilfe auch die Perlfischerei, die jetzt die Mohammedaner hätten, bekommen, so daß sie den Paravas gehören würde, die bisher als Tagelöhner der Mohammedaner fischten [...]
Und es gefiel unserem Herrn, daß es so kam, wie João da Cruz ihnen gesagt hatte. Denn den Paravern schien sein Rat gut, und darum beschlossen alle, Christen zu werden; und dafür schickten sie ihre *Patangatins*, d.h. ihre Vorsteher, mit Geld zur Stadt Cochin, damit sie Christen würden und so die Flotte der Portugiesen zu ihrer Hilfe brächten und mit ihr auch Priester, sie zu taufen. [...] Die *Patangatins* und die Übrigen, die mit ihnen kamen, wurden in Cochin getauft, und nahmen den Familiennamen Da Cruz an wegen des João da Cruz, der ihnen diesen Rat gegeben hatte. Seitdem ist es bei ihnen bis heute Brauch, daß die Vorsteher und Vornehmen Da Cruz heißen.
Nach ihrer Taufe fuhr die Flotte ihnen zu Hilfe und mit ihr der Vikar von Cochin mit einigen Priestern. Und so erhielten die Paraver Hilfe und ihre ganze Nation wurde getauft, ein Gebiet von 20–30 Meilen Länge, und die Getauften waren an die 20.000 Seelen, wie noch heute [um 1580] einige von ihnen und den Priestern, die dabei wa-

ren, zu erzählen wissen. Die Perlfischerei wurden ihnen übergeben; und wenn die Mohammedaner noch etwas fischen, so geschieht es in Abhängigkeit von ihnen, wie João da Cruz ihnen gesagt hatte.

Quelle: G. Schurhammer, Die Bekehrung der Paraver (1535–1537), in: ders., Gesammelte Studien, Bd. 2: Orientalia, Rom 1963, 215–254, hier: 222–226. – *Lit.*: Schurhammer, ebd.; S. B. Kaufmann, A Christian Caste in Hindu Society (in: Modern Asian Studies 15, 1981, 203–234); A. M. Mundadan, History of Christianity in India, Bangalore 1, 1984, 391–401; Neill, History 1, 140 ff; Gründer, Welteroberung 279ff.

17. Ceylon (Sri Lanka): Die Märtyrer von Mannar (1544)

Die Selbst-Christianisierung der je nach Jahreszeit ihren Aufenthalt wechselnden Paraver führte rasch zu einer katholischen Präsenz auch auf der gegenüberliegenden Nordwestküste Ceylons, lange bevor die Portugiesen dort Fuß faßten. Trotz massiver Verfolgung durch den Hindu-Herrscher von Jaffna 1544 hielten die Neuchristen in der Region von Mannar – noch heute eine Hochburg des srilankanischen Katholizismus – an ihrem neuen Glauben fest.

Es gefiel Gott, die Bemühungen des von Südindien [nach Ceylon geschickten] Priesters so reichlich zu segnen, daß er in kurzer Zeit eine große Anzahl der Einwohner dieser Insel unterrichtete und taufte. In jenen Tagen war Mannar eine Kolonie des Königreichs Jaffna (dies ist der Name des Teils von Ceylon, der im Norden liegt). Dieser König war ein zweifach barbarischer Mann, von Natur aus und seiner Laster wegen; eher ein Tyrann als ein König, seitdem er mit Waffengewalt seinen älteren Bruder eingekerkert und des Thrones beraubt hatte, der ihm durch die Geburt zustand. Außerdem hielt er seine Untertanen in Sklaverei, raubte diejenigen Chefs aus und ließ sie ermorden, die unter dem Volk einen Aufstand hervorrufen könnten. Aber vor allem war er ein unerbittlicher Feind des Gesetzes Christi ... Nun war dieser König, als er die Nachricht von der Bekehrung der Einwohner Mannars erhielt, so erzürnt, daß er keinen einzigen von ihnen am Leben lassen wollte. Er befahl, daß sofort eine genügend starke Armee bereitgestellt werden sollte, die heimlich nach Mannar geschickt wurde, um diese unschuldigen Leute zu massakrieren. So sollten diese bestraft und die anderen eingeschüchtert werden. Die Ausführung war keineswegs weniger grausam als der Befehl. So viele getaufte Menschen sie finden konnten, alle, ohne Unterschied von Alter oder Stand – Frauen und Männer, Kinder und Säuglinge – wurden hingerichtet. Doch führte die in ihnen wirksame wunderbare Taufgnade dazu, daß jeder, der gefragt wurde, ob er Christ sei, – statt zu leugnen und so sein Leben zu retten – sich dazu bekannte, Christ zu sein. Väter und Mütter sprachen für ihre Kinder, die noch nicht für sich selbst sprechen konnten, und opferten sie mutig auch dem Tod. In kurzer Zeit wurden so sechs- bis siebenhundert Menschen getötet; und der Ort des Geschehens ... wurde hinterher das Märtyrerland genannt, diesen Märtyrern zu Ehren.

Quelle: P. D. Bartoli, Dell' istoria della Compagnia di Gesu, 1, 154f (o.O. 1608 = Venedig 1833), zit. nach: S. G. Prakasar, A History of the Catholic Church in Ceylon, Colombo 1924, 42f.

G. THOMASCHRISTEN UND PORTUGIESEN BIS 1599

Das Verhältnis der indischen Thomaschristen zu den Portugiesen war ambivalent. Wußten sich beide Seiten anfangs aufeinander angewiesen, so verstärkte sich bald das Bewußtsein der Unterschiede. So kannten die Thomaschristen weder Papsttum noch die Siebenzahl der Sakramente noch verpflichtenden Zölibat. Sie gebrauchten das Syrische als Kirchensprache und unterstanden dem nestorianischen Patriarchen in Mesopotamien („Babylon"), von dem sie ihre Bischöfe erhielten. Die früh einsetzenden Bestrebungen der Portugiesen zur Latinisierung der Thomaschristen intensivierten sich deutlich seit Mitte des 16. Jh.s, u.a. als Folge der Rezeption des Tridentinums. Sie fanden 1599 mit der Synode von Diamper einen traurigen Höhepunkt, als die Thomaschristen mehr oder minder zwangsweise in die portugiesische Kolonialkirche eingegliedert wurden. Über alle Konfessionsgrenzen hinweg ist dieser Akt bis heute weiten Teilen der indischen Christenheit traumatisch in Erinnerung geblieben.

18. Wachsende Entfremdung (1516/18)

[Aus einem Brief des portugiesischen Priesters Penteado an den König von Portugal 1516/18:] Die Thomaschristen legen keinen Wert auf Gemeinschaft mit den Portugiesen. Dies nicht deshalb, weil sie nicht froh wären, wie wir Christen zu sein. Sie tun es vielmehr, weil wir für sie das sind, was die Engländer und die Deutschen für uns. Was ihre Sitten und Gebräuche angeht, so ist ihr Wille durch ihre Priester korrumpiert. Diese behaupten, daß genau so, wie es zwölf Apostel gab, diese zugleich zwölf [unterschiedliche Formen kirchlichen] Brauchtums begründeten, jede verschieden von den anderen.

Quelle: A. M. Mundadan, The Arrival of the Portuguese in India and the Thomas Christians under Mar Jacob 1498–1552, Bangalore 1967, 83. – *Lit.*: G. Schurhammer, The Malabar Church and Rome, Trichinopoly 1934; P. P. J. Podipara, Die Thomaschristen, Würzburg 1966, 98ff; A. M. Mundadan, History of Christianity in India, Bangalore 1984, 1, 283–347; Moffett, Asia II, 12ff.

19. Aktionen zur Latinisierung der Thomaschristen (1550)

Mateo Dias, ein thomaschristlicher Priester in Diensten der Portugiesen, in einem Brief an den König von Portugal aus dem Jahr 1550 über die aktuelle Situation:

An dieser Küste gibt es viele Thomaschristen, über 40.000 Seelen, die früher die Patriarchen von Babylon [Mesopotamien] zum Oberhaupt hatten. In deren Namen kamen Männer aus Babylon als Bischöfe, um sie im katholischen Glauben zu unterrichten, was sie nicht ohne einige Irrtümer taten. Unter anderem ordinierten sie Einheimische, aber ohne die Befugnis zum Lesen der Messe. Und jetzt sind hier zwei Männer aus dem erwähnten Babylon, die alles nach der Art Babylons [d.h. entsprechend der nestorianischen Tradition] taten, bis Eure Hoheit den Vater Alvaro Penteado sandte. Der brachte mit viel Sorgfalt und Eifer die erwähnten Babylonier zum Gehorsam gegenüber der [römisch-katholischen] Hlg. Mutter Kirche, und erlangte für sie ein Gehalt von Eurer Hoheit, und nun tun sie nichts mehr gemäß babylonischer Sitte und sind sehr ernsthaft und gehorsam gegenüber der Heiligen Mutter Kirche. Einer von den [einheimischen] Priestern jedoch, die von den oben erwähnten Babyloniern geweiht wurden, geht umher und lehrt die Thomaschristen die baylonischen [nestorianischen] Bräuche ohne Furcht vor Gott oder der Hlg. Mutter Kirche ..., und hat unter ihnen schon viel Verwirrung angerichtet.

Quelle: A. M. Mundadan, History of Christianity in India, Bangalore 1984, 1, 320.

20. Zwangseingliederung auf der Synode zu Diamper (1599)

Die Synode von Diamper (Udayamperur) im heutigen Kerala wurde 1599 vom Erzbischof von Goa, Aleixo de Menezes S.J., einberufen, um die Thomaschristen zur Aufgabe ihrer Traditionen zu nötigen und sie der römischen Jurisdiktion zu unterstellen. Sie bedeutete das zeitweilige Ende der indischen Thomaschristenheit als eigenständiger Kirche. Erst 1653 gelang es zumindest einem Teil der indischen Thomaschristen, sich aus dieser Zwangsunion wieder zu lösen.

Sitzung III. Dekret VIII. [Keinerlei Beziehung zum ostsyrisch-nestorianischen Patriarchen in Mesopotamien:] Bis zu dem Zeitpunkt, als der sehr erhabene Metropolit [der Erzbischof von Goa Aleixo de Menezes S.J.] in diese Diözese kam, bestand hier [unter den Thomaschristen] eine gewisse häretische Praxis, die zweimal während des hlg. Meßopfers und wieder zweimal während des Gottesdienstes wiederholt wurde, nach der der Patriarch von Babylon ‚universaler Hirte' und ‚Oberhaupt der katholischen Kirche' genannt wurde, an jeder Stelle und so oft, wie sein Name fiel. Dies ist ein Titel, der nur dem heiligsten Vater, dem Bischof von Rom, dem Nachfolger des Apostelfürsten Petrus und dem Vertreter Christi auf Erden zusteht. Deshalb fordert die Synode bei Strafe der unmittelbar eintretenden Exkommunikation, daß es niemand aus diesem Bistum, sei er Laie oder Geistlicher, künftig noch wagen soll, ... diesen Titel in Wort oder Schrift dem erwähnten Patriarchen von Babylon bzw. irgendeinem anderen Prälaten außer unserem Herrn, dem Bischof von Rom, beizulegen. [...]
Sitzung III. Dekret XX. [Verurteilung der Nestorianer:] Diese Synode bekennt sich, zusammen mit allen Priestern und Gläubigen dieser Diözese, zu allen heiligen Allgemeinen Konzilien, die die Hlg. Mutter Kirche annimmt, indem sie ... alles bekennt, was diese beschlossen haben, und alles verdammt, was diese verworfen und verurteilt haben. Insbesondere aber bekennt sie sich mit großer Verehrung zum ersten Konzil von Ephesus [im Jahr 431], an dem 200 Vätern teilnahmen, und glaubt fest an alles, was dort festgelegt wurde, und verwirft und verurteilt alles, was dort verurteilt wurde. Dies gilt vor allem für die teuflische Häresie der Nestorianer, die jahrelang in dieser Diözese gepredigt worden ist und hier Glauben gefunden hat. Diese hat bereits das erwähnte Konzil [von Ephesus 431] zusammen mit ihrem Anführer Nestorius und allen seinen Anhängern verworfen und verdammt [...]
Sitzung III. Dekret XXI. [Beschluß, sich in jeder Hinsicht dem Konzil von Trient zu unterwerfen] Desweiteren nimmt diese Synode, zusammen mit allen Priestern und Gläubigen dieser Diözese, das letzte Hlg. Konzil von Trient [1545–1563] an. Sie glaubt alles und bekennt alles, was dort beschlossen und gutgeheißen wurde; und sie verwirft alles und verflucht alles, was das Konzil verwarf und verdammte. [...] Die Synode ist entschlossen, dem Konzil in allen Belangen zu folgen, die die Leitung der Kirche und die Reform der Sitten dieses gläubigen und katholischen Volkes betreffen, auch wenn entgegenstehende Bräuche seit undenkbaren Zeiten in diesem Bistum bestanden.
Sitzung III. Dekret XXII. [Unterwirft die Thomaschristen der Inquisition in Goa] Diese Synode unterwirft sich, gemeinsam mit allen Priestern und Gläubigen dieser Diözese, mit großer Ergebenheit und Ehrerbietung dem heiligen, aufrechten, gerechten und notwendigen Gericht des Hlg. Officium der Inquisition, das in dieser Gegend eingerichtet worden ist. Sie ist sich dessen bewußt, wie sehr die Unversehrtheit des Glaubens von diesem Gericht abhängt ..., und will nach dem Beispiel aller anderen Bistümer der Provinz, daß alle Glaubensfragen von demselben Gericht geurteilt werden ... Dies gilt ungeachtet des Umstandes, daß sich das Hlg. Officium bisher mit niemandem, der zu diesem Bistum gehört, befaßt hat, weil sich diese Kirche abgesondert

hatte und wenig oder keine Beziehung zum apostolischen Sitz und den zu ihm gehörenden Kirchen unterhielt [...]

Quelle: Kuriakose, History 39–43. – *Lit.*: Neill, History 1, 191–219; RGG[4] 2, 825f.: Art. Diamper, Synode von; J. Thaliat, The Synod of Diamper, Rom 1958; J. Tekkedath, History of Christianity in India, Bangalore 1982, 2, 64ff; T. de Souza, The Indian Christians of St. Thomas and the Portuguese Padroado, in: K. Koschorke (Hg.), "Christen und Gewürze", Göttingen 1998, 31–42; G. Nedungatt (Hg.), The Synod of Diamper Revisited, Rome 2001; B. Puthur (Hg.), The Life and Nature of the St. Thomas Christian Church in the Prediamper Period, Kochi 2000; S. Zacharia (Hg.), The Acts and Decrees of the Synod of Diamper 1599, Edamattam 1994; Moffett, Asia II, 13ff.

ASIEN II. 1600–1800

A. FORMEN KATHOLISCHER PRÄSENZ

21. Orden auf den Philippinen

In Asien kam es allein in den spanisch beherrschten Philippinen zur Ausbildung einer flächendeckenden katholischen Präsenz. Die Evangelisierung – und weitgehend auch die „Pazifizierung" – des Inselreiches lag in den Händen der verschiedenen Missionsorden, unter die das Land 1594 aufgeteilt wurde. Diese Organisationsform blieb für die Geschichte des philippinischen Katholizismus bestimmend. Aus einem Schreiben des Gouverneurs Francisco Tello vom 9.7.1598:

Der Augustinerorden, der erste Orden, der [1565] auf diesen Inseln Fuß faßte, hat die Tagalog-Provinzen, Pampanga, Ylocos und Pintados in Besitz genommen. Er besitzt dort 60 Häuser mit 108 Priestern und Predigern und 53 Laienbrüdern. Sie müssen mehr Häuser errichten, einerseits für die neu erschlossenen und die noch zu entdeckenden Regionen, und auch um die Qualität des Unterrichts zu gewährleisten. Zu diesem Zweck wird es notwendig sein, jährlich 20 Ordensleute zu schicken. Sollten diese aus Neuspanien [= Mexiko] kommen, wäre es für die Königliche Schatzkammer billiger, sie hierhin zu schicken. Sie eignen sich besser für dieses Land, weil sie schon Erfahrung mit Indianern haben.
Der Franziskanerorden hat die Provinz Camarines in Besitz genommen, wo er 40 Häuser mit 120 Ordensleuten besitzt, von denen 23 Laienbrüder sind und der Rest Priester, Prediger und Beichtväter. Sie brauchen 50 Ordensleute, sowohl um die Qualität des Unterrichts gewährleisten zu können als auch für ihre zu errichtenden Häuser.
Der Dominikanerorden hat die Provinz Cayagan in Anspruch genommen, wo er 12 Häuser mit 71 Ordensleuten besitzt. Für die in dieser Provinz zu errichtenden Häuser und zur Sicherstellung des Unterrichts in der Provinz müssen ihnen jedes Jahr 20 Priester geschickt werden. Laienbrüder bekommen sie auf den Inseln so viele, wie sie brauchen.
Die Gesellschaft Jesu, die sich hier als letzte etabliert hat, hat 12 Häuser, die in den Provinzen Pintados, auf den Inseln Camar [Samar], Leite und Babao [Ostsamar] stehen. Sie haben dort 43 Ordensleute, von denen 23 Priester, Prediger und Beichtväter sind und der Rest Laienbrüder. Für die dort noch zu errichtenden Häuser und für die Arbeit in Mindanao, wo diese Ordensleute die Aufgabe haben werden, den Frieden durchzusetzen, werden sie 50 Priester auf einmal brauchen ... Sie unterhalten hier zwei Collegia, eins in Manila und das andere in der Stadt Santissimo Nombre de Jesús, wo die Spanier im Lateinischen und die Einheimischen sehr sorgfältig im christlichen Glauben unterwiesen werden.

Die Oberen dieser Orden sind fähige Geistliche, und unter den übrigen Ordensmitgliedern haben viele gute Sprachkenntnisse, was viel zur Bekehrung der Einheimischen beiträgt. Die Folge ist, daß sich jeden Tag mehr Menschen bekehren.

Quelle: J. N. Schumacher, Readings in Philippine Church History, Quezon 1979, 17f. – *Lit.*: P. Fernandez, History of the Church in the Philippines (1521–1898), Manila 1979, 19ff; TRE 26, 1996, 514 ff.: Art. Philippinen; Sunquist, Dictionary 654ff (Art. Philippines).

22. Jesuiten am Hof des Mogul-Kaisers Akbar I.

Entsprechend ihrem Konzept einer Elitenmission waren die Jesuiten in Asien wiederholt an den Höfen nicht-christlicher Herrscher tätig. Eine besondere Gelegenheit dazu bot die Einladung des dritten Herrschers der türkisch-persischen Mogul-Dynastie Nordindiens Akbar I. (1556–1605) an den Kaiserhof erst in Fatehpur Sikri und dann in Lahore. Die Hoffnung auf eine christliche Bekehrung des Kaisers, der an seinem Hof Religionsgespräche u.a. mit Hindus, Muslims, Parsen sowie den Jesuiten veranstaltete, erwies sich zwar bald als illusorisch. Doch bestand die Jesuiten-Mission im Mogul-Reich knapp zwei Jahrhunderte fort. Antonio Monserrate S.J. über den am 26.10.1605 verstorbenen Herrscher:

Er war ein von allen geliebter Fürst, fest gegenüber hochgestellten Personen, liebenswürdig gegenüber einfachen Menschen und gegenüber allen gerecht, ob von hohem oder niederem Stand, gegenüber Landsleuten oder Fremden, Christen, Moslems oder Hindus ... Er lebte in der Furcht Gottes und versäumte es nie, ihn viermals täglich anzubeten, bei Sonnenaufgang, Sonnenuntergang, mittags und mitternachts; und trotz seiner zahlreichen Pflichten verkürzte er niemals seine Gebete zu diesen vier Zeiten ... Akbar war einer der glücklichsten Monarchen seiner Zeit ... Er unternahm kaum etwas, was er nicht erfolgreich zu Ende führte ... Doch er versäumte das wichtigste: Die Kenntnis des wahren Gottes und seines einzigen Sohnes Jesus Christus, der kam, um die Menschheit zu retten.

Quelle: Neill, History 1, 190. – *Lit.*: Ebd. 1, 166–190; C. H. Payne, Akbar and the Jesuits, London 1926; A. Camps, Jerome Xavier S.J. and the Muslims of the Mogul Empire, Schöneck 1957.

23. Christenverfolgungen in Japan

Mit der Einigung Japans unter Toyotomi Hideyoshi (1582–1598) fand zugleich ein halbes Jahrhundert rasanten Kirchenwachstums ein Ende. 1597 kam es zu ersten Christenverfolgungen, die in der Folgezeit an Heftigkeit zunahmen. Unter dem Schogun Iemitsu Tokugawa (1623–1651) schloß sich das Land vollständig gegen die Außenwelt ab (a). Über mehr als 200 Jahre war fortan den Japanern das Verlassen ihres Landes und den Europäern das Betreten Japans verboten. In den Jahren 1614–1636 wurde die christliche Kirche in Japan fast vollständig zerstört. Die verbliebenen Gläubigen wurden gezwungen, durch einen formellen Eid, durch Abschwörung und das Treten auf Heiligenbilder als Tatbeweis ihrem Glauben abzusagen (b). Trotz schwerster Verfolgungen überlebte eine christliche Minderheit im Untergrund bis ins 19. Jh. (vgl. Text 59).

a) Edikt zur Schließung des Landes (Juni 1636)

1. Kein japanisches Schiff darf zu fremden Ländern auslaufen.
2. Kein Japaner darf heimlich ins Ausland gehen. Wer dies versucht, wird getötet, das Schiff wird beschlagnahmt und sein Besitzer verhaftet, während die zuständige Behörde informiert wird.
3. Jeder Japaner, der zur Zeit im Ausland lebt und eine Rückkehr nach Japan versucht, wird hingerichtet.
4. Wenn ein *Kirishitan* [= christlicher Gläubiger] entdeckt wird, werden beide *Nagasaki bugyo* [Beamten] eine gründliche Untersuchung durchführen.
5. Jeder Informant, der den Aufenthaltsort eines *bateren* [= Priester] enthüllt, wird 200 oder 300 Silbermünzen erhalten. Werden andere Gruppen von *Kirishitan* entdeckt, wird der Informant wie bisher nach Belieben [des Untersuchungsbeamten] bezahlt. [...]
7. Alle Ausländer, die den *bateren* oder anderen kriminellen Ausländern helfen, werden wie bisher in Omura inhaftiert.
8. Alle anlegenden Schiffe werden streng nach *bateren* durchsucht. [...]
11. Sollten Ausgewiesene versuchen, wieder nach Japan einzureisen oder per Brief oder auf andere Weise mit Japan Kontakt aufzunehmen, werden sie, wenn sie gefaßt werden, selbstverständlich getötet ...
12. *Samurai* [Angehörige der Ritter-Kaste] dürfen keine direkten geschäftlichen Beziehungen zu ausländischen bzw. chinesischen Schiffen in Nagasaki haben. [...]

b) „Eid der Abtrünnigkeit" (1645)

Viele Jahre lang waren wir gläubige Christen. Doch haben wir entdeckt, daß die christliche Religion eine schlechte Religion ist. Sie betrachtet das kommende Leben als das wichtigste. Denen, die den Befehlen der *padres* nicht folgen, wird die Exkommunikation angedroht, während sie so daran gehindert werden, sich in der jetzigen Welt mit der übrigen Menschheit zu verbinden und in der kommenden Welt zur Hölle verdammt sind. Weiter lehrt die christliche Religion, daß es im nächsten Leben keine Rettung gibt, es sei denn, die Sünder bekennen ihre Fehler vor den *padres* und erlangen von ihnen Absolution. Auf diese Weise wurden die Leute dazu gebracht, ihr Vertrauen auf die *padres* zu setzen. All dies geschah mit der Absicht, andere ihres Landes zu berauben. Als wir dies erfuhren, wurde ich Anhänger der Hokke-Sekte und meine Frau Anhängerin der Ikko-Sekte.
Hiermit bezeugen wir diese Aussagen schriftlich vor Ihnen, hochverehrter Beamter. Danach werden wir unseren Abfall nie widerrufen, auch nicht im geheimsten Winkel unseres Herzens. Sollten wir im Entferntesten daran denken, so möge uns Gott der Vater, Gott der Sohn und Gott der Hlg. Geist, die Hlg. Maria sowie alle Engel und Heiligen bestrafen. Laßt uns die ganze Gnade Gottes und alle Hoffnung wie Judas Iskariot verlieren und zur Zielscheibe des Spottes für alle Menschen werden ... und schließlich einen gewaltsamen Tod sterben und die Qualen der Hölle leiden, ohne Hoffnung auf Erlösung. Dies ist unser christlicher Schwur [d.h. falls wir Christen geblieben sein sollten].
Wir bekennen offen, daß wir in unserem Herzen keinerlei Glauben an das Christentum haben. Sollten wir uns in dieser Hinsicht jetzt oder in Zukunft der Falschaussage schuldig machen, dann mögen wir einzeln und zu zweit göttlich bestraft werden, und zwar von *Bonten, Taishaku, Shiten-daijo,* den großen und kleinen Gottheiten der sechzig und mehr japanischen Provinzen, insbesondere von *Gongen* und *Mishima-daimyojin* aus den zwei Regionen *Idzu* und *Hakone*, von *Hachiman-daibosatsu*,

Tenman-daijizai-Tenjin, insbesondere von unserer Schutzgottheit *Suwa-daimyojin*, und allen untergeordneten Gottheiten. Dies ist unser formeller Eid.
Im zweiten Jahr von Shoho [1645]

Kyusuke, seine Frau

[...] Der abtrünnige ausländische *padre* – Chuan [= Christovão Ferreira]; die abtrünnigen japanischen *padres* – Ryojun [= Thomas Araki?], Ryohaku [= unsicher].
(Gegengezeichnet:) Hiermit bestätigen wir, daß die obengenannten Kyusuke und seine Frau Mitglieder der Ikko-Sekte geworden sind. Saishoji Tempel, Hauptpriester Shusan.

Quelle: (a) C. R. Boxer, The Christian Century in Japan 1549–1650, Berkeley etc. 1967, 439f.; (b) Boxer, ebd. 441f. – *Lit.*: Boxer, ebd. 363–400; A. C. Ross, A Vision Betrayed, Edinburgh 1994, 93–117; TRE 16, 1987, 525ff: Art. Japan II; N. S. Fujita, Japan's Encounter with Christianity, New York 1991, 108ff, 147ff; Moffett, Asia II, 79ff; England, ACT I, 53ff; Romanhafte Bearbeitung bei: S. Endo, Schweigen, München 1989.

B. Akkomodationsstrategien und Ritenstreit

24. Matteo Ricci in China (1583–1610)

Matteo Riccis (1552–1610) Wirken markiert den Beginn einer dauerhaften Präsenz der Jesuiten im Reich der Mitte. 1583 erhielt er zunächst zusammen mit seinem italienischen Landsmann Michele Ruggieri die Erlaubnis zum Aufenthalt in der südchinesischen Küstenregion. 1601 gelang es ihm, sich in Peking niederzulassen und Zutritt zum Kaiserhof zu erlangen. Ricci ist der wohl wichtigste Repräsentant eines „akkommodierenden" Zugangs zu den Hochkulturen Asiens. Sein Vorgehen war von der Zielsetzung bestimmt, die gebildeten Klassen zu gewinnen. Gelehrtendisputationen, nicht aber öffentliche Predigt waren seine Methode. Als Referenzsystem dienten ihm dabei – anders als den Jesuiten in Japan – nicht der als Götzendienst verworfene Buddhismus und Taoismus, sondern die konfuzianische Tradition. Dabei bezog er sich v.a. auf die konfuzianischen Klassiker, bei denen er einen monotheistischen Glauben vorzufinden meinte. Deren Übersetzung ins Lateinische zählte darum für Ricci ebenso zu seinen Aufgaben wie die Produktion theologischer Schriften in chinesischer Sprache, unter denen v.a. die Schrift „Die wahre Bedeutung (der Lehre) des Herrn des Himmels" (T'ien-chu shih-i [Tian-zhu shi-yi]) von 1603/04 – ein in Dialogform gestalteter Katechismus – weite Verbreitung finden sollte.

a) Brief vom 13.11.1584

Der *Katechismus*, den wir verfaßt und in chinesischer Sprache gedruckt haben, wurde durch die Gnade des Herrn in China sehr gut aufgenommen. Darin werden mittels eines Dialogs zwischen einem Heiden und einem europäischen Padre alle Dinge dargestellt, die zum Christ-Sein erforderlich sind, in guter Ordnung, guter Schrift und guter Sprache. Die wichtigsten Sekten Chinas werden darin widerlegt ... Wir schicken auch die *Zehn Gebote*, das *Vater Unser* und das *Ave Maria* in chinesischer Übersetzung [...] Der Präfekt unserer Stadt Zhaoquing ließ mich eine *Landkarte* nach europäischer Art entwerfen, aber mit den Entfernungen und Ländernamen in Chinesisch. Und er druckte sie sofort, ohne daß ich sie überprüfen konnte ... Er schätzt sie dermaßen, daß er den Druck bei sich behält und will nicht, daß davon Exemplare verkauft werden; vielmehr verschenkt er sie selbst an die wichtigsten Persönlichkeiten Chinas. Unser kleines Haus in Chao ch'ing ist fast fertig gebaut, und obwohl es klein ist, kommen alle Menschen von Rang, um es zu sehen – es sind so viele, daß wir keine Ruhe haben. Dieses Jahr wurde der Präfekt, der uns so wohlgesinnt war, zum *limsitao* – d.h. Gouverneur vieler Städte – ernannt. ... Dies sollte zu gegebener Zeit keine geringe Hilfe für die Verbreitung des Evangeliums sein.

Wir haben viele Widerwärtigkeiten erlebt und sind auf Betreiben unserer alten Gegner in schwerwiegenden Dingen fälschlich beschuldigt worden. Gott hat uns aber von all dem befreit.

b) Theorie und Praxis der Akkomodation

[Brief vom 12.10.1596:] Da die Gelehrten und die wichtigsten Leute hier die Bonzen wenig schätzen, habe ich das Aussehen ihrer gelehrten Prediger übernommen, damit ich den Bonzen nicht ähnlich sehe [...] Ich denke, wir werden vorläufig keine Kirche eröffnen, sondern nur ein Haus zum Predigen, ... wobei ich fruchtbarer durch Gespräche als in der eigentlichen Predigtform predige.
[Aus der Schrift „Über die verschiedenen Sekten in China, die der Religion zuwiderlaufen":] In keinem der Heidenvölker, um die wir in Europa wissen, hat es weniger der wahren Religion zuwiderlaufende Irrtümer gegeben als im alten China. In der Tat finde ich in ihren Büchern [den konfuzianischen Klassikern], daß sie stets eine oberste Gottheit verehren, die sie König des Himmels oder Himmel und Erde nennen (Himmel und Erde schienen ihnen vielleicht ein belebtes Wesen zu sein, wie ein lebendiger Körper mit der obersten Gottheit als Seele) ... Vom König des Himmels und den anderen Geistern, seinen Dienern, nahmen sie nie so unanständige Sachen an, wie es unsere Römer, die Griechen, die Ägypter und andere fremde Völker taten. Man kann deshalb hoffen, daß viele ihrer Alten durch das natürliche Gesetz gerettet worden sind – und zwar dank der besonderen Hilfe, die Gott gewöhnlich gewährt, wenn sich jemand, soweit es ihm möglich ist, um diese bemüht.
[Brief vom 15.02. 1609:] In alter Zeit haben sie [die Chinesen] das natürliche Gesetz ebenso genau befolgt wie in unseren Ländern. Während 1500 Jahren hat dieses Volk kaum die Götzen verehrt oder nur solche, die nicht so verwerflich sind wie jene im alten Ägypten, in Griechenland und Rom. Gewisse Gottheiten waren sogar sehr tugendhaft und für ihre guten Werke bekannt. In der Tat verehren sie in den einflußreichsten und ältesten Büchern ihrer Gelehrten nur den Himmel und die Erde und den Herrn beider. Bei genauer Untersuchung findet man in ihren Büchern weniges, was dem Licht der natürlichen Vernunft widerspricht, und vieles, was ihr gemäß ist. Außerdem sind ihre Naturphilosophen nicht schlechter als andere.

c) „Die wahre Bedeutung [der Lehre] des Herrn des Himmels" (1603)

[Ricci über diese Schrift:] Dieses Buch handelte nicht von allen Mysterien unseres heiligen Glaubens – diese sollten einzig Katechumenen und Christen erklärt werden –, sondern nur von einigen Grundbegriffen, die auf natürliche Weise bewiesen und vom natürlichen Licht eingesehen werden könnten ... etwa, daß es im Universum einen Herrn und Schöpfer aller Dinge gibt, der alles erhält; daß die Seele unsterblich ist und daß Gott im Jenseits die guten und die schlechten Taten vergilt; daß es falsch ist, an die Wanderung der Seele in den Körper anderer Menschen und auch in jenen von Tieren zu glauben, was hier viele tun – und anderes gleicher Art.

d) Eine chinesische Stimme über Ricci

[Der Philosoph Li Zhi (1527–1610), der Ricci mehrere Male in Nanjing getroffen hatte, an einen Freund:] Ich habe eure Fragen in Bezug auf *Li Xitai* [= Ricci] zur Kenntnis genommen. Ricci kommt aus dem großen Abendland und hat mehr als

100.000 *Li* zurückgelegt, um nach China zu kommen. [...] Er hat ungefähr zwanzig Jahre in Zhaoqing gelebt, und es gibt kein einziges unter unseren Büchern, das er nicht gelesen hat. [...] Er bat jemanden, der die Kommentare zu den sechs [konfuzianischen] Klassikern studiert hatte, ihm die notwendigen Erläuterungen zu geben. Nun ist er vollkommen fähig, unsere Sprache zu sprechen, unsere Schriftzeichen zu schreiben und sich an unsere Anstandsregeln zu halten. Er ist ein höchst beachtenswerter Mensch. An sich ist er äußerst verfeinert, nach außen aber gibt er sich sehr einfach. [...] Von allen, die ich gesehen habe, gleicht ihm keiner. [In der Tat] sind die Leute entweder übertrieben steif oder übertrieben freundlich, entweder geben sie mit ihrer Intelligenz an, oder sie sind geistig beschränkt. Allen ist er überlegen. Aber ich sehe nicht genau, wozu er gekommen ist. Ich bin ihm schon dreimal begegnet, und ich weiß noch immer nicht, wozu er gekommen ist. Wenn es ihm darum ginge, die Lehren des Herzogs von Zhou und des Konfuzius durch seine eignen zu ersetzen, wäre das, so scheint mir, doch allzu dumm. Das kann es also nicht sein.

Quelle: (a) M. H. Reinstra, Jesuit Letters from China, Minneapolis 1986, 24f; (b) Tacchi Venturi, Opere storiche del P. Matteo Ricci S.J., Macerata 1913, 2, 50f; Fonti Ricciani, Rom 1942, 1, 108f; Tacchi Venturi, Opere storiche 2, 385; (c) Fonti Ricciani 2, 291; chinesisch-englische Ausgabe in: D. Lancashire/P. Hu Kuo-Chen (Hgg.), Matteo Ricci: The True Meaning of the Lord of Heaven, St. Louis/Taipei 1985; (d) J. Gernet, Christus kam bis nach China, Zürich/München 1984; 25 (nach: XU Fenshu, Fortsetzung des zu verbrennenden Buches, Kap. 1). – *Lit.*: J. Bettray, Die Akkomodationsmethode des P. Matteo Ricci in China, Rom 1955; J. Hoffmann-Herreros, Matteo Ricci – den Chinesen ein Chinese sein, Mainz 1990; A. C. Ross, A Vision Betrayed. The Jesuits in Japan and China 1542–1742, Edinburgh 1994; G. Minamiki, The Chinese Rites Controversy from its Beginnings to Modern Times, Chicago 1985; D. E. Mungello, The Chinese Rites Controversy. Its History and Meaning, Nettetal 1994; Reinhard, Expansion 1, 184–195; R. Malek (Hg.), ‚Western Learning' and Christianity in China. 2 Bde, Nettetal 1998; D. E. Mungello, The Great Encounter of China and the West, 1500–1899, New York, etc 1999; G. Criveller (Hg.), Preaching Christ in Late Ming China, Taipei 1997; L. Wenchao, Die christliche China-Mission im 17. Jahrhundert. Verständnis, Unverständnis, Mißverständnis, Stuttgart 2000; L. Brancaccio, China accommodata. Chinakonstruktionen in jesuitischen Schriften der Frühen Neuzeit, Berlin 2007; Moffett, Asia II, 108ff; England, ACT I, 29ff.

25. Roberto de Nobili in Südindien (1606–1656)

In einem Verteidigungsschreiben an Papst Paul V. von 1619 beschreibt der wegen seiner liberalen Haltung gegenüber hinduistischen Praktiken in die Kritik geratene Roberto de Nobili S.J. (1577–1656) die Anfänge der jesuitischen Mission im unabhängigen südindischen Fürstentum Madurai. Um einen Zugang zur tonangebenden brahmanischen Führungsschicht zu gewinnen, hatte sich de Nobili nicht nur intensiv auf das Studium der klassischen indischen Sprachen und Philosophie eingelassen, sondern auch um eine äußere Anpassung in Fragen der Kleidung, Eßgewohnheiten und Sitten bemüht. Er interpretierte das Kastenwesen nicht als religiöses, sondern soziokulturelles Phänomen und akzeptierte es innerhalb der Kirche.

Mit Erlaubnis des Vaters General [des Jesuitenordens] verließ ich 1603 Rom und erreichte nach zweijähriger Reise Goa. Kurz darauf kam ich nach Cochin und dann nach Madurai. Dort fiel mir auf, daß alle [bisherigen] Bemühungen, die Heiden zu Christus zu führen, vergeblich gewesen waren. Ich ließ nichts unversucht, um einen Weg zu finden, um sie von ihrem Aberglauben und Götzenanbetung zur Verehrung Gottes zu führen. Aber meine Bemühungen blieben ohne Erfolg, da sie sich in einer Art barbarischer Sturheit von den Sitten und Gebräuchen der Portugiesen fernhielten und sich weigerten, auf die Abzeichen ihres ehemaligen Adels zu verzichten.
Ich bemerkte, daß manche Brahmanen hoch angesehen waren, weil sie in großer Armut und Askese lebten ... So dachte ich, wenn es diese Brahmanen zustande bringen, zur Steigerung ihres Ansehens unter den Heiden fortwährende Keuschheit zu bewah-

ren ..., dann könnte ich mich, um sie für Christus zu gewinnen, an ihren Lebensstil halten in allen Dingen, die mit der Heiligkeit der christlichen Lehren nicht unvereinbar sind. ... Deshalb erklärte ich, daß ich ein italienischer Brahmane sei, der auf die Welt verzichtet habe, Weisheit in Rom studiert habe (da Brahmane ‚weiser Mann' heißt) und allen Vergnügen und Wohltaten der Welt entsagt habe.
Ich hatte schon Tamil und Sanskrit gelernt, das für sie die gleiche Bedeutung hat wie Latein für uns, und war mit ihren Büchern, die sie mir zu lesen erlaubten, obwohl dies ihren Bräuchen widerspricht, ziemlich gut vertraut. In kurzer Zeit las ich sie durch und fand darin eindeutig belegt, daß [das Tragen von] Baumwollschnüren [als Kastenmerkmal] und der lange Haarzopf [der Brahmanen], die Gegenstand der heutigen Kontroverse sind, den Adelsstand ihrer Familie und nicht ihren Ritus oder ihre Religion andeuten, und daß sich die Adligen, und insbesondere die Brahmanen, Rajahs und Händler, dadurch besonders vom Pöbel und den niedrigen Klassen unterscheiden. Da sie ihre weltlichen wie religiösen Gesetze auf alle sozialen Tätigkeiten ohne Erwartung anwenden, zeigt die Art, wie sie über ihre Baumwollschnüre sprechen, daß es sich um ein Abzeichen ihrer Rangordnung oder Familie, nicht aber ihrer Religion handelt [...]
Meine Bemühungen waren nicht vergeblich. Durch Gottes Gnade nahmen in zwei Jahren ca. 200 Menschen den christlichen Glauben an. Wir freuten uns sehr, die gegenwärtige Ernte zu sehen und auf die zukünftige Ernte zu hoffen. Leider wurde diese Freude aber bald von unerwarteten Gerüchten gedämpft. Unter unseren Padres gab es keine Einigkeit über diese neue Methode; manche billigten diese Lebensart und auch das Tragen der Baumwollschnüre [durch Konvertiten] nicht. Kurz darauf verbot mir ein Vorgesetzter, ... meine Arbeit fortzuführen und Neubekehrte zu taufen, bis die Frage der Baumwollschnüren genauer untersucht worden sei. Dieser Befehl betraf nicht nur alle Neubekehrten, sondern viele andere, die die christliche Religion annehmen wollten. Aus diesem Grund dachte der Erzbischof von Cranagore [Südindien], daß er Eure Heiligkeit brieflich um Rat ersuchen solle ...

Quelle: Kuriakose, History 51–53. – *Lit.*: P. R. Bachmann, Roberto de Nobili 1577–1656, Rom 1972; Sunquist, Dictionary 233f (Art. De Nobili, R.); England, ACT I, 41ff. 206ff.

26. Indochina: Instruktion der Propaganda von 1659

Unter den römischen Voten zur Inkulturationsfrage ist die Instruktion der Propaganda-Kongregation von 1659 hervorzuheben, die die Richtlinien der seit 1622 bestehenden römischen Missionszentrale für die nach China und Indochina auszusendenden „Apostolischen Vikare" enthält. Sie zeichnet sich durch die Unterscheidung des zu predigenden Evangeliums und seiner „europäischen" Gestalt aus und sucht zugleich die Verbindung von geistlichem und politischem Herrschaftsanspruch zu beenden, die das bisherige Modell der Patronatsmission kennzeichnete. Im 17. Jh. noch ohne allzu breite Resonanz, ist dies Dokument in der jüngeren Diskussion insbesondere der katholischen Missionswissenschaft neu entdeckt worden.

Der wichtigste Grund, der diese Hlg. Kongregation veranlaßt, Euch als Bischöfe in jene Gegenden zu senden, war, daß Ihr Euch auf jede Art und Weise bemüht, die Jugend [jener Länder] so zu bilden, daß daraus geeignete Priester hervorgehen, von Euch geweiht und an einer Stelle ... eingesetzt, um dort der christlichen Sache unter Eurer Leitung mit höchstem Eifer zu dienen. Habt daher immer das Ziel vor Augen, so viele und so gute [Kandidaten] wie möglich zu den heiligen Weihen zu bewegen, sie entsprechend auszubilden und zu gegebener Zeit zu befördern.
Wenn sich aber einige von ihnen als des Bischofsamtes würdig erweisen sollten, so wird Euch [dennoch] aufs strengste untersagt, einem von ihnen diese Würde zu ver-

leihen. Teilt vielmehr der Hlg. Kongregation vorher ihren Namen, Begabungen, Alter und weitere wissenswerte Angaben mit: Wie und wo sie geweiht werden könnten, welche Diözesen man ihnen übertragen könnte und Unzähliges mehr, was [Euch] bald mitgeteilt werden wird. [...]
Verwendet keine Mühe darauf und ratet keinesfalls jenen Leuten, ihre gewohnten Riten und Sitten zu ändern, es sei denn, sie widersprächen offensichtlich der Religion und den guten Sitten. Was wäre absurder, als Frankreich, Spanien, Italien oder einen anderen Teil Europas nach China einzuführen? Nicht diese, sondern den Glauben sollt Ihr einführen, der keines Volkes Riten und Gewohnheiten – sofern sie nicht verkehrt sind – zurückweist oder verletzt, sondern sie vielmehr hegen und schützen möchte. Und weil fast alle Menschen von Natur aus das Ihrige und besonders die eigene Nation mehr schätzen und lieben als andere, gibt es keinen stärkeren Grund für Haß und Entfremdung als die Veränderung heimischer Gewohnheiten, vor allem solcher, an die die Leute seit Menschengedenken gewöhnt sind, und besonders wenn Du anstelle der abgeschafften Gebräuche diejenigen Deines Landes einführen möchtest. Deshalb tauscht niemals Bräuche jener Leute gegen europäische aus, versucht sie vielmehr Eurerseits lieb zugewinnen. Bewundert und lobt, was Lob verdient; wo dies nicht der Fall ist, darf nichts nach Schmeichlerart durch Lob erhoben werden; es ist Sache Eurer Klugheit, entweder kein Urteil darüber abzugeben oder es wenigstens nicht planlos und aus freien Stücken zu verwerfen. Was aber an Verkehrtem existiert, ist eher durch Winke und durch Schweigen als durch Worte zu verdammen, allerdings unter Wahrnehmung [jeder] Gelegenheit, es bei günstiger Stimmung der Geister zur Annahme der Wahrheit allmählich und unmerklich zu beseitigen. [...]

Quelle: Instructio Vicariorum ad Regna Sinarum, Tochini et Cocinae profiscentium, bei: H. Chappoulie, Rome et les missions d'Indochine au XVIIe siècle, Paris 1943, 1, 396–400, Übersetzung nach: Schmitt, Dokumente 3, 522ff. – *Lit.*: H. Rzepkowski, Lexikon der Mission, Graz etc. 1992, 210f; Sunquist, Dictionary 384f (Art. Instruction of 1659).

27. China: Das Toleranzedikt von Kaiser K'ang Hsi (1692)

Die Europäer sind sehr ruhig. Sie rufen in den Provinzen keinerlei Störungen hervor, sie tun niemandem Leid an; sie begehen keine Verbrechen, und ihre Lehre hat nichts mit denen der trügerischen Sekten im Reiche gemein, noch haben sie irgendeine Tendenz zum Aufruhr. ... Deshalb befehlen wir, daß alle Tempel, die dem Herrn des Himmels geweiht sind, wo auch immer sie stehen mögen, bestehen bleiben sollen, und daß es allen Verehrern dieses Gottes gestattet sein soll, ihre Tempel zu betreten, ihm Weihrauch zu opfern und die religiösen Praktiken auszuüben, die nach alter Sitte zu den Christen gehören. Sie sollen von jetzt an dabei nicht mehr behindert werden.

Quelle: St. Neill, A History of Christian Missions, Harmondsworth 1971, 189f. – *Lit.*: C. von Collani, A Note on the 300th Anniversary of the Kangxi Emperor's Edict of toleration, in: Sino-Western Cultural Relations Journal 14, 1992, 62–63.

28. Verbot der chinesischen Riten durch Clemens XI. (1704)

Riccis Akkomodationspolitik war in den eigenen Reihen keineswegs unumstritten. Zur großen Kontroverse kam es aber erst nach seinem Tod. Sie machte sich v.a. an zwei Punkten fest: der Bewertung der Zeremonien zu Ehren des Konfuzius (und der Ahnen) sowie der Frage einer angemessenen Wiedergabe des Gottesbegriffes im Chinesischen. Gegenüber dem „zivilen" Verständnis der Konfuziusriten, wie Ricci es vertreten hatte, wurde Einspruch laut, ebenso gegen seine theistische Interpretation des „Himmelskönigs" der konfuzianischen Texte. Unter dem Stichwort „Ritenstreit" ist diese mehr als ein Jahrhundert andauernde Kontroverse in die Geschichte eingegangen. Ihre Bedeutung liegt u.a. darin, daß eine lokale Auseinandersetzung gesamtkirchliche Bedeutung gewann. Denn nun meldeten sich nicht nur die in Asien rivalisierenden Orden zu Wort. Spätestens seit 1645 war auch Rom mit dem Streit befaßt und äußerte sich mit einer Serie widersprüchlicher Stellungnahmen, an deren Ende das definitive Verbot der chinesischen Riten (und damit eines auf die kulturellen Traditionen Chinas bezogenen Kirchenmodells) durch Papst Benedikt XIV. in der Bulle *Ex quo singulari* von 1742 stand. Zugleich bedeutete sie das faktische Ende der Jesuitenmission in China (und weitgehend auch der jesuitischen Unternehmungen in Indien, auf die sich die gleichgerichtete Bulle *Omnium Sollicitudinem* von 1744 bezieht). Die formelle Aufhebung des Ordens 1773 sollte ihrer Arbeit dann nur noch den letzten Stoß versetzen. Nachstehend wiedergegeben ist eine frühere Stellungnahme Papst Clemens' XI. aus dem Jahr 1704.

Weil der höchste Gott *(Deus optimus maximus)* bei den Chinesen mit europäischem Vokabular nicht angemessen zum Ausdruck gebracht werden kann, ist zur Bezeichnung dieses wahren Gottes das Wort *Tien Chu*, das heißt: Herr des Himmels, zuzulassen, das sich bekanntlich bei den chinesischen Missionaren und Gläubigen durch langen Gebrauch bewährt hat. Die Bezeichnungen *Tien* (Himmel) und *Xang Xi* (oberster Kaiser) aber sind völlig abzulehnen.
Deshalb ist es auch nicht zu gestatten, Tafeln mit der chinesischen Aufschrift *King Tien* (der Verehrung des Himmels geweiht) in christlichen Kirchen aufzuhängen oder bereits aufgehängte weiter zu behalten.
Dazu ist es keinesfalls und aus keinem Grund den Christgläubigen zu gestatten, bei den Opferfeiern den Vorsitz zu führen, mitzuwirken oder teilzunehmen, die von den Chinesen alljährlich zu den Tag- und Nachtgleichen dem Konfuzius und den Ahnen dargebracht werden, weil sie von Aberglauben befleckt sind. Ebenso ist nicht zu gestatten, daß dieselben Christgläubigen in den Konfuziustempeln, die auf Chinesisch *Miao* heißen, die Zeremonien, Riten und Opfer vornehmen, die zu Ehren dieses Konfuzius dann in den einzelnen Monaten zu Neumond und Vollmond von den Mandarinen oder ersten Beamten und anderen Amtsinhabern sowie den Literaten abgehalten werden; bald von diesen Mandarinen oder Gouverneuren bzw. Richtern, bevor sie ihr Amt antreten, oder wenigstens nach seiner Inbesitznahme; bald von den Literaten, die nach Zulassung zu ihren Graden sich unverzüglich zum Tempel des Konfuzius begeben. [...]
Ferner ist den genannten Christen nicht zu gestatten, irgendwie Opfer, Riten oder Zeremonien vor Ahnentafeln in Privathäusern oder an den Ahnengräbern oder bevor Verstorbene dem Grab übergeben werden, wie sie zu deren Ehren üblich sind, gemeinsam mit Heiden oder getrennt vorzunehmen, daran mitzuwirken oder teilzunehmen, im Gegenteil, weil je nach Erwägung alles dessen, was von dort hier vorgebracht wurde, und nach sorgfältiger und reiflicher Diskussion nachgewiesen ist, daß alles Besagte nicht so vorgenommen werden kann, daß es vom Aberglauben zu trennen wäre, darf den Anhängern des christlichen Gesetzes nicht einmal gestattet werden, vorher einen öffentlichen oder geheimen Vorbehalt (*protestatio*) abzugeben, sie vollzögen dies nicht als religiösen, sondern bürgerlichen und sogar politischen Totenkult und erbäten oder erhofften sich nichts von den Toten.

Quelle: Schmitt, Dokumente 3, 484–487. – *Lit.*: wie unter Text 24; Moffett, Asia II, 120–142.

C. Kolonialprotestantismen

29. Handelsgesellschaften als Kolonialherren

Das Kolonialmonopol Portugals und Spaniens (vgl. Texte 8. 223a) hatte nicht lange Bestand. Seit Ende des 16. Jh.s drängten zunehmend auch andere europäische, zumeist protestantische Mächte auf den lukrativen asiatischen Markt. Dabei waren – neben Briten, Franzosen, Dänen und Schweden – zunächst v.a. die Niederländer führend, die um die Mitte des 17. Jh.s die portugiesische Kolonialherrschaft in weiten Teilen Süd- und Südostasiens ablösten. Organisiert waren die europäischen Neuankömmlinge im Regelfall als privilegierte Handelsgesellschaften halbstaatlichen Charakters. Besondere Bedeutung erlangten die 1602 gegründete niederländische Ost-Indien-Gesellschaft [Vereenigde Oost-Indische Compagnie, V.O.C.] sowie die 1600 entstandene englische East India Company. Primär wirtschaftlich orientiert und missionarisch zumeist wenig interessiert, unterhielten die neuen protestantischen Herren einen – im Regelfall bescheidenen – kolonialkirchlichen Apparat, der fast ausschließlich auf die Betreuung der in ihren Besitzungen lebenden Europäer ausgerichtet war.

a) Freibrief der niederländischen Ostindien-Gesellschaft (V.O.C.) 1642

1. In den Gebieten der niederländischen Ost-Indien-Gesellschaft soll keine andere Religion ausgeübt und noch weniger – sei es heimlich oder öffentlich – gelehrt oder propagiert werden als die reformierte christliche Religion, wie sie in den öffentlichen Kirchen der Vereinigten Provinzen gelehrt wird. Wer bei der Ausübung eines anderen christlichen oder heidnischen Gottesdienstes angetroffen wird, dessen gesamter Besitz soll konfisziert werden, er soll in Ketten gelegt und aus dem Land ausgewiesen werden; oder er soll, je nach den Umständen, eine Strafe erhalten, die Leib und Leben betrifft. [...]

b) Freibrief der englischen Ostindien-Gesellschaft (1698)

Hiermit bekunden wir unseren Willen und setzen fest, daß die vorerwähnte und hiermit gegründete Gesellschaft sowie ihre Nachfolger stets einen Geistlichen und einen Schulleiter auf der Insel St. Helena beibehalten sollen, wenn diese Insel in die Hände bzw. in den Besitz der gleichen Gesellschaft gelangt. Desweiteren soll sie in jeder Garnison und größeren Handelsniederlassung, die die gleiche Gesellschaft oder ihre Nachfolger in den vorerwähnten Ostindien bzw. in anderen Gebieten innerhalb der obengenannten Grenzen verwalten wird, einen Geistlichen unterhalten. Wir setzen hiermit gleichfalls fest, daß die vorerwähnte Gesellschaft einen Kaplan an Bord jedes Schiffes mitnehmen wird, das zu den sogenannten Ostindien oder anderen Gebieten innerhalb der obengenannten Grenzen mit einer Last von 500 Tonnen oder mehr auf eine solche Reise geschickt wird. [...]
Und weiter ist es unser Wille ... , daß all diejenigen Geistlichen, die nach Indien geschickt werden, verpflichtet werden, innerhalb eines Jahres nach ihrer Ankunft die portugiesische Sprache zu lernen und sich zu bemühen, die einheimische Sprache des Landesteils, wo sie wohnen werden, so gut wie möglich zu lernen, um die Landesherren und die Diener oder Sklaven derselben Gesellschaft in der protestantischen Religion ausbilden zu können.

Quelle: (a) V. Perniola (Hg.), The Catholic Church in Sri Lanka. The Dutch Period I, Colombo/Dehiwala 1983, 1 (SLNA 1/2387, 4f); (b) C. J. Grimes, Towards an Indian Church, London 1946, 223f. – *Lit.*: Reinhard, Expansion I, 108ff. 130ff; H. Gründer, Eine Geschichte der europäischen Expansion, Darmstadt 2003, 74ff. 90ff.

30. Engländer in Bombay (1698)

Die Regierung ist jetzt englisch. Die Soldaten unterstehen dem Kriegsrecht, die Freien dem Gewohnheitsrecht, wobei der Präsident als oberster Schiedsrichter fungiert, mit seinen Räten in Surat. Ihm untergeordnet ist ein Gerichtshalter und ein Appellationsgericht mit einem Komitee für Schlichtungsfragen und für das Vorbringen aller Beschwerden.
Der Präsident besitzt umfassende Vollmacht und ist Vizekönig; er hat auch hier seine Räte, dazu eine Garde, wenn er ausgeht oder reitet, begleitet von einem Trupp von Pferden, die jederzeit im Stall bereitstehen, sei's zum Vergnügen oder zum Dienst. Er hat seine Geistlichen, einen Arzt, Chirurgen und Diener, seinen Sprachkundigen und Münzmeister. Bei den Mahlzeiten läßt er die Gerichte von Bläsern ankündigen und speist zu sanfter Tafelmusik. Verläßt er sein Gemach, erwartet ihn silbern klingender Gesang; steigt er treppab, empfängt ihn die Garde [...] Sie halten stets einen majestätischen Sonnenschirm über ihn. Die ihm untergeordneten Engländer haben ein ihnen entsprechendes Gefolge. [...]
Um den unzüchtigen Weibern entgegenzutreten und die Kolonie fortzupflanzen, hat die Kompanie englische Frauen hergeschickt; doch sie bringen ein schwächliches Geschlecht hervor, und, wie die Holländer beobachtet haben, gedeiht besser, wer von einem europäischen Vater und einer indischen Mutter abstammt. Die Schwächlichkeit mag (unabhängig von den hergeschickten Geschöpfen) der hier praktizierten Lebensweise zuzuschreiben sein, die sich Wein und starke Alkoholika nicht versagt, obwohl in diesen heißen Ländern bei übermäßigem Genuß das Blut wallt und die Milch verdirbt ... Die Eingeborenen verabscheuen alle berauschenden Getränke.

Quelle: J. Fryer, A New Account of East-India and Persia in Eight Letters, London 1698, 68–70, zitiert nach: U. Bitterli (Hg.), Die Entdeckung und Eroberung der Welt. Bd. 2 , München 1981, 97f.

31. Leben in den niederländischen V.O.C.-Kirchen

Gut anderthalb Jahrhunderte, von der Mitte des 17. bis zum Ende des 18. Jh.s, bestand in Ceylon, Südindien, Malakka, Teilen des späteren Indonesiens und Formosa/Taiwan das asiatische Kolonialreich der niederländischen Ostindiengesellschaft (V.O.C.). Ihren Bemühungen um eine Ausbreitung des reformierten Glaubens war zumeist nur mäßiger Erfolg beschieden. Dies lag nicht nur am begrenzten missionarischen Interesse der primär ökonomisch orientierten Kolonialobrigkeit. Es fehlte keineswegs an Engagement: in dieser Periode sandte sie im ganzen 254 Prediger und etwa 800 kirchliche Mitarbeiter niederen Ranges von den Niederlanden aus in die asiatischen Besitzungen. Darüber hinaus gab es im Einzelnen sehr bemerkenswerte Experimente wie etwa die Einrichtung von Seminaren zur Ausbildung eines einheimischen Klerus in Ceylon (1692 in Jaffna, 1696 in Colombo). Als hinderlich erwiesen sich v.a. die fehlende kulturelle Anpassungsfähigkeit des niederländischen Kalvinismus sowie das kolonialkirchliche Korsett, das alle lokalen Initiativen erstickte. Bestrebungen zum Aufbau einheimischer Gemeinden im kolonialen Ceylon scheiterten an der fehlenden Sprachkompetenz der ständig versetzten holländischen Pfarrer (a). Versuche eigenständiger kolonialethischer Stellungnahmen in Niederländisch-Indonesien fielen disziplinarischen Maßnahmen der kolonialen Obrigkeit zum Opfer (c). Vgl. auch Text 131.

a) Sprachprobleme der Prediger in Ceylon (1750)

Der Politische *Commissaris* verlas [in der Sitzung des Kirchenrates von Colombo am 16.12.1750] auch einen Auszug eines aus Batavia [Jakarta, dem Sitz der asiatischen V.O.C.-Zentrale] eingegangenen Briefes, in dem die [V.O.C.-] Regierung die *Predi-*

kanten [Pfarrer] streng ermahnt, mehr Zeit und Aufmerksamkeit auf den Erwerb guter Kenntnisse in den einheimischen Sprachen zu verwenden, so daß sie darin auch predigen können. Während sie ihre Zufriedenheit über die Fortschritte ausdrückte, die die Herren Pfarrer Bronsvelt, Scults und Fybrands darin bereits erzielt hatten, war sie erfreut festzustellen, daß auch der Herr Pfarrer Silvius, der kürzlich [aus den Niederlanden nach Ceylon] gekommen war, sich diesen Studien widmen wird. Die Regierung betrachtet einen Zeitraum von eineinhalb Jahren als ausreichend zum Erwerb hinreichender Sprachkenntnisse. Sie hofft, daß die übrigen Prediger ihn nicht solange hinausschieben wie der Herr Pfarrer Wermelskircher, der trotz so vieler Jahre Arbeit und Erfahrung [d.h. nach neun Jahren Aufenthalt in Ceylon] nach Auskunft der Jahresberichte bislang allenfalls einen sehr bescheidenen Fortschritt im Erlernen der [singhalesischen] Sprache hat machen können.

b) Kultureller Anpassungszwang (1643)

[Aus der Kirchenordnung von Batavia/Jakarta von 1643:] Es wird zugleich nötig sein, den eingeborenen Christen einzuschärfen, daß sie sich auch äußerlich in ihren Gewohnheiten der Art der Niederländer angleichen.

c) Indonesien: Konflikte mit der Kolonialobrigkeit (1655)

1655 weigerten sich Pfarrer der Kirche von Batavia (Jakarta), einen von der Regierung befohlenen Bittgottesdienst für den Kampf gegen Aufständische auf der Insel Ambon abzuhalten, da dieser „Krieg nicht gerecht“ sei. Der Vorfall kam auf höchster Ebene zur Sprache, und die oberste Leitung der V.O.C. in Amsterdam, der Rat der „Heren XVII“, erteilte dem Generalgouverneur in Batavia die Weisung, im Wiederholungsfall scharf durchzugreifen.

Der Kirchenrat von Batavia [Jakarta] hat dem Generalgouverneur [von Batavia] berichtet, daß einige seiner Mitglieder im Blick auf den [von der Regierung] angeordneten Bettag für den Krieg in Ambon und die Segnung unserer Waffen dort Skrupel hegten und Schwierigkeiten bereiteten. Dabei behaupteten sie, daß dieser unser Krieg nicht gerecht sei und daß wir selbst den Anlaß dazu geliefert hätten, da wir die geschlossenen Verträge nicht eingehalten hätten. Deshalb hätten wir auch keinen Grund, Gott den Herrn für seinen gütigen Segen für unsere Waffen zu lobpreisen und ihm zu danken. – Da dies [Verhalten] von uns [der obersten Leitung der V.O.C. in Amsterdam] als eine sehr üble Entwicklung mit gefährlichen Folgen angesehen wird, waren wir genötigt, Eurer Exzellenz [dem Generalgouverneur in Batavia] diesbezüglich Anweisung zu erteilen und sicherzustellen, daß Eure Exzellenz – falls sich solche oder ähnliche Vorfälle wiederholen sollten – Prediger, die sich nach wie vor weigern, Bettage wie von Ihnen vorgeschrieben zu feiern ..., aus dem Dienst der *Compagnie* und der Kirche zu entlassen und mit dem ersten Schiff nachhause zu schicken. Denn es versteht sich, daß derartige Angelegenheiten und Entscheidungen nicht dem Gutdünken der Prediger überlassen werden können ... Noch viel weniger haben sie zu disputieren oder gegen Befehle Eurer Exzellenz anzugehen, da Eurer Exzellenz das Kommandieren und Befehlen übertragen ist ...Sie hingegen sind zum Gehorsam gehalten und haben den Befehlen Eurer Exzellenz nachzukommen.

Quelle: (a) Sri Lanka National Archives, Minutes of the Dutch Reformed Church Consistory 16.12.1750. Bd. 4A/2, 6; (b) C. W. van Boetzelaer, De Protestantse Kerk in Nederlands-Indie, s'-Graavenhage 1947, 47; (c) Ebd, 61f. – *Lit.*: J. van Goor, Jan Kompenie as Schoolmaster. Dutch Education in Ceylon 1690–1795, Groningen 1978; T. Müller-Krüger, Der Protestantismus in Indonesien, Stuttgart 1968, 39–59; C. R. Boxer, The Dutch Seaborne Empire 1600–1800, London 1977, 113–154; Reinhard,

Expansion 1, 108–129; Moffett, Asia II, 213ff. 222ff; Sunquist, Dictionary 253f (Art. Dutch United East-India Company).

D. Indigene Christentumsformen

32. Katholische Untergrundkirche in Ceylon

Mit dem Ende der portugiesischen Herrschaft in Ceylon 1658 schien auch der insulare Katholizismus an sein Ende gekommen. Die Ausübung der „papistischen“ Religion wurde von den neuen niederländischen Herren unter strikte Strafe gestellt, und in Massen fielen die katholischen Gläubigen zurück ins – sei es buddhistische, sei es hinduistische – „Heidentum“ oder füllten die jetzt reformierten Kirchen. Gegen Ende des 17. Jh.s ist jedoch ein Revival der in den Untergrund abgedrängten katholischen Kirche unverkennbar. Er entwickelte in der Folgezeit eine solche Dynamik, daß er – noch zu Zeiten der niederländischen Herrschaft auf der Insel (1658–1796) – den kolonialkirchlichen Kalvinismus bei weitem überflügelte und bereits Mitte des 18. Jh.s die stärkste Kraft im christlichen Lager darstellte. Diese Entwicklung ist ein bemerkenswertes Beispiel für die Eigendynamik eines anfänglich im kolonialen Kontext etablierten Christentumsmodells. – Aus dem Protokoll der Dringlichkeitssitzung der Kirchenbehörde von Colombo vom 2.12.1751:

Der Vorsitzender sagte, die Zeit sei nun gekommen, die Jahresberichte an die Superioren und die *classes* [Kirchenräte] in den Niederlanden abzuschicken. ... Als darüber beraten wurde, welche Angelegenheiten in diesem Bericht erwähnt werden sollten, wurde ... entschieden, einen ausführlichen Bericht über den täglich zunehmenden schädlichen, schleichenden Einfluß der Papisterei in diesen Gebieten Ceylons zu schicken. Dieser ist ungeachtet aller von den Behörden erteilten Anordnungen und öffentlichen Verlautbarungen (*plakaats)* wieder deutlich zum Vorschein gekommen, wie sich etwa bei den jüngsten Schulvisitationen herausgestellt hat. Und zwar so stark und so kräftig, daß die sog. [katholischen] Priester bzw. Vagabunden ... keinerlei Respekt und keine Achtung mehr [vor den kirchlichen und politischen Autoritäten der niederländischen Kolonialverwaltung] haben. Sie praktizieren ihre verführerischen religiösen Übungen tagsüber in aller Öffentlichkeit, mit Glockenläuten und Ausstellung ihrer Götzen- [bzw. Heiligen-] bilder. Ja, sie taufen und trauen sogar die Menschen auf dem Land in ihren eigenen Hütten an ihren Versammlungsorten und hetzen sie dazu auf, die Doktrin und die Lehrer der Reformierten Religion offen zu lästern. Dort, wo sie starken Einfluß haben wie insbesondere im [in der Nähe von Colombo gelegenen] Distrikt von Negombo, unterdrücken sie und verachten sie die Mitglieder der Reformierten Kirche. Es wurde zugleich beschlossen, den *classes* und Synoden [im niederländischen Mutterland] unsere Verlegenheit gegenüber den von den sog. Priestern vollzogenen römisch-katholischen Taufen zu schildern, in Gegenden, wo sie keine rechtmäßige Befugnis haben; und, da wir über ihre Echtheit keine Bestätigung haben, haben wir gute Gründe zu bezweifeln, daß es sich um ordnungsgemäß geweihte Priester und nicht einfach um streunende Vagabunden handelt.

Quelle: Sri Lanka National Archives, Minutes of the Dutch Reformed Church Consistory 2.12.1751, Bd. 4A/2 p. 51. – *Lit.*: R. Boudens, The Catholic Church in Ceylon under Dutch Rule, Rom 1957; K. Koschorke, Holländische Kolonial- und katholische Untergrundkirche im Ceylon des 17. und 18. Jh.s, in: U. v. d. Heyden/H. Liebau (Hgg.), Missionsgeschichte ..., Stuttgart 1996, 273–280; Sunquist, Dictionary 871f (Art. Vaz, Joseph).

33. Selbstgegründete Gemeinden in Korea (1784ff)

Die Anfänge der katholischen Kirche Koreas sind selbst im asiatischen Kontext absolut singulär. Sie gehen zurück auf eine Initiative konfuzianischer Gelehrter Ende des 18. Jh.s, die im hermetisch abgeschotteten Korea durch jesuitische Traktate chinesischer Sprache in Kontakt mit der christlichen Lehre bzw. dem „westlichen Wissen" kamen, mehr darüber in Erfahrung bringen wollten und einen der Ihren – Seung-Hoon Lee – 1783 als Mitglied der jährlichen Tributkommission nach Peking schickten, wo er sich schließlich in der Nordkirche taufen ließ (mit Taufnamen „Peter"). Nach seiner Rückkehr nach Korea 1784 überzeugte und taufte er nun seinerseits seine Kollegen, die dann die neue Lehre verbreiteten und mit der Produktion einer theologischen Literatur erst in chinesischer und dann in koreanischer Sprache begannen, inmitten rasch einsetzender blutiger Verfolgungen. 1794 zählte man bereits 4000 Katholiken. Dies alles ereignete sich etwa fünfzig Jahre, bevor 1836 mit dem Franzosen P. Maubant der erste europäische Missionar das Land betrat. Der nachfolgende Text, ein Auszug aus einem Brief „Peter" Seung-Hoon Lees von 1789, gibt einen faszinierenden Einblick sowohl in die Selbstorganisation der entstehenden Kirche wie in die sie begleitenden Zweifel über die Rechtmäßigkeit des eingeschlagen Weges.

a) „Peter" Seung-Hoon Lee über die Situation im Jahr 1789

[Aus einem Brief des Jahres 1789 an die französischen Priester von Pei'tang (Nordkirche) in Peking:] Sobald ich [im Februar 1784 aus Peking] wieder in meinem Land [Korea] ankam, empfand ich es als dringende Pflicht, die [christliche] Religion zu studieren, wie sie in den von mir [aus Peking] mitgebrachten Büchern [der Jesuiten] dargelegt ist, und sie meinen Verwandten und Freunden zu verkünden. Bei dieser Arbeit lernte ich einen Gelehrten kennen, der ein Buch unserer [christlichen] Religion erworben hatte und dessen Studium er sich mehrere Jahre gewidmet hatte. Seine Mühe war nicht vergeblich gewesen, da er Kenntnisse über die am schwersten zu verstehenden Punkte unserer Religion erworben hatte. Aber sein Glaube und seine Inbrunst übertrafen seine Kenntnisse bei weitem. Er war derjenige, der mich unterrichtete und ermunterte; wir halfen einander, Gott zu dienen und andere dazu zu bewegen, Ihm zu dienen. Es waren Tausende, die so den Glauben annahmen und dringend darum baten, getauft zu werden. Auf den einmütigen Wunsch aller hin taufte ich mehrere von ihnen nach dem Ritus, der bei meiner eigenen Taufe in Peking befolgt worden war. Danach brach die Verfolgung aus; meine Familie litt am meisten, und ich war gezwungen, mich aus der Gemeinschaft meiner Brüder in Christus zurückzuziehen. Um keine Unterbrechung in der Spendung von Taufen zu verursachen, bevollmächtigte ich zwei Menschen, mich zu vertreten. Der eine war der schon oben genannte Gelehrte, und der andere war derjenige, der während der Verfolgung sehr litt und der im Herbst 1785, ein Jahr nach seiner Verhaftung, starb.

Im Frühling 1786 hielten die Christen eine Versammlung und diskutierten darüber, wie man die Beichte ablegt und hört. [...] Gegen Herbst dieses Jahres hielten sie eine zweite Versammlung, auf beschlossen wurde, daß ich die Hlg. Messe zelebrieren und das Sakrament der Firmung erteilen sollte. Ich willigte nicht nur in ihre Bitte ein, sondern übertrug die Befugnis, die Hlg. Messe zu zelebrieren, auf zehn weitere Personen. Für diese Zeremonien folgte ich den in verschiedenen [von mir aus Peking mitgebrachten] Büchern – Gebetbücher und Stundenbücher – gegebenen Anweisungen, indem ich gewisse Teile hinzufügte und andere wegließ. Als Gebete nahm ich einige aus unserem Gebetsbüchern. [...]

Seit 1784 ist die Anzahl derer, die unsere Predigt hören, weiter gewachsen. Diejenigen, die Gott in einem Umkreis von eintausend *Li* [ca. 250 Meilen] verehren, belaufen sich auf eintausend Menschen; die Verfolgung geht in fünf oder sechs Distrikten weiter, viele Christen wurden verhaftet, eingekerkert, geschlagen, bedroht oder sind durch Versprechen von der anderen Seite gewonnen worden. Kurz, nichts wurde unterlassen, damit sie ihre Religion aufgeben. Die Zahl der hervorragenden Fälle von Beständigkeit, Entschiedenheit und Mut ist ebenfalls sehr groß. Mehr als zehn [Christen] aber haben ihren Glauben mit ihrem Blut besiegelt.

b) Koreanische Untergrund-Theologie: „Die Hauptartikel der Lehre Gottes“ des Chóng Yak-jong Augustin (um 1796)

„Die Hauptartikel der Lehre Gottes“ (Chu-Gyo Yo-Ji) des 1801 als Märtyrer verstorbenen Chóng Yak-jong Augustin sind das erste theologische Werk in koreanischer Sprache. Sichtlich inspiriert von Matteo Riccis „Wahrer Lehre“ (vgl. Text 24c), setzen sie sich mit konfuzianischen, buddhistischen, taoistischen und schamanistischen Anschauungen auseinander.

I. Das Menschenherz weiß von selbst von der Existenz des Herrn.
Im allgemeinen weiß der Mensch, wenn er zum Himmel hinauf schaut, daß der Meister da oben ist. Wenn er Krankheit, Schmerzen oder Verzweiflung durchmacht, schaut er zum Himmel hinauf, fleht den Herrn an, ihn zu heilen, und wünscht sich, erlöst zu werden. Wenn er Donner und Blitz erlebt, erinnert er sich an seine schlimmen Sünden und seine Seele ist beunruhigt und erschrocken. Wenn es keinen Meister im Himmel gibt, warum sollte jeder Mensch so reagieren? [...]
II. Die ganze Schöpfung kann nicht von selbst entstanden sein.
In der ganzen Schöpfung gibt es kein einziges Ding, das seinen Körper selbst ins Leben rief. Die Pflanzen tragen Früchte und verbreiten Samen. Die Tiere haben Mutter und Vater, werden gezeugt und geboren. Die Menschen werden auch von ihren Eltern geboren. Diese Eltern wurden von ihren Großeltern geboren. Wenn wir weiter und weiter zurückgehen, wird es offensichtlich einen erstgeborenen Menschen geben. Wer brachte diesen Menschen zur Welt? Wenn wir sagen, daß er geboren wurde, weil er Eltern hatte, wer brachte diese Eltern zur Welt? Zwangsläufig wurde der erste Mensch ohne Eltern ins Leben gerufen. Und wir müssen sagen, daß dieser Mensch selbst seinen Körper gebar. Dieser Mensch kam von sich aus auf die die Welt, aber der nächste Mensch kann nicht von sich aus auf die Welt kommen. Diese Tatsache läßt uns folgern, daß es jemanden geben muß, der den ersten Menschen ins Leben rief. [...]
XVIII. Buddha und der Bodhisattva sind Menschen, die vom Herrn ins Leben gerufen wurden. Es gibt nur eine Person, die keinen Beginn hat und von Anfang an existiert. Die ganze Schöpfung wurde von ihr ins Leben gerufen und begonnen. Alle Dinge können nicht von sich aus entstehen, weil sie nicht von selbst existieren können. Im Weltall wurde alles, unzählige Dinge, die Geister und der Mensch, durch die unendlichen Fähigkeiten des Herrn ... ins Leben gerufen. Kein einziges Ding entstand von sich aus. Der Buddha und Boddhisatva sind auch Menschen, die vom Herrn geschaffen wurden. Sie wurden aus dem Innern ihrer Eltern geboren. Sie besitzen eine Seele. Sie bestehen aus Fleisch und sind wie wir. Wenn auch unter den Menschen Übereinstimmung besteht, daß jemand als fähiger und gütiger [als andere Menschen] angesehen wird, geht es um nichts anderes als um menschliche Fähigkeiten und menschliche Güte. Warum erhebt sich ein Mensch über andere Menschen? ... Als der Buddha und Bodhisattva auf dieser Welt waren, erhielten sie die Hilfe des Herrn nicht. Welche Güte besaßen sie dann?

c) Erste Martyrien (1791)

1791 wurden mit „Paul“ Yun Chi-ch'ung und „Jakob“ Kwon Sang-yon die ersten Märtyrer der koreanischen Kirche hingerichtet. Ausgangspunkt des Verfahrens war der Vorwurf, durch Nicht-Beachtung der konfuzianischen Riten bei der Beerdigung der Mutter religiöse Pflichten verletzt zu haben. Aus dem in chinesisch erhaltenen Protokoll des Verhörs beim Magistrat von Chinsan:

Der Gouverneur wandte sich dann zu Jakob Kwon. „Und Du“, fragte er, „welche Bücher hast Du studiert?“ – „Ich habe das Buch ‚Die wahre Lehre Gottes' [von Matteo Ricci] und ‚Die sieben Kasteiungen' studiert.“ – „Woher hast Du diese Bücher?“ – „Ich las sie mit meinem Cousin Yun Chi-ch'ung, der sie mir auslieh.“ – „Hast Du von ihnen Abschriften gemacht?“ – „Nein.“ – „Hast Du die Opfer [zu Ehren der Ahnen] unterlassen?“ – „Ja.“ – „Und die Tafeln [zu Ehren der Ahnen] verbrannt?“ – „Ich habe die Behälter noch zu Hause, wie der Richter feststellte, als er mich aufsuchte.“ Der Gouverneur fragte dann nach seinen Beziehungen zu verschiedenen anderen Personen und fuhr fort: „Einer Deiner Verwandten hat in der Hauptstadt das Gerücht verbreitet, daß Du die Tafeln [zu Ehren der Ahnen] verbrannt hast. Wem soll man glauben?“ – „Seitdem ich aufgehört habe, Opfer zu bringen, betrachten meine Verwandten mich als Feind ... Ihre Vorwürfe werden immer weitergetragen, und so kommen sie zu dem Schluß, daß ich sicherlich meine Tafeln verbrannt haben muß.“

Quelle: (a) J. Chang-mun Kim/J. Jae-sun Chung (Hgg.), Catholic Korea, Seoul 1964, 28–30; (b) H. Diaz, A Korean Theology. Chu-Gyo Yo-Ji: Essentials of the Lord's Teaching by Chóng Yak-Jong Augustine (1760–1801), Immensee 1986, 281–283. 307–309; (c) Catholic Korea [wie oben], 35. – *Lit.*: TRE 19, 1990, 615–620: Art. Korea II (Won Yong Ji); Diaz, Theology [wie oben]; Korean National Commission (Hg.), Korean philosophy. Its tradition and modern transformation, Seoul 2004; Moffett, Asia II, 311ff; Sunquist, Dictionary 446–449 (Art. Korea); England, ACT I, 59ff; III, 474ff.

E. Tranquebar 1706 und die Folgen

Vom Beginn einer protestantischen Missionsarbeit im qualifizierten Sinn kann man in Asien erst seit 1706 sprechen. Dies ist das Jahr, in dem in der dänischen Mietkolonie Tranquebar an der Südostküste Indiens die Deutschen Bartholomäus Ziegenbalg (1682–1719) und Heinrich Plütschau (1677–1746) tätig wurden und zugleich die Periode der Dänisch-Halleschen Mission in Indien einleiteten. Sie ist gekennzeichnet durch das Zusammenwirken unterschiedlicher Faktoren wie der Initiative des dänischen Königs Frederik IV. (1671–1730), der Bereitstellung geeigneten Personals durch den Halleschen Pietismus, einer am Seelenheil des Einzelnen orientierten Missionstheologie sowie – als Konsequenz daraus – einer im protestantischen Bereich bislang singulären Beschäftigung mit der regionalen Kultur, die auf die Entstehung einer einheimischen Kirche abzielte. Intensives Sprachstudium (Text 34 aus einer Schrift Ziegenbalgs), Religionsgespräche (Text 35), eine darauf bezogene – und von der Halleschen Zentrale wiederholt behinderte – Publizistik (Text 37) sowie die bis zur zeitweiligen Verhaftung Ziegenbalgs führenden Konflikte mit der lokalen Kolonialobrigkeit etwa in der Frage der Behandlung getaufter Sklaven (Text 36) sind Merkmale dieses Programms, das mit der Ordination des ersten indischen protestantischen Pfarrers 1733 (Text 38) ein wichtiges Etappenziel erreichte und nicht nur in Europa, sondern auch in den entstehenden Überseekirchen Afrikas Beachtung fand (vgl. Text 141).

34. Erste lutherische Gemeinde und Kirchenbau

Das hurtige Erlernen der hiesigen Sprache ist uns ein klares Zeugnis, daß Gott mit uns gewesen ist. Denn was sonderlich die schwere malabarische [tamilischen] Sprache anlangt, so sahen wir anfänglich zu deren Erlernen keine Möglichkeit, weil wir nirgends einige *Subsidia* und *Praecepta* dazu erhalten konnten; und gleichwohl brachte man es vermittelst göttlichen Beistandes in einer Jahresfrist so weit, daß man darinnen katechisieren und predigen konnte. Man lernte sie *ex fundamento* sowohl so, wie sie in dieser Heiden Bücher geschrieben ist, als auch wie sie von ihnen geredet wird. Zu diesem Endzweck schaffte man sich so viel Bücher an. ... Die gesegnete Erlernung der Sprache hat uns angetrieben, ein solches Werk mit desto größeren Freuden zu beginnen und fortzupflanzen. Daher wurde noch im ersten Jahr unserer Ankunft der Anfang zur Sammlung einer malabarischen und portugiesischen Gemeinde gemacht. Und weil zur Handlung göttlichen Wortes und der hlg. Sakramente ein eigener Ort vonnöten war, so gab Gott Segen und Beistand, daß wir von unserer Armut eine kleine Kirche aufbauten, welche wir ‚Neu Jerusalem' nannten, und nunmehr darinnen sechs Jahre das Wort Gottes sowohl in der malabarischen als der portugiesischen Sprache reichlich und einfältig unseren Gemeinden verkündigt haben.

Quelle: D. Jeyaraj, Inkulturation in Tranquebar, Erlangen 1996, 173 (überarbeitet). – *Allgemein*: Jeyaraj, ebd.; A. Lehmann, Es begann in Tranquebar, Berlin 1955; A. Nørgaard, Mission und Obrigkeit. Die Dänisch-hallesche Mission in Tranquebar 1706–1845, Gütersloh 1988; M. Bergunder (Hg.), Missionsberichte aus Indien im 18. Jahrhundert, Halle 1999; H. Grafe, Evang. Kirche in Indien, Erlangen 1981, 80ff; D. Jeyaraj, Bartholomäus Ziegenbalg: the Father of Modern Protestant Mission, New Delhi 2006; ders.(Hg.), Bartholomäus Ziegenbalgs Genealogie der malabarischen Götter, Halle 2003; A. Gross/Y. V. Kumaradoss/H. Liebau, Halle and the beginning of Protestant Christianity in India, Halle 2006; RGG^4 4, 95ff: Art. Indien (K. Koschorke); Neill, History 2, 28–48; Moffett, Asia II, 237ff.

35. Religionsgespräche mit Brahmanen

[...] Der Priester sagte: Es sind in der Welt viele Religionen und Sekten, wie denn allein unter uns Malabaren nur 360 Sekten gefunden werden. Wir sehen auch, daß unter euch Christen solche Sekten sind ... Weil nun Gott die Welt regiert, so können wir nichts anderes sagen, als daß solche Unterschiede der Religionen von Gott unter den Menschen herkommen. Unterdessen weisen alle Religionen zur Seligkeit ... Hat jemand sich fest vorgenommen, die Seligkeit zu erlangen, so wird er sie wohl erlangen, er stehe in welcher Religion er wolle; nur aber geschieht es in einer Religion leichter als in der andern ... Hierauf wurde ihm dieses zur Antwort (gegeben): Daß so mancherlei Religionen und so viele Sekten unter den Menschen auf der Welt gefunden werden, solches kommt nicht von Gott, wie ihr meint, sondern durch Verblendung des Satans, und durch die Verworrenheit des Verstandes und Willens bei den Menschen, die aus dem Sündenfall herstammen ... Daher muß unter beiden [sc. unter der christlichen und hinduistischen Religion] eine wahr und die andere falsch sein: die eine muß von Gott, und die andere vom Teufel oder durch Verführung des Teufels, von der törichten Vernunft der blinden Menschen eingeführt worden sein; darum, weil sie einander ganz konträr sind, führt die eine zum Himmel und die andere zur Hölle ... Sie fragten, ob wir ihre Religion nur in einigen oder in allen Punkten für falsch und irrig erkennen? Darauf wurde ihnen folgende Antwort gegeben: Es sind unter euch aus dem Lichte der Natur dennoch einige allgemeine Wahrheiten, die ihr teils in Büchern aufgeschrieben habt, teils aber untereinander mündlich redet; als wenn ihr saget, es sei nur ein Gott, solchen Gott müsse man erkennen, lieben, fürchten und anbeten, die Seele sei unsterblich, nach dieser Zeit gebe es ein anderes Leben, darinnen der Mensch entweder Belohnung oder Strafe empfange, je nachdem wie er hier in der Welt gelebt hat, man müsse alle Arten der Sünden meiden und alle Arten der Tugenden ausüben ... etc. Sehet, diese und dergleichen Lehr-Punkte mehr kommen mit dem Wort Gottes überein, und sind in sich selbst göttliche Wahrheiten, die in euren Gewissen geschrieben stehen ... Wenn ihr aber lehrt, daß sich das göttliche Wesen in viel

Götter zerteilt habe und daß diese Götter voll sündlicher Eigenschaften sind ..., so weichet ihr mit diesen allen von der Wahrheit des göttlichen Wortes und zumeist auch von dem Lichte der Natur ab, und machet euch mühsame ... Wege zu eurem Verderben.

Quelle: B. Ziegenbalg, Das vierte Gespräch. Mit einem malabarischen Priester in der Versammlung vieler Wechsler, 1714, nach: Raupp, Mission 146–148.

36. Konflikte mit der Kolonialobrigkeit

a) Die Inhaftierung Ziegenbalgs (19.11.1708–26.3.1709)

Aber wir mochten ihnen die daraus entstehenden üblen Konsequenzen noch so deutlich demonstrieren, so war doch ihr Herz nunmehr dermaßen verhärtet, daß sie [die örtlichen Kommandanten] weder auf Gott, noch auf unsern allergnädigsten König, noch auch auf die evangelische Religion einige Reflexion machten, sondern alles nach Gewalt ergehen ließen. Sonderlich suchten sie ihr Mütlein an mir zu kühlen, daher sie mich endlich mit Schwertern und geladenen Gewehren aus meinem Hause vom Gebet gewaltsamerweise hinwegnahmen und mich aufs Kastell führten. Als ich daselbst vor sie gestellt und dieses und jenes befraget wurde, so antwortete ich nicht ein Wort, sondern berief mich auf meinen allergnädigsten König, vor welchem sie mich verklagen möchten, wenn sie etwas wider mich hätten. Darauf ließen sie mich ins Gefängnis führen und täglich durch die Soldaten stark bewachen. Meinem Herrn Kollegen wurde ein Edikt geschickt, daß er weder die Wochenpredigten in (der) Zionskirche noch die Bibelstunde im Hause ferner kontribuieren sollte bei hoher Strafe. Alle Europäer mußten aufs neue schwören und sich verobligieren, daß sie mit uns nicht umgehen wollten. Unsere Gemeinde wurde ganz zerstreut, unser Translator, der uns so große Dienste in der malabarischen Sprache getan, wurde gleichfalls gefangen genommen und nochmals zur Stadt hinausgeführt. Meine Sachen und auch die translatierten malabarischen Bücher wurden versiegelt und täglich bewacht. [...] Solchergestalt wurde der Name Gottes verlästert, unser allergnädigster König in seinem heiligen Werke geschimpfet, die evangelische Religion unter Heiden und Katholiken verlästert, unser Amt geschändet, die Bekehrung der Heiden gehindert, unsere Gemeinde schüchtern gemacht, die europäischen Nachbarn geärgert und allenthalben allhier unter Heiden und Mohammedanern der heilige Name Christi verunehrt. Als denn solche Feinde nunmehr zwei Monate heftig getobt hatten und dabei die Strafe Gottes mit Augen sahen, so suchten sie allerlei Gelegenheit, daß sie mich wieder aus dem Gefängnis bringen möchten.

b) Sklavenhandel als einer der Streitpunkte

[Am 14.9.1708 verfaßte der Kommandant von Tranquebar A. Hassius einen langen Brief an Ziegenbalg und Plütschau, worin er den Sklavenhandel verteidigte:] Wohl kann man eigentl[ich] nicht wissen, wen Sie [Ziegenbalg und Plütschau] damit meinen, der im unchristlichen Sinn die Sklaven sollte verkauft haben; allein da Sie ermahnen, daß [dies] ohne ihre Befragung geschehen sein soll, mit Begehren, daß solche Unbarmherzigkeit hinfür nicht mehr geschehen dürfe, so urteilt man, daß Ihre Prätentionen dahin extendieren, daß wenn einer seinen Sklaven zur Evangelischen Religion gegeben und [hat] taufen lassen, Sie sofort die Jurisdiktion über ihn und seinen Herren behaupten wollen. Ist dem so, möchten wir gerne wissen, wer doch der Lutherische Papst wäre, der Ihnen solche *Präbenden* verliehen hat.

Quelle: (a) B. Ziegenbalg, Brief an M. Lange, Tranquebar 15.8.1709, bei: A. Lehmann (Hg.), Alte Briefe aus Indien. Unveröffentlichte Briefe von B. Ziegenbalg 1706–1719, Berlin 1957, 93–97; (b) D. Jeyaraj, Inkulturation in Tranquebar, Erlangen 1996, 187 (überarbeitet); vgl. A. Nørgaard, Mission und Obrigkeit, Gütersloh 1988, 36–38.

37. Verhinderte Publizistik: „Malabarisches Heidentum" (1711)

[Aus der Vorrede:] 11. ... Daraus [sc. aus den indischen Schriften] man wird sehen können, eines Theils die große Erblendung des Teufels, und die greulichen Irrtümer, welchen solche Heiden ergeben sind; andernteils aber auch, wie weit sie es in der Erkenntnis Gottes und der natürlichen Dinge bei ihren Vernunftes Licht gebracht haben, und wie sie dennoch bei ihren natürlichen Kräften oftmals ein tugendsames Leben vielen Christen beschämen, auch vor diesen oft ein weit größeres Streben nach dem zukünftigen Leben von sich verspüren lassen. [...]
13. ... so habe ich endlich die Abfassung des Buches aus folgenden Ursachen geschehen lassen. Erstlich daß meine *Successores* [Nachfolger] allezeit etwas gewisses haben möchten, daraus sie ohne derjenigen Mühe, wie ich sie habe haben müssen, die Principia solcher Heiden erkennen könnten ... Hören sie [sc. die Heiden] aber, daß man ihre Lehrsätze weiß, so gehen sie eher den Worten Gehör und haben ein Hochschätzung von solcher Person. Ist man denn nun auch tüchtig, in ihrer Sprache nach abgehandelter christliche Lehre ihre falsche Gegensätze anzuführen und zu widerlegen, so werden sie sowohl von der Wahrheit unserer christlichen Lehre als auch von der Falschheit ihres Götzendienstes überzeuget ...
14. Die andere Ursache ist diese, daß die Christen in Europa von dem Zustand dieser Heiden eine etwas nähere Nachricht bekommen möchten, als vorher geschehen ist, um einerseits mit diesen Heiden Mitleiden zu haben ..., andererseits aber sich zu einer ernstlichen Ausübung des Christentums aufmuntern zu lassen, wenn sie hören, wie diese Heiden sich so gestrenge Bußarten, Fasten, allerlei mühsame Zeremonien und andere rauhe Wege zur Erlangung der Seligkeit erwählt haben. Hierdurch werden sie sich zugleich ... fleißig um die Bekehrung der Heiden beten und alle Gelegenheit wahrnehmen, wodurch sie etwas zu solchem Werk contribuiren [beisteuern] können.
15. Die dritte Ursache ist, daß diejenigen Evangelischen Theologen in Europa ... aus diesem Traktat von ihren Lehr-Sätzen erkennen lernen mögen, wie man diesen Heiden am besten beikommen könne, und was wir als Lehrer unter ihnen insonderheit zu observieren [beachten] haben. Wie denn ihnen hiermit zugleich Gelegenheit gegeben wird, daß sie nach den Umständen dieser Heiden miteinander hierüber konferieren und uns ihre Consilia [Ratschläge] durch Briefe kommunizieren. Die vierte Ursache ist diese, daß Lehrer und Prediger die Atheistereien, so unter vielen in Europa in Schwange gehen, aus dieser Heiden Principien wiederlegen könnten. Denn ungeachtet, daß sie Heiden sind, so wird man doch durchgehends aus diesen Büchlein sehen, wie sie ein Göttliches Wesen glauben, das alles erschaffen hat und alles regiert, auch dereinst das Gute belohnen und das Böse strafen wird ...; welches in der Tat von vielen Christen verleugnet wird, welche alles auf das *fortuitum* [Zufall] ankommen lassen, und weit ärger leben als die Heiden.

Quelle: W. Caland (Hg.), Ziegenbalgs Malabarisches Heidenthum, Amsterdam 1926, 11–13 (überarbeitet).

38. Ordination des ersten indischen Pastors Aaron (1733)

Während Ziegenbalg bereits 1709 die Ernennung tamilischer Christen zu Pfarrern ins Auge faßte, wurden erst 1729 konkrete Schritte in diese Richtung eingeleitet. In diesem Jahr autorisierte die Hallesche Zentrale die Tranquebar-Missionare, „aus der Indianischen Nation ein tüchtiges Subjektum zum Predigt-Amt im Namen des Herrn zu ordinieren". Am 28.12.1733 wurde der tamilische Katechet Aaron zum ersten protestantischen Pfarrer Indiens eingesetzt. Inspiriert war diese Entscheidung u.a. von Nachrichten über einen indianischen Klerus im amerikanischen Neu-England (!). In Tranquebar selbst wurden die einheimischen Gemeinden an der Pfarrwahl beteiligt, wobei sie unter drei Kandidaten auswählen konnten. Aus dem tamilischen Wahlaufruf:

Geliebte im Herren! Nachdem wir uns lange Zeit überlegt und unsere Herren in Europa gefragt haben, haben wir uns für die Ordination eines Mannes aus eurer Mitte und von eurer Nation entschieden. Wir wollen ihm die Betreuung der Landgemeinden übergeben. Wir können die ganze Arbeit nicht alleine machen. Es ist ein treuer Hirte notwendig. Er wird aber mit den Landsleuten viel geschickter als wir umgehen, ihnen das Wort Gottes predigen und das Sakrament austeilen können. Bis jetzt hat Gott euch Diener aus Europa geschickt. Darum dürft ihr nicht denken, daß ein Hirte von eurer Nation nicht tüchtig sein könne. Wenn einer vom Heiligen Geist für das Amt berufen und ausgerüstet ist, braucht er keine besondere Begabung mehr. Gott ist nicht parteiisch. Er liebt alle, die ihm gehorchen (Apg. 10,34–35).
Unter den Christen hat jedes Volk seinen eigenen Hirten. Ihr könnt ohne Hemmung Gott um euren eigenen Hirten bitten. Durch die Ordination können wir gegen das Heidentum gemeinsam wirken. Die Christen auf dem Land brauchen ihre Hirten ganz besonders. So betet in der Kirche, zu Hause und in euren Versammlungen dafür, daß Gott einen Hirten nach seinem Wohlgefallen auswählt.

Quelle: D. Jeyaraj, Die Ordination des ersten protestantischen Pfarrers Aaron in Südindien, 28.12.1733 (in: Zeitschrift für Mission 23, 1997, 105–125), 115. – *Lit.*: D. Jeyaraj (Hg.), Ordination of the First Protestant Indian Pastor Aaron, Madras/Chennai 1998; D. Cyranka/A. Wenzel, „Das eigentliche Portrait des seligen Aarons." Der indische Prediger Aaron (1698/99–1745) auf Bildern des 18. Jahrhunderts (in: Pietismus und Neuzeit 35, 2009, 148–203).

ASIEN III. 1800–1890

A. Allgemeine Situation um 1800/1815

Das Ende des ersten Kolonialzeitalters ist u.a. durch den Zusammenbruch der bisherigen kolonialkirchlichen Strukturen gekennzeichnet. In Indien beklagt der französische Geistliche Abbé J. A. Dubois (1770–1848) den fast vollständigen Niedergang des Katholizismus auf dem Subkontinent (Text 39). Im benachbarten Ceylon konstatiert 1811 der britische Reisende und anglikanische Regierungskaplan Claudius Buchanan (1766–1815) den Kollaps der reformierten Kirche auf der Insel nach dem Ende der niederländischen Herrschaft 1796 (Text 40). Zugleich sucht er in seiner englischen Heimat das Interesse an einer staatsfreien „evangelischen" Mission zu wecken.

39. Indien: Niedergang des Katholizismus (1815)

Die christliche Religion katholischer Glaubensrichtung ist vor etwas mehr als dreihundert Jahren in Indien eingeführt worden, und zwar zur Zeit der portugiesischen Invasion [im 16. Jh.] [...] Der niedrige Stand, den die christliche Religion heute erreicht hat, und die Verachtung, der sie gegenwärtig ausgesetzt ist, können nicht mehr

übertroffen werden. Es gibt, wie bereits erwähnt, zur Zeit in diesem Land nicht mehr als ein Drittel der Christen, die es hier noch vor achtzig Jahren gab, und diese Zahl geht von Tag zu Tag durch ständigen Abfall zurück. Sie wird in kurzer Zeit auf Null schrumpfen; und wenn sich die Lage weiter so entwickelt, wird es, fürchte ich, in weniger als fünfzig Jahren keine Spuren des Christentums unter den Einheimischen mehr geben. Die christliche Religion, die früher Gegenstand der Gleichgültigkeit oder allenfalls der Verachtung war, ist inzwischen – wage ich zu sagen – fast zu einem Gegenstand des Horrors geworden. Fest steht, daß während der letzten sechzig Jahre keine neuen Anhänger oder nur sehr wenige gewonnen wurden. [...]
Wie kann in der Tat unsere heilige Religion inmitten solcher unüberwindbarer Hindernisse gedeihen? Wer sie annimmt, wird zum Ausgeschlossenen und Geächteten; er verliert sofort alles, was ihn am Leben erhält. Ein Ehemann, ein Vater wird unverzüglich von seiner eigenen Frau und seinen eigenen Kindern verlassen, die sich hartnäckig weigern, weiteren Kontakt mit ihrem degradierten Angehörigen zu haben. Ein Sohn wird erbarmungslos aus dem väterlichen Haus geworfen und ganz von denen verlassen, die ihn zur Welt gebracht haben.

Quelle: Abbé J. A. Dubois, Letters on the State of Christianity in India, London 1823, 1–14. – *Lit.*: Moffett, Asia II, 176ff.

40. Ceylon: Kollaps der reformierten V.O.C.-Kirche (1796ff.)

In der Zeit von Baldacus [1629–1671], dem niederländischen Prediger und Historiker, gab es allein in der Provinz Jaffna zweiunddreißig christliche Kirchen. Gegenwärtig gibt es in der ganzen Provinz keinen einzigen protestantischen europäischen Geistlichen, mit Ausnahme von Mr. Palm, einem einzelnen Missionar, der von der Londoner [Missions-] Gesellschaft ausgesandt wurde. [...] Die meisten dieser schönen Kirchen, die auf den Stichen in Baldaeus' Geschichte abgebildet sind, sind jetzt Ruinen. Nicht einmal in der Stadt und Festung Jaffna, wo es ein geräumiges Gebäude für den Heiligen Gottesdienst und eine angesehene Gesellschaft englischer und niederländischer Einwohner gibt, wurde ein Geistlicher ernannt. Der einzige protestantische Prediger in der Stadt von Jaffna ist *Christian David*, ein tamilischer Katechet, der von der [dänisch-halleschen] Mission in Tranquebar geschickt wurde. [...] Die niederländischen Geistlichen, die früher hier amtierten, sind nach Batavia [Jakarta / Indonesien] bzw. Europa gegangen. Der ganze Distrikt ist jetzt in den Händen der römischen Priester des Kollegiums im [indischen] Goa. Da sie die Gleichgültigkeit der englischen Nation gegenüber ihrer eigenen [protestantischen] Religion spürten, haben sie still und ungestört das Land in Besitz genommen. [...]
Was den Stand der christlichen Unterweisung angeht, befindet sich der südliche Teil der Insel im gleichen Zustand wie der Norden. Es gibt gegenwärtig auf der ganzen Insel nur zwei englische Geistliche. [...] Ich war nicht überrascht zu hören, daß jedes Jahr eine große Anzahl von [singhalesischen] Protestanten zur [buddhistischen] Idolatrie zurückkehrt. Ohne Führer verehren sie jetzt Buddha, wie sich die Israeliten einst dem *Baal* und der *Ascheroth* zuwandten. Es trifft wahrscheinlich zu, daß die Religion Christi in keinem Zeitalter so in Unehre gefallen ist wie in letzter Zeit – als Folge unserer Vernachlässigung der protestantischen Kirche in Ceylon durch die offiziellen Stellen.

Quelle: The Works of the Rev. Claudius Buchanan. Comprising His 'Christian Researches in Asia', Albany 1812, 53–61.

41. Streit um Zulassung der britischen Missionen (1813)

Durch die Ausdehnung ihres Einflusses und die Ausschaltung europäischer Rivalen gelang es der britischen East India Company, bis 1818 den gesamten indischen Subkontinent bis zum Indus direkt oder indirekt unter ihre Kontrolle zu bringen. Da primär kommerziell interessiert, lehnte sie lange Zeit christliche Missionsaktivitäten in ihren Territorien strikt ab. Protestantische Pioniermissionare wie der englische Baptist William Carey im dänischen Serampore (s. Text 43) oder der Amerikaner Adoniram Judson in Burma mußten darum zunächst außerhalb der britisch kontrollierten Gebiete tätig werden. Bei der alle 20 Jahre fälligen Erneuerung des Freibriefs der Gesellschaft durch das britische Parlament suchten evangelikale Kreise die Aufnahme einer die Mission begünstigenden Klausel zu erreichen. Während dieser Vorstoß 1793 noch scheiterte, wurde in der Charter von 1813 – trotz des entschiedenen Widerstandes der Kompanie (a) – die Öffnung Indiens für britische Missionare erreicht (b), der 1833 die für Angehörige anderer Nationalität folgte.

a) Widerstände gegen die sog. „Missionsklauseln“

[Aus dem Votum von P. Bensley, eines der Direktoren der britischen Ostindien-Gesellschaft, in der Parlamentsanhörung vom 23.5.1813:] Weit entfernt, die beabsichtigten ‚frommen Klauseln’ zu billigen oder sie mit Gleichmut anzuhören, betrachtete ich die Mission vom ersten Augenblick an, als ich davon hörte, für die wildeste, extravaganteste, kostspieligste und unsinnigste Idee, die je von einem phantastischen Projektmacher vorgebracht worden ist.

b) Der Freibrief von 1813

Dieses [Parlaments-] Komitee ist der Meinung, daß es die Pflicht dieses Landes ist, die Interessen und das Wohlergehen der einheimischen Bewohner der britischen Herrschaftsgebiete Indiens zu fördern, und daß darum Maßnahmen getroffen werden sollten, die zur Verbreitung nützlichen Wissens unter ihnen und zum religiösen und moralischen Fortschritt führen können. Zur Unterstützung dieser Ziele sollen per Gesetz genügend Mittel bereitgestellt werden für Menschen, die bereit sind, nach Indien zu reisen und dort zu bleiben, um dort diese wohltätigen Absichten umzusetzen. Dies immer unter der Voraussetzung, daß die Autorität der örtlichen Regierungen im Blick auf den Verkehr von Europäern mit dem Landesinnern gewährleistet ist, und daß die Prinzipien der britischen Regierung, auf die sich die Einheimischen Indiens bei der freien Ausübung ihrer Religion bislang verlassen haben, unangetastet erhalten bleiben.

Quelle: (a) J. Richter, Indische Missionsgeschichte, Gütersloh 1924, 163f. 557; (b) Neill, History 2, 153. – *Lit.*: Richter, ebd. 161ff; Neill, History 2, 146ff.151ff.

42. Reorganisation des Protestantismus in Indonesien (1817)

Während die Briten in Südafrika, Ceylon und Malakka das koloniale Erbe der Niederländer antraten, wurde das zwischenzeitlich britisch besetzte Indonesien 1815 wieder niederländischer Herrschaft unterstellt. Bis 1942 blieb es niederländische Kolonie. Die alte V.O.C.-Kirche wurde 1817 reorganisiert und erhielt als „Protestantische Kirche in Niederländisch-Indien“ nahezu den Status einer Staatskirche, wobei gleichzeitig weite Gebiete wie etwa die Insel Java gegen christliche Missionsaktivitäten abgeriegelt wurden. Eine erste Ankündigung der Pläne der niederländischen Krone im Blick auf die indonesische Kirche enthält der Königliche Beschluß Text 5 vom 4.9.1817:

Es wird die Notwendigkeit in Betracht gezogen, sowohl hinsichtlich der kirchlichen Angelegenheiten für alle Kolonien dieses Staates im allgemeinen als im besonderen wegen der Beziehungen zwischen der Niederländischen und der Indonesischen Reformierten Kirche einige Bestimmungen vorzuschreiben, und zwar in Erwartung von denjenigen, die hinsichtlich dieser Einrichtung von der Führung der Reformierten Kirche sodann getroffen werden, und von denjenigen, die im Zusammenhang mit den religiösen Angelegenheiten der Kirche in Ost- und Westindien sich ergeben können, etc.

Quelle: C. W. Th. van Boetzelaer, De Protestantsche Kerk in Nederlandsch-Indië. Haar ontwikkeling van 1620–1939, 's-Gravenhage 1947, 285f. – *Lit.*: Th. Müller-Krüger, Der Protestantismus in Indonesien, Stuttgart 1968, 86ff; J. Richter, Die evangelische Mission in Niederländisch-Indien, Gütersloh 1921, 13ff.; TRE 16, 1987, 135ff.: Art. Indonesien II; Moffett, Asia II, 367ff; WCE I, 374ff; Sunquist, Dictionary 374ff (Art. Indonesia).

B. Südasien: Neueinsatz in Serampore (1800)

Der Wiederaufschwung der christlichen Mission seit Beginn des 19. Jh.s stand lange Zeit ganz im Zeichen der protestantischen Missionsbewegung, die jetzt ihr „großes Jahrhundert" (K. S. Latourette) erlebte. Getragen wurde sie zunächst weniger von Angehörigen der etablierten Kirchen als vielmehr von erweckten Kreisen und nonkonformistischen Gruppen aus Großbritannien, Kontinentaleuropa und später auch aus den USA. Für Indien wurden v.a. die Aktivitäten der englischen Baptisten um William Carey (1761–1834) wichtig. 1800 ließen sie sich in Bengalen in der dänischen Mini-Kolonie Serampore (außerhalb des britisch beherrschten Kalkutta) nieder. Durch vielfältige Aktivitäten – wie Straßenpredigt, Sprachstudium, Bibelübersetzungen in zahlreiche indische und asiatische Sprachen, evangelistische Traktate und die Anfänge eines evangelischen Schulwesens – erlangten sie rasch überregionale Bedeutung und leiteten eine neue Etappe christlicher Präsenz auf dem indischen Subkontinent ein.

43. William Carey über Methoden der Evangelisierung (1796)

[Aus W. Careys Tagebuch vom 11.1.1796:] Ich möchte über meine Art zu predigen sprechen, und werde als Beispiel meinen Aufenthalt in einem großen Ort namens Chinsurah, ca. 4 Meilen von Mudnabatty [in Bengalen] entfernt, beschreiben. Eines Sonntagnachmittags begab ich mich in Begleitung einiger Leute aus Mudnabatty dorthin. Als ich die Stadt betrat, sah ich einen aus Backsteinen sehr fein gebauten Götzentempel. [...] Ich stieg die Treppen hinauf und begann über die Torheit und die Schlechtigkeit der Götzenverehrung zu sprechen. ... Wir begannen das Lied ‚Oh, wer kann sonst erlösen' zu singen. Zu dieser Zeit war dort eine relativ große Anzahl von Menschen versammelt, und ich fing an, mit ihnen über Gott zu reden. Es hätte keinen Sinn gehabt, hier Bibeltraktate zu verteilen, da sie noch nie in ihrem Leben etwas von der Bibel gehört hatten. Deshalb ging ich auf den Wert der Seele und ihren gefallenen Zustand näher ein ... und auf die Unmöglichkeit, ohne Gottes Gerechtigkeit Vergebung zu erlangen. Ich fragte dann, welche mit Gottes Gerechtigkeit übereinstimmende Lebensweise in ihren *Shastras* vorgegeben sei. Diese, so sagte ich, sprechen zwar über neun Inkarnationen Vishnus in der Vergangenheit und eine in der Zukunft, aber keine davon ist dazu bestimmt, die Sünder zu retten. Sie dienten nur dazu, eine Familie zu schützen, einen Riesen zu töten, gegen Tyrannen Krieg zu führen etc., alles

Dinge, die Gott auch ohne diese Inkarnationen hätte vollbringen können. Eine Inkarnation der Gottheit, so sagte ich, ist eine zu bedeutende Angelegenheit, um auf so eine absurde Art und für solch niedrige Zwecke zustande zu kommen. [...] Ich stellte dann fest, wie elend diejenigen dran sind, deren Religion nur den Körper betrifft und deren *Shastras* nichts mit der Rettung der Sünder zu tun haben [...]
So predige ich unter ihnen. Nichts davon ist für sie eine Beleidigung, viele wollen mich hören; doch verabscheuen auch viele die Lehren des Evangeliums. Die Brahmanen fürchten sich davor, ihren Einfluß zu verlieren, und die höheren Kasten ihre Ehrenstellung ... So sind wir erfolgreich geworden.

Quelle: E. Carey, Memoir of Willian Carey, London 1836, 255–258. – *Lit.*: J. Richter, Indische Missionsgeschichte, Gütersloh 1924, 138ff; K. S. Latourette, The Great Century: North Africa and Asia, Grand Rapids [7]1980, 65ff; G. Bond, William Carey and the dawn of modern mission, London 1992; M. Dewanji, W. Carey and the Indian Renaissance, Delhi 1996; S.K. Chatterjee, William Carey. The Father of Modern Missions in the East, Serampore 2004; RGG[4] 4, 96f.: Art. Indien IV (K. Koschorke); Neill, History 2, 186–211; Moffett, Asia II, 253ff.

44. Bibelübersetzungen und Buchdruckerei (1811)

Serampore entwickelte sich rasch zu einem bedeutenden Übersetzungs- und Druckereizentrum. Bis 1820 lag das Neue Testament in bengalischer Übersetzung sowie in Sanskrit, Oriya, Hindi, Marathi, Punjabi, Assamesisch und Gujurathi vor. Insgesamt wurden Teile der Bibel in vierzig Sprachen Indiens und der benachbarten Länder – wie der Malediven, Burma, Java und China – übersetzt. Für manche indischen und ostasiatischen Sprachen wurden hier zum erstenmal Typen hergestellt. Aus einem Brief William Wards, eines engen Mitarbeiters Careys, von Ende 1811:

Wenn Du hereinkommst, siehst Du in einem kleinen Raum Deinen Cousin, der eine weiße Jacke trägt. Er liest oder schreibt und beaufsichtigt das Büro, das mehr als 170 Fuß lang ist. Es gibt da Inder, die die Hlg. Schrift in die verschiedenen Sprachen übersetzen oder Korrekturfahnen lesen. Du siehst, in Kästen sortiert, Drucktypen in Arabisch, Persisch, Nagari, Telugu, Panjabi, Bengali, Marathi, Chinesisch, Oriya, Burmesisch, Kanaresisch, Griechisch, Hebräisch und Englisch. Inder hinduistischen, muslimischen und christlichen Glaubens sind da beschäftigt. Sie übersetzen, korrigieren und verteilen. Die vier Männer neben mir ziehen die Blätter mit der Hlg. Schrift in den verschiedenen Sprachen ab; andere falten die Blätter und bringen sie in das große Lager; und sechs Muslime binden sie. Hinter dem Büro befinden sich die Behälter mit den verschiedenen Drucktypen, dahinter stellt eine Gruppe von Männern Tinte her, und an einem geräumigen, offenen, ummauerten runden Platz steht unsere Papiermühle, da wir unser Papier selbst herstellen.

Quelle: P. Carey, William Carey, London 1925, 283. – *Lit.*: Sunquist, Dictionary 79–88 (Art. Bible Translation).

45. Gründung des Serampore College (1818)

Zur „Ausbildung asiatischer Christen und anderer Jugendlicher in östlicher Literatur und europäischen Wissenschaften" wurde 1818 das Serampore College gegründet, das bis heute besteht. Auszüge aus dem ersten Prospekt von 1818:

1. Das College soll für alle zugelassenen einheimischen christlichen Jugendlichen den Unterricht in der Sanskrit-Sprache gewährleisten und für eine gewisse Anzahl von

ihnen auch in Arabisch und Persisch. Zu diesem Zweck sollen die fähigsten einheimischen Sprachlehrer zu einem angemessenen Gehalt angestellt werden.
2. Es soll desweiteren sicherstellen, daß die Schüler in den verschiedenen *Shastras* der Hindus unterrichtet werden und in den Lehren, die die Grundlage der puranischen und buddhistischen Systeme darstellen. Die Schüler sollen auch über die Lehren unterrichtet werden, die sich auf das Hindu-Gesetz beziehen.
3. Sie sollen desweiteren in den Hlg. Schriften [der Bibel] unterrichtet werden, die sie regelmäßig studieren und zu deren Erklärung beständig Vorlesungen gehalten werden sollen. [...]
4. Sie sollen ferner in allgemeiner Geschichte, Chronologie, Geographie, Astronomie und den verschiedenen naturwissenschaftlichen Disziplinen unterrichtet werden. [...]
6. Das College soll ferner die Ausbildung einer bestimmten Anzahl von Schülern in der englischen Sprache sicherstellen. [...]
8. Das College soll denjenigen hinduistischen und muslimischen Jugendlichen, die ihren Horizont zu erweitern wünschen, Zugang zu seinen verschiedenen Vorlesungen ohne Einschränkung ermöglichen und soll ... so viele von ihnen aus allen Teilen Indiens zulassen, als sie selbst für ihren Unterhalt sorgen können oder von Freunden unterstützt werden [...].

Quelle: Kuriakose, History, 94f.

46. Ökumenische Visionen

Sowohl aus praktischer Notwendigkeit wie angesichts ihrer Verwurzelung in der Erweckung war die frühe protestantische Missionsbewegung im Regelfall ökumenisch orientiert. Man kooperierte über Konfessionsgrenzen hinweg. Bereits 1806 faßte William Carey eine Weltmissionskonferenz ins Auge (b) – ein Plan, der erst 100 Jahre später mit Edinburgh 1910 (vgl. Text 70f) in Erfüllung gehen sollte. In Südindien kam es rasch zu Kontakten mit den Thomaschristen. Man entdeckte zahlreiche Gemeinsamkeiten und suchte sie zu unterstützen, ohne sie zugleich – wie den Katholiken vorgeworfen – zu vereinnahmen (a).

a) Beziehung zu den Thomaschristen (1806)

[Der britische anglikanische Kaplan Dr. Kerr über die syrisch-orthodoxen Christen Südindiens 1806:] In den Bekenntnissen und Lehren der [Thomas-] Christen an der Malabar-Küste ist ihr Charakter als einer ursprünglichen Kirche (primitive Church) offenkundig. Denn sie bestreiten die Oberhoheit des Papstes und haben nie die Lehre von der Transsubstantiation vertreten. Sie haben stets – und tun dies auch heute noch – die Bilderanbetung als Abgötterei und die Lehre vom Fegefeuer als ein Hirngespinst betrachtet. Außerdem haben sie nie die letzte Ölung, die Ehe oder die Firmung als Sakramente anerkannt. All diese Fakten lassen sich aus den Akten der Synode erhärten, die von Don Alexis de Menezes, dem Erzbischof von Goa, im Jahre 1599 in Diamper einberufen wurde [vgl. Text 20].
Die Christen an der Malabar-Küste sind in drei Gruppen (sects) geteilt: 1. die [unabhängigen] Thomas- bzw. Jakobitischen Christen; 2. die [mit Rom verbundenen, aber die syrische Kirchensprache beibehaltenden] Syrischen Römisch-Katholiken; 3. die Lateinische [Römisch-Katholische] Kirche.

b) William Careys Plan einer Weltmissionskonferenz (1806)

Das Kap der Guten Hoffnung ist jetzt in englischer Hand. Sollte es so bleiben, wäre es dann nicht möglich, dort etwa alle zehn Jahre eine allgemeine Zusammenkunft von Vertretern aller christlichen Konfessionen (denomination) aus allen vier Weltteilen abzuhalten? Ich empfehle diesen Plan ernsthaft. Die erste Konferenz könnte im Jahre 1810 oder spätestens im Jahre 1812 stattfinden. Ich habe keinen Zweifel daran, daß die Teilnahme an einer solchen Konferenz sehr positive Folgen hätte. Wir könnten einander besser verstehen und durch ein zweistündiges Gespräch gründlicher in die Ansichten des anderen eindringen als durch einen zwei- oder dreijährigen Briefwechsel.

Quelle: (a) C. Buchanan, Christian Researches in Asia, London 1812, 148; (b) Kuriakose, History 82. – *Lit.*: Neill, History 2, 237 ff.

C. Mission als Faktor der Modernisierung

Weit über den Kreis der getauften Gemeindeglieder hinaus trat die protestantische Missionsbewegung zugleich auch als Faktor der Modernisierung in Erscheinung – durch den Aufbau von Schulen, Spitälern und Druckereien, die ihren evangelistischen Unternehmungen teils vorausgingen oder sie begleiteten, die Einführung neuer Kulturtechniken oder die zahlreichen sozialen und sozialreformerischen Aktivitäten. Sie lösten in den traditionsbestimmten asiatischen Gesellschaften Wirkungen aus, die vielfach weit über den begrenzten Bereich der missionskirchlichen Strukturen hinausgingen.

47. Bildungswesen

[Der britische Kolonialkaplan Munro 1816 über die Einführung des protestantischen Christentums in Südindien:] Ein effizientes und ausgedehntes Bildungssystem, insbesondere in der englischen Sprache, wird effektiver als jeder andere Plan zu einem schnellen und beträchtlichen Fortschritt der protestantischen Religion in Indien beitragen. Die Vorherrschaft der portugiesischen Sprache hat die Verbreitung der römisch-katholischen Religion wesentlich gefördert. Wenn man die Stellung der Portugiesen in Indien betrachtet, kann man tatsächlich gute Argumente zugunsten der Verbreitung der englischen Sprache anführen, sowohl als Mittel, um die britische Herrschaft zu stützen, als auch zur Verbreitung der protestantischen Religion. Denn der Name und der Einfluß der portugiesischen Nation wurden durch die Vorherrschaft ihrer Sprache gesichert, noch lange nach dem Sturz ihrer Herrschaft durch die Niederländer; und wenn die Portugiesen im Stande waren, in Indien Eroberungen durchzuführen, wurde ihnen dieses Ziel durch die Verbreitung ihrer Sprache und ihrer Bräuche sehr erleichtert.

Quelle: Kuriakose, History 92. – *Lit.*: Neill, History 2, 307ff; M. A. Laird, Missionaries and Education in Bengal 1793–1837, Oxford 1972; Moffett, Asia II, 260ff; Sunquist, Dictionary 97f (Art. Buchanan, C.).

48. Ärztliche Mission in China

[Der englische Arzt G. Tradescant Lay auf der ersten Jahresversammlung der Medical Missionary Society in China am 27.9.1839 in Kanton:] Ich bin so [von der bisherigen missionsärztlichen Arbeit in Kanton] beeindruckt, daß ich mich entschlossen habe, das System einer kostenlosen Krankenversorgung nach Möglichkeit allgemein zugänglich zu machen. Ich mag bei meinem ersten Versuch vielleicht keinen Erfolg haben. Aber ich werde mein Ziel weiterverfolgen, solange ich lebe und gesund bin, bis ich es erreicht habe. Wir haben Gesellschaften, um die Bibel, das Evangelium und andere nützliche Kenntnisse zu verbreiten. Wir werden auch eine Gesellschaft haben, um die Vorteile der vernunftgeleiteten Heilkunst an die Welt weiterzugeben. ... Die Ärzte müssen ihre Kenntnisse in der Heilkunst zu Füßen des Heilandes legen und bereit sein, diese anzuwenden, wann immer und wohin auch immer er sie lenken wird. Die Zahl derer, die [als Missionsärzte] in heidnische Länder gehen sollen, kann nicht genau angegeben werden. Es genügt zu sagen, daß es vorteilhaft wäre, daß wenigstens ein frommer Arzt pro heidnischer Gemeinde beschäftigt werden sollte.

Quelle: Chr. H. Grundmann, Gesandt zu heilen! Aufkommen und Entwicklung der ärztlichen Mission im 19. Jahrhundert, Gütersloh 1992, 173 f. – *Lit.*: Grundmann, ebd.; Sunquist, Dictionary 529–533 (Art. Medical Work).

49. Kampf gegen die „sozialen Übel" des Hinduismus

[Der anglikanische Bischof von Kalkutta Henry Wilson in einer Instruktion vom 5.7.1833 über die Abschaffung des Kastenwesens in der Kirche:] Die Kastenunterschiede müssen also aufgegeben werden, entschieden, sofort, endgültig; und diejenigen, die bekennen, Christus anzugehören, müssen beweisen, daß sie ... den alten Menschen in sich abgelegt haben und „ein neuer Mensch in Jesus Christus" (2 Kor 5,17) geworden sind. Das Evangelium kennt keine Unterschiede wie die der Kasten, die aus heidnischem Brauchtum auferlegt wurden, die Angehörige der niedrigeren Klassen zu ewiger Erniedrigung verurteilen, die eine feste Barriere gegen jeden Fortschritt im allgemeinen und jede Verbesserung innerhalb der Gesellschaft errichten, die einerseits die Bande menschlicher Gemeinschaft zerschneidet und andererseits die christliche Gemeinschaft verhindert – diese Unterschiede, sage ich, kennt das Evangelium nicht. Im Gegenteil lehrt es uns, daß Gott ‚alle menschlichen Nationen aus einem Blut' gemacht hat. Es lehrt uns: ‚während die heidnischen Fürsten über sie Macht ausüben, und die, die groß sind, über die Nationen Macht ausüben, soll es unter den Anhängern Christi nicht so sein, sondern jemand, der unter ihnen groß ist, soll ihr Diener sein. Denn der Menschensohn kam nicht, um sich dienen zu lassen, sondern um zu dienen und um sein Leben zur Erlösung der Menschen hinzugeben' (Lk 22,25) [...]
Um den vorliegenden Beschluß in die Praxis umzusetzen, wird dennoch, liebe Brüder, viel Weisheit und Nächstenliebe, gepaart mit Festigkeit, erforderlich sein.
1) Die Katechumenen, die sich auf die Taufe vorbereiten, müssen ... über diese Entscheidung des Bischofs unterrichtet werden, und freundlich und sanft zu ihrer Befolgung angehalten werden [...]
2) Die Kinder einheimischer Christen werden zunächst nicht ohne den Verzicht auf ihre Kaste zur heiligen Kommunion zugelassen werden. [...]
3) Was die erwachsenen, bereits zur hlg. Kommunion zugelassenen Christen angeht, würde ich empfehlen, ihre Vorurteile und Gewohnheiten so weit zu berücksichtigen, daß man auf einen öffentlichen, unmittelbaren Verzicht auf die Kaste nicht besteht. [...]
4) In der Zwischenzeit dürfte es genügen, daß alle öffentlichen Handlungen, die aus der Kastenunterscheidung entstanden sind, in der Kirche sofort und endgültig beendet werden. Ob es sich um die Sitzordnung in der Kirche handelt, oder um die Art, wie man sich dem Tisch des Herrn nähert, oder um die bei Hochzeiten üblichen Prozessionen oder ... um Unterschiede in Nahrung und Kleidung – derartige Handlungen müs-

sen in der Kirche und überall dort, wohin der Einfluß der Geistlichen reicht, sofort eingestellt werden.

Quelle: H. Bower, An Essay on Hindu Caste, Calcutta 1851, 110–115. – *Lit.*: G. A. Oddie, Social Protest in India. British Protestant Missionaries and Social Reform 1850–1900, Delhi 1978; Neill, History 2, 403ff.

50. Burma: Ein Missionar am Königshof in Mandalay (1868)

[Aus einem Bericht des anglikanischen Missionars J. E. Marks vom 20.10.1868:] 1863 traf ich im [britischen] Rangun den Prinzen Thonzay Mintha, einen der Königssöhne, der aus der Hauptstadt [des damals noch unabhängigen Oberburma Mandalay] geflohen war. Ich gab ihm verschiedene christliche Bücher auf Burmesisch und sprach mit ihm über deren Inhalt. Später versöhnte er sich mit dem König. Als er wieder in Mandalay war, bat er mich darum, ihn in der Hauptstadt aufzusuchen.

Wir fuhren an Ava und Amerapoora vorbei und erreichten Mandalay am 8. Oktober [1868]. Dort wurden wir von Kapitän Sladen sehr freundlich empfangen, der kurz zuvor von seiner Expedition zurückgekehrt war. Am nächsten Tag kam der Kulla Woon zu mir, um mir zu sagen, daß der König sehr ungeduldig auf mein Kommen gewartet habe ... und für einen der nächsten Tage eine Audienz anzusetzen beabsichtige. Am Samstag besichtigte ich die Stadt. Sie ist groß und gut angelegt, die Straßen sind breit und im rechtem Winkel, aber die Häuser ärmlich und unregelmäßig. Die Stadt ist von einer hohen, mit Zinnen versehenen Ziegelmauer umgeben, mit mehreren beeindruckenden Toren. [...] Ein Hügel im Nordosten ist ganz mit buddhistischen Gebäuden und Emblemen bedeckt. In Mandalay gibt es mehr als 20.000 gelbgekleidete buddhistische Priester etc. Am Sonntag hatten wir in der Residenz einen Gottesdienst in englischer Sprache, aber es kamen nur sehr wenig Leute, da die Nachricht ungenügend verbreitet worden war. [...]

Am Montag, dem 11. Oktober, hatten wir unser erstes Gespräch mit dem König von Burma. [...] Als der König eintrat, neigte jeder Burmese den Kopf bis zum Boden und blieb so liegen. [...]

Dann fragte er mich, welche Ersuchen ich an ihn habe, deren Erfüllung er mir – bevor ich sprach – zusicherte. Ich sagte, daß ich vier Bitten an ihn hätte: die Erlaubnis, 1. als Missionar in Mandalay zu arbeiten; 2. eine Kirche für christliche Gottesdienste nach dem Brauch der Englischen Kirche zu bauen; 3. ein Stück Land für einen Friedhof zu erhalten; sowie 4. mit Hilfe Seiner Majestät eine christliche Schule für burmesische Jungen zu bauen. Was den ersten Punkt angeht, so sagte der König sehr höflich, daß er mich in der königlichen Stadt willkommen heiße und ungeduldig auf meine Ankunft gewartet habe. Ich solle ... ein Stück Land für einen Friedhof aussuchen. Was die Kirche und die Schule angehe, werde seine Majestät sie ganz auf ihre eigenen Kosten bauen lassen. Ich sagte ihm, daß der Bischof von Kalkutta bereits großzügigerweise 100 Pfund für die Kirche gespendet habe. Der König antwortete: ‚Es ist nicht nötig, ich werde alles selbst veranlassen'. Er wies mich an, die Pläne vorzubereiten und fügte hinzu, daß die Schule für 1.000 Jungen gebaut werden solle. Der König sagte, daß er sich wünsche, einige seiner eigenen Söhne in unsere Obhut zu geben, und ließ neun von den jungen Prinzen holen, nette, intelligent aussehende Burschen von etwa zehn Jahren, und übergab sie mir formell. Er gab mir hundert goldene Münzen (im Wert von 50 Pfund), um Bücher etc. für die Schule zu kaufen. Der König drückte den Wunsch aus, alles Gute zu tun, was in seiner Macht stehe, und insbesondere, mit den Engländern Freundschaft zu schließen. Er fragte mich, ob ich für ihn Maschinen aus Europa beschaffen könne. Ich sagte, daß ich – so gerne ich seiner

Majestät einen Gefallen erwiese – alle kommerziellen bzw. politischen Tätigkeiten ablehnen müsse, da mein Amt nur das eines Religionslehrers sei. Der König war offensichtlich mit meiner Antwort zufrieden. [...]

Quelle: J. E. Marks, A Visit to the King of Burmah at Mandalay, in Oct. 1868, London o.J. (= 1869?), 1–12. – *Lit*.: RGG[4] 5, 837f: Marks, John Ebenezer (D. O'Connor); Moffett, Asia II, 322ff.; WCE I, 519ff; RGG[4] 5, 837f: Marks, John Ebenezer (D. O'Connor); Sunquist, Dictionary 574 (Art. Myanmar).

D. Aussenwirkung, ausserchristliche Stimmen

51. Der Hindu-Reformer Rammohun Roy (1772–1833)

Raja Rammohun Roy (1772–1833) war einer der führenden Köpfe im kulturellen Leben Bengalens seiner Zeit. Selbst zeit seines Lebens Hindu, hat er Jesus als den „vollkommenen Lehrer" bezeichnet und den von ihm verworfenen volkstümlichen Hinduismus u.a. im Licht der Ethik Christi und der Bergpredigt zu reformieren gesucht. Das Angebot der Serampore-Missionare, Christ zu werden, lehnte er ab. Stattdessen begründete er mit dem Brahmo Samaj eine Bewegung, die im Hindu-Revival des 19. Jh.s (vgl. Text 62f) eine wichtige Rolle spielen sollte, durch die aber umgekehrt auch Einzelne immer wieder den Weg zur Bibel und in die christliche Kirche fanden.

a) „Die Gebote Jesu, des Führers zu Frieden und Glück" (1820)

Ich konzentriere mich jetzt auf die Aufgabe, meinen Mitmenschen die Worte Christi in einer Übersetzung aus dem Englischen ins Sanskrit und in die bengalische Sprache darzulegen. Ich bin überzeugt, daß die moralischen Gebote des Neuen Testaments – wenn sie von den anderen [dogmatischen] Aussagen getrennt werden, die ebenfalls in diesem Buch zu finden sind – wahrscheinlich eher den gewünschten Effekt erzielen werden, nämlich Herz und Verstand von Menschen unterschiedlicher Anschauung und Bildung zu verbessern. Denn die historischen und andere Passagen [im Neuen Testament] sind dem Zweifel und den Einwänden von Freidenkern und Christengegnern ausgesetzt, insbesondere die Wunderberichte. Diese sind weit weniger eindrücklich als die in Asien bei den Einheimischen überlieferten Legenden und würden bei ihnen wahrscheinlich wenig Beachtung finden. Die moralischen Lehren [des Neuen Testaments] hingegen, die zur Erhaltung des Friedens und der Harmonie der Menschheit insgesamt dienen, sind über metaphysische Verzerrungen erhaben und sowohl für die einfachen wie die gebildeten Menschen verständlich. Diese einfachen Regeln von Religion und Moral sind in großartiger Weise geeignet, das menschliche Denken zu einer erhabenen ... Vorstellung Gottes zu erheben, der alle Lebewesen ohne Unterschied von Kaste, Rang oder Reichtum gleichermaßen dem Wechsel, der Enttäuschung, dem Schmerz und dem Tod unterworfen hat und der ebenfalls alle an den Wohltaten teilhaben läßt, die er großzügig über die Natur ausgebreitet hat. Diese Gebote sind auch gut geeignet, das Verhalten der menschlichen Rasse in der Erfüllung ihrer verschiedenen Pflichten gegenüber Gott, sich selbst und der Gesellschaft zu regeln, so daß ich nur hoffen kann, daß ihre Verkündung in der gegenwärtigen Form die beste Wirkung haben wird.

b) „Ein Appell an das christliche Publikum" (1823)

Als ich die 20. Nummer des [Journals der Serampore-Missionare] „Friend of India" durchging, war ich ebenso erstaunt wie enttäuscht über einige Bemerkungen, die ein Gentleman in dieser Zeitschrift mit der Unterschrift „Ein christlicher Missionar" über eine neue Publikation mit dem Titel „Die Gebote Jesu" machte ... [Der Kritiker] hat recht, wenn er die Sammlung dieser Gebote Rammohun Roy zuschreibt, der, obwohl er als Brahmane geboren wurde, nicht nur in einer sehr frühen Phase seines Lebens die Idolatrie aufgab, sondern zu jener Zeit auch eine Abhandlung in arabischer und persischer Sprache gegen dieses System veröffentlichte. Und kaum hatte er sich das Englische halbwegs angeeignet, schwor er dem Götzenkult in einer englischsprachigen Publikation ab, die der christlichen Welt bekannt ist. Diese Absage brachte ihn leider in große Schwierigkeiten; sie erregte das Mißfallen seiner Eltern, machte ihn bei seinen nahen und entfernten Verwandten unbeliebt und setzte ihn mehrere Jahre lang dem Haß fast aller seinen Landsleute aus. [...] Es kann jedoch nicht bestritten werden, daß der Verfasser die moralischen Gebote [des Neuen Testaments] von manchen Dogmen und anderen Aussagen [dort] trennt, und zwar v.a. in der Annahme, daß sie allein als Anhaltspunkte ausreichen, um Frieden und Glück für die gesamte Menschheit zu sichern – eine Position, die vollständig auf dem Zeugnis von Jesus von Nazareth gegründet ist. Sie zu bestreiten würde eine Leugnung des Christentums insgesamt bedeuten.

Quelle: (a) Rammohun Roy, The Precepts of Jesus and Guide to Peace and Happiness. Extracted from the Books of the New Testament, Calcutta 1824, XXVIIf; (b) Ebd., 101–110. – *Lit.*: S. Ahluwalia, Raja Rammuhun Roy and the Indian renaissance, New Delhi 1991; M. M. Thomas, Christus im neuen Indien. Reformhinduismus und Christentum, Göttingen 1989, 13–20; Sajal Basu (Hg.), Rammohun Roy – Prophet of Modern India, Calcutta 2003; N. A. Salmond, Hindu iconoclasts. Rammohun Roy, Dayananda Sarasvati, and ninteenth-century polemics against idolatry, Waterloo 2004; Sunquist, Dictionary 93f (Art. Brahmo Samaj).

52. Religionsdebatten im kolonialen Ceylon (1873)

Von den großen Streitgesprächen zwischen Christen und Buddhisten, die zwischen 1865 und 1899 in Ceylon (Sri Lanka) stattfanden, wurde die Debatte in Panadura 1873 am wichtigsten, in der sich der singhalesische methodistische Geistliche David de Silva und der buddhistische Mönch Mohottivatte Gunanda Thera gegenüberstanden. Sie fand nicht nur in Ceylon große Beachtung, sondern machte – in publizierter Form – etwa auch in Amerika den späteren Mitbegründer der Theosophie H. S. Olcott (s. Text 64) auf den Buddhismus aufmerksam.

Um Punkt acht Uhr stand Rev. de Silva auf und hielt eine Ansprache an die Menge. Er bemerkte, daß es nötig sei, vor Beginn der Debatte den Anlaß für sie zu erklären. Am 12. Juni [1873] habe er in der [methodistischen] Kapelle von Panadura einen Vortrag über Buddhas Lehre von der menschlichen Seele gehalten. Am 19. desselben Monats habe die buddhistische Partei gegen diesen Vortrag protestiert und ihn als unwahr verurteilt. Das jetzige Treffen sei also vereinbart worden, um zu zeigen, was die Lehre des Buddhismus über die Seele sei, und er hoffe, daß die buddhistische Seite auf seine Argumente in angemessener Weise antworten könne und daß die Versammlung selbst beurteilen werde, welche Aussagen als richtig aufzufassen sind.
Er stellte fest, der Buddhismus lehre, daß der Mensch keine Seele habe und daß derselbe Mensch für seine guten bzw. schlechten Taten keine Vergeltung erhalte. Nach dem Buddhismus bestehen die empfindungsfähigen Lebewesen, die *sattâ*, aus den fünf *khandhâs* [Daseinsfaktoren], nämlich dem *rupâk-khanda*, der Körperlichkeit,

vedanak-khanda, den Empfindungen, *sannak-khandra*, den Wahrnehmungen, *sankharak-khandra*, den unbewußten Prägekräften, und *vinnanak-khandha*, dem Bewußtsein. Zum Beweis zitierte er eine Stelle aus der *Sanyuttanikaya*, einem Auszug aus Buddhas Predigten, und aus dem *Korb der Lehrreden* [...] Nach diesen Quellen sei es offensichtlich, daß der Buddhismus lehre, daß alles, was den Menschen ausmache, mit dem Tod zu existieren aufhöre, und daß keine unsterbliche Seele in ihm weile. Wenn aber der Mensch nicht mehr als ein Tier sei, wozu brauche er eine Religion? Kann er dann moralische Prinzipien haben? [...]
Dann begann der [buddhistische] Priester Migettuwatta [= Mohattiwate Gunanda] seine Gegenrede. Er sagte, daß man nicht besonders viel Scharfsinn brauche, um sich über den Vortrag von Rev. de Silva, dem alle zugehört haben, eine richtige Meinung zu bilden. Es sei eine oberflächliche und abschweifende Rede gewesen [...] In seiner Darlegung der Pali-Texte, der Auszüge aus Buddhas Reden, sei er auch nicht erfolgreicher gewesen, da es ihm gar nicht gelungen sei, den Anwesenden deren richtigen Sinn in korrekter Sprache zu übermitteln. [...] Über das Christentum äußerte sich der Priester weiter, daß es keine wahre Religion sei und daß niemand hoffen könne, durch seine Annahme in einem zukünftigen Leben Seligkeit zu genießen. ... Wo immer die Christen auch hingingen, würden sie ihre Religion propagieren, indem sie dem Gegenstand ihrer Verehrung den Namen eines Wesen gaben, das in den betreffenden Nationen bereits verehrt werde ... Man könne also sehen, daß die Christen sich den verschiedenen Nationen anpaßten, um diese zu täuschen.

Quelle: J. M. Peebles (Hg.), Buddhism and Christianity Face to Face, or an Oral Discussion Between the Rev. Migettuwatte, A Buddhist Priest, and Rev. D. Silva, A Wesleyan Clergyman, held at Pantura, Ceylon, London n.d. [= 1878], 22f. 27f. 31. 35f. – *Lit.*: H. Bechert, Buddhismus, Staat und Gesellschaft ..., Frankfurt 1966, 1, 43ff; R. F. Young/G. P. V. Somaratna, Vain Debates, Wien 1996; Moffett, Asia II, 341ff.

53. Japan: Buddhistische Stimmen über das Christentum

[J. D. Davies, amerikanischer Missionar, Mitte der Siebziger Jahre des 19. Jh.s über buddhistische Aktivitäten in Kyoto:] Die Priester hier haben kürzlich 120 Exemplare des Neuen Testaments und einige Kommentare gekauft und die Schule hier damit beschäftigt, die Bibel jeden Tag zu studieren. Was das bedeuten soll, weiß ich nicht, aber die Priester, die die Bücher kauften, erzählten den Buchhändlern, daß sie sich verpflichtet fühlen herauszubekommen, was das Christentum ist.

[Ein buddhistischer antichristlicher Traktat des Jahres 1881 beginnt mit der Feststellung:] Das Christentum verbreitet sich wie ein Grasfeuer, so daß es in Stadt und Land keinen Platz gibt, wo es nicht gepredigt wird.

[Die buddhistische Zeitschrift *Meikyo shinsi* beklagt die Tatsache, daß der Buddhismus täglich an Boden verliert:] Der Buddhismus wird belagert; *Ten-dai shiu* ist ohne einen Gelehrten; *Shin-gon shiu* hat weder Menschen noch Geld; *Zen shiu*: seine Zeit ist vergangen – es hängt da wie eine vergessene Frucht; *Jodo shiu*: keinerlei Sekte ist in Sicht.

Quelle: N. R. Thelle, Buddhism and Christianity in Japan. From Conflict to Dialogue 1854–1899, Honolulu 1987, 78. 57. 57.

E. NORDOSTASIEN: ERZWUNGENE ÖFFNUNG

In Nordostasien blieb den christlichen Missionen lange Zeit jede offizielle Betätigungsmöglichkeit verwehrt. So v.a. in Japan, das sich erst 1853/54 auf amerikanischen Druck hin der Außenwelt öffnete und das Verbot des Christentums erst 1878 formell aufhob (Text 56). Ähnlich war die Situation in China, dessen schrittweise Öffnung für die Missionen sich seit dem Opiumkrieg 1840–1842 in fataler Weise unter dem Schutz der europäischen Mächte vollzog, die darüber hinaus – so die Franzosen im Vertrag von Peking 1860 – in der französischen Fassung des Vertragstextes die Rechte der katholischen Missionen gegenüber der vereinbarten chinesischen Variante verfälschend erweiterten (Text 55). Andererseits hatten protestantische Missionare wie der Deutsche Karl Gützlaff früh auf das Prinzip einer Selbstausbreitung durch chinesische Evangelisten gesetzt und sich von den – in den durch die „Ungleichen Verträge“ erzwungenen chinesischen Vertragshäfen tätigen – konfessionellen Missionen unabhängig zu machen gesucht (Text 54). In Vietnam kam es seit 1832 immer wieder zur Verfolgung der dort (teils seit dem 17. Jh. bestehenden) katholischen Minderheit (Text 57). In Korea wurden seit 1884/85 erstmals amerikanisch-protestantische Missionare tätig. In Verbindung mit der Initiative christlicher Auslandskoreaner führte ihre Arbeit zur Gründung schnell wachsender protestantischer Gemeinden (Text 58).

54. Karl Gützlaffs „Chinesische Berichte“

Der von der deutschen Erweckungsbewegung geprägte Karl Gützlaff (1803–1851) löste mit seinen enthusiastischen „Chinesischen Berichten“ von 1841–1846 in Europa große Missionsbegeisterung aus. Sprachbegabt und überzeugt, daß China nur durch „einheimische Evangelisten“ missioniert werden könne, wirkte Gützlaff – seit 1843 in Hongkong tätig – durch die Ausbildung chinesischer Prediger indirekt auch auf indigene Bewegungen wie die Taiping-Bewegung (s. Text 61) ein.

[Tagebuch vom 17.5.1831:] Meine Arbeit in Siam [Thailand] ist nun beschlossen ... Mein Auge ist nun ganz auf China gerichtet, nicht aus eigner Wahl, sondern aus Überzeugung, daß der Herr mir diesen Weg weist und darin mein Gebet erhört. Ich will die 100 Millionen [Chinesen] an das hohepriesterliche Herz des Herrn Jesus legen. Er muß den Weg bahnen, und sein herrliches Evangelium siegreich machen. Nicht daß ich aus und von mir selbst etwas vermöchte; sondern der allmächtige Jesus ist der Fels meines Vertrauens. Ich habe mit unüberwindlichen Schwierigkeiten zu kämpfen ... Die ganze Führung des Herrn ist wunderbar [...]
[Bericht vom 6.6.1841:] Nachdem ich mich hier [in Macao] einige Tage aufgehalten hatte, erhielt ich wieder Befehl, mich nach Schusan und Ningpo einzuschiffen, wo wir dann zu Ende April anlangten. Ungeachtet der kriegerischen Vorbereitungen und der wiederholten Versuche, uns todt zu schießen, fand ich dennoch Gelegenheit, das Wort Gottes zu verbreiten ... Da alle Bemühungen, um den Kaiser zu friedlicher Gesinnung zu zwingen, vergeblich gewesen sind, so wird der Kampf [der britisch-chinesische Opiumkrieg 1840–1842, in dem Gützlaff den Engländern als Übersetzer und Unterhändler diente] wohl erst zu Peking enden. Die Folgen werden ungeheuer sein. Als Christen haben wir nichts mit dem Kriege zu thun, unsere Pflicht ist es, hin zum Throne der Gnade zu eilen, und dort unsern Erlöser anzuflehen, daß er doch eine weite Thür seinem Evangelio öffnen möge ... Der jetzige Kampf wird Epoche in der Weltgeschichte machen; es handelt sich um nichts weniger, als ob China für immer seine Thüren jedem Fremden verschließen könne oder nicht. Der Kaiser glaubt alle Macht ausschließlich zu besitzen ... und erwartet die Hülfe der Götzen in diesem Kampfe. – Unser Herr Christus lebt, sein sind die Myriaden dieses Landes, und mit unendlicher Liebe wird er den Tag der Heimsuchung herbeiführen.

[Bericht vom 27.6.1846:] Reisen. Dies wird immer unsere Hauptarbeit bleiben; denn es war ja auf solche Weise, daß das Evangelium durch die Apostel verbreitet wurde. Wir haben, der kleinen Orte nicht zu gedenken, sehr lange Züge unternommen nach Lantao, Taipan, ... nach Haihong, jetzt in eine bleibende Station verwandelt, nach Kweitschen, Tamtsui, nach Taitschu (die Boten welche dorthin abgingen, kamen gerade ..., um zu erzählen, wie sie von Räubern ausgeplündert wurden) ... nach Formosa und den südwestlichen Bezirken Fokiens, nach Kweilin in Kwangsi. Dort hat sich ohne unser Zuthun ein christlicher Verein gebildet, und wir wünschen, wenn es dem Herrn gefällt, in dieser entfernten Stadt ein Kirchlein zu stiften [...]

Quelle: Raupp; Mission 288f; Gaihans (Karl Gützlaffs) Chinesische Berichte 1841–1846, hg. vom Vorstand der Chinesischen Stiftung, Kassel 1850, 1–6. 274. – *Lit.*: H. Schlyter, Karl Gützlaff als Missionar in China, Lund 1976; W. Scharlam, Gützlaffs Bericht über drei Reisen in die Seeprovinzen Chinas 1831–1833, Hamburg 1997; B. E. K. Sng, Liang Afa: China's First Preacher, Singapore 1998; T. Klein/R. Zöllner (Hgg.), Karl Gützlaff (1803–1851) und das Christentum in Ostasien, Nettetal 2005; J. G. Lutz, Opening China. Karl F. A. Gützlaff and Sino-Western relations, 1827–1852, Grand Rapids, MI [u.a.] 2008; RGG^4 3, 1354f: Art. Gützlaff (R. G. Wagner); Moffett, Asia II, 295ff; Sunquist, Dictionary 318f (Art. Gützlaff, K.F.A.).

55. China: Erzwungenes Missionsprotektorat (1842ff)

a) Vertrag von Nanjing (29.8.1842)

Artikel II. Seine Majestät der Kaiser von China willigt ein, britischen Untertanen zu erlauben, mit ihren Familien und ihrem Haushalt in den Großstädten und Städten Canton, Amoy, Foochow-fu, Ningpo und Shanghai ohne Belästigung und Einschränkung ansässig zu sein, um ihren Handelsgeschäften nachzugehen. Ihre Majestät, die Königin von Großbritannien etc., wird Aufsichtsbeamte bzw. Konsularbeamte ernennen, die in jeder der oben genannten Großstädte bzw. Städte ihren Sitz haben werden. Sie werden die Verbindung zwischen den chinesischen Behörden und den genannten Geschäftsleuten herstellen und darauf achten, daß die rechtmäßigen Pflichten und die sonstigen Auflagen der chinesischen Regierung wie im folgenden verfügt, von den Untertanen Ihrer Britischen Majestät rechtmäßig erfüllt werden.

b) Vertrag von Peking 1860

[Chinesische Fassung:] In Übereinstimmung mit den kaiserlichen, von dem erhabenen Kaiser Taokwang am 20. März 1846 erlassenen Edikt sollen die religiösen und Wohltätigkeitsanstalten, die während der Verfolgungen, deren Opfer die Christen waren, eingezogen worden sind, durch Vermittlung des französischen Gesandten in China, dem die kaiserliche Regierung sie überweisen lassen wird, mit den Kirchhöfen und anderen Gebäuden, die dazu gehörten, den Eigentümern zurückgegeben werden.
[Französische Fassung:] Es soll so schnell wie möglich im ganzen Lande bekanntgegeben werden, in den Ausdrücken des kaiserlichen Edikts vom 20. März 1846, daß es einem jeden in allen Teilen Chinas erlaubt ist, den Katholizismus zu verbreiten und auszuüben, zusammenzukommen zur Predigt der Lehre, Kirchen zu bauen und Gottesdienst zu halten, ferner sollen alle diejenigen, die Christen unterschiedslos verhaften, entsprechend bestraft werden; und solche Kirchen, Schulen, Friedhöfe, Grundstücke und Gebäude, die früher verfolgten Christen gehört haben, sollen bezahlt und das Geld dem französischen Vertreter in Peking zur Aushändigung an die Christen in den betreffenden Plätzen überwiesen werden. Es wird ferner den französischen Missiona-

ren gestattet, Grundeigentum in allen Provinzen zu mieten oder zu kaufen und nach Belieben Gebäude darauf zu errichten.

Quelle: (a) H. F. Macnair, Modern Chinese History. Selected Readings, Shanghai 1923, 175f; (b) J. Richter, Das Werden der christlichen Kirche in China, Gütersloh 1928, 109. – *Lit.*: Gründer, Welteroberung 387–428; TRE 7, 1981, 747ff: Art. China; Moffett, Asia II, 297ff; England, ACT III, 92ff.

56. Japan: Schrittweise aus der Illegalität (1853ff)

Nach mehr als 200jähriger Selbstabschließung erzwang 1854 ein amerikanisches Flottengeschwader unter Commodore M. C. Perry die Öffnung der japanischen Häfen. Zuvor konnten ausländische Besucher das Land nur betreten, wenn sie ihre Nicht-Zugehörigkeit zum Katholizismus unter Beweis stellten (a). Die erzwungene Öffnung durch die Amerikaner stürzte das Land zunächst in eine fundamentale innere Krise (b), der seit Beginn der Siebziger Jahre Modernisierungsbestrebungen durch Anpassung an westliche Vorbilder folgten. Die überwiegend protestantischen Missionen konnten davon zunächst nur sehr eingeschränkt profitieren. Missionare durften anfangs nur als Lehrer oder Ärzte in den Ausländervierteln der Hafenstädte tätig sein und die erste protestantische Gemeinde Japans wurde 1872 von elf heimlich getauften Christen gegründet. Erst 1878 wurde das Verbot des Christentums offiziell aufgehoben (d) und die Religionsfreiheit in der ersten Verfassung Japans, der „Meiji-Verfassung" von 1889, festgeschrieben (e).

a) Verhör eines Ausländers (1848)

1848 verschlug es den amerikanischen Geschäftsmann MacDonald, Verwalter der Hudson's Bay Company in Oregon, nach Japan. Er wurde zum Verhör zum Gouverneur von Nagasaki überstellt und mit dem nächsten Schiff wieder abgeschoben. Aus seinem Bericht:

Als ich [in der Empfangshalle des Gouverneurs] eintrat, sah ich eine Bronzeplatte, ungefähr 5 mal 15 Zentimeter, eingelassen in den Fußboden, etwas war darauf eingraviert. Ich bückte mich, um es zu examinieren – es schien eine Madonna mit Kind zu sein. Als man mir befahl, darauf zu treten, tat ich es ohne Zögern, denn ich bin ein Protestant. [...] Der zeremonielle Eintritt des Gouverneurs war sehr eindrucksvoll ... Alle knieten nieder und schlugen mit der Stirn auf den Fußboden. [...] Ich kniete auch, [der japanische Übersetzer] Moriyama flüsterte *Kitu* („beuge dich"), aber ich tat es nicht; ich mache vor niemandem einen Kotau. Gegen das Gebot sah ich dem Gouverneur ins Gesicht, und 10 oder 15 Sekunden starrten wir uns an, dann beugte er sich etwas vor und sagte etwas mit tiefer, leiser Stimme. Ich fragte Moriyama später, was er gesagt habe. „Er sagte, du mußt ein kühnes Herz haben", antwortete er. [MacDonald wird über seine Herkunft, Lebensumstände und Religion befragt:] Eine der Fragen war, ob ich glaube, daß es einen Gott im Himmel gebe. Ich antwortete: „Ja." Moriyama schien mit dieser Antwort nicht zufrieden und fragte, welcher Art mein Glaube an diesen Gott denn sei. Ich sagte das [anglikanische] Glaubensbekenntnis meines Vaters ... und mein eigenes Bekenntnis auf. Als ich aber sagte: „und an Jesum Christum, unsern Herrn, geboren von der Jungfrau Maria", unterbrach er mich plötzlich und flüsterte rasch: „Das genügt, das genügt." Er fuhr dann fort, meine Antworten dem Gouverneur zu übersetzen. [Die japanischen Akten verzeichnen Moriyamas Übersetzung von MacDonalds Glaubensbekenntnis; sie lautet:] Es gibt keinen Gott, keinen Buddha. Ich trachte nur, meinen Geist und Willen zu entwickeln und den Himmel zu verehren, um klares Verstehen zu gewinnen und Glück zu erlangen. [Moriyamas falsche Übertragung rettet MacDonald das Leben. Ihm wird gesagt, daß er wie jeder westliche Barbar sobald als möglich nach Batavia/Jakarta ausgewiesen würde, daß es aber noch ein Jahr dauern werde, da das jährliche niederländische Schiff gerade abgefahren sei.]

b) Erzwungene Öffnung (1853f)

Das Erscheinen der amerikanischen Kanonenboote seit 1853 stürzte Japan in eine tiefe innenpolitische Krise. Im politischen Rat des Landes, dem *Bakufu*, kam es zu heftigen Debatten, bei denen sich der Fürst von Mito, der Tokugawa Nariaki, wie folgt äußerte:

Es ist meine Überzeugung, daß es die erste und wichtigste Aufgabe des *Bakufu* ist, eine Wahl zu treffen zwischen Krieg und Frieden und die gewählte Politik dann ohne Schwanken zu verfolgen. [...] Ich werde zehn Gründe angeben, warum wir niemals eine Friedenspolitik wählen dürfen.
1. Auch wenn unser Land nicht sehr groß ist, fürchteten und respektierten uns die Barbaren doch bisher. [...] Aber: Obgleich die Amerikaner genau wußten, daß es verboten ist, sind sie doch in die Bucht von Uraga eingefahren und bestehen darauf, hier zu verhandeln. [...] Sollte das *Bakufu* sie nicht verjagen, womöglich sogar mit ihnen verhandeln, dann würde es unmöglich sein, das nationale Prestige aufrechtzuerhalten. Das ist der erste Grund.
2. Das Verbot des Christentums ist das oberste Gesetz der [seit 1615 regierenden] *Tokugawa* [-Dynastie]. Öffentliche Verbote sind auch heute noch in jedem Ort angeschlagen, bis in die entferntesten Teile des Landes. Falls den Amerikanern gestattet würde, wiederzukommen, dann würde diese Religion wieder ihr Haupt erheben, wie streng auch immer die Verbote sind, und das würden wir niemals vor dem Geist der Vorväter rechtfertigen können. Das ist der zweite Grund.
3. Unser Gold, Silber, Kupfer und Eisen gegen wertlose fremde Güter einzutauschen, würde einen großen Verlust für uns bedeuten und keinen Nutzen bringen. [...]

c) Erste Bekehrungen (1865)

[Aus dem Bericht eines der ersten amerikanischen presbyterianischen Missionare:] Yano (Mototaka) Ryûzan, ein kahlgeschorener Buddhist, ... der eine niedrige Position innehatte, wurde [von japanischer Seite] als Sprachlehrer für [den amerikanischen Missionar] D. S. R. Brown ausgesucht. Als ich am 11. November 1861 ankam, wurde er mein Lehrer. Ich fing an, mit ihm das Johannesevangelium zu übersetzen, mehr um das Evangelium auf ihn wirken zu lassen als zur Verwendung durch andere. Im Sommer 1864 wurde er ziemlich schwach. Sein Pflichtversäumnis beeindruckte mich und ich fragte ihn, ob er einverstanden sei, daß ich um Segen für unsere Übersetzung bete. Als er einwilligte, sprach ich mein erstes improvisiertes Gebet auf Japanisch, das ihn sehr zu beeindrucken schien. Eines Tages, als ich ihm ein Bild von der Taufe des äthiopischen Eunuchen [vgl. Apg 8,26–39] erklärte, sagte er plötzlich zu mir: „Ich will getauft werden, weil Christus es befahl". Ich warnte ihn vor dem Gesetz gegen das Christentum und der Gefährdung seines Sohnes – selbst wenn er persönlich davonkäme. Der Sohn sagte auf Befragung, daß alles, was seinem Vater gefalle, geschehen solle. Am ersten Samstag im November fand seine Taufe in Anwesenheit seiner Frau, seines Sohnes und seiner Tochter statt.

d) Aufhebung des anti-christlichen Edikts (1878)

[Aus dem Jahresbericht der protestantischen Missionskonferenz Japans in Osaka, April 1883:] Das nächste erwähnenswerte Ereignis ist die Entfernung des anti-christlichen Edikts (vgl. Text 24) von den öffentlichen Anschlagtafeln im ganzen Kaiserreich. Dies geschah kraft eines Dekrets vom 24. Februar 1878. Es war ein Ereignis von großer Bedeutung für die Missionsarbeit. Zwar wurde die Aufhebung des anrüchigen Edikts nur deshalb angeordnet, weil die Behörden glaubten, davon ausgehen zu können, daß sich dessen Inhalt nach mehr als zwei Jahrhunderten „dem Geist der Menschen hinreichend eingeprägt habe“. Auch hatte die Regierung keineswegs vor, durch diese Aktion öffentlich bekannt zu machen, daß das Christentumsverbot nun aufgehoben sei und religiöse Toleranz gewährt werde. Doch wurde diese Maßnahme allgemein so verstanden. Dies umso mehr, wenn man die fast vollständige Trennung des Staates von den verschiedenen buddhistischen Sekten (durch Dekret vom 23.2.1871), die Freilassung von hunderten römisch-katholischer Christen (im März und April 1873) sowie die vollkommene Immunität hinzunimmt, die der protestantischen Kirche kürzlich in Yokohama praktisch gewährt wurde, ohne den geringsten Versuch der Geheimhaltung und unter den Augen der Behörden. Ohne Zweifel setzt das Volk die Beseitigung dieses Edikts mit einer Aufhebung der Gesetze gleich, die seit Generationen das Christentum verboten und unter schwere Strafe gestellt hatten. [...] Schließlich zeichnet sich das Jahr 1878 durch die größte Anzahl von Missionaren aus, die jemals innerhalb eines Jahres nach Japan kamen [...] Während in den vierzehn Jahren zuvor 20 verheiratete Missionare, 6 unverheiratete Missionarinnen und 5 unverheiratete Missionare, insgesamt also 31, nach Japan kamen, waren es im Jahr 1878 16 verheiratete Missionare, 7 unverheiratete Missionarinnen und 6 unverheiratete Missionare, insgesamt also 29.

e) Religionsfreiheit nach der Meiji-Verfassung von 1889

Artikel 28. Die japanischen Untertanen werden, in einem Rahmen, der den Frieden und die öffentliche Ordnung nicht gefährdet und ihren Pflichten als Untertanen nicht wiederspricht, Religionsfreiheit genießen.

Quelle: (a) G. C. Schwebell, Die Geburt des modernen Japan in Augenzeugenberichten, Düsseldorf 1970, 94–96; (b) Ebd. 119–121; (c) O. Cary, A History of Christianity in Japan, Tokio 1976 (= New York 1909), 2, 56; (d) Proceedings of the General Conference of the Protestant Missionaries of Japan, held at Osake, Japan, April 1883, ed. by the Publishing Committee, Yokohama 1883, 54–57; (e) O. Cary, A History ...[wie oben] 1, 222. – *Lit.*: TRE 16, 1987, 527ff: Art. Japan II (K. Ogawa) ; Moffett, Asia II, 504ff; England, ACT III, 22ff.300ff.

57. Vietnam: Edikt gegen die Christen (1851)

Seit Mitte des 17. Jh.s wurde Indochina zum bevorzugten Tätigkeitsfeld französischer Missionare. Bis zum Beginn des 19. Jh.s hatte das Christentum so Eingang in Vietnam gefunden. Es ließ sich von dort auch nicht mehr vertreiben, als sich die Politik der vietnamesischen Herrscher – die sich mit französischer Unterstützung teilweise von chinesischer Oberhoheit hatten emanzipieren können – änderte und die christlichen Gemeinden des Landes mit zunehmender Heftigkeit verfolgt wurden. Während sich die christliche Lehre v.a. in den unteren Schichten verbreitete, die an die neue Heilslehre auch wirtschaftliche und soziale Hoffnungen knüpften, wurde sie von der konfuzianisch gebildeten Oberschicht wegen der Verquickung von Mission und europäischen Handelsinteressen zunehmend kritisch beurteilt. In den Jahren 1882–1884 wurde Vietnam zum französischen Protektorat. Das unten wiedergegebene Edikt des vietnamesischen Kaisers Tu′ Dúc gegen das Christentum stammt vom 30.3.1851. Die heftigen Christenverfolgungen der folgenden Jahre sind bis in die Gegenwart sehr unterschiedlich beurteilt worden: als Akt nationaler Selbstbehauptung einerseits (so die Historiographie des kommunistischen Vietnam) und als Beispiel in einer langen Reihe antichristlicher Verfolgungsmaßnahmen (so die offizielle römisch-katholische Position).

Die Doktrin Jesu kommt aus Europa. Sie verbietet den Ahnen- und den Geisterkult. Um die Menschen irrezuführen und ihre Anhänger zu verwirren, spricht sie vom Himmel und von Weihwasser. Wohl wissend, daß das Gesetz des Königreichs eine solche böse Doktrin nicht tolerieren kann, zeigen ihre Propagandisten den Leuten das Bild eines gequälten Jesus, ihres Herrn, um die Unwissenden zu verführen und sie den Tod ohne Reue ansehen zu lassen. Welch eine erbärmliche Illusion! Welch eine merkwürdige Besessenheit!

Unter der Herrschaft von König Minh Mang war dieser sinnlose Kult durch mehrere Erlasse streng verboten worden. Jedesmal, wenn sich ein Christ weigerte, davon abzulassen, wurde er sehr hart, unverzüglich und unbarmherzig bestraft. Seit der Zeit von Thieu Tri wurden viele Befehle erteilt, um diese perverse Doktrin erneut zu verbieten. Die Alten und Schwachen ausgenommen, wurde für keinen widerspenstigen Christen eine Ausnahme gemacht.

Dies ist der Grund, warum unsere ehrwürdigen Vorfahren immer mit höchster Sorgfalt, Strenge und Vorsicht gehandelt haben, um die von Natur aus bösen Grundsätze dieses Kultes zu beseitigen. Durch die treue Einhaltung der Rituale, das Studium der Musik und einen anständigen Kleidungsstil haben sie einen hohen Kulturstand erreicht. Die Grundlage unserer Zivilisation ist ein anständiges Verhalten; sie würde aber schnell zerstört werden, wenn die Lehre dieser Menschen mit den Herzen von Wilden und Gewohnheiten von Tieren in die Tat umgesetzt werden sollte. [...]

Dies ist der Rat, den uns unsere Beamten geben: Europäische Priester sollen in unsere Flüsse oder in die Tiefen des Meeres geworfen werden, zum Erweis der Herrlichkeit der wahren Religion. Annamesische [vietnamesische] Priester sollen– ob sie nun bereit sind, auf dem Kreuz herumzutreten oder nicht – mitten durchgehauen werden, damit alle die Strenge des Gesetzes kennenlernen. Wir haben diese Vorschläge überprüft und für vernünftig befunden.

Quelle: J. N. Tuck, French Catholic Missionaries and the Politics of Imperialism in Vietnam, Liverpool 1987, 34f., nach: Mgr. Retord, Annales de la Propagation de la Foi, 1852, 24, 11ff. – *Lit.*: Gründer, Welteroberung 368–388; Moffett, Asia II, 360ff; Sunquist, Dictionary 876–880 (Art. Vietnam).

58. Korea: Protestantische Anfänge (1884ff)

Als Geburtsstunde des koreanischen Protestantismus gilt gemeinhin die Ankunft der ersten amerikanischen Missionare 1884/85 in dem bis dahin nach außen abgeschotteten Land. Doch bereits zuvor hatten im Ausland (Japan, China, Mandschurei) lebende Koreaner den neuen Glauben angenommen und als Bibelübersetzer oder durch Propaganda unter ihren Landsleuten die Voraussetzungen für dessen rasche Ausbreitung geschaffen.

a) Koreanische Christen in der Diaspora

Yi Su-jong (auf Japanisch Rijutei) war ein Sondermitglied der Spezialgesandtschaft der koreanischen Regierung nach Japan ... nach den Unruhen des Jahres 1882. ... Er hatte die Position eines Hofberichterstatters und führte den Titel eines Generals, Sun-Yak-Chang-Koon, im vierten militärischen Rang ... Sobald er Japan erreichte, kam er dort in Kontakt mit einem japanischen Agrarexperten, Tsuda Sen, der ein Christ war. Yi war beeindruckt von einer Rolle mit [dem Text] der Bergpredigt, die an der Wand in Tsudas Gästezimmer hing, und fand so Interesse am christlichen Glauben. ... Er wurde bald bekehrt und von einem japanischen Pastor getauft. Amerikanische Missionare in Tokio nutzten seine Anwesenheit und engagierten ihn für die Übersetzung der Bibel ins Koreanische ... Er lehrte Koreanisch an der Universität von Tokio und schrieb ein Buch und Artikel über die koreanische Sprache. Zuhause [in Korea] war er Protegé der reaktionären Min-Fraktion gewesen, aber in Japan öffnete er sich der modernen Welt und nahm den neuen Glauben an. [...] Er kehrte im Mai 1886 [nach Korea] heim und wurde dort von der reaktionären Regierung getötet.

b) Die ersten amerikanischen Missionare

[Aus einem Visitationsbericht des Jahres 1902 über die Anfänge und den aktuellen Stand der presbyterianischen Mission in Korea:] Am 20. September 1884 traf der erste protestantische Missionar, Dr. H. N. Allen ... in Korea ein, und bereits im Juli 1886 taufte Dr. Underwood die ersten 17.935 Konfirmanden, ohne Anhänger und Kinder. Unsere eigene Mission ist mit 4.000 getauften Erwachsenen, ca. 15.000 Anhängern und 251 organisierten „Gruppen" oder Gemeinden gegenüber allen anderen führend. Und sie wächst weiter, mit über 1.000 Zulassungen zur [Tauf-] Prüfung pro Jahr. Hunderte mehr warten nur auf den Besuch eines Missionars, um aufgenommen zu werden. 92 wurden während eines einzigen Gottesdienstes in Pjöngjang kurz vor meiner Ankunft getauft. Überall wo ich hinging, fand ich nicht nur volle, sondern überfüllte Kirchen. Ich sah mit einer Mischung von Ehrfurcht und Freude eine Gemeinde von 1.000 Andächtigen in Seoul und eine Versammlung von 1.800 Andächtigen in Pjöngjang, und als ich in der letztgenannten Stadt – die bis 1884 als Station nicht offen war – die ganze Gemeinde vorfand, die in der Sonntagsschule in vier Gruppen die Bibel studierte, und die die große Kirche für das Abendgebet am Mittwoch dermaßen voll bekam, staunte ich noch mehr. 1898 berichtete die Station in Pjöngjang, daß ihr Gebiet 4 Mio. Menschen umfaßt, die in 44 Bezirken der Provinzen von Nord- und Süd Pjöngjang und in 10 Bezirken der Provinz Hwang Hai leben. In all diesen Provinzen außer einer wurde das Evangelium verkündet, mit dem Ergebnis, daß die gesamte Region in Wallung geriet und daß in allen Himmelsrichtungen plötzlich Gruppen von Interessenten entstanden.

[...] Von Anfang an durften koreanische Christen auf keine bezahlte Anstellung seitens der Missionare hoffen, und sie bekamen sie auch nicht, außer in verhältnismäßig seltenen und ganz außergewöhnlichen Fällen. Sie wurden unterwiesen, nach dem Evangelium zu leben und es ohne Bezahlung unter ihren Landsleuten zu verbreiten. Heute sehen wir die Erfüllung der im Missionsbericht von 1896 ausgesprochenen Prophezeiung, daß „die einheimischen Christen durch mündliche Predigt, gedruckte Schriften und das Zeugnis eines erneuerten Lebens das Evangelium in hunderte von Städten und Dörfer bringen werden ..." Die Gläubigen treffen sich in ihren Häusern, bis sie in der Lage sind, ohne fremde Hilfe eine Kirche zu errichten. Das Gebäude ist gewöhnlich sehr bescheiden, aber genauso gut gebaut wie die Häuser der Mitglieder, und manchmal, wie in Sorai und Pjöngjang, ist es das bedeutendste Gebäude der Gemeinde. Die Leute schätzen es, weil es sie etwas kostet und weil es ihr eigenes ist.

Quelle: (a) Lak-Geoon G. Paik, The History of Protestant Missions in Korea, Pjöngjang 1929, 78; (b) Report of a Visitation of the Korea Mission of the Presbyterian Board of Foreign Missions, by Rev. Arthur J. Brown, D.D., Secretary. New York 1902, 8f. – *Lit.*: IRM 74/1985, Themenheft Korea; E. N. Hunt, Protestant Pioneers in Korea, Maryknoll 1980; Wi Jo Kang, Christ and Caesar in Modern Korea, New York 1990, 9ff; T. K. Thomas (Hg.), Christianity in Asia, Singapore 1979, 67ff (Kyoung Bae Min); K. Koschorke, Transkontinentale Beziehungen in der Geschichte des Außereuropäischen Christentums, Wiesbaden 2002, 16ff. 87ff; TRE 19, 1990, 615–620: Art. Korea II (Won Yong Ji); Moffett, Asia II, 528 ff; Sunquist, Dictionary 446–449 (Art. Korea); 451f (Art. Korean Christian Church in Japan); England, ACT III, 491ff.

F. Indigene Christentumsvarianten

59. Japan: Die „verborgenen Christen" von Nagasaki (1865)

1865 traten in Nagasaki Angehörige der *Kakure Kirishitan*, der ‚verborgenen' Christen Japans, die im Untergrund mehr als 200 Jahre Verfolgung überlebt hatten, erstmals in Kontakt mit einem europäischen Besucher des Landes, dem französischen Priester Bernard Petitjean (1829–1884). In anderen Teilen Japans hielten sich die *Kakure Kirishitan* bis Anfang des 20. Jh.s verborgen (a). Später erhielt Petitjean von ihnen auch ein Exemplar ihres heiligen Buches, der Schrift *Tenchi Haaijmari no Koto* („Anfang von Himmel und Erde"), in der sich – durchsetzt von lateinischen und portugiesischen Lehnwörtern – der Schöpfungsbericht und andere biblische Geschichten mit buddhistischer Mythologie und sonstigen synkretistischen Elementen verbinden (b).

a) Erste Kontakte mit westlichen Besuchern (1865)

[Aus einem Bericht des französischen Priesters B. Petitjean:] Am 17. März 1865, etwa um halb eins, standen fünfzehn Leute vor der Kirchentür. Ohne Zweifel von meinem Schutzengel gedrängt, stand ich auf und öffnete die Tür. Ich hatte kaum Zeit, ein *Pater Noster* zu sagen, als drei Frauen zwischen fünfzig und sechzig sich vor mir niederknieten und leise sagten, indem sie ihre Hände auf das Herz legten: ‚Die Herzen von uns allen hier unterscheiden sich nicht von Deinem.' – ‚Tatsächlich!' rief ich aus, ‚Woher kommt ihr?' – Sie nannten ihr Dorf und fügten hinzu: ‚Alle dort sind im Herzen mit uns eins.'
Ich bin, Oh mein Gott, von Dir gesegnet, für all die Freude, die meine Seele überwältigt! Was für eine Entschädigung für fünf Jahre unfruchtbaren Dienst! Kaum hatten unsere teuren Japaner uns ihr Herz geöffnet, bewiesen sie ein tiefes Vertrauen, das sich von dem Verhalten ihrer heidnischen Brüder sonderbar unterschied. Ich mußte all ihre Fragen beantworten und mit ihnen über *O Deusu Sama*, *O Yasu Sama* und *Santa Maria Sama* sprechen, Namen, mit denen sie Gott, Jesus Christus und die Hlg. Jungfrau bezeichneten. Der Anblick der Statue der Madonna mit Kind erinnerte sie an Weihnachten, das sie, wie sie sagten, im elften Monat gefeiert hatten. Sie fragten mich, ob wir nicht den siebzehnten Tag der Zeit der Traurigkeit (Fastenzeit) haben; St. Joseph war ihnen auch nicht unbekannt; sie nennen ihn *O Yasu Sama no Yofu*, ‚den Adoptivvater unseres Herrn'. Mitten in diesem Schwall von Fragen waren Schritte zu hören. Die Leute liefen sofort auseinander; aber sobald sie die Neuankömmlinge erkannten, kamen sie alle zurück und lachten über ihre Furcht. ‚Das sind Leute aus unserem Dorf', sagten sie, ‚sie haben das gleiche Herz wie wir!' – Dennoch mußten wir uns trennen, aus Angst, den Verdacht der Behörden zu wecken, deren Besuch ich befürchtete.

b) Aus ihrer Schrift: „Anfang von Himmel und Erde"

Am Anfang wurde *Deusu* [Gott, deus] als Herr von Himmel und Erde und als Vorfahr der Menschheit und aller Schöpfung angebetet. Deusu hat zweitausend Ränge und zweiundvierzig Formen, und er teilte das Licht, das ursprünglich eins war, und schuf den Sonnenhimmel und zwölf andere Himmel. Die Namen dieser Himmel sind Benbo oder Hölle, Manbo, Oribeten, Shidai, Godai, Pappa, Oroha, Konsutanchi, Hora, Koroteru und einhunderttausend Paraiso und Gokuraku.
Deusu schuf dann die Sonne, den Mond, und die Sterne, und rief zehntausende *anjo* [Engel] ins Leben, bloß indem er sie erdachte. Einer von ihnen, Jusuheru, der Führer

von sieben *anjo*, hat hundert Ränge und zweiunddreißig Formen. Deusu ist derjenige, der alles schuf: Erde, Wasser, Feuer, Wind, Salz, Öl, und er legte sein eigenes Fleisch und Blut herein. Ohne Pause arbeitete Deusu am *Shikuda* [Montag, port. Segunda], *Terusha, Kuwaruta, Kinta, Sesuta* und *Sabata*. Am siebten Tag blies er Atem in dieses Wesen und nannte es *Domeigosu-no-Adan* [Sonntags-Adam], der dreiunddreißig Formen hat. Deshalb ist es die übliche Formenanzahl für einen Menschen. Aus diesem Grund ist der siebte Tag eines Zyklus [der Sonntag] Feiertag. Dann schuf Deusu eine Frau und nannte sie *Domeigosu-no-Ewa* [Sonntags-Eva]. Er verheiratete den Mann und die Frau und gab ihnen das Reich namens *Koroteru*. Dort brachte sie einen Sohn und eine Tochter zur Welt, Chikoro und Tanho. Sie gingen jeden Tag in das Paraiso, um Deusu anzubeten.

Eines Tages, als Deusu abwesend war, ergriff Jusuheru die Gelegenheit, die *anjo* zu täuschen und sagte: „Da ich auch wie Deusu bin, betet von jetzt an mich an". Als sie das hörten, beteten ihn die *anjo* an und sagten: „Ach, siehe da, siehe da!" [...] [Es folgt die Erzählung vom Sündenfall]

Was war das für ein bemitleidenswerter Anblick, denn Eva und auch Adam verloren die himmlische Herrlichkeit und wurden an Ort und Stelle verwandelt. Sie boten das *Salve Regina* an, schrien zum Himmel und verbeugten sich bis zum Boden. Tränen aus Blut kamen ihnen aus den Augen, aber obwohl sie tausendmal bereuten, half es nichts. Dieser Vorfall ist der Ursprung der *orassho* [Reue].

Nach einer gewissen Zeit wandten sich Eva und Adam an Deusu und flehten: „Bitte laß uns wieder die himmlische Herrlichkeit kosten." Deusu hörte ihnen zu und antwortete ihnen: „Wenn ihr euch das wünscht, müßt ihr mehr als vierhundert Jahre lang Buße tun. Danach werde ich euch nach Paraiso einladen. Aber du, Eva, wirst ein Hund im Mittleren Himmel werden." Dann wurde Eva hinausgeworfen und verschwand wer weiß wohin. „Was euch angeht, Evas Kinder, müßt ihr auf der Erde leben, Tiere essen, den Mond und die Sterne anbeten und Buße tun. Zu einem späteren Zeitpunkt werde ich euch den Weg zum Himmel zeigen."

Quelle: (a) O. Cary, A History of Christianity in Japan. I., London etc. 1909 (^{N}Tokio 1970), 282f; (b) Ch. Whelan, The Beginnings of Heaven and Earth. The Sacred Book of Japan's Hidden Christians, Honolulu 1996, 39–41. – *Lit.*: A. M. Harrington, Japan's Hidden Christians, Chicago 1992; S. R. Turnbull, The Kakure Kirishitan of Japan, Richmond 1999; I. Higashibaba, Christianity in Early Modern Japan. Kirishitan Belief and Practice, Leiden etc. 2001; Moffett, Asia II,502ff.

60. Südasien: Migranten als Multiplikatoren (1854)

Vielfach verbreitete sich das Christentum ohne jegliche missionarische Aktivitäten, etwa durch christliche Migranten aus anderen Gebieten Asiens. So in den Teeplantagen im Hochland Ceylons:

Als [der anglikanische Missionar] Mordoch durch die Teeplantagen ritt, entdeckte er dort kleine Gruppen von christlichen *coolies* [Kontraktarbeitern] aus [dem südindischen] Tinnevelly. Ein englischer Plantagenbesitzer, der aus einem christlichen Haus in England stammte und erst kurz zuvor auf der Insel angekommen war, war sehr erstaunt, an einem Sonntagvormittag in der Lagerhalle für Kaffee unweit von seinem Bungalow den Gesang von Kirchenliedern zu hören. Er ging hin, um festzustellen, woher die Musik kam, und fand dort hundert seiner *coolies*, die sich unter der Leitung von einem aus ihrer Mitte zum Gottesdienst versammelt hatten. Solche Versammlungen fanden auf mehr als einer Plantage statt, wo christliche *coolies* es übernahmen, regelmäßig Gottesdienste zu halten, ohne Pfarrer und ohne Sakrament.

Quelle: R. P. Butterfield, Padre Rowlands of Ceylon, London [1928], 43f. – *Lit.*: N. C. Sargant, The Dispersion of the Tamil Church, Madras 1962, 64f.

61. China: Die Taiping-Bewegung (1850–1864)

Eine der größten Aufstandsbewegungen der chinesischen Geschichte war die Taiping-Bewegung, die die regierende Manchu-Dynastie Mitte des 19. Jh.s an den Rand des Zusammenbruchs brachte. Sie ist von Autoritäten wie John K. Fairbank als chinesische „Variante des alttestamentarischen protestantischen Christentums" bezeichnet worden. Ihre Führung verstand sich dezidiert als christlich, ließ – trotz aller synkretistischen Elemente – die biblische Botschaft unter Ausschluß aller anderen Lehren predigen, verfocht eine puritanische Ethik, suchte freundschaftlichen Kontakt zu Missionaren und anderen Vertretern des Westens, blieb aber unabhängig in Theologie und Handeln. Ihre (schließlich von den westlichen Mächten unterstützte) Niederschlagung 1864 forderte Millionen von Todesopfern. – Am Anfang stand eine Vision des Gründers der Bewegung und späteren Taiping-Königs Hong Xiuquan (1814–1864) im Jahr 1837, die er später im Licht biblischer Verheißungen als Auftrag zum Sturz der Manchu-Dynastie und Vertreibung des Konfuzius interpretierte (a). Die Kenntnis dieser Vision war unter seinen Anhängern ebenso obligatorisch wie die eines aus den Zehn Geboten und Gebeten bestehenden Katechismus (b). Entsprechend äußerten sie sich in öffentlicher Propaganda (c) und sahen Taiping-China als gleichberechtigtes Glied in der Familie der ‚christlichen' – d.h. westlichen – Nationen (d).

a) Die Vision des Hong Xiuquan

Danach betraten sie einen anderen großen Saal, dessen Schönheit und Herrlichkeit nicht zu beschreiben ist. Ein Mann von ehrwürdigem Alter, mit goldenem Bart und schwarzem Gewand saß in einer beeindruckenden Haltung auf dem höchsten Platz. Sobald dieser Hong Xiuquan bemerkte, fing er an zu weinen und sagte: „Alle Menschen auf der Welt werden von mir geschaffen und unterhalten; sie essen meine Nahrung und tragen meine Kleidung, aber kein einziger unter ihnen hat ein Herz, das sich an mich erinnert und mich verehrt. Was aber noch schlimmer ist, sie nehmen meine Gaben und verehren damit Dämonen; sie rebellieren gegen mich und rufen meinen Zorn hervor. Ahme sie nicht nach." Darauf gab er Hong Xiuquan ein Schwert und befahl ihm, die Dämonen auszurotten, aber seine Brüder und Schwestern zu schonen. Er gab ihm ein Siegel, um die bösen Geister zu besiegen und eine gelbe Frucht, deren Geschmack Hong Xiuquan als süß empfand.
[In einer anderen Variante der Vision wird einer der Dämonen als Konfuzius identifiziert:] Unser Himmlischer Vater, Höchster Herr und Erhabener Gott warf Konfuzius folgendes vor: „Warum lehrst du die Menschen in einer perversen Art, daß sie mich auf Erden nicht mehr kennen? Ist etwa dein Name größer als meiner?" Zuerst versuchte Konfuzius zu widersprechen, aber dann wurde er verlegen und sprachlos. [...] Alle Engel tadelten ihn ebenfalls. Deshalb floh er aus dem Himmel und versuchte, sich den Teufeln anzuschließen. Unser Himmlischer Vater, Höchster Herr und Erhabener Gott sandte sofort den Herrn [Hong Xiuquan] und einen Engel, um Konfuzius zu verfolgen und ihn festzuhalten.

b) Die Zehn Gebote und das Vater-Unser bei den Taiping

Das Tagebüchlein, das jeder Rebell im Jahr 1854 besaß, und das heute noch in unzähligen Händen ist, hat folgenden Inhalt.
Es beginnt mit den *Zehn Geboten*. „1. Ehre Gott (*Schangdi*) und bete ihn an. (Erklärung: Wer Gott nicht anbetet, übertritt dieses Gebot). 2. Du sollst nicht böse Geister

anbeten. 3. Du sollst den Namen des Herrn deines Gottes nicht vergeblich führen. (Anmerkung: Der ursprüngliche Name Gottes ist Jehova. Alle, die den Namen Gottes mißbrauchen, übertreten das Gesetz). 4. Jeden siebenten Tag sollst du Gott preisen und seine Tugenden verkündigen. 5. Ehre deinen Vater und deine Mutter. (Anmerkung: Wer sich gegen sie auflehnt oder gegen sie ungehorsam ist, übertritt dieses Gebot.) 6. Du sollst nicht Mord begehen oder irgendjemand verletzen. (Anmerkung: Wer einen Mord begeht, tötet sich selbst; wer andere verletzt, verletzt sich selbst. Wer andere tötet oder verletzt, übertritt dies Gebot.) 7. Du sollst nicht ehebrechen oder sonst schlecht handeln. [...] 8. Du sollst nicht stehlen, rauben oder plündern. (Anmerkung: Der Himmel hat Reichtum und Armut geordnet, deshalb sollte einer dem andern beistehen. Wer stiehlt oder plündert, übertritt dies Gesetz und wird zur Hölle fahren). 9. Du sollst keine Unwahrheit sagen. [...] 10. Du sollst dich nicht gelüsten lassen. (Auslegung: Wer nach Befriedigung böser Leidenschaften oder nach Reichtum begehrt oder die Jagd, die Völlerei, den Opiumgenuß und das Glückspiel lieb hat, übertritt das Gebot).

Wer die vorstehenden zehn Gebote des Himmels hält und seine Seele nicht befleckt, der wird gewiß in den Himmel gehen und ewige Seligkeit genießen; wer sie aber nicht hält und seine Seele befleckt, wird in's Verderben fahren und ewiges Elend erleiden. Wie sollten wir deshalb uns alle Mühe geben, diese Gebote zu halten!"

Dann folgt die *Lobpreisung*, die auf den Sabbat angeordnet und ein Preis der heiligen Dreieinigkeit ist. [...]

Ein anderes in dem Taschenbüchlein vorgeschriebenes *Gebet* lautet folgendermaßen: „Höchster Herr und Gott, himmlischer Vater, wir deine unwürdigen Kinder, welche hier knieen, gedenken daran, daß du unser himmlischer Vater Himmel und Erde, Berge und Meere, die Sonne und den Mond, die Menschen und alle Dinge in sechs Tagen erschaffen hast. Wir bitten dich, du wolltest die Brüder und Schwestern aller Nationen segnen. [...] Segne uns Brüder und Schwestern; gib uns unser täglich Brot und Kleidung, wende von uns ab allen Unfall und Schaden, damit wir in dieser Welt Frieden haben."

c) Taiping als Volksbewegung

[Aus dem Bericht des amerikanischen Missionars Rev. Dr. Walter H. Medhurst (1796–1857) über eine von Taiping-Anhängern umfunktionierte Missionsveranstaltung in Shanghai:] Da mir heute nachmittag erlaubt wurde, Shanghai zu betreten, begab ich mich zu einer der Kapellen, die der Londoner Missionsgesellschaft gehören. Dort begann ich vor einer großen Gemeinde, die sich fast unmittelbar in den Mauern versammelt hatte, zu predigen. Ich ließ mich gerade über die Torheit der Idolatrie aus, betonte auch die Notwendigkeit, den einzigen wahren Gott anzubeten, da er allein seine Diener schützen kann ... , da stand plötzlich ein Mann aus der Mitte der Gemeinde auf und rief: „Es ist wahr, es ist wahr! Die Götzen müssen sterben und werden sterben. Ich bin ein *Kwang-se*-Mann, ein Anhänger von *Taiping*. Wir alle ehren einen Gott (*Shangdi*) und glauben an Jesus, während wir unser Bestes tun, um die Idolatrie auszurotten, indem wir überall die Tempel niederreißen und die Götzen zerstören und die Leute ermahnen, ihren Aberglauben aufzugeben. Als wir vor zwei Jahren anfingen, waren wir nur 3.000 Leute: Wir marschierten von einem Ende des Reiches bis zum anderen und schlugen ganze Armeen der Mandarin-Truppen in die Flucht. Hätte Gott nicht auf unserer Seite gestanden, hätten wir gegen solche überwältigende Massen die Oberhand nicht gewinnen können; jetzt aber sind unsere Truppen in Tientsin angekommen, und wir erwarten, bald über das ganze Reich siegreich zu sein." Dann fuhr er fort, indem er in einem äußerst lebendigen und ernsten Ton die Leute auffor-

derte, die Idolatrie aufzugeben. Diese sei nichts als die Anbetung von Teufeln. Würden sie diese aber aufgeben und an Jesus glauben, so würden ihre Seelen gerettet werden. [...] „Solange wir hier sind," fuhr er fort, „machen wir es uns zur Aufgabe, Gott anzubeten und einander zu ermahnen, Gutes zu tun; deshalb treffen wir uns oft, um zu predigen und zu beten. Was hat es denn für einen Sinn," sagte er, „daß ihr, die Chinesen, weiter Weihrauch verbrennt und Kerzen und vergoldetes Papier anzündet?" [...] Weiter schimpfte er über die Hauptlaster seiner Landsleute, insbesondere das Rauchen von Opium. „Diese scheußliche Droge," rief er aus, „besudelt nur diejenigen, die sie nehmen, sie verursacht, daß ihre Häuser stinken, ihre Kleider stinken, ihre Körper stinken und ihre Seelen stinken, und wird dazu führen, daß sie in der Hölle für immer stinken, es sei denn, sie hören damit auf."
„Ihr müßt euch aber beeilen," fügte er hinzu, „denn *Taiping-wang* kommt, und er wird nicht den kleinsten Verstoß gegen seine Regeln dulden – kein Opium, keinen Tabak, keinen Schnupftabak, keinen Wein, keine lasterhaften Nachgiebigkeiten irgendwelcher Art. Alle Verstöße gegen Gottes Gebote werden von ihm sehr hart bestraft und die Unverbesserlichen enthauptet. Deshalb: tut rasch Buße!"

d) Taiping-China und die „christlichen Nationen"

Aus einem Bericht des britischen Repräsentanten Thomas T. Meadows über seinen Besuch am Hof der Taiping-Prinzen in Nanjing im Jahr 1853, wo er den Wunsch der britischen Regierung mitteilte, in den Auseinandersetzungen zwischen der herrschenden Manchu-Regierung und den Taiping neutral zu bleiben:

Der ‚Nördliche Prinz' hörte all dem zu, erwiderte aber wenig oder gar nichts. Sofern das Gespräch von ihm geführt wurde, bestand es hauptsächlich aus Fragen über unseren Glauben und aus Darlegungen über ihren eigenen. Er stellte fest, daß wir, als Kinder und Verehrer eines einzigen Gottes, alle Brüder seien; und nachdem ich ihm versicherte, daß wir schon seit langem der gleichen Ansicht sind, erkundigte er sich, ob ich die himmlischen Gesetze kenne. Ich antwortete, daß ich mit ihnen wahrscheinlich vertraut bin, wenn auch nicht fähig, sie unter diesem Namen wiederzuerkennen; und, nachdem ich einen Moment nachgedacht hatte, fragte ich, ob es zehn sind. Er stimmte eifrig zu. Ich fing dann an, den Inhalt des ersten der *Zehn Gebote* zu wiederholen, aber ich hatte kaum damit angefangen, als er seine Hand freundlich auf meine Schulter legte und ausrief: *„Das gleiche wie wir*! Das gleiche wie wir!", während der rein beobachtende Ausdruck im Gesicht seines Gefährten einem Ausdruck der Zufriedenheit wich, als die beiden Blicke austauschten.
Dann sagte er, mit Hinweis auf meine vorherige Anfrage nach ihren Gefühlen und Absichten gegenüber den Briten, daß sie nicht nur Frieden zwischen uns wünschten, sondern enge Freundschaft. Er fügte hinzu, daß wir [Briten] jetzt in Nanjing anlegen und gehen dürften, wohin wir wollen. Er kam immer wieder mit dem Ausdruck großer Dankbarkeit auf die Tatsache zurück, daß er und seine Waffengefährten den besonderen Schutz und die besondere Hilfe Gottes genossen hatten, ohne die sie niemals fähig gewesen wären, zu vollbringen, was sie gegen eine Überzahl von Menschen und Mitteln [der Manchu-Regierung] vollbracht hatten.

Quelle: (a) H. F. Macnair, Modern Chinese History. Selected Readings, Shanghai 1923, 337f.; J. C. Cheng, Chinese Sources for the Taiping Rebellion 1850–1864, Hongkong/Oxford 1963, 8; (b) Evang. Missionsmagazin 7, 1863, 164–179 („Die Lage der Taiping in China"), 175–177; chinesisch in: P.-K. Cheng/M. Lestz (Hgg.), The Search for Modern China, New York 1999, 140–143; (c) A. E. Lindley, Ti-Ping Tien-Kwoh: The History of the Ti-Ping Revolution, London 1866, 1, 164f; (d) Ebd., 140f. – *Lit.*: W. Oehler, Die Taiping-Bewegung. Geschichte eines chinesisch-christlichen Gottesreiches, Gütersloh 1923; R. G. Wagner, Reenacting the Heavenly Vision: The Role of Religion in the Taiping Rebellion, Berkeley 1982; ders., Understanding Taiping Christian China, in: K. Koschorke (Hg.), "Christen und Gewürze", Göttingen 1998, 132–157; J. K. Fairbank, Geschichte des modernen China, München 1989, 82ff; J. Spence, God's Chinese Son, London 1996; Th. H. Reilly, The Taiping heavenly kingdom. Rebellion and the blasphemy of empire, Seattle [u.a.] 2004; Hong-bŏm Yi, Asian millenarianism, Youngstown, N.Y. 2007; TRE 7, 1981, 751f: Art. China 3.1.; Moffett, Asia II, 298ff; Sunquist, Dictionary 814f (Art. Taiping Rebellion).

ASIEN IV. 1890–1945

A. Religiöser Revival und politischer Nationalismus

Galten die traditionellen Religionen Asiens in den Augen vieler europäischer, aber auch einheimischer Beobachter lange als rückständig und zum allmählichen Absterben verurteilt, so erlebten sie gegen Ende des 19. Jh.s in verschiedenen Regionen einen beachtlichen Aufschwung. Dieser religiös-kulturelle Revival verband sich vielfach mit den Anfängen eines politischen Nationalismus und konfrontierte die Missionskirchen des Kontinents mit einer neuartigen Herausforderung. Zugleich zeigte er sich in vielen Merkmalen von christlichen Ideen und Organisationsformen beeinflußt.

62. Religiöser Revival als gesamtasiatisches Phänomen

[Die ceylonesische Zeitschrift *The Hindu Organ* am 18.1.1899 über den „Gegenwärtigen Hinduismus":] Überall im Osten findet gegenwärtig eine Renaissance von [asiatischer] Überlieferung und Literatur statt; und es wird zügig daran gearbeitet, den Ruhm der orientalischen Religionen dem Vergessen der Vergangenheit zu entreißen. In Indien, Burma, Siam, Annam [= Vietnam], Japan und sogar in China ... ist das Bedürfnis nach religiöser und moralischer Erziehung stark zu spüren. Nicht, daß sich unsere Vorfahren dieser Sache nicht genauso intensiv widmeten, wie dies heute versucht wird. Sie gingen diesbezüglich sogar weiter als wir es uns vorstellen können, die wir inmitten der materialistischen Tendenzen der heutigen Zeit leben. Tatsächlich lebten unsere Vorfahren fromm, sie bewegten sich fromm und ihr Wesen war von Frömmigkeit geprägt.

Quelle: The Hindu Organ (Jaffna), 18.1.1899, 41.

63. Hindu-Renaissance in Indien

a) Stimmungsumschwung in Indien

[Aus einem Brief des britischen Kolonialbeamten Valentine Chirol vom 23.5.1910 an Vizekönig Lord Minto:] Als ich zum ersten Mal – ungefähr vor 30 Jahren – nach Indien kam, strebte das junge Indien wenigstens intellektuell danach, englischer als die Engländer zu sein. Die Überlegenheit westlicher Literatur und westlicher Ethik war ebenso allgemein anerkannt wie die der westlichen Naturwissenschaft und westlicher Regierungsmethoden. Irgendwann in den 80er Jahren begann das Pendel zurückzuschlagen, parallel mit dem Nachlassen unseres Interesses an und der Kontrolle über das Erziehungswesen für die Einheimischen. Schon in den 90er Jahren hatte die Bewegung eingesetzt, die zum außerordentlichen Hindu-Revival der letzten Jahre führte – zurück zu den *Vedas* [Hindu-Schriften], zurück zum *Kali*-Kult, ... zurück zur goldenen Zeit vor der Ankunft der bösen Engländer, als es Wohlstand gab und die Tugenden blühten! In den drei potentiellen Unruheherden Bengal, Dekkan und Punjab stehen wir, so bin ich überzeugt, dem gleichen Phänomen gegenüber.

b) Die Ziele des Indischen Nationalkongresses (1885)

1885 wurde der Indische Nationalkongreß gegründet, zunächst eher eine Honoratiorenversammlung als die nationalrevolutionäre Bewegung, zu der er sich seit 1905 entwickelte. Über seine Ziele äußerte sich der Brite A. O. Hume, einer der Gründer und Ehrenpräsident des Kongresses, in einer Rede am 30.4.1888:

Es ist wünschenswert, von Anfang an deutlich zu machen, daß die Kongreßbewegung nur eines – wenngleich zur Zeit das bedeutendste und handgreiflichste – der Ergebnisse der Zusammenarbeit gebildeter Leute ist, von denen die meisten gebürtige Inder sind. Sie haben sich vor ein paar Jahren zusammengeschlossen, um stillschweigend für das Wohl Indiens zu arbeiten. Um den Kongreß ganz zu verstehen, ist es notwendig, die Grundsätze zu verstehen, die von diesem Gremium ... festgelegt wurden [...]
Erstens: Das Verschmelzen aller unterschiedlichen, bislang auseinanderstrebender Elemente, aus denen die indische Bevölkerung besteht, in eine nationale Einheit.
Zweitens: Die allmähliche Wiedergeburt der sich so entwickelnden Nation auf allen Ebenen, der mentalen, der moralischen, der sozialen und der politischen Ebene.
Drittens: Die Festigung der Einheit zwischen England und Indien, wobei die Änderung aller Bedingungen sichergestellt sein muß, die für das letztgenannte Land ungerecht oder verletzend sind.

c) Revival als religionsübergreifende Erscheinung

[Der britische Missionar und Religionswissenschaftler J. N. Farquhar 1915 über die religiösen Bewegungen im zeitgenössischen Indien:] Die hervorstechendste Eigenschaft der langen Reihe religiöser Bewegungen [im Indien der jüngeren Zeit] ist der *ständige Vormarsch der alten Religionen.* Die früheren (religiösen) Organisationen waren tatsächlich sehr radikal in den Lösungen, die sie für die Probleme ihrer Zeit vorschlugen, und übernahmen dabei weitgehend christliche Anschauungen und Organisationsformen. Mit den Jahren aber fanden die Menschen den Mut, immer umfangreichere Bestandteile der alten Theologie zu verteidigen, bis es einige unternahmen, jeden Fetzen der alten Überlieferungen als gut zu erweisen. *Hinduismus, Islam, Buddhismus, Jainismus und Zoroastrianismus* erwachten mit einem Schlag zu neuem Leben, und jede berühmte Sekte erlebte ein geheimnisvolles Erwachen. Schließlich wurden unter dem Einfluß des Nationalismus die Verhältnisse völlig auf den Kopf gestellt: nicht nur die Religionen, sondern alles, was orientalisch war, wurde als göttlich inspiriert und veredelnd verherrlicht, während alles, was westlich war, als abscheulich materialistisch und erniedrigend verurteilt wurde. [...]
Die Vorherrschaft des Christentums in der religiösen Entwicklung der letzten 100 Jahre kann schon daran deutlich abgelesen werden, daß die in diesen [außerchristlichen] Bewegungen gängigen Arbeitsmethoden fast ohne Ausnahme *den* [*christlichen*] *Missionen entliehen* sind. Dies ist sehr auffällig, zumal Indien in der Vergangenheit die Fähigkeit besaß, eine Reihe von Methoden der religiösen Propaganda hervorzubringen, die in der Weltgeschichte unübertroffen sind.

Quelle: (a) M. N. Das, India under Morley and Minto. Politics behind Revolution, Repression and Reform, London 1964, 20; (b) B. N. Pandey (Hg.), The Indian Nationalist Movement, 1885–1947. Selected Documents, London 1979, 5f.; (c) J. N. Farquhar, Modern Religious Movements in India, New York 1915, 430. 442.

64. Aufschwung des Buddhismus in Ceylon (Sri Lanka)

In Ceylon zeichnete sich seit den Siebziger Jahren des 19. Jh.s ein Aufschwung des Buddhismus ab. Durch den demonstrativen Übertritt des amerikanischen Theosophen H. S. Olcott (1832–1907) 1880 trat er auch in das Bewußtsein einer breiteren Öffentlichkeit. Durch die Gründung buddhistischer Schulen wurde das faktische Schulmonopol der christlichen Missionen gebrochen. Olcotts weit verbreiteter und oft neu aufgelegter ‚Buddhistischer Katechismus' betonte den rationalen Charakter der buddhistischen Lehre und ihre Vereinbarkeit mit moderner Wissenschaft (a). Ein missionarischer Beobachter schildert die veränderte Situation um 1900 (b).

a) Der „Buddhistische Katechismus" von H. S. Olcott (1881)

Teil V: Buddhismus und Wissenschaft

325. *Frage:* Kann der Buddhismus mit Recht als wissenschaftliche Religion angesehen werden, oder kann er als „offenbarte" Religion klassifiziert werden? *Antwort:* Er ist ganz entschieden keine offenbarte Religion. Der Buddha predigte nicht so, und ist er auch nicht so zu verstehen. Im Gegenteil verkündete er ihn als die Erklärung ewiger Wahrheiten, die seine Vorgänger genauso wie er gelehrt hatten. [...]

327. *Frage*: Akzeptieren Buddhisten die Theorie, daß alles von einem Schöpfer aus dem Nichts geschaffen wurde? *Antwort:* Der Buddha lehrte, daß zwei Dinge ohne Ursache sind, nämlich *Akasha* [Äther] und *Nirvana* [Erlöschen]. Alles ist aus *Akasha* hervorgegangen, gemäß dem ihm inhärenten Antriebsgesetz, und es verschwindet wieder, nachdem es eine Zeit lang existiert hat. Nichts kam je aus dem Nichts hervor. Wir glauben nicht an Wunder; deshalb bestreiten wir die Schöpfung und können uns keine Schöpfung von irgendetwas aus dem Nichts vorstellen. Nichts Organisches ist ewig. Alles befindet sich in einem Zustand ständiger Bewegung, erlebt Wandel und Verbesserung und hat Bestand im Sinne des Evolutionsgesetzes.

328. *Frage:* Ist der Buddhismus gegen Bildung und gegen das Studium der Naturwissenschaften? *Antwort:* Ganz im Gegenteil: Im *Sigalovada Sutta*, einer Predigt des Buddha, gibt Er als eine der Pflichten des Lehrers an, daß dieser seine Schüler in „Wissenschaft und Geschichten" unterrichten soll. Die höheren Lehren des Buddha sind für die Erleuchteten, die Weisen und die Nachdenklichen. [...]

b) Die Situation um 1900

Der ganze Charakter des Buddhismus hat sich in den letzten Jahren geändert. Während vor einiger Zeit die Masse der Menschen nichts über den Buddhismus wußte und als Religion kaum mehr als den Teufelskult hatte, ist der jetzige Buddhismus eine weitverbreitete Kraft, die sich dem Christentum widersetzt. Er wird in Schulen gelehrt, die mit den unseren wetteifern und die wie unsere Regierungszuschüsse bekommen ... Durch seine Institution des *pan-sil* bietet er seinen Anhängern ständig eine erhabene Moral, und verlangt von ihnen, diese fünf Gebote einzuhalten: nicht töten, nicht stehlen, nicht lügen, nicht unrein sein, keine starken Getränke zu sich nehmen ... Und schließlich wird er durch die Traditionen aus der Vergangenheit und durch den starken Konservatismus und die Bindung an alte Bräuche unterstützt, die für die Singhalesen besonders kennzeichnend ist. Sie widersetzen sich jetzt mit einer Art Patriotismus vielfältig den westlichen Sitten, und kehren, was Kleidung und Benehmen betrifft, zu den alten Bräuchen zurück.

Quelle: (a) H. S. Olcott, The Buddhist Catechism, Colombo o.J. (^{N}1985); (b) Report for the year 1900 of the Society for the Propagation of the Gospel, London 1900, 78. – *Lit.*: H. Bechert, Buddhismus, Staat und Gesellschaft ..., Frankfurt etc. 1966, 1, 43ff; G. D. Bond, The Buddhist Revival in Sri Lanka,

Columbia 1988; S. R. Prothero, H. S. Olcott (1832–1907) and the construction of "Protestant Buddhism", Ann Arbor 1990; Moffett, Asia II, 580.

65. Sieg Japans über Rußland 1904/1905 und die asiatischen Eliten

Kaum ein anderes Ereignis zu Beginn des 20. Jh.s hat so sehr zur Ausbildung eines panasiatischen Bewußtseins unter den westlich gebildeten Eliten des Kontinents beigetragen wie der Sieg des asiatischen Japan über – das „westliche" und „christliche" – Rußland im Krieg 1904/05. C. F. Andrews, britischer Missionar und später ein Freund und Mitarbeiter Gandhis, berichtet über die Reaktionen in Indien:

Die Auswirkungen der japanischen Erfolge auf die gebildeten Menschen Nordindiens waren aufrüttelnd und unmittelbar. Eine Welle des Enthusiasmus schwappte durch alle unsere Städte und gab Anlaß zu neuen Hoffnungen und neuen Idealen ... Es ist das Erwachen eines neuen nationalen Geistes und die Hinwendung aller Augen in Indien nach Japan als dem wahren Modell des Ostens. Nach einer passiven, fatalistischen Gewöhnung an das Vordringen des Westens als unvermeidbar ist nun eine neue Hoffnung aufgekommen, daß der Osten seine eigene Rettung in seiner eigenen östlichen Art bewerkstelligen möge, und daß Indien eines Tages seinen Platz Seite an Seite mit Japan als einer unabhängigen Nation einnehmen möge ... Studenten, die früher unbedingt nach Oxford oder Cambridge gehen wollten, zieht es nun nach Tokio, und einige sind bereits dorthin gegangen. [...]
Die Luft war voller Elektrizität. Der Krieg zwischen Rußland und Japan hatte die umgebenden Völker in äußerste Spannung versetzt. Eine Welle der Aufregung verbreitete sich über den Norden Indiens. Sogar die abgelegenen Dorfbewohner sprachen über Japans Siege, als sie im Kreis saßen und abends die *huqqa* (Pfeife) weiterreichten. Einer der älteren Männer sagte mir: ‚So etwas hat es seit dem Aufstand [von 1856/57, der zeitweilig die britische Herrschaft in Indien bedrohte] nicht gegeben.'

Quelle: C. F. Andrews, The Effect of the Japanese Victories upon India (in: The East and West, October 1905, 361–372), 362; ders., The Renaissance in India, London 1912, 4.

B. Indigenisierungsbestrebungen in den protestantischen Missionskirchen

66. Programmatische Äußerungen

In Reaktion auf den wachsenden Nationalismus im Asien der Jahrhundertwende verstärkte sich in den protestantischen Missionskirchen des Kontinents die Suche nach einer „einheimischen", nicht-westlichen und „nationalen" Gestalt des Christentums. Derartige „Indigenisierungs"- Bestrebungen bezogen sich auf vielfältige Aspekte des kirchlichen Lebens und waren zeitgleich in sehr unterschiedlichen – und geographisch weit auseinanderliegenden – asiatischen Kirchen anzutreffen. Sie verbanden sich vielfach mit dem Modell einer „Erfüllungstheologie", die den christlichen Glauben nicht als Gegensatz, sondern als „Erfüllung" (Mt 5,17) der religiösen Aspirationen Asiens begriff. Getragen wurde diese Bewegung von anonymen christlichen Laien und einheimischen Kirchenführern wie dem Inder Surendra K. Datta (1878–1942) (a) oder dem chinesischen Theologen T. C. Chao (1888–1979) (c). Zu ihren Repräsentanten zählten ebenso auch liberale Missionare wie der britische Pädagoge A. G. Fraser (1863–1962), der von 1904–1924 in Ceylon tätig und zugleich in das internationale Netzwerk der protestantischen Missionsbewegung eingebunden war (b).

a) Indische Christen und die Vision einer indischen Kirche (1908)

Viele Anzeichen deuten darauf hin, daß das Christentum [in Indien] der Kristallisationspunkt wird, um den sich die moralischen Kräfte in diesem Land scharen werden [...] – [*Indische Theologie*:] Die indische Kirche hat es im Ganzen noch nicht vermocht, eine eigene Theologie zu entwickeln, die Herz und Verstand der Menschen erreichen kann. Die Religionsgeschichte Indiens sollte uns dazu anleiten, nach so etwas Ausschau zu halten. Die nächste Annäherung an eine spezifisch indische Interpretation Christi bisher kam jedoch von einer nicht-christlichen Sekte, dem Brahmo Samaj. [...] – [*Einheimische Kirchenmusik*:] Es gibt im südlichen Indien bereits Anzeichen für eine einheimische Kirchenmusik und in geringerem Maß auch in Nordindien. Wir können sehen, wie die Entwicklung der Kirchenmusik, wenn sie von Gottes Geist angefeuert wird, die göttliche Wahrheit in einer Sprache ausdrückt, die von den Menschen verstanden wird. [...] – [*Selbstregierung*:] Die indische Kirche regiert sich noch nicht selbst. Das westliche Sektierertum [die Vielzahl rivalisierender Konfessionen] ist zum Schaden der indischen Christenheit fortgesetzt worden. Es gibt jedoch Bewegungen zur Einheit der indischen Christen. [...] – [*Selbstausbreitung*:] Die indische Kirche allein hat die Fähigkeit, sowohl die physische wie die geistige Unzugänglichkeit der Millionen zu überwinden, in deren Herzen die Wahrheit noch nicht aufgegangen ist.

b) Eine missionarische Stimme aus Ceylon (1908)

Heute ist die nationale Bewegung in Ceylon und Indien anti-christlich. Ich habe Menschen getroffen, die zutiefst von der Wahrheit Christi überzeugt sind und ihn anzunehmen begehren, sich später jedoch abgewendet haben, da ihnen eine Entscheidung für Christus als Verrat an Volk und Nation erscheint. Wo auf der anderen Seite deutlich wurde, daß Christus kein fremder Herr ist, sondern derjenige, der allein ihre nationalen und sozialen Probleme lösen kann, habe ich erlebt, daß ihn auch hochrangige Persönlichkeiten annehmen. Das nationale Gefühl richtet sich heute gegen unseren Herrn – nicht weil er heilig ist, nicht weil er der Erlöser ist, sondern weil er westlich ist und weil er nicht als der ... Erlöser Indiens wahrgenommen wird. [...] Um das nationale Empfinden für Christus zu gewinnen, müssen wir – erstens – zeigen, daß wir keinen englischen Christus predigen, sondern den, der der ‚Menschensohn' war und ist. ... Wir müssen in unserer erzieherischen Arbeit lernen, den Christus Indiens und Ceylons zu predigen ... Wir müssen engagierte Leute freistellen und ihnen hinreichende Muße gewähren. Dann werden wir unseren einheimischen Klerus eine Theologie lehren können, die vom Osten geformt ist. [...] Die unter den Buddhisten arbeiten werden, sollen sorgfältig und in einer sympathisierenden Weise in den buddhistischen Schriften ausgebildet und angehalten werden, die Offenbarung unseres Herrn auf die geringere Wahrheit zu beziehen, die von Buddha gelehrt wurde. Gleiches gilt für die anderen Religionen. Christus kam nicht zu zerstören, sondern um all das zu erfüllen (Mt 5,17), was in ihrer alten Lehre und Glauben am besten und wahrhaftigsten ist. [...] Nur in der Kraft des auferstandenen Herrn und Christi kann ein Schüler die Ethik Buddhas erfüllen. – Zweitens müssen wir in unserem nicht-religiösen Curriculum darauf abzielen, gute indische Bürger auszubilden [...].

c) Merkmale einer einheimischen Kirche in China (1924)

Eine einheimische Kirche [in China] ist die, die alle Wahrheiten bewahrt und vereint, die in der christlichen Religion und in der alten Zivilisation Chinas enthalten sind, und die so das religiöse Leben und die Erfahrungen der chinesischen Christen in einer Weise zum Ausdruck bringt, die ihnen gemäß und natürlich ist.

Quelle: (a) S. K. Datta, The Desire of India, London [1]1908, [4]1911 (230ff: Chapter VII: The Indian Church), 234. 255. 257. 259; (b) A. G. Fraser, The Problem before educational Missions in Ceylon, in: Pan-Anglican Papers …, London 1908, 5–8; (c) T. C. Chao, Rede vor Missionaren in Kuling, nach: W. Glüer, Christliche Theologie in China: T. C. Chao 1918–1956, Gütersloh 1979, 62; – *Lit.*: England, ACT I, 208ff. 464ff.; Sunquist, Dictionary 301 (Art. Fraser, A. G.).

67. Forderung nach einem einheimischen Episkopat (1899)

Neben kultureller Authentizität war die Forderung nach kirchlicher Selbstregierung zentraler Bestandteil des Indigenisierungsprogramms. Indische Christen forderten wiederholt und u.a. unter Verweis auf das Beispiel afrikanischer Bischöfe (s. Texte 150. 165 zu S. A. Crowther) einen eigenen indischen Episkopat – eine Forderung, die erst 1912 durch die Weihe von V. S. Azariah zum ersten asiatischen Bischof der anglikanischen Kirche eingelöst werden gehen sollte. In einem Bericht über die Konferenz der anglikanischen Church Missionary Society im indischen Allahabad 1899 kritisiert der *Indian Christian Guardian*, Sprachrohr der christlichen Intelligentsia des Landes, die zögerliche Haltung der offiziellen Kirche:

Es wurde allgemein festgestellt, daß Indien im Blick auf das Bischofsamt in bedauerlicher Weise rückständig ist. Bis jetzt ist noch kein Einheimischer in unserer [anglikanischen] Kirche zum Bischof geweiht worden. Zweifellos tat die Konferenz einen Schritt nach vorne, indem sie erklärte, daß die Zeit für eine gewisse „heilige Kühnheit" gekommen sei, und sich sogar einstimmig für die Ernennung indischer Weihbischöfe aussprach. Bei behutsamer Handhabung – und da der Typ des Bischofsamtes, der für unsere einheimischen Brüder geeignet ist, der einfache [altkirchliche] Urtyp Nordafrikas sein sollte und nicht die komplizierteren Formen, die im Römischen Reich vorherrschten, als die Kirche dort den Prunk des Staates zu übernehmen begann – sehen wir keinen Grund, warum sich ein indischer Episkopat nicht als großer Erfolg erweisen sollte. Jedenfalls kann es nicht richtig sein, eine so große und wachsende einheimische Kirche [wie die indische] ständig am Gängelband zu führen, und es kann nicht gerecht sein, sie auf ewig von einem ausländischen Episkopat leiten zu lassen. Wir sollten wenigstens mit der Ernennung einheimischer Weihbischöfe beginnen, wo bereits geeignete [indische] Persönlichkeiten zur Verfügung stehen.

Quelle: Indian Christian Guardian, Jg. 3, 1899.

68. Christliche Ashrams (1921)

Die Indigenisierungsbewegung interessierte sich v.a. für die kulturellen Ausdrucksformen des christlichen Glaubens. Im Kirchenbau sowie in der Gestaltung von Gottesdienst und Liturgie griff man zunehmend auf lokale Traditionen zurück. In diesem Zusammenhang ist auch das Projekt christlicher Ashrams zu sehen. Es wurde bereits seit Anfang des 20. Jh.s in der National Missionary Society, einem Zusammenschluß indischer Christen, diskutiert und 1921 mit der Gründung des Christukula Ashram in Nord-Arcot erstmals realisiert. Über Motive und Formen dieses Unternehmens, das bald Nachahmer fand, äußert sich Savarirayan Jesudason, einer der beiden Gründer dieses Ashram:

Für einige wenige jener [Mitglieder des Ashram, die im Ashram eine neue – die Schranken von Rasse, Klasse, Kaste und Geschlecht übergreifende – Form christlicher Gemeinschaft suchen,] ist die Gegenwart Gottes so real, daß sie unter Verzicht auf jegliche menschliche Begleitung überall hingehen, als wandernde Propheten oder als *Sadhus* [Heilige] des Königreiches. Für andere kann der volle Zweck des Lebens nur in der liebenden Gemeinschaft in einer Gruppe Gleichgesinnter erreicht werden, in der sie ihr ganzes Leben und all ihre Energie der Erfüllung einer gottgegebenen Vision widmen. ... Manche von ihnen streben die dauerhafte Mitgliedschaft in der Ashram-Familie an. Wir waren uns jedoch bewußt, daß eine solche dauerhafte Mitgliedschaft nicht leichtfertig eingegangen werden sollte ... So begrüßen wir auch die, die für einen kürzeren Zeitraum von ein oder zwei Jahren kommen, egal ob sie sich später dauerhaft der Ashram-Familie anschließen wollen oder je nach Umständen und persönlichen Verpflichtungen nur zeitweilig mit uns sein können. Von ihnen wird natürlich keine Entscheidung im Blick auf Besitz und Verzicht auf die Ehe erwartet, sondern sie haben zeitweilig am gemeinsamen Leben der Familie Anteil.

Quelle: S. Jesudason, Ashrams Ancient and Modern. Their Aims and Ideals, Vellore 1937, 36ff. – *Lit.*: E. Pulsfort, Christliche Ashrams in Indien, Altenberge ^{2}1991; RGG^{4} 1, 811: Ashrams, christliche (H.-P. Müller); England, ACT I, 372ff; Sunquist, Dictionary 43f (Art. Ashram Movement).

C. Lokale Ökumene-Initiativen und Edinburgh 1910

69. Protest gegen Import des westlichen Konfessionalismus

a) Voten indischer Christen (1897/98)

Mit der Suche nach einer „einheimischen" Form des asiatischen Christentums verband sich vielfach der Protest gegen die konfessionelle Zersplitterung des Missionsprotestantismus. In einem Artikel des Jahres 1898 geht der *Christian Patriot*, Organ der gebildeten indischen Christen, den Gründen nach, die die Entstehung einer eigenständigen indischen Kirche verhindern.

Es gibt noch andere Bereiche, in denen die Nachahmung des englischen Vorbilds das Wachstum einer einheimischen Kirche [in Indien] behindert hat. So z.B. die Art und Weise, in der die verschiedenen Missionen versucht haben, auf orientalischem Boden die eigentümlichen kirchlichen Unterschiede des Westens fortzusetzen, die doch das Ergebnis sozialer und politischer Umstände sind, die es nur in den Ländern des Westens gibt. Vor einiger Zeit etwa diskutierten wir in dieser Zeitschrift die Eignung des *Book of Common Prayers* der Kirche von England für die indische Kirche. Wir diskutierten diese Frage ruhig und moderat, und dennoch erhob sich ein Sturm indignierten Protestes unter den hiesigen kirchlichen Würdenträgern ...

[Ähnlich die Position des *Indian Christian Guardian*:] Wir hoffen auf eine Zeit, in der die bedauerlichen sektiererischen Differenzen, die unser westliches Christentum kennzeichnen und die sich in beachtlichem Ausmaß auch in Indien festgesetzt haben, abgelöst werden durch ein freieres und vollständigeres Wachstum der christlichen Lehre und des spirituellen Lebens [in Indien] ... Wir warnen dabei nicht nur vor der Mission der Engländer [Anglikaner] und Römer [Katholiken], sondern auch vor den schottischen, deutschen und amerikanischen Missionen.

b) Die Stimmungslage um 1910

[Der anglikanische Bischof von Bombay, Edwin James Palmer, über die Situation in Indien:] Ich habe es oft sagen gehört, daß – wenn wir, die ausländischen Missionare, Indien heute geschlossen verließen – sich alle indischen Christen sehr schnell vereinen und *eine* indische Kirche bilden würden. Wir haben es immer wieder sagen gehört, daß allein wir ausländischen Missionare die indischen Christen von der Einheit fernhalten.

Quelle: (a) Christian Patriot, 18.6.1898; Indian Christian Guardian 1, 1897, 67; (b) Bp. E. J. Palmer, Reunion in Western India. Papers and Articles by the Bp. of Bombay, Bombay 1910, 3ff: "The Hope of the Reunion of Christendom".

70. Die Weltmissionskonferenz von Edinburgh 1910 als Katalysator

In bislang singulärer Weise bezog sich die Weltmissionskonferenz Edinburgh 1910 auf aktuelle Entwicklungen und Debatten in den entstehenden Überseekirchen Asiens und Afrikas. Das Aufkommen nationaler Bewegungen und der Aufbruch Asiens in die Moderne wurde dabei als einmalige Chance zur Christianisierung des Kontinents wahrgenommen, die umgekehrt eine völlig neue Qualität der Zusammenarbeit von Kirchen und Missionen erfordere. Am Vorabend des 1. Weltkrieges gingen so von Edinburgh starke Impulse aus sowohl für die moderne ökumenische Bewegung im Ganzen wie speziell in Asien, wo sie schneller als in den Kirchen des Westens zu konkreten Ergebnissen führte. Vgl. auch Text 287.

a) Zur Analyse der Situation in Asien

In der ganzen nicht-christlichen Welt [v.a. in Asien und Afrika] gibt es unübersehbare Zeichen des Erwachens großer Völker von ihrem langen Schlaf. In ganz Asien ist ein Prozeß der Gärung in Gang, der bei den gebildeten Führern seinen Anfang genommen hat und schnell Besitz von den Massen ergreift. Er betrifft drei Viertel der menschlichen Rasse, darunter Völker von hoher Bildung und alten Zivilisationen. [...] Man kann kaum glauben, daß *Japan* noch vor zwei Generationen vollständiger von westlichem Einfluß abgeschottet war als China. Seitdem hat sich Japan in verschiedener Hinsicht als die brillanteste Nation der Welt erwiesen. Es hat in einer Generation größere Fortschritte erzielt als andere Länder in zwei, wenn nicht drei Generationen. [...] *Korea* war gestern noch als das „Land der Morgenstille" bekannt. Heute vibriert es im Geist der modernen Welt, und die jahrhundertelange Isolation der „Einsiedler-Nation" hat ein Ende gefunden. ... Das Erziehungssystem ist nach modernen Grundsätzen reformiert worden ..., und eine neue Literatur entwickelt sich unter dem Einfluß der christlichen Kirche [...] *China* hat eine längere ungebrochene Geschichte als jedes andere Volk in der Welt. 4000 Jahre lang war es dasselbe unveränderte und sich nicht ändernde Reich, ganz auf sich selbst zentriert und selbstgenügsam, mit tiefer Verachtung für alles Fremde. Heute jedoch hat es seine Aufmerksamkeit von der Vergangenheit abgewendet und von anderen Nationen zu lernen begonnen. [...] *Indien* ist ebenso wie alle anderen Länder des Ostens in einem Zustand der Veränderung und der Unruhe. Große und überraschende Wechsel haben in den vergangenen wenigen Jahren stattgefunden [...] Auch außerhalb der missionarischen und christlichen Gemeinschaft ist eine wachsende Besorgnis über die bildungsmäßigen, sozialen und religiösen Übel festzustellen, die die große Masse der Bevölkerung noch gefangen halten [...]

b) Botschaft der Konferenz an die Weltchristenheit

An die Mitglieder der Kirche in den christlichen Ländern.
Wir Mitglieder der Weltmissionskonferenz möchten Ihnen eine Botschaft zukommen lassen, die uns sehr am Herzen liegt. Während der vergangenen zehn Tage waren wir mit langem und anhaltendem Studium der Lage des Christentums in den nichtchristlichen Ländern beschäftigt. [...] Unser Überblick hat uns einen Eindruck von dem bedeutungsvollen Charakter der gegenwärtigen Stunde gegeben . Wir haben aus vielen Gebieten [Asiens und Afrikas] von dem Erwachen großer Nationen gehört, von der Öffnung lange verschlossener Türen und von Bewegungen, die alle der Kirche auf einmal eine Welt vor Augen stellen, die für Christus gewonnen werden soll. Die nächsten zehn Jahre werden aller Wahrscheinlichkeit nach einen Wendepunkt in der Menschheitsgeschichte darstellen. Sie können für die geistliche Entwicklung der Menschheit von entscheidenderer Bedeutung sein als viele Jahrhunderte gewöhnlicher Erfahrung zuvor. Wenn diese Jahre ungenützt verstreichen, kann eine Zerstörung angerichtet werden, die in Jahrhunderten nicht wieder gutzumachen sind. Wenn sie dagegen richtig genutzt werden, können sie zu den ruhmreichsten in der Geschichte des Christentums gehören.

Quelle: (a) J. R. Mott, The decisive hour of Christian missions, London ^{2}1911, 2–20; (b) World Missionary Conference, 1910, Edinburgh etc. [1911], 9, 108f. – *Lit.*: R. Frieling, Der Weg des ökumenischen Gedankens, Göttingen 1992, 43ff; K. Koschorke, Kirchliche Emanzipationsbestrebungen im Asien der Jh.-Wende und die Anfänge der modernen ökumenischen Bewegung ... (in: ZKG 107, 1996, 72–89); Sunquist, Dictionary 258–265 (Art. Ecumenical Movement).

71. Edinburgh in Asien: Die China-Konferenz von 1913

1912/13 fand in zahlreichen asiatischen Ländern eine Serie von Edinburgh-Nachfolgekonferenzen statt. Sie führten zur Gründung erst von Nationalen Missionsräten und seit 1922 auch von Nationalen Christenräten, womit die Grundstrukturen ökumenischer Kooperation in Asien etabliert waren. In China fand die nationale Konferenz (Shanghai, 11.–14.3.1913) in einer Situation des revolutionären Umbruchs statt – nach dem Sturz der Manchu-Dynastie 1911 und mit einem Christen (Sun Yat-Sen) als erstem Präsidenten des republikanischen China.

I. China als Republik. Das bei weitem bemerkenswerteste Ereignis des zwanzigsten Jahrhunderts ist unzweifelhaft der rasche Wandel, durch den das älteste Kaiserreich [1911] eine republikanische Regierungsform angenommen hat. Wie auch immer unsere Voraussage für Chinas Zukunft sein mag, ist dieser Schritt für die Evangelisierungsarbeit in diesem Land von unschätzbarer Bedeutung [...]
III. Die chinesische Kirche – 1. Die Einheit der Kirche Christi in China. Diese Konferenz betet einmütig für die Einheit aller Christen, für die unser Herr selbst betete. Sie betet dafür, daß die Welt von ihm erfährt und in ihm Gott den Sohn, den Erlöser der gesamten Menschheit, erkennt. Sie wünscht ... aufrichtig die Einheit der ganzen Kirche Christi in China.
2. Freiheit der Entwicklung in Form und Organisation. Diese Konferenz ist darüber erfreut, daß die meisten Kirchen Chinas als selbstverwaltete Gemeinden organisiert sind. Sie glaubt, daß sie die Freiheit haben sollten, sich in Form und Organisation entsprechend den natürlichen Ausdrucksformen der spirituellen Neigungen der chinesischen Christen zu entwickeln. Zugleich ist es für diese Kirchen wesentlich, gute Beziehungen zu den westlichen Kirchen zu pflegen, damit sie aufnehmen können, was von jenen Kirchen an guten Einflüssen ausgehen mag.

3. Wahrnehmung der Kirchen als wirklich einheimischer. Damit das Christentum Herz und Verstand des chinesischen Volkes wirkungsvoll ansprechen kann und ihr wachsendes Nationalbewußtsein für den Dienst Christi gewinnen kann, ist es für die Kirchen äußerst wichtig, sich so zu entwickeln, daß die Chinesen selbst erkennen können, daß sie wirklich einheimisch geworden sind. [...]
8. Entwicklung des einheimischen Charakters der Kirchen. Die Konferenz gibt folgende Ratschläge, um den einheimischen Charakter der Kirchen zu entwickeln:
(1) Die chinesischen Kirchen sollten repräsentative Räte auf lokaler und Distriktebene organisieren, überall wo diese noch nicht vorhanden sind.
(2) Chinesische Vertreter sollten an der Verwaltung der ausländischen Gelder beteiligt werden, die für die Arbeit der chinesischen Kirche gebraucht werden.
(3) Kirchliche Gebäude sollten möglichst auf Grundstücken errichtet werden, die von den Wohnsitzen ausländischer Missionare getrennt sind.
(4) In der Verwaltung der Evangelisierungs-, Erziehungs- und anderer Arbeit der Kirche sollte in möglichst vollem Umfang eine gemeinsame Kontrolle durch chinesische und ausländische Mitarbeiter stattfinden. Alle verantwortlichen Positionen, die für chinesische Christen in Frage kommen, sollten soweit durchführbar eher chinesischen Organisationen zugeordnet werden als ausländischen Missionsgesellschaften.
IV. Chinesische christliche Führung – 1. Dringender Bedarf an fähiger chinesischer christlicher Führung. Im Hinblick auf das große Erwachen in China und die gegenwärtige beispiellose Gelegenheit, die sich aus der freundlichen Haltung der Menschen und insbesondere der Studentenklasse gegenüber dem Einfluß und der Lehre unseres Herrn ergibt, ist es die gemeinsame Überzeugung der Konferenz, daß eine befähigte chinesische christliche Führung unbedingt erforderlich ist. [...]

Quelle: The Continuation Committee Conference in Asia 1912–1913, New York 1913, 319–367. – *Lit.*: H.-R. Weber, Asia and the Ecumenical Movement, London 1961, 130ff; C. H. Hopkins, John R. Mott 1865–1955, Grand Rapids 1979, 386ff; N. Koshy, A History of the Ecumenical Movement in Asia. Vol. I, Hongkong 2004; Sunquist, Dictionary 258–265 (Art. Ecumenical Movement); 583 (Art. National Christian Conference China, 1913).

72. Lokale Formen der Kooperation

Frühzeitig gab es ökumenische Initiativen einheimischer Christen auf lokaler Ebene. Ende April 1899 fand etwa in Madras auf Einladung der ‚Madras Native Christian Association' ein erstes Treffen von Christen aller Kirchen unter Einschluß der Katholiken statt, um gegen eine Neuregelung der Erbschaftssteuer zu protestieren, die besonders Christen benachteiligte. Ähnliche konfessionsübergreifende Aktionen wurden auch für die Zukunft geplant.

Am Samstagabend des 29. April [1899] hielten die indischen Christen in der Madras-Präsidentschaft ein sehr erfolgreiches Treffen in der Victoria Public Hall ab, um die Frage der Erbschaftssteuer zu erörtern ... Dieses Treffen war einzigartig, da sich hier zum ersten Mal Römische Katholiken, Anglikaner und Protestanten, die zur indischen Rasse zählen, zur Verteidigung gemeinsamer Interessen einfanden. Zum Präsidenten wurde der Höchst Verehrte Bischof Theophilus Mayer gewählt, der von Dr. S. Pulney Andy für den Vorsitz vorgeschlagen und von allen Anwesenden per Akklamation bestätigt wurde. Die rechtlichen, historischen und praktischen Seiten der Frage wurden von Mr. Satya Joseph, Mr. Pragasa Mudaliar and Mr. Devadoss Pillai behandelt. ... Es wurde einstimmig beschlossen, daß die Versammlung ihre Beschwerden über die Benachteilung zu Protokoll geben sollte, der die [christliche] Gemeinschaft durch die zwangsweise Erhebung von Erbschaftssteuern ... ausgesetzt ist, während die anderen indischen [Religions-] Gemeinschaften frei von solchem Zwang und Einmischung [seitens der Regierung] sind. ... Ein Kommittee wurde eingesetzt, um in dieser Angelegenheit eine Eingabe sowohl an die örtliche Regierung wie an die Regierung Gesamt-Indiens zu verfassen.

Quelle: Christian Patriot, 6.5.1899: „Native Christians and Succession Duties“.

D. Entwicklungen im katholischen Raum

73. Begründung einer indischen Hierarchie (1886)

Nur allmählich erholte sich die katholische Kirche Indiens von ihrem Tiefpunkt zu Beginn des 19. Jh.s. (s. Text 39). Lange Zeit blieb sie gegenüber den zahlenmäßig geringeren, in der Außenwirkung aber tonangebenden protestantischen Missionen im Hintergrund. Gelähmt war sie u.a. durch den sog. Padroado-Propaganda-Konflikt, d.h. die andauernden jurisdiktionellen Streitigkeiten zwischen Portugal – das auf seinen alten Patronatsrechten („*Padroado*“; vgl. Text 8. 228f) bei der Besetzung kirchlicher Ämter beharrte, obwohl es in Südasien mit Ausnahme der Enklave Goa keine Territorien mehr kontrollierte – und der päpstlichen Missionszentrale (*Propaganda Fide*), die den veränderten politischen Realitäten Rechnung zu tragen und eigenständige kirchliche Strukturen zu errichten suchte. Das Konkordat von 1886 setzte durch Abgrenzung der Zuständigkeitsbereiche einen vorläufigen Schlußpunkt unter diese erbitterten Auseinandersetzungen und ermöglichte die Errichtung einer einheitlichen Hierarchie in ganz Indien (mit sieben Kirchenprovinzen, von denen die in Goa dem *Padroado* und die übrigen [Agra, Bombay, Verapoly, Calcutta, Madras, Pondicherry] der *Propaganda* unterstellt wurden). Zugleich führte es zu Neuerungen im katholischen Schulwesen und anderen Feldern kirchlichen Lebens.

[Das Konkordat von 1886:]
Art. I. Kraft früherer päpstlicher Konzessionen besteht die Ausübung des Patronats durch die portugiesische Krone in den Kathedralkirchen Ostasiens entsprechend den Bestimmungen des Kanonischen Rechts fort, nach Maßgabe der Änderungen, wie sie im vorliegenden Konkordat festgelegt werden. [...]
Art. VI. Die portugiesische Regierung verpflichtet sich, für eine angemessene Ausstattung der oben erwähnten Diözesen [das Erzbistum Goa mit den Bistümern Cochin, Mylapore und Damaun] zu sorgen, mit Kapiteln, Klerus und Seminaren, und tatkräftig mitzuwirken bei allen Bestrebungen der Bischöfe zur Gründung von Schulen, Waisenheimen und anderen karitativen Einrichtungen, die zum Wohl der Gläubigen und zur Evangelisierung der Heiden notwendig sind.
Art. VII. Was die vier [der Propaganda unterstehenden] Diözesen von Bombay, Mangalore, Quilon und Madurai angeht, die mit der Einrichtung der Hierarchie in den indischen [= asiatischen] Besitzungen errichtet werden, so werden die Metropoliten mit ihren Suffragan-Bischöfen im Fall der Vakanz eines Bischofssitzes ... in freier Wahl eine *terna* bzw. Dreierliste bilden, die sie dem Erzbischof von Goa mitteilen, der sie an die [portugiesische] Krone weiterleiten wird. Innerhalb von sechs Monaten muß dann Letztere dem Hlg. Stuhl einen Kandidaten aus den genannten Drei vorschlagen [...].
Art. VIII. Der Hlg. Stuhl wird die Ernennung der ersten Erzbischöfe und Bischöfe der vier oben erwähnten Diözesen vornehmen, die mit der Einrichtung der kirchlichen Hierarchie errichtet werden. [...]
Art. IX. Die christlichen Gemeinschaften Malakkas und Singapurs, die gegenwärtig unter der außerordentlichen Jurisdiktion des Erzbischofs von Goa stehen, werden der Jurisdiktion des Bischofs von Macao zugewiesen.

Art. X. Nachdem das Patronat der [portugiesischen] Krone in dieser Weise geregelt ist, wird der Hlg. Stuhl im übrigen Asien das volle Recht zur Ernennung von Bischöfen wahrnehmen und alle Maßnahmen treffen, die zum Wohl der Gläubigen geeignet erscheinen ... [...]

Quelle: Kuriakose, History 239–241. – *Lit.*: C. B. Firth, An Introduction to Indian Church History, Madras 1983, 215–232; A. Meersman, The Catholic Church in India since the mid-19th century, in: H. C. Perumali u.a. (Hgg.), Christianity in India, Alleppey 1973, 248–266; HKG (J) VI/2, 554ff.

74. Einheimische Bischöfe in China (1926)

Seit der Erklärung *Maximum illud* vom 30.11.1919 durch Papst Benedikt XV. (1914–1922) war die Schaffung eines einheimischen Klerus ein zentraler Programmpunkt der päpstlichen Missionspolitik. Sein Nachfolger Pius XI. (1922–1939) weihte 1926 sechs chinesische Bischöfe und 1927 den ersten japanischen Bischof.

Um das Werk der Glaubensverbreitung in diesem gewaltigen Land fruchtbringender zu gestalten, ging die erste Sorge des Hlg. Vaters [Pius XI.] dahin, das Arbeiten der gesamten Missionskräfte zu vereinheitlichen. Dies geschah durch ein Doppeltes. Zunächst wurde am 15. August 1922 die apostolische Delegatur in China aufgerichtet und Mgr. Celsus Constantini zum apostolischen Delegaten ernannt [...] Desweitern wurde diese Einheit befördert durch das *erste chinesische Plenarkonzil*, zu dessen Einberufung Pius XI. seinem Delegaten durch Schreiben vom 20. Januar 1924 den Auftrag gab, indem er zugleich Bedeutung und Aufgabe dieser Zusammenkunft darlegte. Das Konzil war allerdings bereits früher vorbereitet, doch sein Zustandekommen durch den Krieg verhindert worden. ... Auf dem Konzil in Shanghai vom 15. Mai bis 12. Juni 1924 traten zum erstenmal alle chinesischen Missionsoberen zusammen, darunter auch die in diesem Jahre ernannten beiden einheimischen Apostolischen Präfekten, um gemeinsam über Mittel und Wege der Glaubensverbreitung zu beraten, um Richtlinien aufzustellen, welche die Zersplitterung der Kräfte vermeiden und dem ganzen Werk die nötige Einheit geben sollten. [...] [In seinem Brief an die Konzilsteilnehmer] weist der Papst darauf hin, welche Bahnen einzuschlagen seien, um dem chinesischen Wesen sich anzupassen, und er drückt seine Freude darüber aus, daß es ihm vergönnt sei, ein Werk in China zu pflegen und auszubilden, das die Weitherzigkeit der katholischen Kirche im besonderem Maße zeige und dem berechtigten Nationalismus der Chinesen entgegenkomme: den *einheimischen Klerus und Episkopat*. Bereits 1924 wurden zwei einheimische Priester zu apostolischen Präfekten erhoben, der Franziskaner Oderikus Tscheng (gest. 1928) für Puchi und der Lazarist Melchior Suen für Lihsien. Dem ganzen Werk wurde die Krone aufgesetzt am 28. Oktober 1926, da der Hlg. Vater persönlich sechs chinesischen Priestern die Bischofsweihe im Petersdom spendete. An diesem Tage zeigte er aller Welt, daß auch heute die katholische Kirche noch wahrhaft katholisch, d.h. allgemein ist und keinen Unterschied der Rassen und Völker kennt. Diese Weihe bedeutet den ersten großen Schritt auf der Bahn einer neuen Missionspolitik in China.

Quelle: J. Beckmann, Pius XI. und die Mission in China (in: Kath. Missionsjahrbuch der Schweiz 9, 1928, 10–13). – *Lit.*: J. Metzler, Die Synoden in China, Japan und Korea 1570–1931, Paderborn etc. 1980, 181ff; HKG (J) VII, 771ff; J.-P. Wiest; Maryknoll in China 1918–1955, New York 1988, 252ff.

75. Aufhebung des Riteneids (1939)

Ebenfalls unter dem Pontifikat von Papst Pius XI. erfolgte 1939 die Aufhebung des Eides gegen die chinesischen Riten. Dieser war seit dem negativen Entscheid des Ritenstreites durch Papst Benedikt XIV. im Jahr 1742 (vgl. Text 28) von allen Priestern und Missionaren verlangt worden, die in China oder unter Chinesen arbeiteten. Eine 300jährige Serie kirchlicher Verlautbarungen zur Frage der chinesischen Riten fand damit – inmitten der Wirren des unerklärten japanisch-chinesischen Krieges – ihren Abschluß. Vorangegangen waren 1936 und 1935 ähnliche auf Japan und die Mandschurei bezogene Erklärungen, die ebenfalls den zivilen Charakter der Konfuzius- und Ahnenverehrung hervorhoben. Die an die chinesische Kirche gerichtete Instruktion *Plane compertum est* der Propaganda Fide vom 8.12.1939 beginnt mit den Worten:

Es ist ganz offensichtlich, daß einige Zeremonien in den Regionen des Orients in früheren Zeiten auch mit heidnischen Riten verbunden (cum ethnicis ritibus connexae) gewesen sein mögen. Mit dem Wandel der Sitten und des Denkens im Lauf der Jahrhunderte jedoch haben sie jetzt nur noch gesellschaftliche Bedeutung (civilem tantum servare significationem) und bringen die Ehrfurcht gegenüber den Ahnen, die Liebe zum Vaterland oder die Höflichkeit gegenüber den Nachbarn zum Ausdruck.

Quelle: Acta Apostolicae Sedis, 32/1940, 24–26: Instructio circa quasdam ceremonias et iuramentum super ritibus sinensibus. – *Lit.*: G. Minamiki, The Chinese Rites Controversy, Chicago 1985, 197–203; D. E. Mungello, The Chinese Rites Controversy, Nettetal 1994, 83–108.

E. Kirchliche Unabhängigkeitsbestrebungen

Wie in Afrika (s. Text 170ff) gab es auch in Asien gegen Ende des 19. Jh.s in zahlreichen Regionen Bestrebungen zur Gründung missionsunabhängiger Kirchen. Getragen wurden sie zumeist von Angehörigen der entstehenden Schicht westlich gebildeter einheimischer Christen. Diese suchten sehr viel schneller als die westlichen Missionare das – auch von diesen theoretisch befürwortete – Ziel der Einrichtung einer selbstregierten einheimischen Kirche zu realisieren. Auch im katholischen Raum lassen sich, wenngleich unter anderen Bedingungen, zeitgleich analoge Bewegungen beobachten.

76. Ceylon: Forderung nach einer unabhängigen einheimischen Kirche (1878)

Auslöser für zahlreiche Protestaktionen und Petitionen einheimischer Christen in den Jahren 1876–1879 war die autoritäre Politik des anglikanischen Bischofs von Colombo, R. S. Copleston. Die – teils mit Hunderten von Unterschriften bzw. Namenszeichen versehenen – Eingaben forderten über die Abstellung konkreter Mißstände hinaus die „Gründung einer unabhängigen einheimischen Kirche“ (Independent Native Church) im kolonialen Ceylon, dem heutigen Sri Lanka.

An das Komitee der Church Missionary Society, London

Sehr geachtete und geehrte Herren,
diese bescheidene Petition der mit der Tamil Cooly Mission in Ceylon in Verbindung stehenden Christen bezüglich der Gründung einer *Unabhängigen Einheimischen Kirche* möchte in aller Bescheidenheit Folgendes darlegen:
1. Wir finden im Neuen Testament keinerlei Beweis dafür, daß es Praxis der Apostel war, bei der Gründung neuer Kirchen diese ausländischer Kontrolle zu unterwerfen. Sie waren vielmehr frei, sich selbst zu entwickeln, und wurden als unabhängige Ein-

richtungen begründet. Sie wurden zwar durch die Apostel unterstützt, die ihnen als erste das Evangelium verkündet hatten, wurden jedoch nicht von irgendeiner fremden Autorität kontrolliert. [...]

3. Die orientalischen Sitten und Gebräuche der einheimischen Christen machen es äußerst wünschenswert, daß sie die Freiheit erhalten, eine Verfassung und Regeln für die Kirchenleitung entsprechend ihren eigenen Bedürfnissen zu formen. In vielerlei Hinsicht können die Gesetze der Englischen [= Anglikanischen] Kirche nicht auf unsere Verhältnisse angewendet werden ... Wir sind auch außerstande, den örtlichen Segnungen Gebete hinzuzufügen, das Evangelium in unserem Land zu verbreiten oder schwer verständliche Stellen aus der Liturgie zu entfernen und sie zu vereinfachen, so daß auch einfache Leute den Gottesdienst besser verstehen können.

4. Die kirchlichen Gesetze Englands sind so unbestimmt und ihre Anwendung ist speziell in Ceylon so willkürlich und unkontrollierbar, daß wir innerhalb der Englischen Kirche keine Gerechtigkeit erlangen können. [...]

5. Bei der Ernennung von Bischöfen der Englischen Kirche [in Ceylon] werden die Interessen und Forderungen der Einheimischen nicht berücksichtigt. [...] Wir möchten bei der Wahl unserer eigenen Bischöfe eine Stimme haben, und wir möchten Männer ernennen, die aufgrund ihrer Kenntnisse, Erfahrung und Sympathie geeignet sind, unsere Interessen zu vertreten.

7. [...] Wir möchten kein Schisma hervorrufen. Wir verlangen jedoch nach der Freiheit, die die Kirche von England vor 300 Jahren in Anspruch nahm, als sie die Autorität des römischen Papstes abschüttelte. Wir vertrauen darauf, die Gemeinschaft mit der Kirche Englands fortsetzen zu können, die wir immer mit Zuneigung als unsere Mutterkirche ansehen werden. Aber wir verlangen nach Freiheit und nach dem Recht einer eigenständigen Existenz.

Quelle: K. Koschorke, Kirchliche Unabhängigkeitsbestrebungen im kolonialen Ceylon. Eine Denkschrift einheimischer Christen aus dem Jahr 1878 (in: NZM 54, 1994, 131–136), 132f. – *Lit.*: Ebd.; C. P. Williams, The Ideal of the Self-Governing Church, Leiden 1990.

77. Indien: Die „National Church of India" (Madras 1886)

Seit den sechziger Jahren des 19. Jh.s wurde im protestantischen Indien wiederholt die Gründung einer indischen Nationalkirche gefordert, der alle indischen Christen ungeachtet ihrer Konfessionszugehörigkeit angehören sollten. Wichtigstes Beispiel war die 1886 in Madras gegründete National Church of India. Sie bestand zwar nur bis 1930, spielte aber als Kristallisationspunkt der protestantischen *Intelligentsia* Südindiens eine wichtige Rolle und beeinflußte zugleich die Debatten und Einigungsbestrebungen in den Missionskirchen.

a) Zielsetzung

Das Hauptziel der Gründung dieser Kirche wurde gleich zu Beginn der [Gründungs-] Versammlung [am 12.9.1886 in Madras] deutlich formuliert. Es geht um nichts anderes, als die indischen Christen unterschiedlicher Konfession (denomination) in engere Verbindung miteinander zu bringen, als dies gegenwärtig der Fall ist. So soll den nicht-christlichen Brüdern gezeigt werden, dass sich die [indischen] Christen trotz Unterschieden in einzelnen Fragen [des kirchlichen Lebens] gemeinsam zum Gottesdienst zusammenschließen können. Daß dieses Ziel zunehmend vom intelligentesten Teil der einheimischen christlichen Gemeinschaft geschätzt wird, ist schon daran ersichtlich, daß so viele Brüder unterschiedlicher Konfessionszugehörigkeit gekommen sind, um uns bei dieser Bewegung zu unterstützen.

b) Bericht über eine Versammlung

Am Dienstag, den 13. dieses Monats [September 1887], wurde am Abend im Evangelistensaal der Esplanade [in Madras] der erste Jahrestag der ‚Nationalkirche von Indien' gefeiert. Herr Pulney Andy führte den Vorsitz, und etwa dreihundert einheimische Christen, Frauen und Männer, waren anwesend. Ein paar nicht-christliche Freunde und Sympathisanten ehrten die Veranstaltung mit ihrer Anwesenheit. Die Sitzung begann um halb sieben [abends] mit dem Singen des Liedes „Steh auf! Steh auf für Jesus." Dann sprach Herr P. B. Ragaviah, B.A., ein kurzes Gebet und bat um Gottes Segen. Dann las Herr C. Appaswamy Pillai die ersten vierundzwanzig Verse des 4. Kapitels des Briefs des Paulus an die Epheser vor. Danach wurde der erste Bericht der Nationalkirche von Indien von Herrn J. P. Cotelingum, M.A., vorgelesen, von dem vorher gedruckte Exemplare an das Publikum verteilt worden waren. ... Die Ausgaben der Kirche, ca. 318 Rupien, wurden ganz durch Spenden getragen. Nach der Verlesung des Berichts wurde ein tamilisches Lied von Herrn Kathirvela Mudaliar vorgetragen, begleitet von einheimischer Musik.

Dann wurde Herr W. L. Venkatara ... vom Vorsitzenden aufgefordert, die Versammlung auf Englisch anzusprechen. [Aus seiner Rede:] Die Nationalkirche ist nun eine vollendete Tatsache, was auch immer Gegenteiliges behauptet wird. Nun kann ich drei sehr gute Gründe nennen, weshalb unsere stärkste Sympathie der Nationalkirche gelten sollte. 1) Die guten alten Missionspioniere – oder zumindest die meisten von ihnen – übersahen, daß die Lehren und Rituale, die in Europa die verschiedenen christlichen Gemeinschaften (sects) unterscheiden, das Resultat unterschiedlicher Kräfte sind, die in der zivilen und religiösen Geschichte Europas am Werk waren; und daß es weder nötig noch empfehlenswert war, uns dies Erbe zu hinterlassen [...] Die [Indische] Nationalkirche ist ein Versuch, der Ungeduld, mit der alle nachdenklichen indischen Christen die unnötige Teilung und überflüssigen Unterschiede in der Kirche betrachten, eine greifbare Form zu geben. [...]

2) [In den Missionskirchen werden die einheimischen Christen in Abhängigkeit gehalten].

3) [Eigene Verwaltung der kirchlichen Finanzen ist darum unerläßlich].

c) Nationalkirche und Missionskirchen

In Indien wird dringend eine vereinigte Kirche benötigt. [...] Erforderlich ist eine Kirche, die weder den schottischen Presbyterianismus noch den englischen Anglikanismus noch das deutsche Luthertum widerspiegelt, sondern die besten Eigenschaften aller Konfessionen zu einem harmonischen Ganzen verbindet und die den sozialen Begabungen und nationalen Eigentümlichkeiten der einheimischen Bekehrten Rechnung trägt. Das Christentum ist in Indien zu sehr nach europäischem Muster gestaltet worden, und die Missionare waren zu sehr besorgt, ihre jeweiligen kirchlichen Besonderheiten weiterzugeben.

d) Indische Nationalkirche und indische Nationalbewegung

Absicht und Ziel der Nationalkirchenbewegung ist es, in Indien *eine* Kirche zu gründen, die sich ... durch *Sympathie für die nationalen Empfindungen* und Bestrebungen der Inder auszeichnet und die in der Entwicklung lokaler Ausdrucksformen der spirituellen Wahrheit von der Denkweise und den religiösen Besonderheiten des Ostens profitiert. [...] Gegenwärtig scheinen alle Voraussetzungen für eine Weiterentwicklung der Nationalkirchenbewegung vorhanden zu sein. In den Kirchen fast aller Konfessionen gibt es eine starke Tendenz, den nationalen Charakter und die indische Denkweise stärker zu betonen. Diese Bewegung ist gegenwärtig noch nicht weit verbreitet. Doch wird sie wahrscheinlich wie eine Flut einsetzen, sobald die einzelnen christlichen Gruppen nicht länger die bestehenden Missionskirchen unterstützen, sondern ihre Aufmerksamkeit ausschließlich auf die Aufgabe der Evangelisierung Indiens und anderer Gebiete lenken.

Quelle: (a) National Church of India. First Annual Report 1886–87, in: Collection of papers collected with the movement of the National Church of India, Madras o.J., 31–78, hier: 34; (b) Ebd., 37–41; (c) National Church of India. Proceedings at the first anniversary, Madras o.J., 49; (d) National Church of India. Third Annual Report 1888–89. Proceedings at the third anniversary, Madras o.J., 107. – *Lit.*: K. Baago, Pioneers of Indigenous Christianity, Madras 1969; G. Thomas, Christian Indians and Indian Nationalism 1885–1950, Frankfurt 1979, 78ff; R. Hedlund, Emerging Indigenous Christianity in India and Asia (19th and 20th c.), in: K. Koschorke (Hg.), Transkontinentale Beziehungen ..., Wiesbaden 2002, 273–292; Sunquist, Dictionary 368f (Art. Indian Independent Church Movements).

78. Japan: Kanzo Uchimuras „Nicht-Kirche" (1901)

Einer der prominentesten frühen Vertreter des protestantischen Japan war Kanzo Uchimura (1861–1930). Er betonte die Notwendigkeit, sowohl Christ wie Japaner zu sein, und leitete daraus die Notwendigkeit ab, keiner – missionsgeleiteten und konfessionell bestimmten – kirchlichen Organisation anzugehören. Die von ihm begründete „Nicht-Kirche-Bewegung" (Mukyôkai) besteht bis heute.

[Über das Verhältnis zur römisch-katholischen Kirche und zu den protestantischen Missionskirchen in Japan:] Das Evangelium, an das ich glaube, ist Jesus Christus und zwar als der Gekreuzigte. Ich protestiere gegen jegliche Lehre und jedes Lehrgebäude, die über diese einfachste aller Lehren hinausgeht oder sie nicht erreicht. Der Protestantismus, wie ich ihn verstehe, heißt Christus *gegen* menschlichen Erfindungsgeist, Glauben *gegen* die Kirchen. Er bedeutet Einfachheit, die gegen Kompliziertheiten aufgeboten wird, ein lebendiger Organismus gegen tote Organisationen.

[Über die Grundsätze des Nicht-Kirchentums:] Mein *Nicht-Kirchentum* ist kein „-ismus" um des „-ismus" willen. Es war ein „-ismus" für den Glauben. Es war eine Folgerung aus der Überzeugung, daß man nicht durch Werke, sondern durch den Glauben erlöst wird ... . Es war kein -ismus, um die Kirche anzugreifen. Es war ein -ismus, um den Glauben zu verteidigen. Der Glaube an das Kreuz steht zuerst, daraus folgt als Konsequenz das *Nicht-Kirchentum*. Das Kreuz bildet den ersten -ismus, das *Nicht-Kirchentum* dagegen den zweiten oder dritten -ismus. Ich habe deswegen die Kirche manchmal heftig attackiert, weil es einige Leute gab, deren Glaube nicht mit der Wahrheit des Evangeliums übereinstimmte ... Ich sage dies, um meine Position deutlich zu machen. Ich gehöre nicht zu dem heute Mode gewordenen *Nicht-Kirchentum*. Ich habe keinen Mut, die schwache Kirche heute anzugreifen. Ich möchte für den Rest meines Lebens das Evangelium vom Kreuz lauter vertreten. Dieses Evangelium wird, wenn nötig, die Kirche zerstören und wieder aufbauen. Ich bin ein Vertreter des *Nicht-Kirchentums* in dem Sinne, daß ich den Kirchenproblemen als solchen gegenüber indifferent bin. Ich möchte ein Vertreter eines *Nicht-Kirchentums* sein, der alle als Kirche bezeichneten Kirchen und alle als -ismen bezeichneten -ismen ablehnt.

Quelle: A. Dohi u.a., Theologiegeschichte der Dritten Welt: Japan, München 1991, 70f, nach: K. Uchimura, Gesamtwerk, japan.: Zenshû, 32/1983, 347f. – *Lit.*: Hiroshi Miura, The Life and Thought of Kanzo Uchimura, Grand Rapids 1996; S. Kaplan, Indigenous Response to Western Christianity, New

York 1995, 75–94; J. F. Howes, Japan's Modern Prophet. Uchimura Kanzo 1861–1930, Vancouver 2005; Sunquist, Dictionary 609 (Art. Non-Church Principle); 858f (Art. Uchimura Kanzo).

79. Philippinen: Aglipays „Iglesia Filipina Independiente" (1898/1902)

In den katholischen Philippinen waren einheimische Weltpriester im 19. Jh. vielfach Träger der antikolonialen Bewegung. Mit dem Sturz der spanischen Herrschaft 1898 verband sich weithin die Hoffnung auf eine philippinische Nationalkirche mit eigener Hierarchie (a). Als Rom die Ernennung philippinischer Bischöfe verweigerte, gründete der Nationalist und Kleriker Gregorio Aglipay (1860–1940) 1902 die „Iglesia Filipina Independiente", der anfangs große Teile der Bevölkerung angehörten und die bis heute die stärkste nicht römisch-katholische Kirche des Landes darstellt. Seine Kontakte zu den seit 1898 im Land tätigen nordamerikanischen protestantischen Missionaren waren zuvor erfolglos geblieben (b).

a) Aglipays Manifest vom 21.10.1898

Meine geliebten Brüder! Da es sich die Revolution zum Ziel gesetzt hat, das philippinische Volk von Spanien zu befreien, ist es ebenfalls notwendig, daß wir daran arbeiten, das Joch abzuwerfen, mit dem uns der spanische Klerus zu unterdrücken sucht. So sollen wir würdige Nachfolger der philippinischen Priester werden, die sich für die Verteidigung unserer unbestrittenen Rechte geopfert haben, die die [spanischen] Mönche mit größter Arroganz an sich gerissen haben und sich selbst zu den Herren unseres geliebten Landes gemacht haben. Die revolutionäre Regierung der Philippinen unterstützt unsere Ziele, weil sie keinen spanischen Bischof als Oberhaupt des philippinischen Klerus anerkennen kann, da der starke politische Einfluß des [spanischen] Klerus auf die spanische Regierung sprichwörtlich ist.

b) Gescheiterte Kontakte mit den Protestanten

Im August 1901 strebte er [Gregorio Aglipay] eine private Konferenz mit verschiedenen protestantischen Pfarrern an, um die religiöse Situation auf den Philippinen zu besprechen, seine eigenen Pläne darzustellen und zumindest eine begrenzte Form der Zusammenarbeit zu suchen, falls sich ein formeller Zusammenschluß als undurchführbar erweisen sollte. Er ergriff die Initiative. Es war sein erster Kontakt mit den Protestanten, die er zuvor immer als Abschaum der Erde angeprangert hatte. Señor Aglipay skizzierte mit großer Klugheit die Situation, wie er sie sah. Er stellte den Haß des [philippinischen] Volkes auf die [spanischen] Mönche dar, wie wir ihn gesehen hatten. Er machte auf die systematische schlechte Behandlung der einheimischen Geistlichen durch die ausländischen Mönche und auf die Unruhen aufmerksam, die deshalb in der ganzen einheimischen Gemeinschaft entflammt waren. Er zeigte uns Beweise für die Leidenschaft der Philippiner für ihre eigenen Inseln. Dann sagte er uns, daß er vorhabe, eine Unabhängige Katholische Kirche zu gründen, und daß er wünsche, daß wir mit ihm dabei gemeinsame Sache machen. Der erste Punkt auf dem Programm war die Trennung vom Papsttum und die vollkommene Autonomie der Philippinen. Sein nächster Punkt war, die „katholische Lehre in ihrer Reinheit" zu vertreten. Andere Details waren weniger wichtig. Wir [protestantische Missionare aus den USA] betonten die Unmöglichkeit des Versuches, sich mit einer Bewegung zu vereinigen, die die Hlg. Schrift nicht zur Regel und zur Richtschnur ihrer Lehre und Lebens macht, und wir forderten ihn auf, die Situation gründlicher zu studieren und seinen Einfluß für die protestantische Bewegung einzusetzen.

Quelle: (a) L. R. Whitemore, Struggle for Freedom. History from the Philippine Independent Church, Greenwich 1961, 73; (b) Ebd., 98. – *Lit.*: P. S. Acutegui/M. A. Bernad, Religious Revolution in the Philippines. Bd. 1, Manila 1960/1966; J. N. Schumacher, The Revolutionary Clergy ... 1850–1903, Manila 1981; G. H. Anderson (Hg.), Studies in Philippine Church History, New York 1969, 223–255; RGG[4] 1, 184f: Art. Aglipay, Gregorio; TRE 26, 1996, 514ff.: Art: Philippinen; Moffett, Asia II, 563ff; Sunquist, Dictionary 10f (Art. Aglipay, Gregorio); 359f (Art. Iglesia Filipina Independiente).

F. Themen der 1920er und 1930er Jahre

80. Korea: Christen und Unabhängigkeitsbewegung (1919)

Im Unterschied zu anderen asiatischen Ländern wurde Korea nicht das Opfer eines westlichen, sondern – seit der formellen Annexion durch Japan im Jahr 1910 – eines asiatischen Kolonialismus. Christliche Gruppen spielten in der Unabhängigkeitsbewegung des Landes von Anfang an eine bestimmende Rolle. Am 1.3.1919 wurde in Seoul, begleitet von landesweiten Demonstrationen, eine Unabhängigkeitserklärung des koreanischen Volkes verlesen. Von den 33 Unterzeichnern waren 16 koreanische Kirchenführer. Über die zeitgleichen Ereignisse in Pjöngjang informiert der Augenzeugenbericht eines koreanischen presbyterianischen Pfarrers (a), über die anschließenden japanischen Repressionen der Bericht eines britischen Kaufmanns (b).

a) Die Unabhängigkeitsbewegung vom 1.3.1919

Pjöngjang Chosen, 1.3. 1919
Dies ist ein denkwürdiger Tag in der Geschichte unseres Landes. Yi Tai-Wang, der frühere koreanische Kaiser, starb vor kurzem, und übermorgen soll sein Begräbnis stattfinden. Er soll auf Staatskosten und als Prinz des japanischen Reiches begraben werden. Die Zeremonien sollen den Shinto-Riten entsprechen, weshalb die Koreaner sehr gekränkt sind. Sie möchten nämlich ein Begräbnis, das ihrer nationalen Tradition entspricht. [...]
Vor ein paar Tagen wurde angekündigt, daß in dieser Stadt [Pjöngjang] Gedenkgottesdienste zu Ehren des verstorbenen Kaisers abgehalten werden sollen. Eine Versammlung sollte auf dem Gelände der Seungduk (der christlichen Jungenschule), eine andere auf dem Gelände der Methodistischen Kirche und eine dritte im Hauptquartier der Chundo-Kyo-Bewegung abgehalten werden. Dies ist eine halb religiöse, halb politische Organisation, die im ganzen Land weit verbreitet ist.
Es gibt seit einigen Tagen eine beträchtliche unterdrückte Aufregung unter den Koreanern, und wir hörten verschiedene Gerüchte, daß sich etwas Wichtiges ereignen werde. Wir entschlossen uns, der Versammlung beizuwohnen ... Wir fanden den Hofraum voll von Menschen und schätzten die Menge auf ungefähr dreitausend Personen. Uns wurden Sitzplätze vorne zugewiesen ... Dort saßen die Schüler aller unserer kirchlichen Schulen und auch viele aus den staatlichen Schulen.
Gegenüber dem Eingang stand ein Rednerpult, und um dieses herum und dahinter saßen verschiedene Pfarrer und Amtsträger der presbyterianischen Kirche der Stadt. Als ich hereinkam, sprach Rev. Kim Sondu, Pfarrer der Fünften Kirche und Vorsitzender der Hauptversammlung. Pfarrer Kang Kyuchan von der Vierten Kirche hatte schon gesprochen und einen Überblick über das Leben des verstorbenen Kaisers gegeben. [...] Nach der Segnung las Kim Sondu zwei Texte aus der Bibel vor: 1. Petr. 3,13–17 und Röm. 9,3. An seinem Tonfall war zu erkennen, daß etwas Ernstes anstand.
Dann kam Chung Ilsun, ein Hochschulabsolvent und jetzt Helfer in der Vierten Kirche, auf die Tribüne und sagte, daß er eine wichtige Mitteilung habe. Er sagte, dies sei der glücklichste und stolzeste Tag seines Lebens. ... Aus dem Publikum brandete gro-

ßer Beifall auf. Dann fing Chung Ilsun an, das vorzulesen, was im Grunde eine Unabhängigkeitserklärung des koreanischen Volkes war. Danach ergriff ein anderer Mann das Wort und erklärte genau, was das Volk jetzt tun solle. Kein Unrecht [seitens der Japaner] werde mehr toleriert. Das Volk solle jedoch weder den [Kolonial-] Behörden Widerstand leisten noch das japanische Volk bzw. die japanischen Beamten angreifen. Kang Kyuchan hielt dann eine Ansprache über das Thema der nationalen Unabhängigkeit. ... Eine große koreanische Flagge wurde dann an der Wand hinter dem Rednerpult befestigt, und die Menschen ergriff Erregung. Sie riefen „*Mansei*“, das koreanische Wort für „Hurrah!“, und schwenkten dabei die Flaggen. Ihnen wurde erklärt, sie sollten einen Zug bilden und durch die Straßen ziehen, die Flaggen schwenken und nichts anderes als „*Mansei, Mansei*“ rufen.

b) Massaker in einer Dorfkirche

Am Dienstag, dem 15.4. [1919], waren am frühen Nachmittag [japanische] Soldaten in das Dorf [Cheamri in der Nähe von Suwon] eingedrungen und hatten den Befehl gegeben, daß alle erwachsenen männlichen Christen und Chundo-Kyo-Mitglieder in der Kirche zusammenkommen sollten, um einen Vortrag anzuhören. Insgesamt etwa 23 Männer gingen in die Kirche und setzten sich hin, wie ihnen befohlen wurde ... Sie merkten schnell, in welche Falle sie geraten waren, als die Soldaten sofort die Kirche umzingelten und durch die Fenster aus Papier schossen. Als die meisten von ihnen entweder getötet oder verletzt waren, steckten die teuflischen Soldaten das Strohdach und das hölzerne Gebäude in Brand, das sofort lichterloh brannte.

Quelle: (a) Kim Yong-Bock, Historical Transformation, People's Movement, Messianic Koinonia, Diss. theol. Princeton 1976, 427f; (b) H. Heung-Wo Cynn, The Rebirth of Korea. The Reawakening of the People. Its Causes, and the Outlook, New York 1920, 68f. – *Lit.*: Kim Yong-Bock, ebd. 403–476; TRE 19, 1990, 615ff: Art. Korea II; Chr. Lienemann-Perrin, Die politische Verantwortung der Kirchen in Südkorea und Südafrika, München 1992, 78ff; Wi Jo Kang, Christ and Cesar in Modern Korea, New York 1997, 27ff. 51ff; Sunquist, Dictionary 450f (Art. Korea Independence Movement 1919); England, ACT III, 505ff.

81. China: Die antichristliche Bewegung (1922–1925)

Die Tagung der World's Student Federation in Shanghai 1922 führte zum Ausbruch einer Welle antiausländischer und antichristlicher Agitationen in China. Anders als der sog. Boxeraufstand 1900 wurde diese Bewegung, die sich rasch über die großen Städte des Landes ausbreitete, v.a. von Studenten und Intellektuellen getragen. Aus der Darstellung eines chinesischen Christen:

Am 10. März 1922 wurde von Shanghai aus ein Manifest gegen den ‚Weltverband Christlicher Studenten‘ als Telegramm versandt. Das Telegramm war vom ‚Antichristlichen Verband‘ unterzeichnet. Fünf Tage später erschien in der Zeitschrift „Die Vorhut“ eine Sonderausgabe über den Antichristlichen Studentenverband, in der das Manifest, die Namen der sie tragenden Organisationen, drei Artikel über die Antichristliche Bewegung von drei andernorts erschienener Artikeln abgedruckt waren. Haupttenor war: (1) Naturwissenschaft und Religion seien unvereinbar; (2) das Christentum sei Instrument des Imperialismus und Kapitalismus und diene dazu, die schwächeren Nationen zu unterdrücken.
Am 21. März [1922] wurde von Peking aus ein Telegramm in alle Landesteile geschickt, das von 77 Personen unterschrieben war, die mit verschiedenen Pekinger Bildungsinstitutionen in Verbindung standen. Es verkündete die Gründung des ‚Anti-

christlichen Verbands' mit dem Ziel, die Wahrheit der Naturwissenschaft zu fördern und die moralischen Einschränkungen durch die Religion zu beseitigen. [...]
Nach diesen Aktivitäten geschah bis zum Sommer 1924 wenig in der Öffentlichkeit. In verschiedenen Ortschaften litten christliche Schulen unter Streiks, und es gab eine Tendenz, das christliche Schulwesen zum Hauptgegenstand der Kritik zu machen. [...]
Im Sommer und Herbst 1924 fanden vier wichtige Tagungen über Bildungsfragen mit deutlich antichristlicher Ausrichtung statt. Die fünfte Jahrestagung der ‚Vereinigung Junges China' in Nanjing verabschiedete im Juli 1924 folgende Resolution: „Wir widersetzen uns dem christlichen Bildungswesen, da es das Nationalgefühl unseres Volkes zerstört und ein Kulturprogramm ... zur Untergrabung der chinesischen Zivilisation verfolgt." [...]
Die sechste Nationalkonferenz der Studentenvereinigung vom August 1924 in Shanghai beschloß, eine Bewegung zur Wiederherstellung von Bildungsrechten und zur Bekämpfung von Bildungseinrichtungen ins Leben zu rufen, die von Ausländern zur Verbreitung der Religion gegründet werden.

Quelle: N. Z. Zia, The Anti-Christian Movement in China (in: The China Mission Year Book 1925, 51–55). – *Lit.*: J. T. Chao, The Chinese Indigenous Church Movement 1919–1927, Ph.D. Univ. of Pennsylvania 1986, 135–168; J. G.Lutz, Chinese Politics and Christian Missions. The anti-Christian Movements of 1920–1928, Notre Dame, Ind. 1988; England, ACT III, 130ff. 135ff. 153ff.

82. Indien: Gandhi über das Christentum

a) Über Bekehrungen (1920)

In einem Interview mit der britischen Journalistin Millie Polak im Jahr 1920 erklärt Mohandas (genannt. Mahatma) Gandhi, warum er selbst nicht Christ wurde.

Gandhi: Ich dachte einmal ernsthaft daran, den christlichen Glauben anzunehmen. Die sanfte Person Christi, so geduldig, so gütig, so liebevoll, so verzeihend, daß er seine Anhänger lehrte, keine Vergeltung zu üben, wenn man mißhandelt oder geschlagen wird, sondern die andere Wange hinzuhalten – ich dachte, dies ist ein schönes Beispiel des vollendeten Menschen.
Frau Polak: Sie nahmen aber das Christentum nicht an, nicht wahr?
Gandhi: Nein. Ich studierte Eure Schriften eine Zeit lang und dachte gründlich über sie nach. Ich fühlte mich vom Christentum enorm angezogen, aber schließlich kam ich zu dem Schluß, daß es tatsächlich in Euren Schriften nichts gibt, was wir in unseren nicht auch hätten, und daß ein guter Hindu zu sein auch heißt, ein guter Christ zu sein. Es gab keinen Grund für mich, Euren Glauben anzunehmen, um an die Schönheit der Lehre Christi zu glauben oder zu versuchen, seinem Beispiel zu folgen.
Frau Polak: Sicher, was zählt, ist, wie ein Mensch ist, nicht, wie er sich selbst nennt. Aber, sagen Sie, glauben Sie an Bekehrungen, an den Übertritt von einer Glaubensform zu einer anderen?
Gandhi: Was fühlen Sie selbst?
Frau Polak: Es gefällt mir irgendwie nicht. Ich könnte es nicht.
Gandhi: Ich denke, das ist richtig. Wenn ein Mensch das Herz seiner Religion erreicht, hat er auch das Herz aller anderen Religionen erreicht. Es gibt nur einen Gott, aber viele Pfade, die zu ihm führen.

b) Westliches Christentum und die Bergpredigt (1921)

Ich betrachte das westliche Christentum, wie es in der Wirklichkeit gelebt wird, als eine Verneinung des Christentums Christi. Ich kann mir nicht vorstellen, daß Jesus, wenn er persönlich in unserer Mitte leben würde, die modernen christlichen Organisationen, den öffentlichen Gottesdienst oder die modernen kirchlichen Ämter gutheißen würde. Wenn die indischen Christen einfach an der Bergpredigt festhalten, die nicht nur den friedlichen Jüngern, sondern auch einer stöhnenden Welt übergeben wurde, würden sie nicht fehl gehen. Sie würden auch herausfinden, daß keine Religion falsch ist, und daß sie sich, wenn sie ganz entsprechend ihren geistlichen Führern ... leben, über Organisationen, Formen des Gottesdienstes und Ämter keine Sorgen zu machen brauchen ... Zusammenarbeit mit den Kräften des Guten und keine Zusammenarbeit mit den Kräften des Bösen sind die beiden Dinge, die wir für ein gutes und reines Leben benötigen, ob es nun Hindu, muslimisch oder christlich genannt wird.

Quelle: (a) M. K. Gandhi, The Message of Jesus Christ, hg. von A. T. Hingorani, Bombay 1986, 23–25; (b) Ebd., 33ff. – *Lit.*: M. M. Thomas, Christus im neuen Indien, Göttingen 1989, 135–165; R. Ellsberg (Hg.), Gandhi on Christianity, New York 1991.

83. Tambaram 1938 als ökumenisches Ereignis

Nicht nur durch die Wahl des Tagungsortes im südindischen Tambaram (in der Nähe von Madras) ließ die Weltmissionskonferenz von 1938 die gewachsene Bedeutung Asiens in der internationalen Ökumene erkennen. Auch stammte erstmals eine knappe Mehrheit der Delegierten aus den sog. ‚Jungen Kirchen' der außereuropäischen Welt, die ihre eigenen Themen und Perspektiven in die Debatten einzubringen suchten. Bereits im Vorfeld der Konferenz meldete sich eine Gruppe kritischer indischer Christen energisch zum Tagungsthema – dem Verhältnis von Christentum und Kultur – zu Wort (a). Asiatische Delegierte wie der indische Bischof V. S. Azariah zeigten sich beeindruckt vom ökumenischen Charakter dieser Versammlung am Vorabend des 2. Weltkriegs (b). Afrikanische Teilnehmer nutzten die Konferenz zu Kontakten mit asiatischen Kirchenführern (s. Text 185) und auch – so der südafrikanische Pfarrer S. S. Tema – zu Gesprächen mit Gandhi.

a) Die „Rethinking Christianity in India"- Gruppe

In Europa und anderen christlichen Ländern sehen die Christen nur Jesus. In der einzigartigen Situation Indiens ... sehen wir Jesus in der Gesellschaft anderer Religionsstifter oder Menschheitserlöser – Buddha, Rama, Krishna. Das Christentum hier bewegt sich und wirkt in der Mitte von lebenden, aktiven Religionen, die die Verordnung von Millionen von Menschen genießen. ... In Indien machen diese Religionen – was ihre Zahl und ihren Einfluß angeht – gegenseitige Aufmerksamkeit und Respekt dringend erforderlich. Das Leben und Schicksal der [indischen] Christen muß in diesem Kontext studiert werden [...]
Der Missionar unternimmt ein vergleichendes Studium der Religion [von einer bestimmten Perspektive aus.] Seine Überzeugung, daß allein das Christentum die wahre Religion sein kann, determiniert und bedingt seine Untersuchungen. [...] [Anders der Standpunkt indischer Christen,] die mit dem unzufrieden sind, was ihnen die Kirche als Christentum anbietet. So sind sie dazu geführt worden, Hilfe von einer Wiederentdeckung der Botschaft des Christentums durch das Studium des Lebens und der Erfahrung ernsthafter Erlösungssuchender in anderen Religionen zu erwarten ... Der heutige Konvertit zum Christentum betrachtet den Hinduismus als seine geistliche Mutter, die in ihm einen Sinn für die geistlichen Werte in der Vergangenheit erweckt

hat. Er entdeckt die alles überragende Bedeutung Christi nicht im Gegensatz zum Hinduismus, sondern weil der Hinduismus ihn gelehrt hat, spirituelle Größe zu erkennen. [...]
Der zentrale Beitrag Karl Barths zum heutigen theologischen Denken liegt in der erbarmungslosen Unterscheidung eines ursprünglichen Kerns des Religiösen von jenen angesammelten Traditionen, die er „Religion" nennt. Die Religion Christi ist nicht dasselbe wie Christus selbst. Zugehörigkeit zur Religion Christi ist nicht erforderlich, um in Kontakt mit Jesus zu treten oder von Ihm beherrscht zu werden. Als Religion ist das Christentum nicht besser oder schlechter als andere Religionen. Der oberste Rang, den wir beanspruchen oder beanspruchen sollten, gilt nicht für das Christentum, sondern für Christus. [...]

b) Tambaram und die „Jungen Kirchen"

Das Treffen in Tambaram hat mich [V. S. Azariah] durch den ökumenischen Charakter der Versammlung außerordentlich beeindruckt. Es ließ mich lebhafter als irgendetwas sonst die Stärke der Kirche auf dem Missionsfeld spüren. Nicht nur ihre Zahl, sondern der Beitrag, den die Vertreter [sc. der sog. Jungen Kirchen] zum Leben, zu den Andachten und zu den Beratungen der Konferenz leisteten, sind Erinnerungen, die man nicht so leicht vergißt. Die Festigkeit unserer christlichen Brüder in China, Südafrika, auf Java, den Philippinen und in Südamerika hat mich tief bewegt. [...] Die christliche Gemeinschaft, die Rassen-, Sprach- und Religionsbarrieren überwindet, hat mich sehr inspiriert. Bei der Weihnachtsfeier sah ich die weißen, schwarzen und Bantu-Delegierten aus Südafrika, die chinesischen und japanischen, die burmesischen und die indischen, die französischen und die deutschen Delegierten vor den Symbolen unserer Erlösung nebeneinander niederknien. Wo sonst wäre so etwas möglich außer am Fuße des Kreuzes?

Quelle: (a) P. Chenchiah, Jesus and Non-Christian Faiths, in: D. M. Devasahayam/A. N. Sudarisanam (Hgg.), Rethinkung Christianity in India, Madras 1938, 49–64, hier: 49–54; (b) Yale, Mott Papers 4/61: Brief von Bischof V. S. Azariah vom 12.1.1939 an J. R. Mott. – *Lit.*: F. Ludwig, Zwischen Kolonialismuskritik und Kirchenkampf, Göttingen 2000, 137–174; RGG[4] 1, 1030: Azariah, Vedanayakan Samuel (K. Koschorke); S. B. Harper, In the Shadow of the Mahatma. Bp. V. S.Azariah…, Grand Rapids, etc. 2000; England, ACT I ,375ff

G. Die asiatischen Kirchen im Zweiten Weltkrieg

84. Japan: Zwangsvereinigung (1941)

In Japan wuchs im Vorfeld des Zweiten Weltkriegs der Druck auf die japanischen Christen, sich am nationalistischen Shinto-Kult zu beteiligen. Kritiker des offiziellen Militarismus wurden aus ihren Stellungen entlassen oder – so der prominente Christ Toyohiko Kagawa im Jahr 1940 – unter dem Vorwurf pazifistischer Propaganda verhaftet. 1941 entstand unter dem massiven Druck der Regierung der *Nippon Kirisuto Kyodan* (Vereinigte Kirche Christi in Japan) als Zusammenschluß von 34 protestantischen Denominationen. Während des weiteren Kriegsverlaufs unterstützte der *Kyodan* verschiedene religiöse und geistige Maßnahmen des totalitären Regimes. Bereits 1940 hatte sich die „Nationale christliche Versammlung" in diesem Sinn ausgesprochen:

Wir Japaner sind sehr stolz auf unsere glorreiche Geschichte in Zeiten der Tenno-Dynastie. Wir sind stolz darauf, daß die Tenno-Dynastie seit nunmehr 2600 Jahren, seit der Herrschaft des ersten Tenno-Kaisers, Jinmu, ohne Unterbrechung besteht. Heute kommen wir japanischen Christen zusammen und verehren demütig den Tenno.

Die aktuelle Lage der Welt ist äußerst zerrüttet; wir müssen sie stets im Auge behalten. Im Westen sehen wir Kriegsschäden und im Osten den chinesischen Vorfall [den unerklärten Krieg Japans gegen China] ... In solch einer Welt schreiten Schicksal und Macht unserer Nation voran, ohne Fehler. Wir zweifeln nicht daran, daß diese Fortschritte der göttlichen Vorsehung und dem Wesen des einen Tenno und seiner Untertanen zu verdanken sind, die auf der ganzen Welt unvergleichlich sind.
Mit der veränderten Weltlage konfrontiert, betreibt der Staat eine neue Politik und setzt sich für die Errichtung einer Neuen Ordnung in Groß-Asien ein. Wir Christen stehen dieser nationalen Politik positiv gegenüber. Wir sind entschlossen, an diesem großen Werk vorbildlicher nationaler Gesinnung mitzuarbeiten, indem wir die bestehenden Konfessionsunterschiede abschaffen, die Kirchen zusammenführen und dem Kaiserreich ergebene Loyalität entgegenbringen.
Wir werden darum an diesem Gedenktag folgende Erklärung abgeben:

1. Wir werden das Evangelium Christi verbreiten und die Seele der Nation retten.
2. Wir werden die Vereinigung aller christlicher Kirchen Japans verwirklichen.
3. Wir werden den nationalen Geist beseelen, die nationale Moral heben und das nationale Leben erneuern.

Am 17. Oktober, dem 15. Shouwa [1940]

Die Nationale Christliche Versammlung zur Feier des 2600. Jahrestags der Tenno-Dynastie

Quelle: Akten der 18. Vollversammlung des Nationalen Christenrats in Japan (26.–27.11.1940), Tokio 1940, 46f (Übersetzung: S. Kotabe). – *Lit.*: A. Dohi, Christianity in Japan, in: T. K. Thomas (Hg.), Christianity in Asia, Singapore 1979, 35ff; H. Drummond, A History of Christianity in Japan, Grand Rapids 1971, 250ff; K. Ishihara, The United Church of Christ in Japan, in: N. Ehrenstrom/W. G. Muelder (Hgg.), Institutionalism and Church Unity, New York 1963; TRE 16, 1987, 525ff: Art. Japan II.

85. Christenverfolgungen in japanisch besetzten Gebieten

Die japanische Expansion nach Indochina, Südasien und in den pazifischen Raum hatte für die christlichen Gemeinschaften in diesen Regionen unmittelbare Folgen. Von den neuen Machthabern als Fünfte Kolonne des Westens verdächtigt, waren sie in den neu eroberten Gebieten vielfach massiven Verfolgungen ausgesetzt. Gleiches gilt für die Insel Formosa (Taiwan), die die Japaner bereits 1895 annektiert hatten.

Zunächst verboten sie [die Japaner] gottesdienstliche Versammlungen, die Verbreitung der Bibel sowie die Weitergabe des Evangeliums von einem zum andern. Als sich die Leute jedoch weiterhin im Geheimen trafen und mehr und mehr Dörfer von der Botschaft des Evangeliums erfaßt wurden, gingen die Japaner zu strengeren Maßnahmen über. Die Anführer der verschiedenen Gruppen wurden zu Zwangsarbeit verurteilt, ins Gefängnis geworfen oder geschlagen. Je stärker Japan im Konflikt mit China und Amerika um sein eigenes Überleben kämpfen mußte, umso mehr wurden die Gläubigen [Taiwans] als Feinde Japans behandelt. Nun wurden sie strengen Verhören unterzogen, die oft von Folter begleitet waren. Die Polizei versuchte, die Bibeln einzusammeln und zu vernichten. In den meisten Fällen gelang es den Christen jedoch, sie zu verstecken. Die [taiwanesische] Kirche wurde in den Untergrund getrieben.

Quelle: St. Neill, Colonialism and Christian Missions, London 1966, 212f.

86. Indien: Sorge vor Marginalisierung (1944)

Der Eintritt Britisch-Indiens in den Zweiten Weltkrieg und die sich abzeichnende Unabhängigkeit nach dem Krieg konfrontierte die indischen Christen mit einem Dilemma. Einerseits forderten sie die nationale Souveränität. Andererseits sah sich die christliche – und insbesondere die protestantische – Gemeinschaft des Landes, die in den Debatten um die künftige politische Ordnung auf das Prinzip kommunaler Repräsentation verzichtet hatte, von Marginalisierung bedroht. In einer Stellungnahme des anglikanischen Bischofs V. S. Azariah von Dornakal, eines über alle Religionsgrenzen hinweg angesehenen Repräsentanten der indischen Christen vom März 1944, findet diese ambivalente Stellung deutlichen Ausdruck.

Die Indische Kongreßpartei fordert Großbritannien auf, die Regierungsgewalt vollständig den Völkern Indiens zu übertragen. Wenn dies nicht geschieht, könne sie Großbritannien nicht im Kampf gegen die Aggression der Achsenmächte [Deutschland und Italien] nicht unterstützen.

Die Muslimische Liga [Indiens] verlangt ebenfalls nach Selbstbestimmung, fordert aber, daß die Provinzen, in denen Moslems die große Mehrheit bilden, nach dem Krieg zu einem muslimischen Herrschaftsgebiet zusammengeschlossen werden. Im Interesse der sechzig Millionen Menschen aus den unteren Schichten protestiert Dr. Ambedkar heftig gegen die Forderungen der Kongreßpartei. [...]

In dieser Konfliktsituation weiß der indischer Christ kaum, wie er sich verhalten soll. Sein Dilemma ergibt sich daraus, daß er gleichzeitig Anhänger Christi und indischer Staatsbürger ist.

Die indischen Christen sind einerseits überzeugt, daß sie sich auf die Seite der Freiheit Indiens stellen müssen. Wenn sich China, Japan, Persien und die Türkei als unabhängige Staaten behaupten können, sollte ihr Vaterland den gleichen Status erhalten.

Andererseits hat der indische Christ eine unbestimmte Furcht, daß die politische Freiheit, die er sich für sein Land wünscht, zugleich den Verlust seiner eigenen Freiheit und seiner religiösen Grundrechte bedeuten könnte. Würde die Freiheit für Indien gleichzeitig eine Rückkehr zur alten Kastentyrannei bedeuten? Die führenden Mitglieder der Kongreßpartei haben sich nie im geringsten bemüht, derartige Zweifel auszuräumen. [...]

Quelle: Yale Dale Library, Mott Papers: V. S. Azariah, The Indian Christian's Dilemma Today, 1944. – *Lit.*: S. B. Harper, In the Shadow of the Mahatma. Bishop V. S. Azariah and the Travails of Christianity in British India, Cambridge 2000; Sunquist, Dictionary 49 (Art. Azariah, V. S.).

ASIEN V. 1945–1990

A. Kirchen und nationaler Aufbau: Die 1950er Jahre

87. Indien: Kirchenunion und Hindu-Nationalismus

Im Jahr der politischen Unabhängigkeit Indiens 1947 wurde zugleich die südindische Kirchenunion verwirklicht (a). Als weltweit erster Zusammenschluß episkopaler und nicht-episkopaler Kirchen und als Akt kirchlicher Eigenständigkeit der indischen Christen fand sie in der globalen Ökumene große Beachtung. Obwohl die Verfassung von 1950, in der sich Indien als säkularer Staat definierte, den Grundsatz der Religionsfreiheit festschrieb (b), sah sich die christliche Minderheit angesichts eines sich verstärkenden Hindu-Nationalismus zunehmenden Repressalien sowie der Einschränkung ihrer missionarischen Aktivitäten und ökumenischen Kontakte ausgesetzt (c).

a) Die Südindische Kirchenunion von 1947

[Aus der Verfassung der Church of South India von 1947:] 2. *Ziel und Art der Union.* – Die Kirche Südindiens bekräftigt, daß das Ziel der Union, das ihrer Gründung zugrunde liegt, die Erfüllung des Willens Gottes ist, wie er im Gebet unseres Herrn Ausdruck findet: ‚Mögen sie alle eins werden ... Möge die Welt glauben, daß Du mich gesandt hast' (Joh 17). Die Kirche Südindiens glaubt, daß sie durch die Vereinigung ein wirksameres Instrument für Gottes Arbeit werden wird und daß es größeren Frieden, engere Verbundenheit und ein intensiveres Leben innerhalb der Kirche geben wird, ebenso wie neuen Eifer und neue Kraft für die Verkündung des Evangeliums. Sie hofft, daß dadurch mehr göttliche Macht für die Erfüllung der Vorsätze Gottes für Seine Welt frei werden wird. [...]
8. *Notwendige Elemente im Leben der Kirche Südindiens.* – Die Kirche Südindiens erkennt, daß das Bischofsamt, Presbyteramt und Gemeindeprinzip alle einen Platz innerhalb ihrer Lebensordnung haben müssen, und daß die Bischöfe, die Presbyter und die Gemeinde der Gläubigen alle in ihren verschiedenen Bereichen Verantwortung tragen und Einfluß ausüben sollten: im Leben und in der praktischen Arbeit der Kirche, in ihrer Leitung und Verwaltung, in ihrer evangelistischen und pastoralen Arbeit, in der Handhabung der Disziplin und ihrem Gottesdienst.

b) Die Religionsartikel der indischen Verfassung von 1950

25. (1) Alle Personen genießen – im Rahmen der öffentlichen Ordnung, Moral, Gesundheit sowie der anderen Bestimmungen dieses Teils [der Verfassung] – in gleicher Weise die Freiheit des Gewissens und das Recht, sich zu ihrer Religion frei zu bekennen, sie frei auszuüben und zu propagieren.
(2) Nichts in diesem Artikel wird die Geltung eines bestehenden Gesetzes beeinträchtigen oder den Staat daran hindern, ein Gesetz zu verabschieden, das (a) die wirtschaftlichen, finanziellen, politischen oder sonstigen weltlichen Aktivitäten, die mit religiösen Einrichtungen öffentlichen Charakters für alle Klassen und Gruppen von Hindus in Verbindung stehen, lenkt oder einschränkt. [...]
26. Im Rahmen der öffentlichen Ordnung, Moral und Gesundheit wird jede religiöse Denomination oder jede Untergruppe einer solchen außerdem das Recht haben: (a) Einrichtungen für religiöse und karitative Zwecke zu gründen und zu unterhalten; (b) sich in religiösen Angelegenheiten selbst zu verwalten; (c) bewegliches und unbewegliches Eigentum zu besitzen und zu erwerben; und (d) solches Eigentum in Übereinstimmung mit dem Gesetz zu verwalten.
27. Niemand wird dazu gezwungen sein, Steuern zu zahlen, deren Ertrag spezifisch dazu bestimmt ist, Ausgaben für die Verbreitung oder den Unterhalt einer besonderen Religion oder Denomination zu decken.
28. Kein Religionsunterricht wird in pädagogischen Institutionen erteilt, die ganz aus staatlichen Mitteln getragen werden. [...]
(3) Niemand, der eine pädagogische Institution besucht, die vom Staat anerkannt bzw. durch staatliche Mittel unterstützt wird, darf verpflichtet werden, am Religionsunterricht, der in einer solchen Institution erteilt wird, oder an Gottesdiensten teilzunehmen, die in einer solchen Institution oder in dazugehörigen Räumlichkeiten stattfinden mögen, es sei denn, die Person ... hat dazu ihr Einverständnis gegeben.

c) Einschränkung der missionarischen Aktivitäten

[Aus den Empfehlungen des regierungsamtlichen Niyogi-Komitees von 1956:]
1. Diejenigen Missionare, deren erstes Ziel Proselytismus ist, sollten aufgefordert werden, das Land zu verlassen. Der große Zustrom ausländischer Missionare ist unerwünscht und sollte kontrolliert werden.
2. Der beste Kurs für die indischen Kirchen besteht in der Gründung einer Vereinten Unabhängigen Kirche in Indien, ohne von ausländischer Unterstützung abhängig zu sein.
3. Der Einsatz von medizinischen und anderen Dienstleistungen als direkte Mittel, um Bekehrungen herbeizuführen, sollte per Gesetz verboten werden. [...]
9. Eine Änderung der indischen Verfassung sollte angestrebt werden, um klarzustellen, daß erstens das Recht auf religiöse Propaganda nur indischen Staatsbürgern zusteht, und zweitens, daß dies nicht für Bekehrungen gilt, die durch Gewalt, Täuschung oder illegale Maßnahmen herbeigeführt werden.
10. Eine wirksame Kontrolle von Bekehrungen, die durch illegale Mittel herbeigeführt werden, sollte eingerichtet werden. Wenn nötig, sollten dagegen gesetzliche Maßnahmen ergriffen werden. [...]
13. Die Verbreitung von Literatur, die dem Zweck der religiösen Propaganda dient und nicht von der Staatsregierung genehmigt wurde, sollte verboten werden. [...]

Quelle: (a) Kuriakose, History 378–381; (b) Kuriakose, History 388f; (c) Report of the Christian Missionary Activities Enquiry Committee, Madhya Pradesh 1956, 1, 131f. 163–165, nach: Kuriakose, History 390–394. – *Lit.*: B. Sundkler, Church of South India 1900–1947, London 1954; K. M. George, Church of South India (1947–1999), Delhi 1999; R. von Sinner, 50 Jahre Kirche von Südindien (in: ÖR 46, 1997, 489–499); Sunquist, Dictionary 175f (Art. Church of South India).

88. Indonesien: Monotheismus als Staatsdoktrin (Pancasila)

Am 17.8.1945 erklärte Indonesien seine Unabhängigkeit, die von den Niederlanden erst 1950 anerkannt wurde. Angesichts der religiösen und kulturellen Vielfalt des 11000-Insel-Landes entschieden sich die nationalen Führer weder für das Modell eines säkularen noch eines – der muslimischen Mehrheitsreligion folgenden – religiösen Staates. Statt dessen proklamierten sie die „fünf Säulen“ bzw. Prinzipien (Pancasila) zur Grundlage des neuen Staates, die als verbindendes Element der fünf anerkannten Religionen (Islam, Protestantismus, Katholizismus, Hinduismus, Buddhismus) verstanden wurden und den christlichen Kirchen konstitutionell einen eigenen Lebenraum sicherten.

a) Aus der Präambel der Unabhängigkeitserklärung 1945

Mit dem Segen des allmächtigen Gottes und erfüllt von dem hohen Ideal eines freien nationalen Lebens erklärt sich das Volk von Indonesien selber für unabhängig. Um der indonesischen Nation eine Regierung zu geben, welche die gesamte Bevölkerung und ihr Territorium beschützt und das öffentliche Wohl fördert, um den Lebensstandard zu heben und zum Aufbau einer Weltordnung mitzuhelfen, die sich auf Unabhängigkeit, ewigen Frieden und soziale Gerechtigkeit gründet, wird die nationale Unabhängigkeit in die Verfassung des Indonesischen Staates eingefügt. Dieser versteht sich als Republik, deren Souveränität auf dem Volk beruht und sich gründet auf:
- Glauben an den einen Gott
- Gerechte und zivile Menschlichkeit

- Einheit Indonesiens und
- Demokratie, die weise geleitet und geführt wird durch Beratung und Repräsentation, so daß soziale Gerechtigkeit für das ganze Volk Indonesiens geschaffen wird.

b) Präsident Sukarno über die fünf Grundprinzipien (Pancasila)

Bisher habe ich also vier Prinzipien vorgelegt:
1. Indonesischer Nationalismus
2. Internationalismus oder Haltung der Menschlichkeit
3. Einmütigkeit oder Demokratie
4. Soziales Wohlergehen

Das fünfte Prinzip soll, wie wir hoffen, ein freies Indonesien in der Verehrung des einen Gottes aufbauen ... Es ist das Prinzip des Glaubens an Gott. Nicht nur das Volk Indonesiens sollte an Gott glauben, sondern jeder einzelne Indonesier sollte an seinen eigenen Gott glauben. Die Christen sollen Gott verehren nach der Lehre Jesu Christi. Moslems sollen dies tun nach der Lehre des Propheten Mohammed. Buddhisten sollen ihre religiösen Pflichten erfüllen, wie es ihre eigenen Schriften vorschreiben. Aber wir wollen alle an Gott glauben. Der indonesische Staat soll ein Staat sein, in dem jeder für sich Gott verehren kann, und zwar in Freiheit, doch ohne ‚religiösen Egoismus'. Indonesien soll ein Staat sein, der Glauben an Gott hat! [...]

Quelle: M. Murkens, Partner im nationalen Aufbau, Aachen 1979, 177. 170. – *Lit.*: F. Cooley, The Growing Seed. The Christian Church in Indonesia, Jakarta 1981, 30ff; D. Becker, Die Kirchen und der Pancasila-Staat, Erlangen 1996; ders., Art. Indonesien II (in: RGG[4] 4, 115–119); Sunquist, Dictionary 374–380 (Art. Indonesia). 634f (Art. Pancasila); England, ACT II, 159ff.

89. Japan: Schuldbekenntnis japanischer Christen (1946)

Die Niederlage Japans im Jahr 1945 hatte den Zusammenbruch traditioneller Werte und ein ideologisches Vakuum zur Folge, in dem das Christentum als religiöse Alternative zeitweilig einen enormen Aufschwung erlebte und das japanische Christen von einer Christianisierung des ganzen Landes träumen ließ. Ungleich früher als andere gesellschaftliche Gruppen sprachen sie zugleich die „Verantwortung" ihres Volkes für die Ereignisse des Zweiten Weltkriegs aus. Der folgende Text ist der „Erklärung der Nationalen Christlichen Versammlung für eine christliche Bewegung zur Gründung eines neuen Japan" vom 9.6.1946 entnommen.

Wir Japaner sind uns unserer Verantwortung für den Zweiten Weltkrieg schmerzlich bewußt; und besonders als Christen, die an die Botschaft des Friedens glauben, machen wir uns ernsthaft Gedanken und bekennen unsere Sünde und unsere Reue. Wir sind davon überzeugt, daß der himmlische Vater, der unendliche Vergebung gewährt, uns in seiner reichen Gnade den Weg zur Wiedergeburt aus dem Tod öffnen wird. Aber wir stehen unbeschreiblichen Kriegsschäden und schmerzlichem Leiden unseres Volkes gegenüber und sind uns der Herausforderung bewußt, aufs Neue unser Kreuz zu tragen. Wir sind dazu entschlossen, ein neues Japan auf der Grundlage des Kreuzes Christi aufzubauen, und werden die Errichtung einer wahren moralischen Weltordnung anstreben. Auf dieser ordentlichen Versammlung am Pfingstsonntag (1946) beten wir für die Christianisierung ganz Japans, für die Erneuerung unseres Glaubens durch Christus sowie für die Verbreitung und Stärkung der Kirche Christi. Durch christliche Solidarität in ganz Japan werden wir die Qualen der Nation auf uns nehmen und unermüdlich unseren Beitrag dazu leisten, dieser Nation in Hungersnot,

Verwirrung, Not und Leid zu dienen. Wir werden deshalb das dreijährige Projekt der Christlichen Bewegung für den Aufbau eines neuen Japan beginnen ...
Beschluß:
1. Wir werden Japan durch das Evangelium Christi christianisieren.
2. Wir werden alles unternehmen, um achtzig Millionen Japaner von der drohenden Hungersnot zu befreien.
3. Wir werden die Würde der Männer und Frauen inmitten des Leidens zu wahren und die Moral der Menschen zu heben suchen.

Am 9. Juni, Shouwa 21 (1946)

Quelle: Nihon Kirisuto Kyodan (Hg.), Quellensammlung zur Geschichte der Nihon Kirisuto Kyodan (jap.). Tokio 1998, 3, 194. Übersetzung: S. Kotabe. – *Lit.*: J. M. Philips, From the Rising of the Sun. Christians and Society in Contemporary Japan, Maryknoll 1981, 1–16; A. Dohi u.a. (Hgg.), Theologiegeschichte der Dritten Welt: Japan, München 1991, 128ff; Sunquist, Dictionary 411f (Art. Japan); England, ACT III, 363ff.

B. Unter kommunistischer Herrschaft

90. China: Christen in der Volksrepublik

Die Machtübernahme der Kommunisten 1949 unter der Führung Mao Zedongs bedeutete auch für die Kirchen Chinas eine tiefgreifende Zäsur. Die Religionspolitik der Kommunisten – die allenfalls punktuelle Allianzen vorsah (a) – war vom Grundsatz der Diktatur des Proletariats unter alleiniger Führung der Partei bestimmt. Im Unterschied zu den traditionellen religiösen Organisationen, die sich ihrer „feudalistischen" Bindungen entledigen sollten, wurden die christlichen Kirchen v.a. aufgrund ihrer Bindungen an den westlichen „Imperialismus" angegriffen. Anläßlich des Koreakriegs wurden 1951 die amerikanischen Missionare des Landes verwiesen und jegliche finanzielle Unterstützung aus dem Ausland abgeschnitten (c). Bereits 1949 hatten chinesische Kirchenführer eine Revision ihrer Beziehungen zu den überseeischen Missionsleitungen eingeleitet (b). 1950 wurden von linksgerichteten protestantischen Christen erste Schritte zur Bildung der sog. „Drei-Selbst-Bewegung" unternommen. Diese griff die alte missionarische Vision von der Entstehung sich selbst ausbreitender, selbst verwaltender und selbst finanzierender einheimischer Kirchen auf und verband sie mit der Forderung nach Loyalität zum neuen Regime (d). Ein Großteil der protestantischen Kirchengemeinden schloß sich dieser Bewegung an. Versuche, unter den Katholiken eine ähnliche patriotische Organisation zu bilden, scheiterten zunächst. Erst 1958 ließen sich einige Priester ohne Zustimmung Roms zu Bischöfen weihen (e). Als Resultat spaltete sich die katholische Kirche Chinas in einen „patriotisch"-offiziellen Flügel und in eine romtreue Untergrundskirche.

a) Mao Zedong (1893–1976) über die Religion

[Aus Maos Schrift: „Die chinesische Revolution und die chinesische kommunistische Partei" (1939):] Die imperialistischen Mächte haben nie in ihren Bemühungen nachgelassen, den Geist des chinesischen Volkes zu vergiften. Das ist ihre Politik der kulturellen Aggression. Und sie wird ausgeführt durch Missionstätigkeit, durch die Einrichtung von Krankenhäusern und Schulen, durch die Veröffentlichung von Zeitungen und durch Einwirkung auf chinesische Studenten, im Ausland zu studieren. Ihr Ziel ist es, Intellektuelle auszubilden, die ihren Interessen dienen und das Volk an der Nase herumzuführen.
[Aus: „Über Religion und die Einheitsfront" (1940):] Die Kommunisten können in ihrer politischen Tätigkeit eine antiimperialistische und antifeudale Einheitsfront mit

gewissen Idealisten, ja sogar mit religiös Gläubigen bilden, doch können sie keinesfalls ihren Idealismus oder ihre religiösen Dogmen gutheißen.

b) Chinesische Christen an die Missionen in Übersee (1949)

Wir Christen in China fühlen die Dringlichkeit, unsere Arbeit und unsere Beziehung zu den ‚alten' Kirchen angesichts der historischen Veränderungen in China einer Überprüfung zu unterziehen. Wir brauchen unseren Glauben nicht in Frage zu stellen, denn unser fundamentaler Glaube an Christus kann nicht erschüttert werden ... Die Herausforderung für uns besteht darin, neue Wege zu finden. Wenn es für uns gilt, den Nächsten zu lieben, und dies im vollen Sinne in unserem Alltag und in unserer Gesellschaft, dann sollten wir diese Herausforderung annehmen. ... Es war nie leicht, das Kreuz zu tragen, und es wird auch im Neuen China keine leichte Aufgabe sein. Mehr als je zuvor muß sich echter christlicher Geist erweisen, in welcher Form er auch immer erscheinen mag.

c) Ausweisung ausländischer Missionare (1951)

Aus den Ausführungsbestimmungen des Verwaltungsrats für die Kontrolle christlicher Organisationen, bekannt gegeben von Tschou En-lai bei einer Konferenz von 151 protestantischen Führern in Peking (16.–21.4.1951)

1. Chinesische christliche Kirchen und andere Organisationen sollen sofort alle Beziehungen zu amerikanischen Missionsleitungen abbrechen sowie zu Missionsleitungen [in China], die den größeren Teil ihrer Gelder aus Amerika bekommen. Solche Missionsleitungen müssen sofort ihre Tätigkeit in China einstellen.
2. Amerikaner, die gegenwärtig in chinesischen christlichen Kirchen und anderen Organisationen arbeiten, werden nach folgenden Bestimmungen behandelt:
(1) Wer in Wort oder Tat gegen die Volksregierung arbeitet, wird entlassen und von der Regierung gebührend bestraft.
(2) Wer das Land verlassen will, kann das tun.
(3) Diejenigen, die nicht reaktionär sind und denen die Kirche oder andere Organisationen Arbeit und Unterhalt geben wollen, können ihre Arbeit fortsetzen, dürfen aber keine leitende Stellung haben.
3. Selbständige Kirchen und Organisationen, die bisher soziale Dienste ausführten, wie medizinische oder wohltätige Organisationen, können diese Tätigkeit fortsetzen, wenn ihre Finanzen es gestatten. Es muß aber ein Ausschuß organisiert werden, der für die Befolgung der Regierungsanordnungen verantwortlich ist.

d) Die protestantische „Drei-Selbst-Bewegung"

[Aus dem Bericht einer Konferenz protestantischer Führer (1954):] Die Kirchen des neuen China zeigen auf der Grundlage von „Das Land lieben, die Kirche lieben" einen neuen Geist. [...] Wir danken Gott, daß die chinesische Kirche während der letzten vier Jahre durch die Gnade Gottes und die Entschlossenheit sowohl der Laien als auch der Pfarrer nicht nur in ihrer geistlichen Arbeit Fortschritte gemacht hat, sondern auch ein Gefühl der Solidarität gewonnen hat, das sie nie zuvor besaß. Heute lieben die Gläubigen ihre Kirche mehr denn je und sind bereit, Verantwortung für sie auf sich zu nehmen und großzügig Geld und Zeit zu opfern. Viele Pfarrer haben einen stärkeren Glauben, da sie Gottes erhaltende Vorsehung klarer erkennen, und sie sorgen mit größerem Eifer für ihre Herde, indem sie das Wort der Wahrheit richtig aus-

legen und die Christen im Geiste der Bewegung „Das Land lieben, die Kirche lieben“ unterweisen. Infolgedessen nimmt das Gefühl der Gemeinschaft zwischen Pfarrern und Laien ständig zu.
Die Trennwände, die der [westliche] Imperialismus zwischen den [verschiedenen denominationellen] Kirchen errichtete, werden allmählich eingerissen. Zwischen Mitgliedern und Mitarbeitern aus verschiedenen Kirchen, die früher nichts oder wenig miteinander zu tun hatten, entsteht jetzt eine Gemeinschaft. ... Die jungen Christen von Schanghai, Peking, Wuhan, Kanton, Amoy und Nanking hatten gemeinsame Sommer- und Winterkonferenzen und Weihnachts- und Osterprogramme für alle Denominationen. Wir haben wahrhaftig erkannt, was für eine gute Sache es ist, wenn ‚Brüder einträchtig beieinander wohnen‘.

e) Bischofsweihen ohne Zustimmung Roms

Zur kontrovers bewerteten Gültigkeit der ohne Zustimmung Roms erfolgten Bischofsweihen äußerte sich 1959 in Hongkong eine Versammlung unter Vorsitz des Präfekten der Glaubenskongregation. Dabei erklärte Kardinal Liénart von Lille:

Die Christen in China zählen mehrere Millionen, und sie können nur existieren, wenn sie sich der Regierung ihres Landes gegenüber loyal verhalten. Dürfen wir sie dafür tadeln? Können wir es ihnen verübeln, daß sie sich selbst chinesische Bischöfe geben, um die Missionsbischöfe, die vertrieben wurden, zu ersetzen, ohne dafür, wie sie sollten, die erforderliche Genehmigung des Papstes erhalten zu haben? Leider war das in Ermangelung jeder Beziehung zwischen der gegenwärtigen Regierung von China und dem Hlg. Stuhl nicht möglich.

Quelle: (a) D. E. MacInnis, Religionspolitik im kommunistischen China, Göttingen 1974, 32f; (b) EMW (Hg.), China und seine Christen – ein eigener Weg, Hamburg etc. 1982, 20; (c) MacInnis, ebd. 45f; (d) ebd. 126–129; (e) R. Malek/M. Plate (Hgg.), Chinas Katholiken suchen neue Wege, Freiburg etc. 1987, 40f. – *Lit.*: TRE 7, 1981, 756ff: Art.: China 5; Sunquist, Dictionary 143ff (Art. China). 846 (Art. Three-Self Patriotic Movement); England, ACT III, 59ff. 64ff.

91. Nordkorea: Kim Il-Sung über die Bergpredigt

Für Korea bedeutete das Ende des 2. Weltkrieges nicht nur die Befreiung von japanischer Okkupation, sondern zugleich den Beginn der staatlichen Teilung. Am 9.9.1948 wurde im sowjetisch verwalteten Norden die Volksrepublik Korea ausgerufen, mit Kim Il-Sung (1912–1994) als Ministerpräsidenten und diktatorischem Führer. Das Christentum wurde als verlängerter Arm der den Süden des Landes kontrollierenden Amerikaner verdächtigt und ausgeschaltet. Bis heute wird den christlichen Kirchen in Nordkorea jegliche Wirkungsmöglichkeit verweigert. Der Koreakrieg (1950–1953) brachte nicht nur unendliches Leid über das geteilte Land, sondern führte u.a. auch zur Flucht zahlreicher Christen aus dem Norden in den Süden. Kim Il-Sung über das Verhältnis von Christentum und amerikanischem Imperialismus:

Die USA hatten vor langer Zeit unter dem Deckmantel guter Beziehungen Missionare in unser Land geschickt, um an vielen Orten Kirchen zu bauen und das Christentum sowie die Idee einer Verehrung der USA zu verbreiten. Sie trafen über Jahrzehnte hinweg Vorbereitungen, um Korea eines Tages zu beherrschen. Das war ein hinterhältiger Trick der USA, ... ihren Einfluß in Korea unter dem Deckmantel der Religion zu festigen.
Die US-Missionare predigten den Koreanern: „Wenn dir jemand einen Streich auf die rechte Backe gibt, biete ihm auch die andere dar.“ Dies impliziert, daß das koreani-

sche Volk keinen Widerstand leisten darf, sondern unterwürfig bleiben soll, auch wenn die Vereinigten Staaten seine Freiheit antasten.
Die koreanischen Patrioten und Menschen jedoch lassen sich von dieser Predigt der Vereinigten Staaten nicht zum Narren halten. Unsere Leute antworten den US-Halunken: „Wenn ihr uns einmal schlagt, werden wir euch zwei Schläge zurückgeben", und das taten sie in der Tat auch.
Einige der [koreanischen] Pastoren und Kirchenältesten waren zwar so von der religiösen Propaganda eingenommen, daß sie versuchten, unser Land für Geld zu verkaufen ... Es gibt eine Tendenz unter den Christen hier zur bedingungslosen Verehrung Amerikas. Die reaktionären Pastoren mögen unsere Partei nicht, ... weil es für sie schwer wird, ihr Ziel zu erreichen, wenn unser Volk aufwacht.

Quelle: Masahiko Sawa, Human Rights of Christian Minority in North Korea (in: The Northeast Asia Journal of Theologie 28/29, 1982, 49–78), 60f. – *Lit.*: Sawa, ebd.; Wi Jo Kang, Christ and Cesar in Modern Korea, New York 1997, 71–80; Sunquist, Dictionary 453f (Art. Korean War).

92. Nordvietnam: Massenflucht katholischer Christen (1954)

Vergleichbare Entwicklungen sind auch in dem seit 1954 geteilten Vietnam zu beobachten. Der erste Indochina-Krieg 1954 führte u.a. zur Massenflucht katholischer Christen. Etwa eine Million Gläubige verließen den kommunistisch beherrschten Norden des Landes. Auch die meisten Priester (618) gingen in den Süden, nur 375 verblieben im Norden. Das konnten auch gegenteilige kirchenamtliche Instruktionen wie der Brief des Erzbischofs Dooley an Bischof Kue (Hanoi) vom 28.7.1954 nicht verhindern:

All diejenigen [katholischen] Geistlichen, die die Möglichkeit haben, Seelen zu führen, sollten – nach dem Beispiel des vollendeten Priesters [Christus], der seine Herde nicht zurück läßt – bei ihren Gläubigen bleiben, außer in jenen Fällen, wo aus bestimmten Gründen von den zuständigen Vorgesetzten eine schriftliche Erlaubnis zum Verlassen des Landes gegeben ist.

Quelle: C. Lange, The Catholic Church in Vietnam (in: Teaching All Nations 14, 1977, 17f). – *Lit.*: EKL 4, 1176–1181: Art. Vietnam (Literaturhinweise); Sunquist, Dictionary 876–880 (Art. Vietnam); England, ACT, 583ff; WCE I, 802ff

C. Entwicklungen der 1960er Jahre

93. Sri Lanka: Nationalisierung kirchlicher Schulen (1961)

In Sri Lanka waren die 60er Jahre durch einen neuen Schub des singhalesischen Nationalismus gekennzeichnet. Nach der politischen Unabhängigkeit 1948 wurde nun auch die Überwindung der kulturellen Hinterlassenschaft der ehemaligen Kolonialherren angestrebt. So ersetzte Sinhala, die Sprache der singhalesischen Bevölkerungsmehrheit, 1961 das Englische als Verwaltungssprache, bei gleichzeitiger Diskriminierung der tamilischen Minderheit. Ceylon wurde in Sri Lanka umbenannt, das westliche Wochensystem 1967 durch den traditionellen Mondkalender abgelöst und die öffentliche Stellung des Buddhismus gestärkt. Damit verband sich eine Kulturkampfstimmung, die 1961 zur entschädigungslosen Verstaatlichung der bisher vom Staat unterstützten – meist katholischen – Privatschulen führte. Aus der Parlamentsdebatte vom 2.1.1961:

Die Regierung bedauert feststellen zu müssen, daß ihre Großzügigkeit und Zurückhaltung [im Blick auf die Schulfrage] von bestimmten Eigentümern [der kirchlichen

Schulen] gröblich mißbraucht worden ist. Der einzige Weg, der der Regierung nun noch offen bleibt und zu dem sie von den [kirchlichen] Schulträgern gezwungen wurde, besteht in der unverzüglichen Einleitung einer entsprechenden Gesetzgebung im Parlament. Die Regierung schlägt vor, das Parlament unverzüglich einzuberufen und die notwendigen gesetzlichen Schritte einzuleiten, um alle Schulen mitsamt Gebäuden und Grundstücken vollständig zu übernehmen und ohne Entschädigung in den Besitz der Regierung zu überführen.
Dies ist eine Erklärung von Herrn C. P. de Silva, Präsident des Abgeordnetenhauses, in der Parlamentssitzung vom 2. Januar 1961.

Quelle: Ceylon Daily News, 3.1.1961. – *Lit.*: K. M. de Silva, A History of Sri Lanka, Oxford/Calcutta 1981, 527f; H. Bechert, Buddhismus, Staat und Gesellschaft ..., Frankfurt 1966, 1, 348ff.

94. Burma: Buddhistischer Nationalismus und die Kirchen

1962 verkündete die neue Regierung unter General Ne Win einen „burmesischen Weg zum Sozialismus", der sich mit einer Politik der selbstgewählten Isolierung nach außen verband. Für die – mehrheitlich baptistischen – christlichen Kirchen des Landes bedeutete das den vollständigen Abbruch aller missionarischen und ökumenischen Auslandskontakte, der aber zugleich auch als Chance einer Neuorientierung und Öffnung gegenüber der burmesischen Gesellschaft begriffen wurde. Er führte zur Intensivierung von innerkirchlicher Kooperation, Dialog mit den Buddhisten und sozialem Engagement. Aus einer burmesischen Darstellung dieser Debatten aus dem Jahr 1977:

In dieser Zeit ist es die Aufgabe der Kirche in Burma, in die Welt hinauszugehen. Sie hat die schwere Aufgabe, Christi Plan in den Kampf des Landes einzubringen. Hier ist der gemeinsame Boden, auf dem wir Hand in Hand mit Menschen anderen Glaubens zusammenarbeiten können, mit gemeinsamen Worten wie „Gerechtigkeit", „Freiheit", „Frieden", denn die allen gemeinsamen Strukturen menschlicher Existenz konfrontieren uns mit gemeinsamen menschlichen Problemen. ... Es ist lebenswichtig, daß wir als Christen unsere Mitmenschen auf diesem Boden treffen.
Die Situation in einem Land wie Burma, das im sozialen Wandel begriffen ist, kann nur eine Situation der Spannungen und des politischen Kampfes sein. Wenn die Kirche auf diese Situation mit der Botschaft der Versöhnung antworten soll, so muß sie in ihrem eigenen Leben die Zeichen zur Versöhnung zeigen. Die Kirche in Burma kann nicht wirksam das Evangelium der Liebe und der Versöhnung verkündigen, solange sie konfessionell, rassisch und sozial gespalten ist. Wir haben bittere Lektionen gelernt in der alten geteilten Kirche mit ihrem Kommunalismus und den Konfessionsschranken und dem Mangel an Koordination und Strategie. Die Kirchen waren eher auf Wettbewerb als auf Zusammenarbeit ausgerichtet. Die Aufgabe der Kirche in Burma heißt Reue und Erneuerung. [...]
Die Zeiten haben sich geändert. Die Christen können und sollen nicht auf ihre Ghettos beschränkt werden. Die Verpflichtungen der Kirche leiten sich her aus einem tieferen Verständnis von dem Gott, der die Dinge in Bewegung hält, der in der Geschichte und unter den Menschen handelt. Das Wirken der Mission Gottes kann außerhalb der Kirchen erkannt werden. Gegenwart und Beteiligung der Christen ist das Motto des Tages. Die Kirchen sollten Mittel suchen, ihre Programme mit den Bemühungen nichtkirchlicher Institutionen und der Regierung zu koordinieren.

Quelle: Evang. Missionswerk (Hg.), Burma. Texte und Fragen, Hamburg 1979, 40–43. – *Lit.*: England, ACT II, 55ff. 93ff.

95. China: Die Christen in der Kulturrevolution (1966–1976)

Die „große proletarische Kulturrevolution“ der Jahre 1966–1976, die mit einem maßlosen Mao-Kult einherging, zielte auf die Beseitigung aller „Reste der Bourgeoisie und des Feudalismus“ in Partei, Regierung, Armee und Gesellschaft. Zugleich führte sie zur Verfolgung der verschiedenen Religionsgemeinschaften und zur völligen Zerschlagung aller Restbestände kirchlicher Strukturen. Dennoch überlebten christliche Gemeinschaften im Untergrund, die in der Nach-Mao-Ära teils einen rasanten Aufschwung erlebten.

a) Kulturrevolution als Dauereinrichtung

[Aus einem Artikel der Pekinger-Rundschau vom 25.5.1976 zum 10. Jahrestag der Kulturrevolution:] Die gegenwärtige große Kulturrevolution ist nur die erste; in der Zukunft wird es unausbleiblich noch mehrere geben. Im Kampf zur Abwehr des rechten Windes stellte der Vorsitzende Mao fest: „Nach der demokratischen Revolution sind die Arbeiter, armen Bauern und unteren Mittelbauern nicht stehen geblieben, sie wollen die Revolution. Aber ein Teil der Parteimitglieder will nicht weiter vorwärts. Manche sind zurückgewichen und gegen die Revolution aufgetreten. Warum? Weil sie hohe Beamte geworden sind und die Interessen der hohen Beamten schützen wollen. ... Wird in 100 Jahren Revolution nötig sein? Wird auch noch in 1000 Jahre Revolution nötig sein? Revolution ist immer notwendig. Ein Teil der Menschen wird sich immer unterdrückt fühlen; kleine Beamte, Studenten, Arbeiter, Bauern und Soldaten wollen nicht von großen Tieren unterdrückt werden. Darum wollen sie die Revolution.

b) „Verwerft den revisionistischen religiösen Aberglauben“

[Aus einer Zeitung der Roten Garde, Hung Wei Pao, vom 9.3.1967:] Wir müssen alles zerstören, was für das Volk nicht nützlich ist; was dem Volk nützt, muß neu eingeführt werden. Wie könnten wir anders unsere Kultur weiterentwickeln? Ist es möglich, daß die proletarische revolutionäre Bewegung den religiösen Aberglauben der Ausbeuterklasse sowohl kritisiert wie weiter bestehen läßt? [Die Antwort ist] Nein!

c) Schließung von Kirchen und religiösen Gebäuden

[Folgendes Plakat wurde am 22.8.1966 auf das frühere CVJM-Gebäude in Peking geklebt:] Es gibt keinen Gott; es gibt keinen Geist; es gibt keinen Jesus; es gibt keine Maria; es gibt keinen Joseph. Wie können Erwachsene an solche Sachen glauben? ... Die Priester leben im Luxus und saugen das Blut der Arbeiter. ... Wie der Islam und der Katholizismus ist auch der Protestantismus eine reaktionäre, feudale Ideologie, das Opium des Volkes, ausländischer Herkunft und mit ausländischen Kontakten. ... Wir sind Atheisten; wir glauben nur an Mao Zedong. Wir fordern das Volk auf, Bibeln zu verbrennen, Bilder zu zerstören und religiöse Vereinigungen aufzulösen.

Quelle: (a) EMW (Hg.), China und seine Christen, Hamburg etc. 1982, 27; (b) D. E. MacInnis, Religionspolitik im kommunistischen China, Göttingen 1974, 267; (c) R. A. Bush, Religion in Communist China, Nashville 1970, 257; England, ACT I, 468ff. 490ff; III, 188f.

96. Korea: Sprunghaftes Kirchenwachstum

Das Südkorea der 60er und 70er Jahre ist durch ein beispielloses Kirchenwachstum gekennzeichnet. Die Zahl der Christen stieg von 600.000 im Jahr 1950 und 1.140.000 (1960) auf 2.200.000 (1970, kirchliche Schätzung) auf 7.180.627 (1980), dem Jahr, für das erstmals Regierungszahlen vorliegen. Bereits 1983 stellten die Christen mit 23% der Bevölkerung die größte Religionsgemeinschaft des Landes dar. Als Gründe dieses Wachstum sind vielfältige historische, theologische und soziologische Faktoren genannt worden: so das Gemeindeprinzip und die Tradition der Selbstverwaltung im koreanischen Protestantismus, die Allianz von Kirche und Nationalbewegung in den Zeiten japanischer Okkupation, die gesellschaftliche Bedeutung der Kirchen im Prozeß der Modernisierung und Urbanisierung in der Nachkriegszeit oder ihre soziale Sensibilisierung durch die Minjung-Theologie (s. Text 101). Über das nationale Wachstum hinaus traten die koreanischen Kirchen zunehmend auch als sendende Zentren in andere Länder Asiens wie Guam, die Philippinen, Singapur und Indien in Erscheinung. 1972 wurde eine Korea Foreign Mission Association gegründet. Die Erfahrung dieses „koreanischen Pfingsten" und die Überzeugung, besser als die Kirchen des Westens als Modell eines asiatischen Christentums dienen zu können, ließ die Rede von Korea als dem „auserwählten Land" entstehen. So Harold Hong, vormaliger Präsident des Methodistischen Theologischen Seminars in Seoul:

Es wäre ungerecht zu sagen, daß das koreanische Volk gegenüber dem Evangelium offener ist und ihm stärker antwortet als jede andere Nation in Asien. Aber wir glauben fest daran, daß wir jetzt das erwählte Volk Gottes sind und in besonderer Weise unter der Vorsehung Gottes stehen. Dieser starke Glaube hat die koreanische Kirche zur am schnellsten wachsenden Kirche in der Welt gemacht.

Quelle: D. N. Clark, Christianity in modern Korea, New York 1986, 37. – *Lit.*: Ro Bong-Rin/M. L. Nelson (Hgg.), Korean Church Growth Explosion, Seoul 1983; W. Blair, The Korean Pentecost, Edinburgh 1977; M. R. Mullins/R. F. Young (Hgg.), Perspective on Christianity and Culture in East Asia, New York etc. 1995; Kim Byong-Suh, The explosive growth ... A sociological analysis (in: International Review of Mission 74, 1985, 59ff); Sunquist, Dictionary 446–449 (Art. Korea).

97. Indonesien: Der Putsch von 1965 und seine Folgen

Am 30.9.1965 fand ein Putschversuch linker Militärs statt, der innerhalb weniger Tage von General Suharto – dem späteren Machthaber des Landes – niedergeschlagen wurde. Daraufhin wurde die kommunistische Partei aufgelöst und Tausende ihrer Mitglieder verhaftet. In der Zeit vor dem Staatsstreich hatten sich die christlichen Kirchen loyal gegenüber dem Staatsgründer Sukarno gezeigt, zugleich aber auch vor dem wachsenden kommunistischen Einfluß gewarnt und zur Einhaltung der Prinzipien des Pancasila (vgl. Text 88) aufgerufen. Im ideologischen Vakuum, das auf den Putsch folgte, kam es zu Masseneintritten in die christlichen Kirchen.

Was die Ausbreitung des Evangeliums angeht, so erreichten uns Berichte, die eine geradezu beispiellose Situation erkennen lassen: Tausende von Menschen in verschiedenen Regionen baten um Unterweisung im christlichen Glauben und um die Taufe. Sie kommen aus verschiedenen Gründen: die einen sind in ihrem Glauben enttäuscht (Animismus, Hinduismus, Islam), andere fürchten, als Atheisten und Kommunisten gebrandmarkt zu werden; wieder andere suchen in einer Zeit revolutionären Wandels eine feste Richtung und bleibende Werte und meinen, daß ein auf sich selbst gestellter (säkularer) Mensch keine Hoffnung, Freude, Kraft inmitten von Leid und Enttäuschungen findet.
Aus dem Dorf Tigalingga in Nord-Sumatra wurde berichtet, daß an einem einzigen Sonntag fünfzehn Geistliche aus sechs verschiedenen Gemeinden in einer Kirche zweitausend Menschen tauften. Mehrere Gemeinden in Zentral-Java haben seit 1966 ihre Mitgliederzahl verdoppelt. Der damalige Generalsekretär des Rates der Kirchen,

Pastor S. Marantika, taufte im Oktober 1966 mehr als 20 ehemalige kommunistische Führer im Gefängnis von Jakarta. In einigen Gegenden ist die Zahl der Menschen, die um die Taufe baten, so groß, daß das Hauptgewicht der Arbeit vorübergehend von missionarischer Aktivität auf die christliche Unterweisung verlagert werden muß.

Quelle: F. L. Cooley, Die ökumenische Bewegung in Indonesien, in: R. Italiaander (Hg.), Indonesiens verantwortliche Gesellschaft, Erlangen 1976, 290–302, hier: 295. – *Lit.*: England, ACT II, 159ff.

D. Kontextuelle Theologien und gesamtasiatische Vernetzung

98. Vatikanum II (1962–65) und seine Rezeption in Asien

Wie in Lateinamerika (vgl. Texte 301ff) löste das 2. Vatikanische Konzil auch im katholischen Asien eine Aufbruchstimmung aus. In vielen Feldern kirchlichen Lebens – ökumenischer Kooperation, interreligiösem Dialog, Inkulturation des Gottesdienstes und sozialer Aktion – kam es zu bemerkenswerten Experimenten. Im katholischen Asien kommt dem Vatikanum II eine analoge Bedeutung zu wie der Weltmissionskonferenz Edinburgh 1910 in den protestantischen Kirchen des Kontinentes fünfzig Jahre zuvor. In einem persönlichen Votum äußerte sich der philippinische Bischof Julio X. Labayen über die Bedeutung des Konzils für die asiatischen Kirchen.

Ich bin begeistert vom Wachstum christlicher Basisgemeinden [in den Philippinen] in jüngster Zeit ... Ich denke, sie werden in der Kirche der Zukunft einen entscheidenden Einfluß ausüben. [...]
Ich bin zugleich begeistert von der Zunahme aller ökumenischen Aktivitäten in Asien und auf den Philippinen – diejenigen zwischen den christlichen Kirchen, diejenigen mit den traditionellen Religionen Asiens und ebenso auch diejenigen mit säkularen Aktivisten (unter Einschluß der Marxisten), sofern sie guten Willens sind. Das Zweite Vatikanum hat uns zur Erkenntnis verholfen, daß unsere kleine asiatische Kirche einen Beitrag zum Aufbau des Reiches Gottes leisten kann. Das hat uns in eine engere Gemeinschaft mit all den andern Menschen gebracht, die träumen und die für das Reich Gottes oder die wahre Befreiung der Menschen arbeiten. [...]
Ich bin, drittens, begeistert über das Verständnis, das wir im Blick auf das Verhältnis zwischen den christlichen Basisgemeinden (der Kirche) und den Volksorganisationen (der säkularen Welt) erreicht haben. Das wäre ohne Vatikanum II nicht möglich gewesen. [...]
Schließlich bin ich begeistert über unsere Bischöfe in Asien und in den Philippinen, über das Wachstum so vieler Menschen in reifer Spiritualität für soziale Aktion und über die Anfänge einer Theologie, die Asien angemessen ist.

Quelle: J. X. Labayen, Vatican II in Asia and the Philippines (in: Ecumenical Review 37, 1983, 275–282), 276. – *Lit.*: P. Phan, Reception of Vatican II in Asia, in: K. Koschorke (Hg.), Transkontinentale Beziehungen in der Geschichte des Außereuropäischen Christentums, Wiesbaden 2002, 243–258.

99. Die „Christian Conference of Asia" (1973)

1973 schlossen sich zahlreiche protestantischen Kirchen Asiens zur „Christian Conference of Asia" (CCA) zusammen, nachdem es organisierte ökumenische Kooperation bis dahin nur auf nationaler oder (seit 1957) auch auf regionaler Ebene gegeben hatte. Ziel des Zusammenschlusses war das gemeinsame Zeugnis der asiatischen Kirchen in den revolutionären Umbrüchen der

Zeit. Auf der Tagung der CCA in Penang/Malaysia 1977 gab die Gruppe für Mission und Evangelisierung eine Stellungnahme über die „Situation in Asien" ab, die weithin zitiert wurde:

Die bestimmende Wirklichkeit des asiatischen Leidens ist, daß die Menschen ausgezehrt sind: Ausgezehrt durch Hunger, Folter, durch die Beraubung ihrer Rechte. Ausgezehrt durch wirtschaftliche Ausbeutung, rassische und ethnische Diskriminierung, sexuelle Unterdrückung. Ausgezehrt durch Einsamkeit, durch das Fehlen von Beziehungen, das Fehlen von Gemeinschaft. Die niedrigen und sündhaften Instinkte der Menschen werden ausgebeutet und ihre edlen Instinkte werden unterdrückt und lächerlich gemacht. Unsere Aufgabe: In dieser Situation stellen wir zunächst fest, daß Menschen nicht ausgezehrt werden dürfen, daß Menschen wertvoll sind. Nach dem Bild Gottes geschaffen, von Christus, der für sie starb, erlöst; Christus hat den Menschen ein reiches Leben, nicht ein geschwächtes Leben versprochen. Deshalb beteuern wir, daß Gott ein lebendiger Gott ist, ein Gott der Liebe, und daß der Geist Gottes mit seinem Volk wirkt, indem er es befreit und vereint. Dies ist unsere Botschaft: An unserem neuen Leben in Wort und Tat teilzuhaben, seine Hoffnung darzubringen, indem wir uns durch die Verkündigung des Evangeliums selbst darbringen; an Christus teilzuhaben ist also unsere Aufgabe.

Quelle: Yap Kim Hao, From Prapat to Colombo. History of the Christian Conference of Asia (1957–1995), Hongkong 1995, 82f. – *Lit.*: Sunquist, Dictionary 162f (Art. Christian Conference of Asia).

100. Das Konzept der Kontextualisierung (1972)

In den Debatten asiatischer Theologen spielte seit Beginn der 70er Jahre das Konzept der ‚Kontextualisierung' eine wichtige Rolle. Es löste zunehmend das traditionelle Modell der ‚Indigenisierung' – also der ‚Einheimischmachung' des missionarischen Christentums – ab, das als zu statisch und zu wenig auf die modernen Entwicklungen in Asien bezogen empfunden wurde. Erstmals formuliert wurde das Konzept der Kontextualisierung in den Diskussionen der Presbyterianischen Kirche Taiwans (v.a. durch Shoki Coe). Durch die Beratungen des Theological Education Fund (TEF) des Weltkirchenrates, der es zum Leitbegriff seines – unten im Auszug zitierten – ‚Dritten Mandats' bzw. Programmes von 1972 machte, fand es rasch Eingang in den allgemeinen ökumenischen Sprachgebrauch.

Das Konzept der ‚Kontextualisierung' schließt alles ein, was in dem bislang geläufigen Begriff der *Indigenisierung* enthalten ist, und geht doch darüber hinaus. *Kontextualisierung* hat damit zu tun, wie wir die spezifische Situation der Gesellschaften in der Dritten Welt analysieren. Der Begriff der ‚Indigenisierung' wird gemeinhin gebraucht, um [die unterschiedlichen Formen] einer Antwort auf das Evangelium in den Vorstellungsformen [der jeweils bestehenden] traditionellen Kultur zu beschreiben. Das Konzept der ‚Kontextualisierung' ignoriert diese Faktoren zwar nicht, rückt aber zugleich auch den Prozeß der Säkularisierung, die technologische Entwicklung sowie den Kampf für menschliche Gerechtigkeit ins Blickfeld, die die geschichtliche Bewegung der Nationen in der Dritten Welt kennzeichnen.

Quelle: Chr. Lienemann-Perrin, Training for a Relevant Ministry. A Study of the Contribution of the TEF, Madras-Genf 1981, 174f. – *Lit.*: Ebd., 62ff. 173ff; England, ACT III, 673ff.

101. Minjung-Theologie in Korea

In den Siebziger Jahren bildete sich in Korea mit der Minjung-Theologie eine spezifisch koreanische Form der Befreiungstheologie. Sie entstand aus dem Einsatz kirchlicher und anderer Gruppen für die Menschenrechte gegenüber dem herrschenden autoritären Regime. Im Mittelpunkt dieses Konzepts steht das *Minjung*, das leidende, entfremdete und ausgebeutete Volk, das dennoch als Subjekt seiner eigenen Geschichte sowohl in der biblischen als auch in der nationalen koreanischen Geschichte wahrgenommen wird. Der folgende Text stammt von Kim Jong-Bock, einem führenden Repräsentanten der Minjung-Theologie.

Die bemerkenswerteste Realität des neuen demokratischen Kampfes in Südkorea ist die Erkenntnis, daß das Volk *(minjung)* der Hauptakteur und das Subjekt seiner eigenen Geschichte ist. Das Thema *minjung* hat unter Studenten, Schriftstellern und sozial engagierten christlichen Gruppen wie dem Christlichen Verband Koreanischer Studenten, der Städtischen Industriellen Missionsbewegung, der Katholischen Jungen-Arbeiter-Bewegung und christlichen Intellektuellen an Bedeutung gewonnen.
Dieses weite Interesse am Thema des *minjung* als des zentralen historischen Subjekts verkörpert ein sich neu entwickelndes historisches Bewußtsein in Korea, in der Gesellschaft im ganzen wie in der Kirche. Das geschärfte Bewußtsein von der Realität des Volkes – ein Prozeß der historischen Bewußtseinsbildung – ist durch verschiedene Entwicklungen zustande gekommen: (1) die veränderte soziale Wahrnehmung als Folge physischen Ausgesetztseins [gegenüber der staatlichen Repression] und der eigenen Teilhabe am Leiden, am Kampf und an den Hoffnungen des Volkes; (2) eine kritische Reflexion der sozialen Realität; und (3) Aktionen und Bewegungen für soziale Gerechtigkeit und Basisdemokratie in den Betrieben, Elendsvierteln und Dörfern auf dem Land – dort, wo die Menschen leben.
In einer kürzlich (im September 1976) in einer koreanischen Provinzstadt gehaltenen Versammlung der Christlichen Jugend wurde *minjung* das Hauptthema der ganzen Konferenz. Einige Fragen, die sich bei diesem Treffen herauskristallisierten, sollen hier vorgestellt werden.
„Wer ist das *minjung* und wo ist es?
In einem Wort: es sind die Habenichtse: Es sind Bauern, Fischer, Arbeiter, Arbeitslose, Soldaten, Polizisten, Angestellte, kleine Ladenbesitzer, kleine Produzenten. Sie werden politisch unterdrückt, wirtschaftlich ausgebeutet, sozial erniedrigt und kulturell entfremdet."
Die Lebensbedingungen des *minjung* werden als Unterdrückung, Ausbeutung, ‚Niemandsein', Stille und Verlust an Subjektivität (chuch'e song) beschrieben.
Das *minjung* ist seines Lebens als Subjekt seiner eigenen Geschichte beraubt worden, nicht nur in seinen Ausdrucksweisen und Handlungen, sondern auch in seinen Gefühlen und Gedanken. Das Bewußtsein des *minjung* wird durch die herrschende Klasse dieser besonderen Gesellschaft zu einer gegebenen Zeit bestimmt. So kann es sein eigenes Schicksal nicht in die Hand nehmen und wird sogar unfähig, seinen eigenen Willen und seine eigenen Interessen zu erkennen; schließlich wird es durch das Gefühl der ständigen Frustration aufgezehrt.
Die Lebensbedingungen des Volkes sind hauptsächlich auf ungerechte Machtstrukturen zurückzuführen – das strukturelle Übel. Das Leben des Volkes wird in Kategorien von Machtverhältnissen bzw. Machtwidersprüchen erfaßt. [...]
Es ist klar, daß die historische bewegende Kraft des nationalen Unabhängigkeitskampfes in Korea [unter der japanischen Okkupation 1910–1945] das *minjung* ist. Wenn man vom Nationalismus spricht, wird meistens nur die nationale Bourgeoisie als Hauptkraft der nationalistischen Bewegung betrachtet. In Korea entstand jedoch während der Zeit des nationalistischen Kampfes keine nationale bürgerliche Klasse. Die nationalistischen Bewegungen wie die Erste-März-Bewegung [1919, s. Text 80] wurden hauptsächlich von den unteren Schichten des koreanischen Volkes getragen, ebenso wie die Tonghak-Religion und das Christentum (der Protestantismus), die als die Religionen der unterdrückten Massen angesehen werden können.

Quelle: Kim Yong-Bock, The Minjung (People) as the Subject of History, World Student Christian Federation Dossier Nr. 13, 1977, zitiert nach: J. England, Living Theology in Asia, London 1981, 25–27. – *Lit.*: Chr. Lienemann-Perrin, Die politische Verantwortung der Kirchen in Südkorea und Südafrika, München 1992, 117–228; A. Hoffmann-Richter, Ahn Byung-Mu als Minjung-Theologe, Gütersloh 1990; C. Wippermann, Zwischen den Kulturen. Das Christentum in Südkorea, Münster 2000; RGG[4] 5, 1254–1256: Art. Minjung-Theologie; Sunquist, Dictionary 552–555 (Art. Minjung Theology); England, ACT III, 556ff.

102. Befreiungstheologie und asiatische Religiosität

Im multireligiösen Kontext Südasiens stellt der srilankanische katholische Theologe Aloysius Pieris die Frage nach den Gründen der Erfolglosigkeit des Christentums in Asien:

Jede christologische Untersuchung im Rahmen der asiatischen Kulturen stößt sehr bald auf die Tatsache, daß weder Jesus noch die von ihm ins Leben gerufene Religion in Asien einen umfassenderen Widerhall gefunden hat. Gautama, der Buddha, und Mohammed, der Prophet, sind die im Osten einheimischen, vertrauten Namen. Jesus, der Christus, hingegen wird von der großen Mehrheit (über 97%) unseres Volkes [in Asien] kaum angerufen. Und doch war Jesus nicht weniger ein Asiate als die Gründer des Buddhismus und des Islams. Und sind sich selbst die wenigen, die an ihn glaubten, dessen bewußt, daß Gottes Wort sich bei seiner Menschwerdung dafür entschieden hat, ein Asiate zu werden? Ja wie kommt es, daß die ersten Asiaten, die ihn für uns gehört und uns die maßgeblichen Interpretationen seiner Gottessohnschaft geschenkt haben, zwar einen bedeutsamen Durchbruch im Westen erzielten, in das vielschichtige kulturelle Ethos Asiens jedoch kaum Eingang gefunden haben?

Zu dieser Entfremdung kommt zweifellos noch die spätere Enttäuschung Asiens mit dem „kolonialen Christus“. Dies hat jedoch auch deutlich gemacht, daß Christus in unseren Kulturbereichen nur in dem Maß verständlich gemacht werden kann, als wir uns der soteriologischen Sprache der „nichtchristlichen“ Religionen bedienen. Wir folgern dies aus der Tatsache, daß – als Jesus in den Kontinent seiner Geburt sozusagen als Stammesgott der weißen Kolonialherren zurückkehrte, der bestimmenden Einfluß im asiatischen Pantheon zu gewinnen suchte – es oftmals die nichtchristlichen Religionen waren, die das kulturelle Selbstbewußtsein der unterworfenen Völker in ihrem Zusammenstoß mit den christlichen Mächten weckten, so daß nach 400 Jahren der Kolonialherrschaft Asien kaum 2% seiner Bevölkerung an das Christentum verloren hat. Und wenn die Philippinen dem Christentum zufielen, dann nur, weil keine andere der großen asiatischen Religionen vor ihm dort ihre institutionellen Wurzeln in den Boden gesenkt hat. Die schnelle Christianisierung in Südamerika sowie im heutigen Afrika und Ozeanien – im Gegensatz zum hartnäckigen Widerstand Asiens gegenüber der christlichen Verkündigung – bestätigt unsere These: daß die Tür, die Christus in Asien einst verschlossen blieb, die einzige Tür ist, die ihn heute einlassen kann, nämlich der soteriologische oder befreiende Kern verschiedener Religionen, die unseren Kulturen Gestalt und Festigkeit gegeben haben.

Wir unterstreichen die Worte „*soteriologisch*“ und „*befreiend*“, denn es gibt auch eine *sündige* und *versklavende* Dimension in der asiatischen Religiosität. In einer theologischen Abhandlung wie dieser muß man daher den echten Kern einer asiatischen Religion von ihren entstellten Formen unterscheiden.

Quelle: A. Pieris, Theologie der Befreiung in Asien. Christentum im Kontext der Armut und der Religionen, Freiburg etc. 1986, 112–166, hier: 112f.

E. Tendenzen der 1980er Jahre

103. Politische Liberalisierung: Christen in China

Mit dem offiziellen Ende der Kulturrevolution (vgl. Text. 95) 1977 besserte sich schrittweise auch die Situation der Christen und anderer Religionsgemeinschaften in China, obwohl die kommunistische Partei – trotz teilweiser Liberalisierung v.a. im ökonomischen Sektor – strikt an ihrem ideologischen Monopol festhielt und es immer wieder zu staatlichen Verfolgungsmaßnahmen gegen christliche Gruppen wie die romtreuen Katholiken kam. Kirchen wurden seit 1979 wieder eröffnet, theologische Ausbildungsstätten reaktiviert, Gottesdienste wiesen zumeist deutlich höhere Besucherzahlen als vor der Kulturrevolution auf. In einem Vortrag vom Herbst 1982 über „Die Kirche in China" plädierte Bischof Ding Guangxun, Präsident des (postkonfessionellen) Chinesischen Christenrates, für einen eigenständigen Weg der chinesischen Kirchen, die sich bei aller ökumenischen Öffnung weder von den ehemaligen Missionskirchen des Westens noch etwa vom aktuellen Modell der lateinamerikanischen Befreiungstheologie (s. Text 304ff) vereinnahmen lassen sollen.

Seit dem Ende der Kulturrevolution gilt wieder die Politik der Religionsfreiheit. Selbstverständlich gibt es hier und dort noch Schwierigkeiten. Aber dank der Politik der Religionsfreiheit, die in die Nationale Verfassung [von 1982] aufgenommen worden ist, können diese immer öffentlich diskutiert und beigelegt werden.

Nun kann eine Politik der Religionsfreiheit seitens des Staates allein die Kirche in ihrem Leben und ihrem Zeugnis noch nicht weit bringen. Wir müssen ein theologisches Selbstverständnis entwickeln, das uns in all unseren Entscheidungen leiten kann, so daß wir uns als Kirche Jesu Christi inmitten des chinesischen Volkes immer mehr selbst verwirklichen können.

An allererster Stelle muß sich die Kirche auf ihre Botschaft konzentrieren. Es macht uns demütig und inspiriert uns zugleich, wenn wir sehen, wie sich Christen in anderen Ländern [etwa Lateinamerikas] für die gesellschaftliche und politische Befreiung des Volkes einsetzen. ... In ihrer Berufung auf das [biblische] Motiv vom Auszug aus Ägypten und in ihrem Engagement für eine grundlegende Veränderung der Gesellschaft finden wir voller Dankbarkeit und Reue Anhaltspunkte dafür, wie wir Christen in China uns in der Zeit vor unserer Befreiung [Gründung der Volksrepublik China 1949] hätten verhalten müssen. Es wäre eine ... grobe Vereinfachung zu sagen, daß chinesische Christen der Befreiungstheologie unserer Brüder und Schwestern in Lateinamerika ablehnend gegenüberstehen. Aber aus unserer Situation heraus kommen wir nicht umhin festzustellen, daß im Mittelpunkt der Botschaft, die Gott uns gegeben hat, die Versöhnung zwischen Gott und den Menschen in Jesus Christus steht. [...]

Um die Entwicklung und Entfaltung einer Kirche in China sicherzustellen, die genauso chinesisch ist wie die englische Kirche englisch ist, müssen wir eine Schutzmauer gegen [falsche Formen eines] ‚Internationalismus' errichten, der rechtmäßige nationale Bestrebungen nicht genügend respektiert. Christen wollen ihre Unterstützung und Liebe zu ihrer Nation zum Ausdruck bringen. Das ist kein engstirniger Nationalismus, der das eigene Land im Recht und Unrecht verteidigt. [...]

Quelle: China heute [St. Augustin] Nr. 3/1983, 2–5; Nr. 4/1983, 3–6. – *Lit.*: D. E. MacInnis, Religion im heutigen China. Politik und Praxis, Göttingen 1993; G. Th. Brown, Christianity in the People's Republic of China, Atlanta 1983 (enthält u.a. die Religionsartikel der Verfassung von 1982); R. Malek/M. Plate (Hgg.), Chinas Katholiken suchen neue Wege, Freiburg 1987; W. Glüer, Die kirchliche Situation im heutigen China (in: Jahrbuch Mission 1988 [Themenheft], 90–115); D. Aikman, Jesus in Beijing, Lanham, MD 2003; K. Fiedler, Wirtschaftsethik in China am Fallbeispiel von Shanghaier Protestanten, Hamburg 2000; R. Malek (Hg.), ‚Fallbeispiel China', St. Augustin 1996, 505ff. 529ff; Themenheft

ZMR 93, 2009: „Christentum in China“; Sunquist, Dictionary 139–146 (Art. China); 146 (Art. China Christian Council); England, ACT III, 189ff.

104. Die „Rosenkranzrevolution“ in den Philippinen (1986)

Eine Welle politischer Liberalisierung erfaßte auch die nicht-sozialistischen Länder Asiens. In den Philippinen (1986) und Südkorea (1987) kam es unter maßgeblicher Beteiligung christlicher Gruppen zum Sturz autoritärer Regime. In den Philippinen führte die Ermordung des aus amerikanischem Exil zurückkehrenden Oppositionspolitikers Ninoy Aquino am 21.8.1983 zum offenen Bruch der katholischen Hierarchie mit dem seit 1972 unter Kriegrecht regierenden Marcos-Regime (Text a, Auszug aus einer Erklärung der Bischofskonferenz von Juli 1984). Friedliche Massendemonstrationen in Manila im Februar 1986 (c), vom Kirchensender Veritas koordiniert (b), besiegelten dessen Ende.

a) Widerstand gegen das Marcos-Regime (Juli 1984)

Der Mord [des Militärs an Ninoy Aquino am 21.8.1983] schockierte uns [die Mitglieder der katholischen Bischofskonferenz] alle mehr als jeder andere in der jüngsten Geschichte. Für viele von uns war es dies einzelne Ereignis, das uns aus unserer Lethargie wachrüttelte und uns zwang, uns direkt mit der Gewalt auseinander zu setzen, die im Laufe der Jahre zugenommen hat und praktisch ein normaler Aspekt im Lebens unserer Nation geworden ist. ... Seit Jahren leben wir nun im Grunde in einem Kriegszustand. ... Das ist die harte Wirklichkeit, mit der wir jetzt konfrontiert werden.

b) Der Kirchensender Veritas (Februar 1986)

Der Ton, der vom Sender wie auch vom Kardinal [Sin] und anderen führenden Geistlichen angeschlagen wurde, hatte einen mäßigenden Einfluß. Er war verantwortungsvoll, ernst, traurig, aber weder aufwieglerisch noch provokativ. Die Nation wurde von ihm weiter informiert, in einer Zeit, wo andere Medien dazu neigten, nur zu verschleiern; und dies trug wahrscheinlich unermeßlich dazu bei, daß die Glaubwürdigkeit der Regierung und der von ihr kontrollierten Medien schnell untergraben wurde.

c) Massendemonstrationen (Februar 1986)

Das wichtigste: [Die 1–2 Mill. Demonstranten in Manila] kamen mit Rosenkränzen in ihren Händen und Gebeten auf den Lippen. Die meisten von ihnen hatten Todesangst. Im Hinterkopf wußten sie, daß das ganze Potential der Truppen Marcos' – mit etwa 250.000 voll bewaffneten Männern – auf sie losgelassen werden könnte. Sie kamen trotzdem. Ihr geistlicher Führer [Kardinal Sin] hatte sie aufgerufen zu kommen.

Quelle: H. Wooster, Faith at the Ramparts: The Philippine Catholic Church and the 1986 Revolution, in: D. Johnston/C. Sampson (Hgg.), Religion, the Missing Dimension of Statecraft, New York 1994, 153–176, hier: 160. 163. – *Lit.*: C. N. Tate, The Revival of Church and State in the Philippines, in: E. Sahliyeh (Hg.), Religious Resurgence in the Contemporary World, Albany 1990, 142–159; H. M. Kunz, Von Marcos zu Aquino. Der Machtwechsel auf den Philippinen und die katholische Kirche, Hamburg 1995; Sunquist, Dictionary 654–657 (Art. Philippines); 657f (Art. Philippines, Martial Law); England, ACT II, 375ff.

105. Islamischer Fundamentalismus: Christen in Pakistan

Über die Schwierigkeiten der christlichen Minorität Pakistans in einer zunehmend von fundamentalistischen Tendenzen geprägten islamischen Umwelt äußerte sich der anglikanische Bischof von Lahore, Alexander J. Malik, auf einer Sitzung des Diözesanrats der Kirche von Pakistan am 24.10.1991.

1. Christliche Kinder sehen sich vielen Schwierigkeiten gegenüber, wenn sie Plätze für eine höhere Schulbildung erlangen wollen. Collegeplätze werden nicht auf Grund von Leistung, sondern im allgemeinen durch Betrug bei den Prüfungen und durch Bestechung der Prüfer erworben. Christen, die meistens sehr arm sind, haben keine Chance.
2. Die Christen haben eine Identitätskrise. Dies, weil die pakistanische Presse dazu tendiert, Pakistan als total islamisches Land darzustellen, das nur den Muslimen gehört. [...]
4. Christliche Frauen werden gewaltsam zum Islam bekehrt. Dies geschah früher nur in kleinen christlichen Dörfern, wird nun aber auch in den Städten durchgeführt. Die Frauen werden von jungen muslimischen Männern entführt und gezwungen, zum Islam überzutreten. Die Polizei tut nichts, um den Christen zu helfen, da sie es vorzieht, den Reichen und nicht den Armen zur Seite zu stehen.
5. In den Regierungsschulen gibt es keinerlei Einrichtungen für den christlich religiösen Unterricht. Der Islam dagegen ist Pflichtfach. Es gab eine Zeit, in der die Regierung ein Komitee bildete, um diese Frage zu erörtern. Aber nach zweimaligem Treffen wurde es wieder aufgelöst.

Quelle: Evang. Kirchenrat Stuttgart (Hg.), Christen in islamischen Ländern, Stuttgart 1998, 57. – *Lit.*: P. Sookhdeo, A People Betrayed – The Impact of Islamisation on the Christian Community in Pakistan, Fearn 2002; Sunquist, Dictionary 628–631 (Art. Pakistan); England, ACT I, 414ff. 447ff.; WCE I, 570ff.

106. Warnung vor übertriebener Kontextualisierung (1982)

Im August 1982 fand in Seoul ein von der Asia Theological Association organisiertes Treffen statt, um Perspektiven einer „evangelikalen (*evangelical*) Theologie für die Dritte Welt“ zu diskutieren. Die asiatischen Teilnehmer warnten dabei ebenso vor der unkritischen Übernahme westlicher Vorbilder wie vor den „synkretistischen“ Tendenzen bestimmter asiatischer Theologieentwürfe. Statt dessen plädierten sie für das Modell einer „evangelikalen Kontextualisierung“.

In Asien werden wir mit Fragen wie dem Wiedererstarken der einheimischen Religionen, dem Kampf für Gerechtigkeit angesichts von Unterdrückung, totalitärer Ideologien und Regimen sowie der Spannung zwischen traditionellen Werten, Korruption und modernem Konsumverhalten konfrontiert. Zur Bewältigung dieser Aufgaben müssen wir unsere [eigenen] hermeneutischen Werkzeuge [für eine zeitgemäße Interpretation der Bibel] entwickeln. Angesichts universalistischer und synkretistischer Tendenzen, wie sie in einigen asiatischen Theologien Ausdruck finden, müssen wir die abschließende Geltung (finality) Jesu Christi verkünden. Die spezifisch asiatischen Qualitäten der Spiritualität, der Meditation und Hingabe, des Selbstopfers und der Bereitschaft zum Dienen müssen erprobt und genutzt werden, um unsere Theologie zu entwickeln. Wir identifizieren uns mit den leidenden Völkern Asiens und werden Leitlinien für das Leben und Zeugnis unserer Kirchen in repressiven Gesellschaften zu entwickeln suchen. [...]

Eine biblisch orientierte asiatische Theologie muß bestimmte Voraussetzungen und präzis beschriebene Zielsetzungen beachten, um theologische Verwirrung zu vermeiden und evangelikale Harmonie und Zusammenarbeit zu fördern. Wir müssen in unseren Bemühungen, unsere Theologie in Entsprechung zum [asiatischen] Kontext zu formulieren, sorgfältig auf drei Fragen achten. Erstens darf es in zentralen biblischen Lehren – wie der Einzigartigkeit und Endgültigkeit Jesu Christi und der einzigartigen durch die Bibel übermittelten Offenbarung – keinerlei Kompromisse geben. Zweitens muß der Vorrang der Bibelauslegung betont werden, um eine sachgemäße Anwendung [der Bibel] auf unterschiedliche Kontexte hin zu ermöglichen. Drittens müssen wir sorgfältig auf die historischen Glaubensbekenntnisse achten, um herauszufinden, wie Gott im Leben der Christen vergangener Jahrhunderte gewirkt hat.

Quelle: Bong Rin Ro/R. Eshenaur (Hgg.), The Bible and Theology in Asian Contexts. An Evangelical Perspective on Asian Theology, Taichung/Taiwan 1984, 25. 74. – *Lit.*: K. Wetzel, Kirchengeschichte Asiens, Wuppertal etc. 1995, 561ff.

107. Neue Dringlichkeit des interreligiösen Dialogs (1986)

Interreligiöser Dialog ist seit jeher konstitutiver Bestandteil der asiatischen Lebenswelt, wie Wesley Ariarajah, methodistischer Theologe aus Sri Lanka und von 1981–1992 Leiter des Dialogprogrammes des Weltkirchenrats in Genf, hervorhebt. Zugleich betont er die Bedeutung, die die historischen Lernerfahrungen der asiatischen Kirchen im Umgang mit multireligiösen Kontexten für die Weltchristenheit haben.

Wir leben mit Menschen anderen Glaubens zusammen. Wir in Asien sind von ihnen umgeben. Sie sind unsere Nachbarn, unsere Kollegen. Unsere Lebensgeschichte ist auf vielfache Weise mit der ihren verknüpft. Nimmt einer Christus an, so bleiben in den meisten Fällen seine unmittelbaren Verwandten – Eltern, Brüder und Schwestern – ihrem [alten] Glauben treu. Wir teilen unsere rassische, nationale und sprachliche Eigenart mit Menschen anderen Glaubens. Wir kämpfen Hand in Hand mit ihnen, um das Leben menschlich zu gestalten. Bei der Suche nach Frieden, bei der Aufgabe, unsere Nation aufzubauen, arbeiten wir mit ihnen zusammen.

Wir tun dies als Christen. Unser Glaube durchdringt unser ganzes Leben. All unsere Entscheidungen sind von ihm bestimmt, ob sie nun mit den sog. weltlichen Bereichen unseres Lebens oder den sog. religiösen zu tun haben.

Und genau so glauben wir als christliche Gemeinde, daß wir die Schranken der Rasse, Klasse und Nation überwunden haben. Wir können nicht als isolierte Gemeinschaft existieren. Der Christus, den wir bekennen, ist unser Herr und der Herr aller Menschen. Das glauben wir wenigstens. Das sind die Forderungen unseres Glaubens. Als Christen können wir kein abgesondertes Leben wollen; wir können nur ein gemeinsames Leben suchen.

Quelle: W. Ariarajah, Dialog (in: Zeitschrift für Mission 12, 1986, 137–151), 144f.Afrika I. 1450–1600

AFRIKA I. 1450–1600

A. ALTES AFRIKANISCHES CHRISTENTUM

108. Johannes Leo der Afrikaner über Äthiopien

In altkirchlichen Zeiten zählte das nördliche Afrika zu den Zentren der christlichen Welt. Südlich von Ägypten breitete sich das Christentum im 4. und 5. Jh. nach Nubien (Sudan) und dem später zu Äthiopien werdenden Aksum aus. Hier blieb der Einfluß der Kirche auch nach der muslimischen Expansion im 7. Jh. bestehen; der Herrscher Äthiopiens wurde in Europa u.a. mit dem legendären „Priesterkönig Johannes" identifiziert. Ein Beispiel ist der Bericht des Leo Africanus (1494?–1552), der als Al-Hassan Ibn-Muhammad al-Wezzani in Granada geboren wurde und dann als Rechtsgelehrter im marokkanischen Fez wirkte. Bei einer seiner zahlreichen Reisen wurde er 1518 von christlichen Piraten gefangengenommen und aufgrund seiner Bildung nicht in die Sklaverei verkauft, sondern Papst Leo X. (reg. 1513–1521) präsentiert, der seine Befreiung erwirkte. Nach Konversion und Taufe verfaßte er 1526 eine Beschreibung seiner beiden zwischen 1509 und 1516 durchgeführten Afrika-Reisen.

Die wichtigsten Reiche der Schwarzen sind jene, die am Niger liegen. [...] Von [Äthiopien] kommen Mönche mit Brandmalen im Gesicht, die man in ganz Europa sieht, besonders in Rom. In jenem Reich herrscht ein Fürst nach Art der Patriarchen, der in Italien Priester Johannes genannt wird. Die meisten Menschen in jener Region sind Christen. Es gibt dort aber auch einen zweiten Fürsten, der Mohammedaner ist und der einen guten Teil von ihnen beherrscht.

Quelle: L. Africanus, Descriptio Africae, Venedig 1526, zitiert nach: D. Rauchenberger, Johannes Leo der Afrikaner. Seine Beschreibung des Raumes zwischen Nil und Niger nach dem Urtext, Wiesbaden 1999, 335; Lebenslauf ebd. 27–101. – *Lit.*: U. Knefelkamp, Die Suche nach dem Reich des Priesterkönigs Johannes, Gelsenkirchen 1986; N. Z. Davis, Leo Africanus. Ein Reisender zwischen Orient und Okzident, Berlin 2008.

109. Selbstverständnis Äthiopiens nach dem Kebra Negast

Die Christianisierung Äthiopiens begann im frühen 4. Jh. mit der Tätigkeit des Syrers Frumentius. Zentral für das Selbstverständnis des christlichen Äthiopien wurden jedoch die biblischen Erwähnungen des Landes in Apg 8 (Bekehrung des Kämmerers) sowie 1 Kön 10,1–13 und 2 Chr 9,1–11. Auf diesen Textstellen basiert der Kebra Negast, der „Ruhm der Könige", der wohl in der Spätzeit der Herrscher von Aksum im 9. oder 10. Jh. entstand und seit 1270 der „salomonischen Dynastie" zur mythologischen Rechtfertigung des Königtums diente.

a) Bekehrung der Königin von Saba

Die Königin ... sprach: „[...] Wir beten nämlich die Sonne an, wie uns unsere Väter gelehrt haben. [...] Wir sagen zu ihr „Unser König" und sagen zu ihr „Unser Schöpfer", und verehren sie als unseren Gott. Denn niemand hat uns einen anderen Gott außer ihr verkündet. Hingegen haben wir gehört, daß ihr Israeliten einen anderen Gott habt, den wir nicht kennen; man hat uns berichtet, daß er euch vom Himmel eine Lade herab gesandt habe und euch die Tafeln der Engel durch seinen Propheten Mose gegeben habe, das haben wir gehört; er selbst steige zu euch hernieder und rede mit euch und weise euch sein Urteil und sein Gebot." Da antwortete der König und sprach zu ihr: „Wahrlich, mit Recht beten sie den Herrn an, der alles gemacht hat: Himmel und Erde, das Meer und das Trockene, Sonne und Mond ..., Bäume und Steine ..., Raubtiere und Krokodile, Fische und Wale ..., Blitze und Donner, Gutes und Böses ... Denn er ist der Herr des Alls, der Schöpfer der Engel und Menschen; er tötet und macht lebendig, er bestraft und begnadigt, er (ist es), der den Armen von der Erde aufnimmt und den Elenden aus dem Staube erhebt, der traurig und freudig macht und auf- und niedersteigen läßt. Was aber das betrifft, daß Du sagtest: „er hat euch eine Gesetzeslade gegeben", so ist uns in der Tat gegeben worden die Lade des Gottes Israels, die geschaffen wurde vor aller Kreatur durch den Ratschluß seiner Herrlichkeit. [...]" Da sprach die Königin: „Von jetzt an werde ich nicht mehr die Sonne anbeten, sondern ich will den Schöpfer der Sonne anbeten, den Gott Israels; jene Lade des Gottes Israels sei meine Herrin, für mich und meine Nachkommen und das ganze mir untertänige Reich! [...]" Dann kehrte sie nach Hause zurück, kam aber immer wieder ... und pflegte seine Weisheit zu hören und zu Herzen zu nehmen. Auch er (Salomo) besuchte sie und erzählte ihr alles ..., was sie wünschte.

b) Der von Salomo gezeugte Sohn der Königin von Saba

Und [König Salomo] ... führte ... sein Begehren aus, und sie schliefen zusammen. Als nun der König Salomo eingeschlafen war, da erschien ihm eine leuchtende Sonne, die stieg herab vom Himmel und leuchtete stark über Israel; darnach, nachdem sie dort verweilt hatte, ward sie plötzlich entfernt, flog nach dem Lande Äthiopien und leuchtete dort stark bis in Ewigkeit. [...] Dann zog sie [die Königin] fort und kam in die Stadt Bala Zadisareya neun Monate und fünf Tage nachdem sie von ihm entlassen war; da ergriffen sie die Wehen, und sie gebar ein männliches Kind und gab es der Amme mit viel Herrlichkeit und Wonne. Sie selbst aber blieb da, bis die Tage ihrer Reinigung vorüber waren, und dann kehrte sie mit großem Prunk in ihre Stadt zurück. [...] Jenes Kind aber wuchs heran und sie nannte seinen Namen Bayna-Lehkem.

Quelle: (a) C. Bezold (Hg.), Kebra Nagast. Die Herrlichkeit der Könige, München 1905, 17; (b) ebd., 21f. – *Lit.*: M.F. Brooks, A modern translation of the Kebra nagast: the glory of kings, Lawrenceville 1996; F. Heyer, Die Kirche Äthiopiens, Berlin 1971; E. Ullendorff, Ethiopia and the Bible, London 1968; E. Ullendorff, The Ethiopians, Wiesbaden [2]1990; T. Tamrat, Church and State in Ethiopia 1270–1527, Oxford 1972; G. Colin (Hg.), La Gloire des Rois (Kebra Nagast), Genf 2002; Hock, Christentum 21–24.

110. Saga Za-àb: Äthiopisch-ägyptische Kontakte (1540)

Von Anfang an standen die Gemeinden in Äthiopien in enger Beziehung zu Alexandrien, und bis zur Erlangung der Autokephalie 1959 erkannte die äthiopische Kirche den ägyptisch-koptischen Metropoliten als Oberhaupt an. Diese Verbindungen schildert der Äthiopier Saga Za-àb, der sich seit 1527 im Auftrag des äthiopischen Kaisers Lebna Dengel in Portugal aufhielt. Seine Schilderungen wurden in die 1540 zum ersten Mal erschienene Schrift des portugiesischen Humanisten Damian/Damiao de Góis „Fides, Religio Moresque Aethiopium" aufgenommen.

Zuerst muß man wissen, daß unser Patriarch [Metropolit] in feierlichem Ritus von unseren Mönchen in Jerusalem, die dort beim Grabe des Herrn wohnen, durch Abstimmung gewählt wird, und zwar auf folgende Weise: Nachdem der Patriarch [Metropolit] gestorben ist, schickt sogleich unser Kaiser, der Kostbare Johannes, einen nicht mit Gepäck belasteten Boten nach Jerusalem zu den, wie gesagt ist, dort wohnenden Mönchen, die nach Erhalt der Nachricht und der Gaben, die der Kaiser, unser Herr, zum Heiligen Grabe als Geschenk schickt, umgehend einen anderen Patriarchen [Metropoliten] wählen mit Mehrheitsvotum. Es ist aber traditionelles Recht, nur jemanden, der Alexandriner und charakterlich unbescholten ist, zu wählen. Nachdem der gewählt ist, siegeln sie ihre Voten und geben sie dem Gesandten, der deswegen gekommen ist, in die Hand. Der eilt sogleich nach Kairo. Sobald er dort angekommen ist, überreicht er dem alexandrinischen Patriarchen, der ständig dort seinen Sitz hat, jenes Ergebnis der Wahl zur Lektüre. Nachdem bekannt geworden ist, wen von den Alexandrinern sie gewählt haben, schickt er den zu so großen Ehren ausersehenen Mann mit dem Gesandten nach Äthiopien, der nach alter Vorschrift ein Mönch des Ordens des heiligen Antonios des Eremiten sein muß, mit welchem unverzüglich ein Bote nach Äthiopien aufbricht, wo er von allen mit großer Freude und Ehre empfangen wird. Bei diesem Unternehmen verstreicht gelegentlich einmal ein und ein weiteres Jahr, und inzwischen trifft der Kostbare Johannes nach Belieben Verfügungen über die Einkünfte des Patriarchen [Metropoliten]. Die vorzügliche Aufgabe des Patriarchen [Metropoliten] ist, die heiligen Weihen zu erteilen, die niemand, ausgenommen er selbst, verleihen oder absprechen kann. Im übrigen überträgt er niemandem ein Bischofsamt oder kirchliche Pfründe. Das (Recht dazu) erstreckt sich allein auf den Kostbaren Johannes, der alles nach Gutdünken verteilt.

Quelle: S. Uhlig/G. Bühring, Damian de Góis' Schrift über Glaube und Sitten der Äthiopier, Wiesbaden 1994, 88f. 269ff.

111. Francisco Alvares: Spuren nubischer Christen (1540)

Der portugiesische Entdeckungsreisende Francisco Alvarez (†1542 ?) hielt sich zwischen 1520 und 1540 in Äthiopien auf. In seinen 1540 erstmals erschienenen Bericht nahm er auch Informationen über Nubien auf. In diesem im heutigen Nordsudan liegenden Gebiet waren vom 6. Jh. an einige christliche Reiche entstanden, die seit dem 15. Jh. von den Muslimen erobert wurden.

Ich habe oft von einem [Mann] aus Syrien gehört, welcher Johannes hieß. [...] Der hatte sich selbst in Nubien eine Zeit lang aufgehalten, und er sagt, er hätte an die hundertundfünfzig Kirchen darinnen gesehen, die noch ihre Bildnisse von Kruzifixen und unserer lieben Frauen gehabt, mit anderen Figuren, die an die Mauern gemalt waren, doch waren dies sehr alte Gebäude. Die Einwohner sind weder Christen, Muslime noch Juden, sondern leben in der Meinung, daß sie gern Christen sein wollten. [...] Wir haben auch in des Priesters Johannes Lande sechs aus Nubien gefunden, die mit dem Auftrag dahin geschickt waren, Pfaffen und Mönche in ihr Land zu holen, die sie in dem christlichen Glauben unterweisen sollten, aber der Priester Johannes wollte ihnen keine zukommen lassen, mit der Begründung, er hätte seinen Patriarchen, den Abuna (1) zu Alexandrien, der von den Mohren unterworfenen Stadt, holen müssen lassen, demnach würde es sich sehr übel schicken, daß er ihnen Priester zukommen lassen sollte, die er selbst mit großer Mühe und Arbeit ... zu sich gebracht hätte, und sollte sie also wieder zurück schicken. Darauf sagten sie, daß sie vor alten Jahren ihren Bischof von Rom geholt hätten, auf diesen hätten sie nun aber aufgrund der täglichen Kriege, die sie mit den Mohammedanern geführt hätten, für lange Jahre verzichten müssen. Da sie dann also lange ohne Priester und Mönche bleiben mußten, hätten sie den christlichen Glauben schier ganz und gar vergessen.

Erläuterung: (1) Abuna (dt. „unser Väterchen"): vertrauensvolle Bezeichnung von Hierarchen der äthiopisch-orthodoxen Kirche. – *Quelle*: F. Alvares, Ho Pereste Joam das indias. Verdadera informacam das terras do Preste Joam, Lissabon 1540; dt. Übers.: F. Alvares, Sehr herzliche schöne warhafftige Beschreibung aller gründlichen erfarnuß/von den Landen des mechtigen Könnigs in Ethiopien, Eißleben 1573. – *Lit.*: G. Vantini, Christianity in the Sudan, Bologna 1981; T. Hägg, Nubian Culture Past and Present, Stockholm 1986; TRE 24, 1994, 682–698: Art. Nubien (P. O. Scholz); R. Werner/W. Anderson/A. Wheeler, The History of the Sudanese Church Across 2000 Years, Nairobi 2000; S. Richter,

Studien zur Christianisierung Nubiens, Wiesbaden 2002; Sundkler/Steed, History 30–34; W.B. Anderson/O.U. Kalu, Christianity in Sudan and Ethiopia, in: Kalu, African Christianity 75–116; Hock, Christentum 20f.

B. Entdeckungen und Herrschaftsstrukturen

112. Die Expansion Portugals: Schedels Weltchronik (1493)

Die Weltchronik des Nürnberger Humanisten Hartmann Schedel (1440–1514) wurde 1493 veröffentlicht. Sie dokumentiert nicht nur den Aufstieg Portugals unter Prinz Heinrich dem Seefahrer (1394–1460), sondern auch die Beziehungen der damals größten deutschen Reichsstadt zu den ersten europäischen Übersee-Unternehmungen. Der im Text erwähnte M. Behaim fertigte 1493 den ersten Globus an (freilich ohne Berücksichtigung Amerikas).

In den folgenden Jahren bemerkte Heinrich, daß das Territorium des Königreiches Portugal zu klein war. So entstand in ihm der heiße Wunsch, das Königreich zu vergrößern. Daher befuhr er mit großem Aufgebot das spanische Meer und entdeckte dort – beraten und belehrt von denjenigen, die sich in der Welt und auf dem Meer auskannten – zahlreiche von Menschen unbewohnte Inseln. Unter anderem erreichte er per Schiff eine von Menschen unbewohnte Insel, die jedoch wasserreich, fruchtbar und bewaldet war, so daß sie sich zur Besiedlung und Inbesitznahme durch Menschen eignete. So schickte er zahlreiche Familien hin, die sich dort ansiedeln sollten. Neben anderen Früchten wurde dort soviel Zucker gewonnen, daß ganz Europa damit versorgt werden konnte. Diese Insel heißt Madeira, und daher heißt der Zucker auch Madeira-Zucker. Er hat danach viele andere Inseln entdeckt. [...] Danach hat im Jahre des Herrn 1483 König Johann von Portugal, ein Herr mit weitreichenden Plänen, mehrere Galeonen mit allen lebensnotwendigen Dingen ausgestattet und sie ausgesandt, südwärts hinter die Säulen des Herkules (1) zu fahren und Äthiopien zu erforschen. Und er hat für diese Galeone zwei Anführer bestimmt, nämlich Jakob Canus, einen Portugiesen, und Martin Behaim, einen Deutschen aus Nürnberg, der aus einem vornehmen Geschlecht dieser Stadt abstammt.

Erläuterung: (1) Säulen des Herkules: antike Bezeichnung für verschiedene Punkte am Rande des Erdkreises, besonders für die Felsen beiderseits der Straße von Gibraltar. – *Quelle*: H. Schedel, Liber chronicarum, Nürnberg 1493, Blatt CCLXXXV; hier berichtet der für den erdkundlichen Teil des Werkes verantwortliche Hieronymus Monetarius. Die Quelle ist übersetzt und veröffentlicht in: W. Spiewok, Der Beitrag der deutschen Humanisten für die Entdeckungsfahrten portugiesischer Seefahrer im späten Mittelalter, in: D. Buschiner/W. Spiewok (Hg.), Das große Abenteuer der Entdeckung der Welt im Mittelalter, Greifswald 1995, 95–104. – *Lit.*: Germanisches Nationalmuseum (Hg.), Focus Behaim Globus, Nürnberg 1992; C. R. Boxer, Four Centuries of Portuguese Expansion, Berkeley 1961; C. R. Boxer, The Portuguese Seaborne Empire, 1415–1825, London 1969; Ch. Reske, Die Produktion der Schedelschen Weltchronik in Nürnberg (= The production of Schedel's Nuremberg chronicle), Wiesbaden 2000; P.E. Russell, Prince Henry „the Navigator". A life, New Haven 2000.

113. Die päpstlichen Privilegien Portugals

Nachdem Portugal die europäische Expansion nach Übersee eingeleitet hatte, erwarb es päpstliche Sonderrechte für seine Kolonialgebiete. Von entscheidender Bedeutung war die Bulle *Romanus Pontifex* vom 8.1.1455, mit der Papst Nikolaus V. (1447–1455) die bisherigen Vorstöße der Portugiesen an der afrikanischen Küste sanktionierte. Er übertrug dem portugiesischen König Afonso V. und dem Infanten Heinrich die Länder, Häfen, Inseln und Meere Afrikas samt dem Patronat über die Kirchen, dem Handelsmonopol und dem Recht, die „Ungläubigen" in die Sklaverei zu führen. Doch auch schon seine Vorgänger Martin V. (1417–1431) und Eugen IV.

(1431–1447) hatten das Unternehmen der kolonialen Expansion unterstützt, und auch Sixtus IV. (1471–1484) verabschiedete eine entsprechende Bulle (vgl. auch Text 8a). Der portugiesische Reisende und Historiker João de Barros (1496–1579) skizziert die Entwicklung:

Da die hauptsächliche Absicht des Infanten bei der Entdeckung dieser Länder darauf zielte, die barbarischen Nationen unter das Joch Christi zu beugen, wie auch nebst der Mehrung des königlichen Erbes die Ehre und den Ruhm dieser Reiche zu fördern, und er nun durch die Gefangenen, welche Antao Concalves und Nuno Tristao mitbrachten, über die Bewohner jener Länder unterrichtet war, wollte er dem Papst Martin V., welcher damals der Kirche vorstand, diese Nachricht kundtun, gleichsam wie Erstlinge, die ihm gebührten, weil diese Werke zur Ehre Gottes und zur Verbreitung des christlichen Glaubens vollbracht worden waren. Und er wollte ihn auch bitten, da er seit so vielen Jahren diese Entdeckung fortgesetzt und dabei ... einen großen Teil seines Vermögens dafür verschwendete, daß es ihm gefallen möge, der Krone dieser Reiche eine ewige Schenkung all des Landes zu machen, das auf diesem Weltmeer jenseits des Cabo Bojador bis einschließlich Indien entdeckt würde; und denjenigen, welche im Verlauf dieser Eroberungen den Tod fanden, sollte er einen vollständigen Ablaß für ihre Seelen gewähren, da ihn doch Gott auf den Stuhl des heiligen Petrus gesetzt habe. [...] Mit dieser Angelegenheit betraute er, da sie von so großer Wichtigkeit war, einen Ritter des Christusordens, Fernao de Lopez de Azevedo genannt, der dem Rat des Königs angehörte. [...] Und infolge dieser Sendung, welche er ausführte, bewilligte man dem Infanten nicht allein dieses sein Begehren, sondern auch ... noch viele andere Gnaden und Privilegien, in deren Besitz der Orden ist. [...] Später bewilligten der Papst Eugen IV. und der Papst Nikolaus V. sowie der Papst Sixtus dem König Dom Afonso und dem König Dom Joao, seinem Sohn, auf deren Bitten hin, für sich und ihre Nachkommen durch Bullen die ewige Schenkung alles dessen, was sie auf diesem Weltmeer von Cabo Bojador [im heutigen Mauretanien] angefangen bis einschließlich zur Ostküste Indiens entdeckten, samt allen Königreichen, Herrschaften, Ländern, Eroberungen, Häfen, Inseln, Handelsgesellschaften, Tauschverkehren und Fischereien, unter unzähligen schweren Exkommunikationen, Verboten und Interdikten, auf daß andere Könige, Fürsten, Herrschaften oder Gemeinden in diese Länder und anliegende Meere weder eindringen sollten oder eindringen könnten, wie es in ihren Bullen ausführlicher enthalten ist.

Quelle: João de Barros, Die Fahrten entlang der Westküste Afrikas und die Entdeckung der Inseln Porto Santo und Madeira und des Cabo Verde, in: G. Pögl/R. Kroboth (Hgg.), Heinrich der Seefahrer oder die Suche nach Indien, Wien 1989, 282f. – *Lit.*: V.Y. Mudimbe, Romanus pontifex and the expansion of Europe, in: V.L. Hyatt/R.M. Nettleford (Hgg.), Race, discourse and the origin of the Americas: a new world view, Washington 1995.

114. Mission und Gewalt (1481)

Der Großteil des von Heinrich für die Vorstöße nach Westafrika benötigten Kapitals stammte aus der Kasse des Christusordens, dessen Großmeister er war. Damit war der Missionsgedanke schon indirekt bei der folgenden Expansion präsent. Aus dem 1481 veröffentlichten Bericht des Hofchronisten Gomes Eana de Zurara (ca. 1420–1472) wird deutlich, daß diese religiös-idealistische Zielsetzung mit der Versklavung afrikanischer Menschen Hand in Hand gehen konnte. Damals wurde angenommen, daß der Senegal ein Ausfluß des Nils ist.

Und als die auf den Karavellen die ersten ... hohen Bäume sichteten ..., da erkannten sie gleich, daß sie sich in der Nähe des Flusses Nil befanden, und zwar an dem Teil, der sich ins westliche Meer ergießt, und welcher Fluß Sanaga [Senegal] genannt wird.

[...] Sobald sie das Land angelaufen hatten, stiegen Estevao Afonso und mit ihm fünf weitere Männer aus. [...] Wie sie ... in die Nähe (einer) Hütte kamen, sahen sie einen schwarzen, völlig nackten Knaben heraustreten, der einen Speer in der Hand trug, und den sie sofort einfingen. [...] Diesen Knaben ließ der Infant später lesen und schreiben lernen und auch all die anderen Dinge, welche ein Christenmensch wissen mußte. Und es gibt noch viele Christen, die sie nicht so gut kennen, wie jener sie wußte: denn er wurde das Pater Noster und das Ave Maria gelehrt, die Glaubenssätze, die Vorschriften des Gesetzes und die Werke der Barmherzigkeit. Und ebenso viele weitere Sachen, wie auch jener, den der Infant (wie einige behaupteten) auf die Priesterschaft vorbereiten ließ, weil er die Absicht hatte, ihn später in besagtes Land zu schicken, um den Glauben Jesu Christi zu verbreiten. Aber ich glaube, er starb dann, noch bevor er ganz erwachsen war.

Quelle: G. E. de Zurara, Crónica dos Feitos da Guiné, Lissabon 1481 (= Lissabon 1949), dt. Übers. in: G. Pögl/R. Kroboth (Hgg.), Heinrich der Seefahrer oder die Suche nach Indien, Wien 1989, 239–242.

115. Erkundungen: Vasco da Gama in Mosambik (1498)

1487 umrundeten die Portugiesen erstmals das Kap der Guten Hoffnung, 1498 faßten sie auch in Ostafrika Fuß. Auf dem Weg nach Indien (s. Texte 4–8) erreichte Vasco da Gama (ca. 1469–1524) auch Mosambik. Der Text eines anonymen Verfassers bestätigt nicht nur einmal mehr das europäische Interesse am „Priesterkönig Johannes“, sondern gibt auch Auskunft über das Kontaktnetzwerk an der ostafrikanischen Küste.

[Freitag, 2. März 1498/Mosambik] Die Einwohner dieses Landes sind von brauner Hautfarbe, haben einen guten Körperbau und gehören zur Sekte des Mohammed und sprechen maurisch. Ihre Kleider sind von Leinen und Baumwolle sehr fein und vielfarbig gestreift und reich und sorgfältig gearbeitet. Alle tragen Turbane mit einem mit Goldfäden durchzogenen Seidenbesatz auf dem Kopf, und sie sind Kaufleute und treiben Handel mit Arabern, von denen vier Schiffe am Ort lagen, die Gold, Silber, Gewürznelken, Pfeffer und Ingwer führten und silberne Ringe mit Edelsteinen und vielen Perlen und Rubinen, und die Bewohner dieses Landes tragen diese Dinge auch. [...] Außerdem erzählten uns die Araber, daß wir auf dem Wege, den wir nehmen wollten, viele Untiefen, aber auch viele Städte längs der Küste finden würden und daß wir auf eine Insel stoßen würden, auf der zur Hälfte Christen wohnten, die mit den Arabern im Krieg lebten, und daß es auf dieser Insel viel Reichtum gäbe. Weiter sagten sie uns, daß der Herrscher von Abessinien, der Erzpriester Johannes, nicht weit von dort wohne und daß er viele Städte längs des Meeres habe und daß die Bewohner dieser Städte große Kaufleute seien und große Schiffe besäßen, daß aber der Erzpriester Johannes weit drinnen im Lande wohne, so daß man dorthin nur auf Kamelen kommen könne. Die besagten Mauren hatten zwei gefangene indische Christen mitgebracht. Dies und noch vieles andere erzählten sie uns, worüber wir so froh waren, daß wir vor Freude weinten und Gott baten, es möge ihm gefallen, uns Gesundheit zu geben, auf daß wir sähen, was wir alle so innigst wünschten.

Quelle: G. Giertz (Hg.), Vasco da Gama. Die Entdeckung des Seewegs nach Indien. Ein Augenzeugenbericht 1497–1499, Berlin 1990, 56f.

116. Zerstörung ostafrikanischer Stadtstaaten (1505)

Auch in Mombasa und Malindi machte da Gama Zwischenstation. Beides waren unabhängige Stadtstaaten; Malindi scheint damals der Hauptrivale Mombasas gewesen zu sein und stellte sich auf die Seite der portugiesischen Invasoren. Mombasa und Kilwa dagegen leisteten Widerstand und wurden 1505 von den Portugiesen angegriffen, geplündert und in Brand gesetzt. Die von Francisco d'Aleida überlieferte Beschreibung geht wohl auf einen Bericht des Deutschen Hans Mayr zurück, der auf dem Schiff Sam Rafael von Kapitän Fernan Suarez mitreiste.

Am Dienstag, den 22. Juli, legten sie, mit insgesamt acht Schiffen, mittags im Hafen von Kilwa an. [...] Am Donnerstag, 24. Juli, dem Vorabend des Festes vom heiligen Jakobus, fuhren alle in ihren Booten zum Ufer. Der erste, der landete, war der Großkapitän, und nach ihm kamen die anderen. Sie gingen direkt zum königlichen Palast, und auf dem Weg dahin ließen sie allein diejenigen Mohren am Leben, die nicht kämpften. Im Palast gab es einen Mohren, der sich aus dem Fenster lehnte, eine portugiesische Flagge in der Hand schwenkte und „Portugal! Portugal!" rief. Diese Flagge war vom Admiral [Vasco da Gama] zurückgelassen worden, als er für Kilwa einen jährlichen Tribut von 1.500 Unzen Gold vereinbart hatte. Der Mohr wurde ersucht, das Tor zu öffnen, und als das nicht geschah, brachen sie es mit Äxten auf. Sogleich verschwand der Mohr. Sie drangen ein und fanden niemanden vor. [...] Sobald die Stadt ohne Gegenwehr eingenommen war, kamen der Generalvikar und einige von den Franziskanern an Land; sie trugen zwei Kreuze und sangen das Te Deum. Sie gingen zu einem Haus, wo sie das Kreuz aufstellten und der Großkapitän sie zum Gebet sammelte. Dann begannen alle, die Stadt zu plündern. [...] Am 9. August verließen die Schiffe Kilwa in Richtung Mombasa. [...] An diesem Abend traf sich der Großkapitän mit den anderen Kapitänen und beschloß, Feuer an die Stadt zu legen und am Morgen einzudringen. [...]

Quelle: Portugiesischer Text in: E. Axelson, South-East Africa, 1488–1530, London 1940, 231–239; englische Übersetzung in: G. S. P. Freeman-Grenville, The East African Coast, Oxford 1962, 105–111. – *Lit.*: M.N. Pearson, Port Cities and Intruders: The Swahili Coast, India, and Portugal in the Early Modern Era, Baltimore 1998.

C. Begegnungen

117. Ein Botschafter Portugals in Benin (1516)

Um 1500 gehörte Benin (im heutigen Nigeria) zu den größten nicht-muslimischen Reichen Schwarzafrikas. Im Jahr 1514 sandte der Oba (Oberhaupt) Ozolua eine Gesandtschaft nach Lissabon, um sein Interesse an christlicher Unterweisung zu bekunden. Gleichzeitig bat er um Waffen, einschließlich Kanonen. Da die Portugiesen daran ebenso wenig Interesse hatten wie der Hof Benins an dem von Portugal gewünschten Verkauf vom Sklaven, kam kein richtiger Handelsaustausch zustande. Auch die Missionare, die 1515 eintrafen, waren langfristig nicht erfolgreich. Unter Ozoluas Sohn Esigie, der vermutlich von 1516–1547 herrschte, stellten sich Perspektiven zunächst aber durchaus noch positiv dar, wie das Schreiben des portugiesischen Botschafters Duarte Pires aus Benin an König Manuel von Portugal vom 20.10.1516 zeigt:

An den höchsten und mächtigsten König und Prinzen, unsern Herrn. [...] Herr, ... der König von Benjm [Benin] ist über das erfreut, was ich zu Gunsten Eurer Hoheit berichtete, und er wünscht, Euer sehr guter Freund zu sein, und er spricht nichts, was nicht Unseren Herrn und Euer Interesse betrifft. [...] Die Gunst, die uns der König von Benjm erweist, ist in der Liebe zu Eurer Hoheit begründet; und daher erweist er uns hohe Ehre und lädt uns an den Tisch, um mit seinem Sohn zu speisen, und kein Teil seines Hofes ist versteckt vor uns, sondern alle Türen sind offen. Herr, als diese Priester in Benjm ankamen, war die Freude des Königs von Benjm so groß, daß ich nicht weiß, wie ich sie beschreiben kann, und die seines Volkes gleichermaßen; und er ließ sofort nach ihnen senden; und sie blieben bei ihm für ein ganzes Kriegsjahr. Die Priester und wir erinnerten ihn an die Gesandtschaft Eurer Hoheit, und er erwiderte, daß er sehr zufrieden war damit; aber daß er aufgrund des Krieges nichts tun könne, bis er nach Benjm zurückkehre, weil er freie Zeit für ein solches tiefes Mysterium wie dieses benötige; sobald er in Benjm sei, werde er sein Versprechen an Eure Hoheit erfüllen, und er würde sich so verhalten, daß es Eure Hoheit und Euer ganzes Königreich sehr freuen würde. Es war so, daß am Ende eines Jahres, im Monat August, der König seinen Sohn und einige seiner Vornehmen – die Größten in seinem Königreich – hergab, so daß sie Christen werden sollten, und er ordnete auch den Bau einer Kirche in Benjm an, und sie machten sie auf direktem Wege zu Christen und lehrten sie auch zu lesen, und Eure Hoheit wird erfreut sein, zu wissen, daß sie sehr gute Schüler sind. Darüber hinaus, Herr, hofft der König von Benjm, den Krieg in diesem Sommer zu beenden, und wir werden nach Benjm zurückkehren; und ich werde Eurer Hoheit über alles berichten, was geschieht.

Quelle: Portugiesischer Text in: Torre de Tombo, Corpo chronolico, pt. I, maso 20, no. 18; englische Übersetzung in: T. Hodgkin, Nigerian Perspectives, London ²1975, 127f. – *Lit.*: A. F. C. Ryder, Benin and the Europeans, London 1960, 49–52; RGG⁴ I, 1301f: Art. Benin (A. Adogame).

118. Ein afrikanischer Botschafter Benins in Portugal

König Esigie von Benin sandte sogar einen Botschafter nach Portugal, über den sowohl der portugiesische Hofchronist Ruy De Pina (1440–1523) (a) wie auch afrikanische Überlieferungen (b) berichten.

a) Bericht Ruy de Pinas

Der König von Beny [= Benin] sandte einen Neger, einen seiner Hauptmänner aus einem geschützten Ort am Meer, der Ugato [Ughoton] genannt wird, als Botschafter zum [portugiesischen] König, weil dieser mehr über diese Länder wissen wollte, da die Ankunft der von dort stammenden Menschen in seinem Land als eine große Neuheit betrachtet wurde. Dieser Botschafter war redegewandt und von natürlicher Weisheit. Große Festmahle wurden ihm zu Ehren abgehalten, und viele der guten Dinge dieser Königreiche wurden ihm gezeigt. Er kehrte in einem Schiff des Königs in sein Land zurück, nachdem ihm dieser bei seiner Abfahrt wertvolle Kleider für ihn und seine Frau geschenkt hatte – er gab ihm außerdem ein großes Geschenk ... für den König mit, von dem er wußte, daß dieser es schätzen würde. Zusätzlich sandte er heilige und zutiefst katholische Berater mit lobenswerten Ermahnungen für den Glauben mit ihm, um einen strengen Tadel gegen die Häresien und die großen Götzenanbetungen und Fetische vorzubringen, die von den Negern in diesem Land geübt werden.

b) Lokale afrikanische Überlieferungen

Es heißt, daß Joao Affonso d'Aveiro das zweite Mal während dieser [Esigies] Herrschaft in die Stadt Benin kam. Er riet dem Oba, ein Christ zu werden, und daß das Christentum sein Land bessern würde. Esigie sandte deshalb Ohenokun von Gwatto mit ihm als Botschafter zu dem König von Portugal und bat ihn darum, Priester zu schicken, um ihn und sein Volk im Glauben zu unterrichten. Als Antwort sandte der

König von Portugal römisch-katholische Missionare und viele wertvolle Geschenke, wie einen kupfernen Stuhl (Erhe), Korallenkränze und einen großen Schirm, verbunden mit der Bitte, Esigie möge den Glauben annehmen ...
Joao Affonso d'Aveiro blieb mit den anderen Missionaren in Benin, um die Missionsarbeit weiterzuführen, und es wurden Kirchen in Ogbelaka, Idunmerie und Akpakpava (Ikpoba Road) gebaut, letztere mit dem Namen „Kathedrale des Heiligen Kreuzes". [...] Die Arbeit der Missionsstelle ging voran und Tausende wurden noch vor dem Tod des großen Missionars John Affonso d'Aveiro getauft, der unter großem Wehklagen des Oba und der Christen der Stadt Benin begraben wurde.

Quelle: (a) Ruy de Pina, Chronica del Rey Dom João II, Kap. 24 Atlantida 1950, englische Übersetzung in: T. Hodgkin, Nigerian Perspectives, London ²1975, 125; (b) Dieser Bericht, der auf verschiedenen Überlieferungen basiert, wurde zusammengestellt von (dem aus der Region stammenden) J. Egharevba, A Short History of Benin, Ibadan 1953, ⁴1968, 27; T. Hodgkin, ebd., 125f. – *Lit.*: Hock, Christentum 36–39.

119. Südafrika: Zwischen Aggression und Martyrium (1592)

Da Indien nur durch eine Afrika-Umseglung zu erreichen war, kamen alle Indien-Reisenden durch die Aufenthalte an den portugiesischen Stützpunkten auch in Kontakt mit dem „schwarzen Kontinent". Dabei konnten Missionare auch in militärische Unternehmungen hineingezogen werden. Der Dominikanerbruder Nicolas de Rosario hatte im Jahr 1588 die Rückreise von Indien nach Portugal angetreten, als das Schiff S. Thomé am Kap der Guten Hoffnung kenterte. Nicolas, der sich retten konnte, traf mit anderen Überlebenden auf Afrikaner, die sie freundlich aufnahmen. Er entschloß sich aber, übers Land zur Festung nach Sofala zu reisen, wo er ein Haus St Dominiks und Ordensmönche vorfand. Dort wurde er jedoch von den Portugiesen in die Auseinandersetzungen mit dem Volk der Zimba verwickelt.

André de Santiago ... entschloß sich, sie [die Zimbas] zu suchen und zu bekämpfen, und zu versuchen, sie zu besiegen, bevor ihre Macht und Reputation wuchs. [...] Nach der Ankunft stellte sich freilich heraus, daß das Unternehmen schwieriger war als zunächst angenommen, denn die Stadt des Feindes war mit starken Palisaden umgeben. [...] Er bat daher den Hauptmann von Tete, mit einer möglichst großen Truppe zu Hilfe zu kommen. Pero Fernandes de Chaves zögerte nicht, und da er dachte, daß eine lange Belagerungsdauer wahrscheinlich sei, bat er Bruder Nicolas ... die Expedition zu begleiten, um die Sakramente zu verwalten und alle zu trösten. Dieser konnte nichts ablehnen, was für den Dienst Gottes und das Heil der Seelen war, und ging mit ihnen mit. Die Barbaren ... versteckten sich in einer dunklen und stark bewaldeten Wegstrecke. [...] Unsere Verstärkung kam vorbei, ohne Ansatz einer militärischen Ordnung, wenig mehr als hundert Leute ... (und) fielen mit solcher Gewalt über sie her, daß, noch bevor sie ihre Schwerter ziehen konnten, alle Portugiesen und Mischlinge ohne Ausnahme niedergeschlagen wurden. Bruder Nicolas, der noch lebend gefunden und als Kleriker erkannt wurde, brachten sie in die Stadt. [...] Dort banden sie ihn mit Händen und Füßen an einen hohen Baumstamm und brachten ihn mit Pfeilen vollends um. [...] Sie sagten, daß die Portugiesen den Krieg nur auf Rat ihrer Kaziken (so nennen die Kaffern (1) unsere Priester ...) geführt hätten. Es wird gesagt, daß er den Tod nicht nur mit Geduld, sondern auch mit Freude erlitt, seine Augen zum Himmel gewandt. [...]

Erläuterung: (1) Kaffern (arab. Kafir = Ungläubige), abwertende Bezeichnung der Europäer für das Bantu-Volk der Xhosa in Mosambik und Südafrika. – *Quelle*: G. M. Theal, Records of South-Eastern Africa, Cape Town 1964, 1, 358–361 unter Verweis auf L. Caregas, History of the Order of Saint Dominic in the Kingdom and Conquests of Portugal, Lissabon 1767, Buch III/Kapitel XXXIV.

D. Afrikanischer Katholizismus im Kongo

120. Die Anfänge der Kirche im Kongo (1491)

Der König des wohl im 12. Jh. gegründeten Kongo-Reiches beherrschte ein Gebiet, das sich südlich des unteren Kongo bis zur Atlantikküste des heutigen nördlichen Angola und der westlichen Regionen der heutigen demokratischen Republik Kongo erstreckte. 1482 landete eine portugiesische Expedition in der Nähe der Hauptstadt. Bald etablierten sich freundschaftliche Beziehungen, deren Anfänge der vorliegende Bericht von O. Lopez schildert:

Durch den Umgang mit dem Herrn von Sogno, dem sehr betagten Onkel des Königs, der zu jener Zeit im Hafen von Praza an der Mündung des Zaire wohnte, wurden die Portugiesen von eben jenem Fürsten geschätzt und beinah wie irdische Götter verehrt, die vom Himmel in jene Gegend herabgestiegen waren. Aber die Portugiesen sagten ihnen, daß sie Menschen wären wie sie und Christen; und als sie sich von jenen Völkern so hochgeachtet sahen, begannen der Priester und die andern, mit jenem Fürsten über den christlichen Glauben zu reden und ihnen die Irrtümer des Heidentums aufzuzeigen. [...] Unterdessen ließ der Fürst von Sogno Tag und Nacht nicht von seinem Umgang mit dem portugiesischen Priester ab; und er nahm ihn in sein Haus auf und lud ihn an seinen Tisch; und er lernte für sich und lehrte jene Volksstämme das christliche Gesetz. Und mit seiner ganzen Macht unterstützte und förderte er das Christentum, und er verbreitete es, denn es begann in jenen Ländern zu blühen und sich zu verwurzeln, da all jene Völker und selbst der König am Wunsch festhielten, sich von jenem abscheulichen Aberglauben zu reinigen. So harrten sie der Schiffe aus Portugal, welche das für die Taufe Erforderliche und die dazu gehörenden Dinge bringen sollten.
Im Jahre des Heils 1491 kamen die Schiffe aus Portugal mit den erwarteten Sachen und legten bei der Mündung des Flusses Zaire an; und mit außergewöhnlichen Freudebezeugungen eilte ihnen der Fürst von Sogno mit all seinen Edelleuten entgegen; und froh empfing er die Portugiesen und führte sie zu seinen Wohnungen. Am folgenden Tag erbaute jener Fürst auf Rat des zurückgebliebenen Priesters eine Kirche aus Baumstämmen und Ästen, die er selber zusammen mit seinen Dienern fromm ergeben im Wald fällen ging; und mit ihnen bedeckte er einen Platz für eine Kirche, in welcher drei Altäre errichtet wurden zu Ehren der Heiligen Dreifaltigkeit; hier wurde er, wie auch eines seiner Kinder, ein Knabe, getauft, er auf den Namen Emmanuel, den Namen unseres Erlösers, der Sohn aber wurde Antonius genannt, weil dieser Heilige Beschützer Lissabons ist. [...]
Und dann wurde das Hochamt zelebriert, nach welchem ein aus Portugal gekommener Priester auf eine Erhöhung stieg und eine kurze Predigt in portugiesischer Sprache hielt; und er verkündete das Wesen der neuen Religion und des evangelischen Glaubens, zu dem sie sich bekehrten. Jener Priester, der dort lebte und die Sprache der Einheimischen bereits gelernt hatte, erläuterte darauf ausführlicher die Predigt den Herren, die in der Kirche waren. Weil die unzählbare Menge, die zur Bekehrung ihres Fürsten dort zusammengekommen war, in der Kirche nicht Platz hatte, trat dieser nachher hinaus unter die Leute und wiederholte seinem Volk die ganze Predigt. Er unterwies die Anwesenden mit großer Güte und spornte sie an, mit ihm sich zum wahren Glauben der christlichen Lehre zu bekennen.
Als dies geschehen war, schickte man alle Portugiesen an den Hof, um auch den König zu taufen, der mit glühendstem Wunsch sich danach sehnte. Auf Befehl des Statthalters von Sogno mußten viele seiner Herren die Portugiesen mit Musik und Gesang und bewundernswerter Fröhlichkeit begleiten. [...] Und mit Staunen sei gesagt, daß

entlang der 150 Meilen, die man vom Meer zur Stadt des Heils zurücklegt, die Straßen vollkommen sauber und gefegt und reichlich versorgt waren mit Nahrungsmitteln und Bequemlichkeiten für die Portugiesen. [...] Der König erwartete sie vor dem Tor seines Palastes auf einem Thron, welcher auf einer hohen Plattform stand; und er empfing sie öffentlich, so wie es Sitte ist bei den alten Königen jenes Reiches, wenn Gesandte kommen: man zahlt ihnen die Abgaben, oder man hält derartige königliche Feiern. Zunächst trug der Gesandte die Botschaft des Königs von Portugal vor, wobei der obengenannte Priester, der Haupturheber der Bekehrung jener Völker, als Dolmetscher diente. Nach der Botschaft erhob sich der König von seinem Sitz, und er zeigte im Antlitz und in den Worten klare Zeichen der großen Wonne, die er über die Ankunft der Christen empfand und als er sich wieder gesetzt hatte, gab sogleich das ganze Volk durch Zurufe und Musik und Gesänge und offensichtliche Gebärden der Fröhlichkeit höchste Freude über jene Botschaft zu erkennen, so wie es der König gesagt hatte. Und als Beweis des Gehorsams legten sie sich dreimal auf die Erde und hoben die Füße nach dem Brauch jener Reiche, und sie stimmten der Tat ihres Fürsten zu und lobten sie, und von Herzen nahmen sie das Evangelium auf, das ihnen von Gott dem Herrn durch jene Geistlichen gebracht wurde.

Quelle: O. Lopez, Relazione del Reame di Congo, Rom 1591; deutsche Übersetzung aus: U. Bitterli (Hg.), Die Entdeckung und Eroberung der Welt, München 1980, 1, 191–194. – *Lit.*: A. Hilton, The Kingdom of Kongo, Oxford 1985; RGG[4] 4, 1578: Art. Kongo, Königreich (E. La Rose); J. Thornton, Early Kongo-Portuguese Relations: A New Interpretation (in: History in Africa 8, 1981, 183–204); Gründer, Welteroberung 50–64; Hastings, Africa 79–86; Hock, Christentum 39–44.

121. Klage des Manikongo über untüchtige Priester (1514)

Der Kongokönig (Manikongo) Nzinga Memba/Dom Afonso I. (1465[?]–1543) war bereits Christ, als er 1506 die Herrschaft übernahm. Während seiner langen Regierungszeit begründete er den erklärtermaßen katholischen Charakter seines Königreiches. Dabei unterhielt er enge Beziehungen zur portugiesischen Krone und zur Kurie in Rom. Daß dabei Kritik in beide Richtungen möglich war, zeigt sein Brief an König Manuel von Portugal vom 5.10.1514:

Sehr hoher und großmächtiger Fürst und Herr. Wir, Dom Afonso, durch Gottes Gnade König des Kongo, Herr der Ambundus etc., empfehlen uns Eurer Hoheit als einem König und Herrn, den Wir sehr lieben. [...] Wir berichteten [in einem vorangegangenen Brief], daß unser Reich schon christlich sei, und baten Eure Hoheit, uns einige Kleriker oder Brüder zu senden, um uns zu belehren und uns zu helfen, den Glauben zu mehren. Gleicherweise haben wir unseren Sohn Dom Henrique und unseren Neffen Rodrigo de Santa Maria geschickt, damit Eure Hoheit sie unterweisen lasse. [...] Zahllose Männer und Frauen bekehrten sich nun und wurden Christen. Danach riefen wir alle unsere Brüder, Söhne und Neffen sowie die Söhne unserer Diener zusammen. Es waren gut vierhundert Männer und junge Leute. Wir ließen sehr hohe Palisaden mit vielen Dornen darauf errichten, damit sie sich nicht darüber schwingen und entfliehen konnten. Dann vertrauten Wir diese jungen Leute den Ordensgeistlichen zum Unterricht an. Zugleich ließen Wir weitere Palisaden neben den erstgenannten errichten. In dieser Umzäunung befanden sich vier Zellen, in denen die Patres gemeinsam leben sollten, wie es ihre Ordensregel vorschreibt. Diese Patres blieben aber nur drei oder vier Tage beisammen; dann löste Jovo de Santa Maria [ein Oberer der ab 1508 im Kongo wirkenden Regularkanoniker] sofort die Gemeinschaft auf. Zwei Patres baten uns, nach Portugal zurückkehren zu dürfen, weil Eure Hoheit sie hierher gesandt habe, um Gott zu dienen und ein gutes Beispiel zu geben, und jetzt andere diese gute Anordnung zerstörten. Sie wollten gehen, um nicht ein so großes Unrecht mitansehen zu müssen. Es handelt sich um die Patres Antonio de Santa Cruz und Diogo de Santa Maria. Pater Aleixo starb vor Kummer. Zugleich baten uns andere Patres, Pedro Fernandes zum Oberen zu bestimmen, keineswegs um [unter ihm] in Klausur zu leben, sondern im Gegenteil um sich dieser Bindung zu entledigen und jeder für sich zu leben. Wir gaben ihnen zur Antwort, daß es nicht in unserer Macht stehe, aus einem Weltpriester einen Ordensmann zu machen. Da trennten sie sich alle. Sie bezogen verschiedene Hütten und empfingen dort die jungen Leute zum Unterricht. Täglich kamen sie und baten uns um Geld (zimbus). Als Wir ihnen welches gaben, begannen sie alle zu handeln, zu kaufen und zu verkaufen. Angesichts dieser Unordnung baten Wir sie um der Liebe unseres Herrn willen, [wenigstens] nur wirkliche Sklaven und vor allem keine Frauen zu kaufen, um kein schlechtes Beispiel zu geben und uns nicht vor den Augen des Volkes, dem Wir gepredigt hatten, als Lügner hinzustellen. Ohne sich darum zu kümmern, begannen sie, ihre Häuser mit Frauen von schlechtem Lebenswandel zu füllen. Der Pater Pedro Fernandes nahm eine Frau ins Haus, die einen Mulatten gebar. Aus diesem Grunde ergriffen die jungen Leute, die er unterrichtete und in seinem Haus beherbergte, die Flucht und erzählten die Sache ihren Eltern und anderen Verwandten. Alle begannen nun zu spotten und über uns zu lachen. Sie sagten, daß alles Lüge sei und daß Wir sie für unsere und der Weißen Zwecke betrogen hätten. Darüber sind Wir sehr traurig und wissen nicht, was Wir antworten sollen. [...]

Quelle: A. Brásio (Hg.), Monumenta Missionaria Africana, Lissabon 1952, 1/1, 294–323, deutsche Übersetzung in: Schmitt, Dokumente 3, 453ff.. – *Lit.*: L. Jadin/M. Dicorato (Hgg.), Correspondance de Dom Afonso, Roi du Congo 1505–1543, Bruxelles 1974, 77–101; RGG[4], 1, 137f: Art. Afonso I. (A. Hastings); J. Thornton, Perspectives on African Christianity, in: V.L. Hyatt/R. Nettleford (Hgg.), Race, Discourse and the Origin of the Americas, Washington 1995, 169–198.

122. Beschwerde über den Sklavenhandel (1526)

Im Laufe des 16. Jh. kamen immer mehr europäische Händler ins Königreich Kongo auf der Suche nach Sklaven für die neue Welt. 1550 wurden etwa 5000 Sklaven pro Jahr aus dem Land gebracht; 1730 waren es bis zu 15000. Bereits 1526 führte die durch den Sklavenhandel herbeigeführte politische Instabilität zu Aufständen. In seinem Brief versuchte der Manikongo Nzinga Memba Dom Afonso I. eine Reduzierung zu erwirken – freilich ohne Erfolg. Aus dem Schreiben lassen sich auch die Unterschiede der seit langem bestehenden afrikanischen Haussklaverei und dem darauf basierenden transatlantischen Sklavenhandel erkennen.

Herr [= König von Portugal], Eure königliche Hoheit sollte wissen, daß unser Königreich zugrunde geht und der Augenblick geeignet erscheint, für die notwendige Abhilfe zu sorgen. Das liegt in der übermäßigen Freiheit, die unsere Diener und Beamten jenen Männern und Kaufleuten gewähren müssen, die in dieses Königreich kommen dürfen, um Läden mit Waren und anderen Dingen zu eröffnen, die in unserem Land verboten worden sind. Sie breiten sich in solcher Zahl über unser Königreich und unsere Herrschaften aus, daß viele unserer Vasallen, die uns botmäßig waren, sich nicht mehr fügen, da sie mehr Waren und Güter besitzen als wir selbst. Denn eben mit diesen Gütern hielten wir sie zufrieden und unter unserer Botmäßigkeit. So fügt das nicht nur dem Dienst an Gott großen Abbruch zu, sondern auch der Sicherheit und dem Frieden unseres Königreichs. Wir können auch nicht abschätzen, wie groß der Schaden ist, da die erwähnten Kaufleute täglich unsere Eingeborenen rauben, Söhne des Landes, selbst Söhne unserer Vornehmen, Vasallen und Verwandten. Diebe und Menschen von übler Gesinnung ergreifen sie, weil sie die Waren haben wollen, nach denen ihnen gelüstet, und verkaufen sie dann. So groß, Herr, sind die Verderbtheit und Zügellosigkeit, daß unser Land droht, gänzlich entvölkert zu werden. Eure Hoheit sollte dem nicht zustimmen und nicht dulden, was in Eurem Dienst geschieht. Um dies aber zu vermeiden, benötigen wir aus Deinen Reichen nur ein paar Priester und einige Leute, die in den Schulen lehren können, aber keine anderen Waren als Wein und Mehl für das heilige Sakrament. Das ist es, warum wir Eure Hoheit bitten, uns in dieser Angelegenheit zu helfen und Euren Agenten zu befehlen, daß sie hierher weder Kaufleute noch Waren schicken sollen, *denn es ist unser Wille, daß in diesen Königreichen keinerlei Sklavenhandel stattfinden soll* [hervorgehoben im Original. Anm. des Hg.]. In unserer Stadt Kongo, geschrieben am 6. Tag des Juli 1526. Der König Dom Affonso.

Quelle: Visconde Paiva-Manso, Historia do Congo, Lissabon 1877; englische Übersetzung in: B. Davidson, The African Past, London 1967, 191ff., deutsche Übersetzung nach: H. Pleticha (Hg.), Afrika aus erster Hand, Würzburg 1972, 137.

E. Äthiopien und Portugal

123. Der äthiopische Kaiser an den Papst (1524)

Das äthiopische Christentum hatte die Expansion des Islam zunächst vor allem deshalb überlebt, weil es vom Zentrum der islamischen Macht weiter entfernt war als etwa Ägypten oder Nubien. Unter Amda Siyon (1314–1344) war das Königreich sogar deutlich vergrößert worden. Er hatte Ifat erobert und die muslimischen Herrscher gezwungen, ein neues Königtum weiter östlich in Harara zu gründen. Gleichzeitig hatten sich die Grenzen nach Süden und Westen erweitert. Diese Eroberungen hatten auch der äthiopischen Kirche ein weites Feld der Missionierung eröffnet; insbesondere durch die Klostergründungen heiliger Männer wurde das Christentum ausgebreitet. Unter Zara Yaqob (1434–1468) wurde der Staat zentralisiert und stabilisiert. Nach seinem Tod jedoch kam es überall zu partikularistischen Bestrebungen. Nutznießer dieser Entwicklung war das Sultanat von Harar, in dem die Muslime Zuflucht gefunden hatten. Vor diesem Hintergrund sind die Bemühungen des Kaisers Lebna Dengel (Dawid II., 1508–1540) zu sehen, die seit dem 13. Jh. bestehenden Kontakte mit Rom zu intensivieren:

Im Namen Gottes, des Vaters, des Allmächtigen, des Schöpfers des Himmels und der Erde, des Sichtbaren und des Unsichtbaren. [...] O glücklicher Heiliger Vater, ich gehorche Dir ehrfürchtig, da Du der Friede aller bist und alles Gute verdienst, und so ist es billig, daß alle Dir Gehorsam leisten, wie die heiligen Apostel es vorgeschrieben haben, bei Gott. [...] O Heiliger Vater, sehr mächtiger, warum hast Du niemals jemanden zu uns geschickt, damit Du Sicheres über mein Land und mein Heil in Erfahrung brächtest, da Du ja der Hirte bist und ich Dein Schaf? [...] Beharrlich bitte ich Eure Heiligkeit, daß sie mir schicken wolle einige Heiligenbilder und besonders Bilder der seligen Jungfrau Maria, damit der Name Eurer Heiligkeit sehr oft in meinem Munde und in meinem Gedächtnis sei und ich aus Euren Geschenken beständige Freude schöpfe. Deswegen fordere ich auch stürmisch, daß Ihr mir gelehrte Theologen und auch Künstler schickt, die Bilder anfertigen können und so (auch) Schwerter und Kriegswaffen aller Art und ebenso Gold- und Silberziseleure und Holzarbeiter, besonders Baumeister (Architekten), die Häuser aus Stein errichten können. [...] Jetzt müssen wir zu anderem übergehen, und schon fordere ich von Dir, heiligster Vater, Antwort auf diese meine Frage: Warum ermahnst Du nicht die christlichen Könige, Deine Söhne, die Waffen niederzulegen und, wie es sich für Brüder geziemt, untereinander einmütig sein zu wollen, da ja sie selbst Deine Schafe sind und Du selbst ihr Hirte? Eure Heiligkeit weiß am besten, was das Evangelium vorschreibt, welches sagt: Ein jegliches Reich wird, wenn es mit sich selbst uneins wird, verwüstet werden. Denn wenn die Könige in ihrer Gesinnung und in einem sicheren Bündnis übereinstimmen werden, werden sie sehr leicht alle Mohammedaner vernichten und das Grab des Pseudopropheten durch einen vom Glück begünstigte Überfall zerstören und einreißen. Deswegen bemühe Dich, Heiliger Vater, daß unter ihnen guter Friede zustande kommt und ein sicheres Freundschaftsbündnis geschlossen wird; ermahne sie, mir helfen und Beistand leisten zu wollen, da ich im Gebiete meiner Reiche von mohammedanischen Mauren, den übelsten Menschen, von allen Seiten umgeben bin.

Quelle: Der von Paulus Jovius übersetzte Brief ist publiziert in S. Uhlig/G. Bühring, Damian de Góis' Schrift über Glaube und Sitten der Äthiopier, Wiesbaden 1994, 37–41. 195–201. – *Lit.*: BBKL 20, 2002, 897ff.: Art. Lebna Dengel (W. Baum); W. Baum, Äthiopien und der Westen im Mittelalter, Klagenfurt 2001; Hastings, Africa 130–147; TRE 1 (1977) 572ff: Art. Äthiopien (F. Heyer); W.B. Anderson/O.U. Kalu, Christianity in Sudan and Ethiopia, in: Kalu, African Christianity 75–116.

124. Die Königschronik über den Krieg gegen die Muslime

Im Jahre 1529 begann Ahmed Gran aus dem muslimischen Staat Adel einen *Jihad* gegen Äthiopien. Innerhalb von zehn Jahren war das christliche Königreich fast gänzlich besiegt. Gran wurde als König anerkannt, die Kirchen und Klöster wurden geplündert und eine große Anzahl von Christen mit Gewalt zum Übertritt gezwungen. Mit Hilfe einer portugiesischen Expedition gelang 1541 jedoch die Wende. Die folgenden Auszüge aus der äthiopischen Königschronik schildern die Ereignisse.

Im Namen des Vaters, des Sohnes und des Hlg. Geistes, des (drei-)einigen Gottes! [...] Bis zu jener Zeit war unser Land noch nie geteilt worden, und niemals war ein Feind eingedrungen, es zu beherrschen. Vielmehr hatten die Könige viele (feindliche) Könige besiegt, wie z.B. Amda-Seyon die zehn (muslimischen) Könige besiegte, als diese ihn überraschend angriffen, bevor er sein Heer zusammenziehen konnte. Allein, die Invasion des Feindes in unser Land begann zur Zeit des Königs Lebna-Dengel, des Sohnes ihrer Majestät Na'od; sein Thronname lautet Wanag-Sagad; Wanag aber bedeutet *Löwe*. Seht, mit der Hilfe Unseres Herrn Jesus Christus haben wir für euch hier niedergeschrieben den Bericht über die Verfolgung und die Schilderung der Todesqualen des äthiopischen Volkes und der Zerstörung aller Kirchen, geordnet nach der Zeit der Ereignisse. [...] Ein Jahr später kam Gran wieder. Am 17. Ter (1) brach er vom Lande Adal auf und kam am 2. Yakkatit (2) nach Dawaro, nach Angaben der Bewohner dieses Landes. Er lieferte eine Schlacht bei Ayfars am 5. Miyazya (3). Es fielen Eslam-Sagad, Takla-Jyasus und viele Fürsten. Er (Gran) aber beherrschte nun Sawa. Das war im Jahre der Gnade 183. Am. 24. des Monats Hamle (4) verbrannte er (das Kloster) Dabra-Libanos. Am 5. Nahase starb der *Ras* Wasan-Sagad. [...]
Danach kam in jungem Alter sein Sohn Galawdewos (Claudius) (10) zur Herrschaft. Sein Thronname war Asnaf-Sagad. Er kam [nach Bur mitten durch G^{we}lo-Mahwada] und traf dort unvermittelt auf den *Wazir* Asa (arab.: 'Isa), *Garad* Esman (arab.: 'Utman), Del-Ba-Iyasus, Iyoram und viele andere Malasay. Er lieferte ihnen am 11. Tahsas (5) eine Schlacht und tötete viele von ihnen. Fürchterlich war er für sie, wie der schreckliche Löwe oder die Bärin mit einem neugeborenen Jungen. Er zog unbehelligt davon und sie konnten ihm nicht standhalten. Sie sprachen: „Wer kann gegen ihn kämpfen, wo doch der Herr mit ihm ist?" Dies aber vermochte er durch die Kraft des Heiligen Geistes, der über ihm war, er, der Kriegshandwerk nicht gelernt hatte und der an diesem Tage zum allerersten Male in der Schlacht stand. Er brach von dort auf und zog in das Land Semen. Von dort brach er auf, durchschritt den Takkaze und kam in das Land Sard, wo er Ostern feierte, das Gedenkfest an die Auferstehung Unseres Herrn Jesus Christus. Als er sich dort noch aufhielt, zog *Garad* 'Emar gegen ihn heran. Er empfing ihn in Schlachtordnung und sie lieferten sich am 29. Miyazya eine

Schlacht. Man sagte (später): „Wir haben ein solch mannhaften Helden, der doch noch jung ist, noch nie gesehen, noch gehört, der den Tod nicht fürchtet, dies nicht inmitten eines zahlreichen Heeres, nein, vielmehr in einer kleinen (Schar). Danach zog er davon und kam in das Land Seme. [...] In diesem Jahre kamen die Franken (Europäer) des da Gama aus Portugal unter ihrem Kapitän Dom Cristovam (Dongestobu). Sie töteten Abu 'Esman Nur und schlugen ihr Quartier für die Regenzeit in Dabarwa auf. Gran aber verbrachte die Regenzeit in Darasga.

Dann, im Jahre der Gnade 194 verschickte man den jungen Prinzen Minas (in Gefangenschaft) in das Osmanische Reich [wörtl.: Rom = Byzanz, bzw. dessen Nachfolger; hier: in den Jemen]; er hatte im Monat Maskaram (5) Dambeya verlassen. Gran brach im Monat Tahsas (6) auf und marschierte in das Land Tegra. Auch die Franken brachen aus Dabarwa auf, mit ihnen zog die Mutter des Königs Sabla-Wangel; sie unterstützte sie dabei mit klugen Ratschlägen und versorgte sie mit Verpflegung und Ausrüstung. Sie trafen mit Gran im Lande Aynaba zusammen und lieferten am 29. Maggabit (7) eine Schlacht. Man traf ihn mit einem Musketenschuß, doch er kam nicht ums Leben. Gran verbrachte die Regenzeit auf Zobel. Die Königin Sabla-Wangel verbrachte mit den Franken die Regenzeit in Ofla.

Im Jahre der Gnade 195 kam es am 2. Maskaram (6) zu einer Schlacht. Der Kapitän fiel. Im Monat Teqemt (8) zog der König Asnaf Sagad heran und traf sich mit seiner Mutter und den überlebenden Franken im Lande Semen. Nachdem man sich beraten hatte, legte man das Feldlager in Sewada an. Im Hedar (9), am 17. des Monats, lieferte er eine Schlacht bei Waggara. Er tötete den Sid Mahammad (Muhammad), 'Esman ('Utman) und Talila. Was übrig blieb, zerstreute sich wie Rauch. Manche ergaben sich und trugen dabei Steine. Am 19. gelangte er nach Darasge. Er verbrannte die Behausungen (der Ungläubigen) und erbeutete ihre Ausrüstung und Habe. Er kehrte nach Sewada zurück und blieb dort zwei Monate. Gran aber marschierte von Zobel nach Dambeys hinüber. (Der König) brach von Sewada auf und kam am 5. Yakkatit (2) nach Wayna-Daga', wo er Halt machte. Gran brach von Darasga auf und lagerte in der Nähe des Königs. Das Heer des Gran und das Heer des Königs verweilten an ein und demselben Platz! Erkennet die Gnade des Herrn, der die Geknechteten? *(agertaaweyan)* und ihren jungen König stärkte und sie in die Lage versetzte, sich in der Nähe (des Feindes) zu halten und ihm von Angesicht zu Angesicht (standzuhalten)! Nicht so zuvor, als sie sich fürchteten und zitterten, wenn sie seinen Namen hörten, er noch in Sawa weilend und (weit) in Tegre die Christen zitternd, als sei er schon über sie gekommen! Doch als die Gnade des Herrn bei ihnen Einkehr hielt, verlachten und verspotteten sie ihn. Am [27.] Yakkatit (2) brach Gran voll Hochmut auf, im Vertrauen auf seine Kanonen und auf die türkischen (Truppen), und sprach: „Sagt an, so lange Jahre habe ich sie vor mir hergetrieben? Wollen sie etwa heute vor mir standhalten?" Aber der König, im Vertrauen auf den Herrn und die Fürbitte Unserer Lieben Frau Maria, empfing ihn. Die Soldaten des Königs, die miteinander wetteiferten, der Erste (am Feinde) zu sein, töteten ihn, bevor der König herankam. Er fiel im Paß von Zantara. Er starb auf Geheiß des Herrn, am Mittwoch um die dritte Stunde. Sein Heer zerstreute sich wie Ofenasche. [...]

Erläuterung: Das äthiopische Jahr besteht aus zwölf Monaten mit je 30 Tagen und einem Monat mit fünf bzw. in Schaltjahren sechs Tagen. Der (1) Ter überlappt sich mit unserem Januar und Februar, der (2) Yakkatit mit dem Februar und März; der (3) Miyazya mit dem April und Mai, der Hamle (4) mit dem Juli und August und der (5.)Tahsas mit den Monaten Januar und Februar Das äthiopische Jahr beginnt mit dem (6) Maskaram (September/Oktober). Der (7) Maggabit überschneidet sich mit März und April, der (8) Teqemt mit Oktober und November, der (9) Hedar mit dem November und Dezember. (10) Galawdewos/Claudius war einer der bedeutensten äthiopischen Herrscher; der von 1540–1559 regierte. – *Quelle*: M. Kropp (Hg.), Die Geschichte des Lebna-Dengel, Claudius und Minas, Louvain 1988, 3–26. – *Lit.*: J. Cuoq, L'Islam en Éthiopie des origines au XVIe siècle, Paris 1981; Hock, Christentum 50–54. Aus muslimischer Perspektive liegt ebenfalls ein Bericht vor: Shihāb al-Dīn Aḥmad ibn Abd al-Qādir Arabfaqīh, The conquest of Abyssinia [16th century], hg. von P. Stenhouse/R. Pankhurst, Hollywood, CA 2003.

125. Bekenntnis des Kaisers Galawdewos (1555)

Die katholische Kirche war schon im 13. Jh. daran interessiert gewesen, die äthiopische Kirche dem Papst in Rom zu unterstellen. Nach Abschluß des Krieges mit Grañ erneuerten die Portugiesen ihren Druck auf den jungen König Galawdewos (Claudius, 1540–1559). Im Gegenzug verfaßte dieser eine Abhandlung, die als sein Glaubenszeugnis bekannt wurde und die die eigenen Traditionen des Landes herausstellte: Kirche und Mönchtum hatten in Äthiopien eine landesspezifische Form angenommen, Beschneidung und das Feiern sowohl des Sabbats als auch des Sonntags waren zu entscheidenden Merkmalen äthiopischer Identität geworden.

Und wir gehen auf dem Weg des Königs [= Christus], einfach, wahrhaftig, und wir weichen nicht ab, weder rechts noch links, von den Lehren unserer Väter, der zwölf Apostel, und des Paulus, der Quelle der Weisheit, und der 72 Jünger, und der 318 Orthodoxen, die sich [i.J. 325 auf dem Konzil] in Nicäa versammelten, und der 150 [i.J. 381 auf dem Konzil] in Konstantinopel, und der 200 [i.J. 431 auf dem Konzil] in Ephesus. So predige und so lehre ich, Claudius, König Äthiopiens, und mein Herrschername ist Asnaf Sägäd, Sohn des Wänag Sägäd, Sohn des Na'od.

Und im Hinblick auf den Vorwurf, daß wir den Tag des Sabbat ehren, es ist nicht so, daß wir ihn ehren wie die Juden, die Jesus kreuzigten, und sagen: „Sein Blut [komme] über uns und über unsere Kinder" (Mt 27, 25). Denn diese Juden schöpfen kein Wasser [am Sabbat] und entzünden kein Feuer und kochen keine Mahlzeit und backen kein Brot und ziehen nicht von Haus zu Haus.

Wir dagegen ehren ihn, indem wir an ihm die Eucharistie zelebrieren und an ihm das Liebesmahl vollziehen, wie es uns unsere Väter, die Apostel, in der Didaskalia (1) befahlen. Es ist nicht so, daß wir ihn ehren wie den Sonntag, welcher der neue Tag ist, über den David sagt: „Dies ist der Tag, den der Herr gemacht hat, wir wollen uns freuen und frohlocken an ihm" [Ps 118,24]. Denn an ihm ist unser Herr Jesus Christus auferstanden und an ihm kam der Heilige Geist über die Apostel herunter im Obergemach Zions. Und an ihm wurde er Mensch im Bauch der heiligen Maria, Jungfrau für alle Zeit. Und an ihm wird er wiederkommen zur Belohnung der Gerechten und zur Vergeltung der Sünder.

Und im Hinblick auf die Einrichtung der Beschneidung: es ist nicht so, daß wir beschnitten werden wie die Juden. Denn wir kennen das Wort aus der Lehre des Paulus, der Quelle der Weisheit, der sagt: „Die Beschneidung ist nicht von Nutzen, und das Unbeschnittensein ermächtigt nicht, sondern vielmehr die neue Schöpfung, die der Glaube in unsern Herrn Jesus Christus ist" [Gal 5,6].

Und weiter sagt er zu den Korinthern: „Derjenige, der die Beschneidung vollzieht, soll nicht die Vorhaut nehmen" [1 Kor 7,18]. Wir besitzen alle Bücher der Lehren des Paulus und sie unterweisen uns über die Beschneidung und über die Vorhaut. Aber die Beschneidung, die wir haben, ist Brauchtum des Landes wie die Vernarbung des Gesichtes in Äthiopien und Nubien und wie die Durchbohrung der Ohren bei den Indern. Und abermals, was wir tun, geschieht nicht in Befolgung der Gesetze der zehn Gebote, sondern ist vielmehr Brauchtum der Menschen. Und im Hinblick auf das Essen von Schweinefleisch: es ist nicht so, daß uns dieses verboten ist in der Befolgung der Gesetze der zehn Gebote wie den Juden. Und wir verabscheuen auch nicht den, der ißt, und erklären ihn nicht für unrein, und wir zwingen auch nicht den, der nicht ißt, daß er es ißt. Wie unser Vater Paulus an die Römer schrieb, indem er sagte: „Wer es ißt, der verachte den nicht, der es nicht ißt. Und alle von ihnen nimmt Gott an"

[Röm 14,39]. [...] Geschrieben im Jahr 1555 von der Geburt unseres Herrn Jesus Christus, am 23. Säne [= Juni] im Land Damot.

Erläuterung: (1) Didaskalia (griech: Lehre): Name einer altchristlichen Kirchenordnung eines anonymen Verfassers aus dem syrischen Raum, der wohl aus der Mitte des 3. Jh.s stammt. Der Text selbst nennt das Apostelkonzil als Entstehungszeit. – *Quelle*: Hiob Ludolf, Commentarius ad suam Historiam Aethiopicam, Frankfurt 1691, 237–241 (Übersetzung: Verena Böll). – *Lit.*: E. Ullendorff, The Confessio Fidei of King Claudius of Ethiopia (in: Journal of Semitic Studies 32/1, 1987, 159–176).

126. Fastenzeit und Ostern in der äthiopischen Kirche

Der Portugiese Miguel de Castanhoso (gest. ca. 1565) kam mit der portugiesischen Expedition 1541 in Massaua an. Neben der Schilderung des Feldzugs, der im Februar 1543 mit dem Tod des Imam endete, beschrieb er auch die Riten der Äthiopischen Kirche.

Dieses Fasten ist sehr streng, da sie weder irgendwelches Fleisch essen, noch Milch, noch Käse, noch Eier, noch Butter, noch Honig, noch auch Wein trinken; sie essen in diesen Fastentagen nur Brot aus Hirse, Weizen und Hülsenfrüchten, alles gemischt, grünen Amarant und andere Kräuter mit Öl, das sie aus einer sesamartigen Pflanze bereiten, gekocht. Und dieses ihr Fasten ist altes Herkommen, da sie an ihm auch nicht zu Mittag essen; wenn nun die Sonne zur Rüste geht, gehen sie zur Kirche, hören die Messe, beichten und nehmen das Abendmahl; nach alledem gehen sie zum Abendessen; und die Messe haben sie an diesen Fastentagen so spät, da sie sagen, sie könnten das heilige Sakrament nur zu dieser Stunde nehmen wegen des Fastens. An Sonn- und Festtagen wird sonst die Messe gegen Mittag gelesen, wie in der römischen Kirche; ihre Messe wird immer von einem Diakon und Subdiakon gesungen, während ein Vorhang vor dem Altar ist, und ihre Hostie besteht aus sehr feinem Weizen ohne irgendwelche Zutat. Sie machen einen Kuchen von der Gestalt einer großen Hostie, den sie in einer Form aus Ton zubereiten, und auf diesem befindet sich ein Kreuz in der Mitte und ringsum einige chaldäische Buchstaben, welche den Meßkanon enthalten; mit diesem Kuchen oder Hostie kommunizieren alle Brüder, sowohl die, welche die Messe leiten, als auch die, die dazu gebeichtet haben. König und Königin, Edelleute, alle Vornehmen und das ganze Volk beichten und kommunizieren jeden Sonntag, sie treten barfuß, ohne irgendeine Fußbekleidung in die Kirche ein. [...]
Beim Beten stehen sie immer, werfen sich sehr oft nieder, küssen die Erde und stehen gleich wieder auf; stehend genießen sie auch den Leib des Herrn. So vollzog sich in dieser heiligen Woche der Gottesdienst sehr feierlich: er begann am Vorabend von Palmsonntag damit, daß sie sich versammelten; am Sonntag selbst wurden sie mit aller Feierlichkeit gesegnet, wie in Portugal. Dabei steckten alle Frauen Kreuze aus Laub vom wilden Ölbaum auf den Kopf, in die Haare, nahmen Palmzweige in die Hände, und die nahmen sie mit nach Hause. Am Tage der Auferstehung fand eine sehr feierliche Prozession mit vielen großen Wachskerzen statt, und zwar mit so vielen, daß ich wirklich versichern kann, hier seien mehr Wachskerzen zusammen gewesen, als man in ganz Portugal bekommen kann. [...]

Quelle: Miguel de Castanhoso, História das cousas que o mui esforcado capitao Dom Cristóvao da Gama fez nos reinos do Preste Joao com quatrocentos portugueses que consigo levou, Ort unbekannt 1563, deutsche Übersetzung nach: E. Littmann (Hg.), Miguel de Castanhoso. Die Heldentaten des Dom Christoph da Gama in Abessinien, Berlin 1907; abgedruckt in H. Pleticha (Hg.), Afrika aus erster Hand, Würzburg 1972, 121f.

AFRIKA II. 1600–1800

A. SKLAVENHANDEL

127. Die ersten von Christen erbeuteten Afrikaner

In der Mitte des 15. Jh. tauchten die ersten aus Afrika eingeführten Sklaven auf den portugiesischen Märkten auf. Auch wenn die in vielen Ländern Afrikas schon seit langem bestehende Sklaverei Voraussetzung und wesentliches Element der neuen Handelsbeziehungen war, markiert der sich herausbildende „transatlantische Dreieckshandel" (verkürzt: Waffen und Schmuck von Europa nach Afrika, Sklaven von Afrika nach Lateinamerika, Zucker und landwirtschaftliche Produkte von Lateinamerika nach Europa) doch eine völlig neue Etappe, denn die betroffenen Afrikaner wurden ihrer Heimat entwurzelt und in ein System einbezogen, in dem nicht nur sie selbst, sondern auch ihre Kinder kaum Chancen auf Aufstieg und Erlangung der Freiheit hatten. Bis zum Ende des 19. Jh. sind etwa 10 Millionen Afrikaner verschleppt und in die Neue Welt verkauft worden. Der portugiesische Hofchronist Gomes Eana de Zurara (ca. 1420–1472) berichtet über die Anfänge.

Der Infant ... ließ gleich eine Karavelle rüsten, mit der er besagten Dinis Dias aussandte. [...] Und nachdem nun dieser mit seiner Mannschaft abgefahren war, wollte er nie die Segel einholen, bis er das Land der Mauren passiert hatte und das Land der Neger erreichte, welche Guineer genannt werden. [...] Und wie sie so weitersegelten, stießen sie auf andere Boote, deren Besatzungen, als sie sahen, daß es sich bei den Unseren um Menschen handelte, von der Neuheit dieses Anblicks erschreckt und von Furcht gepackt, alle fliehen wollten. [...] Vier von ihnen (wurden) gefangen. Das waren die ersten Neger, die in ihrem Land von Christen erbeutet wurden (und es gibt keine Chronik und keine Geschichte, in denen das Gegenteil behauptet würde). Mit Gewißheit ist dies keine geringe Ehre für unseren Prinzen, dessen machtvolle Kraft ausreichend war, um Leute dazu zu bringen, so weit von unserm Reich entfernt Beute in der Nachbarschaft des Landes Ägypten zu machen. [...] „Laßt uns noch einmal zum Kap Branco fahren", sagte Antao Goncalves, „denn ich habe gehört, es soll sich im Süden ein Dorf befinden, in dem wir Leute antreffen und erbeuten können, wenn wir jäh über sie herfallen." [...] Auf diese Weise nahmen sie insgesamt 65 gefangen, die sie zu den Booten brachten. [...] Nach diesem Beutezug beschlossen sie, in das Reich zurückzukehren, denn sie merkten, daß sie aus jener Gegend nun keinen Nutzen mehr ziehen konnten. [...] Gewiß – meint der Verfasser dieser Geschichte – könnte man nun leicht viele Menschen tadeln, von denen er eingangs sagte, daß sie über den Beginn dieser Unternehmungen murrten. Jedoch gab es hier inzwischen niemanden mehr, der für einen von jenen gehalten werden wollte, denn die Begeisterung des Volkes war riesig, als es sah, wie jene Gefangenen gefesselt die Straße entlanggeführt wurden. Es lobte die großen Tugenden des Infanten, und hätte jemand gewagt, etwas dagegen zu sagen, so wäre er sehr rasch genötigt gewesen, seine Behauptungen zurückzunehmen. [...] Mir scheint auch, daß niemand so boshafter Natur sein könnte, etwas derart Gutes zu schmähen, das unwahrscheinlichen Nutzen nach sich bringt.

Quelle: G. Eanes de Zurara, Crónica dos Feitos da Guiné, Lissabon 1481 (= Lissabon 1949), deutsche Übersetzung nach G. Pögl/R. Kroboth (Hg.), Heinrich der Seefahrer oder die Suche nach Indien, Wien 1989, 228–234. – *Lit.*: H. J. Puhle (Hg.), Sklaverei in der modernen Geschichte, Göttingen 1990; J. Thornton, Africa and Africans in the Making of the Atlantic World, 1400–1800, London 1992; M. Teipel, Die Versklavung der Schwarzen, Münster 1999; A. Wirz, Sklaverei und kapitalistisches Weltsystem, Frankfurt 1984; J. Osterhammel, Sklaverei und die Zivilisation des Westens, München 2000; J. Meißner/U. Mücke/K. Weber, Schwarzes Amerika. Eine Geschichte der Sklaverei, München 2008.

128. Joachim Nettelbeck: Warenaustausch in Afrika

Joachim Nettelbeck (1738–1824) war zunächst Kapitän eines Sklavenschiffes, wandte sich dann aber gegen den Menschenhandel und wurde Branntweinbrenner. Sein Bericht zeigt die Interdependenzen des Handels.

Da hier Menschen nun einmal als Ware angesehen wurden, um gegen die Erzeugnisse des europäischen Kunstfleißes ausgetauscht zu werden, so kam es hauptsächlich darauf an, solche Artikel zu wählen, welche das Bedürfnis oder der Luxus den Schwarzen am unentbehrlichsten gemacht hatte. Schießgewehre aller Art und Schießpulver in kleinen Fässern von zweiunddreißig, sechzehn bis acht Pfund nahmen hierunter die erste Stelle ein. Fast ebenso begehrt war Tabak, sowohl geschnitten als in Blättern, samt irdenen Pfeifen und Branntwein, entweder in halben Ankern oder in Flaschenkellern von zwölf, acht bis sechs Gemäßen. Kattune von allen Sorten und Farben lagen in Stücken von einundzwanzig bis vierundzwanzig Ellen sowie auch dergleichen oder leinene und seidene Tücher, deren sechs bis zwölf zusammengewirkt waren. Ebensowenig durfte ein guter Vorrat von linnenen Lappen, drei Ellen lang und halb so breit, fehlen, die dort als Leibschurz getragen werden. Den Rest der Ladung füllten allerlei kurze Waren als kleine Spiegel, Messer aller Art, bunte Korallen, Nähnadeln und Zwirn, Fayence, Feuersteine, Fischangeln und dgl.

Einmal gewöhnt, diese verschiedenen Artikel von den Europäern zu erhalten, können und wollen die Afrikaner sowohl an der Küste als tiefer im Lande sie nicht missen und sind darum unablässig darauf bedacht, sich die Ware zu verschaffen, durch welche sie sich dieselben eintauschen können. Also ist auch das ganze Land immerfort in kleine Parteien geteilt, die sich feindlich in den Haaren liegen und alle Gefangenen, welche sie machen, entweder an die schwarzen Sklavenhändler verkaufen oder sie unmittelbar zu den europäischen Sklavenschiffen abführen. Allein oft, wenn es ihnen an solcher Kriegsbeute fehlt und sie neuer Warenvorräte bedürfen, greifen ihre Häuptlinge, die eine despotische Gewalt über ihre Untertanen ausüben, diejenigen auf, welche sie für die entbehrlichsten halten, aber es geschieht wohl auch, daß der Vater sein Kind, der Mann das Weib und der Bruder den Bruder auf den Sklavenmarkt zum Verkauf schleppt. Man begreift leicht, daß es bei solchen Raubzügen an Grausamkeiten jeder Art nicht fehlen kann und daß sich alle diese Länder dabei in dem elendesten Zustand befinden; aber ebensowenig kann auch abgeleugnet werden, daß die erste Veranlassung zu all diesem Elend von den Europäern herrührt, welche durch ihre eifrige Nachfrage den Menschenraub bisher begünstigt und unterhalten haben.

Quelle: Lebensbeschreibung des Seefahrers, Patrioten und Sklavenhändlers Joachim Nettelbeck. Von ihm selbst aufgezeichnet, Leipzig 1821/1823, neu hg. von J. C. L. Haken, Nördlingen 1987, 185; abgedruckt auch in H. Pleticha (Hg.), Afrika aus erster Hand, Würzburg 1972, 139.

129. Ein Protestant über den portugiesischen Sklavenhandel

Aufgrund der portugiesischen und spanischen Seeherrschaft dauerte es einige Zeit, bis sich protestantische Mächte verstärkt in überseeischen Gebieten engagierten. Im 17. Jh. beteiligten sich vor allem Niederländer und Engländer am Sklavenhandel, wobei deren Haltung dazu zunächst keineswegs eindeutig war. Erst ca. 1631 stieg die Niederländische Westindien-Kompanie in das Geschäft ein – im selben Jahr, in dem die zweite Auflage des Werkes von Hugo Grotius, *De Iure Belli et Pacis*, erschien, das den Sklavenhandel legitimierte. Die Frage, ob Sklaven zum Christentum bekehrt werden sollten, blieb dabei umstritten. Vor diesem Hintergrund schildert der protestantische Kaplan H. C. Monrad, der sich von 1805–1809 in Guinea aufhielt, das Vorgehen auf den portugiesischen Schiffen:

So weit meine Erfahrung sich erstreckt, werden sie von den Portugiesen, die von Brasilien kommen, am gelindesten behandelt. Auf den Schiffen derselben sind nur wenige der Sclaven im Raume gefesselt; der größte Theil derselben befindet sich auf dem Verdeck, und ist zum Theil mit der Mannschaft vermischt. Dessen ungeachtet weiß ich kein einziges Beispiel, daß ein portugiesisches Schiff überlaufen, wie es heißt, d.i. die Mannschaft überfallen und von den Sclaven getödtet worden wäre. Beinahe auf jedem solchen portugiesischen Schiff ist ein Prediger befindlich, und sobald die Sclaven an Bord kommen, werden sie getauft und ihnen ein Crucifixum um den Hals gehängt, und nun sind sie gute Christen, die man gelinde behandeln müsse. Oft sind die portugiesischen Kapitäns mit ihren Patres mißvergnügt (zuweilen können sie wohl Grund dazu haben, da ich unter denselben äußerst unwissende und schale Köpfe gefunden habe), und beschuldigen sie, daß sie, anstatt die Sklaven zu unterrichten, Ränke schmieden und Unruhe unter der Mannschaft anstiften, allein der wahre Grund war ohne Zweifel gemeindlich der, daß diese Patres den Capitains auf die Finger sahen, und nach der Rückkunft sie verklagen und zur Strafe ziehen konnten, wenn sie die Sclaven unmenschlich behandelt hatten.

Quelle: H. C. Monrad, Gemälde der Küste von Guinea und der Einwohner derselben, Weimar 1824, 309ff.

130. Schilderung eines afrikanischen Pfarrers (1786)

Philip Quaque (1741–1816) wuchs in Cape Coast (Goldküste/Ghana) in der Nähe der führenden britischen Handelsfestung an der westafrikanischen Küste auf. Im Jahr 1754 wurde er, unterstützt von der 1701 gegründeten anglikanisch-hochkirchlichen Missionsgesellschaft Society for the Propagation of the Gospel in Foreign Parts (S.P.G.), nach England zur Ausbildung gesandt und als erster Afrikaner zum Priester der Kirche von England ordiniert. Im Jahr 1766 kehrte er als Missionar in seine Heimat zurück. Während seiner nahezu 50 Jahre währenden Tätigkeit schrieb er zahlreiche Briefe an die Leitung der S.P.G. Im folgenden sind Auszüge eines vom 8.2.1786 datierten Schreibens wiedergegeben:

Am Dienstag den 18. Oktober des letzten Jahres trug sich ein sehr ... unglückliches Ereignis auf der Straße von Mouri zu, die zu der holländischen Siedlung gehört, wo ein holländisches Schiff voller Sklaven vor Anker lag, beinahe bereit zur Abfahrt von der Küste. Aber die schlechte Behandlung durch den gefühllosen Kapitän erzürnte die armen Gefangenen so sehr, daß sie sich in seiner Abwesenheit gegen die Mannschaft des Schiffes erhoben und das Segelboot in Besitz nahmen. Sie bestanden in Zahlen aus etwa 150 [Mann]. Aber das furchtbarste Ereignis von allem ist, daß, nachdem sie ihr Vorhaben mit Verstand und Geschick ausgeführt hatten, und viele ihrer Landsleute anlockten, die von weit und nah kamen, um an Bord und in der Nähe des Schiffes zu plündern, und dazu einige weiße Seeleute von einem englischen Schiff in der Hoffnung, sie zu befreien, alle ohne Unterschied in die Luft gesprengt wurden. Dieses rachsüchtige, aber sehr rasche Vorgehen – wird uns hier zu verstehen gegeben – verdankt sich völlig dem viehischen Verhalten des Kapitäns, der noch nicht einmal seinen eigenen Matrosen, und viel weniger den Sklaven, eine zum Leben nötige Versorgung erlaubte. Wenn das wirklich der Fall ist, kommen wir nicht umhin, uns das wahre Bild der Unmenschlichkeit vorzustellen, die diese unglücklichen Geschöpfe in ihrem erbärmlichen Zustand der Gefangenschaft – unter den verschiedenen Graden strenger Herren, an die sie unglücklicherweise fallen – auf den Westindischen Inseln erleiden. [...] Man kann sich leicht vorstellen, daß die Übel, über die sie sich beschweren, eine Ähnlichkeit haben mit dem Übermaß der Lasten, die die Kinder Israels während der Herrschaft des Pharao, des Königs von Ägypten, unter ihren Herren erlitten.

Quelle: M. Priestley, P. Quaque of Cape Coast, in: P. Curtin (Hg.), Africa Remembered. Narratives by West Africans from the Era of the Slave Trade, Madison 1967, 99–139, hier: 132. – *Lit.*: F. L. Bartels, Philip Quaque, 1741–1816, in: Transactions of the Gold Coast and Togoland Historical Society, Achimota 1955, 1, part V, 135–177; H. Debrunner, Sieckentroosters, Predikants and Chaplains. A Documentation of the History of Dutch and English Chaplains to Guinea before 1750 (in: Bulletin of the Society of African Church History 1, 1965, 73–89); V. Carretta,/T.Reese, The life and letters of Philip Quaque, the first African Anglican missionary, Athens 2010.

131. Initiative zur Sklavenmissionierung in Südafrika (1658)

1652 errichtete die niederländische Ostindiengesellschaft (V.O.C.) eine Station am Kap der Guten Hoffnung. Der erste Kommandant, Jan van Riebeek (1619–1677), war von reformierter Frömmigkeit beeinflußt. Er empfand die Notwendigkeit, etwas für das geistige und moralische Wohl der 227 Sklaven zu tun, die 1658 von Angola und Westafrika eingetroffen waren. Bereits weniger als ein Monat nach Ankunft der ersten Gruppe wurde eine Schule eröffnet, die der Krankenpfleger Pieter van der Stael leitete. Von der Gründung dieser Schule berichtet der folgende Eintrag aus Van Riebeeks Tagebuch (vgl. auch Text 31f):

17. April 1658. Beginn des Schulunterricht für die junge Sklaven unter der Aufsicht den Geistlichen. Um die Aufmerksamkeit der Sklaven zu steigern und sie zum Lernen der christlichen Gebete anzuleiten, bekamen sie ein Glas Brandy und 2 Zoll Tabak versprochen, wenn sie mit ihren Aufgaben fertig wären. Ihre Namen wurden alle niedergeschrieben, und diejenigen, die keine Namen hatten (vermutlich christliche Namen), wurden benannt. [...] Dies alles geschah im Beisein des Kommandeurs, der einige Tage anwesend sein wird, um alles in die rechte Ordnung zu bringen und diesen Leuten ordentliches Benehmen beizubringen, wobei sie sich momentan sehr vielversprechend verhalten.

Quelle: D. Moodie (Hg.), The Record; or, A Series of Official Papers Relative to the Condition and Treatment of the Native Tribes of South Africa, Cape Town, 1838–1842, 124, zitiert in: J. Du Plessis, A History of Christian Missions in South Africa, Cape Town 1911, (^{N}1965), 30. – *Lit.*: J.N. Gerstner, A Christian Monopoly. The Reformed Church and Colonial Society under Dutch Rule, in: R. Elphick/R. Davenport (Hgg.), Christianity in South Africa, Berkeley 1997, 16–30.

B. Katholische Herrscher

132. Der König von Warri (Westafrika) an den Papst (1652)

In Westafrika blieb das Christentum während dieser Zeit weitgehend ein Anhängsel der kolonialen Unternehmungen. Eine Ausnahme bildete das Kleinkönigreich Warri in der Nähe von Benin im heutigen Nigeria. Im späten 16. Jh. wurde ein Sohn des Königs durch Augustinermönche von Sao Tome getauft. Dieser herrschte dann selbst lange und leitete eine Phase christlicher Herrscher ein. Einer seiner Nachfolger, vermutlich Dom Antonio, empfahl am 20.11.1652 dem Papst, daß es erfolgversprechender sei, Kapuziner nach Warri statt nach Benin zu senden. Eine italienische Kapuzinermission erreichte schließlich um 1656 Warri und reiste vier Jahre durch das Königreich.

Ich bin über das in der Brust Eurer Heiligkeit lodernde brennende Verlangen unterrichtet worden, daß der heilige Glaube in diesen Breiten verkündet werde, welchen

das Licht des Glaubens noch entzogen ist, da sie noch nicht mit dem Blut von Jesus Christus oder irgendeines Apostels oder Heiligen besprengt wurden.
Ebenso hörte ich davon, daß Eure Heiligkeit, um dem abzuhelfen, eine Mission von Vätern der sogenannten Kapuziner in das Königreich von Benin sandte – ein Volk, das mit dem meinen benachbart ist –, welche diese Gunst aber zurückwiesen und die Väter aus ihrem Königreich vertrieben; auch berichteten sie den Vätern nicht von mir oder meinem Reich. Ich glaube wahrlich, Heiliger Vater, daß Eure Heiligkeit diese Priester zu mir schicken wollte, da sie nach ihrer Kenntnis dachten, daß der König von Benin ein Christ sei, dem es nach Gesandten des Evangeliums verlangte. Ich bin dieser König, und mein Königreich liegt an der gleichen Küste neben Benin und unterscheidet sich von diesem nur dadurch, daß es Oery [Warri] genannt wird. Mein Bedarf an uneigennützigen Predigern, die den Glauben in meinem Königreich ausbreiten, ist dermaßen stark, weil es schon beinahe der Verdammnis anheim fällt, da es schon mehr als sieben Jahre her ist, seit ein Priester hier war, und diese, die früher kamen, taten dies nur einmal im Jahr. [...] Ich wunderte mich, daß so lange keine mehr kamen: sie sagen mir, daß sie in Sao Tome keinen Bischof und nur so wenige Priester haben, daß sie sich fast in den gleichen Nöten wie ich befinden. Ich überlasse es Eurer Heiligkeit, sich vorzustellen, wie viele vom Glauben abfallen. Soweit ich kann, bin ich selber als Prediger tätig und bestärke meine Untertanen im Vertrauen auf die Barmherzigkeit Gottes, auf daß dies alles bald in Ordnung gebracht wird. Ich glaube, daß dies nur durch Eure Heiligkeit geschehen kann. Ich bitte Euch daher beim Blute unseres Herren Jesus Christus, mir zu Hilfe zu kommen und eine Mission von Kapuzinervätern zu senden, welche – da sie uneigennützig sind (wie mir zugetragen wurde) – mir und meinem Königreich viel Gutes tun werden. Als gläubiger Christ kniee ich nieder und küsse die Füße Eurer Heiligkeit, und wie jeder andere christliche König entbiete ich Euch meine und meines Königreiches Gehorsam, und nicht nur Euch alleine, sondern allen, die später in kanonischer Wahl diese Würde erlangen werden. Wieder bitte ich Euch darum, mir diese Väter so bald wie nur irgend möglich zu schicken und wenn möglich den Präfekten der Väter in Portugal zu bitten, jedes Jahr einige Priester mit den Schiffen zu schicken, die von Lissabon nach Sao Tome und von dort in mein Königreich fahren, um Handel zu treiben. Ich will ihnen alle mir mögliche Hilfe und zuverlässige Übersetzer geben, damit sie meinen Nachbar, den König von Benin, und andere zum Glauben bringen können. Ich erflehe Eure Heiligkeit darum, daß Ihr mir einige Reliquien für mich und mein Reich zusendet.
Ich schreibe an meinen Vetter König Johann von Portugal und bitte ihn mir zu helfen, indem er den Vätern bei ihrer Überfahrt und den notwendigen Vorkehrungen behilflich ist. Ich glaube, daß er dies tun wird, denn die Portugiesen haben mir schon oft Gefallen getan; und da sie den Glauben in mein Königreich gebracht haben und mein Vorgänger König Dom Domingos eine portugiesische Dame geheiratet hat, hege ich ihnen gegenüber sehr brüderliche Gefühle. [...]

Quelle: T. Hodgkin, Nigerian Perspectives, London ²1975, 176–178 (nach: Archivio della Sacra Congregazione di Propaganda Fide: Scritture Riferite nei Congressi. Africa, Angola, Congo, Senegal. Vol. III.a fol. 249).

133. Warri: Klage über Priestermangel (1692)

Auch später noch lag den Königen von Warri daran, eine Mission für ihr Land zu gewinnen. 1692 schrieb Dom Domingos II. an Vater Francesco da Monteleone, den italienischen Präfekten der Kapuzinermission in Sao Tome. Der Brief war auf Portugiesisch verfaßt.

Ich empfing einen Brief von Eurer Exzellenz, geschrieben am 15. August des letzten Jahres, und mit ihm kamen zu meiner und meiner Oberhäupter großer Freude die hochwürdigen Väter. Wir gaben Gott Dank für sie. Aber ... es war das Mißgeschick für mich und meine Untergebenen, daß wir nicht so viel tun konnten, wie wir gern für diese ehrwürdigen Väter getan hätten, obwohl wir ihnen immer die notwendige Achtung bezeugt haben und ihnen geholfen haben, soweit es unsere Mittel erlaubten, wie Eure Exzellenz weiß. Ich stelle fest, daß dies nicht ihre volle Zufriedenheit getroffen und auch nicht in Übereinstimmung mit ihren Wünschen war. Auf jeden Fall muß Eure Exzellenz wissen, daß die Dinge hier in einem solchen Zustand sind, daß jeder in einem gewissen Maße leidet, weil die Ijaw (ein benachbartes Volk) mich davon abhalten, nach Benin zu gehen, und meine Untergebenen nicht in der Lage sind, ihre Farmen zu bebauen, was ein großes Elend ist. Es gibt in diesem Leben kein vollkommenes Glück, und mein Unglück hat mir in dem Verlust dieser beiden Diener Gottes, Vater Gioseppe Maria und Vater Bernardino, einen weiteren Beweis dafür gegeben. Ich habe ihren Verlust tief gefühlt, und nun muß ich die Abreise von Vater Protasio beklagen, weil er sich ohne Begleiter findet. Weder meine Überzeugungen und Gebete noch diejenigen meiner Oberhäupter konnten ihn von seiner Entschlossenheit abbringen, abzureisen. Ich weiß gut, daß die ehrwürdigen Väter viele Anklagen gegen uns erheben werden, aber jeder, einschließlich Eurer Exzellenz, weiß sehr gut, wie wenig Hilfe von den Vätern wir erhalten haben während vieler Jahre in der Vergangenheit, und wie wenig Arbeiter in diesem Weinberg gewesen sind, daher ist er natürlich voller Mängel. Aber wenn die Arbeit ohne Unterbrechung vorangeht, wird sie ohne Zweifel Frucht tragen. Der ehrwürdige Vater hat mir versprochen, daß er zurückkommen wird, wenn Gott so will und Eure Exzellenz zustimmt. Sein Begleiter oder seine Begleiter sollten in seinem Alter und in seiner Art sein, so daß sie die Strapazen und Arbeit des Dienstes Gottes und die Lebensbedingungen in diesem Land ertragen mögen. Wie Eure Exzellenz erfahren wird, ist die Sterbeklinik in der Art unseres Bauens beinahe fertig, und ich werde mit der Errichtung einer Kirche nach der Vorlage, die der ehrwürdige Vater mir dagelassen hat, beginnen. Möge es Gott gefallen, ihn zurückzubringen, so daß er sie fertiggestellt sehen und den Herrn darin preisen möge.

Quelle: T. Hodgkin, Nigerian Perspectives, London ²1975, 188f. (nach: Archivio della Sacra Congregazione di Propaganda Fide: Scritture Riferite nei Congressi. Africa, Angola, Congo, Senegal. Vol. III.a fol. 37–39). – *Lit.*: A. Ryder, Benin and the Europeans, London 1960, 11–16; Hock, Christentum 36–39.

134. Taufe König Manamotapas (Simbabwe) (1652)

Auch in Simbabwe waren katholische Missionare – in diesem Fall die Dominikaner – darin erfolgreich, den König zur Übernahme des katholischen Glaubens zu bewegen. Anders aber als in Warri oder im Kongo faßte das Christentum kaum Wurzeln innerhalb der afrikanischen Bevölkerung; die Kirche war lediglich ein Element innerhalb der Kolonialstrukturen und blieb isoliert. Das Zeugnis der Taufe des Kaisers und Königs Manamotapas wurde von dem genannten Kaiser sowie dem Sekretär unterzeichnet und mit dem königlichen Siegel versiegelt.

Dom Dominic Manamotapa, durch die Gnade Gottes König und Herr von Mocharanga, Boessa, Borongha, Quiteve, Monghos, Inhaxamo, etc., macht es allen bekannt, zu denen diese Geschenke kommen werden, daß wir, als wir während des Lebens unseres Vaters und Herrn des Königs Philipp Prinz dieser Königreiche waren, durch die Geistlichen des Hlg. Dominikus großgezogen wurden, in deren Obhut uns der besagte König, unser Vater, in den Tagen unserer frühen Jugend übergeben hat, und von denen wir ausgebildet und im Katechismus unterrichtet wurden, und viele Male überzeugt, bis wir wünschten, den heiligen Glauben Jesu Christi anzunehmen, und die Wasser der heiligen Taufe zu empfangen, und obwohl wir glühend die Erfüllung dieses Verlangens wünschten, fest davon überzeugt, daß dies der wahre Weg sei, auf dem die Väter gingen, stellten wir nichtsdestotrotz die Auswirkung unseres Wunsches bis zu solcher Zeit und Saison zurück, zu welcher Gott unser Herr uns die Gnade erwiesen habe, uns in den tatsächlichen Besitz unseres Königreiches zu bringen. [...] Wir ließen keine Gelegenheit aus, das heilige Werk der besagten Väter (der Väter des Hlg. Dominikus) zu ermutigen, und als wir hörten, daß einige unserer Edlen etwas Zurückhaltung zeigten, die Wasser der heiligen Taufe zu empfangen, befahlen wir, daß sie zu uns zitiert werden, und – unter Anwendung der Lehre die wir von den genannten Vätern gelernt hatten – ermahnten wir sie mit Mitteln, durch die sie vollständig überzeugt wurden und sich entschlossen, Christen zu werden. Die Väter versäumten es während vieler folgender Tage nicht, die besagten Adligen im Katechismus zu unterrichten, und ihre Unterweisungen wurden am Fest des Hlg. Dominikus beendet. An diesem Tag ließen wir aus unserem Palast die Garnisonssoldaten mit großem Pomp hervortreten, begleitet von allen Adligen und von den vorher genannten Geistlichen, die an der Seite jeder unserer Personen gingen. Als sie an ihrer Kirche ankamen, die reich dekoriert und mit großer Herrlichkeit vorbereitet war, schrieben wir die Ordnung vor, in der die Wasser der Taufe zu spenden waren, was wie folgt vorgenommen wurde: Wir veranlaßten Bruder Giovanni de Melo uns zu taufen und die Königin unsere Gemahlin; Bruder Salvador vom Rosenkranz war Pate und verlieh uns den Namen des Dom Dominikus, da der Tag diesem Heiligen geweiht war, und der Königin den Namen Dona Louisa. Dann befahlen wir, daß die zwei wichtigsten Edlen unseres Königreiches getauft werden, Inigomaxa empfing den Namen Dom Johan, und Inevinga den Dom Sebastian, und nach diesen beiden unser Freund Inhamafunhe den Namen Dom Petros.

Manomotapa, der König — Antonio Suarez, Sekretär und Dolmetscher

Quelle: G. M. Theal, Records of South-Eastern Africa, Cape Town 1964, 2, 445–448. – *Lit.*: P. Schebesta, Portugals Konquistamission in Südostafrika. Missionsgeschichte Sambesiens und des Manamotaporeiches, Steyl 1966.

C. Katholische Experimente und Misserfolge

135. Sierra Leone als Stützpunkt (1684)

Sierra Leone diente der portugiesischen Kolonialmission als Stützpunkt. Die Beschreibung Francisco de Lemos Coelhos läßt freilich auch die Enttäuschung über die wenig genutzten Möglichkeiten erkennen:

Nach der Entdeckung dieser Küste von Guinea und während der Zeit, in der die Besiedlung durch die Portugiesen begann, gibt es keine Aufzeichnungen über Priester, die ausdrücklich für die Bekehrung der heidnischen Bevölkerung ausgesandt wurden, da der Bischof dieser Insel – zu der diese gesamte Küste gehört – damit zufrieden war, einen Vikar in den Ort Cacheu zu schicken, um den Einwohnern dort die Sakramente spenden zu können ... und als diese Zuwendung erweitert wurde, geschah dies nur dadurch, daß ein Geistlicher wie früher nach Geba und heute nach Farim in eine bestimmte Siedlung geschickt wurde, um dort die Sakramente zu reichen. Zur gleichen Zeit sandten sie auch einen Visitor, der auf seinem Weg an allen Flüssen entlang all denen die Sakramente reichte, die er dort traf. [...]

Quelle: Francisco de Lemos Coelho, Description of the coast of Guinea, 1684, Liverpool 1985, hg. und übers. von P. E. H. Hair, in: D. Peres (Hg.), Duas decricoes seiscentistas da Guiné de Francisco de Lemos Coelho, Lissabon 1953; vgl. P. E. H. Hair, Christian Influences in Sierra Leone before 1787 (in: Journal of Religion in Africa, 27, 1997, 3–13, hier: 11).

136. Ägypten: Bericht eines Jesuiten (1723)

Der vorliegende Bericht stammt aus der ersten katholischen deutschen Missionszeitschrift „Neuer Welt-Bott", den Joseph Stöcklein (1676–1733) ab 1725 in Augsburg herausgab. Er enthält Briefe von Jesuitenmissionaren, insbesondere auch Originalbriefe deutscher Jesuitenmissionare. Der Bericht aus Kairo stammt von dem französischen Jesuiten Sicard.

Ich habe Eurer Ehrwürden öfters geschrieben, daß die Kopten in Ägypten ein absonderliches, von dem Reich Gottes weit entferntes Volk sind; doch nur von jenen zu verstehen, die in ihrer Ketzerei verharren; dann obwohl sie sich für Christen ausgeben, sind sie es doch nur dem Namen und Schein nach. Ja, viele unter ihnen sind so ungeschickt, daß außerhalb der Leibes-Gestalt kaum etwas Menschliches bei ihnen anzutreffen ist. Gleichwie aber der Sohn Gottes kein einziges Geschlecht dieser Welt, so elend es auch immer sein mag, von seinem Reich ausschließt ..., also unterlassen wir ebenfalls nicht, die unwissenden Kopten in dem Glauben zu unterrichten, so unfähig sie immer sind, dessen Geheimnissen ohne fast unbestreitliche Mühe zu erlehren. Wir werfen den guten Samen in diese undankbare Erde, welche zwar mit Unkraut stark überzogen, doch nicht dergestalt unfruchtbar ist, daß wir uns nicht alle Jahr eines kleinen Schritts zu trösten hätten. Gewißlich, unsere letzte Ernte war im vorigen Jahr nicht zu verachten, denn die einzige Bekehrung eines koptischen Priesters, den Gott durch unsere Bemühungen in die wahre Kirche versetzt hat, wird unfehlbar eine Zahl gemeiner Kopten nach sich ziehen, deren Unwissenheit so groß ist, daß sie alles blinderdings glauben, was die Lands-Priester ihnen sagen. [...]

Quelle: Ein dritter, doch verkürzter Brief P. Claudii Sicard an P. Carolum Fleuriau, geschrieben zu Groß-Cair, den 2. Juli 1723, in: Neuer Welt-Bott, Oder Allerhand So Lehr- als Geistreiche Briefe, Schrifften und Reis-Beschreibungen, Welche von denen Missionariis der gesellschaft Jesu/ aus Indien und andern über Meer gelegenen Ländern biß Anno 1731 in Europa angelangt seynd, 19. Teil, Augsburg 1732, Num 420, 120.

137. Goldküste: Schwer überwindbare religiöse Traditionen

Sierra Leone diente der portugiesischen Kolonialmission als Stützpunkt. Die Beschreibung Francisco de Lemos Coelhos läßt freilich auch die Enttäuschung über die wenig genutzten Möglichkeiten erkennen:

Nach der Entdeckung dieser Küste von Guinea und während der Zeit, in der die Besiedlung durch die Portugiesen begann, gibt es keine Aufzeichnungen über Priester, die ausdrücklich für die Bekehrung der heidnischen Bevölkerung ausgesandt wurden, da der Bischof dieser Insel – zu der diese gesamte Küste gehört – damit zufrieden war, einen Vikar in den Ort Cacheu zu schicken, um den Einwohnern dort die Sakramente spenden zu können ... und als diese Zuwendung erweitert wurde, geschah dies nur dadurch, daß ein Geistlicher wie früher nach Geba und heute nach Farim in eine bestimmte Siedlung geschickt wurde, um dort die Sakramente zu reichen. Zur gleichen Zeit sandten sie auch einen Visitor, der auf seinem Weg an allen Flüssen entlang all denen die Sakramente reichte, die er dort traf. [...]

Quelle: Francisco de Lemos Coelho, Description of the coast of Guinea, 1684, Liverpool 1985, hg. und übers. von P. E. H. Hair, in: D. Peres (Hg.), Duas decricoes seiscentistas da Guiné de Francisco de Lemos Coelho, Lissabon 1953; vgl. P. E. H. Hair, Christian Influences in Sierra Leone before 1787 (in: Journal of Religion in Africa, 27, 1997, 3–13, hier: 11).

138. „Wir sind nicht besser als unsere Vorfahren“ (1704)

Eine der bekanntesten und zuverlässigsten Schilderungen Westafrikas des späten 17. und frühen 18. Jh. ist diejenige des Niederländers Willem Bosmans (1672–?) der bereits als 16jähriger ausreiste und in Elmina (ht. Ghana) zu einem der ranghöchsten niederländischen Beamten wurde. In seinem 1704 in Utrecht erstmals veröffentlichten Bericht befaßte er sich auch mit der katholischen Mission und den Widerständen der einheimischen Bevölkerung. Seine Beschreibung der Küste Guineas war sehr erfolgreich und wurde 1709, 1719 and 1737 wiederveröffentlicht und ins Englische und Französische übersetzt. Auch eine auf der französischen Ausgabe basierende deutsche Übersetzung (Hamburg 1706) wurde erstellt.

Zeit meiner Anwesenheit zu Fida hielt sich dort ein gewisser Geistlicher von S. Thoma vom Augustiner-Orden auf, um die Mohren nach Möglichkeit zu dem rechten Glauben zu bringen, wiewohl alle Mühe und Arbeit vergebens war. [...] Es ersuchte einst obiger Geistlicher den König, er möchte ihn doch einmal die Messe lesen sehen; welches der König nicht ausschlug, und bei seiner Wiederkunft auf meine Nachfrage hin, wie ihm die Messe gefallen habe, mir zur Antwort gabe, es wäre recht schön anzusehen, allein er hielte es doch lieber mit seinem Fetiche. Als auch nachgehends dieser Augustiner in einer vornehmen Gesellschaft eines Hofbedienten sich befand, welches ein sehr schlauer Mann war, fing jener an mit Drohworten herauszufahren, falls die Einwohner zu Fida noch länger so leben würden wie Zeithero, ohne sich zu bekehren, würden selbige unumgänglich alle zur Höllen und ewigem Feuer fahren; darauf der Hof-Bediente antwortete: Es haben unsere Väter, Groß- und Älterväter eben so gelebt wie wir jetzt leben, und haben ihren Göttern ebenso gedient wie wir (es) noch heutigen Tages gewohnt sind; Müssen nun jene darum brennen, was Rats? Wir sind nicht besser als unsere Vorfahren, und begehren daher auch nichts bessers. Hiemit mußte der gute Augustiner für dieses mal zufrieden sein, und konnte leichtlich die Rechnung machen, es würde zu Fida nicht viel zu tun geben, so daß er mich um Beurlaubung bei dem König ersuchte, und selbige auch sogleich erhielt.

Quelle: W. Bosman, Reyse nach Guinea, oder ausfürliche Beschreibung dasiger Gold-Gruben, Elephanten-Zähn und Sclaven-Handels nebst deren Einwohner Sitten, Religion, Regiment etc. Hamburg 1708, 465–466 (in modernisierter Form). – *Lit.*: W. Bosman, A new and accurate description of the Coast of Guinea divided into the Gold, the Slave and the Ivory Coasts, neu hg. von J. D. Fage/R. E. Bradbury, New York 1967, viiff. (Einf.), 385f. (Let. XX); J.G. Platvoet, Dutch Merchants, Missionaries and Academics on African Religions, 1594–2000, in: Ludwig/Adogame, European Traditions 75–96.

139. Äthiopien: Hinrichtung von drei Kapuzinern (1684)

Im 17. Jh. setzten die Portugiesen, Rom und die Jesuiten ihre Bemühungen zur Katholisierung Äthiopiens fort. Als sich der Kaiser Susenyos 1622 zum katholischen Glauben bekannte, schien eine Realisierung in Reichweite. Da jedoch der „Patriarch" Alphonsus Mendes, der vom Papst 1625 entsandt worden war, auf der Abschaffung vieler äthiopischer Bräuche einschließlich der Beschneidung bestand, erhob sich bald ein allgemeiner Widerstand, der schließlich zur Abdankung Susenyos und zur Vertreibung der Jesuiten führte. Auch andere römisch-katholische Missionare durften nun nicht mehr ins Land kommen. Ein Bericht über das Scheitern einer Kapuziner-Mission findet sich in dem von dem Göttinger Orientalisten H. Michaelis herausgegebenen Lebenslauf Peter Heylings (1607–1662), der 1632 nach Äthiopien ausgereist war.

Nun begab sichs, daß der durch den Herrn Ludolff (1) in Deutschland bekannt gemachte abbessinische Abba Gregorius, aus Indien in sein Vaterland zurückzukehren willens, anno 1647 zu Suaquen angekommen. [...] Da meinten die drei Kapuziner einen guten Gelehrten an ihm zu kriegen; oder doch einen Brief durch den großen Negus an ihn zu bestellen. Sie setzen auch einen auf ganz unbedachtsame Weise auf, des freien Inhalts: Wie sie, Religiosen, aus Italien von dem Papst, als dem Hohenpriester aller Christen, abgesandt worden, dem Groß-König von Äthiopien und seine Unterthanen, die Wahrheit des römisch-katholischen Glaubens zu verkündigen. Also bäten sie um Erlaubnis, in sein Reich zu kommen, nicht zweifelnd Seine Majestät würde ihnen darinnen willfahren. Diesen Brief sollte Gregorius, welcher allein voraus reiste, mit sich nehmen; dessen er sich aber, nicht ohne Ursache, weigerte. Ist also der Brief durch einige Araber gesandt und zu Anfange des 1684. Jahres überliefert, von dem Könige aber überaus ungnädig aufgenommen worden. Denn er war deswegen zornig, und sagte: Es wäre wohl zu beklagen, daß er nicht allein von den Portugiesen im Orient oder Indien, sondern auch von den Italienern im Occident dermaßen geplagt würde, daß er mit seinen Leuten keine Ruhe in seinem Land haben könnte. Er schrieb deswegen alsbald einen Brief nach Suaquen, daß man die drei Religiosen hinrichten sollte: welches der Bascha auch, aus Hoffnung eines guten Gewinnes, ohne langes Bedenken verrichtete. Ja das versprochene Trinkgeld von dem Negus gewiß zu erlangen, ließ er den enthäupteten Mönchen das Fell von den Köpfen ziehen, stopfte es mit Stroh aus, und schickte es also dem Negus zu, damit er aus den Haaren sehen möchte, daß sie Europäer, und aus der geschorenen Krone, daß sie Priester gewesen ...

Erläuterung: (1) Hiob Ludolf (1624–1704), Begründer der Äthiopistik in Deutschland, verfaßte ein Wörterbuch, eine Grammatik und eine Landeskunde Äthiopiens. – *Quelle*: H. Michaelis, Sonderbarer Lebens-Lauff Herrn Peter Heylings aus Lübec und dessen Reise nach Ethiopien ..., Halle 1724, Kap. LXXX: 88f. (Text leicht modernisiert).

D. Anfänge protestantischer Mission

140. Goldküste: Lutherische Missionsinitiativen (1673)

Mit dem Untergang der spanischen Armada 1588 öffnete sich für die protestantischen Mächte Europas der Weg nach Afrika. Von dieser Möglichkeit machten im 17. Jh. England, die Niederlande, Dänemark, Schweden, Brandenburg und Kurland Gebrauch. Sie errichteten ihre Handelsniederlassungen zunächst vor allem in Westafrika, und dabei kam es zu sporadischen kolonialmissionarischen Bestrebungen. So wirkte Wilhelm Johann Müller (1633–?) im Auftrag der dänischen Handelskompanie von 1622–1670 in der Goldküste (heute: Ghana) als dänisch-lutherischer Kaplan. Seine Beschreibung bekundet auch ernsthafte Missionsversuche.

Zwar wissen die meisten [der Einheimischen], vornehmlich welche mit den daselbst wohnenden Christen umgehen, zu sagen, daß ein allmächtiger Schöpfer Himmels und der Erden, welchen sie Jan Commè oder Jan Cómpo, das ist ein vornehmer Herr, nennen, sein müsse, welcher uns *Blanquen* [Weißen] – von ihnen in portugiesischer Sprache *Filhos de Deos* [Söhne Gottes] genannt – alle Gut- und Wohltaten, insbesonderheit niedliche Speise und Trank, gute Kleider und Schuhe, kostbare Waren zu verkaufen erlaube; aber so mangelt ihnen doch an der Erkenntnis des wahren lebendigen Gottes. Sie begehren nicht zu glauben an den Allmächtigen Schöpfer Himmels und der Erde, zu schweigen davon, daß sie denselben fürchten, lieben und ihm vertrauen wollen. Aus solcher Blindheit des Herzens rühret alles Übel her. [...] Saget man ihnen von Christi Leiden und Sterben, so fragen sie, was er Böses getan habe. ‚Er müsse', sagen sie, ‚einen Fehltritt begangen haben, sonst würde sein Vater, Jan Commè, nicht gestattet haben, daß man so greulich mit seinem Sohn gehandelt hätte.' Diese Frage stellte mir der fetuische Day (Priester) durch einen Dolmetscher, als er auf Friedrichsberg ein Crucifix hängen sah, worauf ich zur Antwort gab: Gottes Sohn hätte nichts Übles getan, daß sein Vater zugelassen hätte, daß er so greulich wäre gemartert und gar getötet worden; solches hätte er getan aus lauter Liebe, nicht nur zu uns Blanquen, sondern auch zu ihnen, den Schwarzen, damit wir nicht möchten ewig im höllischen Feuer liegen. Hierauf schwieg dieser heidnische Mann still und schüttelte den Kopf. Was aber seine Gedanken sein mochten, konnte man daraus schließen. [...]

Quelle: W. J. Müller, Die Africanische auf der Guineischen Gold-Cust gelegene Landschafft Fetu, Hamburg 1763, Nachdruck: Graz 1968, 87–98, zitiert in: Raupp, Mission 78ff. – *Lit.*: H. W. Debrunner, A History of Christianity in Ghana, Accra 1967; R. Debusmann/F. Ludwig, From distance to difference, in: Ludwig/Adogame, European Traditions 65–74.

141. Ein afrikanischer Pfarrer über Indien als Vorbild (1745)

In einem Schreiben an das Direktorium der niederländischen Westindienkompanie in Amsterdam beschwert sich der afrikanische Pfarrer J. E. J. Capitein (1717–1747) – ein ehemaliger Sklave, der an der Universität Leiden promoviert und als erster Schwarzafrikaner in das Amt eines protestantischen Geistlichen ordiniert worden war – über die Verhältnisse in der niederländischen Handelskolonie Elmina im heutigen Ghana und das fehlende Interesse der örtlichen Kolonialobrigkeit an einer Ausbreitung des Evangeliums unter der einheimischen Bevölkerung. Demgegenüber verweist er auf die ungleich besseren Arbeitsbedingungen, derer sich seine Kollegen in der dänischen Kolonie Tranquebar im Süden Indiens erfreuten (zur Dänisch-Halleschen Mission in Tranquebar s. Texte 34ff). Das Schreiben verdeutlicht die Wahrnehmung der kirchlichen Verhältnisse in anderen Kontinenten durch Angehörige der entstehenden christlich-afrikanischen Elite quer zu bestehenden konfessionellen und kolonialen Netzwerken.

Vornehmste und ehrenwerteste Herrschaften! Eure Exzellenzen! [...] Das Amt des Pfarrers wird hier verachtet und die Diener des Wortes Gottes sind Spott, Verleumdung und Mißhandlung ausgesetzt. [...] Nicht nur eheliche, sondern auch uneheliche Kinder sind hier seit den frühesten Zeiten getauft worden. Darüber hinaus habe ich entdeckt, daß es noch getaufte nichteheliche Kinder der Europäer in unserer abhängigen Kronkolonie und möglicherweise woanders gibt. Diese haben seit ihrer Taufe keinerlei Unterweisung von ihren Eltern erhalten und sind auch keinen Lehrern zu diesem Zweck anvertraut worden, sondern im Heidentum aufgewachsen ... und bleiben darin. Aus diesem Grund habe ich einerseits von der Freiheit, die Eure Exzellenzen mir gewährt haben, Gebrauch gemacht und einige der Heidenkinder getauft, die in die Schule gehen, da sie Fortschritte machen und sich selbst als geeignet erweisen. Aber ich fürchte, daß sie – solange wir keine richtigen Seminarien haben, ... in denen diese Kinder [von heidnischen Einflüssen] abgeschlossen und versorgt werden können – in ihre heidnische Lebensweise zurückfallen werden. Dementsprechend werde ich [in Zukunft] die Verwaltung des heiligen Sakraments so lange zurückhalten, bis Eure Exzellenzen dem historischen Vorwort [und Vorschlägen] des verstorbenen Pfarrers Herrn Hendrik Velse ... Beachtung geschenkt und ihm zugestimmt haben. In seinen „Genauen Berichten über die Einrichtung des Christentums unter den Heiden an der [indischen] Koromandel- und Malabarküste durch die Dänischen Missionare in Tranquebar", Paragraph 46–53, sind die ... Mittel aufgelistet, durch die ein Pfarrer in diesen Teilen [der Erde] sowohl zur Verbreitung des Evangeliums vom Ruhm des gesegneten Gottes wie auch zur Förderung der Interessen der Kompanie Eurer Exzellenzen beitragen kann. Keiner dieser Zwecke kann jedoch erreicht werden, wenn den Dienern Gottes nicht größere Freiheit in der Ausübung ihres Dienstes gewährt wird und wenn sie nicht mit den angemessenen Mitteln ausgestattet werden, um ihre Aufgaben auszuführen. Wenn derartige Maßnahmen jedoch nicht in Betracht kommen, werden mir Eure Exzellenzen erlauben, daß ich in der demütigsten und respektvollsten Weise darum bitte, von meinen Pflichten [als Kolonialpfarrer in Elmina] entbunden zu werden. [...]

Quelle: D. N. A. Kpobi, Mission in Chains. The life, theology and ministry of the exslave Jacobus E. J. Capitein (1717–1747) with a translation of his major publications, Utrecht 1993, 246–249. – *Lit.*: Kpobi, ebd.; A. Eekhof, De Negerpredikant Jakobus Elisa Johannes Capitein, 's-Gravenhage 1917; K. Koschorke (Hg.), Transkontinentale Beziehungen in der Geschichte des außereuropäischen Christentums, Wiesbaden 2002, 9f; D.N.A. Kpobi. Saga of a Slave: Jacobus Capitein of Holland and Elmina, Legon 2001; D.N.A Kpobi, African Chaplains in seventeenth century West Africa, in: Kalu, African Christianity 140–171.

142. Herrnhuter in Südafrika und Westafrika

a) Georg Schmidt am Kap (1744)

In Südafrika war 1652 Kapstadt von den Niederländern als Zwischenstation auf dem Seeweg nach Indien gegründet worden; hier unterbrachen auch die beiden ersten dänisch-halleschen Missionare Ziegenbalg und Plütschau ihre Reise nach Indien. Nach ihren Berichten über die Situation in Südafrika wandte sich das Direktorium der Niederländischen Ostindienkompanie an die Herrnhuter Brüdergemeinde, das zweite große Missionswerk im Bereich des Pietismus. Diese entsandte den ersten deutschen Missionar nach Südafrika: Georg Schmidt (1709–1785) war 1725 aus dem katholischen Kunewalde in Mähren nach Herrnhut gekommen, wo er mit den Anhängern Zinzendorfs die geistliche Erweckung vom 13.8.1727 erlebte. 1737 machte er sich auf die Reise nach Südafrika. Nach einem Aufenthalt in Kapstadt ließ er sich in Zoetelmelks-vlei nieder, wo er die Missionsarbeit unter den „Hottentotten" (heutige Bezeichnung: Khoikhoi) aufnahm. Im Haus des Khoikhoi Africo, der aus Kapstadt mit ihm gekommen war, fanden abends Versammlungen statt:

Sie waren Liebhaber von Toback. So gab ich ihnen und rauchte mit ihnen. Dabei redete ich etwas mit dem Africo, wie daß ich aus freier Liebe zu ihnen gekommen sei und nichts anderes bei ihnen wollte, als ihnen den Heiland bekannt zu machen und ihnen zu helfen arbeiten, daß sie leben könnten. Der Africo sagte: Das ist gut, Baas (Herr). Die andern konnten kein holländisch. Ich fragte ihn auch, ob sie wohl wüßten, daß ein großer Baas sei, welcher ihnen ihr Vieh und alles, was sie haben, gegeben hätte. Er sagte: Ja. Wie nennt ihr denselben? Er sagte: Tui'qua. Ich sagte: Ihr lieben Menschen, dieser Tui'qua, das ist der Heiland, der Seligmacher. Er ist einmal Mensch geworden, und für uns Menschen am Kreuz gestorben, und der will euch auch zu seligen Leuten machen. Dazu sagten sie nichts. [...]

Mit der Zeit kamen ihrer noch mehr von Kralen (1) an, um mich zu hören. Weil sie mich aber nicht verstehen konnten, so lernte ich sie holländisch lesen, und dabei sagte ich einem und dem andern etwas vom Heiland, soviel sie mich verstehen konnten. Sie hatten auch allerhand Aberglauben. Als ich ihnen aber sagte, daß es nur Betrügerei wäre, so sagte der Africo: Das kann ich begreifen, daß es so ist, und glaubte es nicht mehr.

In ¾ Jahr fragte ich durchs Los (2), ob ich mich nach einem andern Ort umsehen sollte, weil ich der Kompanie-Post zu nahe war, weil mehr Hottentotten zu mir kamen. Das Los traf: Ja. Ich hatte zwei Orte im Anschlag. Das Los traf: Am Sergeantsrevier. So zog ... [ich] den 23. April 1738 mit 18 Hottentotten, klein und groß, ans Sergeantsrevier und fing da wieder an, ein Haus zu bauen, und machte wieder einen Garten, und sobald ich konnte, fing ich an, Versammlung mit ihnen zu halten. Da fing sich eine Erweckung unter ihnen an, so daß in kurzer Zeit Große und Kleine miteinander beten gingen, und besonders war der Wilhelm einer von den besten. So sagte ich zu ihnen: Ihr lieben Menschen, es ist gut, daß wir ein bißchen ordentlich werden, und ich teilte sie in Gesellschaften ein. Die hielten sie alle Tage, und ich nahm mich ihrer an, soviel ich konnte, und des Morgens ließ ich sie ins Gebet zu ihnen kommen, und abends hielt ich mit ihnen Versammlung. [...] Als die ersten Erweckten aber anfingen, mehr nach ihrem Vieh zu sehen, daß es nicht Schaden täte, so mußten sie das täglich allein tun. So wurden sie über die andern verdrießlich, daß sie ihr Vieh auch dabei hatten, und sie wurden uneins untereinander ... und eins und das andere fing an, aus ihren Gesellschaften auszubleiben. [...] Es hatte ihnen auch ein Bauernknecht gesagt: Wenn ihr Leute gelehrt werdet sein, so wird euch die Kompanie zu Sklaven machen. Das ging ihnen recht im Kopfe herum, und mir sagten sie nichts davon, bis daß ich es hörte. [...] 1742 im Monat März kriegte ich die Ordination von der Gemeine. Den 29ten unterwegs von (der) Kap taufte ich den Wilhelm bei einem Wasser und gab ihm den Namen Josua. Den 2ten April taufte ich den Africo auf meinem Wohnplatz und gab ihm den Namen Christian. [...] Den 4ten September mußte ich auf die Kap in die Ratsversammlung kommen wegen dem Taufen. Der Gouverneur fragte mich vor dem Rat, wer mir die Order zu taufen gegeben hätte. Ich sagte: Die Vorsteher unserer Kirche. Er sagte: Die Vorsteher eurer Kirche haben hier nichts zu sagen, sie können Euch vor diesen Ort nicht ordinieren. Ich sagte: Ich bin vor diesen Ort nicht ordiniert worden, sondern vor die Hottentotten. Er sagte: Die Hottentotten stehen auch unter dem Praedikanten. [...] Kurz darauf fing sich eine Rede unter den Leuten an, daß mir zu taufen verboten wäre, und ich dürfte unter den Hottentotten nichts mehr tun. Das ging so weit, bis es meine Hottentotten auch hörten. Darüber wurden sie noch mehr konfus, auch (die), die getauft waren, und sie kamen wenig mehr in die Gesellschaft zu mir. [...]

b) Verurteilung der Taufen der Herrnhuter (1743)

Der Widerstand der reformierten Geistlichen in der Kapkolonie gegen Georg Schmidt verstärkte sich. Im Dezember 1743 entschied die Amsterdamer Classis, Leitungsgremium der niederländischen reformierten Kirche, die Taufen der Herrenhuter zu mißbilligen. 1744 mußten diese die Kapkolonie verlassen.

Wir wünschen (und werden uns auch bemühen dies sicherzustellen), daß gewisse taugliche Personen, welche dem reformierten Glauben angehören, für die Unterrichtung der bedauernswerten Hottentotten und anderer hinter dem Berg in der christlichen Religion bestellt werden. Die Taufe der Herrenhuter ist von den Synoden von Süd- und Nordholland für ungültig erklärt worden. Aufgrund dessen mißbilligt unsere

Classis die Taufen des Herrenhuters Schmidts und stimmt des Gouverneurs und Ihrer Maßnahme zu. Die Classis ist allerdings auch der Meinung, daß Ihr auf die Abberufung Schmidts durch die „Siebzehn“ [das Leitungsgremium der Niederländischen Ostindienkompanie] bestehen sollten. Die Classis fordert Euch vielmehr dazu auf, alles in Eurer Macht Stehende zu tun, damit auch die einfachen Europäer, die Ihr erwähntet, gute Unterrichtung erhalten.

c) Carl Christian Reindorf: Anfänge in Westafrika (1737)

Auch in Westafrika war die Brüdergemeine aktiv. Im 18. Jh. versuchte sie dreimal (1737, 1768, 1770), in der Goldküste (Ghana) missionarische Arbeit zu beginnen, wurde aber durch den Tod (meistens Gelbfieber) der dortigen Mitarbeiter an der Fortführung ihrer Arbeit gehindert. Bemerkenswert war, daß der erste Missionar ein Afrikaner war, Christian Jacob Protten Africanus (1715–1769). Über die Anfänge berichtet der afrikanische Pfarrer und Historiker Carl Christian Reindorf (1834–1917), der 1895 eine Geschichte der Goldküste und Asantes verfaßte.

Auf Vorschlag von Gouverneur Hendrik von Suhm, der damals das Kommando über die dänischen Siedlungen an der Goldküste hatte, wurde Pastor Schwane, der sechs Jahre lang das Amt eines Kaplans an der Küste ausübte, damit beauftragt, zwei mulattische Jungen zur Erziehung auf Staatskosten an die staatliche Schule von Kopenhagen zu bringen. Zwei Jungen wurden ausgewählt, aber da einer durch Krankheit verhindert wurde, nahm Protten seine Stelle ein. So wurden er und der andere Junge im Jahr 1727 nach Dänemark gebracht. Prottens Mutter schien eine Tochter des Königs Ashongmo gewesen zu sein, die 1680 nach Popo [im heutigen Benin/Dahomey] emigriert war, sein Vater war wohl ein Soldat im Schloß von Christiansborg. Am 17. November 1727 wurde Protten in Kopenhagen auf den Namen „Christian Jakob“ getauft. Von 1728 bis 1732 studierte er. 1735 in sein Heimatland berufen, was er sich aber nicht zutraute, traf er glücklicherweise Graf Zinzendorf in Kopenhagen, und nach achttägigem Verkehr mit ihm gab er seinem Verlangen Ausdruck, Missionar zu werden. Im Juli 1735 begleitete er Zinzendorf nach Herrnhut, wo der Fall der Gesellschaft vorgelegt wurde. Henry Huckoff wurde von der Konferenz dazu auserwählt, Protten als erster mährischer Missionar nach Afrika zu begleiten. Zinzendorf reiste mit Protten weiter nach Holland und regelte die Überfahrt. Im März 1737 segelten sie nach Afrika ab und erreichten Elmina am 11. Mai. Es war die Absicht der Gesellschaft, zuerst ihre Mission in Elmina unter der Schirmherrschaft der niederländischen Regierung zu errichten. Bei ihrer Ankunft in Elmina schlug Protten vor, nach Akra zu gehen, und sein Mitbruder mußte ihm dorthin folgen. Aber 35 Tage nach ihrer Ankunft im Lande wurde Huckuff in Akra am 15. Juni 1737 begraben. Im September reiste Protten zu seinen Verwandten in Popo. Dort wurde er gegen seinen Willen festgehalten und kehrte erst im Oktober 1739 zurück. Bis 1762 war er nie ständig mit direkter Missionsarbeit betraut und ließ sich nirgendwo nieder. 1741 kehrte er nach Deutschland zurück. Im Jahr 1743 reiste er nach St. Thomas, kehrte 1745 nach Deutschland zurück und heiratete am 6. Juni 1746 eine fromme Mulattin, die Witwe eines mährischen Missionars.

d) C. J. Protten Africanus: Bewerbungsschreiben (1735)

Mit folgendem Schreiben bewarb sich der (oben erwähnte) Afrikaner C. J. Protten Africanus 1735 um Aufnahme in die Herrnhuter Brüder-Unität:

Anno 1727 den 14. August kamen wir nach unterschiedlicher überstandener Gefahr endlich auf Copenhagner Rhede an, daß heißt der Herr herrschet und brauchet Macht

mit seinem Arm. Den 17. November darauf in selbigem Jahr wurde ich mit dem anderen [Frederik Pedersen Svane] aus Africa getaufft, nachdem wir beide examiniret waren. [...] Hernach wurden wir zum Schmiedehandwerk verordert, weil daßelbe sehr profitabel in Africa seyn soll, wir hatten aber keine Lust darzu und ließen dem Prediger keine Ruhe, biß er uns permission erwürb, daß wir studieren dürfften, welches auch zugelaßen wurde und 4 Jahre darzu ausgesetzt wurden. [...]
(1735) Der Hr. Geh. Rath Pleß ... ließ ... mich mit meinem Landsmann zu sich ruffen und uns fragen, ob wir wieder nach Africa kehren wollten, und da wir mit ja antworteten, versprach er uns unsere Reise dahin zu besorgen, die Unkosten auf sich zu nehmen und sollte uns jetzo das zum Absegeln fertig liegende Schiff abführen (mit welchem auch mein Landsmann fortging). [...] Ich fühlte große Unruhe, daß ich Pleß das versprochen hatte; ich fühlte meinen Hochmuth und daß ich nicht wäre im Stande zu kommen nach Africa, ich möchte ein Ärgernis anrichten. Ich hielt Rath mit Hr. Prof. Reus(s), bey dem ich damals war. Sein Rath war: Ich sollte zu Pleß gehen und es gerade heraus sagen, daß ich nicht im Stande wäre, an die Heyden zu kommen, welches ich dann auch thate und wurde meine Unruhe los. Es kam der Herr Graf von Zinzendorff nach Copenhagen. Es wurde mir vorgeschlagen von Reus(s), ob ich nicht wollte nach Herrnhut gehen. Ich antwortete aber, ich wollte nach Holland. Ich wurde nun recht unruhig, daß ich keine Arbeit hatte und ich möchte gerne etwas mit meinen Händen arbeiten lernen. Ich konnte mir aber keinen bequemeren Ort dazu erdencken als Herrnhut. Ich ging drobhalber wieder zu Reuß, fragte, ob der Herrnhuter nach da, denn ich wußte nicht, daß der Hr. Graf selbst war, biß hernach, da ich ihm von meiner Reise wegen geredet, welches auch geschah und ich am 3ten Tage darauff auf die Weise nach Herrnhut mitgekommen. Da ich nun hergekommen bin, habe ich öfters Unruhe in mir gehabt und eine Reitzung zum Weggehen hiervor bey mir verspüret. Der Herr aber braucht Macht mit seinem Arm. Ich bin ein Zeuge dessen, daß er eine gewaltige Majestät, die alles kann, was sie will, seelig ist, seelig ist, wer sein Freund ist!

Erläuterung: (1) Als Kral bezeichneten die Europäer die Niederlassungen der Khoikhoi. (2) Der Brauch, „den Heiland durch das Los entscheiden zu lassen", geht auf den Gründer, Nikolaus von Zinzendorf (1700–1766) selbst zurück und fand in der frühen Geschichte der Herrnhuter in vielen Bereichen Anwendung. – *Quelle*: (a) Georg Schmidts Bericht über seinen Aufenthalt am Kap, 8. September 1744, in: B. Krüger/H. Plüddemann/J. du P. Boeke/H. C. Bredekamp/J. L. Hattingh, Das Tagebuch und die Briefe von Georg Schmidt, dem ersten Missionar in Südafrika (1737–1744), Bellville 1981, 478–487; (b) C. Spoelstra, Bouwstoffen voor de geschiedenis der Nederduitsch-Gereformeerde Kerken in Zuid-Afrika, Amsterdam 1906–1936, 2, 76, zitiert in: J. Du Plessis, A History of Christian Missions in South Africa, Cape Town 1911 ([N]1965), 56–59; (c) C. C. Reindorf, History of the Gold Coast and Asante, Basel 1895, 221–222; (d) Archiv der Brüderunität in Herrnhut, zitiert in: P. Sebald, Christian Jacob Protten Africanus (1715–1769) – erster Missionar einer deutschen Missionsgesellschaft in Schwarzafrika, in: W. Wagner (Hg.), Kolonien und Missionen, Münster/Hamburg 1994, 109–121. – *Lit.*: (a) K. Müller, Georg Schmidt. Die Geschichte der ersten Hottentottenmission 1737–1744, Herrnhut 1923; J. Du Plessis, A History of Christian Missions in South Africa, Cape Town 1911 ([N]1965); H. Beck, Brüder in vielen Völkern, Erlangen 1981, 98–106; D. Chidester, Savage Systems, Charlottesville 1996, 31–34; G. Schiewe, Georg Schmidt. Sein Leben und Wirken nach Aufzeichnungen aus seinen Tagebüchern, [s.n.] 2009; (b) G. Schiewe, Georg Schmidt. Sein Leben und Wirken nach Aufzeichnungen aus seinen Tagebüchern, [s.n.] 2009; (c) P. Jenkins (Hg.), The Recovery of the West African Past. African Pastors and African History in the Nineteenth Century. C. C. Reindorf & Samuel Johnson, Basel 1998, 13; S. Quartey, Missionary practices on the Gold Coast, 1832–1895. Discourse, gaze, and gender in the Basel Mission in pre-colonial West Africa, Youngstown, NY 2007; (d) H. Debrunner, Sieckentroosters, Predikants and Chaplains: A Documentation of the History of Dutch and English Chaplains to Guinea before 1750 (in: Bulletin of the Society for African Church History 1, 1965, 73–89); J.F. Sensbach, Rebecca's Revival. Creating Black Christianity in the Atlantic World, Cambridge, MA 2005, 162–230.

E. Proteste gegen den Sklavenhandel

143. Die „Encyclopédie“ über den Sklavenhandel (1765)

In der zweiten Hälfte des 18. Jh. wurde der Sklavenhandel von verschiedenen Seiten angegriffen. Führende Vertreter der Aufklärung wandten sich entschieden gegen die offenkundige Beschränkung der Freiheit. Eine wichtige Rolle spielte in Frankreich die *Encyclopädie,* die zwischen 1751 und 1772 von Denis Diderot (1713–1784) und Jean Le Rond D'Alembert (1717–1783) herausgegeben wurde. Diese galt als Nachschlagewerk zur Verbreitung vernunftgemäßer Ansichten und wurde durch ihre weite Verbreitung und das große Themenspektrum zu einem zentralen Werk. Der Artikel über die „Neger“ von Le Romain erschien im 11. Band von 1765.

Um diesen widerlichen Handel, der dem natürlichen Recht entgegengesetzt ist, zu rechtfertigen, wird argumentiert, daß normalerweise diese Sklaven die Rettung ihrer Seelen in dem Verlust ihrer Freiheit finden, und daß die christliche Lehre, die sie zusammen mit ihrer unersetzbaren Rolle im Zuckerrohr-, Tabak und Indigoanbau empfangen, die offensichtliche Unmenschlichkeit eines Handels, in dem Menschen ihre Mitmenschen kaufen und verkaufen wie Nutzvieh zur Bebauung des Landes, abmildert.

Quelle: Le Romain, ‚Commerce‘, in: L'Encyclopédie, 1765, nach: M. Craton, Slavery, abolition and emancipation, London 1976, 207f. – *Lit.* (zum Afrika-Bild der Aufklärung): U. Bitterli, Die „Wilden“ und die „Zivilisierten“, München [2]1991, 270–288; F. Ludwig/A. Adogame, Introduction, in: Ludwig/Adogame, European Traditions 1–22; J.-G. Bidima, The Dialectic of the French Enlightenment for Africans, in: Ludwig/Adogame, European Traditions 97–108.

144. Der Versicherungsfall Zong (1783)

Wie durch kein anderes Ereignis wurden die Verbrechen des Sklavenhandels der Öffentlichkeit durch den „Versicherungsfall Zong“ ins Bewußtsein gerufen. Die Ausschreitungen vom 19.3.1783 mobilisierten in Großbritannien den Widerstand gegen die Sklaverei. Der Fall wurde durch Granville Sharp (1735–1813) bekanntgemacht, der seit 1769 im Kampf gegen die Sklaverei engagiert war.

Das Schiff *Zong* oder *Zung* ... segelte von der Insel St. Thomas, an der Küste Afrikas, am 6. September, 1781, mit 440 Sklaven (oder 442) und 17 Weißen an Bord, in Richtung Jamaika. Zwischen der Zeit, als sie die Küste Afrikas verlassen hatte, und dem 29. November 1781, starben sechzig Sklaven und mehr und sieben weiße Menschen, und eine große Zahl der verbleibenden Sklaven war krank. [...] Es ist belegt, daß sie bis zu genau diesem Tag, dem 29. November (oder dem vorhergehenden Tag) nicht entdeckten, daß der Vorrat an frischen Wasser auf zweihundert Gallonen reduziert war, aber genau an diesem Tag, oder am Abend, noch ... bevor es irgendwelchen wirklichen Wassermangel gab, rief der Kapitän des Schiffs einige seiner Offiziere zusammen und sagte ihnen folgendes: – daß, wenn die Sklaven eines natürlichen Todes stürben, dies ein Verlust des Eigentümers des Schiffes sei, aber wenn sie lebend in das Meer geworfen würden, es der Verlust der Unterzeichnenden (d.h. der Vertragspartner der Versicherungsgesellschaft) sei“. [...] Zwei oder drei oder einige Tage später wählte der genannte Luke Collingwood aus der Fracht desselben Schiffs 130 Sklaven aus – oder ließ sie auswählen –, von denen alle oder die meisten krank waren, und bei denen nicht wahrscheinlich war, daß sie weiterleben würden, und gab der Crew Anweisung, sie ins Meer zu werfen, und dieser sehr inhumanen Anordnung wurde grausam Folge geleistet.

Quelle: Prince Hoare, Memoirs of Granville Sharp, London 1820; in: C. M. Craton, Slavery, abolition and emancipation, London 1976, 47ff.

145. William Wilberforce: Parlamentsrede (1789)

Wichtige Initiativen zur Abschaffung der Sklaverei gingen zunächst von den Quäkern aus, die im Führungskomitee der 1787 gegründeten Gesellschaft zur Abschaffung des Sklavenhandels (Society for the Abolition of the Slave Trade) neun der zwölf Mitglieder stellten. Auch John Wesley (1703–1791) ergriff Partei gegen den Handel mit menschlicher Ware (vgl. KThQ IV, 37, 110ff). Einflußreich war dann die „Clapham-Sekte", eine nach dem Londoner Vorort Clapham benannte Gruppierung erweckungsbewegter Anglikaner. Ihr parlamentarischer Sprecher war William Wilberforce (1759–1813), der 1789 seine erste Rede zur Abschaffung des Sklavenhandels im Unterhaus hielt. Die These, daß Wilberforce quasi im Alleingang das Verbot erwirkte (Coupland, Sternberger), fand Widerspruch etwa durch E. Williams, der Veränderungen in den Wirtschaftsbedingungen für den Gesinnungswandel verantwortlich machte.

Was für ein erschreckendes Bild vom elenden Zustand Afrikas liefert die Tragödie von Calabar! Zwei Städte, einst verfeindet, hatten ihre Zwistigkeiten beigelegt, und durch Heirat zwischen ihren Häuptlingsfamilien hatte jede sich zu Frieden verpflichtet. Der Sklavenhandel jedoch nahm durch solchen Friedensschluß ab, und daher erachteten es unsere Händler als taktisch richtig, die Feindseligkeiten zu erneuern. Ihre Taktik wurde bald in die Praxis umgesetzt, und das daraus entstandene Gemetzel war dergestalt, daß ich wohl lieber die Gentlemen auf den Bericht des Staatsrates verweise, als daß ich ihr Gemüt errege, indem ich darauf eingehe. Der Sklavenhandel ist – seiner eigentlichen Natur nach – der Ursprung derartiger Tragödien, und es gibt kaum jemand, der vor dem Staatsrat nicht mit eigenem Zeugnis beitragen kann zur Menge von Beweismaterialien auf diesem Gebiet. Zwar haben einige dieser Gentlemen, und im besonderen die Delegierten von Liverpool, sich bemüht, diesen klaren Grundsatz herabzuspielen, andere haben ihn beschönigt, aber es gibt nicht einen, glaube ich, der ihn nicht mehr oder weniger eingesteht. Einige, ja die meisten, haben zugegeben, daß der Sklavenhandel die Hauptursache der Kriege in Afrika ist. [...] Ein Handel, der auf Ungleichheit gründet und so betrieben wird wie dieser, muß abgeschafft werden, ungeachtet politischer Beweggründe und ungeachtet allfälliger Konsequenzen. Ich beschloß, von Stund an nicht zu ruhen, bis ich seine Abschaffung erwirkt haben würde.

Quelle: W. Wilberforce Speech in the House of Commons, 12.5.1789, zit. n. Parliamentary History, XXVII, 41–55. 62f; dt. Übers. in: U. Bitterli, Entdeckung und Eroberung der Welt, München 1980, 1, 253–259. – *Lit.*: B. Stanley, Christian missions, antislavery and the claims of humanity, c. 1813–1873, in: Gilley/Stanley, World Christianities 443–457; R. Coupland, Wilberforce, London 1923; S. Drescher, Trends in der Historiographie des Abolitionismus (in: Geschichte und Gesellschaft 16, 1990, 187–211); S. Jacobson, Am I not a Man and Brother?, Uppsala 1972; D. Sternberger, Gerechtigkeit für das 19. Jahrhundert, Frankfurt 1975; E. Williams, Capitalism and Slavery, Chapel Hill 1944.

146. Olaudah Equiano über seine Versklavung (1789)

Der aus dem südöstlichen Nigeria stammende Olaudah Equiano (1745–1797) wurde als Zehnjähriger von Sklavenjägern gefangen und nacheinander nach Barbados, Virginia und England verschifft. Nach seiner Taufe nahm er den Namen Gustavus Vassa an. Als Seemann kämpfte er im Siebenjährigen Krieg und segelte regelmäßig im Mittelmeer, in die Karibik und nach Nordamerika. Nachdem er sich 1766 freigekauft hatte, nahm er 1773 an einer Arktis-Expedition teil. Nach seiner Bekehrung zum Calvinismus war Equiano von 1783 bis zu seinem Tode 1797 einer der prominentesten Gegner des Sklavenhandels. Seine Autobiographie gehört zur wichtigsten Literatur der Anti-Sklaverei-Bewegung.

Eines Tages, als alle unsere Leuten wie üblich bei ihrer Arbeit waren und nur ich und meine liebe Schwester zurückgeblieben waren, um auf das Haus zu achten, kamen zwei Männer und eine Frau über unsere Mauer, ergriffen uns sofort, knebelten uns, ohne daß wir Zeit hatten zu schreien oder Widerstand zu leisten und rannten mit uns in den nächsten Wald. Hier fesselten sie unsere Hände und trugen uns so weit fort, wie sie konnten. [...]

Das erste, was meine Augen nach meiner Ankunft an der Küste sahen, war das Meer, und ein Sklavenschiff, das dort vor Anker lag und auf seine Fracht wartete. Diese Dinge erfüllten mich mit Verwunderung, die sich bald in Schrecken wandelte, als ich an Bord getragen wurde. [...] Als ich auf dem Schiff einen großen kochenden Ofen oder Kupferkessel und eine Vielzahl zusammengeketteter schwarzer Menschen fern jeder Beschreibung sah, die Miene eines jeden voller Mutlosigkeit und Schmerz, zweifelte ich nicht mehr an meinem Schicksal; und von Schrecken und Qual überwältigt fiel ich bewegungslos auf das Deck und wurde bewußtlos. [...] Ich sah mich nun jeder Möglichkeit der Rückkehr in mein Heimatland oder der leisesten Hoffnung auf Erreichen der Küste beraubt, die ich nun als freundlich betrachtete; ich hätte sogar meiner früheren Sklaverei der jetzigen den Vorrang gegeben, die voller Schrecken jeglicher Art war, noch gesteigert durch mein Unwissen dessen, was mir geschehen sollte. [...] Kurz darauf fand ich unter den armen angeketteten Männern einige aus meinem eigenen Volk, was mein Gemüt ein klein wenig beruhigte. Ich befragte diese, was mit uns geschehen werde; sie gaben mir zu verstehen, daß wir in das Land dieser weißen Männer gebracht werden sollten, um für sie zu arbeiten. Ich war etwas erleichtert und dachte, wenn es nichts schlimmeres als Arbeit sei, wäre meine Situation nicht so aussichtslos; aber ich fürchtete immer noch, hingerichtet zu werden. [...] Als unser Schiff schließlich seine gesamte Fracht geladen hatte, machten sie es mit schrecklichem Lärm los und wir wurden alle unter Deck geführt, damit wir nicht sähen, wie sie das Schiff unter Kontrolle hatten. [...]

Die Enge des Raumes und die Hitze des Klimas zusammen mit der Menge im Schiff, das so voll war, daß man sich kaum umdrehen konnte, erstickte uns beinahe. Daraus ergaben sich reichliche Ausdünstungen, so daß die Luft wegen der abscheulichen Gerüche zum Atmen nicht mehr geeignet war. Die Schreie der Frauen und das Stöhnen der Sterbenden machten das Ganze zu einem Bild eines nahezu unfaßbaren Schreckens. [...] Als wir eines Tages eine ruhige See und mäßigen Wind hatten, schafften es zwei meiner ermüdeten Landsmänner, die zusammengekettet waren (ich war zu diesem Zeitpunkt in ihrer Nähe) die Netze zu überwinden und sprangen, den Tod einem solchen Leben in Elend vorziehend, in die See: sofort folgte ein anderer ziemlich entmutigter Bursche, der wegen seiner Krankheit von den Ketten befreit war, ihrem Beispiel, und ich glaube, daß noch viele andere alsbald das gleiche getan hätten, wenn sie nicht von der alarmierten Schiffsmannschaft davon abgehalten worden wären.

Quelle: O. Equiano, The Interesting Narrative of the Life of Olaudah Equiano, or Gustavus Vassa, The African: an authoritative text, hg. Von W. Sollors, New York 2001, 32. 38–41. – *Lit.*: V. Carretta, Equiano, the African: biography of a self-made man, Athens 2005; M.Diedrich/H.L Gates/C. Pedersen, Black Imagination and the Middle Passage, New York 1999;G. I. Jones, Olaudah Equiano of the Niger Ibo, in: P. D. Curtin (Ed.), Africa Remembered. Narratives by West Africans from the Era of the Slave Trade, Madison 1967, 60–98; P.D. Morgan/S. Hawkins, Black experience and the empire, Oxford/New York 2004; Ch. Korieh, Olaudah Equiano and the Igbo world. History, society and Atlantic diaspora connections, Trenton, NJ 2009.

147. Gegner der Anti-Sklaverei-Bewegung

Auch schon vor Ankunft der Europäer hatte es in Afrika einen Handel mit Sklaven gegeben. Der transatlantische Handel wäre ohne diese Voraussetzung nicht möglich gewesen. Dennoch bedeutete der Export von gefangenen Afrikanern nach Amerika eine völlige Veränderung, wie der Text H. C. Monrads deutlich macht. Monrad weist auch darauf hin, daß die wirtschaftlichen Strukturen Westafrikas vom Sklavenhandel abhängig geworden waren und es deshalb schwierig war, diesen Handel plötzlich abzuschaffen.

Der Sclavenhandel hat zwar zu allen Zeiten in Afrika statt gefunden; allein in den ältesten Zeiten, da bloß die Nationen dieses Welttheils ihn unter sich trieben, ist es nicht wahrscheinlich, daß er an Grausamkeit mit demjenigen, welchen die Europäer später veranlaßten, hat verglichen werden können. Obgleich die Neger noch keine Bedenken tragen, ihren Sclaven das Leben zu berauben, so habe ich doch nie Gelegenheit gehabt zu erfahren, daß sie ihn martern, oder ihn über seine Kräfte anstrengen. Im Lande selbst Sclave zu seyn, betrachtet der Neger nicht als großes Uebel; aber aus dem Land geführt oder getödtet zu werden, ist ihm eins. Auch muß man, wenn man von Vorurtheilen nicht eingenommen ist, einräumen, daß es, wenn man das Schicksal der Sclaven auf ihrer Reise nach Westindien, und ihre Behandlung daselbst betrachtet, wenigstens an den meisten Orten weit menschlicher sein würde, sie niederzuhauen, als sie aus ihrem Vaterlande fortzuführen. [...]
Daß die Negerfürsten sowohl, als die Europäer, die in Africa handeln, die Aufhebung des Sclavenhandels mit Unwillen betrachten, ist gewiß. Als die Dänische Regierung befohlen hatte, daß der Sclavenhandel nach Ablauf gewisser Jahre aufhören sollte, ließ unser Gouverneur in Guinea – ich weiß eigentlich nicht warum? – den König von Ashantee durch eine Gesandtschaft von Akraischen (aus Akra stammenden) Negern davon unterrichten, die ihm zugleich einige Geschenke brachten, welches immer bei dergleichen Gelegenheiten notwendig ist. Der König antwortete: „Es steht dem König von Dänemark frei, in seinem Lande zu thun, was er will; aber ich will auch in meinem Lande thun, was ich will." Diese Antwort ward da sehr bewundert. Daß die Gesandtschaft, wie die Tadelsucht sagte, eigentlich zur Absicht gehabt habe, den König zu ermuntern, Sclaven zu schicken, will ich nicht glauben; obgleich die Menge von Sclaven, welche nach der Zeit an die Küste geschickt werden, nicht dawider sprach. Bei allen Gelegenheiten ging es in Guinea über diejenigen her, die keine Freunde des Sclavenhandels waren, und also natürlich am meisten über Wilberforce. Man hielt ihn für einen armen Geistlichen, der, um Geld zu verdienen, im Parlament die Sache der Neger führte. Ich bemerkte, daß er nicht bloß ein talentvoller und edler Staatsmann, sondern auch ein reicher Mann wäre. Daß ein reicher Mann so sich versehen und auf solche Art zu glänzen suchen könnte, fand man unglaublich. [...]

Quelle: H. C. Monrad, Gemälde der Küste von Guinea und der Einwohner derselben, Weimar 1824, 297. 301.

AFRIKA III. 1800–1890

A. Abschaffung des Sklavenhandels und Mission

148. Sklavenbefreiung und die Bedeutung Sierra Leones

Nachdem es 1807 durch einen Beschluß des britischen Parlaments verboten worden war, Sklaven auf britischen Schiffen zu transportieren oder mit Sklavenschiffen in britischen Kolonien zu landen, folgte als weiterer wichtiger Schritt die Gründung einer Siedlung für befreite Sklaven in Freetown, Sierra Leone. 1808 übernahm die britische Regierung offiziell Verantwortung für diese Kolonie. Der vorliegende Artikel aus dem Magazin der Basler Mission beschreibt das weitere Vorgehen:

Es ist uns Allen bekannt, daß die englische Regierung seit vielen Jahren mit großer Energie und außerordentlichen Opfern darauf hin arbeitet, den Sklavenhandel allenthalben zu unterdrücken. Sie hat zu dem Ende eine Anzahl Kriegsschiffe oder „Kreuzer", wie man sie nennt, an den Küsten von Westafrika stationiert, welche die Aufgabe haben, den Sklavenschiffen aufzulauern, und, wo sie eines treffen, es sofort wegzunehmen, den Eigenthümer zu verurtheilen, das Schiff zu verbrennen oder zu verkaufen, und die darauf befindlichen Neger freizugeben. Die befreiten Neger werden gewöhnlich nach der englischen Kolonie Sierra Leone gebracht, die ganz aus solchen freigewordenen Sklaven besteht und nun unter englischem Schutze ein blühender christlicher Negerstaat ist. So schön aber auch dieses Sierra Leone ist, und so vortheilhaft und erwünscht auch die Lage sein mag, in welche die hierhergebrachten Neger versetzt werden, so kann der Afrikaner doch seine Heimath nicht vergessen. Heimweh ist ein Zug, der ihm ebenso eigen ist wie dem Schweizer. Und so kommt es, daß viele dieser Colonisten oft nach zehn- oder zwanzigjährigem Aufenthalt daselbst, von dem süßen Zug nach der Heimat bewogen, sich aufmachen, um das Land ihrer Geburt und ihrer Jugend wieder aufzusuchen, selbst auf die Gefahr hin, dort noch einmal weggefangen und noch einmal als Sklaven verkauft zu werden.
In den vier Jahren 1839 bis 1842 verließen mehr als 500 solcher Colonisten die Freistatt von Sierra Leone, um auf einem Küstenschiff, welches sie eingekauft hatten, zurückzukehren nach Abbeokuta [im heutigen Nigeria], von wo sie einst als Sklaven waren weggeschleppt worden. Es waren darunter viele, die in Sierra Leone nicht blos leibliche Freiheit und zeitliche Wolfahrt, sondern auch jene rechte Freiheit gefunden, die der Sohn Gottes giebt; Viele, die neben der Sehnsucht, ihre Väter, Mütter und Brüder wiederzusehen, auch noch das höhere Verlangen in sich trugen, den Ihrigen Kunde zu bringen von dem süßen Jesusnamen, in welchem sie selbst Friede, Heil und Seligkeit gefunden.

Quelle: A. Ostertag, Der Weg der Trübsal (in: Evangelisches Missions-Magazin 1, 1857, 50). – *Lit.*: C. Fyfe, A History of Sierra Leone, London 1962; A. F. Walls, A Christian Experiment: The Early Sierra Leone Colony, in: G. J. Cuming (Hg.), The Mission of the Church and the Propagation of the Faith, Cambridge 1970, 107–129; J. Hanciles, Euthaniasia of a Mission. African Church Autonomy in a Colonial Context, London 2002; Hock, Christentum 61–72.

149. Die Aufgaben der Church Missionary Society

In Freetown fand die anglikanische Church Missionary Society, die 1799 gegründet worden war, ein erstes Betätigungsfeld, denn die befreiten Sklaven wurden dort christlich erzogen. Wie der vorliegende Brief zeigt, waren die Aufgaben sehr weitreichend. Deren Durchführung stellte die Missionsgesellschaft vor Schwierigkeiten, denn aufgrund der zahlreichen klimatisch bedingten

Todesfälle galt Sierra Leone bald als „Grab des weißen Mannes“. Mehr und mehr übernahmen daher die christianisierten ehemaligen Sklaven eine führende Rolle.

In einer Eingabe, die der Regierung Ihrer Majestät im Jahr 1817 vorgelegt wurde, schlug der Ausschuß der Church Missionary Society vor, daß jene Gesellschaft zusätzlich zu ihren Aufwendungen zum Wohle von Sierra Leone auch noch die gesamte Bezahlung der Schulmeister und Schulmeisterinnen der Kolonie tragen sollte; die Regierung sollte die Unterstützung eines zweiten Geistlichen übernehmen und den jährlichen Betrag der Kostenvoranschläge an die Superintendenten der sieben Landgemeinden in Sierra Leone für die gleiche Anzahl Geistlicher mit dem Aufgabengebiet Glebe sowie den Bau von Pfarrhäusern bereitstellen.
Diese Abmachung wurde angenommen und im Wesentlichen und soweit es die Umstände erlaubten, wurde danach gehandelt. Es erwies sich allerdings als undurchführbar, eine ausreichende Anzahl Lehrer für die steigenden Bedürfnisse der Kolonie bereitzustellen; deswegen wurde es nötig, einige neue Positionen zu entwickeln. Die Gesellschaft war bemüht, jedes Jahr die notwendige Anzahl Lehrer bereitzustellen; aber das Klima war für Gesundheit und Leben der dorthin Entsandten so verhängnisvoll, daß es ihren Bemühungen sehr zuwiderlief. Tatsächlich hat die Gesellschaft von Anfang an einige Verluste bei ihren Hilfsversuchen für die Bevölkerung der Kolonie hinnehmen müssen: von Beginn ihrer Bemühungen in diesem Viertel bis zur heutigen Zeit hat sie 70 erwachsene Europäer ausgesandt; von diesen leben nur noch 25 in Afrika, *7* kehrten zurück und *38* sind diesem schweren und gefährlichen Dienst zum Opfer gefallen. Auch die Aufwendungen von fast 70.000 Pfund an Hilfe für die Kolonie zeugen von dem finanziellen Einsatz, mit dem die Gesellschaft diese Sache verfolgt hat. Die Schwierigkeit der Versorgung der Kolonie mit genügend Lehrern hat sich seit der Verfassung der vorher erwähnten Abmachung durch die wachsende Anzahl der befreiten Afrikaner sehr verschärft. [...]
Der Ausschuß möchte zu dieser Sache anmerken, daß es beste Aussichten gibt, in naher Zeit die befreiten Afrikaner soweit zu fördern, daß sie unter den jeweiligen Geistlichen der Landgemeinden die Bildung und die zivile Aufsicht über ihre Städte selber in die Hand nehmen können, so daß die anfallenden Ausgaben der Regierung für diese Städte sich voraussichtlich Schritt für Schritt verringern werden, wenn die Europäer durch Einheimische ersetzt werden. [...]

Quelle: Public Record Office, London: Colonial Office 267/43: Letter to the Secretary of State from the Church Missionary Society, dated 12 April 1824, zitiert in: C. Fyfe, Sierra Leone Inheritance, London 1964, 137f.

150. Ein befreiter Sklave: Samuel Ajayi Crowther (1837)

Der prominenteste unter diesen befreiten Sklaven war zweifellos Samuel Ajayi Crowther (ca. 1806–1891), der 1843 als erster schwarzafrikanischer Anglikaner ordiniert und 1864 zum Bischof geweiht wurde. In einem Schreiben an die Leitung der Church Missionary Society beschreibt er seinen Weg von der Versklavung zur Taufe (vgl. Text 165).

Ich nehme an, daß es etwa zu Beginn des Jahres 1821 war, als ich in meinem Heimatland war und mich des Zuspruchs von Mutter und Vater und der herzlichen Liebe von Brüdern und Schwestern erfreute. In diese Zeit fällt der unglückliche oder, wie ich jetzt gelehrt wurde, in anderer Sicht auch gesegnet zu nennende Tag, den ich niemals in meinem Leben vergessen werde. Unglücklich, weil es der Tag war, an dem ich gewaltsam aus meines Vaters Haus gerissen und von meiner Verwandtschaft getrennt wurde und ich das Sklavendasein kennenlernte – gesegnet allerdings, da es der

Tag war, an dem die Vorhersehung mich dafür bestimmte, meine Reise zu beginnen aus dem Land der Heiden, des Aberglaubens und des Lasters zu einem Ort, wo Seine frohe Botschaft gepredigt wird. [...] Unsere Eroberer waren Oyo-Mahommedaner, die uns aus dem Dorf brachten. [...] Das Dorf stand in Flammen – die Häuser waren aus Lehm gebaut. [...] Die Flammen schlugen hoch. Wir wurden an meines Großvaters Haus vorbeigeführt, das bereits verwüstet war; und nach wenigen Minuten überließen wir das Dorf den Flammen, um es nie wieder zu sehen oder zu betreten. Lebewohl, mein Geburtsort, Spielplatz meiner Kindheit und Ort, den ich mir als Ruheplatz meines sterblichen Körpers in hohem Alter erdacht hatte! [...] Am nächsten Morgen wurden die Stricke von unseren Hälsen genommen und wir wurden dem Anführer unserer Fänger als Trophäen zu Füßen gelegt – es gab nämlich noch viele andere Anführer. Nach einer Weile wurden wir getrennt, und meine Schwester und ich fielen an den Anführer, meine Mutter und der Säugling an die Sieger. [...] Gelegentlich sprach meine Herrin mit mir und ihrem Sohn, damit wir von Zeit zu Zeit in das Land Popo gingen, um Tabak und andere feine Dinge zu kaufen, die wir bei unserer Rückkehr verkaufen sollten. Ich dachte, dies sei nun ein Zeichen, daß ich an die Portugiesen verkauft werden sollte, die, wie mir oft während unserer Reise erzählt worden war, oft in diesem Lande zu sehen waren. Darüber viel nachsinnend verließ mich mein Appetit, und nach einigen Wochen bekam ich die Ruhr, die mich sehr plagte. Ich entschied, daß ich nicht in das Land Popo gehen würde, sondern mir selbst auf die eine oder andere Art ein Ende verschaffen würde. Einige Nächte lang versuchte ich mich mit meinem Halsband zu erdrosseln, hatte aber keinen Mut, die Schlinge eng zu nehmen. [...] Zu dieser Zeit ging die Nachricht, daß die Engländer vor der Küste kreuzen würden. Dies war uns ein weiterer Grund für Betrübnis – daß Krieg wohl sowohl auf der See als auch zu Land herrschte – eine noch nie gehörte oder für sinnvoll gehaltene Sache. Diese verzögerte unser Einschiffen. [...] Mit einigen Wochen Verspätung waren wir eingeschifft, nächtens mit Kanus von Lagos an den Strand, und am nächsten Tag wurden wir auf das Schiff gebracht, das sofort absegelte. [...] Am gleichen Abend wurden wir von zwei englischen Kriegsschiffen überrascht und fanden uns am nächsten Morgen in der Hand neuer Eroberer, die wir anfangs sehr fürchteten, da sie mit langen Schwertern bewaffnet waren. [...] Nach fast zweieinhalb Monaten langem Kreuzen vor der Küste landeten wir in am 17. Juni 1822 in Sierra Leone. Am gleichen Tag wurden wir nach Bathurst – früher Leopold – unter die Aufsicht von Mr. Davey geschickt. Hier trafen wir mit Freude viele unserer Landsleute, kannten aber keinen. Sie versicherten uns unserer Freiheit und sehr bald glaubten wir ihnen. [...] Seitdem stand ich unter der Aufsicht der Church Missionary Society, und sechs Monate nach meiner Ankunft in Sierra Leone konnte ich ... das Neue Testament lesen und wurde zum Monitor [ein junger Lehrer, der selbst noch in der Ausbildung war], wofür ich mit siebeneinhalb Pence im Monat entlohnt wurde. Dem Herrn gefiel es, mein Herz für die Dinge zu öffnen, die Seine Diener sprachen; und überzeugt davon, ein Sünder zu sein und begierig, Vergebung durch Jesus Christus zu erlangen, wurde ich am 11. Dezember 1825 von Rev. J. Raban getauft.

Quelle: Brief Crowthers vom 22.2.1837, abgedruckt in: P. D. Curtin (Ed.), Africa Remembered, Madison 1968, 299–315. – *Lit.*: J. F. A. Ajayi, A Patriot to the Core. Samuel Ajayi Crowther, Ibadan 1992; A.F. Walls, Samuel Ajayi Crowther, in: G. Anderson u.a. (Hgg.), Mission Legacies, Maryknoll 1994, 132–139.

151. Afroamerikanische Missionare für Liberia (1833)

Auch von den USA aus gab es Initiativen zur Wiederansiedlung ehemaliger Sklaven in Afrika. Um 1820 begannen staatlich unterstützte US-amerikanische Kolonisationsgesellschaften mit der Gründung von Siedlungen an der Küste des heutigen Liberia. 1839 schlossen sich die meisten der Siedlungskolonien im Commonwealth of Liberia zusammen und erklärten am 16.7.1847 ihre Unabhängigkeit. Parallel zu den Rücksiedlungsplänen entwickelten sich Missionsbestrebungen:

Fänden wir taugliche Männer, so wäre es sowohl im Interesse der Mission als auch der Kolonie wie auch im Interesse unserer farbigen Freunde überhaupt, so viele als Hilfstruppen in den Außendienst zu bringen, wie auf geeignete Weise unterstützt werden können. Manche meinen, ihre Konstitution sei dem Klima besser gewachsen als die eines weißen Mannes, und es wäre geeignet, die vielen kleinen und ängstlichen Eifersüchteleien zu verringern, die hier gegen einen weißen Einfluß herrschen. Mit wenigen Ausnahmen scheint die gesamte Kolonie seltsam ängstlich gegenüber jeglicher Art von Herrschaft von Weißen. Zweifellos wird aber Zeit, Geduld und Liebe dieses Übel bald beseitigt haben.

Quelle: Melville B. Cox, Monrovia, an die American Colonization Society, May 4, 1833, zitiert nach: T. W. Shick, Rhetoric and Reality: Colonization and Afro-American Missionaries in Early Nineteenth Century Liberia, in: S. M. Jacobs (Hg.), Black Americans and the Missionary Movement in Africa, Westport/London 1982, 45–62, hier: 53. – *Lit.*: J. Hanciles, Back to Africa: white abolitionists and black missionaries, in: Kalu, African Christianity 191–217.

152. Reformprogramm zur Beseitigung des Sklavenhandels

Da weder die Blockade durch die britische Flotille noch Anti-Sklaverei-Verträge mit anderen europäischen Mächten ausreichten, um den Sklavenhandel wirkungsvoll zu untergraben, richtete sich das Hauptaugenmerk der Anti-Sklaverei-Bewegung mehr und mehr darauf, die gesellschaftlichen und wirtschaftlichen Strukturen Westafrikas grundlegend zu reformieren und so die afrikanischen Völker aus der Abhängigkeit vom Sklavenhandel zu befreien. Thomas Fowell Buxton (1786–1845) legte in seinem Werk *The African Slave Trade and its Remedy* von 1839 ein grundlegendes Reformprogramm vor. Ziel war es dabei, einen afrikanischen Mittelstand hervorzubringen, der Führungspositionen in allen gesellschaftlichen Bereichen übernehmen sollte. (a) Eine Zusammenfassung der geplanten Schritte findet sich in dem Maßnahmenkatalog der Gesellschaft zur Auslöschung des Sklavenhandels (b).

a) „Commerce, Civilization, Christianity" (1839)

Laßt Missionare und Schulmeister, laßt den Pflug und den Spaten zusammenwirken und die Landwirtschaft [Afrikas] wird blühen, Wege für rechtmäßigen Handel werden geöffnet und das Vertrauen zwischen Mensch und Mensch wird geweckt werden, während die Zivilisation als deren zwangsläufige Auswirkung fortschreitet und das Christentum als naheliegende Ursache dieses glücklichen Wandels wirkt.

b) Maßnahmenkatalog (1839)

Anwendung wirksamer Maßnahmen zur Zusammenfassung der Hauptsprachen West- und Zentralafrikas in schriftlicher Form; – Verhinderung oder Linderung der Verbreitung von Krankheit und Leiden unter den Völkern Afrikas; – Förderung praktischer Wissenschaften in allen möglichen Formen; – Erforschung eines Entwässerungssystems, das am besten für ein derart feuchtes und heißes Klima geeignet ist; –

Hilfe bei der Förderung der Anlage von Straßen und Kanälen, der Herstellung von Papier und dem Gebrauch von Druckerpressen; – Angebot grundlegender Hilfe für Einheimische durch Ausstattung mit nützlichen Informationen über die besten Arten des Anbaus sowie der Verarbeitung, die einen dauerhaften Handel fördern, und durch Einführung der bewährtesten landwirtschaftlichen Geräte und Saaten. Die Zeit könnte kommen, in der das Wissen um die gewaltigen Kräfte des Dampfes schnell dazu beitragen könnte, die Entwicklung und den Wohlstand des Landes zu fördern.

Quelle: (a) T. F. Buxton, The African Slave Trade and its Remedy, London 1840, 282. 511, zitiert in: J. F. A. Ajayi, Christian Missions in Nigeria 1840–1891, London 1965, 10f; (b) Prospectus of the Society for the Extinction of the Slave Trade and for the Civilization of Africa, instituted June, 1839, in: ebd., 8–16, in: J. F. A. Ajayi, Christian Missions in Nigeria 1840–1891, London 1965, 16f; M.A.B. Gaiya, Thomas Fowell Buxton (1786–1844): His Impact on Christian Mission in Africa, in: Ludwig/Adogame, European Traditions 129–141.

B. Neue Missionsgesellschaften

153. Samuel Johnson: Die anglikanische Yoruba-Mission

Mit der Wende zum 19. Jh. beginnt für die Mission eine neue Epoche. Die große protestantische Missionsbewegung nahm ihren Ausgang in England u.a. mit der 1795 gegründeten interkonfessionellen London Missionary Society und der ihr 1799 folgenden anglikanisch-niederkirchlichen Church Missionary Society (C.M.S.). Diese Gesellschaft, die – wie oben geschildert – ab 1808 in Sierra Leone arbeitete, war finanziell wesentlich besser ausgestattet als die wenig später entstehenden kontinentalen Missionsorganisationen. Sie konnte daher systematisch neue Felder wie etwa in der Yoruba-Region in West-Nigeria erschließen. Der vorliegende Bericht stammt aus der Feder des afrikanischen Pfarrers und Historikers Samuel Johnson (1846–1901).

Das Christentum wurde von der Church Missionary Society 1843 zuerst über Badagry nach Abeokuta gebracht und von dort im Mai 1851 nach Ibadan und ebenso nach Ijaya. Am 10. Januar 1852 verlagerte die C.M.S. ihre Stützpunkt von Badagry nach Lagos. Von Abeokuta aus wurden Missionsstationen in den Distrikten Oke Ogun und Egbado eingerichtet, von Ibadan aus in Iwo, Modakeke, Ife, Osogbo und Ilesa. Ebenso wurden Missionen in Oyo und Ogbomoso vor dem Ausbruch des Iyae-Kriegs im Jahr 1860 etabliert, der der Ausdehnung der Missionen im Land ein Ende setzte. Die nachfolgenden Stammeskriege, die große Teile des Landes erschütterten und weite Landstriche verwüsteten, verhinderten eine Ausdehnung nach Norden, doch in Abeokuta, wo die erste Mission gegründet worden war, war das Wachstum so stark, daß zur Zeit der britischen Besetzung die christlichen Anhänger in die Tausende gingen; Schulen waren errichtet worden und die Evangelisierung unter den nahen verwandten Stämmen wurde systematisch betrieben und energisch weitergeführt.
Der wichtigste Faktor für die Ausbreitung der Religion war die Bibel in der jeweiligen Landessprache.

Quelle: S. Johnson, The History of the Yorubas. From the Earliest Times to the Beginning of the British Protectorate, Lagos 1921, 39. – *Lit.*: P. Jenkins (Hg.), The Recovery of the West African Past. African Pastors and African History in the Nineteenth Century. C. C. Reindorf & Samuel Johnson, Basel 1998.

154. Verhandlungen der Basler in Ghana (Goldküste) (1835)

Die erste Missionsgesellschaft des 19. Jh. im deutschsprachigen Raum ist die 1815 gegründete „Basler Mission", für die eine überkonfessionelle, ökumenische Ausrichtung und die enge Zusammenarbeit mit britischen Missionen charakteristisch ist. Vor allem in den Anfangsjahren arbeiteten zahlreiche in Basel ausgebildete Missionare für die englische Church Missionary Society. Doch dann wurden auch eigene „Missionsfelder" aufgebaut. Der Bericht des ansonsten eher unbekannten Missionars A. Niis von 1835 schildert die Verhandlungen zur Gründung einer Missionsstation in Akropong in Ghana (damals Goldküste).

Die gegenseitigen Unterhaltungen wurden damit begonnen, daß die drei Deputirten [Abgesandten] von Christiansburg, Usue und Labode hervortreten mußten, und die Einstimmung genannter drei Örter zu einer Niederlassung in Akropong vor der Versammlung laut aussprachen. Der Soldat, welchen der dänische Gouverneur mir mitgegeben hatte, und der mir überall auf dem Fuße nachlief, bat den Herzog im Namen des Gouverneurs, mich freundlich aufzunehmen, mir Hülfe zu leisten, wo ichs nöthig habe, und allenthalben seinen Schutz angedeihen zu lassen, und hierin stimmten die beiden anderen ihm bei. Der Herzog beantwortete dies mit einem lauten und freundlichen „Ja", und mit vielen feierlichen und glänzenden Versprechungen. Er bezeugte laut seine Freude, den Tag erlebt zu haben, einen Weißen in sein Dorf aufnehmen zu dürfen, der entschlossen sey, bei ihm zu bleiben, und seine Leute und Kinder im Guten zu unterrichten; er soll, fuhr der Herzog fort, stets geliebt, geehrt und hochgeschätzt werden unter uns. Er kann sich immer Rechnung darauf machen, daß wir, wo es Not thut, ihm behülflich seyn werden. Nur dies haben wir den Weißen zu bitten: 1.) daß er keine Hunde hierher bringe; 2.) daß er Montag und Freitag keine Feldarbeit verrichte; 3.) daß er die Riesenschlange nicht töte und 4.) daß er keine der schwarzen Affen schieße. Dies hat der Fetisch verboten. Meine Niederlassung hier, sagte ich, hat einen ganz andern Zweck, als sinnliches Vergnügen und Reichtthum zu suchen; ich machte sie mit demselben bekannt, und die Versammlung ging auseinander.

Quelle: Einige Mitteilungen aus dem Tagebuch des Missionars Andreas Niis, von seinem Aufenthalte unter dem Aschanti-Volke an der Westküste, vom 19. März bis 7. Okt. 1835 (in: MNGPM 1836, 510–564) hier 513ff. – *Lit.*: W. Schlatter, Geschichte der Basler Mission 1891–1915. 3 Bde., Basel 1916; S. Quartey, Missionary practices on the Gold Coast, 1832–1895. Discourse, gaze, and gender in the Basel Mission in pre-colonial West Africa, Youngstown, NY 2007.

155. Alexander Merensky: Spielräume in Swasiland (1860)

Alexander Merensky (1837–1918) wurde von der 1824 gegründeten Berliner Mission zwischen 1855 und 1858 ausgebildet und 1858 nach Südafrika ausgesandt. Dort angekommen, zog er mit seinem Begleiter etwa 1400 km zu Fuß oder im Ochsenwagen nach der Missionsstation Emmaus im Zululand. Von dort aus sollte er unter den weiter nordwärts wohnenden Swasi eine neue Arbeit beginnen. Sein Bericht zeigt jedoch auch die Kommunikationsschwierigkeiten auf.

Seither war es von keiner Seite versucht worden, dem Evangelium aufs neue Eingang im Swasilande zu verschaffen, bis endlich wir im April des Jahres 1860 uns mühsam den Weg in das vergessene Gebiet zu bahnen suchten. [...] Uns grüßte der König mit dem holländisch-südafrikanischen Wort „Morro Baas"; er sah aber ziemlich verächtlich auf uns herab, und es geschah gewiß mit Überlegung, daß gerade jetzt Diener große Schüsseln voll Fleisch für seine Hunde herbeischleppten, welche gierig darüber herfielen. [...] Unseren Gewehren schenkte der König mehr Aufmerksamkeit als unseren Worten. Daß wir ihm sagten, wir seien gesandt, ihm das Wort des lebendigen

Gottes zu bringen, bewog ihn zu der Frage, ob denn ein König uns gesandt habe, bald aber schnitt er alle Erörterungen damit ab, daß er erklärte, Missionar Allison habe ebenso geredet wie wir, und doch habe er durch ihn viele Leute verloren. Menschlich klug war es von uns nicht gehandelt, daß wir dies Thema nicht fallen ließen, das zeiget uns das Murren seiner Induna (Räte), als wir fragten, wie sich das zugetragen habe, aber der König erklärte die Sache in seiner Weise: „Allison predigte“, so erzählte er „daß es Sünde ist, einen Menschen zu töten, da suchten die abataki (d.h. Hexenmeister) Zuflucht bei ihm, alle Taugenichts liefen hin, denn sie glaubten dort sicher zu sein, endlich ist mein eigener Bruder zu ihm geflohen, und ich habe den ganzen Haufen töten müssen.“ Bei weiterer Erörterung über die Gebote Gottes rief er: „Das Gebot ‚Du sollst nicht töten‘ taugt nicht für mich und mein Volk! Ich muß töten können, wen ich töten will, womit soll ich strafen, wenn ein Bote seine Botschaft nicht schnell ausrichtet, was sollen meine Soldaten essen, wenn sie keine Kriegszüge unternehmen?“ Unsere Erörterungen, daß man Gottes Gebote halten müsse, und daß die christlichen Völker groß und mächtig geworden seien, indem sie die Gebote befolgten, schnitt er ab mit den Worten: „Wir Swasi haben es immer so gehalten“, und gab endlich seinen Endbescheid dahin ab, daß wir die Knaben im Lesen und Schreiben, andere Leute auch in anderen Künsten der Weißen unterrichten sollten, daß aber die alten Leute bleiben sollten, wie sie wären.

Quelle: A. Merensky, Mein Missionsleben in Transvaal, hg. von U. van der Heyden, Berlin 1996, 35. 40. – *Lit.*: J. Richter, Geschichte der Berliner Missionsgesellschaft 1824–1924, Berlin 1924.

156. „Unser aller Vater“: Pariser Mission in Südafrika (1833)

Eugène Casalis (1812–1891) wurde im Herbst 1832 von der 1822 gegründeten Pariser Mission (Société des Missions évangeliques de Paris) nach Südafrika ausgesandt, um eine Mission unter dem Volk der Basutos zu beginnen. Gemeinsam mit anderen Missionaren gründete er 1833 die Missionsstation Morija und 1838 Thaba Bossiou. In seine Biographie berichtete Casalis, der 1855–1882 Direktor der Pariser Mission war, über Gespräche mit dem Oberhaupt Moschesch.

Wenn der Abend kam, ließ Moschesch uns an seinem Herde in der Wohnung seiner ersten Frau niedersitzen. Wir aßen mit ihm und mit seinen Kindern. [...] War die Mahlzeit vorüber, so machte es ihm Vergnügen, das zu wiederholen, was wir öffentlich gesagt hatten, und Erklärungen zu verlangen. Auf diese Weise entdeckte er zu seiner großen Überraschung, daß unsere Lehren auf Tatsachen, auf wahren Geschichten gegründet waren und nicht, wie er zuerst geglaubt hatte, aus einer Zusammenstellung von Mythen und Allegorien. „Ihr glaubt also“, sagte er eines Abends, indem er mir die Sterne zeigte, „daß zwischen und über dem allen ein allmächtiger Herr ist, der alles geschaffen hat und der unser Vater ist?“ „Und du, glaubst du das nicht?“ „Unsere Vorfahren haben allerdings von einem Herrn des Himmels geredet, und wir nennen diese großen leuchtenden Flecken (die Milchstraße), die Du dort oben siehst, noch den Weg der Götter, aber es schien uns, als müsse die Welt immer bestanden haben, allerdings mit Ausnahme der Menschen und der Tiere, die, nach unserer Ansicht, einen Anfang gehabt haben müssen, wobei zuerst die Tiere und dann die Menschen gekommen sind; aber wir wußten nicht, wer ihnen das Dasein gegeben hat. Wir beteten die Geister unserer Ahnen an und erbaten von ihnen Regen, reichliche Ernten, Gesundheit, und gute Aufnahme bei ihnen nach unsrem Tod.“ „Ihr waret in der Finsternis und wir haben euch Licht gebracht. Alles Sichtbare und eine Menge anderer Dinge die wir nicht sehen können, sind von einem allweisen und allgütigen Wesen geschaffen worden und werden von ihm erhalten, Und Er ist unser Gott, der uns alle aus einem Geblüt hat geboren werden lassen." Diese letztere Behauptung schien der Umgebung des Häuptlings unglaublich. „Bah!" sagten die Kühnsten, „das kann nicht sein. Ihr seid weiß und wir sind schwarz, wie könnten wir den nämlichen Stammvater haben?" Worauf der Häuptling ohne sich zu besinnen, antwortet: „Dummköpfe! In meinen Herden sind weiße Rinder, rote Rinder und bunte Rinder; sind es nicht alles Rinder, und kommen sie nicht alle von demselben Herrn?" Dieses Argument machte mehr Eindruck, als es vielleicht bei uns gemacht hätte.

Quelle: E. Casalis, Meine Erinnerungen, Berlin 1901, 165f. – *Lit.*: J. Bianquis, Les Origines de la Société des Missions Evangéliques de Paris 1822–1829. 3 Bde., Paris 1930–1935.

157. Eine katholische Stimme: Kardinal Lavigerie (ca. 1877)

Neben dem protestantischen Aufbruch kam es im 19. Jh. auch zu einem Neuansatz der katholischen Mission. So entfaltete Charles Lavigerie (1825–1892) als Erzbischof von Algier (seit 1867) und Karthago (seit 1884) umfassende missionarische Aktivitäten, die auf die Einheimischwerdung des Glaubens hinzielten. Ab 1868 baute er die Missionsgesellschaft der „Weißen Väter" auf. Im selben Jahr wurde er Apostolischer Delegat für Nordafrika, 1878 für Innerafrika. Ziel war die Versorgung der Missionen Afrikas mit Personal.

Die Erziehung, die wir ausgewählten Afrikanern ermöglichen, sollte sie wirklich afrikanisch bleiben lassen, was das weltliche Leben angeht. [...] Wir sollten danach streben, ausgewählten Afrikanern eine Erziehung zu geben, die ihnen den größtmöglichen Einfluß über die Mitglieder ihrer eigenen Gemeinschaften gibt, und doch gleichzeitig die Mittel der Mission nicht zu sehr belasten.
Es ist ein glücklicher Zufall, daß sich dem Hlg. Stuhl, von allen Seiten angegriffen, nun eine solche Gelegenheit bietet. Wir können uns vorstellen, daß Pius IX. sein unsterbliches Pontifikat mit solch einem Akt krönt, oder auch, daß sein Nachfolger dieses einweiht. Welch tiefe Ergriffenheit würde die Welt wohl fühlen, wenn sie solch ein Zeichen der Macht und Erhabenheit erleben würde.
Eine päpstliche Bulle an die Führer der Missionen in Äquatorialafrika, die einen großen Kreuzzug der Menschlichkeit und des Glaubens verkündigt, zur Schaffung einer Armee von Aposteln aufruft, bereit, bis zum Tode zu marschieren, um Leben zu retten und die Freiheit der armen Kinder Hams wiederherzustellen: eine solche Tat wäre eines der größten Ereignisse des Jahrhunderts und gewiß der ganzen Geschichte der Kirche. Dann müßten wir uns nicht zu viel um die Projekte der Brüsseler Konferenz (1) Sorgen machen. Lassen wir die Konferenz mit den Entdeckern marschieren; wir marschieren mit Gott und der Menschheit.

Erläuterung: (1) Brüsseler Konferenz: 1876 lud der belgische König Leopold II. einige Afrikaforscher nach Brüssel ein, um die „Öffnung Afrikas für die Zivilisation" zu besprechen. – *Quelle*: F. Renault, Cardinal Lavigerie. Churchman, Prophet and Missionary, London 1994, 224ff. – *Lit.*: H. Gründer, "Gott will es" – Eine Kreuzzugsbewegung am Ende des 19. Jahrhunderts (in: Geschichte in Wissenschaft und Unterricht 28, 1977, 210–224); F. Renault, Lavigerie, l'esclavage africaine et l'Europe 1868–1899. 2 Bde., Paris 1971. Zu Lavigerie vgl. X. de Montclos, Charles Lavigerie, in: M. Greschat (Hg.), Gestalten der Kirchengeschichte, Stuttgart 1985, 9, 196–207.

C. Livingstone und andere „Entdecker“

158. Ägypten: Napoleon und die koptischen Christen

Der Ägyptenfeldzug Napoleons (1769–1821) von 1798 leitete eine neue Epoche der europäisch-afrikanischen Beziehungen ein. Von nun an kam es zu systematisch organisierten Entdeckungsreisen im Inneren Afrikas. Der Einflußverlust des Osmanischen Reiches führte aber auch zur Frage der Neuordnung der Verhältnisse in Ägypten und der Stellung der koptischen Christen, wobei der Abstand zwischen Absichtserklärungen (a) und Realpolitik (b) groß war.

a) Intentionen (1798)

Ich habe die Nachricht der koptischen Nation an mich erhalten. Es ist mir eine Freude, diese Nation zu beschützen, die von nun an nie mehr der Mißachtung unterworfen sein soll. Wenn es die Zeit erlaubt, was bald der Fall sein wird, werde ich dieser Nation erlauben, ihre Religion in der Öffentlichkeit auszuüben, wie es in Europa der Fall ist, wo jeder seine eigene Religion ausübt.

b) Anordnungen (1800)

Die Kopten sind nicht mehr als eine von den Muslimen gehaßte Minderheit, und diesen Haß haben sie selbst gegen sich aufgebracht. Wir sollten Gerechtigkeit und Freiheit für sie sicherstellen, aber es ist nicht klug – und sogar gefährlich – sich mit ihnen zu verbünden und ihnen Privilegien zuzugestehen. Deshalb werden ihre Führer und die der griechischen und syrischen Gemeinden an den Treffen des *Diwans* (Rat) nur beratend teilnehmen.

Quelle: (a) Brief Bonapartes an Mu'alim al Jawarhi, 7. 12. 1798, zitiert in: A. C. Thibaudeau, Histoire de la Campagne d'Egypte sous le Règne de Napoleon le Grand, Paris 1839, 2, 71; vgl. auch J. Tagher, Christians in Muslim Egypt. An Historical Study of the Relations between Copts and Muslims from 640 to 1922, Altenberge 1998, 180; (b) Absatz 4 der Anordnung vom 10. vendémiaire des zehnten Jahrs der Französischen Revolution (Oktober 1800), zitiert in: J. Tagher, ebd., 188.

159. Erschließung Afrikas als „offene Tür für die Mission“

Eine Voraussetzung für die zunehmende Erschließung Afrikas waren die politische Beruhigung in der nachnapoleonischen Ära. Eine wichtige Rolle bei der Erforschung des Erdteils spielte die 1788 gegründete Afrika-Gesellschaft (London). Durch die Briten M. Park, H. Clapperton, D. Livingstone, R. F. Burton, J. H. Speke, H. M. Stanley, V. L. Cameron und andere wurden das Niger-Gebiet, der Obere Nil, das Seengebiet, Kongo und Sambesi erschlossen. Vor allem die Entdeckungen Livingstones und Stanleys lösten in Missionskreisen Enthusiasmus aus:

Wenn jetzt ein neuer Columbus einen bisher unbekannten Erdteil entdeckt hätte, so könnten wir seiner Entdeckung keine größere Bedeutung beimessen als der ruhmvollen That des Amerikaners Henry M. Stanley. [...] Gegen Ende des Jahres 1874 betritt er wieder den „schwarzen Erdtheil“ im Osten, geht auf einem bisher von Europäern noch nicht betretenen Wege zum Ukerewe-See (Victoria-Nayanza), dessen Ufer er in ihrer ganzen Ausdehnung erforscht, weilt dann längere Zeit bei dem Könige Mtesa von Uganda und vermittelt die Gründung einer evangelischen Mission (Church M.S.) bei demselben. Weiter erforscht er das Gebiet zwischen dem Ukrewe und Mwutan (Albert Nyanza), sowie den bedeutendsten Zufluß des erstgenannten Sees im Westen und findet ein paar kleinere Seen, die er Alexandra-Nyanza nennt, sowie den Ale-

xandra-Nil, den er als den Quellfluß des Nil überhaupt betrachtet. Später finden wir ihn am Tanganyika tätig. [...]
Hier ist eine offene Thür für die Mission, wie sie dieselbe seit dem Beginn ihrer Arbeit noch nicht gefunden hat: ein weites, zum Theil dichtbevölkertes Gebiet, das bisher noch jedem direkten europäischen Einflusse entzogen war, ist ihr erschlossen. Solch ein jungfräulicher Boden hat sich ihrer Arbeit noch niemals, oder nur in wenigen Ausnahmefällen dargeboten. Die Missionsgesellschaften sollten sich diese Gelegenheit nicht entgehen lassen. Sobald der erste Handelsdampfer den Livingstone hinaufgeht, sollte ein Missionsdampfer ihm zur Seite stehen.

Quelle: Die Erschließung Innerafrikas durch Stanleys Entdeckung des Livingstone (in: Allgemeine Missions-Zeitschrift, 1978, 1–11). – *Lit.*: J. E. Flint (Hg.), The Cambridge History of Africa, Bd. 5, ca. 1790 – ca. 1870, Cambridge 1976.

160. Heinrich Barth: Im muslimischen Westafrika

Zur europäischen Kenntnis Westafrikas trugen auch deutsche Reisende wie Eduard Vogel, Gustav Nachtigal, Gerhard Rohlfs, Eduard Flegel und Heinrich Barth bei. Heinrich Barth (1821–1865), der den Kontinent im Auftrag der britischen Regierung erforschte und über seine Reisen ein fünfbändiges Werk verfaßte, berichtet in der Schilderung seines Besuchs in Yola am 24.6.1851 über Erwägungen, gemeinsam mit Muslimen zu beten.

Am Morgen dieses verhängnisvollen, mir ewig denkwürdigen Tages fühlte ich mich etwas besser, wurde aber später sehr unwohl und nahm unglücklicherweise eine zu schwache Dosis Arznei. In diesem Zustand erhielt ich Besuch von zwei hübschen, liebenswürdigen jungen Fulbe, die mich in der einfachsten und vertrauenvollsten Weise baten, ihnen das den Koran eröffnende Gebet vorzubeten, aber in der unfreundlichen, düsteren Stimmung, in der ich mich befand, verweigerte ich ihre Bitte. Ich habe es nachher stets bereut, daß ich dies gethan, da es mir eine große Menge der Bevölkerung entfremdete. Natürlich werden manche Christen etwas dagegen einzuwenden haben, das Gebet einer anderen Glaubensform herzusagen, aber dennoch wird wohl der Gebrauch eines Gebets von so allgemeiner Bedeutung, wie das einleitende Kapitel des Koran, einem einzelnen Wanderer in diesen Gegenden gestattet sein, um eine Art von Verbindungsglied zwischen ihm und den Eingeborenen zu bilden. Überdies ist es nicht einmal immer nötig, das Gebet laut herzusagen, sondern man murmelt es in den Bart und streicht zum Schluß mit beiden Händen über das Gesicht.

Quelle: H. Barth, Reisen und Entdeckungen in Nord- und Central-Afrika in den Jahren 1849 bis 1855, Gotha 1857, 2, XV. Kapitel, 592 (leicht modernisiert). – *Lit.*: A. H. M. Kirk-Greene (Hg.), Barth's Travels in Nigeria. Extracts from the journal of Heinrich Barth's travels in Nigeria 1850–1855, London 1962; C. Marx, „Völker ohne Schrift und Geschichte". Zur historischen Erfassung des vorkolonialen Schwarzafrika in der deutschen Forschung des 19. und 20. Jahrhunderts, Stuttgart 1988; M. Diawara/P.F. de Moraes Farias, Gerd Spittler, Heinrich Barth et l'Afrique, Köln 2006.

161. Johann Ludwig Krapf: Perspektiven in Ostafrika (1847)

Der Württemberger Johann Ludwig Krapf (1810–1881) war 1837 in Diensten der Church Missionary Society nach Äthiopien ausgereist. Später verfolgte er in Ostafrika den Plan, eine Kette von Missionsstationen anzulegen. 1846 gründete er die Missionsstation Rabai in der Nähe Mombasas (Kenia). Von hier aus unternahm er verschiedene Missionsreisen.

28. November 1847. Wir brachten in dem Dorf Kambe den ganzen Nachmittag mit der Predigt des Evangeliums zu. Bruder Krapf führte das Wort. Wir gingen in dem ganzen, dicht mit Hütten besetzten Dorfe umher, und überall folgte uns eine große Anzahl Kinder und Erwachsene, die, sobald wir uns irgendwo niedersetzten, uns umringten und der Botschaft des Heils aufmerksam zuhörten. So oft sie ein Wort hörten, das ihnen besonders auffallend war, brachen sie in ein lautes Lachen aus, was aber durchaus nicht Ausdruck des Spottes, sondern nur der Freude und des Beifalls war. In keinem andern Dorfe wurde das Wort vom Kreuze mit solchem Beifall aufgenommen, wie in Kambe.

Im Allgemeinen zeigen freilich die Wanika nicht das geringste Streben nach Fortschritt in geistiger oder auch nur in weltlicher Bildung, und lassen sich am allerwenigsten um religiöse Zwecke, die für sie keinen Reiz haben, irgendeine Beschränkung ihres fleischlichen Sinnes gefallen; sie sind eben gewohnt, so behaglich wie ihre Väter dem Fleische zu leben. Zudem sind sie zusammengehalten durch eine Unzahl volkstümlicher, halb religiöser, halb bürgerlicher Gebräuche und Sitten, so daß es nur dem Evangelium gelingen kann, sie aus dem Wandel nach väterlicher Weise in den Wandel nach dem Geist zu versetzen.

Quelle: J. L. Krapf, Reisen in Ostafrika ausgeführt in den Jahren 1837–1855, Münster 1994, 498. – *Lit.*: H. Vortisch, Bahnbrecher in Afrika. Das Leben von Dr. Johann Ludwig Krapf, Witten (Ruhr) 1954; R. Oliver, The Missionary Factor in East Africa, London 1952; J. Eber, Johann Ludwig Krapf. Ein schwäbischer Pionier in Ostafrika Riehen, Basel/Lahr 2006; Sundkler/Steed, History 510–519.

162. David Livingstone: Bekehrung des Setschele (1851)

Der schottische Entdeckungsreisende und Missionar David Livingstone (1813–1873) brach 1840 für die London Missionary Society nach Südafrika auf. 1851 erreichte er den Sambesi. Einen seiner zahlreichen wenig erfolgreichen Missionsversuche unternahm er unter den Bekuena im heutigen Botswana in der Nähe des Limpopo. Mit dem Oberhaupt der Bekuena Setsche kam es dabei zu folgendem Gespräch:

Bei der ersten Gelegenheit, wo ich den Versuch machte, einen öffentlichen Gottesdienst zu halten, bemerkte er [Setschele, der Häuptling der Bekuena] mir, es sei unter seinem Volke üblich, wenn demselben irgendein neuer Gegenstand vorgetragen werde, Fragen darüber zu stellen und daher bat er mich um die Erlaubnis, mir in diesem Falle ebenfalls Fragen vorlegen zu dürfen. Als ich mich vollkommen bereit erklärte, ihm auf alle seine Fragen zu antworten, erkundigte er sich, ob meine Vorfahren auch schon etwas von einem öffentlichen Gericht gewußt hätten. Ich bejahte diese Frage, und begann ihm das Schauspiel „des großen weißen Thrones und den Anblick dessen zu schildern, der darauf sitzen soll und vor dessen Antlitz Himmel und Erde vergehen werden usw.“ Er sagte: „Du erschreckst mich, diese Worte machen alle meine Gebeine erbeben, ich habe gar keine Kraft mehr in mir; aber meine Vorfahren lebten ja zu derselben Zeit wie die deinigen, und wie kommt es, daß sie uns nicht früher Kunde von diesen entsetzlichen Dingen gebracht haben? Sie wanderten alle dahin in Finsternis, ohne zu wissen, wohin sie gingen.“ Ich zog mich aus der Verlegenheit, indem ich ihm die geographischen Schranken im Norden und die nur allmähliche Ausbreitung unserer Kunde vom Süden schilderte, zudem wir erst durch Schiffe Zugang erhalten mußten; und ich drückte ihm meinen festen Glauben aus, daß, wie Christus verheißen, die ganze Welt noch einmal durch das Evangelium werde erleuchtet werden. Er deutete nach der Wüste Kalahari und sagte: „Du kannst nie durch dieses Land hindurch zu den Stämmen kommen, welche jenseits desselben wohnen; es ist dies, gewisse Jahreszeiten ausgenommen, wo eine ungewöhnliche Menge Regen fällt und Wassermelonen besonders gut gedeihen, – sogar für uns Schwarze unmöglich. Selbst wir, die wir doch die Gegend kennen, würden ohne jene umkommen." Ich versicherte ihn nochmals meines festen Glaubens an die Worte Christi, und so schieden wir.

Sobald Setschele eine Gelegenheit zum Lernen hatte, machte er sich mit einem solchen Fleiß ans Lesen [biblischer Traktate], daß er, der wegen seiner Vorliebe für die Jagd zuvor verhältnismäßig hager gewesen war, nun aus Mangel an Leibesbewegung ganz korpulent wurde. [...] Setschele fuhr drei Jahre lang fort, sich beharrlich zu unserem Glauben zu bekennen; und da ich endlich mehrere der Schwierigkeiten dieser eigentümlichen Lage begriff und zugleich Mitleid mit den armen Weibern fühlte, die bei weitem die besten unserer Schüler waren, so drängte es mich gar nicht, von ihm so rasch zu verlangen, daß er durch die Taufe ein volles Bekenntnis ablege und sich aller seiner Weiber bis auf ein einziges entledige. [...]

Als er endlich die Taufe von mir begehrte, fragte ich ihn einfach, wie er, der doch die Bibel in seiner Hand habe und sie zu lesen imstande sei, glaube, daß er handeln müsse. Er ging nach Hause, gab jedem seiner überflüssigen Weiber eine neue Kleidung und alle seine Habseligkeiten, die sie für ihn in ihren Hütten zu verwahren pflegten, schickte sie damit zu ihren Eltern zurück und ließ diesen sagen, er habe den Weggeschickten keinerlei Vergehen vorzuwerfen, sondern entäußere sich ihrer nur, weil er den Willen Gottes zu befolgen wünsche. An dem Tag, wo er und seine Kinder getauft wurden, kam eine Menge Volk, um dieser Feierlichkeit beizuwohnen. Etliche glaubten, infolge einer törichten Verleumdung, welche die Feinde des Christentums im Süden ausgestreut hatten, die Bekehrten würden nun einen Absud vom „Gehirne toter Menschen" trinken müssen, und waren sehr erstaunt, daß man zur Taufe nur Wasser anwandte.

Quelle: D. Livingstone, Zum Sambesi und quer durchs südliche Afrika 1849–1856, hg. von H. Pleticha, Stuttgart [2]1985, 22–26. – *Lit.*: T. Jeal, Livingstone, London 1973; A. Ross, David Livingstone, London/New York 2002; Sundkler/Steed, History 427–438; A.F. Walls, David Livingstone, in: G. Anderson et al., Mission Legacies, Maryknoll 1994, 140–147.

D. Missionsunternehmen und afrikanische Herrscher

163. Madagaskar

a) Gesandtschaft König Radamas I. nach England (1820)

Die Etablierung des Christentums in Madagaskar ist mit der Geschichte des Königreiches Merina verbunden, welches bis 1895 unabhängig blieb. Die 1795 gegründete London Missionary Society hatte 1820 erste Kontakte aufgenommen. Die Gesellschaft hielt gerade ihren großen Jahreskongreß in London im Mai 1821 ab, als die madegassischen Gesandten eintrafen und der Botschafter Ratefinahary den am 29.10.1820 von Radama I. in Tananarivo verfaßten Brief an den Direktor der London Missionary Society übergab.

Zu der Zeit, als Sir Farquhar, Gouverneur, und ich [= Radama I.] den Vertrag schlossen, der das Ende des Verkaufs von Sklaven madegassischer Herkunft bedeutete, traf in Antananarivo, Hauptstadt meines Königreiches, der Missionar M. David Jones ein, begleitet von Gesandten des britischen Staates, um mich zu besuchen und um anzufragen, wo in meinem Königreich er sich niederlassen könne.

Nach reiflicher Prüfung des Anliegens seiner Mission habe ich mit Freude zugestimmt. [...] Ich war zufrieden mit der Erklärung von M. Jones, Ihrem Missionar, die

bestätigte, daß die Gesandten Ihrer Gesellschaft nichts anderes suchten als den Geist durch Überzeugung zu erleuchten, durch Aufklärung zur Kenntnis der Wahrheit und durch die Suche nach dem Glück. Ich bitte Sie daher, meine Herren, uns so viele Missionare zu schicken wie Ihre Möglichkeiten es Ihnen erlauben; so sie es wünschen, dürfen sie von ihren Frauen und Kindern begleitet werden. Bis dahin, während Sie dieses ermöglichen, müssen Sie Handwerker schicken. [...]
Ich verspreche Ihnen, daß Ihre Missionare von seiten meines Volkes Schutz, Respekt und Ruhe genießen werden ... Die Missionare, die wir dringend und schnell wünschen, sind jene, die die christliche Religion unterrichten, wie auch verschiedene Handwerker, die sich auf Weberei, Tischlerei Schreinerei und Spinnerei verstehen ...
Ich hoffe, meine Herren, von Ihnen eine schnelle und zufriedenstellende Antwort zu erhalten. [...]

Mit vorzüglicher Hochachtung – Radama Mpanjaka

b) Missionsverbot durch Königin Ranavalona I. (1835)

Die Bibel wurde in Madagaskar offensichtlich mehr und mehr als Buch verstanden, das Traditionen über die Vorfahren der Fremden enthielt. Damit gefährdete die Mission die Loyalität gegenüber dem madegassischen Königtum. Die Witwe Radamas, Königin Ranavalona I. (Ranavalomanjaka/ca. 1788–1861) verabschiedete 1835 folgendes Edikt:

Antananarivo, 26. Februar 1835. An englische oder französische Fremde: Ich danke Ihnen für das Gute, das Sie meinem Land und meinem Königreich getan haben, indem Sie es mit der [europäischen] Weisheit und Wissen bekannt gemacht haben ... Beunruhigen Sie sich nicht, ich werde nicht die Sitten und Gebräuche unserer Vorfahren ändern. Nichtsdestotrotz, wer die Gesetze meines Königreiches übertritt, wird getötet werden, wer immer er sei. Ich begrüße alle Weisheit und alles Wissen, die diesem Land gut tut. Was ein Greifen nach den Sitten und Gebräuchen meiner Vorfahren anbelangt, so wäre dies vergebliche Zeit und Mühe. Was die religiösen Praktiken anbelangt, Taufe, Zusammenkünfte, so ist es meinem Volk, das dieses Land bewohnt, verboten, sich daran zu beteiligen, weder am Sonntag noch an Wochentagen. Was Sie, Fremde, anbelangt, können Sie Ihre Sitten und Gebräuche praktizieren. Dennoch, wenn noch Handwerkskunst und andere weise Praktiken existieren, von denen die Einwohner profitieren können, üben Sie sie aus, das wird gut sein. Dieses sind meine Instruktionen, von denen ich will, daß Sie sie kennen. Ranavalomanjaka.
Verbot an die Einwohner, einen Ahnenkult für die Vorfahren der Fremden zu zelebrieren: [...] Ich verbiete Ihnen nicht, zu beten, aber Ihre Sitten sind nicht jene unserer Vorfahren, Sie verändern unsere Sitten. [...] Sie behandeln also die Gebräuche der Vorfahren, Sie wenden sich nicht mit Ihren Gebeten an die Tugenden des Himmels und der geheiligten Erde! [...] Ich erlaube nicht, daß dies auf meinen Ländereien und in meinem Königreich geschieht. So sagt Ranavalomanjaka.
Was die Taufe, die Zusammenkünfte, die Gebete außerhalb der Schule anbelangt ... Wieviele Herren herrschen in diesem Land? [...] Sie, die getauft haben, die Gesellschaften, die die Menschen versammelt haben, um in ihren Häusern zu beten ... Ich gebe Ihnen einen Monat, um sich anzuklagen. [...] Wenn Sie nicht erscheinen, wenn Sie darauf warten, durch andere beschuldigt zu werden, werde ich Sie töten lassen. So sagt Ranavalomanjaka.

c) Resolution zur missionarischen Aufsicht (1870)

1870 verabschiedeten die zurückgekehrten Missionare der London Missionary Society folgende Resolution:

Während sie voll und ganz das Prinzip, daß die Kirche in Madagaskar letztendlich unabhängig sein sollte, anerkennen, während sie immer mit diesem Prinzip vor Augen handeln, und während sie ihr letztes geben, um eine einheimische Angestelltenschaft hervorzubringen und auszubilden – um dieses wünschenswerte Ziel zu erreichen, möchten die Missionare doch den Direktoren die nicht zu verleugnenden Tatsachen vermitteln, daß die Einheimischen für einige Zeit noch nicht befähigt zur Erfüllung ihrer Pflichten sind (viele der Prediger können nur schlecht lesen und noch schlechter schreiben), und daß die Zahl der europäischen Missionare, einschließlich des erwarteten Nachschubs, nicht adäquat sein wird, um der gegenwärtigen Krise und der wunderbaren Revolution in der Religion der Insel begegnen zu können.

d) Missionarische Kritik an den Hochschulabsolventen

[Sie] denken, daß sie (nun) allem möglichen gleich sind, und daher haben wir sie hier, sich aufblähend und predigend mit ihren weißen Halsmanschetten, schwarzen Handschuhen, goldenen Ketten, Ringen etc. etc., in der Tat werden sie hinreichend verdorben durch die große Idee eines Colleges, während sie alles, was sie jetzt bekommen, und viel mehr, auf einem viel demütigeren und befriedigerenden Weg bekommen könnten.

Quelle: (a) D. Ralibera (Hg.), Madagascar et le Christianisme, Paris/Antananarivo 1993, 202; (b) ebd., 226; (c) Fiangona Jesosy Kristy Madagaskara (Church of Jesus Christ in Madagaskar), Madagascar District Committee Minute Book, 21.1.1870, zitiert in: B. A. Gow, Madagascar and the Protestant Impact, London 1979, 160; (d) L.M.S. M B13/F/2: Matthews to Mullens, 25 July 1876, zitiert in: B. A. Gow, ebd., 162. – *Lit.*: (a) F. Raison-Jourde, The Madagascan Churches in the Political Arena and their contribution to the Change of the Regime, in: P. Gifford (Hg.), The Christian Churches and the Democratisation of Africa, Leiden 1995, 292–301; Sundkler/Steed, History 487–499; Hock, Christentum 102–104.

164. Buganda (Uganda)

a) Religionsdebatte am Königshof (1879)

Das Wachstum der Kirche in Buganda, dem Kerngebiet des späteren Uganda, gehört zu den bemerkenswertesten Kapiteln der afrikanischen Christentumsgeschichte. Daß das Königtum dabei von Anfang an eine zentrale Rolle spielte, zeigt die von Kabaka (König) Mutesa (Regierungszeit: 1856–1884) am Hof von Mengo 1879 veranstaltete Debatte zwischen dem anglikanischen Missionar Alexander Mackay und dem Katholiken Simeon W. F. Lourdel. Die Church Missionary Society hatte 1877 ihre Arbeit aufgenommen; die Weißen Väter waren 1879 gerade ins Land gekommen.

Der König wollte mehr über die Unterschiede zwischen Protestanten und Katholiken wissen. Er wandte sich an Vater Lourdel und sagte: „Lesen Sie mir etwas vor und geben Sie mir Ihr Gebet.“ Lourdel nahm darauf den Katechismus in Swahili der Väter vom Hlg. Geist und las die ersten Kapitel, während Mutesa aufmerksam zuhörte. [...] Als der Vater seine Ausführungen beendet hatte, fragte er verschmitzt Mr. Mackay, was er von dem Vorgelesenen halte. Mackay antwortete: „Sehr gut. Ich habe aber bemerkt, daß er die Hlg. Jungfrau als Mutter Gottes bezeichnete, was falsch ist: Gott, der keinen Anfang hat, kann keine Mutter haben.“ „Entschuldigen Sie“, warf Lourdel ein, „er begann nicht als Gott, das ist wahr, aber er begann als Mensch, und als er Mensch wurde, wünschte er von einer Mutter geboren zu werden.“ Der König gab zu erkennen, daß er die Unterscheidung verstand; Mackay bestand nicht auf [einer weiteren Behandlung] der Frage, sondern ging zu einem anderen Punkt über: „Die Katholiken sagen, daß ihr Führer untadelig ist und stellen ihn an den Platz Gottes. Das ist unmöglich.“ Lourdel antwortete: „Unterscheiden Sie bitte zwischen Impekkabilität [Sündlosigkeit] und Infallibilität [Unfehlbarkeit]. Wir bestätigen die letztgenannte, aber nicht die erste.“ Mackay bestand nicht auf der weiteren Behandlung. [...]

b) Die Märtyrer Ugandas: Ein Augenzeugenbericht (1885)

Eine dritte Gruppe am Hof waren muslimische Araber, die bereits seit 50 Jahren dort präsent waren. Deren wachsendem Einfluß stand Kabaka Mutesa, der früher Buganda zweimal zum islamischen Staate erklärt hatte, mit Mißtrauen gegenüber; auch deshalb hatte er sich entschieden, Missionare ins Land zu lassen. Dabei versuchte er, die drei Gruppen gegeneinander auszuspielen. Unter seinem Nachfolger Mwanga (Regierungszeit: 1884–1897) verloren katholische und anglikanische Missionare ihre bevorrechtigte Stellung. Ein Grund hierfür lag darin, daß die Araber, die durch die europäischen Mächte in ihrem Handelsmonopol bedroht waren, zunehmend aggressivere Methoden anwandten. Im Oktober 1885 wurde der erste anglikanische Bischof Ost-Äquatorialafrikas, James Hannington, von einem Gefolgsmann Mwangas ermordet. Verfolgungen der einheimischen Christen beider Konfessionen folgten.

Wir kamen heraus mit unverborgener Freude, und liefen in einer Reihe; Gyavira, Mugaga, Kizito und ich selbst, jeder von uns mit einem stillen Gebet auf den Lippen. Nach einem zehnminütigen Marsch trafen wir auf Senkole und seine Begleiter; ihre Gesichter waren mit Ruß verschmiert. In einer Hand hielt er den geheiligten Zünder, mit dem er, als wir an ihm vorbeikamen, jedem, der für den Tod ausgesondert wurde, den Kopf berührte. Mich ließ er unberührt vorbeiziehen, als ob er sagen wollte „Nicht geeignet für das Martyrium. Zu klein, mein Junge.“ Mein armer Kamyuka, flüsterte Mugagga mir zu, Du wirst das Rendezvous im Himmel verpassen.

Senkole hatte bereits Charles Lwanga, unseren galanten Führer, ausgesondert und dabei erklärt: „Dich behalte ich für mich, um dich Kibuka, Mukasa und Nnende zu opfern. Du wirst ein ausgezeichnetes erstes Opfer abgeben.“

Während er sich vom Rest von uns verabschiedete, sagte Charles, „Meine Freunde, noch ehe lange Zeit vergangen ist, werden wir uns im Himmel wiedersehen. Ich bleibe hier und gehe euch voraus. Behaltet euren Mut und haltet bis zum Ende durch.“

[...] Nachdem alle Opfer auf den Scheiterhaufen gelegt worden waren, brachten die mit der Exekution Beauftragten mehr Holz, das sie über diese auflegten. Während das getan wurde, hörte ich die Christen, von denen jeder die Gebete rezitierte, die ihm in diesem großartigen Moment einfielen. [...]

Als Mukajanga sah, daß alles fertig war, gab er seinen Leuten das Signal, sich um die Feuerstelle herum aufzustellen, und dann gab er den Befehl, es an allen Stellen anzuzünden. Die Flammen schlugen hoch wie bei einem brennenden Haus, und ich hörte, als sie aufstiegen, das Gemurmel der Stimmen der Christen, die beim Sterben Gott anriefen. Seit dem Augenblick unserer Festnahme sah ich bei keinem von ihnen einen Mangel an Mut. Das Feuer wurde gegen Mittag gelöscht.

c) Einladung an alle europäischen Nationen (1890)

1888 mußte Mwanga, der sich erfolglos von den Arabern zu befreien gesucht hatte, fliehen. Mit Hilfe der „katholischen Partei“ bereitete er seine Rückkehr vor, die nach der Vereinigung mit den Protestanten (welche Waffen lieferten) gelang. Im Staatsvertrag vom Oktober 1889 wurden die Ministerien zwischen Katholiken und Protestanten gleich aufgeteilt. Da es Kabaka Mwanga nun daran lag, nicht dem Einfluß einer einzelnen europäischen Macht ausgesetzt zu sein, schloß er am 27.2.1890 einen Vertrag mit dem deutschen Afrikareisenden Carl Peters ab. Kurz darauf erschien der Vertreter der Imperial British East Africa Company, F. J. Jackson, um seine Interessen geltend zu machen. Gegenüber dem britischen Konsul Evan-Smith erläuterte Mwanga seinen Standpunkt.

Zanzibar, 26. April 1890. Ich unterrichte Sie über die Neuigkeiten von Uganda. Wie ich, als die Mohammedaner mich vertrieben hatten, auf einer Insel wohnte. Ich habe [eine Botschaft] zu Mr. Jackson gesandt, damit er mir helfe, und er lehnte ab, und ich sagte, ich kann Ihnen nun [auch] nicht helfen. So kämpften wir selbst und vertrieben sie. Als ich nach Mengo zurückkehrte, kam Herr Peters, der Deutsche, und bat mich um einen Handelsvertrag, und ich gab ihm ihn. Dann kam Mr. Jackson und wollte einen Vertrag, ... und ich lehnte das ab, und mein Volk lehnte das ab.
Nun sende ich zwei Angehörige meines Volkes zum englischen Konsul, und zum französischen Konsul, und zum deutschen Konsul, sie heißen Samuel Mwemba and Victor Senkezi, große Leute an meinem Hof, damit sie deinen Rat erfahren. Wenn sie uns helfen wollen, welche Rückzahlung sollen wir ihnen machen? Weil ich ihnen (oder Euch) mein Land nicht geben will. Ich möchte, daß alle Europäer aller Nationen nach Uganda kommen, um aufzubauen und Handel zu treiben wie sie wollen. So bitte ich Sie, Gewehre und Pulver Uganda erreichen zu lassen, so daß wir die Mohammedaner ganz vertreiben können. Ich bin etc. Mwanga, König von Uganda.

d) Die weitere Entwicklung: Britisch und protestantisch

In Buganda, das durch den 1890 zwischen Deutschland und England abgeschlossenen Helgoland-Sansibar-Vertrag der britischen Einflußsphäre zugeteilt wurde, brach 1892 ein Bürgerkrieg zwischen Protestanten und Katholiken aus. In dessen Verlauf zogen sich die Katholiken in die südliche Provinz Buddu zurück; Mwanga fand bei den Deutschen Schutz. Da der Agent der East Africa Company, Captain F. D. Lugard, jedoch das Gebiet politisch-wirtschaftlich intensiver erschließen und dabei alle Kräfte integrieren wollte, bot er Mwanga einen Vertrag an. Über die Geschehnisse berichtet der anglikanische Pfarrer H. W. D. Kitakule:

Nun, nachdem wir die Katholiken vertrieben hatten, floh König Mwanga und erreichte Kiziba, das deutsches Gebiet ist, und blieb auch dort. Wir schickten ihm viele schriftliche Bitten, wieder auf den Thron zurückzukehren, aber er weigerte sich und bat die Deutschen, daß sie kämen und ihm helfen. Sie lehnten ab. Darauf sandte uns Mwanga ein schriftliches Angebot mit dem Inhalt „Ich wünsche auf meinen Thron zurückzukehren“; wir luden ihn ein, und er floh von den Katholiken und kehrte zu uns zurück und wir setzen ihn wieder als König ein. Weiterhin wiesen wir den Katholiken ein Gebiet in Uganda zu, nämlich Budu, und dort lebten sie (von uns) getrennt. Wir sagten ihnen: „Wir wollen uns nicht wieder mit den Katholiken vermischen.“ Gegenwärtig besitzen wir Protestanten ein sehr großes Gebiet und alle Inseln; und nun wenden sich die Mohammedaner an uns, damit wir ihnen auch ein Gebiet geben, wo sie sich niederlassen und den Kampf mit uns beenden können: aber über die Bedingungen herrscht noch keine Klarheit. Wir hoffen, daß die Protestanten jetzt die Obermacht in Uganda haben werden, und ich denke, daß das Land nun vielleicht friedlich wird. König Mwanga schlug vor, eine amtliche Erklärung abzugeben, daß er Protestant werden wolle, aber wir rieten ihm: „Bleib noch für eine Zeit katholisch“, wie er es war, weil er noch kein wahrer oder ernsthafter Gläubiger war. König Mwanga ließ die englische Flagge hissen und sie weht jetzt vor seinem Haus.

e) Triumph-Lied der ugandischen Protestanten (April 1892)

Ich will nicht sitzen, wo ein Päpstler sitzt.
Ich will nicht essen, wo ein Päpstler ißt.
Ich will meine Finger nicht in den Topf tauchen mit einem Päpstler.
Denn wir Engländer haben die Päpstler besiegt.

Quelle: (a) Übersetzung eines Berichts Vater Livinhacs, in: J. Mercui, L'Uganda, la Mission Catholique et les Agents Compagnie Anglaise (1893), 10f., zitiert in: D. Robinson/D. Smith, Sources of the African Past, New York 1979, 92f; (b) D. A. Low (Hg.), The Mind of Buganda. Documents of the Modern History of an African Kingdom, Berkeley/Los Angeles 1971, 11f. unter Verweis auf: J. F. Faupel, African Holocaust, London 1962, 192. 196f. Faupel benutzte den Processus Ordinarius oder Informativus, eine in Uganda 1887 begonnene Zusammenstellung von Unterlagen über die Märtyrer mit sieben Zeugenaussagen und dem offiziellen Bericht der Missionare sowie den Processus Apostolicus mit zwanzig 1913–1914 gemachten eidesstattlichen Zeugenaussagen; (c) Public Record Office, London, F. O. 84/2064, zitiert in: Public Record Office, London, F. O. 84/2064, zitiert in D. A. Low (Hg.), ebd., 26; (d) D. A. Low (Hg.), ebd., 27, unter Verweis auf: Zanzibar Secretariat Archives E. 143; (e) J. Waliggo, The Catholic Church in the Buddu Province of Buganda 1879–1925, Ph.D. thesis, Cambridge 1976, D. 85–85, vgl. Hastings, Africa 465. – *Lit.*: Hastings, Africa 371–385; Gründer, Welteroberung 536–540; W.-K. Füsser, Rebellion in Buganda. Eine Staatskrise in Ostafrika, Hamburg 1989, 98–117; F. Ludwig, Ein Solidaritätsbrief indischer Christen an die Christen Ugandas, in: A. Eckert/G. Krüger (Hgg.), Lesarten eines globalen Prozesses, Hamburg 1998, 187–196; J. V. Taylor, Die Kirche in Buganda. Das Werden einer jungen afrikanischen Kirche, Stuttgart 1966, bes. 19–113; Hock, Christentum 105–109.

E. Afrikanische christliche Eliten

165. Westafrika

a) Samuel Ajayi Crowther: Bedenken (1860)

Bei der Herausbildung christlicher Eliten in Westafrika kam ehemaligen Sklaven eine zentrale Rolle zu. Zur Symbolfigur wurde Samuel Ayaji Crowther, der 1864 als erster schwarzafrikanischer Anglikaner zum Bischof geweiht wurde (vgl. Text 150). Seine Diözese erstreckte sich vom Äquator bis zum Senegal. Noch 1860 hatte er Bedenken geäußert, das Amt zu übernehmen.

1. Ich bin total unfähig. 2. Die europäischen Missionare haben einen größeren Anspruch auf dieses Recht als jeder Eingeborene. 3. Als Mensch weiß ich etwas von den Gefühlen der Menschen. [...] Der Plan, einen Eingeborenen in eine höhere Position einzusetzen, wo Europäer eine Rolle spielen, ist verfrüht. 4. Der Gebrauch, der von meinem Namen in englischen Zeitungen gemacht wurde, als der Bischofssitz von Sierra Leone vakant war, hat meinem Namen nicht gutgetan. 5. Ich habe selbst niemals auch nur einen Moment eine Berufung gefühlt ... 6. Meine eigene Familie beansprucht meine Aufmerksamkeit, für sie einen Platz im Leben zu finden.

b) O. Payne: Die Bedeutung Bischof Crowthers (1892)

Die Machtbefugnisse Bischof Crowthers waren in den 1880er Jahren von jungen englischen Missionaren, die ihr Handeln mit Mißständen in der Niger-Mission begründeten, mehr und mehr eingeschränkt worden. Als Crowther am 31.12.1891 starb, dauerte es lange Zeit (bis 1951), bis die anglikanische Missionsleitung wieder einem Afrikaner Verantwortung für eine eigene Diözese übertrug. Vertreter der afrikanischen Elite wehrten sich vehement gegen die Wertung des Episkopats Crowthers als Mißerfolg. Dies belegt eine Denkschrift vom 7.12.1892 von Geistlichen und Repräsentanten der Laien der Lagos Native Church an den Erzbischof von Canterbury und die Kirche von England.

Der Episkopat des ehemaligen Bischofs Crowther war unserer bescheidenen Ansicht nach erfolgreich. Er dauerte 27 Jahre; vor seine Ernennung hatte der Bischof 1857 als gewöhnlicher Geistlicher die Niger-Mission gegründet und war immer ihr Leiter gewesen. Die Fakten zeugen vom Erfolg seiner Mission – nämlich tausende Bekehrte, der erniedrigendsten Art von Heidentum und Idolatrie abgewonnen, und viele unter ihnen sogar dem Kannibalismus, der Kindertötung und anderen grausamen Praktiken; christliche Gemeinden, Kirchen und Schulen hier und dort, wo vorher eine moralische und geistliche Wildnis war; einheimische, in Niger geborene Agenten unter denen, die der Mission und der Kirche dienen, und der aggressive Charakter des christlichen Glaubensbekenntnisses dieser Bekehrten, insbesondere im Delta-Gebiet, und das alles innerhalb der letzen 32 Jahre – Fakten, die von allen, die den Niger kennen, bezeugt werden. [...] Dieser Erfolg, wie wir uns erlauben zu bemerken, liefert eine Garantie für den Fortbestand des einheimischen Episkopates. Die Beförderung von Bischof Crowther zum Episkopat 1864 wurde von der Church Missionary Society verkündet und sollte mit Gottes Hilfe im Wesentlichen dazu beitragen, ... ein Experiment zu sein, das beweisen soll, daß Schwarze fähig seien, große Teile des afrikanischen Kontinents selbst zu evangelisieren, auch ohne den Ansporn der Anwesenheit und die Aufsicht von Europäern, und daß sie fähig seien, die höchsten Ämter in der Kirche auszuüben – ein Experiment, dessen Erfolg allgemein in England sehr ersehnt war, besonders wegen der sehr hohen Sterblichkeit, die in der Afrikanischen Mission unter europäischen Missionaren seit ihrer Gründung herrschte. Der Klerus und die Laien, die unter diesem Episkopat arbeiteten, waren fast immer Einheimische.
Die paar letzten Jahre aber wurde immer wieder versucht, wegen der in manchen jungen Kirchen aufgetretenen moralischen Schwäche und der schweren Fehler mancher Verantwortlicher und dergleichen, das Experiment für gescheitert zu erklären und zu behaupten, der Neger sei unzuverlässig und unfähig, selbständig zu leben; und daß er trotz eines Jahrhunderts Ausbildung und Unterricht immer noch nicht fähig ist, ohne strenge europäische Aufsicht mündig zu leben. Wir dagegen können diese Äußerung nicht akzeptieren mit den erwähnten Erfolgen der Mission vor Augen angesichts der Tatsache, daß auch manche apostolische Kirchen, über die wir in den Schriften gelesen haben, nicht frei von schweren Fehlern waren.
Das Christentum hat ungefähr ein Jahrhundert in Westafrika hinter sich und hat doch bis heute einen exotischen Charakter. [...] Wir sind davon überzeugt, daß einer der Gründe für den jetzigen Charakter des afrikanischen Christentums die Tatsache ist, daß es zu lange in Abhängigkeit gehalten wurde, und daß es zu lange daran gewöhnt war, sich in fast jeder Hinsicht von seinen ausländischen Eltern unmittelbar führen zu lassen. Dies, werden Sie zugeben, hilft nicht sehr bei der Entwicklung dieser mannhaften Selbständigkeit und des Selbstvertrauens, die für die Entwicklung eines starken Volkes und einer vitalen Institution so wesentlich sind.

c) James Africanus Horton: Das Potenzial Afrikas (1868)

Dr. James Africanus Horton (1835–1883) stammte aus einer Familie befreiter Sklaven und wuchs in Freetown (Sierra Leone) auf. Nach dem Abschluß des Medizinstudiums in London und Edinburgh arbeitete er für die britische Armee in Ghana. Ab 1865 wandte er sich politischen

Themen zu. Dabei betrachtete er die britische Herrschaft und die christliche Mission als nützlich für Afrika, betonte aber nachdrücklich die Fähigkeiten der Afrikaner zur Selbst-Regierung.

Das stolzeste Königreich in Europa lebte einstmals in einem Zustand von Barbarei, der vielleicht schlimmer war als derjenige, der heute bei den Stämmen herrscht, die an der Westküste Afrikas leben. [...] Die Zivilisation von Frankreich, England und selbst von Deutschland stammt aus der Zeit, als Rom, durch soziale Forderungen getrieben, Julius Caesar zum Prokonsul des transalpinischen Gallien machte ... Aber ich behaupte, daß moderne Erfindungen wie Druck, Dampfkraft (bei Eisenbahn und Schiffahrt), Telegraphie, die in wunderbarem Maße eine schnelle Kommunikation ermöglichen, nicht den geringste Zweifel für mich lassen, daß es, obwohl es elfhundert Jahre dauerte, bis Frankreich und England den heutigen Stand an Zivilisation erreichten, es viel weniger Zeit brauchen wird, um wenigstens einen Teil davon nach Westafrika zu bringen und mit Europa in fortschreitender Entwicklung zu wetteifern. [...] Fourah-Bay College sollte zur Universität von Westafrika gemacht werden, finanziert durch die Regionalregierung, die ihre Privilegien garantieren und die Interessen in Literatur und Naturwissenschaft ermutigen sollte. Ein systematischer Unterricht sollte den Studenten gegeben, ordentliche Professoren sollten berufen werden. [...]

Quelle: (a) Archiv der Church Missionary Society, Birmingham: Crowther an Venn 04.04.1860, zitiert in: P. Beyerhaus, Die Selbständigkeit der jungen Kirchen als missionarisches Problem, Wuppertal/Barmen 1956, 133; übers. und zitiert in: G. Grohs, Stufen afrikanischer Emanzipation. Studien zum Selbstverständnis westafrikanischer Eliten, Stuttgart 1967, 60f; (b) Memorial, dated 7. Dec. 1892, addressed to the Archbishop of Canterbury and the proper authorities of the Church of England, from the clergy and representative laymen of the Lagos native church, abgedruckt in: T. Hodgkin, Nigerian Perspectives, London [2]1975, 309ff; (c) J. A. Horton, West African Countries and Peoples, British and Native and a vindication of the African Race, London 1868, 201f. 64, übers. und zitiert in: G. Grohs, ebd., 146. – *Lit.*: F. Ludwig, Kirche im kolonialen Kontext. Anglikanische Missionare und afrikanische Propheten im südöstlichen Nigeria, 1879–1918, Frankfurt/Bern 1992; Hock, Christentum 72–80.

166. Südafrikanische Stimmen

a) Tiyo Soga: Rassendiskriminierung in Südafrika (1857)

Tiyo Soga (1829–1871) wurde nach seiner Ausbildung in Lovedale (Südafrika) sowie in Glasgow und Edinburgh 1856 als erster afrikanischer presbyterianischer Pfarrer Südafrikas ordiniert. Nach seiner Rückkehr nach Südafrika 1857 äußerte er sich über die Rassendiskriminierung:

Die Vorurteile gegen Farbige, die ich hier erwartete, verschwanden bei meiner Ankunft in wirklich erstaunlicher Weise, was mich selbst anbetrifft. [...] Ich habe erkannt, daß nur in Britannien der Schwarze als genauso fähig zur geistigen wie moralischen Besserung wie der Weiße angesehen wird. In dieser Kolonie scheinen manche wie auch in Amerika mit einer wunderlichen logischen Verdrehung zu argumentieren: „Dunkles Gesicht, dunkler Geist."

b) John Tengo Jabavu: Neue Formen der Sklaverei (1889)

Der Politiker und Journalist John Tengo Jabavu (1859–1921) war in methodistischen Missionsschulen ausgebildet worden. 1884 begründete er die *Imvo Zabatsundu* (übersetzt etwa: „Meinung der Einheimischen"), die erste Zeitung Südafrikas in schwarzafrikanischem Besitz und unter schwarzafrikanischer Kontrolle. Sie wurde im ganzen südlichen Afrika gelesen.

Es gibt ... besondere Gründe, warum junge Kaffir-Männer aus Büchern die Probleme von einheimischen Rassen in anderen Teilen der Welt kennenlernen sollten. Hier [in Südafrika] gibt es feindselige Kräfte, die versuchen, den Einheimischen Bildung vorzuenthalten und sie ihrer Wurzeln im Lande zu berauben. Die Erfahrung anderorts lehrt, daß dies ewige Sklaverei nicht für den Leibeigenen – da jetzt abgeschafft –, sondern Sklaverei für den nur dem Namen nach freien Mann bedeutet, der ... dem Grundbesitzer alle Früchte seiner Arbeit abliefern muß, um den geringsten Hungerlohn zu bekommen, von dem ein Mensch leben kann.

Quelle: (a) A. Chalmers, Tiyo Soga: The Model Kaffir Missionary, London 1897, 147, zitiert in: J. M. Chirenje, Ethiopianism and Afro-Americans in Southern Africa, 1883–1916, Baton Rouge/London 1987, 16; (b) J. T. Jabavu, Education through Books, Editorial, Imvo Zabatsundu, Aug. 29, Sept. 5, 1889, zitiert in: J. M. Chirenje, ebd., 33f. – Weitere wichtige Quellen finden sich in J. W. Hofmeyr/J. A. Millard/J. J. Froneman (Hgg.), History of the Church in South Africa: a document and source book, Pretoria 1991. – *Lit.*: D. Williams, Umfundisi: A Biography of Tiyo Soga 1829–1871, Lovedale 1978; D. Williams (Hg.), The Journal and Selected Writings of the Reverend Tiyo Soga, Cape Town 1983; C. Saunders (Hg.), Black Leaders in Southern Africa, London 1979, 127–156; D. D. T. Jabavu, The Life of John Tengo Jabavu, Lovedale 1922; M. Ndletyana, African intellectuals in 19th and early 20th century. Cape Town/Chicago 2008.

AFRIKA IV. 1890–1945

A. „Scramble for Africa“

Der „Scramble for Africa“ (wörtlich übersetzt etwa „Rauferei um Afrika“) kennzeichnet diejenige Periode gesteigerter internationaler Rivalität, die zur Aufteilung des afrikanischen Kontinentes unter europäischen Kolonialmächten führte. Der Beginn dieser Phase wird gewöhnlich mit der Berliner „Kongo“-Konferenz 1884/85 in Verbindung gebracht, auf der auf Einladung Deutschlands und Frankreichs die Handelsbedingungen in Westafrika und insbesondere die Bestimmungen zur Schiffahrt auf den Flüssen Kongo und Niger diskutiert wurden. Doch lassen sich zunehmende politische Interventionen aufgrund des verschärften wirtschaftlichen Wettbewerbs schon früher beobachten. Am Ende des Scramble gab es nur noch zwei unabhängige Staaten in Afrika, nämlich Äthiopien und Liberia.

167. Absichtserklärungen und Zielsetzungen

a) Cecil Rhodes: Die Engländer als Werkzeug Gottes (1877)

Cecil Rhodes (1853–1902) war einer der entschiedensten Vorkämpfer des britischen Imperialismus. Auf seine Veranlassung hin wurde 1885 Betschuanaland (Botswana) britische Kronkolonie. Während seiner Amtszeit als Premierminister der Kapkolonie (1890–1896) erwarb die von ihm gegründete Handelsgesellschaft, die British South Africa Company, Rhodesien, das heutige Simbabwe.

Ich behaupte, daß wir die erste Rasse in der Welt sind und daß es für die Menschheit um so besser ist, je größere Teile der Welt wir bewohnen. Ich behaupte, daß jedes Stück Land, das unserem Gebiet hinzugefügt wird, die Geburt von mehr Angehörigen der englischen Rasse bedeutet, die sonst nicht ins Dasein gerufen worden wären. Darüber hinaus bedeutet es einfach das Ende aller Kriege, wenn der größere Teil der Welt in unserer Herrschaft aufgeht. [...] Da [Gott] sich die englischsprechende Rasse offensichtlich zu seinem auserwählten Werkzeug geformt hat, durch welches er einen auf Gerechtigkeit, Freiheit und Frieden gegründeten Zustand der Gesellschaft hervorbringen will, muß es auch seinem Wunsch entsprechen, daß ich alles in meiner Macht

Stehende tue, um jener Rasse so viel Spielraum und Macht wie möglich zu verschaffen. Wenn es einen Gott gibt, denke ich, so will er daher eines gern von mir getan haben: nämlich so viel von der Karte Afrikas britisch rot zu malen wie möglich und anderswo zu tun, was ich kann, um die Einheit der englischsprechenden Rasse zu fördern und ihren Einflußbereich auszudehnen.

b) Alexander Mackay: Die Zivilisierung Afrikas (1890)

Auch zahlreiche Missionare unterstützten die imperialistischen Ansprüche ihrer Heimatländer. Der Leiter der Church Missionary Society in Buganda, Alexander Mackay (1849–1890) trat nicht nur mit Nachdruck für eine Einverleibung Bugandas in die Einflußsphäre der britischen „East India Company" ein, sondern stellte auch allgemeine Überlegungen zur Aufgabe der Europäer in Afrika an.

Ein mächtiger Kontinent, der seit Jahrhunderten in Unwissenheit und Verfall geraten ist, liegt vor uns. [...] Von philanthropischen Ideen erfüllt und mit dem Wunsche, geschehenes Unrecht wieder gut zu machen, haben die Europäer immer wieder versucht, etwas Gutes in Afrika auszurichten. Worin dies Gute bestehen müsse, ist meist diesen Philanthropen nicht recht klar gewesen. [...] Nun kommen wir zu der Aufgabe selbst und zu ihrer Lösung. [...] Daß der Afrikaner im Stande ist, sich das Christentum anzueignen und seine Stelle unter den ersten Völkern einzunehmen, halte ich für eine unbestreitbare Tatsache. Wir müssen nur daran denken, was Europa beim Beginne unserer Ära war. Fetischismus, Polygamie, Sklaverei, wirkliche Barbarei, sogar oftmals schlimmer noch als heute in Afrika, waren früher in Europa zu Haus. [...] Die zu lösende Aufgabe und die Vorbedingungen derselben waren in Europa ziemlich dieselbe, wie wir sie heute in Afrika finden.

c) Friedrich Fabri: „Ein neues Indien" (1879)

Auch in Deutschland wurde der Ruf nach kolonialen Besitzerwerbungen, einem „Platz an der Sonne", von Missionaren und Missionsstrategen vorgetragen. Kolonialpolitische, ökonomische und missionarische Interessen vermischten sich etwa bei Friedrich Fabri (1824–1891), der von 1857 bis 1884 Inspektor der Rheinischen Mission war und als Expansionspublizist und Kolonialpolitiker hervortrat.

Sollte nun Deutschland, des colonialen Erwerbes bedürftig, nicht vor allem an der in diesen Länder-Massen [in Central-Afrika] anhebenden Concurrenz sich kräftig betheiligen? [...] Central-Afrika kann allerdings ein neues Indien werden ... Aber fürs Erste fehlt noch ein sehr wesentliches Stück: der Massen-Anbau werthvoller Produkte. Seine Bevölkerung muß durch vermehrte Bedürfnisse erst zu deren Anbau gereizt, wo nicht gar erzogen werden ... Missions-Unternehmungen mit praktisch-pädagogischem Charakter, d.h. auch zur Arbeit erziehend, wären hier vor allem werthvoll; nach und mit ihnen Capital und Leute für Plantagen und größere Handels-Unternehmungen. [...] Will nun aber unser deutscher Handels-Stand an der Erschließung und Ausbeutung Central-Afrikas sich betheiligen, so wäre von nicht zu unterschätzender Bedeutung, daß an geeigneten Stellen, an der West- und an der Ostküste, deutsche Missions-Niederlassungen zunächst zu Stande kämen.

d) Kolonialismus und Mission in Deutsch-Ostafrika (1886)

Die wichtigste aus kolonialpolitischen Motiven entstandene Missionsgesellschaft war die „Evangelische Missionsgesellschaft für Deutsch-Ostafrika“, bei deren Gründung 1886 der Afrikareisende und Kolonialpropagandist Carl Peters (1856–1918) eine Rolle spielte.

Vor kurzer Zeit ist in Berlin die Deutsch-Ostafrikanische Evangelische Missionsgesellschaft ins Leben gerufen worden. Ein neues Feld hat sich der deutschen Missionstätigkeit eröffnet ... Ihm [sc. dem deutschen Missionar] wird von jetzt an die Möglichkeit geboten, dort zu wirken, wo sein Vaterland neue Wurzeln zu schlagen beginnt. Nicht mehr wird ein fremdes, allen deutschen Bestrebungen feindlich gegenüberstehendes Land abernten, was deutscher Fleiß und deutsche Arbeit gesät ...

e) Warnung vor nationalem Verständnis der Mission (1885)

Innerhalb der deutschen Missionsbewegung gab es auch andere Stimmen als Fabri und Peters. Die Konferenz der deutschen Mission begrüßte zwar auch die Kolonialtätigkeit, warnte jedoch zugleich vor einem nationalen Verständnis der Evangelisationsaufgaben.

1. Die in Bremen versammelten Vertreter der Vorstände deutscher Missionsgesellschaften fühlen sich gedrungen, ihre dankbare Anerkennung dafür auszusprechen, daß ihren auf englischen, niederländischen und dänischen Kolonialgebieten arbeitenden Missionaren von den betreffenden Kolonialregierungen stets derselbe Schutz wie den eigenen Unterthanen und dasselbe wohlwollende Entgegenkommen wie den Missionaren der eigenen Nation bewiesen worden ist. 2. Sie [die Obigen] sprechen zugleich die Hoffnung aus, daß die deutschen Kolonialregierungen auf den neuerworbenen Gebieten nicht nur die deutschen Missionsunternehmungen schützen und fördern, sondern auch, unter Anerkennung des internationalen Charakters der Mission, den Missionen anderer Nationalität dieselbe wohlwollende Behandlung werden zu teil werden lassen, welche die deutschen Missionare eher von fremden Kolonialregierungen erfahren haben.

f) Bruno Gutmann über die lutherische Mission (1909)

In deutschen lutherischen Missionskreisen wurde für einig Zeit der Gedanke der „Schöpfungsordnung“ betont. Ein Vertreter des damit verbundenen Missionskonzepts war Bruno Gutmann (1876–1966), der von 1903–1920 und 1925–1939 für die Leipziger Mission in der zentralen Kilimanjaro-Region im heutigen Tansania tätig war. Gutmann betrachtete die Lebensweise und Traditionen der Afrikaner als gottgewollt und menschenfreundlich. Die Aufgabe der Mission sah er daher darin, den Glauben zu vermitteln und gleichzeitig die überlieferte soziale Ordnung und die traditionale Kultur beizubehalten. Während das Konzept einerseits zu einer Wertschätzung der afrikanischen Kulturen beitrug, ließ es andererseits kaum Raum für Entwicklungen und konnte auch rassistisch (die Unterschiede der „Rassen“ akzentuierend) interpretiert werden.

Der breite Einbruch einer neuen, oft nur technisch überlegenen Kultur gefährdet in höchstem Masse die Eigenentwicklung dieser Naturvölker und bewirkt mit einer äusserlich rasch errungenen Angleichung eine umso größere innere Verödung, so daß dadurch die an sich schon schädlich wirkenden Kräfte in diesem Kulturstrome wenig Hemmung und Widerstand in der Volksseele finden und ihren Lebensnerv erreichen, ehe die aufbauenden Mächte Zeit fanden, sich mit dem noch gesunden und entwicklungsfähigen Volkstum zu verbinden und es für eine eigenwüchsige Weitergestaltung zu befruchten und zu erziehen. [...] Und Lutherische Mission, die in sich die Wachstumskräfte des lutherischen Christentums verkörpert, darf dies als ihre Wesensart behaupten, daß sie Verständnis für alles lebendige Volksgut sich zu erhalten sucht und beim Neuaufbau einer sittlich religiösen Weltanschauung in Sitte und Brauch die Seelenkräfte des Volkes sehen möchte.

g) Portugiesische Kolonialmission in Mosambik (1896)

Unzweideutig national orientiert war die portugiesische Mission der katholischen Kirche in Mosambik, wie die Instruktionen des Ministeriums für Marine- und Überseeangelegenheiten an Bischof Barroso von 1896 zeigen:

Die Missionen sollen den Charakter nationaler Institutionen annehmen, so soll immer verbindlich sein: 1. Ihre Unterordnung unter den Bischof von Mosambik; 2. Die Anwendung und Lehre der portugiesischen Sprache; 3. Immer das Hissen der portugiesischen Flagge im Zentrum der Mission; 4. Die Verteidigung der Rechte der portugiesischen Souveränität (Oberherrschaft); in ihrer Propaganda (Verkündigung) und der Ausübung ihrer missionarischen Funktionen; 5. Dienst zu erweisen gegenüber den portugiesischen Autoritäten, denen im allgemeinen Unterordnung entgegenzubringen ist.

Quelle: (a) W. T. Stead (Hg.), The Last Will and Testament of C. J. Rhodes, London 1902, 57f. 97f., deutsche Übersetzung in: W. J. Mommsen, Imperialismus, Hamburg 1977, 48f; (b) A. M. Harrison/A. Mackay, Pioneer Missionary of the Church Missionary Society in Uganda, London 1898, [R]1970, 393–396. 398f.; deutsche Übersetzung in: H. Schulze/I. U. Paul, Europäische Geschichte, Quellen und Materialien, München 1994, 1064ff; (c) F. Fabri, Bedarf Deutschland der Colonien? Eine politisch-ökonomische Betrachtung. Gotha 1879, zitiert in: Raupp, Mission 412ff; (d) Mission in Ostafrika, in: Kolonial-politische Correspondenz 1886, zitiert in: Raupp, Mission 414–417; (e) Resolutionen der Konferenz der deutschen Missionen vom 29.10.1885, vgl. Raupp, Mission 418f; (f) B. Gutmann, Dichten und Denken der Dschagg-Neger, 1909; Vorwort, zitiert in: Ernst Jäschke, Gemeindeaufbau in Afrika. Die Bedeutung Bruno Gutmanns für das afrikanische Christentum, Stuttgart 1981, 35f. (g) Minister of Marine and Overseas Affaires an Bischof D. Antonio Barroso, 23.6.1896, zitiert in: A. Brásio, D. Antonio Barroso, Missionário, Cientista, Missiólogo, Lissabon 1961, 595f.; englische Übersetzung in: A. Helgesson, Church, State and People in Mozambique, Uppsala 1994, 101. – *Lit.*: (a) Gründer, Welteroberung 519–567; R. Robinson/J. Gallagher, Africa and the Victorians, London [2]1981, P. J. Cain/A. G. Hopkins, British imperialism: innovation and expansion, London 1993; R. Rotberg, The Founder: Cecil Rhodes and the Pursuit of Power, London 1988; (b) J. Hargreaves, Aberdeenshire to Africa, Aberdeen 1982; C. P. Groves, The Planting of Christianity in Africa, Bd. 3, London 1955; T. Christensen/W. R. Hutchinson (Hgg.), Missionary Ideologies in the Imperialist Era 1880–1920, Aarhus 1982; (c) K. J. Bade, Friedrich Fabri und der Imperialismus der Bismarckzeit, Freiburg 1975; (d) K. Bade (Hg.), Imperialismus und Kolonialmission. Kaiserliches Deutschland und Kolonialmission, Wiesbaden 1982; H. Gründer, Christliche Mission und deutscher Imperialismus (1884–1914), Paderborn 1982 (f) J. C. Winter, Bruno Gutmann 1876–1966. A German Approach to Social Anthropology, Oxford 1979; C. Bochinger, Ganzheit und Gemeinschaft, Frankfurt a. M. u.a. 1987. – *Lit. allgemein*: A. Porter, Missions and Empire, in: Gilley/Stanley, World Christianities 560–575; A. Porter (Hg.), The imperial horizons of British Protestant missions 1880 – 1914, Grand Rapids, Mich. 2003; B. Stanley, The Bible and the Flag, Leicester 1990.

168. Auflehnung und „Pazifizierungsmaßnahmen“

a) Namibia: Herero-Nama-Aufstand (1904)

Dem mehr und mehr das afrikanische Leben durchdringenden Aufbau der Kolonialsysteme folgten häufig primäre Widerstandsbewegungen („primary resistance“), auf die die Kolonialmächte mit „Pazifizierungsmaßnahmen“ reagierten. Besonders brutal wurde der Herero-Nama-Aufstand 1904 in Deutsch-Südwestafrika (Namibia) niedergeschlagen. Die Rheinische Mission hatte hier dazu beigetragen, daß Häuptlinge wie etwa der Nama-Capitein Hendrik Witbooi zur Anerkennung der deutschen Herrschaft gezwungen waren. Am 14.11.1904 kündigte Witbooi unter Berufung auf Gott den Protektoratsvertrag (1). Die Mission bewahrte weiterhin die Loyalität zur Kolonialmacht, auch wenn sie auf die sozialen Ursachen des Aufstandes der Hereros aufmerksam machte (2) und dafür von kolonialchauvinistischen Kreisen als „feindlich" betrachtet wurde (3).

[H. Witbooi: „Gott hat unser Weinen gehört":] Ich habe zehn Jahre lang in eurem Gesetz gestanden, unter eurem Gesetz, und hinter eurem Gesetz – und nicht ich allein, sondern alle Führer Afrikas. Aus diesem Grund fürchte ich Gott den Vater. Alle die Seelen, die in den letzten zehn Jahren umgekommen sind aus allen Nationen Afrikas und von allen seinen Führern, ohne Schuld und ohne Grund, ohne die Rechtfertigung des Krieges, in Friedenszeiten und unter Friedensverträgen, klagen mich an. Ich werde auf eine große Anklage zu antworten haben vor Gott unserem Vater im Himmel. Er hat unser Weinen gehört und die Gebete und Seufzer, und hat uns erlöst. Denn ich habe vor ihm gestanden und rief ihn an, unsere Tränen zu trocknen zu seiner eigenen Zeit. Gott vom Himmel hat jetzt den Vertrag gebrochen.

[Die Rheinischen Missionare über die Ursachen des Aufstandes:] Das ... bei vielen weißen Händlern geübte System des maßlosen Kreditgebens und seine Folge, die fortgesetzten Vieh- und Landabtretungen, [ist] ein System, das ... den wirtschaftlichen Niedergang der farbigen Bevölkerung mit Notwendigkeit herbeiführen muß. [...] Wir sahen in diesen notorisch bekannten Übeln die Quellen der wachsenden Verbitterung der Eingeborenen schon seit Jahren und erblicken jetzt in ihnen wenigstens eine der Hauptursachen des entsetzlichen Aufstandes. [...] Die Hereros haben zum letzten verzweifelten Mittel gegriffen, weil ihnen einfach die Existenz abgegraben wurde.

[Koloniale Zeitschrift: „Die Mission ist schwarz geworden"] Die Mission [besitzt] ... die Unverfrorenheit, für das farbige Gesindel einzutreten, damit ihm ja nicht ein Härchen gekrümmt werde ..., während ein heiliger Zorn [mit dem Ungeziefer] doch einmal so aufräumen sollte, daß ihm auf alle Zeiten die Lust zu Brand, Mord und Raub ausgetrieben werde. [...] Die Mission ist schwarz geworden und steht dem Weißen in den Schutzgebieten feindlich gegenüber. [...] Die deutsche Mission hat unsere kolonialen Bestrebungen auf das schwerste geschädigt.

b) Ghana: Die Basler „Christenkompagnien"

Andernorts konnte es auch dazu kommen, daß Missionsgesellschaften die Kampfmaßnahmen direkt unterstützten. So beteiligten sich an den Feldzügen der Engländer gegen die Asante 1874, 1896 und 1900 jedes Mal auch sogenannte „Christenkompagnien" aus den Gemeinden der Basler Mission. Bei dem Feldzug 1900 bat der englische Hauptmann Benson die Missionare der Missionsstation Begoro um Rat und Hilfe. Über die Beratung berichtet Otto Lädrach:

Das Resultat unserer Beratungen ... mit Hauptmann Benson war der Beschluß der Stationskonferenz, mich mit den eingeborenen Christen unter sein Kommando zu stellen und der englischen Regierung mit der Tat zu beweisen, daß wie früher auch diesmal die Basler Mission bereit sei, jederzeit nach besten Kräften zu dienen und zu helfen, wo es gilt, dem Land den Frieden zu erhalten und das Wohl des Negervolkes zu fördern. Unser Vorschlag, die Negerchristen aller Akemdörfer zu einer „Christenkompagnie" zu vereinigen, damit sie besser zusammenhalten und den heidnischen Versuchungen weniger ausgesetzt wären, fand die volle Zustimmung des Hauptmanns. Die Erfahrungen, die man schon früher mit solchen „Christenkompagnien" auf der Goldküste gemacht hatte, waren keine schlechten, sonst hätte die englische Regierung den Bundesrat in Bern nicht beauftragt, dem Missionskomitee in Basel bestens zu danken für die tatkräftigen Leistungen der christlichen Neger, die ... gute und wertvolle Dienste geleistet hatten.

Quelle: (a1) Hendrik Witbooi Papers 1989, 159, zitiert in: F. Ansprenger, Politische Geschichte Afrikas im 20. Jahrhundert, München 1997, 14, vgl. G. M. Guggelberger (Hg.), Nama/Namibia: Diary and Letters of Nama Chief Hendrik Witbooi 1884–1894, Boston 1984; (a2) G. Haußleiter, Der Sturm im Hereroland (in: Berichte der Rheinischen Missionsgesellschaft, Barmen 1904, 105–110), zitiert in: Raupp, Mission 429f; (a3) Unsere Gouverneure (in: Koloniale Zeitschrift 1904, 78f), zitiert in: Raupp, Mission 430; (b) O. Lättrach, Im Lande des Goldenen Stuhls, Erinnerungen aus Afrika, Basel 1920, zitiert in: H. W. Debrunner, Schweizer im kolonialen Afrika, Basel 1991, 70. – *Lit.*: H. Drechsler, Let Us Die Fighting: The Struggle of the Herero and Nama against German Imperialism, 1884–1915, London 1980. – *Allgemein* zu Widerstandsbewegungen: R. I. Rotberg/A. A. Mazrui (Hgg.), Protest and Power in Black Africa, New York 1970; M. Crowder, West African Resistance, London 1971; sowie die Fallstudien von Hargreaves und Ranger in: H. L. Gann/P. Duignan (Hgg.), Colonialism in Africa, Bd. 1, Cambridge 1969, 199–219. 293–324.

169. Afrikanische Christen und Aneignung des Europäischen

a) Carl Christian Reindorf: „Rule, Britannia“ (1895)

Den Gegenpol zum Widerstand bilden Kollaboration und Anpassung an bestimmte Lebensbereiche der Europäer. Gerade die neuen christlichen Eliten, die ihren Status häufig der Mission verdankten, orientierten sich an europäischen Werten. Dabei konnte durchaus eine Auswahl und eine Wertung vorgenommen werden; in Westafrika unterstützten viele afrikanische Christen die Ideologie des britischen Imperialismus, in deren Freiheitsideal sie auch einen Schutz gegen kolonialistische Übergriffe und eine Unterstützung der eigenen emanzipatorischen Bestrebungen sahen. Ein Beispiel für die Wertschätzung ist das Gedicht des afrikanischen Pfarrers Carl Christian Reindorf, der in der Goldküste (Ghana) für die Basler Mission arbeitete.

Herrsche, herrsche überlegen, Britannien, beherrsche
Deine erworbene Kolonie an der Goldküste!
Beschützt vom Tyrannen und dem Sklavenhändler
Durch das Blut der edlen Söhne, das auf den Feldern vergossen wurde,
neben tausenden und tausenden von Pfunden,
vom Himmel bestimmt, die Herrschaft zu haben,
Göttlich, gerecht, väterlich, daher herrsche.
Die Feinde zu Land und zu See hast du überwunden,
Zwei innere und gefährliche Feinde bestehen: Ignoranz und die Beerdigungszeremonie
Die Politik, Unwissenheit zu erlauben, und dann zu herrschen, entspannt zu herrschen, ist niemals der Geist Britanniens
Durch dich ist keine Nation jemals gelähmt worden.
Es ist Aufgabe der Missionen, die frohe Botschaft zu vermitteln,
der Regierungen, klassische Bildung.
Ein Wort, und die Beerdigungszeremonie wird sterben, und alle werden singen Herrsche, Britannien, herrsche!
Der Aberglaube wird dann weit weg fliehen, und das Christentum überlegen herrschen.

b) Togo: Pastor Robert Kwamis Luther-Schauspiel (1900)

Daneben gab es auch Afrikaner, die als besonders „deutschfreundlich" galten. Hierzu gehörten Mitarbeiter der Norddeutschen Mission wie Pastor Robert Kwami (1879–?), der von 1894–1897 im württembergischen Westheim ausgebildet worden war. Die zentralen Ereignisse der deutschen Kirchengeschichte vermittelte er dann auch in seiner Heimat Togo – freilich durchaus in einer afrikanisierten Form, wie Oberkonsistorialrat D. A. Schreiber 1900 berichtete.

Auf dem weiten Stationsplatz traten gleichzeitig vier Gruppen von Spielern auf. Auf der einen Seite, durch ein Schild kenntlich gemacht, war die Feste Freiberg, wo ein Ritter mit seinen Soldaten lag. Auf die Meldung, daß Tetzel gekommen sei und Ablaß verkaufe, eilen die Soldaten zu Tetzel, bekennen ihre Schuld und erlangen Ablaß. Zuletzt geht der Ritter selbst hin, um sich für eine Sünde, die er noch erst begehen will, Ablaß zu holen. Darauf zieht Tetzel mit seinem Gefolge ab, und auch der Ritter ist samt seinen Soldaten aufgebrochen, legt sich in den Hinterhalt und nimmt Tetzel seinen Geldkasten fort. Unterdessen hat Luther, der alles gehört und gesehen, seine 95 Thesen an die Kirche geschlagen. Die Schule trug einen Zettel mit der Aufschrift: Wittenberg. Der Ritter kehrt darauf zurück, liest die Thesen und gerät in nicht geringe Aufregung. Ein Soldat bringt Luther die Meldung: „Du mußt sofort nach Worms!" Seine Studenten wollen ihn zurückhalten, aber er geht zum Reichstag nach Worms, dessen Verhandlung ganz nach der Weise afrikanischer ‚Palawer', d.h. Rechtsfälle geführt wurden. Luther hält seine Verteidigungsrede und wird von dem Kaiser in Gnaden entlassen. Zum Schluß wurde von allen Teilnehmern gesungen: „Ein feste Burg ist unser Gott." Der Eifer der Spielenden und die Freude der Zuschauer war groß, das ganze ein überaus farbenprächtiges Bild im Abendsonnenschein unter den Palmen.

Quelle: (a) C. C. Reindorf, History of the Gold Coast and Asante, Basel 1895, 341; (b) E. Reinke, Ein afrikanischer Zeuge Jesus Christi: aus dem Leben und Wirken von Robert S. Kwami, Pastor und Präses der Ewekirche in Togo, Westafrika, Bremen 1932, 5f. – *Lit.*: W. Ustorf, Die Missionsmethode Franz Michael Zahns und der Aufbau kirchlicher Strukturen in Westafrika (1862–1900): eine missionsgeschichtliche Untersuchung, Erlangen 1989, 266–270; F. Ludwig, Zwischen Vereinnahmung und Selbstbehauptung (in: Zeitschrift für Missions- und Religionswissenschaft 2, 2002, 98–114).

B. Konzepte kirchlicher Eigenständigkeit

170. Äthiopismus in Westafrika

a) Edward Wilmot Blyden: „Der Kämmerer aus dem Morgenland" (1882)

Unter dem Begriff Äthiopismus werden christliche afrikanische Gemeinschaften zusammengefaßt, die sich Ende des 19. Jh. in Süd- und Westafrika vorwiegend wegen rassischer Diskriminierung von den europäischen Missionskirchen trennten, diesen in Organisation, dogmatischer Haltung und liturgischen Formen jedoch ähnlich blieben. Die Bezeichnung geht zurück auf die von dem Prediger der äthiopistischen Missionskirche, Mangena Maag Mokone, 1892 gegründeten Ethiopian Church. Wichtig für das Selbstverständnis wurde unter anderem Apg 8, die der aus der Karibik stammende Panafrikanist, Politiker und Wissenschaftler Edward Wilmot Blyden (1832–1912) 1882 interpretierte. Blyden wurde insbesondere nach der Entmachtung Bischof Crowthers (vgl. Text 165b) zu einem einflußreichen Befürworter unabhängiger afrikanischer Kirchen.

Es ist offenkundig, daß die Botschaft Jesu Christi für alle Länder und alle klimatischen Verhältnisse bestimmt ist – für alle Nationen und Rassen; aber es ist auch wahr, daß wir diesen „Schatz in irdischen Gefäßen" haben, was ihn von menschlichen Bedingungen und Begrenzungen abhängig macht. Die Konstitutionen der sterblichen Menschen, die Instrumente in der Verkündigung der frohen Gezeiten sein sollen, passen sich nun allen Ländern und klimatischen Verhältnissen an, aber der Befehl lautet „Gehet hin in alle Welt und verkündet das Evangelium aller Kreatur (Mk 16,15)." Das war der ausdrückliche Abschiedsbefehl des Heilands an seine Jünger. Aber er hatte ihnen schon vorher mitgeteilt, daß der Geist der Wahrheit, den er nach seinem Abschied senden würde, erklären werde, was er ihnen gesagt habe, und sie zu aller Wahrheit führen werde. Nun, nachdem der Geist gekommen war, und die Jünger mit Kraft für ihre Mission erfüllt hatte, und diese sich für aggressive Arbeit organisierten, wurde es für notwendig befunden, die Zahl der missionarischen Mitarbeiter zu erhöhen. Dementsprechend wurden unter der direkten Eingebung des Heiligen Geistes sieben Männer als Evangelisten ausgewählt; unter ihnen war Philipp. Nach der Ermordung des Stephanus ging dieser Mann von Jerusalem weg und predigte mit großem Erfolg in der Stadt Samaria. Der Befehl, keine Stadt der Samaritaner zu betreten, war zurückgezogen worden, und die ganze Welt war nun offen für die Verkündiger des Evangeliums. Sie gingen hinüber nach Europa, drangen weiter östlich nach Asien ein, gingen südlich nach Arabien. Aber dort lag Äthiopien mit seinem unfreundlichen Klima und dem schwierigen Zugang. Was war zu tun? Der Geist, der sie in aller Wahrheit führen sollte, fand einen Weg aus der Not. Ein Afrikaner, der auf der Suche nach Wahrheit nach Jerusalem gekommen war, kehrte nach Abschluß seines Auftrags nach Hause zurück und war bereits auf seinem Weg so weit fortgeschritten, daß er die südlichen Grenzgebiete des Heiligen Landes erreichte, als Philipp der Evangelist Nachricht über ihn erhielt: „Der Engel des Herrn redete zu Philippus und sprach: Steh auf und geh nach Süden, auf die Straße, die von Jerusalem nach Gaza hinabführt und öde ist. Und er stand auf und ging hin. Und siehe, ein Mann aus Äthiopien, ein Eunuch und Kämmerer von großer Macht unter Kandake, der Königin der Äthiopier, war nach Jerusalem gekommen, um anzubeten, und zog wieder heim und saß auf seinem Wagen und las den Propheten Jesaja. Der Geist aber sprach zu Philippus: Gehe hinzu und halte dich zu diesem Wagen." Nun, diesen Vorfall nehme ich als einen symbolischen, der die Werkzeuge und die Methoden der Evangelisation Afrikas zeigt. Die Methode, das einfache Hochhalten Jesu Christi, das Werkzeug, der Afrikaner selbst. Das war die Anwendung und Auslegung des Wortes des Befehls durch den Geist. „Gehet hin in alle Welt." etc. – die frohe Botschaft wurde einem Mann Äthiopiens gegeben, um sie mitzurückzunehmen zu dem Volk Äthiopiens. Uns wird berichtet, daß nach der einzigartigen und interessanten Zeremonie „der Geist des Herrn den Philippus entrückte, und der Kämmerer sah ihn nicht mehr; er zog aber seine Straße fröhlich." Philipp sollte den Eunuchen nicht begleiten, um den Samen, den er gepflanzt hatte, zu bewässern, und um die beginnende Arbeit zu hegen und zu beaufsichtigen. Wenn er gewünscht hätte, das zu tun – und vielleicht wünschte er es ja – duldete es der Geist nicht, denn er entrückte ihn.

b) James Johnson: Afrikanisches Christentum (1905)

Auch wenn er nie einer unabhängigen afrikanischen Kirche angehörte, kann man den Anglikaner James Johnson (1835–1917) zu den führenden westafrikanischen Vertretern des Äthiopismus zählen. In seinen Schriften forderte er die Loslösung der Afrikanischen Gemeinden von europäischer Kontrolle. 1892 gründete er das missionsunabhängige anglikanische Niger Delta Native Pastorate und wurde 1900 stellvertretender Bischof. Er trat für eine Annäherung der Mission an die afrikanische Kultur (Beibehaltung afrikanischer Namen nach der Taufe, moderate Haltung gegenüber der Polygamie) ein.

Das Christentum ist eine Religion ... für alle Rassen und Volksstämme auf der Welt. [...] Von ihrem Gründer war niemals beabsichtigt, daß ihre Annahme mit der Entnationalisierung irgendeines Volkes verbunden sei, und sie hat tatsächlich ihren Ruhm darin, daß jede Rasse sie bekennen und ausüben und ihr den Stempel der eigenen, einheimischen Merkmale aufdrücken kann; dadurch wird der christlichen Religion ein jeweils besonderer Charakter gegeben, ohne daß dadurch irgendeiner ihrer Werte verloren ginge. Und warum sollte es kein afrikanisches Christentum geben, wie es ein europäisches und ein asiatisches Christentum gibt?

c) James Johnson: Eine einige afrikanische Kirche (1908)

Auf der fünften Lambeth-Konferenz, der zentralen Versammlung anglikanischer Bischöfe in London 1908 forderte Johnson eine Vereinigung der nigerianischen Kirchen:

Sie [die anglikanischen Bischöfe] haben Institutionen in dem Land geschaffen in Verbindung mit unseren verschiedenen Kirchen, aber da ist dieses [Problem] vor uns. Wir sind ein armes Volk, wir sind nicht reich. Hier hat die Kirche von England ihre eigenen Institutionen, und andere Kirchen haben ihre Institutionen in demselben Land, in demselben Distrikt, vielleicht in derselben Stadt. Die Zahl unserer Christen ist gering. Wir können diese Institutionen nicht aufrechterhalten, wenn Sie sich zurückziehen, und Sie können uns nicht immer unterstützen. Wir wollen unabhängig sein, und nicht nur unabhängig, sondern selbstregiert. Aber wie können wir das tun, wenn wir gespalten bleiben, in der Art, in der wir gespalten sind. Mir liegt sehr daran, die Zeit zu sehen, in der wir vereint sein werden; und ich kann meiner Freude über die Diskussion bezüglich der Wiedervereinigung der gespaltenen Christen in Europa keinen Ausdruck verleihen, weil es eine große Auswirkung auf uns im Missionsfeld haben wird, wo ich jeden Tag denke, daß wir es nötig haben, vereint zu werden und eine starke Kirche zu werden.

d) Mojola Agbebi: Festpredigt in der „African Church" (1902)

Mojola Agbebi (1860–1917), dessen familiärer Hintergrund ebenfalls in Sierra Leone lag, hatte bereits eine bewegte kirchliche Karriere hinter sich – von 1868 bis 1877 zuerst als Schüler und dann als Lehrer in Schulen der Church Missionary Society in Lagos, dann in Diensten der katholischen Mission in Porto Novo, dann bei den Methodisten und schließlich bei den Baptisten – bevor er ab 1888 als Gründer verschiedener unabhängiger Kirchen hervortrat. Agbebi gilt als Pionier des afrikanischen Nationalismus, den er in seinem Privatleben dadurch zum Ausdruck brachte, daß er einen afrikanischen Namen annahm (ursprünglich hieß er David Brown Vincent) und afrikanische Kleidung trug.

Die Geschmäcker unterscheiden sich. Englische Weisen und Versmaße, englische Lieder und Hymnen, einige davon äußerst ungeeignet für afrikanisches Bestreben und Verständnis, waren oft erfolgreich darin, das Sangestalent der afrikanischen Christen zu schwächen. In einer weiter oben im Land gegründeten Kirche hielt ich die Empfehlung für notwendig, daß für mindestens sieben Jahre keine Gesangsbücher, sondern nur ursprüngliche Lieder im Gottesdienst benutzt werden sollten. Afrikanische Christen tanzen in ihren geselligen Feiern zu fremder Musik, sie singen fremde Lieder in ihren Kirchen, sie marschieren zu fremder Musik auf ihren Beerdigungen, und sie benutzen fremde Instrumente, um ihre musikalischen Bestrebungen zu kultivieren.

[...] Wir gelangen in Zeiten, wo religiöse Entwicklungen eigene Lieder und eigene Melodien vom afrikanischen Christen fordern. [...] Der afrikanische Muslim, unser religiöser Mitmensch, obwohl er seinen Koran auf Arabisch liest und seinen Rosenkranz zählt wie unser christlicher Bruder, der Römisch-Katholische, und obwohl er fünfmal am Tag die gleiche Gebetsformel der Moscheen und Minarette in einer unbekannten Sprache in ganz Afrika wiederholt, spricht doch nicht ein einheitliches Gebet in seinen Andachten und trägt kein Gesangsbuch in seinem Lobpreis des Allmächtigen. Seine Kleidung ist nach der Art der Apostel und Propheten, und sein Name, obgleich er seinen Glauben anzeigt, wurde nie dazu verwendet, um ihn seinem Land zu entfremden oder ihn herabzuwürdigen. Der Islam ist die Religion Afrikas. Das Christentum wird hier nur geduldet. [...] Das europäische Christentum ist eine gefährliche Sache. Was soll man von einer Religion halten, die in der einen Hand ein Flasche Gin und in der anderen ein Gebetsbuch hält? Die ein Glas Rum als ein Vademecum zu einem „heiligen“ Buch mit sich führt? Eine Religion, die mit einer Hand zum Himmel zeigt und Dir gebietet, „Schätze für sich im Himmel zu schaffen“, und Dir, während Du nach oben schaust, mit der anderen Hand alle weltliche Güter raubt, das Land Deiner Ahnen besetzt, Deine Wälder nimmt und Deinen Erbteil unter unerklärliche Gesetze stellt? Eine Religion, die sich an Schweinefleisch gütlich tut und dennoch ausruft: „Sei heilig, denn Ich bin heilig.“ Eine Religion, die gegen „die Übel, die das Handwerk und Geschick des Teufels oder der Menschen gegen uns“ betet und es dennoch zustande bringe, Beschwörungen, Talismane und Satanismus zu verleugnen – eine Religion, die sich zensorische Aufgaben zur sexuellen Moral anmaßt und dennoch einen Tanz fördert, in dem die Frau eines Mannes in engem Kontakt, fragwürdiger Nähe und ungebührlicher Art mit dem Mann einer anderen Frau tanzt. O! Christentum, welche Ungeheuerlichkeiten werden in deinem Namen begangen.

Quelle: (a) E. W. Blyden, Philip and the Eunuch. Discourse delivered in the United States in 1882, in: E. W. Blyden, Christianity, Islam and the Negro Race, Edinburgh 1887, 1967, 160f.; (b) C. O. 267/317. Letter from the Rev. James Johnson to Governor Hennessy, 11 December 1872, zitiert in: C. Fyfe, Sierra Leone Inheritance, London 1964; (c) Lambeth Palace Library, LC 66, Proceedings of the Fifth Lambeth Conference, 9th July 1908; (d) M. Agbebi, Inaugural Sermon, New York, 1903. Delivered at the celebration of the anniversary of the ‚African Church', Lagos, 21 December 1902, in: A. Langley, Ideologies of Liberation in Black Africa 1856–1970, London 1979, 72–77. – *Lit.*: O.U. Kalu, Ethiopianism and the roots of modern African Christianity, in: Gilley/Stanley, World Christianities 576–592; Hock, Christentum 141–144; (a) H. R. Lynch, Edward Wilmot Blyden, London 1970; (b) E. A. Ayandele, Holy Johnson. Pioneer of African Nationalism 1836–1917, London 1970; (e) A. Akiwowo, The Place of Mojola Agbebi in the African Nationalist Movements 1890–1917. Bd. 26, Phylon (Atlanta) 1965, 122–139.

171. Äthiopismus in Südafrika

a) African Christian Union: Afrika den Afrikanern (1896)

In Südafrika strebte die äthiopistische Bewegung sowohl die kirchliche Unabhängigkeit als auch die politische Gleichberechtigung und wirtschaftliche Partizipation an; diese Ziele waren miteinander verbunden. Anhand von Ausschnitten aus dem Manifest der in Natal gegründeten African Christian Union können diese Ziele und Interessen genauer bestimmt werden:

– Vereinigung der Christen afrikanischer Rasse und aller Bekenntnisse im Namen von Jesus Christus, um feierlich zu arbeiten und zu beten für den Tag, an dem das afrikanische Volk eine Afrikanische Christliche Nation werden wird; – Bereitstellung von Kapital, um Missionsbetriebe auszurüsten; – Mit christlichen und rechtmäßigen Methoden das gleiche Recht von Afrikanern und fremden Menschen nach Rechten und

Privilegien, die Europäern gewährt werden; – Afrikaner [aus Amerika] in ihr Vaterland zurückbringen; – Aufbau profitabler Minen- oder anderer Industriebetriebe; – Aufbau von Transportunternehmen; – Einstellung europäischer Facharbeiter als Angestellte, um afrikanische Lernende in allen Gebieten von Handel, Ingenieurwesen, Medizin und beruflichen Kenntnissen auszubilden und zu schulen; – Entwicklung des unermeßlichen gottgegebenen Reichtums Afrikas; – Schließlich: die Politik „Afrika den Afrikanern" stetig und unerschütterlich weiterführen. ...

b) „Äthiopien wird seine Hände ausstrecken zu Gott" (1908)

Die im Zusammenhang mit der äthiopistischen Bewegung am häufigsten zitierte Bibelstelle ist die Verheißung in Psalm 68,32: „Aus Ägypten werden Gesandte kommen; Äthiopien wird seine Hände ausstrecken zu Gott", auf die sich auch die „Petition to God" der New Kleinfontein and Boksburg Native Vigilance Association von 1908 beruft.

Wir fühlen, daß unsere Sympathien weit genug reichen sollten, um alle afrikanischen Rassen einzuschließen, wenn wir uns an unseren Schöpfer wenden. Die Greueltaten, zum Beispiel, die unsere Brüder unter der Verwaltung des Freistaates Kongo erleiden, sollten uns mit lauter Stimme zu Mitleid und Gebeten aufrufen. Ohne Zweifel ist für die Söhne Afrikas die Zeit gekommen, ihre Hände gemeinsam auszustrecken, wie uns in Psalm 68 Vers 32 prophezeit wurde. [...] [Gott] wird uns segnen und uns eine Welle seines Geistes senden, die sich durch ganz Afrika vom Kap bis nach Ägypten bewegen wird, die Auswirkungen [dieser Welle] werden von unseren Brüdern in Amerika gespürt werden, die ursprünglich der gleichen Herkunft sind wie wir selbst.

c) „Sie predigen die Doktrin der Gleichberechtigung" (1903)

Die „Landfrage" und das Wahlrecht waren in der Frühzeit der äthiopistischen Bewegung zentral. Entweder die äthiopischen Kirchen selbst oder neugegründete Syndikate erwarben Land, das dann von Kirchenmitgliedern für die landwirtschaftliche Produktion benutzt werden konnte. Die Aussage Mr. Shepstones von der Transvaal Agricultural Union vor der Native Affairs Commission von 1903 zeigt die Bedeutung der Frage:

Sie [die Äthiopier] gehen herum und predigen die Doktrin der Gleichberechtigung, daß sie lautstark gleiche Rechte verlangen müssen, und daß sie weitermachen, bis sie sie bekommen, und bis sie das Land und das Wahlrecht bekommen, ... sie betonen, daß das Land in Wirklichkeit den Eingeborenen gehört und daß die Weißen hier überhaupt kein Recht hätten und daß Afrika für die schwarze Rasse und nicht für die Weißen sei.

Quelle: (a) Imvo Zabatsandu, Sept 1896, deutsche Übersetzung in: G. Krüger, Zwischen Gott und Staat. Die unabhängigen Kirchen Südafrikas, Köln 1989, 61; (b) Circular to the Sons and Daughters of the South African Race (Coloured and Native), Izwi Labantu, 19.5.1908, zitiert in: A. Odendaal, Vukani Bantu! The Beginnings of Black Protest Politics in South Africa to 1912, Claremont 1984, 110f. und in G. M. Fredrickson, Black Liberation. A Comparative History of Black Ideologies in the United States and South Africa, New York/Oxford 1995, 89; (c) E. L. Neame, The Danger of a Black Church (in: Empire Review 10, 1905, 256–265), deutsche Übersetzung in: G. Krüger, ebd., 62. – *Lit.*: Hock, Christentum 164–169.

172. Prophetische Bewegungen im südlichen Afrika

a) Ein Gemeindemitglied über das Wirken Vater Shembes

Die zweite Welle der unabhängigen afrikanischen Kirchen ging aus einer charismatischen Erneuerung hervor. In deren Mittelpunkt standen oft Führungspersönlichkeiten, die als Propheten anerkannt wurden. Ebenso wie Visionen spielten auch Krankenheilungen durch Gebete eine wichtige Rolle. Da sich diese Kirchen dynamischer ausbreiten als die früheren Missionskirchen, kommt ihnen auch in der Ökumene ein immer höherer Stellenwert zu. In Zaire gibt es vermutlich über 400 prophetisch-heilende Gemeinschaften, die größte von ihnen, die kimbanguistische (vgl. Text 206), wuchs von etwa 100.000 im Jahr 1959 auf mehrere Millionen Mitglieder in den 1970er Jahren. In Südafrika waren um 1979 etwa drei Millionen Mitglieder prophetischer Kirchen bekannt. Eine führende Rolle kam Isiah Shembe (1870–1935) zu, der 1906 von der African National Baptist Church getauft wurde und 1911 seine eigene Nazirite Baptist Church gründete. Fünf Jahre später begann er, Offenbarungen zu verkündigen und Kranke zu heilen. Bei seinem Tod wurde er als „schwarzer Messias" bezeichnet. Die Kirchenleitung ging auf seinen Sohn Johannes Galilee Shembe über. Über dessen Wirken berichtet Abraham Ngcobo aus dem Hlabisa-Distrikt:

Ich habe gesehen, was der Vater Shembe in Thembalihle (einer Missionsstation der Kirche) im Stammesgebiet der Mtethwa tat; ich sah, wie er einen jungen Mann aus der Mkhwanazi-Sippe aufrichtete, der ein Krüppel war, dessen Beine ‚so' gegeneinander standen. Eines Tages ging er hinaus zum Kral des Mtethwa-Häuptlings; da sagte er zu diesem jungen Mann: Siehst du, du Junge, ich will dich bei meiner Rückkehr aufrecht stehen sehen, du sitzt da und bist faul, du bist ein Faulpelz!
Da weinte der Mensch. Nun sagte Shembe zu einem jungen Mann aus der Mlondo-Sippe: Laß ihn die Dornen unter den Izinqayi-Bäumen aufsammeln! Auf dem Gottesdienstplatz im Mtethwa-Stammesgebiet stehen nämlich Izinqayi-Bäume. Dieser Mensch sammelte drei Tage lang Dornen auf; am dritten Tage verbrannte er die Dornen. In der Nacht spürte er ein Knacken, es knackten seine Muskeln dort, wo er verkrüppelt war, und er streckte sich. Er streckte sich, da stand er auf, und als er sah, daß niemand ihn beobachtete, richtete er sich an der Wand des Hauses auf und stand; dann legte er sich wieder schlafen. Am Morgen kroch er auf den Knien hinaus mit der Absicht, sich (als geheilt) zu melden. Er sagte zu einem anderen jungen Mann: Gib mir einen Stock! Da gab er ihm einen Stock. Dann ging er von dort, wo die Männer schlafen, geradewegs in den Kral Shembes, wobei er sich auf den Stock stützte. Seitdem ist er immer gesund geblieben, auch heute ist er gesund, er ist verheiratet, er geht auf seinen Füßen und hat eine Familie.

b) Johannes Galilee Shembe zu den Wunderheilungen

Erklären können wir das nicht. Wir glauben, daß jeder Christ einem kranken Menschen die Hände auflegen kann, und daß dieser dadurch geheilt wird, vorausgesetzt, daß der Fürbittende genug Glauben an Gott und an Jesus Christus hat. Das ganze Konzept der Heilung stammt aus den Anweisungen Jesu Christi: Gehet hin in alle Welt und verkündigt die Frohe Botschaft, legt den Kranken die Hände auf, wenn sie glauben, sollen sie geheilt werden! Wenn man anfängt, diese Glaubensheilungen wissenschaftlich zu erklären, dann vertraue ich nicht darauf; das ist unmöglich. Wir tun das blindlings. Es ist eine Sache des Glaubens. Ich glaube, daß jeder, der genug Glauben an Jesus Christus hat, in der Tat ein Heiler für andere ist. [...]

c) John Chilembwe (Malawi) über den Ersten Weltkrieg

In Nyassaland (heute: Malawi) kam John Chilembwe (1870–1915) eine zentrale Bedeutung zu. Er war zunächst durch die Church of Scotland ausgebildet worden, hatte sich dann aber den Baptisten zugewandt und in den USA aufgehalten, wo er afroamerikanische Ideen kennenlernte. Nach seiner Rückkehr gründete er mit Unterstützung aus afroamerikanischen baptistischen Kreisen die Ajana Providence Industrial Mission in der Nähe Blantyres. Während des Ersten Weltkriegs wurde er zu einer charismatischen Führungspersönlichkeit, die die Europäer scharf angriff:

Wird es nach dem Ende des Krieges gute Aussichten für die Einheimischen geben? Werden wir [überhaupt] wahrgenommen werden im besten Interesse der Zivilisation und des Christentums, nachdem der große Kampf beendet ist? In Friedenszeiten schaffte es die Regierung nicht, den Unterdrückten zu helfen; in Friedenszeiten gab es alles nur für die Europäer. [...] Aber in Kriegszeiten wird nun erkannt, daß wir die Bedrängnisse mittragen und unser Blut in Gleichberechtigung vergießen müssen.

Quelle: (a) Bericht Abraham Ngcobos, Hlabisa-Distrikt, zitiert in: H. J. Becken, Wo der Glaube noch jung ist, Erlangen 1985, 37; (b) J. G. Shembe, Gespräch mit H. J. Becken, zitiert in: ebd., 39f; (c) Nyasaland Times Nr. 48, 26.11.1914, zitiert in: G. Shepperson/T. Price, Independent African: John Chilembwe and the Origins, Settings and Significance of the Nyasaland Native Rising of 1915, Edinburgh 1958, 234f. – *Lit.*: (a) G. C. Oosthuizen, The Theology of a South African Messiah, Leiden 1967; D. Barrett, Schism and Renewal in Africa, Nairobi 1968; B. Sundkler, Bantu Prophets in South Africa, London 1961; A. Heuser, Shembe, Gandhi und die Soldaten Gottes. Wurzeln der Gewaltfreiheit in Südafrika. Münster/New York 2003. – *Allgemein*: T. O. Ranger, Religious Movements and Politics in Subsaharan Africa (in: African Studies Review 29, 1986, 1–69); W. Ustorf, Das Heilen in den unabhängigen Kirchen Schwarzafrikas (in: Zeitschrift für Mission 13, 1987, 198–210); F. Ludwig, Afrikanische prophetische Bewegungen, in: W. Wagner (Hg.), Kolonien und Missionen, Münster 1993, 294–308; Hock, Christentum 164–169.

173. Prophetismus in Westafrika: Garrick Braide in Nigeria

Auch in Westafrika breiteten sich die prophetischen Bewegungen rapide aus. Zu den größten derartigen Kirchen gehören heute die ‚Celestial Church of Christ', die ‚Cherubim and Seraphim Church' und die ‚Christ Apostolic Church' mit mehreren Millionen Mitgliedern. In vielen europäischen Großstädten finden sich Gemeinden. Die ersten prophetisch-heilenden Gemeinschaften gehen auf William Wadde Harris (um 1860–1929), der ab 1913 in der Elfenbeinküste und in der Goldküste zahlreiche Anhänger fand, und Garrick Sokari Braide zurück. Die von Braide ab 1915 im Niger-Delta begründete Massenbewegung sei im folgenden exemplarisch eingehender dargestellt. Braides Erfolg gründete sich u.a. darauf, daß er die traditionale Religion scharf angriff, Kultgegenstände verbrennen ließ und auch einen Wettbewerb mit den alten Kräften nicht scheute. Auch deshalb wurde er von seinen Anhängern mit Elia verglichen, wie Bericht (a) zeigt. In diesem Zusammengang war auch die Vertreibung von bösen Geistern wichtig (b). Freilich fand die Bewegung auch in der afrikanischen Bevölkerung nicht ungeteilten Zuspruch; einige Mitglieder der anglikanischen ‚Delta Native Pastorate Church' verurteilten sie scharf (c). Kirchenführer wie James Johnson äußerten sich bestürzt über die Ausmaße des Glaubens an Braides Wunderheilungen (d); doch wurde die Bewegung gegen die Angriffe der kirchlichen und kolonialen Autoritäten von der nigerianischen Zeitung Lagos Weekly Record verteidigt (e).

a) Wettkampf mit den „Regendoktoren"

Bei einer anderen Gelegenheit bereiteten Mitglieder eines bestimmten Clubs der Stadt eine große Tanzveranstaltung vor, die mehrere Tage dauern sollte, aber aus Furcht, daß der Regen sie dabei stören würde, bestellten sie einige Ibo-Dibias oder Regendoktoren aus dem Landesinneren, die mit Kultgegenständen handelten und von denen angenommen wurde, daß sie ... den Regen auch zu jeder Jahreszeit verhindern könnten. Diese Ibo-Dibias erhielten Geld von den Clubmitgliedern und begannen, von ihren Kultgegenständen Gebrauch zu machen, bis Garrick eines Tages auf zwei von ihnen stieß und sich der folgende kurze Dialog entspannte: [...] „Denkt ihr, daß ihr und eure Kollegen irgendwelche wirkliche Macht über die Wolken besitzt?“ – „Ja, wir haben die Macht.“ [...] „Ihr betrügt nur die Leute.“ [...] Er ging eilig weg, als ihn der Ober-Dibia, der aus Wut beinahe verrückt war, zurückrief und dazu herausforderte, daß er, da sich die Clubmitglieder für den großen Tanz am Abend vorbereiteten, seinen Gott anrufen solle, Regen herabzusenden, wenn er dazu in der Lage sei und sehe, ob er [der Dibia] seinerseits den Regen nicht zu verhindern vermöge und den Clubmitgliedern einen schönen Abend bereiten könne. Nachdem er diese Herausforderung erhalten hatte, ging er weg, als plötzlich etwas Unnatürliches über ihn kam; er drehte sich sofort wieder um und forderte sie auf, stehen zu bleiben und die große Macht Gottes zu sehen. Nachdem er dies gesagt hatte, erhob er seine Hände zum Himmel und betete, auf der öffentlichen Straße niederkniend, wie der Elia der alten Zeit, und kaum hatte er sich von seinen Knien erhoben, begannen sich Wolken anzusammeln, und innerhalb von fünf Minuten kam es zu einem schweren Regensturm ..., der alle, die gegenwärtig waren, mit großem Staunen erfüllte.

b) Befreiung von bösen Geistern

Im Niger Delta gibt es eine kleine Geister-Stadt [„juju town“], die ... aus einigen wenigen Häusern besteht. An einer Seite befindet sich ein großer See, und eine Palme ist in der Mitte des Sees. Frauen ist es verboten, sich diesem See zu nähern, denn der Haupt-Geist wohnt in dem oben genannten See. Die Einwohner des kleinen Dorfes glauben fest daran, daß in dem Moment, in dem eine Frau in die Nähe des Geister-Sees kommt, sie sofort sterben oder für immer kinderlos bleiben wird. [...] Bei einer Gelegenheit kam Garrick Braide zu diesem kleinen Dorf mit seiner Frau Jene Bene Marion und bat sie, dort herumzugehen, wo es Frauen verboten ist zu gehen. Während sie herumging, begab er sich in die Nähe der Wasserstelle, gemeinsam mit den Menschen, die ihn begleiteten. Er offerierte ein kurzes und hörbares Gebet zur Abschreckung des Geistes, der Frauen zur Kinderlosigkeit veranlaßt. Kurz nachdem er den Ort verlassen hatte, nach einigen Monaten, trocknete der See aus. Seine Frau hat [seither] drei Kinder gehabt.

c) Ablehnung der Bewegung als „Gotteslästerung“

Kurz, diese berüchtigte Bewegung hat der [anglikanischen] ‚Delta Kirche’ eine sehr große Lektion erteilt. [...] Ich habe die Vorgänge der Bewegung des neuen Propheten aufmerksam beobachtet und untersucht und rein gar nichts Wahres, Ehrliches, Gerechtes, Reines, positiv zu Berichtendes in ihr gefunden. [...] Die Bewegung hat bisher große Verwüstungen unter den Ogonis und Andonis angerichtet, Gotteslästerung und Entweihung, und tut dies immer noch. Nachfolgend sind einige hervorstechende Merkmale der Bewegung hier und anderswo genannt: a) Die Menschen werden dazu gebracht, alle europäischen Heilmittel wegzuwerfen, und ihnen wird erzählt, die Bewegung würde einen Schlag gegen die Regierung führen, indem sie ihre Einkünfte aus den Gerichtsverfahren, Krankenhäusern und Alkohol rauben würden. b) Ungebildete junge Männer werden als Lehrer zu den Buschleuten geschickt, nur um von ihnen Geld zu bekommen. c) Jeder heidnische Polygamist wird ohne ein Wort der Belehrung über die Grundfesten des Christentums getauft, wenn er nur ihre Lehre glaubt, und d) nach einer solchen schnellen und hastigen Taufe, für die gewisse Summen

Geldes gezahlt oder Geschenke gemacht wurden, ist ein jeder berechtigt, am gleichen oder folgenden Tag an dem teilzunehmen, was sie das „Mahl des Herrn“ nennen, wobei sie „tombo“ als Wein verwenden.

d) James Johnson über „Elia II.“

Garricks Person wird als so heilig und machtvoll angesehen, daß selbst dem Wasser, in dem er badet, Heilungskräfte und andere Tugenden zugeschrieben werden und es wird bereitwillig getrunken oder zum Waschen benutzt. Oberhäupter und andere Menschen, arme und reiche, kranke und gesunde, begehren es eifrig oder versuchen, es zu erhalten, und es ist sogar von Mitarbeitern der Kirche getrunken worden. Die pflanzlichen Stoffe, mit denen früher viele, vor allem Frauen, ihren Körper zum Schmucke berieben haben, werden nun ersetzt durch Lehm, der aus Erde, gemischt mit Wasser, entsteht – entweder mit Hoffnung auf Heilung und andere Tugenden, die darin vermutet werden, oder als ein Glücksbringer oder ein Schutz gegen das Böse.

e) Lagos Weekly Record: G. Braide – ein Werkzeug Gottes

In der religiösen Welt Westafrikas ist seit den Anfängen der missionarischen Bemühungen nichts geschehen, was den Ereignissen gleichkommt, die in Sachen der Kirche seit kurzem in der Gegend des Nigerdeltas geschehen sind. [...] Viele rohe und in manchen Fällen auch böswillige Falschdarstellungen sind in englischen und amerikanischen Zeitungen erschienen. Die Bewegung ist das Ergebnis der Art, in der Gott Mr. Garrick Braide benutzt hat. Die Behauptung, daß die Bewegung die Autorität der Regierung und den christlichen Einfluß untergraben habe und „nur die große Loyalität, die die wichtigeren Häuptlinge gezeigt hätten, die gefährlichsten Aspekte im Zaum gehalten hätten“, ist falsch. [...] Im Gegenteil war sie für die Regierung die allergrößte Hilfe, indem sie ruhig und mit ordentlichem christlichem Einfluß Tausende von Einheimischen dazu brachte, freiwillig und dankbar dem Gin und anderen abscheulichen Getränken abzuschwören; sie war der Weg, die Einwohner von vormals widerständigen Distrikten friedlich und arbeitsam zu machen. Hunderte von Anhängern der Christ Army Church im Ogoni-Distrikt – kürzlich erste Bekehrte zum Christentum durch diese Bewegung – haben mir wieder und wieder erzählt, daß sie vor ihrer Bekehrung feindselig zu Fremden einschließlich Europäern waren. Zu behaupten, daß er durch seine Glaubensheilungskräfte Geld machen würde, ist eine Falschdarstellung. Wenn Patienten ihm Geld anboten, wies Garrick sie immer an, es der Kirche ... zukommen zu lassen, da die Heilung durch die Kraft und den Willen des christlichen Gottes und nicht durch ihn geschehen sei. Wenn die Patienten Heiden waren, drängte er sie, Christus anzunehmen, der der Retter den Menschheit ist. Dadurch gewann die Delta Pastorate Church viele Bekehrte.

Quelle: (a) A. C. Braide, The Life of Prophet Garrick Sokari Braide alias Elijah II., undatiert (unveröffentlichtes Quellenmaterial, das in den 1960er Jahren von H. W. Turner und E. M. T. Epelle gesammelt wurde und in den Selly Oak Colleges, Birmingham aufbewahrt wird), vgl. dazu: F. Ludwig, Kirche im kolonialen Kontext, Frankfurt 1991; G. O. M. Tzasie, Christian Missionary Enterprise in the Niger Delta, Leiden 1978; (b) M. A. Kemmer, Short Report on the Work of Garrick Braide of Bakana alias Elijah II, in: ebd.; (c) A. O. J. Pepple, Report of Ogoni Mission, 1918 (in: Western Equatorial Africa Diocesan Magazine, 24/July, 1919, 171–173); (d) J. Johnson, Elijah II (in: Church Missionary Review 67, 1916, 455–462); (e) S. A. Coker, The Truth About Garrick Braide Lately Designated Elijah II (in: Lagos Weekly Record, 10.2.1917). – *Allgemein*: D. Shank/J. Murray, Prophet Harris, The Black Elijah, Leiden 1995; G. M. Haliburton, The Prophet Harris, London 1971; A. Adogame, Celestial Church of Christ, Frankfurt–Bern 1999; J. D. Y. Peel, Aladura, London 1968; H. W. Turner, History of an African Independent Church, Oxford 1967; Hock, Christentum 144–151.

174. Uganda: Orthodox und unabhängig

Die Afrikanisch-Orthodoxe Kirche entstand im Zusammenhang mit der panafrikanischen Bewegung in den USA. Ein Mitglied der Universal Negro Improvement Association, der anglikanische Priester George Macguire, strebte die Gründung einer vereinigten schwarzen Kirche an. Diese sollte mit der Orthodoxen Kirche affiliiert sein; Macguire wurde von dem jakobitischen episcopus vagans Rene Joseph Vilatte zum Bischof ordiniert. Die Ordination wurde zwar 1935 vom syrisch-jacobitischen Patriarchiat von Antiochia für null und nichtig erklärt, doch zu diesem Zeitpunkt hatte die African Orthodox Church bereits in Afrika Fuß gefaßt: Der Südafrikaner Daniel William Alexander, bis dahin in Diensten der Ethiopian Church, war in den späten 20er Jahren zum zweiten Bischof geweiht worden. Auch in Uganda bestand Interesse, in die Orthodoxe Kirche aufgenommen zu werden; hier war der Anglikaner Reuben Sseseya Mukasa die treibende Kraft. Auf seine Einladung hin besuchte Bischof Alexander von Oktober 1931 bis Juli 1932 Uganda. Mukasa wurde getauft und ordiniert, später nahm er den Namen Reuben Spartas an. Er gründete die Afrikanische Griechisch-Orthodoxe Kirche, die nicht nur von den Missionskirchen unabhängig war, sondern sich auch auf eine ältere Tradition berufen konnte.

a) Afrikanische Griechisch-Orthodoxe Kirche: Verfassung

Die Afrikanische Griechisch-Orthodoxe Kirche soll von Afrikanern unter der Aufsicht und Führung des Heiligen Geistes durch die spirituelle, physische und brüderliche Hilfe und den Schutz des Heiligen Patriarchats von Alexandrien, Ägypten, geleitet werden. Sie soll in ihrer ganzen Verwaltung eine absolut unabhängige Kirche sein.

b) Reuben Spartas über die „ältere und wahrere Kirche"

Mein Bruch mit der Anglikanischen Kirche war nicht unvereinbar mit meinem Wunsch nach der Wiedervereinigung der christlichen Kirche. [...] Als ein Laie innerhalb der anglikanischen Herde waren meine Chancen, zu den Notwendigkeiten der Reform gehört zu werden, sehr gering. Am Ende wäre ich vielleicht als Häretiker herausgeworfen worden. Zudem hatte ich entdeckt, daß der orthodoxe Glaube der unbestreitbare Glaube war und viel wahrer und ursprünglicher als der anglikanische. Ich konnte nicht den ganzen Anglikanismus (zum Übertritt) in den orthodoxen Glauben bewegen, aber ich konnte selbst den Anglikanismus verlassen und der Orthodoxie beitreten. Nachdem ich einmal innerhalb der Orthodoxie und ein Führer der Orthodoxen Kirche war, konnte ich mit Berechtigung die Aufmerksamkeit des gesamten Anglikanismus auf die Notwendigkeit der Wiedervereinigung lenken. Innerhalb des Anglikanismus sprach ich mit der Stimme eines unverschämten Kindes, das sich erdreistet, seiner Großmutter beizubringen, Eier auszusaugen. Als einer der Führer einer älteren und wahreren Kirche kann ich – und ich mache das auch – mit einer höheren Autorität über die Frage der Wiedervereinigung sprechen.

c) Spartas in Griechenland: Bericht in „Pantainos" (1947)

Sie werden sich daran erinnern, daß wir während des Sommers einen afrikanischen Geistlichen mit Namen Spartas bei uns hatten. Er ist das religiöse Haupt der Einheimischen, die bislang einer östlichen Häresie angehörten und die vor Jahren, in der Zeit des Patriarchen Meletios, ihrem Wunsch Ausdruck gaben, zur Orthodoxen Kirche zurückzukehren. Obwohl unser Patriarch sie akzeptiert hat, hat er diese Angelegenheit verschoben – erstens wegen der vielen Schwierigkeiten und zweitens wegen der Probleme des noch nicht lange zurückliegenden Krieges. ... Es wird notwendig sein, in diesen Ländern orthodoxe Kirchen und orthodoxe Schulen zu errichten, die die

Griechen dann auch besuchen. Es wird auch notwendig sein, denjenigen Afrikanern, die darauf eher erpicht sind, eine höhere Ausbildung zu geben, entweder hier [in Ägypten] oder in Griechenland. Krankenhäuser mit Ärzten und Krankenschwestern werden gegründet werden müssen, die allein von der Kirche abhängig sind, und eine Kathedrale mit allem notwendigen Zubehör wird zu bauen sein. All das wird schwere Ausgaben verursachen, aber wir vertrauen darauf, daß die Griechen dort einen Beitrag leisten werden, so großzügig wie sie es gegenwärtig tun, und wir hoffen, daß die Regierungen nicht indifferent sein werden.

Quelle: (a) Constitution of the Orthodox Uganda and Kenya Churches, Kampala, 1943, zitiert in: F. B. Welbourn, East African Rebels. A Study of Some Independent Churches, London 1961, 83; (b) Zitiert in Welbourn, ebd., 84 unter Verweis auf H. R. T. Brandreth, Episcopi Vagantes and the Anglican Church, London 1961; (c) Pantainos 11th January 1947 (original in Griechisch), übersetzt und zitiert in: Welbourn, ebd., 92. – *Lit.*: H. Buerkle, Reuben Spartas und die Anfänge der griechisch-orthodoxen Kirche in Uganda, in: K. Nikolakopoulos (Hg.), Orthodoxe Theologie zwischen Ost und West (Festschrift Nikolaou) Frankfurt 2002, 495–508; F. K. Githieya, The Freedom of the Spirit. African Indigenous Churches in Kenya, Atlanta 1997; St. Hayes, Orthodox Mission in Tropical Africa (in: Missionalia 24, 1996, 383–398).

C. Innerkatholische Entwicklungen

175. Weiße Väter: „Volksmission" am Victoriasee (1910)

Das Konzept der „Volksmission", der Christianisierung einer Volksgruppe durch die Bekehrung des Oberhauptes und die Übertragung von Elementen der Sozialordnung auf die kirchlichen Strukturen, war insbesondere durch den Missionar der lutherischen Leipziger Mission Bruno Gutmann (vgl. Text 167f) entwickelt worden. Auch in anderen protestantischen Missionen gab es entsprechende Versuche, das Christentum heimisch zu machen. Selbst in der katholischen Kirche fand das Konzept der Volkschristianisierung Anwendung, so zum Beispiel in der Ungoni-Region im Süden, wo die Benediktiner eine von der Oberschicht gesprochene Sprache zur Missionssprache machten, oder auf der Ukerewe-Insel im Victoriasee, wo die Weißen Väter einen erfolgreichen Thronanwärter unterstützten und dadurch entscheidenden Einfluß in dem nun christlichen Königreich erlangten.

Bevor er seine Herrschaft begann, bat der König die Väter der katholischen Mission, ob er vor dem gesamten Volk den Segen der katholischen Kirche für seine Arbeit erhalten könne. [...] Als er die Kirchentür erreichte, kam der Vater Superior zu ihm und gemeinsam schritten sie zum Altar. [...] Der Vater Superior fragte den König: „Von wem hast Du die Würde des Königtums erhalten?" Der König antwortete vor dem gesamtem Volk: „Ich habe die Würde des Königtums von Gott erhalten." „Warum hast Du diese Würde erhalten?" „Damit ich mein Volk mit Gerechtigkeit regiere und mich um sie [die Menschen] sorge, damit sie den Himmel erwerben." [...] Daraufhin segnete der Vater Superior den König.

Quelle: Rafiki yangu (Dar es Salaam), Jan. 1910, zitiert in: J. Iliffe, A Modern History of Tanganyika, Cambridge 1979, 218f. – *Lit.*: S. Hertlein, Wege christlicher Verkündigung. 2 Bde., Münster/Schwarzach 1976, 1983.

176. Die Weißen Väter und die Ethnien Ruandas (1913)

In Ruanda, einem der am stärksten christianisierten Länder Schwarzafrikas mit 50 % Katholiken und 12 % Protestanten, kam es 1994 zu einem Bürgerkrieg zwischen Hutus und Tutsis, in dessen Verlauf mindestens 800.000 Menschen getötet wurden. Eine Voraussetzung dafür war das verstärkte Bewußtsein einer feststehenden „ethnischen Identität“, das sich während der Kolonialzeit herausgebildet hatte. Während der Zeit der deutschen Herrschaft (1897–1916) wurden die Tutsis systematisch als herrschende Schicht im kolonialen System gefördert; ab 1913 wurden an der Regierungsschule in Kigali nur noch Tutsis unterrichtet, die als Spitze der gesellschaftlichen Pyramide betrachtet wurden. Obwohl diese Ansicht von katholischen Missionaren geteilt wurde (a), widmeten sich die Weißen Väter auch der Mission unter den Hutus, weshalb es zu Konflikten mit der deutschen Kolonialverwaltung kam (b). Seit den 1950er Jahren betrachteten es viele katholische Missionare als ihre Aufgabe, für die Rechte der Hutus einzutreten. Die ethnische Identitätsbildung erhielt somit auch eine konfessionelle Komponente.

a) Eine Missionschronik über Hutus und Tutsis (1905)

Das größte Hindernis für die Evangelisation ist die Art der Verwaltung des Landes. Der König hat alle wichtigen Häuptlinge als Klientel unter sich; die wiederum haben alle geringeren Tutsis, und diese die einflußreichen Hutus unter sich; dies alles bildet eine dichtes Gewebe, das schwer anzugreifen ist. Die Weißen zu besuchen – darin stimmen sie alle überein – heißt von ihnen abhängig zu werden und sich als Rebell gegen den König zu stellen. Sie denken, man könne nicht zwei Herren dienen, Gott und dem König.

b) Katholische Mission und deutsche Kolonialherrschaft

Die Regierung wendet sich den Protestanten zu, die sich als deutsche Herren aufspielen und sich vor allem wünschen, die Tutsis zu erreichen, wie sie zu schreiben nie müde werden. [...] Die Regierung wirft uns mindestens vor, eine regierungsfeindliche Partei zu gründen; wenn dies wahr wäre, würden wir gegen uns selber arbeiten, gegen Gott, der uns gesandt hat, und somit eine anti-katholische Partei bilden; ... es ist unsere Pflicht, die Häuptlinge zu bekehren.

Quelle: (a) Chroniques Trimestrielles, No 114, March 1905, 143, zitiert in: I. Linden, Church and Revolution in Rwanda, Manchester 1977, 61; (b) Archiv der Weißen Väter, Rom: Classe to confrères, 17.4.1913, in: ebd., 111. – *Lit.*: T. P. Longman, Christianity and Democratisation in Rwanda: Assessing Church Responses to Political Crisis in the 1990s, in: P. Gifford (Hg.), The Christian Churches and the Democratisation of Africa, Leiden 1995, 188–204.

177. Jesuiten und „Heidentum“ in Madagaskar (1924)

Nachdem Madagaskar 1896 in das französische Kolonialreich eingegliedert worden war, gewann die katholische Mission zahlreiche Mitglieder. Der Katholizismus war aber nicht nur als Religion der französischen Eroberer erfolgreich (während der Protestantismus mit dem nationalen Widerstand assoziiert wurde), sondern auch aufgrund bestimmter Affinitäten zur traditionalen Religion. Über die Schwierigkeiten berichtet der Jesuit Pierre-Xavier Morel:

Wie viele, mehr oder weniger abergläubische Brüche begleiten noch die Beschneidung, die unsere Betsiléos vornehmen! Gewisse Tage der Woche sind Unglückstage. In einzelnen Weilern wird man sich hüten, an einem Donnerstag eine Bestattung vorzunehmen. In anderen wird niemand es wagen, sich an einem Montag auf eine Reise zu begeben. Auch das *vaki-ra* wird von unseren Christen noch praktiziert. Es besteht darin, daß man sich gegenseitig Blut entnimmt, es trinkt und sich Freundschaft schwört. Zwei Blutsbrüder oder zwei Blutsschwestern sind Freunde auf Leben und Tod. Alles ist ihnen gemeinsam, alles ist ihnen erlaubt. Soll ich auch das Kapitel der Amulette anschneiden? Man trifft sehr selten auf Christen, die ein Amulett tragen wie die, die den Hals, den Arm oder den Kopf der Heiden zieren. Wie viele aber tragen die Medaille oder vielleicht selbst das Skapulier nur mit einem Hintergedanken, als ob es irgendwie auch ein Amulett, nur von einer anderen Art wäre. Die Palmensegnung, die Kerzensegnung, vor allem aber die Aschermittwochzeremonie ziehen stets eine gewaltige Menge an. Es gibt Christen, welche die österliche Kommunion unterlassen, aber um nichts auf der Welt davon absehen würden, das Aschenkreuz zu empfangen. [...] Und einer der häufigsten Angriffe der Protestanten besteht darin, daß sie sagen: „Die Katholiken praktizieren andere abergläubische Bräuche als die Heiden, und obwohl es sich um andere Bräuche handelt, sind sie dennoch Aberglauben." Die Antwort ist einfach, aber der Angriff ist dennoch ein Beweis dafür, daß das bei unsren Madagassen ein schwacher Punkt ist.

Quelle: P.-X. Morel S.J., Madagassische abergläubische Bräuche, Ambalavao, Januar 1924, in: D. Vacchi/A. Vuylsteke, Die Jesuiten und die Welt, Paris/München 1991, 150–155.

178. Basutoland: Erste einheimische Priesterweihe (1931)

Von entscheidender Bedeutung war auch im Katholizismus die Übertragung von Verantwortung an Afrikaner. Am 8.12.1931 wurde in Basutoland Raphael Mohasi als erster Einheimischer zum Priester geweiht, am 28.6.1934 folgte Emmanuel Mabathoana. Bei der offiziellen feierlichen Einweihung des Seminars am 14.12.1930 durch den Apostolischen Delegierten verlas der Vertreter des Oberhaupts eine Rede, von der im folgenden ein Auszug wiedergegeben ist.

Für uns wird dieser Tag wahrlich ein wichtiges Datum unserer Geschichte bedeuten. Siebzig Jahre sind vergangen, seitdem unser Chief Moshesh dem Pater Gérard den Platz überwies, wo wir heute versammelt sind. Gott der Herr hat die Arbeit unserer Missionare gesegnet, denn viele Basutos sind bis jetzt katholisch geworden. Aber heute hat der Herr uns auf besondere Weise heimgesucht, denn er hat unter unseren Söhnen diejenigen ausgewählt, die seine Diener und Priester werden sollen. Glücklich die Eltern, die ihr Kind Gott, dem Herrn geschenkt haben, denn sie werden eine kostbare Krone im Himmel empfangen. Glücklich der Jüngling, der auserwählt wurde von Jesus, um sein Gesandter auf Erden zu sein. Es gibt keinen schöneren Beruf als den des Priesters, der den Menschen die Pforte zum Himmel öffnet. [...]

Quelle: M. Bierbaum, Die Entwicklung der katholischen Mission im Basutoland (in: Missionswissenschaft und Religionswissenschaft 1, 1938, 133–149), 141.

179. Südafrika: Neuorientierung im Bildungswesen (1928)

Weiter wichtig war die Erkenntnis der Notwendigkeit umfassender Ausbildungsmaßnahmen. Die Neuorientierung im Schulwesen ist in der Stellungnahme der Bischofskonferenz von Kimberley (Südafrika) von 1928 deutlich.

Heute, da die Entwicklung des Landes mit Riesenschritten voran schreitet, kann es nicht mehr genügen, eine große Zahl kleiner, ärmlicher Missionsschulen zu unterhalten, die von ferne von einem Missionar gesteuert und nur von Zeit zu Zeit besucht werden. Solche Schulen können das notwendige Wissen und vor allem nicht den starken Glauben vermitteln, den die schwarzen und farbigen Brüder brauchen. Es ist unerläßlich, daß unsere Patres, Brüder und Schwestern eine allseitige, gründliche Ausbildung bekommen, um sie zu befähigen, nach bestangepaßten, modernen Methoden Schule zu halten, sie müssen in den Stand gesetzt werden, die wahren und tragenden Prinzipien der Religion und Moral, auf denen allein ihre Jugenderziehung beruht, zu lehren und verteidigen zu können.

Quelle: Bischöfl. Archiv, Kimberley, zitiert in: J. J. Hagel, Schulsturm in Südafrika (in: ZMR 39, 1955, 283–296), 291.

180. Ziele in Simbabwe: Ein „afrikanisches Lourdes“ (1943)

Wie in zahlreichen anderen afrikanischen Regionen breitete sich das Christentum auch in Manicaland im östlichen Rhodesien (heute: Simbabwe) nach 1910 rasch aus. In der „spirituellen Revolution“ kam einheimischen Missionsmitarbeitern eine wichtige Rolle zu. Patrick Kwesha (ca. 1900–1963), der 1922 nach Johannesburg ausgewandert war, wirkte dort als Evangelist unter anderem bei aus Manicaland stammenden Arbeitsmigranten. Sein Leitbild war Franz von Assisi, womit er durchaus einen Gegenakzent zu den in seiner Heimat missionierenden Jesuiten setzte. 1943 schrieb er in Johannesburg seine Visionen für Manicaland:

Mein einziger Wunsch, der mein ganzes Leben leitete, ist der, nach Rhodesien zurückzugehen und eine Schule Unserer Lieben Frau von Lourdes im Tal von Samanga zu gründen, was gleichzeitig die Eröffnung des weltweit zweiten Lourdes bedeuten würde, des Lourdes von Afrika. Ich möchte, daß diese Schule eine Missionsstätte und ein Ausbildungszentrum für Jungen und Mädchen wird und ein Zentrum für religiöse Zivilisation, aber alles von afrikanischen Priestern, Brüdern und Schwestern getragen, da das Tal für Europäer zu heiß ist. Der Orden der religiösen Gruppe sollten die Franziskaner der Familie des St. Joseph sein. Ich wünschte mir, daß Unserer Lieben Frau in diesem Tal gänzlich so gedient wird wie in Lourdes in Frankreich, oder sogar noch mehr. Ich wollte, daß Gott durch diese Seine Gemeinschaft, durch diese Kinder Mariens, in diesem ihrem Tal vollkommen geehrt wird, und daß Seine großen Diener unter ihnen erstehen, und daß einige von ihnen als Apostel wie die Bienen über ganz Manyikaland ausschwärmen und jegliches Heidentum, Protestantismus und Aberglӓubigkeit vertreiben und ein reines und heiliges Königreich Gottes und die Ehre Mariens aufrichten, damit dieser Gott der Gott Manyikalands genannt wird, wie Er Gott Israels genannt wurde, und Unsere Liebe Frau die Königin von Manyikaland genannt wird, wie sie auch die Königin der Engel und Heiligen genannt wird.

Quelle: Red Notebook, Written by Patrich Kwesha. 1943 Johanesburg’, in possession of Augustine Kwesha, zitiert in: T. Ranger, Taking on the Missionary’s Task: African Spirituality and the Mission Churches of Manicaland in the 1930s (in: Journal of Religion in Africa 29/2, 1999, 175–205, hier: 185f).

D. Themen der 1920er und 1930er Jahre

181. Neuerwachendes Interesse an Afrika

a) Joseph H. Oldham vom Internationalen Missionsrat

Nachdem bei der Weltmissionskonferenz in Edinburgh 1910 Asien im Mittelpunkt des Interesses gestanden hatte, trat in den 1920er Jahren Afrika mehr und mehr in das Blickfeld des Internationalen Missionsrats. Es war vor allem dessen Generalsekretär, Joseph H. Oldham (1874–1969), der diese Entwicklung vorantrieb. Dabei bezog er auch in politischen Fragen Stellung und war insbesondere gegenüber der in Kenya verfolgten, auf Siedlerinteressen Rücksicht nehmenden Politik sehr kritisch; Oldham trat entschieden etwa gegen Zwangsarbeit ein. Trotz seiner zahlreichen Afrika-Initiativen stellte er noch 1928 fest:

In Afrika stehen wir am ersten Anfang der Dinge. Es geschah während unserer Lebenszeit, daß das tropische Afrika (praktisch neunzehn Zwanzigstel des Kontinents) zum Hauptstrom der Weltgeschichte gebracht wurde.

b) Der afrikanische Ökumeniker James E. K. Aggrey (1919)

Von zentraler Bedeutung zu Beginn der 1920er Jahre war die Frage der Ausbildungsmöglichkeiten für Afrikaner. Hierbei gingen entscheidende Anstöße von afro-amerikanischen Erfahrungen in den USA aus, insbesondere von dem von Booker T. Washington 1881 gegründeten Tuskegee Institute, an dem Afro-Amerikaner unter afro-amerikanischer Leitung ausgebildet wurden. Als sich nach Ende des ersten Weltkriegs in einigen amerikanischen Missionsgesellschaften die Ansicht durchsetzte, daß auch in den afrikanischen Missionsschulen ein Umdenken erforderlich sei, wurden diese Zielsetzungen durch die 1909 gegründete Phelps-Stokes-Stiftung in Afrika bekannt gemacht. Eine Kommission besuchte 1920 und 1921 verschiedene Regionen des Kontinents. Ein Mitglied der Kommission, der Ökumeniker James Emman Kwegyir Aggrey (1875–1927), gab folgenden Situationsbericht:

Afrika wartet fieberhaft! Wir – die Kommission – kamen im psychologisch günstigsten Augenblick dort an, und nun, da der Weg geöffnet ist, bete ich, daß Afrika, meinem Afrika, geholfen werden kann, sich selbst zu verwirklichen, so daß es bald seinen Platz in der Schwesternschaft der Nationen einnehmen und unter weiser Führung seine Hand zu Gott ausstrecken möge, indem es seiner Zeit und seiner Generation dient.

c) Aggreys Berufung an das Ausbildungsinstitut Achimota

Daneben gingen auch Initiativen von einzelnen Kolonialverwaltungen aus. An der Goldküste entwickelten der Generalgouverneur G. Guggisberg (ab 1919) ein reges Interesse an Erziehungsfragen. Ein von diesem beauftragtes Komitee empfahl, eine neue Institution in der Nähe des Dorfes Achimota zu etablieren, und zwar sowohl als weiterführende Sekundarschule wie auch als Ausbildungsstätte für Lehrer. Prinzipal war ein Schwager Oldhams, A. G. Fraser, sein Stellvertreter der Afrikaner Aggrey. Dieser schrieb nach seiner Berufung 1924:

Dem zwingenden Ruf meines Heimatlandes folgend kehre ich zurück, um ihm das Allerbeste zu geben. [...] Der Prinzipal ist ein Geschenk des Himmels für Afrika. Er will das Beste für Afrika, und er kann auf dem Besten bestehen, wenn wir uns vereinen, um ihn zu unterstützen. Er und ich arbeiten Hand in Hand. Wir beraten uns gegenseitig in allen wichtigen Angelegenheiten. Wir beide begehren und erbitten den ernsthaften Rat, Beratung, konstruktive Kritik und Zusammenarbeit aller loyalen Afrikaner, denn Achimota ist dazu bestimmt, *die* Universität Afrikas zu werden.

d) Bischof Oluwole zur Gründung des Afrika-Instituts

Im Jahr 1926 wurde in London das Internationale Institut für Afrikanische Sprachen und Kulturen unter maßgeblicher Beteiligung verschiedener Missionsgesellschaften gegründet. Seine Aufgaben bestanden im Studium der Sprachen und Kulturen der Afrikaner, der Herstellung von Literatur in den Landessprachen für die Ausbildung und in der Verstärkung der internationalen Kooperation. Das Londoner Institut gab eine eigene Zeitschrift *Africa* heraus, in der auch missionskritische Beiträge veröffentlicht wurden. Der nigerianische Bischof Oluwole lernte das Magazin zuerst durch eine Rezension kennen, die einen Beitrag des Kolonialbeamten Rattray zusammenfaßte. Rattray hatte behauptet, daß die christlichen Afrikaner „denationalisiert“ seien und sich gefragt, ob man das Christentum von Afrika nicht fernhalten solle.

Man stelle sich das vor! „Die Alternative“, dem Afrikaner „das Christentum vorzuenthalten“. Captain Rattray oder sein Rezensent mögen es vielleicht nicht wissen, aber Lord Lugard, wie auch immer geartet seine Meinung zum afrikanischen Christen sein mag, weiß aus seinen Erfahrungen aus Uganda und Nigeria, daß es längst zu spät ist, darüber zu sprechen, Afrika den christlichen Glauben vorzuenthalten. Das Internationale Institut für afrikanische Sprachen und Kulturen soll angeblich für das Wohl der afrikanischen Rasse gedacht sein. Ich las irgendwo, daß es das Ergebnis einer missionarischen Initiative wäre, und es wird von Männern hoch gelobt, die wir respektieren und denen wir trauen. Man sollte daher darauf bedacht sein, seine gute Absicht den gelehrten Mitgliedern ins Gedächtnis zu rufen und sie ihren Forschungen so nachgehen zu lassen, daß sie den Interessen der Völker dienen, deren Entwicklung auf dem Spiel stehen. Jene, die für die Afrikaner Gutes im Sinn haben, sollten sehr darauf bedacht sein, sie nicht durch verächtliche Reden und Schriften zu reizen.

Quelle: (a) Yale Dale Library, Mott Papers 66/1195: Oldham an den Präsidenten John Mott, September 1928; (b) E. Smith, Aggrey of Africa, London 1929, 116; (c) Aggrey an Chief Coker, Accra, 18.10.1924, zitiert in: ebd., 233f; (d) Bishop I. Oluwole, Address to the Synod by the President. The First Session of the Fourth Synod of the Diocese of Lagos (in: Western Equatorial Africa Diocesan Magazine, 34–297, September 1929, 202–215, hier: 209). – *Lit.*: K. Clements, „Friend of Africa“: J.H. Oldham (1874–1969), Missions and British Colonial Policy in the 1920s, in: Ludwig/Adogame, European Traditions, 175–186; K. Clements, Faith on the Frontier. A Life of J. H. Oldham, Edinburgh 1999; J. W. Cell, By Kenya Possessed. The Correspondence of Norman Leys and J. H. Oldham, Chicago 1976.

182. Südafrika: „United we stand, divided we fall“ (1920)

Ein Charakteristikum der 1920er Jahre ist auch das immer stärker einsetzende Streben nach Kirchenunionen. Wie stark das Bestreben nach Überwindung der konfessionellen Grenzen war, zeigt sich an zahlreichen lokalen Basis-Initiativen wie etwa die von einem Mr. Mkize einberufene Konferenz zu diesem Thema in Südafrika. In einem Beitrag im *Church Chronicle* wurde seine einleitende Ansprache wie folgt zusammengefaßt:

Er hatte die Konferenz zusammengerufen, 1.) Damit er ihr darlege, wie wünschenswert eine Einheit aller einheimischen Kirchen wäre. Die gegenwärtigen Kirchen müßten aufgelöst werden und eine neue auf dem Fundament der Liebe erbaut werden. Ihm schien die Zeit gekommen, daß sich alle einheimischen Christen zusammenschließen und eine einheimische nationale Kirche gründen sollten. Die Kirche war durch die Weißen in getrennter Form zu den Einheimischen gekommen. [...] 2.) Wenn andererseits gesagt wurde, wie einige Weiße es taten, daß die Zeit für eine einheimische Kirche für die Christen noch nicht gekommen sei, so schien ihm dies ein offenes Eingeständnis ihres Versagens zu sein, und wenn sie nach so vielen Jahren der Arbeit unter den Einheimischen es nicht geschafft hätten, sie zu Menschen zu machen: je schneller sie die Einheimischen sich selbst überlassen würden, desto besser sei es. 3.) Wenn die Einheimischen ihre Nationalität bewahren sollten, müßten sie wie ein Mann zusammenstehen und von den Negern Amerikas eine Lektion lernen und unsere Rassenunterschiede vergessen. Vereint würden wir stehen – getrennt aber fallen, und Einheit sei Stärke. Er denke, daß aus der jetzt herrschenden Vermischung mit den Weißen nichts Gutes entstehen könne – es sei die Quelle und die Ursache unserer Schwäche. Außerdem hätten Weiße keine wirkliche Liebe für Einheimische übrig. [...] 4.) Er glaube, daß es wie auch in der Kirche wie im Staat eine Grenze der Hautfarbe gebe. Er behauptete, daß die Kirche diese Grenze dadurch zeige, daß sie sorgfältig darauf bedacht sei, nie einen einheimischen Geistlichen oder Kleriker zu fördern, wie treu oder wie lange er auch schon immer in der Kirche sei. Im Gegensatz dazu würden junge und unerfahrene weiße Männer oft schnell in Positionen befördert und über schwarze Geistliche und Kleriker gesetzt, die alt genug wären, ihre Väter zu sein. Welche Schande! Viele weiße Geistliche wären nicht für das Wohl der Einheimischen, sondern für ihr eigenes Wohl hierher gekommen, um ihren weißen Brüdern zu helfen, uns unser Land und seinen Reichtum zu stehlen, von dem die Besitzer des Landes nichts abbekommen. Viele der einheimischen Kleriker sollten Bischöfe sein, doch sie würden wie Kinder behandelt. All dieses muß beendet werden. 5.) In Bezug auf Bildung sei der Weiße sehr darauf bedacht gewesen, den Einheimischen so wenig wie möglich zu vermitteln, damit er ihn immer unter sich halten könne. Und um eine bessere Ausbildung zu erhalten, hätten einige wenige Einheimische nach Übersee oder nach Amerika gehen müssen. [...] Nachdem er seine Ansprache beendet hatte, wurde Mr. Mkize von einer Welle von Fragen überschwemmt; so wurde er zum Beispiel gefragt, was er vorschlagen würde, was mit einheimischen Kirchen geschehen solle, die sich bereits von den Weißen getrennt hätten und nicht unter der Kontrolle der Weißen stünden – und auch, was ... mit den einheimischen Christen geschehen solle, die immer noch in den Kirchen der Weißen beten würden und noch unter ihrer Kontrolle wären. Mr. Mkize antwortete darauf, daß er, obwohl er niemanden zur Aufgabe oder dem Austritt aus seiner Kirche auffordern wolle, dennoch der Meinung sei, daß alle Einheimischen sich vereinigen und eine nationale einheimische Kirche gründen sollten.

Quelle: Towards Reunion (in: Church Chronicle, 1. April 1920 und 15. April 1920), contributed by a native priest.

183. Italienische Besetzung Äthiopiens: Kritik aus Nigeria

Der Widerstand gegen die italienische Besetzung Äthiopiens im Jahr 1935 hatte für die Emanzipationsgeschichte eine Wirkungsintensität, die an die afroasiatischen Ausstrahlungen des japanischen Siegs über Rußland 1904/05 heranreicht. Japan und Indien solidarisierten sich mit Äthiopien und das panafrikanische Bewußtsein erlangte neue Dimensionen. Unter anderem rief auch das Schweigen des Vatikan in Westafrika eine Welle der Kritik hervor. Zwar hatte Papst Pius XI. im Vorfeld des Konflikts durchaus vor einer italienischen Invasion gewarnt, doch während der Kampfhandlungen verzichtete er auf jegliche moralische Verurteilung. Dadurch entstand der Eindruck, daß der Papst die italienische Aggression nicht nur stillschweigend in Kauf nahm, sondern sogar aktiv unterstützte. Besonders deutlich wird dies in einem Bericht des *African Church Chronicle*.

Wenn es bezüglich dieser Frage überhaupt je einen Zweifel gegeben hat, so hat – wie am 2. September 1935 im Nigeria Daily Telegraph berichtet – die letzte Handlung des Papstes, die Segnung der Kapläne der italienischen Truppen, die von Mussolini nach Ost-Afrika zur Invasion Abysinniens (Äthiopiens) geschickt wurden, dem einzigen verbleibenden unabhängigen souveränen Staat in Afrika, um Italiens Gier nach kolonialer Expansion zu befriedigen, die Ansicht nur bestärkt, daß die Kirche national und in einem jedem Staat verankert ist. Viele Afrikaner sind verständlicherweise über die Tat des Papstes überrascht, und obwohl es wohl keine zwei ihrer Natur nach widersprüchlicheren Dinge geben kann als die Teilnahme des gefeierten obersten Repräsentanten des Friedensfürsten auf Erden an irgendeiner Handlung, die zu einem Krieg – und zu einem aggressiven und unprovozierten Krieg noch dazu – führen könnten, sollte bedacht werden, daß der Papst trotz allem ein Mensch wie die üblichen Menschen auch und deshalb mit menschlichen Schwächen bedacht ist, trotz seines traditionellen Anspruchs des Festhaltens an der Unfehlbarkeit. Zudem ist er ein Italiener und es ist nur zu verständlich, daß er in Angelegenheiten, die das Schicksal seines Landes betreffen, interessiert und nicht unparteiisch ist. [...] Die Afrikanische Kirche ist die Heimatkirche der Afrikaner, sie ist der erste Maßstab in diesem Kampf um Selbstbestimmtheit, der auf dem gesamten afrikanischen Kontinent geführt wird. Sie ist ... ein Bollwerk gegen die spirituelle Versklavung Afrikas, sie ist der Übungsplatz, auf dem die Afrikaner der Welt demonstrieren können, daß sie zu einer Selbstregierung fähig sind.

Quelle: Back to the Land or Nationalism in Religion (in: The African Church Chronicle, Oct.–Dec 1935, 4f). – *Lit.*: F. Ludwig/K. Koschorke, Anti-Denominationalismus und Nationalismus. Die Anfänge der ökumenischen Bewegung in Asien und Afrika, in Vorbereitung; K. Zelleke/F. Heyer, Das orthodoxe Äthiopien und Eritrea in jüngster Geschichte, Aachen 2001, 63–82; F. Ludwig, „Die italienische Invasion in Äthiopien 1935/36 und die Intensivierung ökumenischer Süd-Süd-Beziehungen" (in: Berliner Theologische Zeitschrift 27/2010, 89–105).

184. Max Yergan: Christentum und soziale Erneuerung

Der 1892 in North Carolina geborene Max Yergan stammte aus einer Familie, die sich der Tradition des Äthiopianismus – der Christianisierung Afrikas durch Afrikaner – verpflichtet sah. Diese Ausrichtung verstärkte sich bei Yergan durch das Studium an der St. Ambrose Episcopal Academy und der baptistischen Shaw University. Als Student schloß sich Yergan der Black YMCA an. Nach seiner Graduierung im Jahr 1914 arbeitete er für kurze Zeit für die YMCA in Bangalore, anschließend in Ostafrika, dann in Südafrika.

a) Christentum und Kommunismus (1932)

Ich habe nicht die Absicht, das Christentum dem Kommunismus gegenüberzustellen, aber ich komme nicht umhin festzustellen, daß der Kommunismus dem Christentum seine einmalige Gelegenheit als eine Kraft zur sozialen Erneuerung anbietet, und daß es in der Welt keinen Platz gibt, an dem dies mehr zutrifft als hier in Afrika.

b) Unterstützung des Befreiungskampfes in Afrika

Die Verhältnisse in Afrika dürfen nicht als entschieden betrachtet werden. Sie sind es nicht, weil die europäischen Nationen dies nicht erlauben, und weil die Afrikaner sich im Licht unserer erwachten Sorge um alles Menschliche und im Licht des genauen Wissens um die Tatsachen nicht mit einem Leben unter den ihnen auferlegten Bedrängnissen zufrieden geben werden. Es ist ebenso dringend notwendig, daß wir alles uns Mögliche tun, um bei der Verbesserung dieser Umstände zu helfen.

Quelle: (a) YMCA Archives, New York, South Africa Reports, 1906–1927, Box 67: Report of Max Yergan, South Africa, June 30, 1932, zitiert in: D. H. Anthony III, Max Yergan in South Africa: From Evangelical Pan-Africanist to Revolutionary Socialist (in: African Studies Review 34/2, Sept. 1991, 27–55, hier: 42); (b) Schomberg Center for Research in Black Culture, New York: Schomberg R 6, Box 7. – *Lit.*: D. Henry, Anthony III. Max Yergan: Race man, internationalist, cold warrior, New York 2006.

185. Tambaram 1938: Afrikanische Erfahrungen in Indien

a) Bericht Bischof Alexander B. Akinyeles (Nigeria)

Die Weltmissionskonferenz, die 1938 in Tambaram in der Nähe von Madras stattfand, war das erste derartige Treffen, bei dem überwiegend Teilnehmer aus nichtwestlichen Ländern beteiligt waren. Sie bot erstmals Afrikanern aus verschiedenen Teilen des Kontinents die Gelegenheit, ihre Erfahrungen auszutauschen. Zu den 15 afrikanischen Teilnehmern gehörte der nigerianische stellvertretende Bischof Alexander Babatunde Akinyele (1875–1968). Vgl. auch Text 83.

Von der Hitze des politischen und wirtschaftlichen Aufruhrs kamen Menschen zusammen und vergaßen, wer sie waren und was sie unterschied. Eine Nacht wurde im Gebet für den Frieden verbracht. Eine andere Sitzung war der Musik gewidmet, und nachdem die Afrikaner gesungen hatten, waren alle der Meinung, daß wir dafür besonders begabt wären. Laßt uns dies Gott widmen. Bei den Treffen der afrikanischen Gruppe war eine der ersten Fragen die der Monogamie und Polygamie. Ich erfuhr erstaunt, daß die hier praktizierte Polygamie nicht im Osten praktiziert wird. So erkannten wir, daß Monogamie und Polygamie keine Sache der individuellen Gewissensentscheidung sind, sondern daß Monogamie der Wille Gottes für sein Volk ist. Verglichen mit Indien sind wir keinesfalls nationalistisch: wir sind zur Hälfte tribalistisch und zur Hälfte nationalistisch. In Indien sind die Menschen viel weiter gegangen in Richtung Einheit und Selbstbestimmung. Wir benötigen weniger Stammesorientierung und mehr Nationalismus.

b) Erinnerungen Albert John Luthulis (Südafrika)

Einer der bekanntesten Tambaram-Teilnehmer war der Südafrikaner Albert John Luthuli (1898–1967), der 1945 dem African National Congress beitrat und 1952 als Vorgänger Nelson Mandelas dessen Präsident wurde. 1960 erhielt er als erster Schwarzafrikaner den Friedensnobelpreis. Über die Reise nach Indien schrieb er in seinen Lebenserinnerungen.

Im Jahr 1938 nahm ich als einer der Delegierten (vier davon Afrikaner) an der Internationalen Missionskonferenz in Madras teil. [...] Der Leiter unserer Delegation war ein holländisch-reformierter Geistlicher. Selbst als unser Schiff Südafrika weit hinter sich gelassen hatte, konnte er sich von den Gewohnheiten der weißen Südafrikaner nicht lösen. Wir reisten aus irgendeinem Grund zweiter Klasse, während die Europäer erster Klasse fuhren. Am ersten Sonntag auf See suchte uns der Delegationsleiter auf und sagte: „Also meine Herren, es könnte sein, daß die weißen Passagiere Ihre Anwesenheit beim Gottesdienst in der ersten Klasse nicht wünschen. Würden Sie bitte Ihre eigenen Anstalten treffen?“
Wir nahmen es hin. Es war ja nichts Neues und wurde kaum kommentiert, ehe nicht andere weiße Delegierte kamen, um sich nach den Gründen unseres Fernbleibens zu erkundigen. Wir nannten sie, und man war verblüfft. Am darauffolgenden Sonntag wurden wir in den Salon der ersten Klasse eingeladen, um dort am Gottesdienst für Angehörige verschiedener Rassen teilzunehmen. Das Schiff ging nicht unter. [...]
Die Konferenz war ein bedeutendes Geschenk, da sie den Kontakt mit führenden christlichen Persönlichkeiten aus der ganzen Welt vermittelte, darunter einigen von eminentem geistigem Format. Ich glaube, es war nicht so sehr das hohe Niveau der Debatte (es war hoch), was den tiefsten Eindruck auf mich machte, sondern das Erlebnis weltweiter Christenheit im Kleinen. Zum erstenmal sah ich die Verwirklichung des Auftrags: „Gehet hin in alle Welt und prediget das Evangelium.“ Was bis dahin verschwommen war, wurde deutlich. Dazu kam meine Freude über die Kraft des

Christentums. Es war lebendig und aktiv, nahm seine Probleme ernstlich in Angriff und stellte sich seinen Gegnern. Davon merken wir in Südafrika sonst wenig.
Der Gedanke an Südafrika machte mich traurig. Als ich zum ersten Mal hörte, daß es afrikanische anglikanische Bischöfe in Westafrika gibt, wurde ich mir der beschämenden Situation in meinem Land bewußt, da es hier nach solch langer Zeit noch immer keine gibt. Weshalb? War die Kirche nicht fähig, Afrikaner heranzubilden, oder hat sie es nur mit halbem Herzen versucht? Oder hat das ungünstige Klima Westafrikas die Europäer veranlaßt, nur zeitweise dort zu sein, und sie bereiter dazu gemacht, Nachfolger zu gewinnen und dann zu gehen?
In Indien sahen wir rundum Beweise tätigen Christentums. Überall gab es Schulen und Colleges, und es war der Kirche gelungen, eine reife einheimische christliche Führungsschicht heranzubilden. Vielleicht spornte die Herausforderung einer hoch entwickelten östlichen Religion die Christen zu größeren Anstrengungen an. In Südafrika neigte die Kirche dazu, sich dem weitverbreiteten weltlichen Muster des Landes anzupassen, sie hatte sich damit zufriedengegeben, den simpelsten Unterricht zu erteilen, und im allgemeinen darauf gewartet, daß ihr afrikanische Bekehrte einen Rippenstoß versetzten und sie zu später Aktion aufschreckten. Wenn ich die Kirche in Indien betrachtete, die sich ernsthaft der Armut (und was für einer verzweifelten Armut!) annahm, die sich mit landwirtschaftlichen Projekten befaßte, die einheimische Industrien und soziale Dienste organisierte – wurde mir unser träges Tempo in Südafrika erst recht bewußt. Ich kam als scharfer Kritiker des südafrikanischen Christentums zurück. Ich bin es noch immer. Meine Loyalität wird dadurch aber nicht gemindert.

Quelle: (a) The Nigerian Baptist, 17–8, September 1939; (b) A. Luthuli, Mein Land, mein Leben. Autobiographie eines großen Afrikaners, München 1963, 98–101. – *Lit.*: F. Ludwig, Zwischen Kolonialismuskritik und Kirchenkampf. Interaktionen afrikanischer, indischer und europäischer Christen während der Weltmissionskonferenz in Tambaram 1938, Göttingen 2000.

E. Nationale Bewegungen und Christentum

186. Kwame Nkrumah zur Bedeutung J. E. K. Aggreys

Der missionarischen Schulerziehung kam insofern auch eine systemüberwindende Funktion zu, als sie Voraussetzungen für den nationalen Emanzipationskampf bereitstellte. „Denn die Opposition der kolonisierten Völker und der aufkeimende nationale Protest artikulierte sich zunächst unter Christen und resultierte aus den Lehren der christlichen Botschaft." (H. Gründer) Ein signifikantes Beispiel ist Kwame Nkrumah (1909–1972), erster Regierungschef eines unabhängigen schwarzafrikanischen Staates, des 1957 unabhängig gewordenen Ghana. Vor dem Studium in den USA, das er mit Examina in Soziologie, Theologie, Erziehungswissenschaft und Philosophie abschloß, hatte er das Achimota College in seiner Heimat besucht. Beeindruckt war er von dem Ökumeniker und stellvertretenden Schulleiter Kweggyir Aggrey (s. Text 181b).

Doch die Person, auf die alle Afrikaner an diesem Tag sahen, war Dr. Kwegyir Aggrey, stellvertretender Direktor und das erste afrikanische Mitglied des Stabes. Für mich schien er der bemerkenswerteste Mann, den ich je getroffen habe und ich spürte tiefste Zuneigung zu ihm. Durch ihn wurde mein Nationalismus erstmals geweckt. Er war auf seine Hautfarbe äußerst stolz, wehrte sich aber gegen Rassensegregation jeder Art, und obwohl er Marcus Garveys Prinzip „Afrika den Afrikanern" verstand, zögerte er doch nie, dieses Prinzip zu attackieren. Er glaubte, daß die Umstände erlauben sollten, daß die schwarze und die weiße Rasse zusammenarbeiten könnten. Kooperation zwischen schwarzen und weißen Völkern war Leitmotiv seiner Botschaft und das Wesentliche dieser Mission, und er pflegte dies wie folgt zu erklären: „Man kann manche Melodien auf den weißen Tasten spielen, und man kann manche Melodien auf den schwarzen Tasten spielen, aber für Harmonien muß man die schwarzen und die weißen benutzen.“ Ich konnte schon damals Aggreys Idee nicht als praktikabel akzeptieren, da ich betonte, daß eine solche Harmonie nur existieren könne, wenn die schwarze Rasse mit der weißen gleichberechtigt behandelt wird; daß nur ein freies und unabhängiges Volk – ein Volk mit einer eigenen Regierung – Gleichheit, ob rassisch oder anderweitig, mit einem anderen Volk beanspruchen kann.

Quelle: The Autobiography of Kwame Nkrumah, Lagos/Nairobi 1957, 14. – *Lit.*: Gründer, Welteroberung 569–594; Sundkler/Steed, History 636–643.

187. Herbert Macaulay: Kritik an der Missionsarbeit

Auch Herbert Macaulay (1864–1946), der 1922 die Nigerian National Democratic Party (NNDP) gründete, bestätigt die These: Als Enkel Bischof Crowthers war der Ingenieur in der anglikanischen Kirche aufgewachsen. Als Nationalist aber maß er der afrikanischen traditionalen Religion einen hohen Stellenwert bei.

Vor einiger Zeit hat ein Professor gesagt, daß man den Afrikaner mit seiner Ahnenverehrung hätte allein lassen sollen und dem Christentum nicht hätte erlauben dürfen, sie in gewissen Teilen des Kontinents zu verdrängen. Ahnenverehrung ist, wie leicht anerkannt werden wird, Geist-Verehrung, Landesverehrung, kurz: es ist Patriotismus. Und es ist der Verlust dieses Geistes und seine Verdrängung durch einen Kult, den die Afrikaner bis heute nicht genügend verstanden haben, um ihn mit den praktischen Probleme der Gesellschaft in Verbindung setzen zu können, der für die beklagenswerten Abwesenheit der Bedeutung des Patriotismus verantwortlich ist.

Quelle: H. Macaulay, Religion and Native Customs. Editorial (in: Lagos Daily News, 18.1.1932) (Mss in: Dike Library Ibadan, Macaulay Collection, Box 6).

188. Nnamdi Azikiwe: Religiöse Toleranz

Mit Nnamdi Azikiwe (1904–1996), Sohn eines von der Church Missionary Society (C.M.S). ausgebildeten Lehrers und Absolvent verschiedener Missionsschulen, trat der nigerianische Nationalismus in eine neue Phase. Azikiwe gründete in den 1940er Jahren mit dem National Council of Nigeria and the Cameroons (NCNC) eine durchsetzungsfähige politische Organisation; nach Erlangung der Unabhängigkeit 1960 wurde er der erste Präsident des Landes. In Bezug auf das Verhältnis von Religion und Staat experimentierte er mit verschiedenen Modellen. Da es ihm darum ging, die nationale Einheit angesichts der religiösen Vielfalt zu verwirklichen, waren für ihn die Gedanken der Toleranz und der nigerianischen Identität zentral. Diese Überlegungen klangen bereits in seinem 1937 vorgelegten Werk *Renascent Africa* an. Deutlich formuliert wurden sie in dem im Januar 1939 im *West African Pilot* veröffentlichten Leitartikel „Religious Toleration“:

Die Muslime müssen bereit sein, in Frieden und Harmonie mit den Christen zu leben, und die Christen müssen darauf vorbereitet sein, Bürger zusammen mit Heiden und Atheisten und anderen zu sein. Das ist der Kern unseres Ideals in einem neuen Afrika. [...] Seine Heiligkeit, der Papst, und der Erzbischof von Canterbury betrachten sich als der gleichen Bruderschaft der Religion angehörig. Und der Moderator der Schottischen Generalversammlung sieht sich die gleiche heilige Pflicht vollbringen wie das Oberhaupt der Griechisch-Orthodoxen Kirche. Warum also sollte die Afrikanische

Kirche, die in Nigeria von denen gegründet wurde, die den Ruf dazu verspürten, nicht die Anerkennung derer finden, die etwas anderes glauben?

Quelle: "Religious Toleration" (in: West African Pilot, 25.1.1939, 4). – *Lit.*: M. Crowder, West Africa under Colonial Rule, London 1968, 454–481; G. Grohs, Stufen afrikanischer Emanzipation, Stuttgart etc. 1967, 163–167.

189. National Church of Nigeria (1948)

Der 1948 gegründeten National Church of Nigeria kam als religiösem Flügel des National Council for Nigeria and the Cameroons die Aufgabe zu, das Nationalbewußtsein religiös zu untermauern. Ihre Gründung war mitbedingt durch die Erfahrung, für bestimmte Veranstaltungen in den Missionskirchen keinen Zugang zu erhalten. K. O. K. Onylana stellte das Programm in einem Pamphlet vor. Dieses zeigt auf der Titelseite eine Afrikanerin, die vor dem Hintergrund einer Karte des afrikanischen Kontinents eine Fackel hält. Darunter findet sich der Untertitel „The Torch of New Religious Civilisation coming from Africa." – Die Selbstbezeichnung „Kirche" ist insofern irreführend, als die National Church of Nigeria sich im Rahmen ihres religionsübergreifenden Programms von grundlegenden christlichen Glaubensaussagen verabschiedete. So wurde etwa der Glaube an die Gottessohnschaft Jesu Christi mit dem Hinweis abgelehnt, daß es der afrikanische Hintergrund verbiete, einen Menschen, der von einer Frau geboren wurde, als Gott zu verehren.

Einer explosiven Welt überdrüssig und müde und in der Hoffnung, die religiösen Streitigkeiten zu beenden, damit der Frieden wie eine Taube zu den Menschen komme, haben die Afrikaner, deren traditionelle Einstellung in allen Dingen, welche die Verehrung Gottes betreffen, die recht liberale ist, die National Church of Nigeria gegründet, um der Menschheit das Motto „Leben und leben lassen" selbst in der Religion zu lehren. [...]
Wir, die wieder erwachsende Jugend des Neuen Afrika, versammeln uns zur National Church of Nigeria. Dies geschieht, um die Menschheit Toleranz zu lehren und die Seele des Menschen vom niederen Stand des intoleranten Neides in die glorreichen Höhen des spirituellen Gleichgewichtes in allen religiösen Dingen zu heben, damit diese Welt wieder der Garten Eden wird, in dem der Löwe und das Lamm in froher Gemeinschaft zusammen lagern und die Gaben der Natur auf der Grundlage der Gleichheit genießen können – ein wahrhaftiges Königreich Gottes auf Erden, in der die allumfassende Bruderschaft des Menschen unter der Vaterschaft des einen Gottes wahr werden kann.

Quelle: National Archives Ibadan, RP 2/19: K. O. K. Onylona, The National Church of Nigeria, its Catechism and Credo, Yaba, undatiert, 1f.

190. Kodjo Tovalou Houenou: Protestkundgebung (1924)

Auch in den französischen Kolonien Afrikas formierte sich der Widerstand. Einer der führenden Nationalisten war Kodjo Tovalou Houenou aus Dahomey, der die „Ligue universelle de défense de la race noire" 1924 in Paris gründete. Er stand in enger Verbindung mit der kommunistischen Partei und auch mit den panafrikanischen Ideen Markus Garveys. Als er nach Westafrika zurückkehrte, wurde er unter Hausarrest gestellt.

Wir, Neger von Afrika, wir erheben unseren entrüsteten Protest gegen das Schicksal unserer Brüder in Amerika. Schande über diese Amerikaner, die vorgeben, zivilisiert zu sein, die Schandtat des Lynchens aber noch nicht durch Gesetz verurteilen, und die immer noch 15 Millionen unserer Brüder quälen! [...] Wir verlangen Respekt für die territoriale Integrität und die nationale Unabhängigkeit der wenigen afrikanischen Staaten oder Staaten afrikanischen Ursprungs, die immer noch ihre Autonomie besitzen. Abessinien, Liberia, Haiti und Santa Domingo sind hervorstechende Beispiele für das organisatorische und politische Genie der Neger ungeachtet der andauernden Sabotage durch eroberungslüsterne Nationen. Wir verlangen das Recht zu urteilen und beurteilt zu werden – ein unparteiisches Gericht soll eingesetzt werden, und vor allem verlangen wir das Recht auf Bildung. Es ist notwendig, eine allgemeine Schulpflicht in den Kolonien einzuführen. Die Bildung des Einheimischen ist der beste Weg, seine Entwicklung und Adaption der europäischen Zivilisation sicherzustellen. Es ist für das Wohl der Afrikaner und nicht ausschließlich für den Profit des Weißen Mannes notwendig, Afrika zu entwickeln und Freiheit für Handel und Industrie zu gewähren.

Quelle: M. K. T. Houenou, Opportunity, July 1924, 203–207, zitiert in: A. Langley, Ideologies of Liberation in Black Africa 1856–1970, London 1979, 228–238. – *Lit.*: M. Crowder, West Africa under Colonial Rule, London 1968, 433–453.

191. Jomo Kenyatta: Christentum und Individualismus (1938)

In seinem 1938 veröffentlichten Werk *Facing Mount Kenya* hob der kenianische Nationalist Jomo Kenyatta (ca. 1891–1978) die Werte der traditionalen afrikanischen Kultur hervor und griff dabei auch den durch die christliche Mission vertretenen Individualismus an. Später (1947) wurde Kenyatta Präsident der Kenya African Union, die dann zur Kenyan African National Union wurde. Von 1963 bis 1964 war er Premierminister, von 1964 bis 1978 Präsident Kenias.

Wir können sehen ..., daß die frühen Lehrer der christlichen Religion in Afrika den Unterschied zwischen den individualistischen Aspekten, die in der christlichen Religion verkörpert sind, und dem Gemeinschaftsleben des Afrikaners, das durch von Generation zu Generation übermittelte Bräuche und Traditionen reguliert wird, nicht in Erwägung gezogen haben. Sie versäumten es auch zu erkennen, daß das Wohlergehen der Stämme von der strengen Befolgung dieser Stammestabus und -rechte abhing, zu denen alle Mitglieder eines Stammes, von den Königen und Häuptlingen bis hinunter zum niedersten und bedeutungslosesten Individuum, als organisches Ganzes gebunden waren und durch einen eisernen Pflicht-Kodex kontrolliert wurden. Die Agenturen der westlichen religiösen Körperschaften gingen daran, als sie in Kenia ankamen, sich mit Problemen zu befassen, für die sie nicht ausgebildet waren. Sie verurteilten Bräuche und Glaubensformen die sie nicht verstehen konnten. Neben anderen Dingen bestand der Missionar darauf, daß die Anhänger des christlichen Glaubens Monogamie als das Fundament der wahren christlichen Religion akzeptieren müßten, und die Tänze, Zeremonien und Feste, die grundlegende Prinzipien der afrikanischen Gesellschaftsstruktur sind, aufgeben sollten.

Quelle: J. Kenyatta, Facing Mount Kenya, London 1938, in: R. Desai (Hg.), Christianity in Africa as seen by Africans, Denver 1962, 100.

192. Warhui Itote: Der Zweite Weltkrieg als Wendepunkt

Die beiden Weltkriege markierten grundlegende Einschnitte in den europäisch-afrikanischen Beziehungen, da einerseits die Idee der Überlegenheit der europäischen Zivilisation diskreditiert wurde und andererseits Afrikaner, die in die Kampfhandlungen auf Seiten der europäischen Kolonialnationen einbezogen waren, nun verstärkt eigene Rechte forderten. Illustriert wird dies durch die autobiographischen Erinnerungen des späteren Mau-Mau-Generals Warhui Itote.

Im folgenden Jahr (1944) war ich im Erholungslager von Calcutta [Indien], wo ich einen großgewachsenen und mächtigen Neger aus dem amerikanischen Süden kennenlernte. Ein englischsprechender Tanganyikaner, Ali, war bei mir und wir drei unterhielten uns. „Was ist dein echter Name?", fragte ich den Neger, als ich den Namen ‚Stephenson' auf seiner amerikanischen Armeebuschjacke las. „Was meinst du – ‚echter Name'? Das hier ist mein richtiger Name," antwortete er. Ich erwiderte, daß ich seinen afrikanischen Namen meinte. […] „Ihr Burschen," sagte er sehr deutlich, „seht mich an, als ob ich eine Monstrosität, irgendwie fremdartig wäre, bloß weil ich keinen afrikanischen Namen habe. Gut, ich wurde so, weil irgendwo vor langer Zeit einige Araber mein Volk nach Amerika verschifft haben, und danach wuchsen wir alle in einem christlichen Land auf. Aber dasselbe kann Menschen geschehen, wenn die Christen zu ihnen kommen – ihr müßt nicht nach England gebracht werden, um nicht nur eure Namen, sondern auch eure ganze Lebensart zu verlieren […] Alles, was ich sagen kann," fuhr Stephenson fort, „ist, daß ihr euch nicht in die Irre führen lassen sollt durch weiße Christen, die euch erzählen, daß sie überlegen sind mit ihren heiligen Namen und ihren heiligen Lebensweisen. Jerusalem ist nicht im Himmel, wißt ihr, es ist nur in Palästina und die Menschen kämpfen dort mit Bomben und Granaten und sterben an den sogenannten heiligen Stätten." Das schockierte mich etwas, denn ich hatte immer geglaubt, daß Jerusalem im Himmel sei. „Die weißen Christen bekämpfen sich jetzt gerade, deshalb macht euch nichts daraus, wenn sie euch mitteilen, nicht für eure eigenen Rechte zu kämpfen," brüllte Stephenson uns beinahe an. „Aber die Weißen, die jetzt kämpfen, werden für immer und ewig Helden in ihren eigenen Ländern sein, während ihr Afrikaner Helden für einen Tag und dann vergessen sein werdet. Wenn ihr Helden sein wollt, warum kämpft ihr nicht für eure eigene Länder?" […] „Ihr hättet die Unabhängigkeit als den Mindestpreis für den Kampf verlangen sollen," sagte er.

Quelle: W. Itote, Mau Mau General, Nairobi 1967, 9–29, zitiert in: A. Langley, Ideologies of Liberation in Black Africa 1856–1970, London 1979, 408–415.

193. Julius Nyerere und die Maryknoll-Väter

Während die Kirchen den nationalistischen Bewegungen im allgemeinen eher abwartend bis ablehnend gegenüberstanden, konnte es auch vorkommen, daß bestimmte Missionsgesellschaften einzelne Führungspersönlichkeiten unterstützten. In Tanganyika (heute Tansania) galt Julius Nyerere (1922–1999), der Präsident der Tanganyika African Association (seit 1953) und der Tanganyika African National Union (seit 1954) als gemäßigt. Als praktizierender Katholik wurde er durch die Maryknoll-Väter unterstützt.

Die Maryknoll-Väter stimmten der Finanzierung seiner Reise von England und nach England zu, da Julius Nyerere eine katholische Führungspersönlichkeit ist, ein Mann aus der Präfektur von Musoma, den unsere Väter kennen und ehren. Da es die erklärte Absicht der britischen Behörden in Tanganyika ist, Führer für eine mögliche Selbstverwaltung vorzubereiten, meinten die Maryknoll-Väter, daß jede uns mögliche Hilfe für katholische Führer eine Hilfe für die Kirche wären. Er ist ein guter Katholik, ein Mann mit gemäßigten Ansichten in Bezug auf die Förderung der politischen Bestrebungen seines Volkes. Er ist sich nicht im Unklaren darüber, daß es in seiner Union einige Hitzköpfe gibt, doch er versucht die Union auf einem vernünftigen Weg zu leiten. Die Union ist bei der Verwaltung eingetragen und keine heimliche Bewegung.

Quelle: Maryknoll Fathers Central Archives, New York. W. Collins, Report on Julius Nyerere and his relations with the Maryknoll Fathers in Tanganyika, British East Africa, Feb. 11, 1957. – *Lit.*: F. Ludwig, Das Modell Tanzania. Zum Verhältnis zwischen Kirche und Staat während der Ära Nyerere, Berlin 1995.

AFRIKA V. 1945–1990

A. „WIND OF CHANGE"

194. Harold Macmillan: „Wind of Change" (1960)

Die nach dem Zweiten Weltkrieg in Asien einsetzende Welle der Entkolonisierung und der Erlangung der Unabhängigkeit erreichte mit etwas Verzögerung auch Afrika. 1952 wurden Ägypten, 1956 Tunesien, Marokko und der Sudan unabhängig, 1957 folgte Ghana als erster schwarzafrikanischer Staat, 1958 Guinea. 1960, im sogenannten „Afrika-Jahr", wurden Kamerun, Kongo-Brazzaville, Gabun, Tschad, die Zentralafrikanische Republik, Togo, Elfenbein-Küste, Da-homey, Ober-Volta, Niger, Nigeria, Senegal, Mali, Madagaskar, Somalia, Mauretanien und Kongo-Leopoldville unabhängig. Es scheint daher gerechtfertigt, diese Phase unter das Motto einer am 3.2.1960 in Cape Town, Südafrika gehaltenen Rede des britischen Premierministers Harold Macmillan (1894–1986) zu stellen.

Seit dem Zusammenbruch des römischen Imperiums war eine gleichbleibende Tatsache des politischen Lebens in Europa die Entstehung unabhängiger Nationen. Über die Jahrhunderte hinweg entstanden sie in vielen Erscheinungen, mit unterschiedlichen Regierungsformen, aber alle waren sie inspiriert durch ein tiefes, heftiges Gefühl des Nationalismus, das ebenso wie die Nationen selbst gewachsen ist.
Im 20. Jahrhundert, und besonders nach dem Ende des Krieges, haben sich die Vorgänge in der ganzen Welt wiederholt, die zur Entstehung der Nationalstaaten Europas führten. Wir sahen das Erwachen von Nationalbewußtsein bei Völkern, die seit Jahrhunderten in der Abhängigkeit anderer Mächte standen. Vor 15 Jahren breitete sich diese Bewegung in Asien aus. Dort drängten viele Länder mit unterschiedlichsten Rassen und Kulturen auf ihren Anspruch nach einem unabhängigen nationalen Leben. Heute passiert dies auch in Afrika, und der auffallendste Eindruck, der sich mir zeigt, ist die Stärke des afrikanischen Nationalbewußtseins. Der Wind der Veränderung weht über diesen Kontinent, und ob wir es wollen oder nicht, diese Zunahme von Nationalbewußtsein ist eine politische Tatsache. Wir alle müssen dies als Tatsache begreifen und unsere nationalen Taktiken müssen es beachten.

Quelle: W. L. Arnstein, The Past Speaks, Heath 1993, 2, 386–389; H. Macmillan, Pointing the Way, 1959–1961, London 1972. Eine Tonband-Aufnahme ist veröffentlicht in: British Library (Hg.), The Century in Sound, London 1999, 32. – *Lit.*: R. Hyam/R. Louis (Hgg.), The Conservative Government and the End of Empire 1957–1964. 2 Bd., London 2000.

195. Panafrikanischer Kongreß (Manchester 1945)

Wie sich in Europa gezeigt hatte, konnte der anti-imperiale Befreiungsnationalismus, sobald das Imperium gestürzt war, in erbitterten Anti-Nachbarn-Imperialismus umschlagen. Die Afrikaner versuchten, dem durch panafrikanische Bemühungen vorzubeugen. Panafrikanische Kongresse waren zwar schon in den 1920er Jahren gehalten worden (1919 und 1921 Paris, 1923 London, 1927 New York etc.), aber der Kongreß in Manchester von 1945 vereinigte erstmals einige Führungspersönlichkeiten aus britischen und französischen Kolonien. In Bezug auf die politische Situation äußerte sich der Kongreß folgendermaßen:

a) Daß es seit der Ankunft der Briten, Franzosen, Belgier und anderer Europäer in Westafrika es Rückschritt anstatt Fortschritt gab als Resultat der systematischen Ausbeutung durch diese fremden imperialistischen Mächte. Die Inanspruchnahme von „Partnerschaft", „Treuhänderschaft", Vormundschaft" und das Mandatssystem dienen den politischen Wünschen der Menschen Westafrikas nicht. b) Daß die demokratische Natur der einheimischen Institutionen der Menschen Westafrikas durch widerliche und unterdrückerische Gesetze und Regulationen zerstört und durch autokratische Regierungssysteme ersetzt wurden, die den Wünschen des Volkes Westafrikas abträglich sind. c) Daß die Einführung der anmaßenden konstitutionellen Reformen in den westafrikanischen Territorien nichts anderes sind als heuchlerische Versuche von Seiten der fremden imperialistischen Mächte, die politische Versklavung der Völker fortzusetzen. [...]

Quelle: A. Langley, Ideologies of Liberation in Black Africa 1856–1970, London 1979, 758ff.

196. Konferenz unabhängiger afrikanischer Staaten (1958)

Im Mai 1963 wurde die Organisation für Afrikanische Einheit (OAU), mit heute 50 Mitgliedern die größte Regionalorganisation der Welt, gegründet. Schon im Vorfeld waren, geeint durch die Idee des Panafrikanismus, regionale und partikulare Organisationen unterschiedlicher Zielsetzung entstanden. Ein erstes gesamtafrikanisches Treffen hatte 1958 in Ghana stattgefunden, wobei damals ein Zusammenschluß noch nicht verwirklicht werden konnte.

Wir, die afrikanischen Staaten, die hier in Accra in dieser unserer ersten Konferenz versammelt sind, erklären und bestätigen hiermit feierlich im Bewußtsein unserer Verantwortung gegenüber der Menschheit und insbesondere den Völkern Afrikas ... unsere afrikanische Persönlichkeit auf der Idee des Friedens zu bestätigen, unsere unerschütterliche Loyalität zu der Charta der Vereinten Nationen, der Allgemeinen Erklärung der Menschenrechte und der Erklärung der asiatisch-afrikanischen Konferenz, die in Bandung gehalten wurde. Wir bestätigen und verkündigen zudem die Einheit unter uns und unsere Solidarität mit den abhängigen Völkern Afrikas wie auch unsere Freundschaft mit allen Nationen. Wir beschließen, die Einheit in Vorsatz und Tat in internationalen Angelegenheiten, die wir uns in dieser historischen Konferenz geschaffen haben, zu bewahren, unsere harterkämpfte Unabhängigkeit, Souveränität und territoriale Unversehrtheit zu schützen und unter uns die grundlegende Einigkeit der Einstellung zur Außenpolitik beizubehalten, so daß eine eigenständige afrikanische Identität in Zusammenarbeit mit anderen friedensliebenden Nationen ihre Rolle spielen wird, die Sache des Friedens voranzubringen. In Anerkennung dessen, daß das Bestehen des Kolonialismus in jeglicher Gestalt oder Form eine Bedrohung für den Frieden und die Sicherheit und die Unabhängigkeit der afrikanischen Staaten und des Weltfriedens ist ... [und] in der kategorischen Verurteilung aller kolonialen Systeme, die auf unserem Kontinent immer noch aufgezwungen werden ... , ruft die Konferenz Unabhängiger afrikanischer Staaten ... die Verwaltungsmächte dazu auf, die Charta der Vereinten Nationen in dieser Hinsicht zu respektieren, und rasche Schritte einzuleiten, um die Vorschriften der Charta und die politischen Wünsche der Menschen, nämlich Selbstbestimmung und Unabhängigkeit, zu verwirklichen [...].

Quelle: A. Langley, Ideologies of Liberation in Black Africa 1856–1970, London 1979, 765–777. – *Lit.*: F. Ansprenger, Die Befreiungspolitik der Organisation für Afrikanische Einheit (OAU) 1963–1975, München 1975.

197. Gesamtafrikanische Kirchenkonferenz (1963)

Auch innerhalb der Kirchen entwickelten sich gesamtafrikanische Ansätze. Die Gesamtafrikanische Kirchenkonferenz/All Africa Conference of Churches (AACC) wurde 1963 in Kampala (Uganda) gegründet, nachdem 1958 in Ibadan ein erstes Treffen stattgefunden hatte. Mitglieder sind protestantische, anglikanische, orthodoxe und unabhängige Kirchen. Sitz des Generalsekretariats ist Nairobi. Schwerpunkte der Arbeit sind: Theologische Ausbildung, Jugendarbeit, Frauenarbeit, Flüchtlingsarbeit, Literatur und Massenkommunikation. 1963 fand die erste Versammlung in Kampala statt.

Wir, 340 Delegierte und Teilnehmer an der historischen Gründungsversammlung der AACC in Kampala (Uganda) ... sind aus 100 Kirchen in 40 Ländern hierher gekommen, und wir erfuhren in der Kathedrale in Namirembe Hill, daß wir, obgleich wir viele sind, doch ein Leib sind in Christus und jeder einzelne ein Glied. [...] Am Tage des Herrn, am 21. April 1963, versammelten sich die meisten von uns, ein Volk des Herrn, im Hause des Herrn. Wir tauschten den Friedensgruß, wir aßen das Brot, wir tranken den Wein, und als wir das Haus des Herrn verließen, fragten wir uns: „Warum mußten wir quer durch Afrika hierherkommen, um dies zu entdecken?“ Nun fragen wir Euch alle das gleiche. Warum müssen wir in Kapstadt und Dakar, in Douala und in Nairobi, in den Ebenen und an den Flüssen dieses Kontinents in solcher Trennung verbleiben, welche den Herrn kreuzigt, bis Er kommt? Die meisten von uns hier vertreten protestantische Kirchen in Afrika. Eines Morgens nahmen wir an dem traditionellen Gottesdienst der Orthodoxen Kirche von Äthiopien teil, geleitet von unserem Bruder aus der orthodoxen Christenheit Afrikas, und wir sagten: „Dies ist das Wirken Unseres Herrn, und es ist wunderbar in unseren Augen!“ Wir waren ferner gesegnet, daß wir unter uns drei offizielle Beobachter der römisch-katholischen Kirche hatten.
Wir sind Gott zutiefst dankbar, daß diese Versammlung, die AACC, nun konstituiert wurde als eine Gemeinschaft der Beratung und der Zusammenarbeit innerhalb der größeren Gemeinschaft der universalen Kirche. Was in Ibadan im Jahre 1958 geplant wurde, ist in Kampala 1963 Wirklichkeit geworden. Wir haben das Vertrauen, daß Gott die AACC als ein Werkzeug Seines Willens benutzen wird, um das Leben Seiner Kirche in Afrika zu stärken. Wir haben uns gefreut, daß seit Ibadan neue unabhängige Nationen in Afrika geboren wurden. Wir machten uns die Wünsche unserer Völker zu eigen, die nach Menschenwürde streben und mündige Christen sein wollen, und wir ermahnen die Kirchen dieses Kontinents, mit ganzem Herzen an dem Bau eines neuen Afrika teilzunehmen. Wir bestätigen, daß es eine größere Freiheit gibt, die Gott uns durch Seinen Sohn anbietet, auf daß viele Menschen befreit werden von der Sklaverei der Sünde und Furcht und das reiche, freie, unerschöpfliche Leben der Kinder Gottes zu leben vermögen. Dies ist die Frohe Botschaft!

Quelle: J. Althausen (Hg.), Christen Afrikas auf dem Wege zur Freiheit, Erlangen 1979, 49ff.

198. Theophilo Kisanji: Kirche und Politik (1959)

Von wenigen Ausnahmen abgesehen, unterstützten die Kirchen auf der nationalen Ebene erst allmählich den Kurs der Bewegungen zur Erlangung der Unabhängigkeit. Selbst in Tanganyika (heute Tansania), wo die Nationalbewegung unter Nyerere als gemäßigt und nicht kirchenfeindlich galt, fanden sich afrikanische Kirchenführer zwischen allen Stühlen wieder, wie die Rede von Theophilo Kisanji (Brüdergemeine) vor dem tansanischen Christenrat 1959 zeigt.

Die afrikanischen Kirchenführer sind unter Druck geraten und sie sitzen, so muß man wohl sagen, zwischen allen Stühlen. Denn sie sind es, denen die Menschen auf beiden

Seiten verbunden sind. Die Missionare stehen der Kirche vor und lenken sie, indem sie sich der afrikanischen Kirchenführer bedienen; die Christen wiederum richten ihre Klagen und Überlegungen an die Missionare, indem auch sie sich ihrer einheimischen Führer bedienen. Darum sind diese in der Bedrängnis, sich entscheiden zu müssen, auf wessen Seite sie stehen. Und so haben sie von ihren afrikanischen Landsleuten Schimpfnamen bekommen. [...]
Andernorts werden ihre Predigten zunehmend abgelehnt von extrem politisierten Leuten, die in ihren eigenen Reden weit hinter das Evangelium zurückfallen, das verkündet „Trachtet am ersten nach dem Reich Gottes und nach seiner Gerechtigkeit" (Mat. 6,33). Ihre unbiblischen Reden verstärken sie noch dadurch, daß sie sagen: „Ach, laß doch die Sprüche von eurem Pfaffen! Heute gilt als erstes Freiheit, das ist unsere Religion!" Und weiter: Zuerst sollen die Europäer uns unsere Religion überlassen, dann können wir IHRER Religion beitreten! – Und anderswo gehen einige daran, die Bibel zu verunglimpfen und sagen, verschiedene Stellen darin seien von den Europäern eingefügt worden in der Absicht, uns nachweisen zu können, daß wir insgeheim ihre Sklaven sind. Als Beispiel wird das genannt, was sich in Südafrika ereignet hat und die Art, wie verschiedene Leute dort die Verse 20–27 in Genesis 9 betonen und sie auslegen. [...] Denken wir daran, daß in Tanganyika in diesen Jahren die Zahl der Christen zunimmt und daß sie in der nächsten Generation weiter zunehmen wird. Die Politik von heute kann das Leben unserer Kinder morgen bestimmen. Nehmen wir das Schulsystem als Beispiel. Hier sollten wir nicht versäumen, uns eine Stimme zu verschaffen, um den Gang der Politik zu lenken, wir, die wir heute dazu die Gelegenheit haben! Es gibt verschiedene Wege, die Christen beschreiten müssen, um die Politik angemessen zu lenken: (a) Christen sollen in den Kommunalräten und dem Gesetzgebenden Rat sein. [...] (b) Christen sollen es bejahen, die Führung in politischen Parteien zu übernehmen. [...] Auf, Kirche, aufgewacht! Ergreife das Ruder, damit wir in den Hafen gelangen!

Quelle: ELCT/ND 77/1 T. Kisanji, Kanisa na Mweno wa Siasa katika Nchi Yetu, 1959, übers. von Gerlind Scheckenbach und zitiert in: F. Ludwig, Das Modell Tanzania, Berlin 1995, 208–221. – *Lit.*: Hastings, Christianity; J. V. Taylor, Christianity and Politics in Africa, London 1957.

199. Mosambik: Erzbischof Pereiras Warnung (1968)

In den 1950er und frühen 1960er Jahren erlangten die meisten afrikanischen Staaten ihre nationale Unabhängigkeit. Einige Nationen jedoch blieben zunächst unter europäischer Herrschaft, wie die portugiesischen Kolonien Angola und Mosambik, die erst Mitte der 1970er Jahre unabhängig wurden. Hier standen führende Missionsvertreter noch für einige Zeit auf der Seite der Kolonialisten.

1. Die Unabhängigkeit ist für das menschliche Wohl ein neutraler Begriff. Sie kann gut sein, wenn die richtigen Voraussetzungen vorhanden sind. Augenblicklich sind aber diese in Mosambik nicht gegeben. 2. Solange diese Voraussetzungen nicht gegeben sind, ist die Teilnahme an Freiheitsbewegungen ein Verstoß gegen die Natur. 3. Auch im Falle, daß solche Voraussetzungen gegeben wären, hat das Mutterland das Recht, die Unabhängigkeit zu verweigern, wenn es für den Wohlstand, bürgerlichen und religiösen Fortschritt sorgt und wenn Freiheit und Menschenrechte respektiert werden. 4. Alle Bewegungen, die Gewalt anwenden, sind gegen das Naturgesetz, die Unabhängigkeit – im Falle, daß sie wünschenswert sei – darf nur durch friedliche Mittel erreicht werden. 5. Wenn jene Bewegungen von Terroristen geführt werden, besteht die Pflicht der Priester darin, sich nicht nur davon zu distanzieren, sondern sie

zu bekämpfen. Solche Pflicht leitet sich aus ihrem missionarischen Wesen ab. 6. Auch wenn die Unabhängigkeitsbewegungen friedlich geführt werden, dürfen die Priester nicht daran teilnehmen, um beim Volk geistiges Ansehen genießen zu können. Die kirchliche Obrigkeit kann die Teilnahme an solchen Bewegungen verbieten. Durch dieses Schreiben wird sie jetzt allen Priestern der Diözese Laurenco arques untersagt. 7. Die eingeborenen Afrikaner haben die Pflicht, sich bei den Kolonisatoren dafür zu bedanken, daß sie von ihnen so viele Wohltaten erhalten haben. 8. Die ausgebildeten Leute haben die Pflicht, die wenig Ausgebildeten über die Illusionen der Unabhängigkeit aufzuklären. 9. Die gegenwärtigen Unabhängigkeitsbewegungen tragen fast immer das Zeichen des Kommunismus und der Revolution. Es ist uns verboten, sie zu unterstützen, weil die Lehre des Heiligen Stuhls hinsichtlich des atheistischen und revolutionären Kommunismus klar ist. Für uns gibt es keine Revolution außerhalb des Evangeliums. 10. Der Slogan „Afrika gehört den Afrikanern“ ist, philosophisch betrachtet, monströs. Darüber hinaus ist er für die christliche Zivilisation eine Gefahr, da die aktuellen Ereignisse gezeigt haben, daß der Kommunismus und der Islam ihre Zivilisation bei den Afrikanern ausbreiten wollen.

Quelle: M. van Lay, Kirche im Entkolonisierungskonflikt: eine Fallstudie zum Krieg um die Entkolonisierung Mosambiks 1964–1974, München 1981, 259f.

B. Kirchen und nationaler Aufbau

200. Gesamtafrikanische Kirchenkonferenz (1968)

Auf dem ganzen soeben entkolonialisierten Kontinent dominierte bald, von Algier bis (zunächst) zum Sambesi, eine spezifische Verfassungswirklichkeit – das Einparteiensystem. Mit dem Problem, daß der Nationalismus nach der Befreiung von der Kolonialherrschaft seine Aufgaben neu definieren mußten, befaßte sich eine Studiengruppe der Gesamtafrikanischen Kirchenkonferenz (All African Conference of Churches/AACC) 1968:

Die Beschäftigung des Christen mit nationalen oder internationalen politischen Fragen in Afrika basiert auf der biblischen Lehre von der Herrschaft Gottes über die Welt. Dieser Herr, unser Gott handelt in der Geschichte der Menschen, indem er unsere Welt erschaffen hat und neu schafft. [...] Dieser Gott bringt heute die Völker Afrikas aus Gefängnis und Knechtschaft in die Freiheit. Er will, daß alle Menschen in der Welt in Freiheit, Gerechtigkeit und Frieden leben sollen.

[...] Wir sind uns darin einig, daß der Nationalismus bei der Bildung neuer Nationen auf unserem Kontinent eine nicht unbedeutende Rolle gespielt hat. Doch müssen wir feststellen, daß er zwei Phasen hat: a) In der ersten werden Kräfte gegen die Kolonialmacht mobilisiert, die schließlich zur Unabhängigkeit führen. b) In der zweiten, weit wichtigeren Phase geht es darum, aus sehr unterschiedlichen Gruppen eine Nation zu machen und dafür zu sorgen, daß die ethnischen Gruppen gut zusammenleben. Gerade in Verbindung mit diesem Stadium entstehen bei uns die bedrängendsten Probleme. Die neuen Nationen sind im Innern alle belastet durch Unstabilität und divergierende Kräfte, was sehr oft noch erschwert wird durch von außen kommende Einflußnahme.

[...] Im Blick auf die Frage nationaler Einigkeit wird festgestellt: Die Kirchen sollten im Unterricht und auch sonst das Nationalbewußtsein der Bürger fördern, damit sie sich für das Wohl ihres Staates einsetzen. [...] Die Kirche sollte in ihrer Unterweisung davon sprechen, daß wir alle Kinder Gottes sind und daß deshalb die Ereignisse im Leben einer Nation alle angehen. Sie sollte Wert darauf legen, zu erklären, was es heißt, Glieder einer Nation zu sein und wie es möglich ist, die falschen Erscheinungsformen des Stammesbewußtseins, aus denen Nepotismus und soziale Ungerechtigkeit entstehen, streng und unerbittlich niederzuhalten. [...] Oft ist dieser Dienst der Kirche allerdings gelähmt durch unsere Zersplitterung in verschiedene Denominationen. Wie kann eine gespaltene Kirche Sinn für Einigkeit zwischen den sehr unterschiedlichen Stammesgruppierungen in einer Nation wecken? Die Kirche kann nur dann ein Mittel zur Einigung einer Nation sein, wenn sie um die Einigkeit in ihrem eigenen Leben bemüht ist. [...] Im Blick auf die noch unter dem Kolonialismus lebenden Länder sind wir übereinstimmend der Meinung, daß Christen sich gegen solche institutionalisierte Ungerechtigkeit zusammentun und alle angemessenen Versuche zur Befreiung ganz Afrikas aktiv unterstützen sollten. Denn wir wissen, daß wir alle Anteil nehmen müssen an dem umfassenden Prozeß der Entkolonialisierung. Die Kirche sollte für eine völlige Befreiung Afrikas kämpfen ebenso wie für Friede und Gerechtigkeit in der ganzen Welt.

Quelle: Empfehlungen der Studiengruppe III der Konferenz für Kirche und Gesellschaft in Afrika in Abidjan vom März 1968, in: J. Althausen (Hg.), Christen Afrikas auf dem Weg zur Freiheit, Erlangen 1971, 277–283. – Lit.: D. Maxwell, Post-colonial Christianity in Africa, in: H. McLeod, World Christianities c. 1914 – c. 2000, Cambridge 2006, 401–421; M.A. Oduyoye, Africa, in: J. Briggs/M.A. Oduyoye/G. Tsetis, A History of the Ecumenical Movement, Vol.3 1968–2000, Geneva 2004, 469–493.

201. Kwame Nkrumah: Der Nkrumahismus (1960)

In Ghana errichtete Kwame Nkrumah (vgl. Text 186) ein äußerst repressives Regime, ideologisch begründet durch den Kampf gegen den Neokolonialismus. Sich selbst ließ er in einer Verbindung magischer und religiöser Vorstellungen als Messias verehren.

Der Nkrumahismus, der die höchste Form des Christentums ist, ... lehrt, daß ihr das Übel des Hasses und des Neides zwischen Habenden und Nicht-Habenden an der Wurzel ausrotten müßt, um es menschlich möglich zu machen, wie man ‚seinen Nächsten wie sich selbst lieben' kann ... Billy Graham erinnert uns daran, daß das Christuskind Zuflucht in Afrika suchte und daß es freiwillig ein Afrikaner war, der Christus auf dem Weg nach Golgatha das schwere Kreuz tragen half ... Heute trägt wieder ein Afrikaner das Kreuz für den Menschensohn. Dieser Afrikaner ist Kwame Nkrumah. Ihr Kleingläubigen, Pharisäer, falsche Propheten und deren Freunde, seht: Er kommt verachtet. Aber für Afrika und die Welt mag er der zweite Christus sein.

Quelle: H.-J. Margull, Aufbruch zur Zukunft. Chiliastisch-messianische Aufbruchsbewegungen in Afrika und Südostasien, Gütersloh 1962, 70f.

202. Ein „Glaubensbekenntnis an Kwame Nkrumah"

Ich glaube an Kwame Nkrumah, den mannhaften Führer unseres Heimatlandes, den Gründer unserer Schulen, und an die kraftvolle nationalistische Volkspartei, seine eigene Partei, unsere Zuflucht, empfangen vom Geist der Zeit, geboren aus den Massen, gelitten unter den Notverordnungen der britischen Regierung, verfolgt, geknutet und darniedergehalten. Im dritten Monat wieder auferstanden, spannte sie weit ihre Flügel aus und flog sie der Sonne der Freiheit zu. Begabt mit mehr Ausdauer, Zielbewußtsein und Kraft denn je zuvor, schwor sie den Treueschwur ihrem furchtlosen Führer im Gefängnis. Von dannen sie kommen wird auszubreiten die Wahrheit, die zu unserer Freiheit führt. Ich glaube an den Heiligen Geist unserer Zeit, den heiligen Kreuzzug, der Freiheit, die Vernichtung der Fremdherrschaft, an die Wiederherstellung unserer Rechte und an das ewige Leben. Amen.

Quelle: H.-J. Margull, Aufbruch zur Zukunft. Chiliastisch-messianische Aufbruchsbewegungen in Afrika und Südostasien, Gütersloh 1962, 70f. 59. – *Lit.*: F. Ansprenger, Politische Geschichte Afrikas im 20. Jahrhundert, München 1997.

203. Léopold Senghor: Islam und Christentum (1964)

Einer ganz anderen Konzeption verpflichtet war Léopold Sédar Senghor (1906–2001), der als Katholik von 1960 bis 1980 Staatspräsident des überwiegend islamischen Senegal war. Senghor formulierte das Prinzip der Négritude (der Wertschätzung der afrikanischen Kultur) und versuchte einen Brückenschlag zwischen Afrika und Europa. Er wirkte als Philosoph und Dichter (1968 Friedenspreis des Deutschen Buchhandels) ebenso wie als Staatsmann. Dabei befaßte er sich auch mit der Frage des friedlichen Zusammenlebens der Religionsgemeinschaften in den jungen Staaten Afrikas.

Es ist ein Zeichen der Zeit: Seit einigen Jahren, seit der Beschleunigung des Entkolonialisierungsprozesses werden Aufrufe verfaßt und Anstrengungen unternommen, die Zusammenarbeit zwischen Islam und Christentum zu organisieren. Im letzten Jahr hat der Rektor der El Azhar-Universität Christen und Muslime aufgefordert, den Angriff des Atheismus gemeinsam abzuwehren. Und in diesem Jahr hat seine Exzellenz Abdelkader Ei Fassi, Botschafter von Marokko in Bonn, eine bemerkenswerte Rede gehalten mit dem Titel „Ein Muslim vor der Welt des Christentums". Von christlicher Seite könnte ich die Kolloquien nennen, die von den Jesuiten im Herzen Marokkos veranstaltet wurden, die Aufrufe der Bischöfe des Maghreb und vor allem die Risiken, die zahlreiche Priester auf sich nahmen, um eine friedliche Lösung des algerischen Konflikts zu erreichen. Viele von ihnen haben ihre Treue zum Ideal des Christentums mit Gefängnis bezahlt.

Diesem moralischen und religiösen Grund füge ich einen politischen Grund hinzu. Wir können nicht zur wirklichen Unabhängigkeit gelangen und moderne afrikanische Nationen aufbauen, wenn wir nicht die Religionsunterschiede ebenso wie die Rassenunterschiede überwinden können, ja wenn wir nicht fähig sind, eine fruchtbare Zusammenarbeit zwischen Muslimen und Christen zustande zu bringen.

[...] Wenn Muslime und Christen auch beide einen einzigen ungeschaffenen Schöpfergott verehren, wie es – hier wie dort – die zahlreichen charakteristischen Beinamen Gottes bezeugen, so konzipieren und verehren sie ihn doch nicht auf die gleiche Wiese. Für die Christen offenbart sich uns Gott im Mysterium der Trinität. Jesus ist Gott und ist gleichzeitig Gottes Sohn, der zum Menschen geworden ist, um uns von unseren Sünden zu erlösen. Für die Muslime, die das Mysterium der Trinität ablehnen, ist Jesus nur ein außergewöhnlicher Gesandter Gottes. Selbst Mohammed, der letzte und größte der Propheten, darf nicht mit Gott verwechselt werden. Für die Christen ist der Papst, der die Kirche verkörpert, der Verwahrer von Gottes Wort. Daher ist er unfehlbar, wenn er die heiligen Schriften auslegt. Für die Muslime gibt es kein verbindliches Denken, das ihnen auferlegt wird: sie legen den Koran frei aus. Der Priester ist das notwendige Bindeglied zwischen Gott und den Christen. Die Muslime haben keine Geistlichkeit, sie wenden sich unmittelbar an Gott.

Aber jenseits dieser Unterschiede in Dogmen und Praxis predigen Islam und Christentum die gleichen Tugenden und erstreben das gleiche Ziel. Das große Gebot des Christentums ist, über allem Gott zu lieben und den Nächsten, das heißt, alle anderen Menschen wie sich selbst zu lieben. Und Mohammed hat gesagt: „Keiner von euch ist gläubig, wenn er nicht seinen Bruder liebt, wie er sich selbst liebt." Jesus und Mohammed haben beide den individualistischen Materialismus und Egoismus bekämpft, die zu allen Zeiten das Charakteristikum atheistischer Zivilisationen gewesen sind und die die Zivilisation des 20. Jahrhunderts prägen. In diesem Kampf haben sowohl der Islam wie das Christentum den Willen Gottes zu verwirklichen.

Quelle: L. Senghor, Negritude und Humanismus, Düsseldorf/Köln 1967, 234ff.

204. Julius Nyerere über die Kirche in Afrika (1970)

Mit der Arusha-Deklaration von 1967 entwickelte die TANU (Tanzania African National Union) unter Julius Nyerere (s. Text 193) ein neues Grundsatzprogramm, das Tansania auf den Weg wirtschaftlicher Selbständigkeit führen sollte. Zentral war dabei der Gedanke des Zusammenlebens (Ujamaa) und die Entwicklung dörflicher Gemeinschaften. Mit der Formulierung des Prinzips des afrikanischen Sozialismus war eine neue Phase in Afrika eingeleitet: Die Epoche Nkrumahs (der 1966 entmachtet worden war) war vorüber, diejenige Nyereres begann. In seinen Überlegungen entwickelte der tansanische Präsident auch ein Konzept für die Arbeit der Kirchen, das er am 16.10.1970 vor den Maryknoll Schwestern in New York vortrug.

Um ihren eigenen Zweck zu erfüllen, nämlich die Menschen zu Gott zu bringen, muß die Kirche dafür sorgen, daß die Menschen in ihrem Leben und bei ihrer Arbeit Würde haben. Sie muß selber eine Kraft für soziale Gerechtigkeit werden und sie muß mit anderen Kräften sozialer Gerechtigkeit zusammenarbeiten, wo immer diese auch sein mögen und wie immer diese auch genannt werden. Weiterhin muß die Kirche erkennen, daß die Menschen nur dann Fortschritte machen können und in Würde wachsen können, wenn sie für sich selber und ihr gemeinsames Wohl arbeiten. Die Kirche kann keinen Menschen erhöhen, sie kann nur dadurch helfen, daß sie Bedingungen und Gelegenheiten schafft, die es dem Menschen ermöglichen, sich selbst in Zusammenarbeit mit seinen Mitmenschen emporzuheben.
Was bedeutet dieses für die Menschen, die ihr Leben in den Dienst der Kirche stellen? Zuallererst bedeutet es, daß Freundlichkeit nicht genug ist; Mitleid ist nicht ausreichend; und Nächstenliebe auch nicht. Die Menschen, die jetzt unter der Armut leiden, ob sie nun in der Dritten Welt oder in der zivilisierten Welt leben, brauchen eine Hilfe, die ihnen die Möglichkeit gibt, sich selbst zu helfen; sie müssen Vertrauen in ihre eigene Fähigkeiten gewinnen, um die Kontrolle über ihr Leben handhaben zu können. Und ihnen muß geholfen werden, diese Kontrolle zu übernehmen und sie für ihre eigenen Nutzen zu gebrauchen. Sie brauchen ihre *uhuru* (Swahili: Unabhängigkeit) – und zwar sinnvolle *uhuru*. Dieses ist sowohl für die Kirche als auch für die Menschheit wichtig. Denn solange die Menschen nicht in der Lage sind, wirkliche Entscheidungen zu treffen, werden nur wenige Menschen echte Christen werden. Ihre Mitgliedschaft in der Kirche wird nur ein anderer Ausweg aus dem Bewußtsein ihres Elends sein; wenn Sie so wollen: Religion wird eine Art Opium für das Volk. Alles, was einen Menschen daran hindert, in Würde und Anstand zu leben, muß daher von der Kirche und ihren Mitarbeitern angegriffen werden. Denn es ist wirklich nichts Heiliges an der Tatsache aufgezwungener Armut, und obwohl es vielleicht Heilige in den Slums gibt, können wir diese Orte nicht erhalten, um sie als Nährboden für Heilige zu haben. Ein Mensch, der von den Umständen, unter denen er gezwungenermaßen zu leben hat, demoralisiert wurde, ist weder eine Hilfe für sich selbst noch für seine Familie oder seinen Staat. Ob er für Gott von großem Nutzen ist, möchte ich nicht wagen zu beurteilen. Die Kirche muß den Menschen helfen, gegen ihre Slums zu kämpfen; sie hat ihnen zu helfen, dies auf möglichst wirkungsvolle Weise zu tun. Aber das Wichtigste besteht darin, daß die Kirche all diejenigen Institutionen und

Machtgruppen offen bekämpft, die die Existenz und Unterhaltung von körperlichen und geistigen Slums unterstützt, dabei darf sie nicht auf sich selber oder ihre Mitglieder Rücksicht nehmen. Und wo auch immer und wie auch immer es die Umstände ermöglichen sollten, muß die Kirche mit den Menschen zusammenarbeiten an den Aufgaben zur Schaffung einer Zukunft in sozialer Gerechtigkeit. Sie muß aktiv an der Einleitung und Schaffung der Veränderung beteiligt sein, die notwendig sind und sich unweigerlich ereignen werden.
Nur wenn die Kirche dieses tut, kann sie hoffen, den Haß unter den Menschen zu vermindern und ihre Lehre, seinen Nächsten zu lieben, zu verbreiten. [...]

Quelle: J. K. Nyerere, Freedom and Development, London 1973, übers. in: Arbeitsgemeinschaft ev. Kirchen in Deutschland e.V., Afrikanischer Sozialismus. Aus den Reden und Schriften von Julius K. Nyerere, 1974, 67f. – *Lit.*: F. Ludwig, Das Modell Tanzania, Berlin 1995.

205. Tansanischer Christenrat: Notwendiger Wandel (1977)

Nachdem die tansanischen Kirchen den Maßnahmen des Einparteiensystems differenziert und auch mit Vorbehalten gegenübergestanden waren, verstummten in den 1970er Jahren kritische Stimmen mehr und mehr. Der tansanische Christenrat versuchte 1977, eine Vorreiterrolle in der Entwicklung des afrikanischen Sozialismus zu übernehmen.

Ungeachtet der Tatsache, daß eine solche Veränderung nicht über Nacht geschehen kann, sondern letztendlich nur aus einem langen und schmerzlichen Ringen mit den inneren und äußeren Kräften des Kapitalismus, müssen gewisse notwendige Schritte jetzt getan werden, um einen solchen Wandel zu ermöglichen. Jeder dieser Schritte, die die Änderung des beruflichen Ausbildungssystems oder das Überdenken der Aufgabe und Entwicklungsstrategie der Kirchen betreffen, müssen von einigen wesentlichen Bedingungen ausgehen, die für den Aufbau einer sozialistischen und eigenständige Gesellschaft in Tansania unabdingbar sind: (i) Sie müssen deutlich dem objektiven Interesse der direkten Erzeuger, den Arbeitern und Bauern dienen und ihnen konkret in ihrem Kampf um eine sozialistische und eigenständige Gesellschaft und ihre Grundversorgung helfen. (ii) Sie müssen deutlich das System des Kapitalismus, die es unterstützenden Klassen innerhalb und außerhalb unseres Landes sowie den ausbeuterischen und unterdrückenden Mechanismus angreifen, die dieses System entstehen lassen. (iii) Sie müssen klar unsere wirtschaftliche Abhängigkeit angreifen, die Teil des internationalen kapitalistischen Systems ist, und konkret zur Ablösung vom internationalen Kapitalismus beitragen, indem sie die Schaffung einer national integrierten und selbsterhaltenden sozialistischen Ökonomie vorantreiben.

Quelle: Christian Council of Tanzania, Rural Vocational Education in Tanzania. Conclusions, Recommendations and Implementation, approved and passed by the Annual Conference of the CCT, Tabora, 8–9 Nov. 1977, zitiert in: F. Ludwig, Das Modell Tanzania, Berlin 1995, 226–238.

C. Afrikanische Theologien

206. Das neue Jerusalem der Kimbanguisten (1951)

Die Kimbanguistische Kirche (Église sur la Terre par le Prophète Simon Kimbangu) wird nach Simon Kimbangu aus Nkamba im Kongo benannt, der 1921 als charismatischer Wunderheiler eine Massenbewegung begründete. Wegen „öffentlicher Ruhestörung“ wurde er zuerst zum Tod, dann zu lebenslänglicher Haft verurteilt. 1951 starb er; und kurz nach seinem Tod wurde die Kimbanguistische Kirche unter der Leitung des geistlichen Führers Diangienda, dem dritten

Sohn des Propheten, am 24.12.1959 offiziell anerkannt. Obwohl es auch andere kleinere kimbanguistische Organisationen gab, erhob diese den Anspruch, das Erbe Kimbangus allein zu repräsentieren. In der Theologie, die sich in dieser Kirche entwickelte, kamen Kimbangu als Prophet für Afrika und Elisabethville als „neuem Jerusalem" eine zentrale Bedeutung zu.

Mit dem Werk Gottes des Herrn, das durch den Propheten offenbar wurde und das der himmlische Vater seinem Volk durch den Propheten Simon Kimbangu bekannt gegeben hatte, wurden gleichzeitig die Hügel des Satans offenbart und ihre von Eifersucht und Neid brennenden Augen. Was für Berge waren dies? Die Propheten des Satans, Missionare, die belgische Regierung. Diese Hügel standen mit Macht auf, um zu kämpfen gegen die „Kirche unseres Herrn Jesus Christus auf Erden durch den Propheten Simon Kimbangu".

Weshalb waren diese Hügel eifersüchtig? Sie wußten, daß Jesus seine Macht den Menschen Afrikas gegeben hatte und daß die Stadt, die Gott der Herr verborgen hatte, nämlich Jerusalem, hier in Afrika herabgekommen war. Aber sie sollten ebenfalls drei Gründe beachten, die zeigen, daß Gott und Jesus wahrhaftig Sorge tragen für uns: 1. Als Jesus geboren war und Herodes ihn töten wollte, ging er nach Ägypten, um sich zu verbergen (Mt 2,13–15). 2. Als Jesus gefangengenommen war, um hingerichtet zu werden, trug Simon der Afrikaner sein Kreuz (Mk 15,21). 3. Gott liebt alle Menschen, weil er sie geschaffen hat (Acta 10,35).

Nachdem die Macht Gottes über den Propheten gekommen war, beklagten sich die Missionare bei der Regierung, damit er mit all seinen Anhängern gefangengenommen und hingerichtet werde. So wurde angeordnet, sie gefangenzunehmen. Der Prophet wurde zum Tode verurteilt, aber Gottes Macht hinderte sie daran, ihn hinzurichten. Später entschieden sie, ihn mit seinen Anhängern zum Oberen Kongo zu schicken, unter die Bangalas, damit sie dort umkämen und alles vergessen sei. Die Regierung ging durch die Dörfer und suchte unaufhörlich nach den Anhängern des Propheten Gottes, Simon Kimbangu. Kimbangu selbst wurde nach Elisabethville in das Gefängnis für diejenigen mit unbegrenzten Urteilen gebracht, bis er dort am 12. Oktober 1951 starb. [...]

Da die Juden das alte Jerusalem über alle Maßen liebten, müssen wir das neue Jerusalem noch viel mehr lieben. Die Gründe dafür sollten wir kennen und verstehen: 1. Es ist die Stadt Simon Kimbangus, der von Gott erwählt wurde. 2. Kimbangu – und nur er allein – wurde von dem Herrn Jesus erwählt. 3. Es war er, der Gott um „Helfer" bat, so wie Jesus seine Jünger suchte. [...] 4. Jerusalem ist die Stadt, die Gott durch den Mund seiner Propheten verheißen hat, wie Jesaja, Jeremia, durch die Offenbarung des Johannes und den Hebräerbrief und zahlreiche andere, die verkündigen, daß Gott das neue Jerusalem vom Himmel herabkommen lassen werde. 5. Jerusalem ist die „Stadt des Segens". 6. In Jerusalem liegt der Teich von Bethesda, um unsere Kranken, in denen die Hoffnung auf Heilung ist, gesund zu machen. 7. Jerusalem kommt zu allen Völkern der Erde, wenn sie es wünschen. 8. Es ist Jerusalem, wo man die Macht Gottes erfährt, denn dort hört man viele Völker Tag und Nacht Loblieder zur Ehre Gottes singen. 9. Jerusalem steht gegen die Zauberer. 10. Jerusalem ist der Wohnsitz der drei Kinder Simon Kimbangus, der Zimvwala.

Quelle: J. Freytag/H.-J. Margull, Junge Kirchen auf eigenen Wegen, Neukirchen-Vluyn 1972, 29f.; vgl. W. MacGaffey, The Beloved City: Commentary on a Kimbanguist Text (in: Journal of Religion in Africa 2, 1969, 129–147). – *Lit.*: M. L. Martin, Kirche ohne Weiße, Basel 1971; W. Ustorf, Afrikanische Initiative. Das aktive Leiden des Propheten Simon Kimbangu, Frankfurt/Bern 1975; Hock, Christentum 154–159.

207. Christian G. Baeta: Kirche und Kultur in Afrika (1962)

Christian G. Baeta (1908–1994) studierte am Evangelischen Missionsseminar in Basel und an der Universität London. Er war Vorsitzender des Internationalen Missionsrats und stellvertretender Vorsitzender des Weltrats der Kirchen. Als Professor der Theologie leitete er das Department for the Study of Religions an der Universität von Ghana in Legon. Kennzeichnend für seine Konzeption ist die Dialektik zwischen der Kritik am europäischen Christentum und der Erkenntnis, daß dessen Afrikanizität auch nicht der letztgültige Maßstab sein kann.

Im Hintergrund unseres Themas steht die Tatsache, daß die Kirche ein Jahrhundert lang auf diesem Kontinent existiert hat, um ihre Mission bei den Afrikanern zu erfüllen. Die Ergebnisse jedoch kann man nicht zufriedenstellend nennen. [...] Die Prediger und ihre Zuhörer gehörten offensichtlich verschiedenen Rassentypen an, ihre kulturelle Herkunft war äußerst unterschiedlich. Hinzu kommen die unglücklichen Assoziationen, die man im europäischen Aberglauben mit den Farben Schwarz verbindet, der Sklavenhandel, bei dem die Europäer immer Besitzer, die Afrikaner immer Besitz waren, der blühende Imperialismus. [...] Die Mehrzahl der Missionare war dem Pietismus verbunden. Diese und andere Faktoren bestimmten das Verhalten, das von allen Missionaren praktisch ohne Ausnahme übernommen wurde: keine Verschmelzung, sondern im Gegenteil ein Sichfernhalten von der afrikanischen Kultur. Ein anderer bedeutender Gesichtspunkt, den man nicht übersehen darf, ist der, daß die afrikanische Kultur zerfiel, sobald sie die ersten Einwirkungen der westlichen Kultur zu spüren bekam. Ob wir es wollen oder nicht: Es ist eine klare historische Tatsache, daß die Forderung der Afrikaner nach westlichen Dingen, denen sie vor den ihrigen den Vorzug gaben, immer sehr stark war. So war in der erfolgreichen Zeit der Evangelisation in Afrika der Boden der afrikanischen Kultur selbst Flugsand. Man kann kaum erwarten, daß die Vertreter des Christentums wünschten, sich auf Sozialstrukturen, Institutionen, religiöse Anschauungen und Sitten festzulegen, die offenbar in Fluß geraten waren und sich am Rand der Auflösung befanden. Es ist jetzt müßig zu fragen, was geschehen wäre, wenn man der anderen Art der Annäherung gefolgt wäre, nämlich der Anpassung und Vereinigung. Die augenblicklich geläufige Vermutung, daß dadurch Erfolg garantiert worden wäre, scheint mir ungerechtfertigt. Ich bin der Ansicht, daß der wahre Charakter des Christentums verwischt worden wäre. Jetzt dagegen wissen wir zumindest, was es ist, auch wenn es unter uns nicht so gediehen ist, wie wir es gern gewollt hätten.

Quelle: H. Bürkle, Theologie und Kirche in Afrika, Stuttgart 1968, 211–235; C. Baeta, Prophetism in Ghana, London 1962; International African Seminary (7th) of 1965, University of Ghana/C. Baeta (Hg.), Christianity in Tropical Africa, London 1968. – *Lit.*: T. Sundermeier, Auf dem Weg zu einer afrikanischen Kirche: Christian G. Baeta, Ghana, in: H. Waldenfels (Hg.), Theologen der Dritten Welt, München 1982, 71–81.

208. John S. Mbiti: Eschatologie und Jenseitsglaube (1968)

John S. Mbiti, 1931 in Kitui in Kenia geboren, unterrichtete nach Studien in Uganda (Makerere), den USA und England (Cambridge) in Birmingham, Makerere und Hamburg. Er arbeitete in zahlreichen Ausschüssen des ÖRK und prägte durch seine Bücher das Verständnis der „afrikanischen traditionalen Religion", die nach seiner Auffassung überall im subsaharischen Afrika Gemeinsamkeiten aufweist, wie etwa den zentralen Glauben an einen Schöpfergott. Sein Ansatz erfuhr deswegen auch Kritik.

Nach afrikanischer Geschichtsauffassung schaut der Mensch zurück, dorthin, woher er kam, und er weiß, daß nichts diese Welt beenden wird. Deswegen gibt es keine Endzeitmythen, während die Urzeit voll von ihnen ist. [...] „Das Ende“ fehlt in der afrikanischen Eschatologie; in der christlichen Eschatologie jedoch finden wir es in Christus zentriert. Das neue Testament legt davon ein klares Zeugnis ab. Das Leben ist nicht einfach ein natürlicher Rhythmus von Tages-, Monats- und Jahreszyklen, oder von Geburt, Initiation und Tod. [...] Nach der neutestamentlichen Lehre gibt es einen Anfang und ein Ende ..., die Offenbarung spricht von Jesus kategorisch als von dem Ersten und dem Letzten (Off 22, 13). Doch Jesus bringt nicht einfach ein natürliches mechanisches Ende; er selber ist der, in dem alle Dinge ihr sinnerfüllendes Ende finden, „der Anfang und das Ende“ (Off 22,13). [...] Diese Tatsache führt in das afrikanische Denken ewige Wirklichkeiten und die Zeitdimension der Zukunft ein. [...] Das Neue Testament zeigt uns, daß der Mensch ein Geschöpf im Werden ist, das seine volle Gestalt in Christus findet. Mit diesem Vorgang ist der rhythmische Naturzyklus überholt. Das Eschaton muß in die afrikanische Welt eindringen, nicht um sie zu zerstören oder zu kolonialisieren, sondern um sie zu erfüllen.

Quelle: H. Bürkle, Theologie und Kirche in Afrika, Stuttgart 1968, 157–168, hier: 160–163. – *Lit.*: Okot p'Bitek, African Religions in Western Scholarship, Nairobi 1970; E. Ikenga-Metuh, African Religions in Western Conceptual Schemes: The Problem of Interpretation, Ibadan 1985; D. Westerlund, African Religion in African Scholarship, Stockholm 1985.

209. Stephen Biko: Schwarzes Bewußtsein (1972)

Der südafrikanische Politiker und Gründer der Black Conscious Bewegung, Stephen Biko (1946–1977), engagierte sich bereits als Student und baute die South African Students Organisation auf. Im Jahr 1972 wurde er Ehrenpräsident der Black People's Convention. Im selben Jahr verfaßte er den vorliegenden Essay „Black Theology: The South African Voice“. Zwischen 1974 und 1977 wurde er vom Apartheidsregime viermal inhaftiert. Am 12.9.1977 starb er an den Folgen von Verletzungen, die ihm während seiner Haft zugefügt worden waren.

Die afrikanische Religion war essentiell vom Christentum nicht radikal verschieden. Auch wir glaubten an einen Gott, wir hatten unsere eigene Schar von Heiligen, über die wir mit unserem Gott in Verbindung traten, und wir hielten es für mit unserer Lebensweise unvereinbar, Gott losgelöst von den verschiedenen Aspekten unserer Ideen zu verehren. Von daher war der Gottesdienst keine spezielle Funktion, die einmal in der Woche in einem besonderen Gebäude ihren Ausdruck fand, sondern er nahm in unseren Kriegen, unseren Biergelagen, unseren Tänzen und allgemein in unseren Bräuchen Gestalt an. [...] Eine Hölle gab es in unserer Religion nicht. Wir glaubten an das dem Menschen innewohnende Gute – so hielten wir es für selbstverständlich, daß alle Menschen bei ihrem Tode zur Gemeinschaft der Heiligen kamen und darum unsere Ehrfurcht verdienten.
Es waren die Missionare, die die Menschen mit ihrer neuen Religion verwirrten. Sie machten unseren Landsleuten mit Geschichten von der Hölle Angst. Sie stellten ihren Gott als einen fordernden Gott dar, der Verehrung wollte, „sonst ...“. Die Menschen mußten, um in diese neue Religion aufgenommen zu werden, ihre Kleidung und ihre Bräuche ablegen. [...] Besser als jeder andere wußten die Missionare, daß nicht alles, was sie taten, für eine Ausbreitung der Botschaft unabdingbar war. Aber die grundlegende Absicht ging viel weiter als nur auf die Ausbreitung des Wortes. Ihre Arroganz und ihr Monopol auf Wahrheit, Schönheit und moralisches Urteil ließ sie eingeborene Bräuche und Traditionen verachten und sich darum bemühen, diesen gesellschaftlichen Gruppen ihre eigenen neuen Werte einzuflößen.

Hier also haben wir Grund und Ansatzpunkt der Schwarzen Theologie. Da ich nicht die Absicht habe, die Schwarze Theologie ausführlich zu erörtern, soll es genügen, wenn wir hier sagen, sie suche Gott und Christus erneut mit dem Schwarzen und seinen täglichen Problemen in Beziehung zu setzen. Sie will Christus als einen kämpfenden Gott beschreiben, nicht als einen passiven Gott, der eine Lüge ungestraft auf sich beruhen läßt. Sie setzt sich mit existentiellen Problemen auseinander und behauptet nicht, eine Theologie absoluter Aussagen zu sein. Sie versucht, Gott zum schwarzen Menschen und zur Wahrheit und Wirklichkeit seiner Situation zurückzubringen.

Quelle: B. Moore (Hg.), Schwarze Theologie in Afrika, Göttingen 1973, 50–63.

210. Manas Buthelezi: Schwarze Theologie (1973)

Manas Buthelezi, der ehemalige Bischof der Zentraldiözese der Vereinigten Evangelisch-Lutherischen Kirche Südafrikas, erkennt in seinem theologischen Ansatz die fruchtbare Rolle an, die die Schriften von Senghor und Nkrumah wie auch die Entwicklung der Black Consciousness-Bewegung für seine Entwicklung hatten.

Ich bin mißtrauisch gegenüber „Afrika-Experten", die ungebeten von außerhalb unseres schwarzen Erfahrungsbereichs kommen und uns theologische und soziologische Programme anbieten, indem sie uns zeigen, wie die kulturellen Grundzüge der Vergangenheit unser Leben heute formen und bedingen können. Ein Schwarzer muß schon selber wissen, wie man als Schwarzer leben kann. [...] Wenn das Evangelium eine Bedeutung haben soll, dann muß es dem Schwarzen ... die grundlegende Frage seiner Existenz beantworten: „Warum hat Gott mich als Schwarzen erschaffen?" Dieses Problem ist zum Teil durch den Sprachgebrauch unterstrichen worden. In vielen Sprachen ist „Schwarz" ein Symbol für „Böses", „Sünde" und „Häßlichkeit". Auch ist es ein Symbol für Tod und Trauer. Wenn Johannes in der Offenbarung die auferstandenen Heiligen als weißgekleidet beschreibt, dann folgt er damit nur einem bestimmten sprachlichen Muster und nicht irgendwelchen göttlich inspirierten geistlichen Kategorien. Dem Schwarzen muß durch die praktische Anwendung des Evangeliums bewußt werden, daß Schwarz – wie Weiß – eine gute, natürliche Gesichtsfarbe von Gott und nicht irgendein kosmologischer Fluch ist. Hier leistet die Methode der Schwarzen Theologie ihren Beitrag. Die Schwarze Theologie fordert das etablierte Christentum zum Dialog mit den Schwarzen auf. [...] Warnend mahnt sie den Pfarrer und Prediger, mit der Verkündigung einer Religion des „Im-Himmel-wirds-euch-besser-Gehen" aufzuhören und stattdessen in die Niederungen herabzusteigen, um geistlich und existentiell Seite an Seite mit dem Schwarzen in Schweiß und Arbeit zu schuften. Sobald dies erreicht ist, wird alle Welt uns als menschliche Wesen kennen und nicht mehr als Kuriositäten, die man studiert und die dann die Seiten von Doktorarbeiten schmücken.

Quelle: B. Moore (Hg.), Schwarze Theologie in Afrika, Göttingen 1973, 42–49. – *Lit.*: I. Tödt (Hg.), Theologie im Konfliktfeld Südafrika. Dialog mit Manas Buthelezi, Stuttgart/München 1976. – *Allgemein*: A Boesak, Black Theology, Black Power, London 1978; E. Martey, African Theology, Maryknoll 1993; J. Parratt, Theologiegeschichte der Dritten Welt: Afrika, München 1991; J. Pobee, Toward an African Theology, Nashville 1979, J. Parratt, A Reader in African Christian Theology, London 1997.

211. Charles Nyamiti: Ansätze afrikanischer Theologie (1977)

Charles Nyamiti zählte zu der Schule afrikanischer Katholiken, welche unter dem Einfluß P. Tempels die Notwendigkeit eines philosophischen Zugangs zur Theologie betonte. Dabei sollten zunächst die religiöse Weltsicht des traditionalen Afrika analysiert und dann diese Erkenntnisse eingesetzt werden, um bestimmte Aspekte der christlichen Lehre neu zu formulieren.

Es braucht nicht mehr betont zu werden, daß eine afrikanische Theologie notwendig und möglich ist. [...] Wer noch immer nicht überzeugt ist, möge sich daran erinnern, daß nach den Beschlüssen des II. Vatikanums theologische Adaption an die verschiedene Kulturen auf der ganzen Welt rasche Fortschritte macht. In der Tat hinkt Afrika in dieser Sache nicht nur hinter dem Westen, sondern auch hinter den Ländern Asiens und Lateinamerikas her. [...] Kulturelle oder theologische Elemente, die formal identisch sind, sind in den verschiedenen kulturellen Kontexten ganz verschieden integriert. Aus Platzgründen kann ich das nur an einem einzigen Beispiel zeigen. Ich wähle das Thema Familie. [...] Die Familie ist in westlichen Gesellschaften ebenso wichtig wie in afrikanischen, aber in Afrika ist die Familie größer: Sie umfaßt die ganze Sippe und manchmal sogar den ganzen Stamm; sie umfaßt außer den lebenden Mitgliedern auf mystische Weise auch die Ahnen und durch gesellschaftliche Abkommen auch Außenstehende, wie Freunde und andere. Außerdem unterscheiden sich die Beziehungen der Familienglieder untereinander in vieler Hinsicht von denen im Westen. Man denke nur an die matriarchalischen oder matrilinearen Gesellschaften, die Beziehungen durch Verschwägerung oder die patria potestas, die Familien- mit Priesterfunktionen verbindet. Weithin wird die Mitgliedschaft in einer afrikanischen Familie (bzw. Sippe oder Stamm) gewöhnlich durch bestimmte Initiationsriten konstituiert, woran sich zeigt, daß die Familie etwas Heiliges ist. Mit anderen Worten: Die Kategorie „Familie“ bedeutet in Afrika nicht nur Blutsverwandtschaft einiger lebender Glieder, sondern in ihr schwingen die Themen Sippe, Stamm, Schwägerschaft, Mutterschaft, patria potestas, Priestertum, Ahnen (und damit Vorzeit, Urväter, Helden, Gründer), Initiation und damit Fruchtbarkeit, Leben, Macht, Heiligkeit usw. mit. Wollte man das typisch Afrikanische am Begriff der Familie wirklich verstehen, so müßte man alle diese Themen, die in ihm anklingen, ihrerseits wieder in ihrem afrikanischen Kontext betrachten.

Quelle: S. Torres/V. Fabella/K. Appiah-Kubi, Dem Evangelium auf der Spur, Frankfurt 1980, 20–33.

D. Kirche und Apartheid in Südafrika

212. Ideologie der Apartheid

Als Apartheid wird die unter der burischen Minderheitenherrschaft von 1948 bis 1993 in Südafrika angewendete politisch-gesellschaftliche Doktrin bezeichnet, die ab etwa 1960 offiziell „Getrennte Entwicklung“ genannt wurde. Dadurch wurde die gesetzliche Zuordnung der „Rassen“ und ihre Trennung zugunsten einer weißen Vorherrschaft festgelegt. Im Sinne eines Gesetzes von 1983 galten als Rassen die 22,7 Mill. Schwarzafrikaner, die 4,7 Mill. Weißen, die 2,8 Mill. Farbigen und die 0,9 Mill. Asiaten. Die Politik der Apartheid wurde gesellschaftlich besonders von den Buren getragen, den ursprünglich aus den Niederlanden stammenden Einwanderern, deren Selbstverständnis durch ein besonderes Erwählungsgefühl gekennzeichnet war. Dies zeigt das Gedicht J. D. du Toits (1877–1953) (a). Theologisch wurde die Politik der Apartheid von der Nederduitse Gereformeerde Kerk (in der Republik Südafrika) und die Nederduitsch Hervormde Kerk van Afrika unterstützt (b).

a) J. D. du Toits: Die burischen Trekker – ein neues Israel

Doch sieh! Die Welt wird wilder; das arge Ungeziefer schlimmer,
splitternackte Horden, Tyrannen folgend,
die Trekker leiden, ein neues Israel
verlorn im Busch – vom Feind umringt,
doch für ein neues Kanaan erwählt
geführt durch Gottes Plan.

b) Die Nederduitse Gereformeerde Kerk des Transvaal (1951): Internationalismus ist nicht christlich

Der menschliche Versuch, Eintracht herzustellen, der Internationalismus und der Kosmopolitanismus, der ... die absolute Bruderschaft aller Völker betont, ist nicht aus der christlichen Lehre abgeleitet, ... sondern aus rein humanistischen Tendenzen entstanden, die bestimmen, daß das menschliche Wesen die Mitte und Maß aller Dinge sein solle. [...] Seit der französischen Revolution ist das bindende Prinzip der internationalen Solidarität der Wahlspruch von Freiheit, Gleichheit und Brüderlichkeit. Der Kommunismus dagegen betont die Teilung der Klassen. [...] Es ist offensichtlich, daß Gott die Staatsregierungen dazu bestimmt hat, Recht, Ordnung und Gerechtigkeit zu erhalten, eine internationale Regierung aber hat er nie eingesetzt. [...] Deshalb ist die Teilung der Länder direkt von der Autorität Gottes abzuleiten und stellt die gesellschaftliche Verkörperung der göttlichen Autoritätsstruktur dar. Doch diese Struktur erstreckt sich weiter: die humanistische Forderung von Gleichheit ist unschriftgemäß, weil sie die Tatsache nicht in Erwägung zieht, daß Gott in jeder Gesellschaft Autoritätsstrukturen bestimmt hat. So wie das Kind nicht mit den Eltern gleichgestellt werden kann, so kann auch weder der Arbeiter mit dem Arbeitgeber noch der Bürger mit der Staatsgewalt gleichgestellt werden, so daß es also Unterschiede im Status auch innerhalb einer Nation gibt. Nach dem Wort Gottes ist die Idee, daß das Christentum die Unterschiede in Rasse, Nation und Status verringern soll, gewiß falsch.

Quelle: (a) V. E. d'Assonville (Hg.), Totius: Versamelde Werk, Cape Town, 1977, vol 10,48, zitiert in: I. Hexham, The Irony of Apartheid: The Struggle for National Independence of Afrikaner Calvinism Against British Imperialism, New York 1981, 37; (b) Agenda van die 22ste Sinode van die Ne. Geref. Kerk van Suid-Afrika (1951), 184. 187, zitiert und übers. in: J. Kinghorn, Modernization and Apartheid: The Afrikaner Churches, in: R Elphick/T. R. H. Davenport, Christianity in South Africa: a political, social and cultural history, Oxford u.a. 1997, 135–154. 144. – *Lit.*: J. F. Noller, Theorie und Praxis der Apartheid, Frankfurt am Main/Bern/Las Vegas 1977; RGG[4] 1, 580ff.: Art. Apartheid (D. J. Smit).

213. Kirchliche Stellungnahmen

Als Verstoß gegen die Menschenrechte und das demokratische Mehrheitsprinzip war die Politik der Apartheid einer ständig wachsenden nationalen und internationalen Kritik ausgesetzt. Widerstand erwuchs dabei nicht nur aus den politischen Gruppen der Schwarzafrikaner, sondern auch aus oppositionellen weißen Kreisen. Die im Kirchenrat vertretenen Mitgliedskirchen des ÖRK bemühten sich zunächst um eine diplomatische Lösung und distanzierten sich vorsichtig (a). Da die Apartheid-Politik jedoch mehr und mehr nicht nur als ethische Frage, sondern als Frage des Glaubens selbst gesehen wurde, wurden 1982 die beiden die Apartheid theologisch unterstützenden Kirchen, die Nederduitse Gereformeerde Kerk (in der Republik Südafrika) und die Nederduitsch Hervormde Kerk van Afrika aus dem Reformierten Weltbund ausgeschlossen (b), was zu erbitterten Reaktionen führte (c). Innerhalb Südafrikas entwickelte sich der Südafrikanische Kirchenrat (SACC) seit 1968 zur „Stimme der Stimmlosen", als jegliche politische Opposition unterdrückt wurde, und wurde damit selbst zum Ziel staatlicher Verfolgungsmaßnahmen. Im Mittelpunkt seines öffentlichen Wirkens stand der prophetische Auftrag der Kirche. 1985 entstand das „Kairos-Dokument" als Ruf zur Entscheidung für eine prophetische Theologie (d). Im Prozeß der Überwindung der politischen Apartheid trat im November 1990 die bis dahin repräsentativste Versammlung südafrikanischer Kirchen in Rustenburg zusammen. Mitglieder der Dutch Reformed Church legten ein öffentliches Schuldbekenntnis ab. Die Vollversammlung verabschiedete eine Deklaration, in der die Unterstützung der Apartheid als Schuld bekannt, deren theologische Legitimation als Häresie und Sünde verworfen und konkrete Formen der Wiedergutmachung gefordert wurden.

a) Vorsichtige Distanzierung: Cottesloe (1961)

Wir haben uns als Delegierte der ÖRK-Mitgliedskirchen in Südafrika zusammen mit [Genfer] Vertretern des Ökumenischen Rates versammelt, um uns unter der Führung des Heiligen Geistes zu bemühen, die komplexen Probleme der menschlichen Verhältnisse in diesem Land zu verstehen und miteinander über unsere gemeinsame Aufgabe und Verantwortung im Licht des Wortes Gottes zu beraten. [...]
1. Wir erkennen an, daß alle Rassengruppen, die in unserem Land auf Dauer wohnen, Teil unserer Gesamtbevölkerung sind, und wir betrachten sie als einheimisch. Angehörige aller dieser Gruppen haben gleiches Recht darauf, zur Bereicherung des Lebens ihres Landes beizutragen und an den sich ergebenden Verantwortlichkeiten, Erträgen und Privilegien teilzuhaben. 2. Die gegenwärtige Situation in Südafrika ist das Ergebnis einer langen geschichtlichen Entwicklung, und alle Gruppen tragen Verantwortung dafür. Auch der Zusammenhang mit dem Geschehen in anderen Teilen der Welt muß gesehen werden. Die südafrikanische Szene ist radikal betroffen vom Niedergang der Macht des Westens und vom Verlangen nach Selbstbestimmung in den Völkern des afrikanischen Kontinents. 3. Die Kirche hat die Pflicht, die Hoffnung, die in der Christenheit lebt, sowohl den weißen Südafrikanern in ihrer Ungewißheit als auch den nichtweißen Südafrikanern in ihrer Frustration zu bezeugen. 4. Besonders in einer Periode raschen gesellschaftlichen Wandels ist die Kirche dafür verantwortlich, in der Gesellschaft ein furchtloses Zeugnis abzulegen. 5. Die Kirche als Leib Christ ist eine, und in diesem Einssein wird die natürliche Verschiedenheit der Menschen nicht getilgt, sondern geheiligt. 6. Niemand, der an Jesus Christus glaubt, darf auf Grund seiner Farbe oder Rasse aus irgendeiner Kirche ausgeschlossen werden. Das geistliche Einssein aller Menschen, die in Christus sind, muß in gemeinsamem Gottesdienst und Zeugnishandeln und in Gemeinschaft und Beratung über gemeinsame Anliegen sichtbaren Ausdruck finden. 7. Wir betrachten mit tiefer Besorgnis, daß in vielen Bereichen der afrikanischen Gesellschaft Stammessitten wiederaufleben, die mit dem christlichen Glauben und Verhalten unvereinbar sind. Wir halten diese Reaktion teilweise für das Ergebnis tiefer Frustration und eines Verlusts an Vertrauen zu der westlichen Zivilisation. 8. Die ganze Kirche muß teilnehmen an der gewaltigen Missionsarbeit, die in Südafrika zu tun ist und die eine gemeinsame Strategie verlangt. 9. In unseren Diskussionen hat sich gezeigt, daß zwischen den unterschiedlichen Rassengruppen, die unsere Bevölkerung ausmachen, keine zureichende Beratung und Kommunikation stattfindet. Besonders vonnöten wäre eine effektivere Beratung zwischen der Regierung und denen, die die nichtweiße Bevölkerung Südafrikas als ihre Führer anerkennt, zustande zu bringen. [...]

b) Ausschluß aus dem Reformierten Weltbund (1982)

1. [...] Die Vollversammlung des RWB ... wiederholt als ihre feste Überzeugung, daß die Apartheid („getrennte Entwicklung“) sündhaft und aus folgenden Gründen mit dem Evangelium unvereinbar ist: (a) Sie setzt eine fundamentale Unversöhnbarkeit von Menschen voraus, stellt also die versöhnende und einende Macht unseres Herrn Jesus Christus als wirkungslos hin. (b) Ihre Durchführung in rassistischen Strukturen hat zu exklusiven Privilegien für den weißen Bevölkerungsteil auf Kosten der Schwarzen geführt. (c) Sie schuf eine Situation der Ungerechtigkeit und Bedrückung, in der Massendeportationen dem Familienleben schwere Schäden und Millionen von Menschen Leiden zufügen. Es müßte also eingesehen werden, daß die Apartheid („getrennte Entwicklung“) den Zorn und die Klage des Gottes über sich bringt, nach dessen Bild alle Menschen geschaffen sind. 2. Die Vollversammlung äußert ihre tiefe Enttäuschung, daß trotz früherer Appelle der Vollversammlungen des RWB und trotz fortgesetzten Gesprächs zwischen verschiedenen Reformierten Kirchen und den weißen Holländisch-Reformierten Kirchen über zwanzig Jahre hin die *Nederduitse Gereformeerde Kerk* (in der Republik Südafrika) und die *Nederduitsch Hervormde Kerk van Afrika* immer noch nicht den Mut gefunden haben, sich klarzumachen, daß die Apartheid („getrennte Entwicklung“) dem Wesen der Kirche widerspricht und das Evangelium vor der Welt verbirgt. [...] 3. Die Vollversammlung hat die besondere Verantwortung, auch weiterhin die Sünde des Rassismus in Südafrika, wie sie in der Apartheid („getrennte Entwicklung“) zum Ausdruck kommt, zu brandmarken. [...] 4. Daher sieht sich die Vollversammlung, ungern und unter Schmerzen, dazu gezwungen, die *Nederduitse Gereformeerde Kerk* (in der Republik Südafrika) und der *Nederduitsch Hervormde Kerk van Afrika* die Privilegien der Mitgliedschaft im RWB (das heißt, das Entsenden von Delegierten zu Vollversammlungen und die Mitgliedschaft in Komitees und Kommissionen der Abteilungen) so lange zu entziehen, bis das Exekutivkomitee des RWB entscheidet, daß diese beiden Kirche durch Äußerungen und Verhalten eine Wandlung des Herzens unter Beweis gestellt haben. [...]

c) Verteidigung der Nederduitsch Hervormde Kerk

Dieser Beschluß will uns vorschreiben, wie wir unser Leben und Verhalten als Kirche einrichten müssen und welches unsere Haltung gegenüber den gesellschaftspolitischen Problemen in unserem Land sein muß, während uns damit zugleich implizit uns ein politischer Kurs angeboten wird, der dann gut und recht sein soll. Wir verwerfen den Anspruch des Bundes, 1. uns die Pflicht und das Vorrecht zu nehmen, unser kirchliches Leben selber einzurichten, so daß wir durch fortwährende Prüfung an den Forderungen der Hlg. Schrift und durch das Achten auf unsere Erfahrung in der einzigartigen südafrikanischen Völkersituation danach streben, wie wir auf die beste praktische Weise unsere apostolische Berufung als Kirche Jesu Christi erfüllen können; [wir verwerfen] 2. uns das Treffen einer politischen Entscheidung vorzuschreiben, durch die wir zum Bundesgenossen von Mächten werden müssen, die unter Verkennung der Wahrheit, unter Mißbrauch der Theologie und unter leichtfertiger Revolutionsforderung die Absichten des gottlosen kommunistischen Imperialismus fördern; wir erheben den Anspruch auf das Vorrecht, als Kirche Jesu Christi selber eine Entscheidung darüber zu treffen, was wir in unserer Situation als verantwortliche Politik ansehen, in voller Verantwortlichkeit gegenüber Gott und in Wahrung eines guten Gewissens vor ihm; [wir verwerfen] 3. unter Anleitung von Fehldarstellungen, böswilligen Übertreibungen, berechnetem Verschweigen bestimmter Aspekte und mit hoffärtiger Scheinheiligkeit ein dogmatisches Urteil zu fällen über den politischen

Kurs und die Umstände in Südafrika. [...] Die *Nederduitsch Hervormde Kerk* kann die Bedingungen, die durch den Weltbund gestellt sind, nicht erfüllen, und hat folglich keine andere Wahl, als auszutreten.

d) Die „Stunde der Wahrheit“: Das Kairos-Dokument (1985)

Als sich im Juni 1985 die Krise im ganzen Land zuspitzte, als immer mehr Menschen getötet, verstümmelt und ins Gefängnis geworfen wurden, als eine schwarze Township nach der anderen sich gegen das Apartheidssystem auflehnte ..., trafen sich über die Situation besorgte Theologen mit dem dringenden Bedürfnis, sich nachhaltig mit der Lage zu befassen und darüber nachzudenken, welches die richtige und angemessene Reaktion der Kirche und aller Christen in Südafrika sein müßte. [...]
Die Zeit ist gekommen, die Stunde der Wahrheit ist da. Südafrika ist in eine Krise gestürzt worden, die unsere Fundamente erschüttert. [...] Es ist dies der Kairos oder die Stunde der Wahrheit, nicht nur für die Apartheid, sondern auch für die Kirche. [...] Obwohl es vielen von uns schon immer deutlich war, zeigt die gegenwärtige Krise, daß die Kirche gespalten ist. [...] In der sich jetzt in Südafrika zuspitzenden tödlichen Auseinandersetzung zwischen unterschiedlichen sozialen Kräften stehen Christen auf beiden Seiten des Konfliktes. [...]
Der Kairos dieser Zeit verlangt von den Christen eine leibliche, geistliche, pastorale und vor allem eine prophetische Antwort. [...] Es wäre verfehlt, die gegenwärtige Auseinandersetzung einfach als Rassenkonflikt darzustellen. [...] Vielmehr müssen wir uns mit einer Situation der Unterdrückung auseinandersetzen. [...] So stellt sich unsere Lage dar, man kann sie als Bürgerkrieg oder Revolution bezeichnen. [...] Tatsächlich ist fast 90% der in der Bibel aufgezeichneten Geschichte des jüdischen Volkes und später der Christen die Geschichte nationaler und internationaler Unterdrückung. [...]
Überall in der Bibel ist Gott der Befreier der Unterdrückten. Er ist nicht neutral. Er versucht nicht, Mose und Pharao miteinander zu versöhnen. Unterdrückung ist Sünde, mit der kein Kompromiß eingegangen werden kann; sie muß beseitigt werden. Gott stellt sich auf die Seiten der Unterdrückten. Wie wir in Psalm 103,6 lesen: „Der Herr schaft Gerechtigkeit und Recht allen, die Unrecht leiden.“
[...] Ein Gewalt ausübendes Regime ist moralisch nicht legitim. [...] Ein Regime, das sich zum Feind des Volkes gemacht hat, kann nicht plötzlich im Namen des ganzen Volkes zu regieren beginnen. [...] Als Christen sind wir dazu aufgerufen, unsere Feinde zu lieben (Mt 5, 44). Dort steht nicht, daß wir keine Feinde haben sollen. Doch dann dürfen wir nicht vergessen, daß die größte Liebe, die wir beiden – den Unterdrückten und unseren Feinden, den Unterdrückern – entgegenbringen, sich darin erweist, daß wir die Unterdrückung beseitigen, die Gewaltherrschaft entmachten und eine gerechte Regierung zum Wohle aller einsetzen. [...]

e) Wege der Versöhnung: Rustenburger Erklärung (1990)

[...] 5.1. Bekenntnis und Vergebung erfordern notwendigerweise Wiedergutmachung. Ohne diese ist ein Schuldbekenntnis unvollständig. 5.2. Als ersten Schritt zur Wiedergutmachung muß die Kirche ihren Landbesitz überprüfen und sich dafür einsetzen, daß alles Land, das umgesiedelten Gemeinschaften weggenommen wurde, den ursprünglichen Besitzern zurückgegeben wird. „Weiße“ Schulen müssen für Menschen aller Rassen geöffnet werden, und Programme von Vorzugsmaßnahmen zugunsten bisher benachteiligter Gruppen (affirmative action) müssen auf allen Ebenen von Erziehung der schwarzen Bevölkerung in Angriff genommen werden. [...] 5.6. Die Konferenz bittet die Kirchen, finanzielle und personelle Ressourcen bereitzustellen, um die Arbeit des Wiederaufbaus und der Erneuerung der südafrikanischen Gesellschaft zu ermöglichen. Die Konferenz bittet die Kirchen, an Programmen zur Aufnahme und Rehabilitation von Leuten aus dem Exil mitzuarbeiten.

Quelle: (a) J. W. DeGruchy/C. Villa-Vicencio, Wenn wir wie Brüder beieinander wohnten ... Von der Apartheid zur Bekennenden Kirche, Neukirchen-Vluyn 1984, 175–185; (b) ebd., 192–196; (c) ebd., 196f; (d) epd-Dokumentation 21/1986, 28–40; (e) T. Kneifel, Zwischen Versöhnung und Gerechtigkeit. Südafrika: Der Spagat der Kirchen nach der Apartheid, Hamburg 1998, 126f. – *Lit.*: E. Lorenz (Hg.), Politik als Glaubenssache? Beiträge zur Klärung des Status Confessionis im südlichen Afrika und in anderen soziopolitischen Kontexten, Erlangen 1983; D. M. Balia, Christian Resistance to Apartheid. Ecumenism in South Africa 1960–1987, Ammersbek bei Hamburg 1989; T. S. Maluleke, Of lions and rabbits. The role of the Church in reconciliation in South Africa (in: International Review of Mission 96, 2007, 380ff.); Hock, Christentum 209–211; (b) J. W. DeGruchy, The Church Struggle in South Africa, London [2]1986/ Minneapolis 2005; J. W. DeGruchy, Liberating Reformed Theology, Grand Rapids 1991; (e) L. Alberts/F. Chikane (Hgg.), The Road to Rustenburg, Cape Town 1991.

E. Konflikte und Neuaufbruch

214. Spannungen zwischen Christen und Muslimen

a) Sudan: Katholischer Bischofsbrief (1987)

Die politische Situation im Sudan, dem flächenmäßig größten Land Afrikas, ist gekennzeichnet durch regionale Konflikte zwischen dem arabisch-islamischen Norden und dem Süden, dessen Bantu-Bevölkerung teilweise traditional-religiös und teilweise christlich ist. Die Spannungen eskalierten seit 1983, als die Militärregierung unter Oberst Numeiri mit der Islamisierung des Südens begann und dort unter anderem das islamische Recht, die Scharia, durchzusetzen suchte. Auch nach dem Sturz Numeiris gelang es nicht, die Konflikte zu beseitigen, da mit der National Islamic Front eine starke Gruppierung für die Beibehaltung der Scharia eintrat. 1987 äußerte sich die Sudanesische Bischofskonferenz zu der Situation:

Wir wollen auf einige der Haupthindernisse oder -hürden auf dem Weg zum Frieden hinweisen, die zuerst durch Gerechtigkeit für alle beseitigt werden müssen. Wenn wir uns solchen Problemen in einem Geist der Gerechtigkeit und des Friedens zuwenden, werden wir wirklich auf dem Weg zu einem dauerhaften Frieden sein.
A. Die vollständige Aufhebung der September-Gesetze:
Wir merken nebenher an, daß die September-Gesetze ein Hauptpunkt der Wahlkampagne Ihrer Exzellenz waren, und es ist uns klar, daß der Sieg Ihrer Partei in hohem Maße Ihrem Versprechen zuzuschreiben war, diese ungerechten und diskriminierenden Gesetze aufzuheben. Die Tatsache, daß bis zu diesem Zeitpunkt nichts geschah, was unsere anfängliche Hoffnung auf die Abschaffung dieser September-Gesetze wiederhergestellt hätte, macht uns traurig. Stattdessen erfahren wir, daß sie durch „alternative islamische Gesetze“ ersetzt werden sollen, ein unerhörtes Vorgehen, das von Nicht-Muslimen völlig abgelehnt wird.
Ein Gesetz wird erlassen, um alle Staatsbürger – ungeachtet ihres Glaubens oder ihrer ethnischen Herkunft – zu verpflichten. Es ist undenkbar, daß das islamische Recht für Nicht-Muslime bindend sein soll. Gleichermaßen ist es undenkbar, daß zwei oder mehr Gesetzessammlungen, die in ihrer Art völlig verschieden sind, zur gleichen Zeit in einer Nation in Kraft sind. Ersteres ist ungerechte Unterdrückung, und wir haben schon genug davon erlebt. Letzteres ist undurchführbar und wird die Nation nur noch weiter spalten. Überall im Sudan leben Muslime, Christen und Animisten zusammen. Es kann nur ein Recht für alle geben.

Der Gedanke von „weltlichen Gesetzen“ wird von einigen nicht akzeptiert in der Annahme, daß in westlichen Nationen, wo es solche Gesetze gibt, sie von christlichen Prinzipien durchdrungen seien. Historisch gesehen wurden solche Gesetze geschaffen, um in der westlichen Welt den unkontrollierten Einfluß der Religion von der Politik zu trennen. [...] Deshalb schließen wir uns als Führer unserer christlichen sudanesischen Staatsbürger unseren Menschen an in der Erklärung, daß jegliche Gesetze, die auf der Religion eines Teils der Nation basieren, keinesfalls akzeptiert werden können, da sie diskriminierend sind. Und nicht-muslimische Sudanesen werden niemals damit einverstanden sein, von Ausnahme-Gesetzen geschützt zu werden. [...]
B. Die vollständige Abschaffung des „Missionsgesetzes“ von 1962.
Für die Regierung ist es an der Zeit, ein und für allemal zu erkennen, daß die christliche Kirche im Sudan sudanesisch ist. Sie ist die Ortskirche des Sudan. Ihre Führer und Mitglieder sind sudanesische Staatsbürger. Seit dem 4. Jahrhundert ist sie in Geschichte, Kultur und Traditionen des Sudan verwurzelt. Ihre Rechte sind unter der sudanesischen Verfassung geschützt. [...]

b) Nigeria: Forderung nach Begrenzung der Scharia (1978)

Auch in Nigeria, dem bevölkerungsreichsten Land Afrikas, kam es zu Spannungen zwischen Christen und Muslimen. Im Zuge ihrer Politik der „Indirect Rule“ hatten die Briten eine modifizierte Scharia-Rechtssprechung im weitgehend muslimischen Norden bestehen lassen. Kurz vor der Unabhängigkeit wurde das Rechtssystem reformiert; den Schariatsgerichtshöfen wurden nur noch Personen- und Familienrechtsangelegenheiten überlassen. Von muslimischer Seite aus gab es jedoch immer wieder Bestrebungen, die Schariagesetzgebung zu verstärken. Als ab 1976 eine neue Verfassung erarbeitet wurde, stellte sich die Frage nach dem Stellenwert des islamischen Rechts. Sprecher christlicher Gruppen erhoben Einspruch gegen eine mögliche Ausweitung.

1. Wir fordern die Begrenzung von Scharia-Gerichten auf die Orte, wo sie bereits auf Länderebene (1) vorhanden sind, vorausgesetzt, sie werden in diesen Bundesländern nicht zur Schikane von Nichtmuslimen eingesetzt. 2. Wir fordern die Begrenzung der Rechtssprechung von Scharia-Gerichten auf Personen- und Zivilrecht wobei benachteiligende Konsequenzen für christliche Beteiligte als ungültig zu erklären sind. 3. Wenn der Islam offiziell repräsentiert ist, sollte dies auf Bundesebene auch für andere Religionen gewährleistet sein. Wir befürworten gleiche Unterstützung durch Regierungsmittel, beispielsweise die Unterstützung religiöser Projekte und Verpflichtungen wie Pilgerfahrten, islamische Religionslehrer in Schulen, Colleges und Moscheen etc. 4. Wir fordern eine Trennung von Staat und Religion in allen Vertragsabschlüssen, wie in Abschnitt 17 des Entwurfsausschusses vorgesehen. Wir empfehlen für Nigeria ein einheitliches Rechtssystem für alle Bürger ohne Ansehen ihrer religiösen und kulturellen Herkunft. Deshalb sollten alle nicht-gemeinsamen Gesetze in einen Schmelztiegel getan werden, da sonst die bevorzugte Behandlung einer speziellen Religion starke Unruhen bei anderen religiösen Gruppen hervorrufen wird.

Erläuterung: (1) Nigeria ist ein Bundesstaat mit derzeit (2003) 36 Bundesländern; das islamische Recht kommt vor allen in den nördlichen Bundesländern zur Anwendung. – *Quelle*: (a) Unterdrückung der Christen im Sudan. Stellungnahme der Sudanesischen Bischofskonferenz (in: Weltkirche 6, 1987, 169–179); (b) Recommendations given at Ibadan in 1978 by the CSSN, the Ibadan Christian (interdenominational) Islam in Africa project, the Protest Action Committee, zitiert in: L. Rassmussen, Christian-Muslim Relations in Africa. The Cases of Northern Nigeria and Tanzania Compared, London 1993, 65. – *Lit.*: J.O. Hunwick (Hg.), Religion and National Integration in Africa, Evanston 1992; H.B. Hansen/M. Twaddle, Christian missionaries and the state in the Third World, Oxford 2002; (a) R. Tetzlaff/K. Wohlmuth (Hgg.), Der Sudan, Frankfurt 1980; Ev. Missionswerk (Hg.), Religion und Staat im Sudan, Hamburg 1986; (b) K. Hock, Der Islam-Komplex. Zur christlichen Wahrnehmung des Islams und der christlich-islamischen Beziehungen in Nordnigeria während der Militärherrschaft Babangidas,

Hamburg 1996; F. Ludwig, Christian-Muslim Relations in Northern Nigeria since the Introduction of Shari'ah in 1999 (in: Journal of the American Academy of Religion 76/3, 2008.)

215. Ghana: Dialogbemühungen seit 1987

Auch in Ghana gibt es regionale Unterschiede mit einem stärker christianisierten Süden und einem eher muslimisch geprägten Norden. Für die im Norden lebenden Christen wurden ökumenische Dialoginitiativen wie etwa durch das 1959 entstandenene „Islam in Africa Project" (1987 in „Project for Christian-Muslim Relations in Africa" [PROCMURA] umbenannt) wichtig. Der Pfarrer Dr. Johnson Mbillah schildert die Umsetzung des Programms:

Wir haben in Ghana unseren eigenen Nord-Süd-Konflikt. [...] Der Norden ist aufgrund mehrerer Faktoren ärmer. Das Klima ist sehr viel trockener. Wir können fast nur Subsistenzwirtschaft betreiben und auf keinen Fall in größerem Umfang Gemüse und Früchte für den Markt anbauen. Entwicklungspolitisch haben die Regierungen in Ghana immer den Süden bevorzugt. Im Grunde fing diese Vernachlässigung schon unter der britischen Kolonialregierung an. Während im Süden, zum großen Teil durch die Mission, schon Jahrzehnte lang vor der Unabhängigkeit ein Schul- und Erziehungswesen aufgebaut wurde, untersagten die Briten christlichen Missionen den Zutritt zum Norden und begründeten dieses Verbot mit dem Hinweis auf die Vielzahl von muslimischen Gläubigen. Das Schulwesen begann sich deshalb erst seit der Unabhängigkeit durchzusetzen, ist aber noch nicht bis auf den Boden durchgedrungen, vor allem nicht für Mädchen und junge Frauen. [...] Wir legen im Norden besonderen Wert auf ein Programm, das es früher schon einmal gegeben hat, das aber 1991 mit Schwung reaktiviert wurde: das „Projekt für Christlich-Muslimische Beziehungen" (PROCMURA). Wir sind uns bewußt, wie wichtig es ist, als Gläubige verschiedener Religionen zusammenleben zu lernen. Seit den 70er Jahren ist der Islam in Ghana zu einer missionarischen Religionsgemeinschaft geworden. Es hat hier im Norden schon sehr lange Koranschulen gegeben. Der Staat hat darauf hingewirkt, daß aus den alten Koranschulen islamische Schulen wurden, die den christlichen Schulen vergleichbar sind. Das heißt, daß schulische und kulturelle Erziehung und nicht die religiöse Unterweisung im Vordergrund stehen. In den islamischen Schulen legt man jedoch mehr Wert auf religiöse Hingabe der Schüler und Schülerinnen als in den christlichen. Ferner unterstützen muslimische Länder aus dem Mittleren Osten die ghanaischen Muslime seit den 70er Jahren ideell und finanziell in ihren Missionstätigkeiten, zum Beispiel durch Videoclips aus Saudi Arabien oder Iran. Die Muslime erhalten auch Gelder für das Erziehungs- und Gesundheitswesens, für landwirtschaftliche Entwicklung, für den Bau von Moscheen und die Ausbreitung ihres Glaubens. Entsprechend werden die christlichen Gemeinschaften von ihren Schwestern und Brüdern im Ausland unterstützt. Anfänglich reagierten Christen in Ghana mit Angst und missionarischen Gegenaktivitäten. Wir im PROCMURA-Programm sagen: „Laßt uns nicht aggressiv oder ängstlich reagieren. Laßt uns erkennen, daß Muslime unsere Nachbarn und Freunde sind. Wir müssen in einen Dialog eintreten." [...] Wir haben speziell für Pfarrer und Evangelisten ein vierjähriges Kursprogramm begonnen. Die Pfarrer sollen die Kerngedanken des Islam verstehen lernen, die Bedeutung des Koran für die Muslime, das Gottesbild, ihr Jesusverständnis und vieles mehr. Wir haben Distriktkomitees aufgebaut, in denen ganz normale Gemeindeglieder ehrenamtlich dabei mitwirken, den Islam und die muslimischen Nachbarn in ihrem Glauben verstehen zu lernen. Diese Gemeindeglieder betreiben dann auch Aufklärungsarbeit in den einzelnen Gemeinden und in Familien. Sich des anderen Glaubens bewußt zu werden, heißt auch, seinen eigenen Glauben neu zu entdecken und zu festigen. [...]

Erläuterung: Durch das Missionsgesetz (Missionary Societies Act) von 1962 wurden die Missionsarbeit, religiöse Medien und die Tätigkeit sozialer Organisationen verboten. 1964 wurden alle Missionare aus dem Südsudan ausgewiesen. – *Quelle*: Recommendations given at Ibadan in 1978 by the CSSN, the Ibadan Christian (interdenominational) Islam in Africa project, the Protest Action Committee, zitiert in: L. Rassmussen, Christian-Muslim Relations in Africa. The Cases of Northern Nigeria and Tanzania Compared, London 1993, 65. – *Lit.*: Project for Christian-Muslim Relations in Africa – Ghana Area Committee Report. Bearbeitung: R. Freise, in: EMS, Länderheft Ghana, Stuttgart 1994, 46–47. – *Allgemein*: L. Sanneh, Piety & Power. Muslims and Christians in West Africa, New York 1996.

216. Kirchen und Zivilgesellschaft

a) Erklärung eines Symposiums der Gesamtafrikanischen Kirchenkonferenz (AACC) (1991)

Zu Anfang der 1990er Jahre standen die Kirchen Afrikas vor neuen Herausforderungen. Der Kontinent befand sich in einer Phase des politischen Umbruchs. Wurde vor 1990 lediglich eine Regierungspartei vom Volk abgewählt (die konservative Labour Party 1982 auf Mauritius), brachte das Jahr 1991 gleich mehrere demokratische Wechsel: Auf den Kapverden, in Benin, in Sambia. In vielen anderen Ländern entstanden Oppositionsbewegungen gegen die oft autokratisch regierenden Einparteiensystemen und Militärherrschaften. Mit der Kritik an den bisherigen Machteliten ging eine selbstkritische Reflektion Hand in Hand.

Wir erkennen an, daß an dem bedauernswerten Zustand unseres Kontinents nicht nur äußere Faktoren, sondern auch innere Kräfte schuldig sind. Im besonderen erkennen wir an, daß die fehlende Sicherheit für die Bürger, der weitverbreitete Mangel an Transparenz und Demokratie sowie der fehlende Respekt für Menschenwürde – wodurch einer Mehrheit der afrikanischen Menschen die Freiheit, ihre physischen und mentalen Fähigkeiten auf selbstgewählte Bemühungen anzuwenden, sich frei zu vereinigen und auszudrücken sowie an entwicklungshelferischen und anderen sie betreffenden Angelegenheiten teilzunehmen, verweigert wird – in einem hohen Maße für Afrikas mißliche Lage verantwortlich sind, die sich ironischerweise seit der Unabhängigkeit entscheidend verschlechtert hat.

b) Kenia: Die Kirchen an den Präsidenten (30.4.1992)

Seit Staatspräsident Daniel Arap Moi (* 1924; Präsident 1978–2002) 1990 das Ende der Debatte um ein Mehrparteiensystem anordnete, wurde diese umso heftiger geführt, bis Anfang 1991 das Parlament Artikel 2 der Verfassung („In Kenia gibt es eine politische Partei, die Kenyan African National Union“) aufhob. Auch die Kirchen schalteten sich in die Diskussion ein. Das folgende Schreiben unterzeichneten 18 Mitglieder der katholischen Bischofskonferenz und 6 Vertreter des protestantischen Christenrats.

Exzellenz, die Menschen Ihres Landes sind hoffnungslos, hilflos und demoralisiert. Man hätte nie geglaubt, daß diese Situation eintreten könnte. Sie selbst sind nicht nur einer bestimmten Partei, sondern der gesamten Bevölkerung verpflichtet. Wirklich alle haben das Recht – jeder einzelne Bürger hat das Recht – in jedem Teil Kenias in Frieden und Sicherheit zu leben. Zur Zeit sieht es so aus, als ob Sie nur die Interessen einer Clique von Reichen und Mächtigen vertreten, die auf Kosten von Blut und Elend Tausender kleiner Leute überleben. Exzellenz, wir als Kirchenführer wissen, daß wir klar und offen reden müssen. Gott möchte ein Kenia, das für alle ein gutes Land zum Leben ist. Wir glauben, Gott möchte, daß Sie sich selbst vergessen, Ihre Partei und Ihre persönlichen Interessen. Sie müssen an Kenia und seine Bevölkerung denken. Wir glauben, daß noch Zeit bleibt, die Situation zu retten, wenn Sie unverzüglich die geeigneten Schritte unternehmen. Wir schließen Sie in unsere Gebete ein und sichern Ihnen unsere volle Unterstützung zur Beendigung dieses Blutvergießens zu!

c) Zaire/Kongo: Botschaft der Kirchen (15.4.1992)

Der Machtkampf in Zaire spielte sich zwischen dem Regime des Mobutu Sese-Seco (1930–1997) und der Bevölkerungsmehrheit ab. Mobutu war 1965 an die Macht gekommen und hatte ein Einparteiensystem errichtet. Zentrum der demokratischen Erneuerung war die Nationalkonferenz, an der zahlreiche politische und gesellschaftliche Gruppen beteiligt waren und die in ihrer Arbeit vom Regime mit allen Mitteln behindert wurde. Auch die Kirchen kritisierten die Politik Mobutus, der 1997 entmachtet wurde und im selben Jahr im marokkanischen Exil starb.

Liebe Brüder und Schwestern! In dem Augenblick, in dem die Souveräne Nationalkonferenz (CNS) ihre Arbeit wiederaufnimmt, ergreifen unsere geistlichen Führer der katholischen, orthodoxen, protestantischen und kimbanguistischen Kirche, denen sich erfreulicherweise die Islamische Gemeinschaft von Zaire angeschlossen hat, diese Gelegenheit, um einen neuerlichen Appell an die Christen, an die Gläubigen unseres Landes sowie an alle Menschen guten Willens zu richten. [...] Der erste Schritt zur Versöhnung fordert von einem jeden, vor sein Gewissen und vor Gott hinzutreten. Dazu beziehen wir uns gern auf diesen heiligen Text des Islam: „Bei Gott allein steht es, mir Gelingen zu geben. Auf ihn vertraue ich, und ihm wende ich mich (bußfertig) zu.“ [...] Um uns wirklich zu versöhnen, müssen wir Gott um die Gnade bitten, uns von unseren Verbrechen zu befreien und uns ein neues Herz und einen neuen Geist zu geben (vgl. Ez 18,13) und so neue Menschen zu werden (vgl. Kol 3,9–10; Eph 2,14–15; 2 Kor 5,17; Gal 6,5), fähig, gemeinsam an der Wiederherstellung der Zerstörungen, des Unrechts und der Leiden zu arbeiten, die wir selbst unserem Volk zugefügt haben (vgl. Hos 4,2–3, Jes 3,14–15; 5,2–6; Hos 7,1–7). [...] Wir werden ein neues Zaire erbauen auf der Grundlage von Recht und Gerechtigkeit, denn durch unsere von Gott angestachelten und unterstützten Bemühungen werden wir bekehrt und in neue Männer und Frauen verwandelt. [...]
Die gegenwärtige Krise unseres Landes fordert insbesondere seine Führer heraus. Der Apostel Paulus hat es uns ja gesagt, daß die Autorität ein Instrument Gottes ist, das zum Guten führen soll (vgl. Röm 13,4). Es ist offensichtlich, daß der gegenwärtige Zustand seine Führer anklagt. Wenn die Führer von Zaire das Wohl ihres Volkes gesucht hätten, wäre unser Land nicht da, wo es heute ist. [...] Eine mit dem Volk versöhnte Regierung ist dringend notwendig.

Quelle: (a) All African Council of Churches, Problems and Promises of Africa. Towards and Beyond the year 2000. A summary of the proceedings of the symposium convened by the AACC in Mombasa in November, Nairobi 1991, 29; (b) Evangelische Zentralstelle für Entwicklungshilfe, Demokratie in Afrika. Kirchliche Stellungnahmen zum politischen Wandel, Bonn 1992, 23–29, hier: 25; (c) ebd. – *Lit.*: F. Kürschner-Pelkmann, Afrikas Kirchen zwischen Rückzug und Widerstand (in: Africa-spectrum 1, 1991, 29–50); K. A. Dickson, The Church and the Quest for Democracy in Ghana, in: P. Gifford (Hg.), The Christian Churches and the Democratisation of Africa, Leiden 1995, 261–275; H. B. Hansen/M. Twaddle (Hgg.), Religion and Politics in East Africa. The Period since Independence, London 1995; M. Schatzberg, The Dialects of Oppression in Zaire, Bloomington/Indianapolis 1988; C. Lombaard, The Fall of the Berlin Wall and the End of Apartheid in South Afrika, in: K. Koschorke (Hg.), Fallings Walls. The Year 1989/90 as a Turning Point in the History of World Christianity, Wiesbaden 2009, 89–95 (dort weitere Beiträge zur Rolle der Kirchen in der „zweiten Welle der Demokratisierung“ Afrikas in den 1990er Jahren).

217. Unabhängige Kirchen und Demokratisierung

In der weltweiten Entwicklung des Christentums wird Afrika eine führende Rolle übernehmen. Die Zahl der afrikanischen Christen ist von knapp zehn Millionen im Jahr 1900 auf heute (2003) etwa 360 Millionen angestiegen. Nach Berechnungen des Historikers Philip Jenkins wird die Zahl der afrikanischen Christen im Jahr 2025 auf 633 Millionen wachsen, während die Zahl der Christen in Europa zwischen 560 und 555 Millionen stagniert bzw. sogar leicht zurückgeht.
Den unabhängigen afrikanischen Kirchen und den Pfingstkirchen kommt eine wichtige Rolle im Prozeß der Ausbreitung des afrikanischen Christentums zu. Zu politischen Fragen äußern sich diese meist nicht explizit; gelegentlich wird ihnen deshalb der Vorwurf gemacht, durch ihr Schweigen den Status quo und damit auch das Fortbestehen undemokratischer Herrschaftsstrukturen zu unterstützen. So war der südafrikanische Präsident Pieter Willem Botha 1985 zum Ostertreffen der Zion Christian Church eingeladen; die drei Millionen Mitglieder, die sich versammelt hatten, waren die größte schwarzafrikanische Audienz, zu der ein Apartheidspolitiker jemals sprach. Dennoch ist die Rolle der unabhängigen Kirchen viel komplexer, wie die südafrikanische Theologin Constance Baratang Thetele bereits 1978 festgestellt hat:

Die afrikanischen unabhängigen Kirchen in Südafrika sind in vielerlei Hinsicht sowohl vorrevolutionär wie auch gleichzeitig tatsächlich revolutionär. Sie sind vorrevolutionär in dem Sinn, daß sie in ihrem Bemühen, die Gesellschaft zu einem bestimmten Ziel hinzuführen, nicht nach einem festgestezten Plan vorgehen oder eine Strategie verfolgen. Aber sie sind revolutionär in ihrem Einfluß auf das Gefüge der Gesellschaft, weil sie einen Wandel schaffen, der den enteigneten Menschen ein Gefühl der Hoffnung und eine Vision für die Zukunft gibt. Sie bieten einen Platz in der Gesellschaft an, wo die Menschen beginnen, ihre Rolle als Urheber ihrer eigenen Geschichte zu spüren, ein passives Annehmen des Status Quo ablehnen und anfangen, Alternativen zur Entmenschlichung auszuarbeiten.

Quelle: C. B. Thetele, Women in South Africa: The WAICC, in: K. Appiah-Kubi/S. Torres (Hgg.), African Theology en Route, Maryknoll 1979, 150–154, 151. – *Lit.*: A. Cohen/R. Marshall-Fratani (Hgg.), Between Babel and Pentecost: Transnational Pentecostalism in Africa and Latin America, London 2001; P. Gifford, African Christianity. Its Public Role, London 1998; P. Jenkins, The Next Christendom. The Coming of Global Christianity, Oxford 2002.

LATEINAMERIKA I. 1450–1600

A. Die ersten Begegnungen und die Perspektive der Besiegten und der Sieger

218. Kolumbus: Erste Begegnung mit den „Indios“ (1492)

Christoph Kolumbus (1436?–1506) unternahm vier Entdeckungsreisen (1492–1493, 1493–1496, 1498–1500, 1502–1504) und landete erstmals am 12.10.1492 auf einer karibischen Insel. In diesem Bericht über seine erste Reise kommen die drei „G“ deutlich zur Sprache, die den Inbegriff jener Mischung aus Merkantilismus und Apostelgeist darstellen, die am Ursprung der europäischen Expansion nach Übersee steht: „Gott und Gewinn“, „Glaube und Gold“ bzw. „Gott und Gold“. Mit seinem Bericht, der die neuentdeckten Inseln quasi als ein Land beschreibt, in dem „Milch und Honig“ fließen, dazu noch bewohnt von einfältigen, kaum bewaffneten Eingeborenen, die, weil sie ohne erkennbaren Götzendienst leben, leicht zu Christen gemacht werden könnten, will der gerissene Kolumbus nicht zuletzt die Krone zur Finanzierung einer zweiten Reise bewegen; denn die erste Reise war eigentlich gescheitert: Man fand nicht wie erwartet die blühenden Handelstädte Asiens, sondern „nur“ Natureinwohner. Ähnlich lautete später auch der erste Bericht des Portugiesen Pero Vaz de Caminha nach der zufälligen Entdeckung der brasilianischen Küste im April 1500. Jahrhundertelang wurde die Entdeckung der Neuen Welt durch Kolumbus als epochales, ja heilsgeschichtliches Ereignis gefeiert. Im Schatten des Jahres 1992 wurde die Sicht der Besiegten stärker berücksichtigt, wonach der Indianer, der Kolumbus entdeckte, eine schlechte Entdeckung machte (G. Lichtenberg).

Am 33. Tage nach meiner Abfahrt von Gades [Cádiz] kam ich ins „Indische Meer“, wo ich sehr viele und von unzähligen Menschen bewohnte Inseln fand. In feierlicher Verkündigung und mit entrollten Fahnen habe ich sie alle für unseren allergnädigsten König in Besitz genommen, ohne daß jemand widersprochen hätte. [...] Die Bewohner beiderlei Geschlechts sowohl dieser Insel wie aller anderen, die ich gesehen habe und von denen ich Kenntnis erhielt, laufen immer nackt herum, so wie sie ins Dasein gekommen sind. [...] Allein sie ermangeln ... jeglicher Art von Eisen. Sie haben auch keine Waffen, sie sind ihnen völlig unbekannt ... Sie sind von Natur aus schüchtern und furchtsam. Wiederum, wenn sie alle Furcht hinter sich lassen, weil sie sich einfach sicher fühlen, dann sind sie treuherzig und gutgläubig und mit allem, was sie haben, sehr freigebig. [...] Es kam nämlich vor, daß ein Matrose für ein einziges Stoffband so viel gediegenes Gold erhielt, wie drei Dukaten schwer sind. Und andere tauschten mit Zeug, das noch geringeren Wert hatte. [...] Sie treiben keine Abgötterei. Im Gegenteil, sie glauben fest, daß alle Kraft, alle Macht, überhaupt alles Gute im Himmel sei. [...] Sie sind auch nicht lässig und roh, im Gegenteil, sie besitzen einen sehr scharfsinnigen Verstand. [...] Auf allen diesen Inseln ist kein Unterschied in der Gestalt der Bevölkerung noch in den Sitten noch in der Art zu sprechen. Sie verstehen sich vielmehr alle untereinander, welcher Umstand sehr nützlich ist für die Bekehrung zu dem heiligen Glauben an Christus, zu dem sie willig und geneigt sind. [...] Um schließlich den Ertrag unserer Unternehmung, die schnell durchgeführt wurde, in aller Kürze festzuhalten, verspreche ich dieses: Unseren unbesiegbaren Königen werde ich mit deren nur kleiner Hilfe so viel Geld schaffen, wie viel sie nur nötig haben. Und tatsächlich so viel Gewürz und Baumwolle und Mastix ... als Eure Majestät nur zu verlangen wünscht. [...] Es möge Christus auf Erden triumphieren, wie er im Himmel triumphiert. In seiner Vorhersehung hat er das Heil bereit für die Seelen, die vorher schon verloren waren. Auch wir empfinden Freude darüber, daß unser Glaube sich so herrlich erwiesen hat. Dann aber auch wegen des Zuwachses an irdischen Gütern, an denen nicht nur Spanien, sondern die ganze Christenheit künftig teilhat.

Quelle: Delgado, Gott 46–48; weitere Quellen: C. Kolumbus, Dokumente seines Lebens und seiner Reisen. 2 Bde., Leipzig 1991; Schmitt, Dokumente 2, 105–135. – *Lit.*: U. Bitterli, Die „Wilden" und die „Zivilisierten", München ²1991; M. Delgado, „Columbus noster est" (in: SZRKG 100, 2006, 59–78); J. Gil, Mitos y utopías del descubrimiento. Bd. 1: Colón y su tiempo, Madrid ²1992; T. Heydenreich (Hg.), Columbus zwischen zwei Welten. 2 Bde., Frankfurt 1992; G. Wawor (Hg.), Columbus 1892–1992, Frankfurt 1995; Reinhard, Expansion 2, 38ff.

219. Karibik: Über die Religion der Tainos (1498)

Anders als Kolumbus in seinem ersten Bericht zu verstehen gab, war Altamerika nicht ein religionshistorisches Niemandsland, sondern nahm an der allgemeinen Entwicklung der Religionsgeschichte teil. Darin lebten Völker mit verschiedenen Kult- und Glaubenssystemen. Wenn die Europäer auf Völker wie die Azteken, Maya und Inka trafen, deren Religionen äußerlich eine gewisse Analogie zum Christentum hatten, da sie über Tempel, Priester und öffentliche Riten (Prozessionen, Opfer, feierliche Gottesdienste) verfügten, stand ihnen der indianische „Götzendienst" plastisch vor Augen. Bei Völkern, die als Jäger, Fischer und Sammler lebten oder Halbnomaden waren und eher „schamanische" Religionen hatten, dachten die Europäer auf den ersten Blick vielfach, es handle sich um Völker ohne Religion. Der untenstehende Bericht wurde von Ramón Pané geschrieben, der die Kultur und Religion der Tainos, der Einwohner Españolas (heute Haiti und Dominikanische Republik) studierte. Der Textausschnitt beschreibt die typische Zeremonie einer Schamanen-Religion, nämlich die Befragung des „Götzen" im Rauschzustand.

Sooft sie wissen wollen, ob sie über ihre Feinde siegen werden, gehen sie in ein Haus ein, das nur den Vornehmen reserviert ist. Ihr Herr ist der erste, der [vor dem Zemen oder Götzen] die *cohoba*-Zeremonie [Schnüffeln eines berauschenden Krautes = Tabak] vollzieht und ein Musikinstrument spielt; während er dies tut, bleiben alle anderen still, bis er fertig ist. Nach Beendigung seines Gebetes verbleibt er eine gute Weile mit gesenktem Kopf und den Armen auf den Knien; danach erhebt er den Kopf gen Himmel und spricht. Dann antworten ihm alle zur gleichen Zeit und mit erhobener Stimme. Nachdem alle gesprochen haben, bedanken sie sich bei ihm; alsdann erzählt der erste seine Vision, die er hatte, als er vom Schnüffeln, das ihm zu Kopf gestiegen war, trunken war. Er sagt, er habe mit dem Zemen gesprochen und sie werden den Sieg davon tragen, oder ihre Feinde werden flüchten, oder es werde viele Tote oder Kriege oder Hunger oder etwas Ähnliches geben, je nach dem was ihm, der ja trunken war, von seiner Vision in den Sinn kommt. In welchem Zustand mag ihr Gehirn sein, wenn solche Leute erzählen, es schiene ihnen, das Haus sei mit dem Dach nach unten gekehrt, und die Menschen marschieren mit den Füßen gen Himmel! Diese *cohoba*-Zeremonie wird nicht nur vor den Zemen aus Stein oder Holz gemacht, sondern auch vor den Toten.

Quelle: Fray Ramón Pané, Relación acerca de las antigüedades de los indios, México 1978, 42. – *Lit.*: M. Sievernich, Der erste Ethnograph Amerikas (in: ZMR 85, 2001, 143–152); LThK³ 7, 1311: Art. Pané (M. Delgado); E. G. Bourne, Columbus, Ramon Pane and the beginnings of American anthropology, Worcester 1906; W. Krickeberg (Hg.), Die Religionen des alten Amerika, Stuttgart 1961.

220. Mexiko: Moctezuma in Erwartung von Cortés (1519)

Der Bericht, vom Franziskaner Missionar und Ethnographen Bernardino de Sahagún (1500–1590) um 1570 überliefert, beschreibt die Stimmung am Hof Moctezumas nach dem Auftreten der Spanier und folgt dabei einem bekannten Muster: Die Spanier werden als Boten des früher gen Westen verschwundenen Kulturheros oder weißen Gottes Quetzalcóatl betrachtet, die in seinem Namen die Herrschaft zurückfordern und ein neues Kapitel der Geschichte aufschlagen werden. Ähnliche Sagen sind u.a. aus dem Inkareich – hier hieß der Kulturheros oder weiße Gott

Viracocha, weshalb die Spanier generell auch so genannt wurden – bekannt. Der Untergang der indianischen Kulturen im Schatten der Conquista und Evangelisation soll so als gottgewollte *translatio imperii* gedeutet werden. Mexiko wurde 1519–1521 von Hernán Cortés erobert, Peru 1533 von Francisco Pizarro.

Und im anderen Jahr, als schon das Jahr *Dreizehn Kaninchen* mit dem nächsten sich berührt, nahe dem Ende des Jahres *Dreizehn Kaninchen* [1518], kamen sie, wurden sie wieder gesehen. Und sogleich eilt man, Moctezuma zu benachrichtigen. Als der es hörte, sandte er sofort Boten ab, indem er gewissermaßen so dachte: Es ist unser Fürst Quetzalcóatl, der gekommen ist. Denn so war sein Wille gewesen, daß er wiederkommen wird, daß er herkommt, seinen Thron wieder einnehmen wird, weil er nach Osten gegangen war, als er fortzog. [...] Und Moctezuma verzweifelte, er fürchtete sich, ängstigte sich, verzweifelte an der Zukunft der Stadt. Und alle fürchteten sich, man war in Furcht, man war in Angst. Es herrschte Verzweiflung, man verzweifelte, man kam zusammen zur Beratung, man bildete einzelne Gruppen, man eilte herbei, man weinte, man weinte heftig, man beweinte seine Kinder, man ließ den Kopf hängen, man begrüßte sich mit Tränen, man begrüßte weinend seine Kinder, versuchte seine Kinder zu trösten. Man streichelte den Kopf der kleinen Kinder, die Väter sprachen: „Ach, meine Kinder, wie werdet ihr das überstehen können, was über euch gekommen ist, was jetzt sich vorbereitet?“ Und die Mütter sprachen: „Meine Kinder, wie werdet ihr das überstehen können, was ihr Schreckliches sehen werdet, was jetzt auf uns kommen wird?“

Quelle: Delgado, Gott 57–60; weitere Quellen: C. Litterscheid (Hg.), Aus der Welt der Azteken, Frankfurt 1989; B. de Sahagún, Historia general de las cosas de Nueva España. 2 Bde., Madrid 1990. – *Lit.*: P. Honoré, Ich fand den Weißen Gott, Frankfurt 1965; J. Lafaye, Quetzalcóatl y Guadalupe, México 1977; R. Nebel, Altmexikanische Religion und christliche Heilsbotschaft, Immensee 1990; LThK[3] 2, 279: Art. Bernhardin v. Sahagún (P. Süß); T. Todorov, Die Eroberung Amerikas, Frankfurt 1985; Reinhard, Expansion 51ff.

221. Mexiko: Trauergesang nach der Conquista (ca. 1523)

Dieser Text wurde in den ersten Jahren nach der Conquista von einem anonymen Autor in Náhuatl, der Verkehrssprache der Azteken, verfaßt. Er beschreibt eindrucksvoll die Sicht der Besiegten nach der als Katastrophe erfahrenen Conquista und läßt auch den poetischen und theologischen Reichtum der aztekischen Kultur erahnen.

Nur Blumen und Trauergesänge blieben noch / in Mexiko und Tlatelolco, / wo wir einst Krieger und Weise sahen. // Wir müssen zugrunde gehen. / Wir wissen es, / denn wir sind sterbliche Menschen. // Du, der Du das Leben gibst, / hast es verfügt. // [...] Wir haben Blutvergießen und Schmerz gesehen, / wo es einst Schönheit und Mut gab. // Wir sind zu Boden geschlagen. / Wir liegen in Trümmern. // Nur Kummer und Leiden blieben noch / in Mexiko und Tlatelolco, / wo es einst Schönheit und Mut gab. // Bist Du Deiner Diener überdrüssig, / bist Du zornig auf Deine Diener, / Du, der Du das Leben gibst?

Quelle: M. León-Portilla/R. Heuer (Hgg.), Rückkehr der Götter, Frankfurt 1986, 110f. – *Lit.*: M. León-Portilla, Los antigüos mexicanos a través de sus crónicas y cantares, México 1961; ders. (Hg.), El reverso de la conquista, México 1964; N. Wachtel, La vision des vaincus, Paris 1971.

222. José de Acosta: Conquista und Evangelisation (1590)

Spanische Autoren sahen in der raschen Conquista und Evangelisation Lateinamerikas eine geschichtstheologische Analogie zu den Vorgängen in der europäischen Antike. So deutet der Jesuit und Peru-Missionar José de Acosta (1540–1600) Ende des 16. Jh.s das Azteken- und Inkareich sowie die in den indianischen Religionen festgestellten Ähnlichkeiten zum Christentum als providentielle *praeparatio evangelica.*

Ich möchte die Geschichte Westindiens damit beschließen, daß ich den wundervollen und äußerst bemerkenswerten Plan erkläre, mit dem Gott, der Schöpfer, den Einzug des Evangeliums dort verfügt und vorbereitet hat zur Mehrung seiner Weisheit und Güte. Dem Bericht und der Beschreibung zufolge, die ich in diesen Büchern verfaßt habe, wird ein jeder verstehen können, daß sowohl in Peru wie in Neu-Spanien die Christen in jene Reiche gelangt sind, als diese ihren Höhepunkt und die Spitze ihrer Macht erreicht hatten; die Inka nämlich kontrollierten in Peru das Reich von Chile bis über das von Quito hinaus, an die tausend Meilen; ausgiebig bedient mit Gold, Silber und anderen Reichtümern. In Mexiko herrschte Moctezuma vom Nordmeer bis zum Südmeer, gefürchtet und angebetet nicht als Mensch, sondern als Gott. Zu dieser Zeit befand der Allerhöchste, daß der Stein Daniels, der die Reiche und Königtümer zerbrochen hatte, auch diese Neue Welt zerbräche. Und wie das Gesetz Christi zur Zeit des Höhepunktes des Römischen Reiches kam, so war dies auch in Westindien der Fall. Wahrhaftig, dies war höchste Vorsehung des Herrn. [...] Auch war es eine große Vorsehung des Herrn, daß die ersten Spanier bei den Indios selbst dadurch Unterstützung erfuhren, daß es unter diesen große Parteilichkeiten und Spaltungen gab. [...] Was in unserem [Glaubens-] Gesetz schwer verständlich erscheint, wie der Glaube so hocherhabener Geheimnisse, wurde sehr erleichtert unter ihnen durch die Tatsache, daß der Teufel ihnen noch schwierigere Dinge gepredigt hatte. Selbst bei denjenigen, die er unserem evangelischen Gesetz – wie zum Beispiel seine Weise der Kommunion und Beichte und der Anbetung Dreier in Einem und anderes mehr – entwendet hatte, führte es trotz des Feindes dazu, daß die Indios nun in der Wahrheit annehmen konnten, was sie vorher in der Lüge empfangen hatten. In allem ist Gott weise und wunderbar und schlägt den Widersacher mit dessen eigenen Waffen, fängt ihn mit dessen eigenem Strick und enthauptet ihn mit dessen eigenem Schwert.

Quelle: Delgado, Gott 94–96; weitere Quellen: J. de Acosta, Historia natural y moral de las Indias, Madrid 1987 (dt. Teilübersetzung in: ders., Das Gold des Kondors, Stuttgart/Wien 1991); ders., De procuranda indorum salute. 2 Bde., Madrid 1984–1987. – *Lit.*: M. Sievernich, Vision und Mission der Neuen Welt Amerika bei José de Acosta, in: ders./G. Switek (Hgg.), Ignatianisch, Freiburg 1990, 293–313; C. M. Burgaleta, José de Acosta, S.J. (1540–1600). His life and thought, Chicago 1999; LThK[3] 1, 118f: Art. Acosta (M. Sievernich); BBKL 17, 4–13: Art. Acosta (I. Alvarez de Toledo); P. Borges, El sentido transcendente del descubrimiento y conversión de Indias (in: MissHisp 13, 1956, 141–177); Mayeur, Geschichte 8, 772–857 (A. Milhou).

B. Legitimation und Kritik der Conquista

223. Legitimationsquellen

Die Konzessionsbulle Alexanders VI. (Text a) gehört zu den meisterforschten Dokumenten der Kirchengeschichte. Umstritten ist, ob es sich wirklich um eine völkerrechtliche „Schenkung" oder um eine bloße „Belehnung" handelt. Aber selbst die rein lehnsrechtliche Deutung ändert nichts an dem Sachverhalt, „daß der Papst sich an dem entdeckten oder zu entdeckenden Gebieten das *Dominium*, in diesem Falle das ‚Obereigentum', zuspricht" (Reibstein, Völkerrecht 274).

Die Bulle steht in der kurialen Tradition, die seit Mitte des 15. Jahrhunderts die Entdeckungsfahrten der Portugiesen begleitete. Im auffallenden Gegensatz zu der Bulle *Romanus Pontifex* vom 8.1.1455, die Nikolaus V. dem portugiesischen Königshaus zu Beginn seines Entdeckungsunternehmens ausstellte und die Calixtus III. mit der Bulle *Inter cetera* vom 13.3.1456 (s. Text 8) bekräftigte, verzichtet Alexander VI. darauf, den Katholischen Königen und deren Nachfolgern eine vollkommene und frei zu verfügende Vollmacht zur Führung von Eroberungskriegen gegen Mauren, Heiden und andere Feinde Christi, wo sie auch immer sein mögen, ausdrücklich zu gewähren. Dennoch spricht er zuerst von unterwerfen (*subicere*) und dann von bekehren *(reducere)* und überträgt ihnen zudem „alle entdeckten oder zu entdeckenden Inseln und Festländer mitsamt allen Herrschaften, Städten, Lagern, Plätzen und Dörfern und allen Rechten, Gerechtsamen und zugehörigen Berechtigungen". Da Portugal mit der vom Papst gezogenen Demarkationslinie nicht einverstanden war, trafen sich Spanier und Portugiesen in Tordesillas, um in einem bilateralen Vertrag (vom 7.6.1494) die vom Nordpol zum Südpol verlaufende Demarkationslinie 370 Seemeilen westlich der Kapverdischen Inseln zu fixieren; so konnten später die Portugiesen die Herrschaft über Brasilien beanspruchen. Die anderen europäischen Länder (Frankreich, England, Niederlande) haben diese Grenzziehung und das iberische Monopol jedoch nie anerkannt.
Königin Isabella von Kastilien hatte 1500 die Versklavung der Indianer verboten. In einem Erlaß vom 20.12.1503 verfügt sie aber die Einführung der Encomienda (b), die später verheerende Folgen haben sollte und vom Verteidiger und „Vater" der Indios Bartolomé de Las Casas (zu ihm s. Kommentar zu Text 227) „das Übel aller Übel" im spanischen Weltreich genannt wird. Die *Encomienda* (v. lat. *commendare*, anvertrauen, übergeben) oder *repartimiento* (v. lat. *repartire*, verteilen) ist eine Institution des spanischen Kolonialsystems, mit Ordenskommenden in Europa nicht vergleichbar. 1504 auf Española eingeführt, um die Eingeborenen unter Obhut eines Spaniers besser zu christianisieren und zu hispanisieren, entartete sie zur sklavereiähnlichen Leibeigenschaft. Von den „Neuen Gesetzen" (1542) verboten, mußte die Krone sie (aus wirtschaftlichen Interessen und weil das Verbot nicht durchzusetzen war) dulden. Als Institution bestand sie mit abnehmender Bedeutung bis Ende der Kolonialzeit fort.

a) Alexander VI.: Bulle „Inter cetera" (4.5.1493)

Alexander, Bischof, Diener der Diener Gottes, den erlauchten Herrschern, Unserem teuersten Sohne in Christo, Ferdinand, dem König, und Unserer teuersten Tochter in Christo, Isabella, der Königin von Kastilien, León, Aragonien und Granada, Gruß und apostolischen Segen!
Unter anderen, der göttlichen Majestät wohlgefälligen und Uns am Herzen liegenden Werken ist dieses gewiß das wichtigste: daß in unserer Zeit vor allem der katholische Glaube und die christliche Religion gefördert und überall verbreitet und bestärkt werden; daß für das Heil der Seelen gesorgt werde, daß die barbarischen Völker unterworfen und zum wahren Glauben bekehrt werden. [...]
In den bereits entdeckten Inseln und Ländern sind Gold, Gewürze und viele andere kostbare Dinge verschiedenster Art und Güte gefunden worden. Aus diesen Gründen habt Ihr Euch, wie es katholischen Königen und Fürsten geziemt, nach ernsthafter Überlegung aller Umstände, insbesondere im Hinblick auf die Einführung und die Ausbreitung des katholischen Glaubens, ganz nach der Art Eurer Vorfahren – Königen ruhmvollen Angedenkens – das Ziel gesetzt, mit der Hilfe der göttlichen Barmherzigkeit die besagten Festländer und Inseln mitsamt ihrer Bevölkerung zu unterwerfen und sie zum katholischen Glauben zu bekehren.
Indem Wir diese Eure heilige und preiswürdige Aufgabe von Herzen dem Herrn befehlen und wünschen, daß sie zum gehörigen Ende gebracht werde und daß der Name unseres Heilandes in jene Gegenden getragen werden möge, ermahnen Wir Euch deshalb ernstlich bei Gott und der heiligen Taufe, durch die Ihr an unsere apostolischen Befehle gebunden seid, und bei der Barmherzigkeit unseres Herrn Jesu Christi und verpflichten Euch strengstens, daß Ihr in gleichem Maße, in dem Ihr diese Expedition

betreibt, Euch pflichtgemäß und aus eigenem Willen zum Ziele setzt, mit rechtgläubigem Eifer die in jenen Inseln und Ländern wohnenden Völker dahin zu führen, daß sie die christliche Religion annehmen; und daß Ihr niemals zu irgendeiner Zeit Euch durch Gefahren oder Schwierigkeiten davon abschrecken laßt, in dem festen Glauben und herzlichen Vertrauen, daß der allmächtige Gott Eure Unternehmungen fördern wird.
Damit Ihr ein so großes Unternehmen mit größerer Bereitschaft und Kühnheit, ausgestattet mit der Wohltat Unseres apostolischen Segens, in Angriff zu nehmen vermöget, schenken, gewähren und übertragen Wir hiermit – aus Unserem eigenen Entschluß, ohne Euren Antrag und ohne das Ersuchen irgendeines anderen zu Euren Gunsten, lediglich aus Unserer eigenen und alleinigen Großmut und sicheren Erkenntnis und aus der Fülle Unserer apostolischen Machtbefugnis, die durch den allmächtigen Gott, durch die Vermittlung des hlg. Petrus auf Uns übertragen worden ist, sowie auf Grund der Stellvertreterschaft Jesu Christi auf Erden – Euch und Euren Erben und Nachfolgern, den Königen von Kastilien und León, für alle Zeiten, für den Fall, daß eine der genannten Inseln durch die von Euch ausgesandten Männer und Kapitäne gefunden werden sollte, alle aufgefundenen oder aufzufindenden, alle entdeckten oder zu entdeckenden Inseln und Festländer mitsamt allen Herrschaften, Städten, Lagern, Plätzen und Dörfern und allen Rechten, Gerechtsamen und zugehörigen Berechtigungen, soweit diese Inseln und Festländer westlich oder südlich einer vom arktischen bis zum antarktischen Pol in einer Entfernung von 100 Meilen westlich und südlich von einer der gemeinhin unter dem Namen Azoren und Cap Verden bekannten Inseln zu ziehenden Linie gelegen sind – ohne Rücksicht darauf, ob die besagten Festländer oder Inseln in Richtung gen Indien oder in Richtung auf andere Weltgegenden gefunden worden sind oder noch gefunden werden; mit der Maßgabe jedoch, daß keine der westlich oder südlich der besagten Linie gefundenen oder zu findenden, entdeckten oder zu entdeckenden Inseln und Festländer sich im tatsächlichen Besitze eines christlichen Königs oder Fürsten befindet, und zwar gerechnet bis zum letztvergangenen Geburtstage unseres Herrn Jesu Christi, an dem das Jahr 1493 begann. Wir bestellen und beauftragen Euch und Eure besagten Erben und Nachfolger als Herren über sie mit voller und unumschränkter Gewalt, Autorität und Oberhoheit jeglicher Art. Mit dieser Maßgabe jedoch, daß durch diese Unsere Schenkung, Gewährung und Übertragung kein erworbenes Recht irgendeines christlichen Fürsten, der sich vor dem besagten Geburtstag unseres Herrn Jesu Christi im tatsächlichen Besitz der besagten Inseln und Festländer befunden hat, hierdurch zurückgezogen oder beeinträchtigt werden soll. Überdies tragen Wir Euch bei Eurem heiligen Gehorsam auf, daß Ihr, unter Anwendung aller gebührenden Sorgfalt, wie Ihr auch versprecht – und wohinein Wir auch mit Rücksicht auf Eure Treue und königliche Großsinnigkeit keinen Zweifel setzen –, in den besagten Festländern und Inseln würdige, gottesfürchtige, geschulte, geschickte und erfahrene Männer bestellt, auf daß sie die vorgenannten Einwohner im katholischen Glauben unterrichten und sie zu guten Sitten erziehen.

b) Isabella von Kastilien: Die Encomienda (20.12.1503)

Isabella, von Gottes Gnaden Königin von Kastilien und Leon etc.: Da der König, mein Herr, und Ich ... befohlen haben, daß die auf der Insel Española ansässigen Indianer freie Menschen und keiner Dienstbarkeit unterworfen sein sollten ..., Ich jetzt aber erfahren habe, daß die Indianer infolge der ihnen gegebenen reichlichen Freiheit die Christen [Spanier]fliehen, Gespräch und Umgang mit ihnen meiden, auch gegen Lohn nicht arbeiten wollen und sich müßig herumtreiben, geschweige denn sich dazu

gewinnen lassen, belehrt und zu unserem heiligen katholischen Glauben bekehrt zu werden, daß deshalb die dort auf der Insel wohnenden Christen keine Arbeitskräfte für ihre Farmen und für die Goldgewinnung finden können, wodurch den einen wie den anderen Schaden erwächst; und weil Wir wünschen, daß die genannten Indianer sich zu unserem heiligen katholischen Glauben bekehren und darin unterrichtet werden, dies sich aber besser tun läßt, wenn die Indianer mit den auf der Insel wohnenden Christen in Berührung kommen, mit ihnen umgehen und zu tun haben, beide einander helfen und so die Insel kultiviert, bevölkert und ertragreich gemacht wird ... – so habe Ich diese Verfügung wie folgt ausfertigen lassen und befehle hiermit Euch, Unserem Gouverneur, daß Ihr von dem Tage an, wo Ihr diese Meine Verfügung erhaltet, künftig die Indianer nötigt und antreibt, mit den Christen der genannten Inseln Umgang zu pflegen, in ihren Häusern zu arbeiten, Gold und andere Metalle zu schürfen und Landarbeit für die auf der Insel ansässigen Christen zu leisten, und daß Ihr jedem für den Arbeitstag Tagelohn und Unterhalt geben läßt, wie sie Euch nach der Beschaffenheit des Bodens, des Arbeiters und der Tätigkeit angemessen erscheinen; daß Ihr jedem Kaziken auferlegt, eine bestimmte Anzahl Indianer bereitzuhalten, um sie jeweils da, wo es nötig ist, zur Arbeit einsetzen zu können, und damit sie sich an den Festtagen und wann es sonst erforderlich scheint zusammenfinden, um an den dafür bestimmten Orten über die Dinge des Glaubens zu hören und darin unterrichtet zu werden; daß jeder Kazike die von Euch jeweils vorgeschriebene Zahl von Indianern beibringt und an die von Euch benannten Personen zur Arbeit überläßt, gemäß näherer Anweisung dieser Personen und gegen einen von Euch festzusetzenden Tageslohn.
Die genannten Verpflichtungen sollen sie als freie Personen leisten, die sie ja sind, nicht als Sklaven. Ihr habt dafür zu sorgen, daß diese Indianer gut behandelt werden, und zwar diejenigen unter ihnen, die Christen sind, besser als die anderen; Ihr dürft nicht dulden oder Anlaß geben, das irgend jemand ihnen Leid oder Schaden zufügt oder sie ungebührlich behandelt; daß keiner sich irgend etwas der Art unterstehe, bei Meiner Ungnade und bei Geldstrafe von 10.000 Maravedis im Fall der Zuwiderhandlung.

Quelle: (a) Delgado, Gott 68–71 (lat.: America pontificia primi saeculi evangelizationis 1493–1592, hg. v. Josef Metzler, Vatikanstadt 1991, 1, 79–83); (b) F. Dickmann (Hg.), Renaissance, Glaubenskämpfe, Absolutismus, München [3]1968, 68. – *Lit.*: Delgado, Gott, 66–84; RGG[4] 2, 1273: Art. Encomienda (M. Delgado); Prien, Geschichte 106ff; Prien, Lateinamerika 77ff; Dussel, Church 43ff. 53ff; Borges, Historia 1, 33–46; A. García-Gallo, Las bulas de Alejandro VI. y el ordenamiento jurídico de la expansión portuguesa y castellana en Africa e Indias (in: AHDE 27/28, 1957–1958, 461–829); J. Höffner, Kolonialismus und Evangelium, Trier [3]1971; P. de Leturia, Der Heilige Stuhl und das spanische Patronat in Amerika (in: HJ 46, 1926, 1–71); ders., Relaciones entre la Santa Sede e Hispanoamérica 1493–1835. 1, Rom 1959; E. Reibstein, Völkerrecht, Bd. 1, Freiburg 1957; S. Zavala, La Encomienda Indiana, México [3]1992; ders., Suplemento documental y bibliográfico a la Encomienda Indiana, México 1994; J. B. Ruiz Rivera/H. Pietschmann (Hgg.), Encomiendas, Indios y españoles, Münster 1996; H. Pietschmann, Staat und staatliche Entwicklung am Beginn der spanischen Kolonisation Amerikas, Münster 1980; P. Castañeda, La teocracia pontifical en las controversias sobre el Nuevo Mundo, México 1996.

224. Die Adventspredigt des Antonio Montesinos (1511)

Im September 1510 traf die erste Dominikaner-Kommunität in Española (Dominikanische Republik/Haiti) ein. Im Geiste strenger Observanz und radikaler Nachfolge gekommen, konnte es nicht lange dauern, bis die unerschrockenen Dominikaner in bester Ordenstradition die Praxis mit dem Recht verbanden, den Widerspruch feststellten und beschlossen, das Verhalten ihrer Landsleute, die „maßlos grausam waren und kein Mitleid oder Erbarmen kannten“ (Las Casas, WA 2, 222), von der Kanzel aus anzuprangern. Die prophetische Predigt Antonio Montesinos’

(†1540) am vierten Adventssonntag (21.12.1511) stellt einen Aufstand des Gewissens dar und gehört zu jenen Ereignissen, die wir in der Kirchen- und Menschheitsgeschichte durchaus als „epochal“ bezeichnen sollten. Mit dieser Predigt gaben die Dominikaner dem Christentum, kaum daß es die Neue Welt in irdenen Gefäßen erreicht hatte, seinen ureigenen Charakter als „messianische“ Religion der Hungernden und Dürstenden nach Gerechtigkeit zurück.

Als der Sonntag und die Stunde der Predigt gekommen waren, bestieg der erwähnte Fray Antón Montesino die Kanzel, und als Thema und Grundlage seiner Predigt, die er schon geschrieben hatte und die von den übrigen mitunterzeichnet war, nahm er: *Ego vox clamantis in deserto* [Ich bin die Stimme eines Rufenden in der Wüste: Joh 1,23] [...] „Diese Stimme“, sagte er, „[tut euch kund], daß ihr alle der Grausamkeit und Tyrannei wegen, die ihr gegen diese unschuldigen Menschen gebraucht, in Todsünde seid und in ihr lebt und sterbt. Sagt, mit welchem Recht und mit welcher Gerechtigkeit haltet ihr diese Indios in solch grausamer und entsetzlicher Knechtschaft? Mit welcher Machtbefugnis habt ihr solch verabscheuungswürdige Kriege gegen diese Menschen geführt, die ruhig und friedlich in ihren Ländern lebten, in denen ihr so unendlich viele von ihnen getötet und mit unerhörten Verheerungen ausgerottet habt? Wie bedrückt und plagt ihr sie, ohne ihnen Essen zu geben oder sie in ihren Krankheiten zu pflegen, die sie sich durch die übermäßigen Arbeiten zuziehen, die ihr ihnen auferlegt, und durch eure Schuld sterben sie, oder, besser gesagt, ihr tötet sie, um täglich mehr Gold herauszupressen und zu gewinnen? Und wie sorgt ihr für jemanden, der sie in der christlichen Lehre unterweist, damit sie ihren Gott und Schöpfer erkennen, getauft werden, die Messe hören, die Sonn- und Feiertage in Ehren halten? Sind sie etwa keine Menschen? Haben sie keine vernunftbegabten Seelen? Seid ihr nicht verpflichtet, sie wie euch selbst zu lieben? Versteht ihr das nicht? Fühlt ihr das nicht? Wie könnt ihr in einen so tiefen, so bleiernen Schlaf versunken sein? Haltet es für gewiß, daß ihr euch in dem Zustand, in dem ihr euch befindet, nicht besser retten könnt als die Mauren oder Türken, denen der Glaube an Jesus Christus fehlt und die ihn nicht haben wollen.“

Quelle: Las Casas, WA 2, 226. – *Lit.*: B. Biermann, Die ersten Dominikaner in Amerika (in: ZMR 5, 1947/1948, 57–65, 107–121); Delgado, Gott 143–176; RGG[4] 5, 1477: Art. Montesinos (M. Delgado); M. A. Medina, Una comunidad al servicio del indio, Madrid 1983; M. Delgado, „Hüterin der Gerechtigkeit“, in: D. Langer u.a. (Hg.), Gottesfreundschaft, Fribourg/Stuttgart 2008, 173–186; M. Sievernich, Anfänge prophetischer Theologie, in: Sievernich, Conquista 77–98.

225. Das „Requerimiento“ und seine Kritik

Nach der Predigt Montesinos’ berief die Krone eine Junta (Kommission) von Theologen und Juristen ein. Zum einen erarbeitete sie die Gesetze von Burgos (1512) und Valladolid (1513), um der wilden Ausbeutung der Indianer und der Encomienda Grenzen zu setzen. Zum anderen entwarf sie das *Requerimiento* (1513), um vor allem gegenüber der europäischen Öffentlichkeit die Conquistazüge mit einer Unterwerfungsaufforderung oder Conquistadorenproklamation zu rechtfertigen (vgl. Dtn 20,10–12). Das Requerimiento (a) ist also die erste Antwort auf die kolonialethische „Rechtstiteldiskussion“, die Montesinos’ Frage „mit welchem Recht?“ (s. Text 224) auslöste. Theologen wie Francisco de Vitoria (1483–1546) werden das Requerimiento scharf kritisieren und Rechtstitel begründen, die vor allem auf dem *ius communicationis* und dem *ius praedicandi* basieren. Erstmals wurde das Requerimiento 1514 von Pedrarias Dávila bei der Eroberung des Darién (Panamá) verlesen. Nach dem Requerimiento, das sich u.a. auf die Konzessionsbulle Alexanders VI. von 1493 (s. Text 223a) beruft, ist ein Krieg gegen die Indios nach Verweigerung der Unterwerfung unter die Hoheit des Papstes und des spanischen Königs als „gerecht“ zu beurteilen. Die Kriegsführung nach der Requerimiento-Methode gehörte zu den anerkannten Spielregeln in der Konfrontation zwischen Muslimen und Christen; den amerikanischen Ureinwohnern mußte dies jedoch allein aus sprachlichen Gründen völlig unverständlich erscheinen. Nicht zuletzt hier setzt Las Casas' Kritik an (b). Las Casas (zu ihm s. Kommentar zu Text 227) kritisiert aber auch die Berufung auf die Konzessionsbulle und das Fehlen eines freiwilligen Unterwerfungsvertrages.

a) Das Requerimiento (1513)

Im Namen des Königs Don Ferdinand und der Königin Doña Johanna, seiner Tochter, Königin von Kastilien und León etc., Bezwinger der Barbaren, geben wir, ihre Diener, euch, so gut wir vermögen kund und zu wissen, was folgt:
Gott, unser Herr, der Einige und Ewige, schuf Himmel und Erde, einen Mann und eine Frau, von denen wir und ihr alle Menschen auf der Welt abstammen, wie auch alle, die künftig nach uns kommen werden. [...] Unter allen diesen Menschen beauftragte Gott unser Herr einen, den hlg. Petrus, daß er über alle Menschen auf Erden Herr und Meister sei, dem alle zu gehorchen hätten, und machte ihn zum Oberhaupt des ganzen menschlichen Geschlechtes, wo immer Menschen leben und wohnen, welchem Gesetz, welcher Sekte und welchem Glauben sie auch angehören. [...] Diesem hlg. Petrus haben die Menschen gehorcht und ihn als Herrn, König und Oberen der ganzen Welt anerkannt, und so auch alle anderen, die nach ihm zum *Summus Pontifex* gewählt wurden. [...] Einer der letzten Päpste, die an seiner Stelle zu dieser Würde und auf diesen Thron gekommen sind, hat kraft seiner Herrschaft über die Welt diese Inseln und dieses ozeanische Festland besagtem König [Ferdinand] und besagter Königin [Doña Isabella] und ihren Nachfolgern in diesen Königreichen, unseren Herren, mit allem, was darin ist, zum Geschenk gegeben, wie es in gewissen, darüber ausgestellten Urkunden geschrieben steht, die ihr einsehen könnt, so ihr wollt. [...] Deswegen bitten und ersuchen wir euch nach bestem Vermögen, daß ihr auf unsere Rede hört und eine angemessene Weile darüber beratet, daß ihr die Kirche als Oberherren der ganzen Welt und in ihrem Namen den *Summus Pontifex*, Papst genannt, sowie an seiner Statt den König und die Königin Doña Johanna, unsere Herren, als Oberherren und Könige dieser Inseln und dieses Festlandes kraft der erwähnten Schenkung anerkennt und euch einverstanden erklärt, daß die hier anwesenden Ordensbrüder euch das Gesagte erklären und verkünden.
Handelt ihr danach, dann tut ihr recht und erfüllt eure Pflicht; dann werden Ihre Hoheiten und ich in Ihrem Namen euch mit Liebe und Güte behandeln. [...] Man wird euch in diesem Falle nicht zwingen, Christen zu werden; es sei denn, daß ihr, in der Wahrheit unterwiesen, selbst den Wunsch habt, euch zu unserem heiligen katholischen Glauben zu bekennen, wie es fast alle Bewohner der anderen Inseln getan haben. [...]
Wenn ihr das aber nicht tut und böswillig zögert, dann werde ich, das versichern wir euch, mit Gottes Hilfe gewaltsam gegen euch vorgehen, euch überall und auf alle nur mögliche Art mit Krieg überziehen, euch unter das Joch und unter den Gehorsam der Kirche und Ihrer Hoheiten beugen, eure Frauen und Kinder zu Sklaven machen, sie verkaufen und über sie nach dem Befehl Ihrer Hoheiten verfügen. Wir werden euch euer Eigentum nehmen, euch schädigen und euch Übles antun, soviel wir nur können, und euch als Vasallen behandeln, die ihrem Herrn nicht gehorsam und ergeben, sondern widerspenstig und aufsässig sind. Wir bezeugen feierlich, daß das Blutvergießen und die Schäden, die daraus erwachsen, allein euch zur Last fallen, nicht Ihren Hoheiten, nicht mir und nicht diesen Rittern, die mit mir gekommen sind.
Alles, was ich euch hier gesagt und von euch gefordert habe, bitte ich den anwesenden Notar schriftlich zu beurkunden und die anwesenden Zeugen diesen Akt zu bezeugen, usw.

b) Bartolomé de Las Casas: Kritik des Requerimiento (ca. 1526)

Dem ersten Punkt dürfte wohl jeder verständige Mensch zustimmen: Einmal unterstellt, die Indios verstünden unsere Sprache und deren Worte samt ihrer Bedeutung – was brachten sie ihnen Neues, und was sollten jene davon halten, wenn sie hörten, es gebe einen Gott in der Welt, Schöpfer des Himmels und der Erde, der den Menschen und die Menschheit geschaffen hat, während sie doch die Sonne als Gott verehrten und andere Götter, die sie für die Schöpfer der Menschen und aller Dinge hielten? Mit welchen Argumenten, welchen Zeugnissen oder welchen Wunderbeweisen belegten sie ihnen denn, daß der Gott der Spanier mehr Gott als ihre Götter sei oder eher Welt und Menschen erschaffen habe als ihre Götter? Wenn die Mauren oder Türken kämen und ihnen eben dieses *requerimiento* bescherten, daß Mohammed nämlich Herr und Schöpfer der Welt und der Menschen sei, wären sie dann verpflichtet, ihnen das zu glauben? [...]

Welches Zutrauen, welche Liebe und Ehrerbietung zum Gott der Spanier dürfte man ihnen demnach in ihre Herzen eingeflößt haben, insbesondere den Königen und Herren, wenn sie hörten, daß auf dieses Gottes Geheiß der hlg. Petrus oder der Papst als sein Nachfolger ihre Länder dem König der Spanier übereignete, während sie sich doch als wahrhaftige und freie Könige fühlten und von altersher wie ihre Vorfahren jene Länder in Besitz hatten, daß man von ihnen erwartete, sie und ihre Untergebenen sollten den als Herrn annehmen, den sie niemals zu Gesicht bekommen hatten, niemals kennengelernt oder gehört hatten, von dem sie nicht einmal wußten, ob er gut oder böse sei, noch was er eigentlich wollte, ob er darauf aus war, sie zu regieren, zu berauben oder zu zerstören, zumal seine Botschafter zumeist so wilde, bärtige Männer mit so vielen und so beschaffenen Waffen waren? Was hätten sie denn auch mit gutem Grund von solchen halten oder erwarten können oder sollen?

Desgleichen einem fremden König gegenüber Gehorsam zu verlangen, ohne Abkommen, Vertrag oder Übereinkunft untereinander bezüglich des guten und gerechten Regierungsstils von Seiten des Königs und über den Dienst, den sie ihm zu leisten hätten. Ist es nicht so, daß man einen solchen Vertrag zu Beginn, bei der Wahl oder Anerkennung des neuen Königs oder des neuen Nachfolgers in einem alten Staat abzuschließen und zu beeiden pflegt und dies auch tun soll, schon aus Gründen der natürlichen Vernunft und des Sittengesetzes?

Quelle: (a) Las Casas, WA 2, 247f; (b) Las Casas, WA 2, 249. – *Lit.*: B. Biermann, Das Requerimiento in der spanischen Conquista (in: NZM 6, 1950, 94–114); Delgado, Abschied 29–78; ders., Kolonialismusbegründung und Kolonialismuskritik, in: ders./M. Lutz-Bachmann (Hgg.), Herausforderung Europa, München 1995, 153–170; J. A. Fernández-Santamaría, The State, War and Peace, Cambridge 1977; L. Hanke, La lucha por la justicia en la conquista de América, Madrid 1988; A. Lemistre, Les origines du „Requerimiento" (in: Mélanges de la Casa de Velázquez 6, 1970, 161ff).

226. Papst Paul III. über die Menschenwürde der Indios (1537)

In den ersten Jahrzehnten der Conquista und Evangelisation entstand ein Streit um die Menschenwürde und Glaubensfähigkeit der Indios. Auch die Missionare waren in eine indiophobe und eine indiophile Partei geteilt. Letztere wandte sich – unter Umgehung des Patronats – Mitte der dreißiger Jahre an den Papst mit der Bitte um ein klärendes Wort. So kam es zur Bulle *Veritas ipsa* (auch *Sublimis Deus* genannt) vom 2.6.1537, die mit päpstlicher Autorität die Menschenwürde und Glaubensfähigkeit der Indios festhielt. Las Casas und die indiophile Partei werden diese Bulle stets zitieren und verbreiten. Die „Einmischung" Pauls III. führte zu einem Patronatskonflikt mit Karl V., der erst mit dem Frieden von Nizza (1538) beigelegt werden konnte.

Wie Wir wissen, sprach deshalb die Wahrheit selbst ..., als sie die Prediger des Glaubens zum Amte der Verkündigung auserkor, die Worte: 'Euntes docete omnes gentes' [Mt 28,19]. Alle, sagte sie, ohne Ausnahme, sind doch alle fähig, im Glauben unterwiesen zu werden.
Scheelen Blicks sah dies der Rivale des Menschengeschlechtes, der stets allem Guten entgegenwirkt und es zu vernichten trachtet. Daraufhin ersann er eine bislang nie gehörte List, um die Verkündigung des Wortes Gottes an die Völker und damit deren Heil zu hintertreiben: Er veranlaßte nämlich einige seiner Helfershelfer, die nichts anderes begehrten, als ihre Habsucht zu befriedigen, daß sie sich anmaßen, fortwährend zu behaupten, daß die Bewohner West- und Südindiens und andere Nationen, von denen Wir Kunde erhalten haben, uns willfahren müssen; und daß sie diese zum Sklavendienst antreiben, indem sie ihnen mit Schlägen, mit denen sie kaum Tiere, die ihnen dienen, antreiben würden, zusetzen. Dabei schützen sie vor, diese Leute könnten – wie Tiere – des katholischen Glaubens nicht teilhaftig werden. Als Stellvertreter Christi, unseres Herrn, wiewohl dessen unwürdig, suchen Wir mit all Unseren Kräften, die Schafe seiner Herde, die Uns anvertraut sind und sich außerhalb seiner Herde befinden, in seinen Schafstall hineinzuführen. Wir wissen wohl, daß die Indios als wirkliche Menschen nicht allein die Fähigkeit zum christlichen Glauben besitzen, sondern zu ihm in allergrößter Bereitschaft herbeieilen, wie man es Uns wissen ließ. Da wir für diese mit angemessenen Heilmitteln Sorge tragen wollen, bestimmen und erklären Wir mit diesem Schreiben und kraft Unsrer apostolischen Autorität, ungeachtet all dessen, was früher in Geltung stand und etwa noch entgegensteht, daß die oben genannten Indios und alle anderen Völker, die künftig mit den Christen bekannt werden, auch wenn sie noch außerhalb des christlichen Glaubens stehen, dennoch ihrer Freiheit und ihres Besitzes nicht beraubt werden dürfen; vielmehr sollen sie ungehindert und erlaubterweise das Recht auf Besitz und Freiheit ausüben und sich dessen erfreuen können. Auch ist es nicht erlaubt, sie in den Sklavenstand zu versetzen. Alles was diesen Bestimmungen zuwiderläuft, sei null und nichtig. Die Indios aber und die andern Nationen mögen durch die Verkündigung des Wortes Gottes und das Beispiel eines guten Lebens zum Glauben an Christus eingeladen werden.

Quelle: Las Casas, WA 1, 246–247 (lat: America pontificia primi saeculi evangelizationis 1493–1592, hg. von J. Metzler, Vatikanstadt 1991, 1, 364–366). – *Lit.*: J. Baumgartner, Mission und Liturgie in Mexiko. 2 Bde., Schöneck-Beckenried 1971f; A. de la Hera, El derecho de los indios a la libertad y a la fe (in: AHDE 26, 1956, 89–181); M. M. Martínez, Las Casas-Vitoria y la Bula „Sublimis Deus", in: A. Saint-Lu u.a. (Hgg.), Estudios sobre Fray Bartolomé de Las Casas, Sevilla 1974, 25–51; H. R. Parish/H. E. Weidmann, Las Casas en México, México 1992; M. Delgado, Der Konflikt zweier Universalismen, in: D. Büchel/V. Reinhardt (Hgg.), Modell Rom?, Köln u.a. 2003, 83–100.

227. Zwei kontroverse Auslegungen des „compelle intrare"

Der Humanist und Aristoteles-Kenner Juan Ginés de Sepúlveda (†1573) vertrat – nicht zuletzt unter Berufung auf die Konzessionsbulle *Inter cetera* (s. Text 223a) – den politischen Augustinismus der *ecclesia militans* und rechtfertigte Eroberungszüge und Zwangsmission (erst militärische *Conquista* und dann Evangelisation unter dem de facto herrschenden Zwang). Bartolomé de Las Casas (1484–1566: Verteidiger der Rechte der Indios sowie der Werte ihrer Religionen und Kulturen, Ankläger der Conquista und Encomienda, Verteidiger der friedlichen Mission) hingegen vertrat die Meinung, daß das Evangelium mit Gewalt und Krieg nichts zu tun hat und unter dem *compelle intrare* von Lk 14,23 – der Bibelstelle, mit der Augustin im 5. Jh. die Gewaltanwendung gegen Ketzer und Schismatiker begründet hatte – die Überzeugung des Verstandes mit

Vernunftgründen sowie die sanfte Anlockung und Ermahnung des Willens zu verstehen sei. Dies ist der cantus firmus seines Werkes und ersten missionstheologischen Traktats der Neuzeit „De unico vocationis modo omnium gentium ad veram religionem“ (dt.: Las Casas, WA 1, 97–335). Entscheidend für ihn war, Cajetans Kommentar zur „Summa Theologiae“ II–II, q.66, a.8 des Thomas von Aquin folgend, daß die Indios eine neue Art von Heiden darstellten, die das Evangelium bisher nicht hatten hören können und gegen die daher – anders als etwa gegen „Ketzer“ – keinerlei Zwang erlaubt sei.

a) Juan Ginés de Sepúlveda (1544)

Leopoldo [der eine Gesprächspartner:] Wir haben jedoch nicht gelesen, daß Christus oder seine Apostel jemanden dazu gezwungen hätten, den Glauben zu empfangen oder das Evangelium zu hören. [...] Ich sehe tatsächlich keinen Grund gegen die Art, so zu denken.

Demócrates [der andere Gesprächspartner:] Aber der hlg. Augustinus sah einen solchen, als er einem gewissen Häretiker, welcher ihm einen ähnlichen Einwurf vortrug, zur Antwort gab: „Verstehst du nicht, daß damals die Kirche erstmals mit neuem Samen keimte und jene Verheißung sich noch nicht erfüllt hatte: ‚Alle Könige der Erde sollen ihn anbeten und alle Völker ihm dienen?'“ Und wirklich, je mehr dies sich erfüllt, um so mehr wächst die Macht der Kirche, nicht nur einzuladen, sondern auch zum Guten zu nötigen; dies wollte der Herr nämlich andeuten, indem er trotz seiner großen Macht es vorzog, zunächst die Demut zu empfehlen. Und um diese Auffassung mit der Lehre des Evangeliums zu bekräftigen, fügte der hlg. Augustinus hinzu: „Christus zeigte dies mit ziemlicher Deutlichkeit in jenem Gleichnis vom Gastmahl, als (der Familienvater) ausschickte, um die Geladenen zum Gastmahl zu rufen, und, als diese nicht kommen wollten, dem Knecht sagte: ‚Eile in die Städte, auf die Straßen und in die Vorstädte und bringe die Armen und Schwachen, die Blinden und Lahmen hierher.' Der Knecht sprach: ‚Es ist geschehen, wie du aufgetragen hast, und noch ist Platz.' Und der Herr sagte dem Knecht: ‚Eile an die Wege und Zäune und nötige (alle) einzutreten, bis mein Haus voll ist.' [Lk 14,21–23] Beachte nun“, so sagt er, „wie von den ersten, die gekommen waren, gesagt wird: führe sie hinein, und von den letzten: nötige sie. So stellte sich in den Anfängen der sich noch ausbreitenden Kirche und in ihrem Fortgang heraus, daß (die Heiden) mit Gewalt genötigt werden mußten.“ [...] So behaupte ich also, daß diese Barbaren nicht nur eingeladen, sondern auch zum Guten genötigt werden sollen, d.h. zur Gerechtigkeit und zur Religion, vor allem, wenn das Unternehmen mit so geringem Aufwand und so geringen Verlusten auf beiden Seiten bewerkstelligt werden kann und die Barbaren unterworfen werden können; so daß man ein für allemal das Heil und großes Wohl gegenwärtiger und zukünftiger Sterblicher in nahezu unbegrenzter Zahl – und dies für immer – besorgen kann.

b) Bartolomé de Las Casas (1551)

Es wäre schön, wenn Sepúlveda und seine Anhänger diesbezüglich irgendeine Schriftstelle angäben, die besagtes Gleichnis in Sepúlvedas Sinne kommentiert, und zwar derart, daß das Evangelium (das die Gute und Frohe Botschaft ist) und die Vergebung der Sünden mit Waffen und Bombarden verkündet werden sollen, indem man das Volk militärisch unterwirft und mit dem Feuer des Krieges verfolgt. Was hat die Frohe Botschaft mit den Verstümmelungen, Sklavereien, Massakern, Feuersbrünsten, Städteverwüstungen und bekannten Übeln allen Krieges zu tun? In Wahrheit würden sie lieber zur Hölle fahren, als die Vorteile des Evangeliums zu genießen. Und was werden die Flüchtlinge erzählen, die aus Furcht vor den Spaniern in die Provinzen anderer Völker fliehen, mit ihren blutenden Köpfen, ihren verstümmelten Händen und ihren zerrissenen Eingeweiden? Was werden sie vom Gott der Christen halten? [...] Aus unserer vorausgegangenen ausführlichen Darstellung ergibt sich eindeutig, worin der wörtliche Sinn besteht, den Christus uns mit dem Satz aus dem zuvor zitierten Gleichnis zu verstehen geben will: „Nötige sie einzutreten!" [Lk 14,23] Der hier vorgeschlagene Zwang bezieht sich auf jene Ungläubigen, die niemals zuvor von den Glaubenswahrheiten gehört haben. Dieser Zwang wird ausgeübt durch die Vernunft und die menschliche Überzeugung oder durch die geistliche, innerliche Überzeugung, die durch den Dienst der Engel erreicht wird.

Quelle: (a) Delgado, Gott 103–104; (b) Delgado, Gott 109. 111. – *Lit.*: ebd., 101–115; B. de Las Casas, Die Disputation von Valladolid (1550–1551), in: Las Casas, WA 1, 337–436 (339f: Lit.); RGG[4] 5, 80f: Art. Las Casas (M. Delgado); ders., Hunger und Durst nach der Gerechtigkeit, Freiburg (Schweiz) 2001; M. Gillner, Bartolomé de Las Casas und die Eroberung des indianischen Kontinents, Stuttgart 1997; G. Gutiérrez, En busca de los pobres de Jesucristo, Salamanca 1993; M. Delgado, „Hüterin der Gerechtigkeit", in: D. Langer u.a. (Hg.), Gottesfreundschaft, Fribourg/Stuttgart 2008, 173–186; L. Hanke, All mankind is one, DeKalb 1974; A. Losada, The Controversy between Sepúlveda and Las Casas in the Junta of Valladolid, in: J. Friede/B. Keen (Hgg.), Bartolomé de Las Casas in History, DeKalb 1971, 127–234; J. L. Phelan, El imperio cristiano de Las Casas, el imperio español de Sepúlveda y el imperio milenario de Mendieta (in: Revista de Occidente 47, 1974, 291–310); H. Pietschmann, Juan Ginés de Sepúlveda und die amerikanischen Ureinwohner, in: Las Casas, WA 1, 86–96.

C. Aufbau kolonialkirchlicher Strukturen

228. Papst Julius II.: Königliches Patronat (1508)

Die Katholischen Könige Spaniens, denen aufgrund ihrer Rolle bei der Eroberung Granadas ein Patronat für dieses Gebiet verliehen worden war, waren nach der Entdeckung Amerikas von Anfang an bestrebt, auch für die Neue Welt ein Patronat zu erhalten. In verschiedenen Bullen, die sie vom Papst erbaten, nahm dieses Patronat Gestalt an. Nach üblichem Brauch legten die Könige dem Gesuch einen Textentwurf bei und handelten mit der römischen Kurie den definitiven Text aus. Oft mußte der Text solange redigiert werden, bis er die Könige zufrieden stellte. Bereits die Konzessionsbulle *Inter cetera* Alexanders VI. vom 4.5.1493 (s. Text 223a) enthält Formulierungen in der Tradition des Patronats, auch wenn sie es noch nicht formell verleiht. Darin wird den Katholischen Königen und ihren Nachfolgern ein Teil der Neuen Welt für alle Zeiten „geschenkt, gewährt und übertragen". Zugleich werden sie feierlich ermahnt, für die Evangelisierung der neuentdeckten Völker „würdige, gottesfürchtige, geschulte, geschickte und erfahrene Männer" zu bestellen. Dieser Evangelisierungsauftrag kann als Geburtsstunde des spanischen Patronats für die Kirche in Übersee betrachtet werden. Ein weiterer Schritt war die Bulle *Eximiae devotionis* vom 16.11.1501, mit der Alexander VI. den Katholischen Königen „für alle Zeiten" den Zehnten „der Inseln und des Festlandes Westindiens" verlieh. Da dies ihnen immer noch nicht genug war, erwirkten die Könige von Julius II. am 28.7.1508 die ausdrückliche Patronatsbulle *Universalis Ecclesiae*, aus der nachfolgender Auszug stammt. Auch wenn noch weitere Bullen folgen sollten (so z.B. vom Julius II. die Bulle *Eximia devotionis* vom 8.8.1510 über den Kirchenzehnten), um Details zu präzisieren, so war mit den drei genannten Bullen das Patronat (Evangelisierungsauftrag, exklusives Recht auf Stiftung und Dotierung der Pfarreien und Kathedralkirchen, der Zehnte und das Präsentationsrecht) für die Kirche in Übersee im wesentlichen begründet.

Im Bedacht, der Ehre, Schönheit und Sicherheit der vorbesagten Insel [Hispaniola] und vorgenannten Reiche, deren Könige dem Apostolischen Stuhl stets treu gewesen sind, nachzugeben, in Ansehung des eindringlichen Ersuchens, welches die besagten König Ferdinand und Königin Johanna mit dem gebührenden Respekt deshalb bei Uns unternommen und noch immer unternehmen, und nach reiflicher Erörterung mit

Unseren Brüdern, den Kardinälen der Heiligen Römischen Kirche, gewähren Wir auf deren Rat König Ferdinand und Königin Johanna sowie dem jeweiligen König von Kastilien und León ... das Recht des Patronats und der Präsentation geeigneter Personen bei den vorgenannten Kirchen von Yaguata, Magua und Baynua und den anderen Metropolitan- und Kathedralkirchen und Klöstern; sowie das Recht auf den Ehrenrang nach dem höheren Klerus in den Kathedral- und Metropolitankirchen und in den Stiftskirchen nach den Oberen; ferner das Recht der Präsentation bei den anderen zur entsprechenden Zeit vakanten kirchlichen Benefizien und frommen Plätzen auf den besagten Inseln und an den genannten Orten, natürlich auch bei den Kathedral- und Metropolitankirchen sowie den Ordenskirchen und Klöstern, über die im Konsistorium zu befinden ist, gegenüber Uns und Unseren kanonisch ins Amt tretenden Nachfolgern, den römischen Päpsten, wegen der weiten Entfernung zur See innerhalb eines Jahres nach Vakantwerden; bei den niederen Benefizien aber gegenüber den Ortsordinarien; das Recht aber, die präsentierten Personen in niedere Ämter zu instituieren, gewähren Wir den Ordinarien selbst; und falls die besagten Ordinarien es versäumen, die präsentierte Person innerhalb von zehn Tagen zu instituieren, dann darf stattdessen ein beliebiger anderer Bischof jener Gegend auf Ersuchen von König Ferdinand oder Königin Johanna oder des jeweils lebenden Königs die besagte präsentierte Person frei und erlaubt instituieren.

Quelle: America pontificia primi saeculi evangelizationis 1493–1592, hg. v. J. Metzler, Vatikanstadt 1991, 1, 106. – *Lit.*: Borges, Historia 1, 47–98; P. de Leturia, Der Heilige Stuhl und das spanische Patronat in Amerika (in: HJ 46, 1926, 1–71); ders., Relaciones entre la Santa Sede e Hispanoamérica 1493–1835, 1, Rom 1959; J. Meier, Die Anfänge der Kirche auf den Karibischen Inseln, Immensee 1991; E. Cárdenas, Das königliche Patronat und Vikariat in den überseeischen Besitzungen Spaniens, in: Sievernich, Conquista 147–166; M. Delgado, Der Konflikt zweier Universalismen, in: D. Büchel/V. Reinhardt (Hgg.), Modell Rom?, Köln u.a. 2003, 83–100.

229. Wahrnehmung des Patronats durch Philipp II. (1574)

Versuche der indiophilen Partei unter den Missionaren, den Papst trotz Patronats zu einem direkten Eingreifen in die Amerika-Mission zu bewegen, führten zu „Patronatskonflikten". Diese entstanden vor allem im Schatten der Bullen Pauls III. von 1537 (s. Text 226) sowie in Folge des gescheiterten Bestrebens Pius' V. während der „Junta Magna" von 1568, in den amerikanischen Vizekönigreichen einen Nuntius zu installieren, der den direkten Kontakt mit Rom garantieren sollte. In der Folge sorgte Philipp II. durch Gesetz vom 1.6.1574 für eine strengere Wahrnehmung seiner Patronatsrechte.

Da Uns das Kirchliche Patronat im gesamten Westindien zusteht – aufgrund der Entdeckung und Eroberung jener Neuen Welt, aufgrund der Errichtung und Dotation der Kirchen und Klöster zu deren Bewahrung zu Unseren Lasten und zu Lasten der Katholischen Könige, Unserer Vorgänger, aber auch weil Uns dieses Patronat durch Bullen der Höchsten Priester motu propio gewährt wurde und weil Wir es also rechtens innehaben: Wir ordnen an und befehlen, daß dieses Patronatsrecht auf Westindien einzig und in solidum Uns und Unserer Königlichen Krone immer vorbehalten wird, und es aus ihr weder als Ganzes noch als Teil ausgegliedert werden kann. Die Gnaden, Bewilligungen und irgendwelche andere Verfügungen, die Wir oder die Könige, unsere Nachfolger, beschließen oder gewähren, sollen nicht so verstanden werden, als ob Wir dadurch irgend jemandem, irgendwelcher Kirche oder irgendwelchem Kloster Patronatsrechte gewährten oder Unser Patronatsrecht beeinträchtigten. [...] Und Unsere Vizekönige, Gerichtshöfe und königlichen Justizbeamte sollen mit äußerster Strenge gegen diejenigen vorgehen, die Unser Patronatsrecht nicht einhalten oder in Frage stellen.

Quelle: Recopilación de Leyes de los Reynos de las Indias, Madrid 1791 (NMadrid 1973), 1, 36 (Buch I, Titel 6, Gesetz 1). – *Lit*. P. de Leturia, Relaciones entre la Santa Sede e Hispanoamérica 1493–1835, 1, Rom 1959; A. Egaña, La teoría del Regio Vicariato Español en Indias, Rom 1958; HKG(J) 5, 255–271 (J. Beckmann).

D. Mission und Missionare

230. Mexiko: Die Missionsmethode der Franziskaner (1596)

Bei der Mexiko-Mission bedienten sich die Franziskaner der Kinder der Vornehmen, die sie in besonderen Schulen auf die Missionsarbeit vorbereiteten. Die Kinder dienten ihnen als Dolmetscher, aber auch als Informanten über den praktizierten „Götzendienst“. Die ersten Missionsmethoden waren sehr vielfältig und einfallsreich. Neben der Übersetzung der wichtigsten Gebete und Glaubenslehren in die indianischen Sprachen verwendeten die Franziskaner in den Anfängen auch Bilderkatechismen auf der Grundlage der aztekischen Bilderschrift. Viele davon sind erhalten und zeugen von der Inkulturationsfähigkeit der Missionare. Der Autor dieses Textes, der spanische Franziskaner Jerónimo de Mendieta (1525–1604), entwirft freilich Ende des 16. Jh.s ein verklärtes Bild der Mexiko-Mission. Den Franziskanern wurde eine Methode der tabula-rasa und eine unnötige Strenge bei der Verfolgung des „Götzendienstes“ vorgeworfen.

Sie [die Kinder] besaßen ein so gutes Gedächtnis, daß sie nach ein- oder zweimaligem Hören die Geschichte eines Heiligen im Gedächtnis behielten und diese im nachhinein mit großer Anmut, sehr beherzt und wirkungsvoll erzählten. [...] Es ist ja bereits gesagt worden, mit welcher Leichtigkeit die von unseren Ordensleuten unterrichteten Kinder die christliche Lehre sich aneigneten. Auch einige von außerhalb konnten sie ihrer Begabung wegen in wenigen Tagen nach der üblichen Methode lernen, die darin besteht, daß der Unterrichtende sagt: *Pater noster*, und die Schüler antworten auch: *Pater noster*. Darauf: *qui es in coelis*, und so fortfahrend. [...] Andere wählten eine für mein Empfinden schwierigere, wenn auch unterhaltsamere Methode, wobei sie die Worte verwendeten, die in ihrer Sprache etwas mit der lateinischen Aussprache gemein hatten, die sie dann auf einem Papier in der Reihenfolge aufschrieben; nicht die Worte, sondern die Bedeutungen, denn sie kannten keine Buchstaben, sondern lediglich Bilder, und so verstanden sie sich mit Hilfe der Zeichen. Wir wollen uns ein Beispiel dafür ansehen. Das Wort, das in ihrer Sprache der Aussprache von *Pater* am nächsten kommt, ist *Pantli*, das soviel wie das Fähnchen bedeutet, mit dem sie die Zahl zwanzig kennzeichnen. Um sich an die Vokabel *Pater* zu erinnern, setzen sie das Fähnchen, das *Pantli* entspricht und sagen dabei *Pater*. Dem *noster* entspricht in ihrer Sprache am ehesten *Nochtli*, der Name für das, was die Spanier hier *Tuna*, in Spanien aber westindische Feige nennen, eine grüne Schalenfrucht, außen voller Stacheln, die denjenigen, der sie pflücken will, sehr schmerzhaft stechen. So zeichnen sie, um sich an die Vokabel *noster* zu erinnern, nach dem Fähnchen eine Feige, die sie *Nochtli* nennen, und so fahren sie fort bis zum Ende des Gebetes. [...] Was ich hier beschreibe, geschah zu Beginn der Bekehrung; später dann hat man ihnen an allen Sonn- und verpflichtenden Feiertagen vor der Ansprache und vor der Messe die christliche Lehre zwei oder dreimal vorgetragen (und tut es noch), wenn alles Volk im Kirchhof beisammen stand. [...] Die Sorge und den Einfallsreichtum, der in diesem Neu-Spanien hinsichtlich der Lehre und Unterweisung der Eingeborenen zu deren Christianisierung an den Tag gelegt wurde, hat es in dem Maße bei keinem anderen Volk der Welt gegeben.

Quelle: Delgado, Gott 182–184. – *Lit.*: H. von der Bey, „Auch wir sind Menschen so wie ihr!" Franziskanische Dokumente des 16. Jahrhunderts zur Eroberung Mexikos, Paderborn 1995; Borges, Historia 1, 495–508, 549–592; ebd., 2, 125–144; ders, Métodos misionales en la cristianización de América, Madrid 1960; M. Cayota, Die franziskanischen Missionen, in: Sievernich, Conquista 373–412; ders., Die indianische Kirche, in: A. Rotzetter u.a. (Hgg.), Von der Conquista zur Theologie der Befreiung, Zürich 1993, 35–107; Delgado, Abschied 191–234; J. Guillermo Durán (Ed.), Monumenta catechetica hispanoamericana. (Siglos XVI–XVIII). 2 Bde., Buenos Aires 1984–1990; J. L. Phelan, The millennial Kingdom of the Franciscans in the New World, Berkeley [2]1970; W. Henkel, Die Konzilien in Lateinamerika. Teil 1: Mexiko 1555–1897, Paderborn 1984; R. Ricard, La conquista espiritual de México, México 1986; J. Specker, Die Missionsmethode in Spanisch-Amerika im 16. Jh., Schöneck-Beckenried 1953.

231. Peru: Evangelisation des Inkareiches (Ende 16. Jh.)

Der anonyme Autor dieses Textes, vermutlich der Mestize und Jesuit Blas Valera, analysiert die drei Weisen, die peruanischen Indios im 16. Jh. zu bekehren. Deutlich spürbar ist seine – z.T. verklärende – Sympathie für die dritte, nach dem Zweiten Konzil von Lima (1567) ansetzende und hauptsächlich von den 1569 in Peru angekommenen Jesuiten getragene Weise, die auf dem Studium der indianischen Sprachen und Kulturen basierte und eine vertiefte Mission des Inkareiches ermöglichte. Die erste Periode reichte bis 1540, die zweite bis 1567.

[Die erste Weise der Evangelisierung geschah] mit Macht und Gewalt, ohne daß irgendwelche Katechese oder Belehrung vorausgegangen wäre, wie dies in Puna, Túmbez, Cajamarca, Pachacama, Lima und andernorts der Fall war, wo die Prediger Soldaten und die Täufer *Idiotas* [in Glaubenssachen ungebildete Laien] waren, die Getauften aber in Kummet und Ketten gebracht wurden, gebunden oder an einem Strick aufgereiht oder gar haufenweise, mit der Warnung, nur ja nicht die Köpfe zu heben, wenn sie nicht am eigenen Leibe den Zweck von Schwertern und Musketen erfahren wollten. [...] Die zweite Weise, Indios zu christianisieren, bestand darin, daß es Indios gab, die aus freien Stücken Christen sein wollten, weil sie das heiligmäßige Beispiel eines guten Ordensmannes oder irgendeines frommen Laien (auch an diesen fehlte es nicht, wenn sie auch am wenigsten vermochten) bewegte; sie hatten aber niemanden, der sie in ihrer Sprache im Glauben hätte unterweisen können. Also beschied man sich damit, ihnen das Vaterunser, das Ave Maria und das Credo in Latein aufzusagen und ihnen in der Öffentlichkeit ein großes Kreuz aufzurichten, vor dem sie morgens und abends niederzuknien hatten. [...] Die dritte Weise ... war die, daß die Indios nicht nur nach eigenem Willen mit ihren Frauen und Kindern getauft werden wollten, sondern auch noch jemanden fanden, der sie unterrichtete und mit gutem Beispiel zur Inbrunst des Glaubens und zur Liebe Gottes antrieb. Und wenn sie womöglich niemanden fanden, so suchten sie selbst nach der Art und Weise, ihre Verpflichtungen zu übernehmen und ihre Kinder zu lehren. [...] Gott ... sandte ... ihnen aufrichtige Kirchenmänner, Kleriker und Ordensmänner, die mit Eifer und rühmlicher Arbeit die Sprache des Landes lernten; diese Geistlichen ... machten sich auf, das Evangelium öffentlich zu predigen, von Dorf zu Dorf. Sie entfernten den Götzendienst nicht nur äußerlich, wie die Erst- und Zweitgenannten, die die Sprache der Indios nicht kannten, sondern sie entfernten ihn auch aus deren Herzen und Gemütern, derart, daß sie selbst es nicht nötig hatten, den Götzen zu zerbrechen oder alte Altäre und Gebetshäuser zu zerstören. Die Indios legten vielmehr selbst in Schutt und Asche, was es an Götzen und Altären gab; sie legten sogar die geheimgehaltenen offen und zerbrachen sie ebenfalls.

Quelle: Delgado, Abschied 180–184. – *Lit.*: Delgado, Gott 249–265; F. Armas Medina, Cristianización del Perú (1532–1600), Sevilla 1953; Borges, Historia 1, 495–508. 549–592; ebd., 2, 505–522; ders.,

Métodos misionales en la cristianización de América, Madrid 1960; J. Specker, Die Missionsmethode in Spanisch-Amerika im 16. Jahrhundert, Schöneck-Beckenried 1953.

232. Guatemala: Vertrag über friedliche Missionierung (1537)

Auch wenn die Evangelisation zumeist der Conquista folgte und unter dem Schutz des politischen Zwanges stattfand, blieb in der ganzen Kolonialzeit das Ideal der friedlichen, zwangsfreien Evangelisation nach der von Las Casas propagierten „Einzigen Art der Berufung aller Völker zur wahren Religion" aufrecht. Las Casas selbst praktizierte diese Methode zunächst erfolgreich unter den kriegerischen Stämmen Guatemalas und ließ dieses Gebiet von der Krone in Verapaz („Land des wahren Friedens") umbenennen. In seinem Spätwerk wird Las Casas (WA 3/1, 297) zornig schreiben, daß lediglich in der Provinz namens Verapaz die spanische Herrschaft legitim ist, weil sie von den Indios dank der Missionare freiwillig angenommen wurde. Vor der Verapaz-Mission ließ sich Las Casas von Alonso Maldonado, dem Gouverneur Guatemalas, vertraglich zusichern, daß die Missionare allein arbeiten und die *Encomenderos* sich nicht einmischen würden. Nach einigen Jahren scheiterte das Experiment Verapaz nicht zuletzt wegen der Einmischung spanischer Kolonisten.

Ich, der Lizentiat Alonso, *Gobernador* dieser Stadt und Provinz Guatemala für Seine Majestät, erkläre, daß Ihr, Pater Fray Bartolomé de Las Casas und die Ordensleute, die bei Euch sind, Euch entschlossen habt, Euch zur Ehre Gottes, zum Heil der Seelen und zum Dienst Seiner Majestät damit zu befassen und daran zu arbeiten, bestimmte Provinzen wilder Indios zu befrieden, die innerhalb und an den Grenzen dieser *Governación* liegen, sich aber nicht im Gehorsam des Königs unseres Herrn und im Verkehr mit den Spaniern befinden, sondern wild und kriegerisch sind, so daß kein Spanier wagen würde, sich dorthin zu begeben, wo sie sich aufhalten. Ihr beabsichtigt, sie sicher und friedlich zu machen und zur Unterwerfung unter die königliche Herrschaft und zur Anerkennung Seiner Majestät als Herrn zu bewegen, damit sie in unserem Heiligen katholischen Glauben unterrichtet werden können und Ihr und die anderen Mönche, die sich damit befassen werden, ihnen die christliche Lehre predigen könnt. Ihr habt mich davon in Kenntnis gesetzt, damit ich es für gut befinde. Weil Ihr aber befürchtet, daß die genannten Indios und Provinzen, wenn sie nach ihrer Befriedung und Unterwerfung unter den König Spaniern als *Encomienda* vergeben werden, wie gewohnt mißhandelt und dadurch so verstört werden, daß sie den Glauben und die christliche Lehre nicht annehmen, habt Ihr mich im Namen Gottes und Seiner Majestät ersucht, Euch im Namen des Königs zu versprechen und zu versichern, daß ich alle Provinzen und Indios, die Ihr zu Frieden und Unterwerfung unter Seine Majestät bewegt, unmittelbar Seiner königlichen Hoheit unterstelle und sie nicht als *Encomienda* an irgendeinen Spanier gebe. Nur so könntet Ihr Euch damit befassen, sie zu sicheren Untertanen zu machen, und all Eure Kraft auf das genannte Ziel verwenden. Verspreche ich Euch das nicht, werdet Ihr Euch nicht damit befassen, weil Ihr so, wie Ihr sagt, nicht hoffen könntet, irgendein Ergebnis zu erzielen; weder kann man sie dann bewegen, Christen zu werden, noch sie gute Sitten lehren.

Quelle: Schmitt, Dokumente 3, 499–500. – *Lit.*: M. Bataillon, La Vera Paz, in: ders. (Hg.), Études sur Bartolomé de Las Casas, Paris 1966, 137–202; B. Biermann, Missionsgeschichte der Verapaz in Guatemala (in: JGSLA 1, 1964, 117–156); A. Saint-Lu, La Vera Paz, Paris 1968.

233. Brasilien: Katholische und kalvinistische Aktivitäten

Um die Mitte des 16. Jh.s kamen nicht nur spanische und portugiesische Jesuiten, sondern auch französische Hugenotten nach Brasilien. Die ersten missionierten im portugiesischen Herrschaftsgebiet, die zweiten im Schatten der kurzlebigen französischen Versuche (1555–1558), in Brasilien (in der Bucht von Rio de Janeiro) die Kolonie France Antarctique zu errichten. 14 Glaubensgenossen entsandte Calvin nach Brasilien, darunter Jean de Léry (1534–1613), der tagebuchartig die Geschichte dieser frühen Mission geschrieben hat. Trotz der konfessionellen Unterschiede weisen die Berichte des Jesuiten Manoel da Nóbrega (1517–1570) und des Kalvinisten Léry strukturelle Gemeinsamkeiten im Blick der zivilisierten Europäer auf die fremden „Wilden“ auf. Ähnlich wie Kolumbus in seinem ersten Bericht (s. Text 218) dachten sie, daß die als Halbnomaden ohne feste Tempel und Kultstätte lebenden Tupi-Indios keinen Gott hatten. Intuitiv sahen beide in den Schamanen oder Zauberern ihre Hauptfeinde, weshalb sie deren „betrügerische“ Praktiken zu entlarven versuchen. Interessant ist auch die kontroverstheologische Pointe im Bericht Lérys, der die abergläubischen Praktiken der Tupis mit der Papstgläubigkeit und der Heiligenverehrung der Katholiken vergleicht.

a) Manoel da Nóbrega: Über Land und Leute in Brasilien (1549)

Dieses ganze Heidenvolk betet weder etwas an, noch kennt es Gott. Lediglich den Donner nennen sie *Tupã*, was bedeutet: Der sagt etwas Göttliches. So haben wir kein treffenderes Wort, um sie zur Kenntnis Gottes zu bringen, als ihn *Vater Tupã* zu nennen. Allein bei ihnen gibt es einige Zeremonien, die auf folgende Weise vonstatten gehen: Alle paar Jahre kommen aus entfernten Ländern etliche Zauberer, die vorgeben, Heiligkeit mitzubringen. Bei ihrer Ankunft erteilen sie den Auftrag, die Wege zu verbreitern; und dann werden sie mit Tänzen und Festlichkeiten gemäß ihrer Sitte empfangen. [...] Wenn der Zauberer mit viel Festlichkeit an dem Ort ankommt, geht er in ein dunkles Haus und stellt eine Kalebasse mit menschlichem Aussehen, die er mitgebracht hat, an einen Ort, der ihm für seine Betrügereien am geeignetsten erscheint; dann verstellt er seine Stimme, so daß sie wie die eines Kindes klingt, und sagt ihnen bei der Kalebasse, sie sollten nicht arbeiten und aufs Feld gehen, die Nahrungsmittel würden von allein wachsen, zu essen werde ihnen nie fehlen und die Ernte komme von selbst ins Haus; die Ackerstäbe würden von allein graben und die Pfeile würden in den Wald fliegen, um für ihren Herrn zu jagen; und sie würden viele ihrer Feinde töten und viele gefangennehmen, damit sie ausreichend zu essen hätten. Und er verspricht ihnen ein langes Leben, und daß die alten Frauen wieder jung werden und daß sie die Töchter dem geben, wem sie wollen; und manche ähnlichen Dinge sagt und verspricht er, führt sie damit aber hinters Licht. So glauben sie, in der Kalebasse befinde sich etwas Heiliges und Göttliches, das ihnen alles das sage und an das sie auch glauben. [...] Und wenn die Heiden krank werden, greifen die Zauberer auch zu vielen Tricks und Hexereien. Diese sind die schlimmsten Gegner, die wir hier haben; zuweilen machen sie den Kranken weis, wir steckten ihnen Messer, Scheren und ähnliches Zeug in den Leib und dadurch brächten wir sie um.

b) Jean de Léry: Die Mission der Hugenotten in Brasilien (1557)

Plauderten wir mit ihnen und die Gelegenheit war gerade günstig, so sagten wir, daß wir an einen einzigen und allmächtigen Gott, den Schöpfer der Welt, glauben, der Himmel und Erde und alles, was auf ihr ist, geschaffen hat. Dieser Gott regiert alles und verfügt über alles, wie es ihm gefällt. Wenn sie uns so reden hörten, sahen sie einander an und stießen den Ausruf aus, mit dem sie ihr Erstaunen auszudrücken pflegen: „Teh!“ Sehr groß war ihre Verwunderung. Wie ich schon erwähnte, sind sie ungemein erschrocken, hören sie den Donner, den sie *Tupan* nennen. Gingen wir darauf ein und benutzten die Gelegenheit, ihnen zu sagen, daß Gott, von dem wir gesprochen hatten, auf diese Weise, indem er Himmel und Erde erbeben läßt, seine Größe und Macht zeige, erwiderten sie darauf, dieser Gott tauge nichts, wenn er sie so erschrecke. Deutlich ersieht man daraus den bedauernswerten Zustand, in dem sich diese armen Menschen befinden. Vielleicht wird man fragen, wie es denn überhaupt möglich ist, daß die Amerikaner wie die wilden Tiere, so völlig ohne Religion, leben können. Gewiß, sie haben, wie ich schon sagte, sehr, sehr wenig, was man als Religion bezeichnen könnte, und ich glaube, daß es auf der ganzen Erde keine Nation gibt, die so weit von ihr entfernt ist. [...] Um nun in das Thema noch weiter einzudringen, muß man wissen, daß sie unter sich eine Art falscher Propheten haben, die sie *Caraïbes* nennen. Sie kommen und gehen von einem Dorf ins andere – wie die Überbringer von Bittschriften bei der päpstlichen Verwaltung. Sie erzählen den Wilden, daß sie mit den Geistern in Verbindung stehen und mit ihrer Hilfe jedem nach Belieben Kräfte geben können, damit er seine Feinde besiegt und überwältigt, zieht er in den Krieg. Weiter machen sie glauben, daß sie es sind, die die großen Wurzeln und Früchte, die das Land Brasilien hervorbringt, wachsen lassen. [...] Wir sagten ihnen, daß es auch nicht die *Caraïbes* seien, die ihre Früchte und große Wurzeln, wie sie sich fälschlich rühmten, wachsen ließen. Das sei vielmehr der Gott, an den wir glaubten und den wir ihnen verkündeten. Bei ihnen hatte das aber so wenig Wirkung, wie es bei uns haben würde, wollte man dem Papst widersprechen oder in Paris behaupten, der Reliquienschrein der Schutzheiligen Genoveva könne keinen Regen bringen. Die betrügerischen *Caraïbes* haßten uns wohl kaum weniger, als die falschen Propheten Isebels (aus Furcht, ihre fetten Bissen zu verlieren) Elija, den wahren Diener Gottes, haßten, der auf ähnliche Weise ihre Betrügereien aufgedeckt hatte. Sie fingen an, sich vor uns zu verbergen, und vermieden es, in die Dörfer zu kommen, in denen sie uns hätten antreffen können, oder dort zu schlafen.

Quelle: (a) Delgado, Gott 124; (b) J. de Léry, Brasilianisches Tagebuch 1557, Tübingen 1967, 278–279. 283–284. 290. – *Lit.*: U. Bitterli, Die „Wilden“ und die „Zivilisierten“, München 1976; W. Krickeberg (Hg.), Die Religionen des alten Amerika, Stuttgart 1961; A. Métraux, La Religion des Tupinamba et ses rapports avec celle des autres tribus Tupi-Guarani, Paris 1928; M. Münzel, Jupiters wilder Bruder, in: K.-H. Kohl (Hg.), Mythen der Neuen Welt, Berlin 1982, 101–109; O. Reverdin, Quatorze calvinistes chez les Topinambous, Genf 1957; A. Züger, Zur calvinistischen Mission in Brasilien im 16. Jahrhundert (in: NZM 14, 1958, 218–219); Mayeur, Geschichte 8, 861–874 (A. Milhou); Bastian, Protestantismus 50ff; Prien, Lateinamerika 196ff; Raupp, Mission 34–38.

234. Sprache und Mission

Zwei Tendenzen haben die Sprachpolitik von Kirche und spanischer Krone von Anfang an geprägt: einerseits die behutsame Hispanisierung der Indios, wozu auch das Erlernen der spanischen Sprache durch diese als nötig galt; andererseits die angemessene Evangelisation, für die das Erlernen der indianischen Sprachen durch die Missionare und die Übersetzung der wichtigsten Gebete und Glaubensprinzipien zweckmäßig schien. Erst mit dem Erlernen der indianischen Sprachen erreichten die Missionare die Denk- und Gefühlswelt der Indios, und die Evangelisation begann darauf mit einer unaufhaltsamen Dynamik. Die Übersetzungsleistungen, wie z.B. hier das Vater-Unser (a) in der Náhuatl-Übersetzung des Franziskaners Alonso de Molina (†1579), waren sehr kühn. Philipp II. erklärte sogar im Dezember 1578 das geprüfte Erlernen der indianischen Sprache zur formellen Bedingung für die Bewerbung auf eine Seelsorgestelle in den indianischen Dörfern und Pfarrgemeinden. An den Universitäten von Lima und Mexiko waren dazu in der zweiten Hälfte des 16. Jh.s Lehrstühle für die Hauptsprachen des Inka- und Aztekenreiches errichtet worden. Die Missionare verfaßten Grammatiken und Wörterbücher der indianischen Sprachen sowie kleine und große Katechismen und Predigthandbücher. (b) betont mit konziliarer Autorität das Prinzip der Evangelisation in der Muttersprache. Die Praxis entsprach freilich nicht immer der Theorie. Die wiederholten Ermahnungen von Kirche und Krone, die indianischen Sprachen zu erlernen, zeugen davon, daß viele Missionare sie nur sehr mangelhaft beherrschten. Der Prozeß der Übersetzung in die indianischen Sprachen hatte nur dort seine Grenzen, wo es darum ging, abstrakte Fachbegriffe christlicher Gottesrede adäquat zu übertragen. Vorherrschend blieb die – sich schon um die Mitte des 16. Jh.s herauskristallisierende – Meinung, „daß selbst in der besten und vollkommensten Sprache der Indianer die Mysterien des Glaubens nicht gut und in ihrer Richtigkeit erklärt werden können, sondern mit Ungereimtheiten und Mängeln“ (R. Konetzke). So finden wir in den Katechismen und Predigtbüchern Wörter wie Gott, Heiligste Dreifaltigkeit, Person, Glaube oder Heiliger Geist stets in spanischer Sprache. Dennoch sind im Bereich der Sprache die größten und bewundernswertesten Inkulturationsleistungen der Amerika-Mission zu beobachten.

a) Das Vater-Unser in Náhuatl (1546)

Totatzine in ilhuicac
timoyetztica,
ma yecteneualo in motocatzin.
Ma uallauh in motlatocayotzin.
Ma chiaualo in tlalticpac in
ticmonequiltia in iuh chiualo
in ilhuicac.
Yn totlaxcal in momoztlae
totechmonequi ma axcan
xitechmomaquili.
Ma xitechmopopolhuili in tot-
latlacol in iuh tiquimpopolhuia
in techtlatlacalhuia.
Macamo xitechmotlalcauili inic
amo ipan tiuetzizque in
teneyeyecoltiliztli.
Ma xitechmomaquixtitli in iuicpa
in amoqualli.
Mayuh muchiua.

Vater unser im Himmel,

geheiligt werde dein Name.

Dein Reich komme.
Dein Wille geschehe,
wie im Himmel so auf Erden.

Unser tägliches Brot gib
uns heute.

Vergib uns unsere Sünden,
wie auch wir jenen vergeben,
die uns beleidigt haben.
Und führe uns nicht in Ver-
suchung,
sondern erlöse uns von dem
Bösen.
So möge es sein!

b) III. Konzil von Lima: Die Indios in ihrer Sprache unterweisen (1583)

Der Hauptzweck der christlichen Unterweisung und der Katechese ist der Empfang des Glaubens. [...] Aus diesem Grund muß ein jeder so im Glauben unterwiesen werden, daß er die Unterweisung auch wirklich versteht: der Spanier auf spanisch, der Indio in seiner Sprache. Andernfalls und gleich wieviel man ihn segnet, wird sein Geist keinerlei Frucht davon tragen, wie der Apostel sagt. Kein Indio soll daher gezwungen werden, die Gebete oder den Katechismus auf lateinisch zu lernen; denn es genügt und es ist zweckmäßiger, wenn er dies in seiner Sprache lernt. Man könnte, wenn man will, auch die spanische Sprache hinzufügen, die viele von ihnen bereits beherrschen. Andere Sprachen von den Indios zu verlangen, wird vergebliche Mühe sein.

Quelle: (a) J. Baumgartner, Evangelisierung in indianischen Sprachen, in: Sievernich, Conquista 313–347, hier: 326f; (b) F. L. Lisi, El Tercer Concilio Limense y la aculturación de los indígenas sudamericanos, Salamanca 1990, 128–129 (Zweite Sitzung, 15. August 1583, Kap. 6). – *Lit.*: Borges, Historia 1, 509–520; R. Konetzke, Die Bedeutung der Sprachenfrage in der spanischen Kolonisation Amerikas (in: JGSLA 1, 1964, 72–116); Delgado, Abschied 78–112; LThK^3 7, 379: Art. Molina, Alonso de (M. Delgado); Doctrina cristiana y catecismo para la instrucción de los indios, Madrid 1985 (dreisprachiger Missionskatechismus: Spanisch, Ketschua und Aymara).

E. Religionsgespräche und ethnographische Werke

235. Mexiko: Religionsgespräch zwischen Azteken und Franziskanern (1524)

Der 1529 nach Mexiko gekommene spanische Franziskaner Bernardino de Sahagún (1500–1590) hat um 1564 aus in Spanisch überlieferten Gesprächsnotizen und aztekischen Quellen ein Religionsgespräch (in spanischer und mexikanischer Sprache) literarisch rekonstruiert, das im Jahre 1524 zwischen den ersten zwölf Franziskanern der Mexiko-Mission und aztekischen Priestern und Adligen stattfand. Die Franziskaner gaben sich viel Mühe, die Methode des Religionsgesprächs auch in Mexiko anzuwenden. Aber die de facto herrschenden Verhältnisse – es ist auch ein Gespräch zwischen den siegreichen Spaniern und den besiegten Azteken – lassen das Gespräch als eine Art „geistliches Requerimiento" im Namen des stärkeren christlichen Gottes erscheinen. Auffallend ist, daß die Franziskaner im hier nicht dokumentierten Teil zunächst – wohl in Anspielung an Apg 14,11–18 – betonen, sie seien keine Götter, sondern auch Menschen. Für den „unbekannten Gott" der Azteken, d.h. für die Samen des Wortes bei ihnen, haben sie aber kein Verständnis; vielmehr bescheinigen sie ihnen, bisher in der Finsternis gelebt und keine Kenntnis des wahren Gottes gehabt zu haben. So dürfte das Gespräch – entgegen der Absicht der Franziskaner – dazu gedient haben, die Ratlosigkeit und Niedergeschlagenheit der Azteken zu vertiefen, die nach der Verteidigung ihrer Götter und religiösen Sitten resigniert antworten: „Möget ihr mit uns machen, was ihr wollt!" Immerhin betonen die Franziskaner, daß die Schuld der Azteken nicht sehr groß sei, da sie zu einer neuen Art von Heiden gehören, die vom Evangelium bisher nichts hatten hören können.

[Aztekische Priester:] Ihr sagtet (zu uns), daß wir nicht kennen den Herrn des *Mit* und *Bei* [aztekische Bezeichnung für den Höchsten Gott], den Herrn des Himmels und der Erden. Ihr sagtet, daß nicht wahre Götter unsere Götter sind. Es ist ein neues unerhörtes Wort, was ihr sprachet, und darüber sind wir bestürzt, daran nehmen wir Anstoß. Denn unsere Erzeuger, die zu sein, die zu leben gekommen waren auf Erden, nicht so sprachen sie. Sie gaben uns ihre Sitte und ihr Gesetz, sie glaubten an die Götter, sie dienten, sie erwiesen Ehrfurcht den Göttern. Sie lehrten uns insgesamt das, womit gedient wird, was in Ehren zu halten ist: so essen wir vor ihnen Erde, so zapfen wir uns Blut ab, so büßen wir, so legen wir Copal-Harz nieder, und so veranstalten wir Menschen-Opfer. Sie sagten: Es sind sie die Götter, durch die alles lebt, sie erwiesen uns Gnade. Wann? Wo? Noch die Zeit der Nacht war es. Und die sagten: Es sind sie, die uns geben unseren Unterhalt, unser Abendessen, unser Frühstück, und insgesamt Trank und Speise, die Lebensmittel, Maiskörner, Bohnen, Melde, Salbei. Sie sind, die wir bitten um Wasser, um Regen, wodurch es gedeiht auf Erden.
Und etwa nun sollen wir zerstören das alte Gesetz? Das Gesetz der Chichimeken, das Gesetz der Tolteken, das Gesetz derer von Colhuacan, das Gesetz der Tepaneken [verschiedene indianische Völker Mexikos]? Wir verstehen uns auf das, worin man lebt, worin man geboren wird, wodurch man aufgezogen wird, wodurch man großgezogen wird, nämlich wodurch die Götter angerufen, wodurch sie angebetet werden.
Hört! Oh meine Herren! Tut nicht etwas eurem Volke, was um so mehr Unheil bringen, um so mehr vernichten wird das, worin auch der alte Mann, die alte Frau erzo-

gen, großgeworden sind. Laßt uns nicht erzürnen die Götter, ihrem Zorne, ihrem Grimme laßt uns nicht anheimfallen! Und daß nicht deshalb vor uns, über uns sich erhebe das Volk! Mögen nicht deswegen wir es beunruhigen, mögen nicht deswegen wir es verwirren durch das, was wir sagten: Es möge nicht mehr die alten Götter anrufen, es möge nicht mehr sie anbeten.

Nunmehr ruhig und friedlich betrachtet, o unsere Herren, das was nötig ist! Nicht können wir uns zufrieden geben, und zwar glauben wir noch nicht, noch nicht nehmen wir das Fremde als Scherz: Wir werden euch beleidigen. Hier befinden sich die Bürger, die Fürsten, die Könige, die tragen, die regieren die ganze Welt. Genug allein mit dem, daß wir einbüßten, daß wir verloren, daß uns weggenommen wurden, daß uns verboten wurden die Matte und der Sitz [= die Herrschaft in der Sprache der Azteken]. Werden wir am selben Orte wohnen bleiben, nur gefangen werden wir sein. Möget ihr mit uns machen, was ihr wollt! Das ist alles, womit wir erwidern, womit wir antworten eurem Hauch, eurer Rede, o unsere Herren!

[Franziskaner:] Als fertig, zu Ende war ihre Rede, die Antwort der Priester, sie, die zwölf Geistlichen, sprachen darauf: Nicht seid ängstlich, o unsere Lieben, nicht haltet für ein schreckliches Vorzeichen unser Wort, das wir euch gesagt haben, wie, in welcher Weise keiner von den verschiedenen Göttern der wahre ist insgesamt von denen, die ihr göttlich verehrt, die ihr ständig anbetet.

Vernehmet es, wenn es wirklich wahre Götter sind, würden wir etwa nicht auch sie göttlich verehren, würden wir etwa nicht auch sie bitten um unseren menschlichen Unterhalt? Und würden sie nicht bereits überall auf Erden auch angerufen, angebetet werden? Nicht bloß erdichten wir es, was wir jetzt euch sagen: wir wissen es wohl, welches und wie beschaffen sind sie, die ihr göttlich verehrt, die ihr anzubeten pflegt, wo und in welcher Weise sie begannen, anfingen, welches sie waren in früherer Zeit, zuerst, und wie beschaffen ist ihr Sein, ihr Gemüt, ihre Verrichtung, ihr Wille und woher sie kamen. Alles werden wir euch sagen, werden wir euch mitteilen, wenn ihr es wollt, und durchaus werden wir euch zufriedenstellen. Weil wir es sind, die haben das Gottesbuch, das Gotteswort, worinnen erscheint, geschrieben steht, der Reihe nach geordnet ist insgesamt das Wort des Herrn des Mit und Bei. Das geschah schon vor sehr langer Zeit. Und dieses Gotteswort ist höchst wahr, durchaus lauter, durchaus glaubwürdig, und überall auf der Erde, in der Welt ward es gehört, ward es geglaubt, von wo wir gekommen sind, wo wohnen nicht wenige Bürger und Fürsten, Könige, sehr große, sehr starke, sehr reiche, sehr begüterte.

Aber ihr seid es, die deswegen nicht Ihn [= den Gott der Christen] göttlich verehrt nicht beraubt sein wollt der Übeltäter, welche die Leute betrügen: weil niemals ihr hörtet das Wort Gottes, nicht habt das Gottesbuch, das Gotteswort, niemals zu euch gelangte der Hauch, das Wort des Herrn des Himmels und der Erden. Und seitdem seid ihr Blinde, seid ihr Taube, gleichsam in der Zeit der Nacht, in Finsternis lebt ihr. Daher ist auch nicht allzu groß eure Sünde. Aber jetzt, wenn ihr nicht hören wollt den Hauch, das Wort Gottes, wo Er gerade ist, der es euch gibt, werdet ihr sehr große Gefahr laufen. Und Gott, der angefangen hat mit eurer Vernichtung, wird es zu Ende führen, daß ihr ganz zugrunde gehen werdet.

Quelle: Delgado, Gott 81–83. – *Lit.*: W. Lehmann, Sterbende Götter und christliche Heilsbotschaft, Stuttgart 1949; C. Duverger, La conversion des indiens de Nouvelle Espagne, avec les „Colloques des Douze“ de Bernardino de Sahagún (1564), Paris 1987; L. Kilger, Die Gespräche der 12 Franziskaner in Mexiko 1524 (in: NZM 7, 1951, 231–233); R. Nebel, Altmexikanische Religion und christliche Heilsbotschaft, Immensee 1990; M. Sievernich, Inkulturation und Begegnung der Religionen im 16. Jahrhundert, in: Adveniat (Hg.), Entdeckung des Evangeliums in Lateinamerika, Essen 1990, 28–47; H. Wißmann, Sind doch die Götter auch gestorben, Gütersloh 1981; A. Zaballa, Transculturación y misión en Nueva España, Pamplona 1990.

236. Bernadino de Sahagún: Ehrenrettung der aztekischen Kultur (1577)

Der Franziskaner Bernardino de Sahagún (1500–1590) gilt als größter Ethnograph der aztekischen Kultur und Begründer der modernen Ethnographie. Im Vorwort zu seinem Hauptwerk bringt er sein Erkenntnisinteresse deutlich zur Sprache: einerseits die Ausrottung des nach der ersten Mission verbliebenen „Götzendienstes“, andererseits die Rettung des kulturellen Gedächtnisses und der Ehre eines besiegten und gedemütigten Volkes, dessen Kulturleistungen sich mit denen der „zivilisierten“ Europäer durchaus messen lassen können und das genau wie diese aus dem Geschlecht Adams stammt. Interessant ist auch die Kompensationstheorie, die am Ende des Textes bemüht wird und die in der Kontroverstheologie eine wichtige Rolle spielte.

Die Sünden der Götzenverehrung und abgöttischer Riten, des götzenhaften Aberglaubens, der Vorzeichen, der Mißbräuche und götzenverehrender Zeremonien sind noch nicht ganz verschwunden. Um gegen diese Dinge zu predigen und überhaupt von ihrem Vorhandensein Kenntnis zu haben, ist es nötig zu wissen, wie sie sie in der Zeit ihrer Götzenverehrung ausübten. [...]
Dieses ganze Werk ist sehr nützlich, um den hohen Grad der Vervollkommnung dieses mexikanischen Volkes kennenzulernen, der noch nicht bekannt ist. [...] So werden sie für Barbaren gehalten und für ein Volk niedrigster Vollkommenheit, wobei sie doch in Wahrheit in den Dingen der Staatsordnung viele andere Nationen, die sich für große Staatswesen halten, übertreffen, mit Ausnahme einiger willkürlicher Ungerechtigkeiten, die ihre Regierungsweise enthielt. [...] Was die Religion und Verehrung ihrer Götter betrifft, so glaube ich nicht, daß es auf der Welt Götzenanbeter gibt, die ihren Göttern gegenüber in solchem Maße ehrerbietig sind, noch auf so große eigene Kosten, wie diese in Neuspanien. [...]
Denn es ist ganz sicher, daß alle diese Völker unsere Brüder sind, hervorgegangen aus dem Stamm Adams wie wir; sie sind unsere Nächsten, die wir verpflichtet sind zu lieben wie uns selbst. Wie immer die alte Zeit auch gewesen sein mag, durch Erfahrung sehen wir jetzt, daß sie zu allen Handwerkskünsten befähigt sind und sie ausüben. Sie sind auch geschickt beim Erlernen aller geistigen Künste und der heiligen Theologie, wie man aus der Erfahrung mit jenen gesehen hat, die in diesen Wissenschaften unterrichtet wurden. [...] Sie sind denn auch nicht weniger für unser Christentum geeignet, wenn sie nur in ihm gebührend ausgebildet würden. Es scheint sicher, daß unser lieber Herrgott in dieser unserer Zeit, in diesen Ländern und mit diesem Volk der Kirche das zurückgeben wollte, was ihm der Teufel in England, Deutschland und Frankreich, in Asien und Palästina geraubt hatte.

Quelle: Delgado, Gott 171–172. – *Lit.*: C. Litterscheid (Hg.), Aus der Welt der Azteken, Frankfurt 1989; B. de Sahagún, Historia general de las cosas de Nueva España. 2 Bde., Madrid 1990; G. Baudot, Utopía e historia en México, Madrid 1983; M. Delgado, Produktive Neugierde für das Fremde, in: P. Burschel u.a. (Hgg.), Historische Anstöße, Berlin 1992, 411–428; LThW 380: Art. Historia general (M. Delgado); M. Erdheim, Anthropologische Modelle des 16. Jahrhunderts, in: K.-H. Kohl (Hg.), Mythen der Neuen Welt, Berlin 1982, 57–67; M. M. Marzal, Kulturanthropologie und Mission, in: Sievernich, Conquista 293–312; W. Reinhard, Missionare, Humanisten, Indianer im 16. Jahrhundert, Regensburg 1993; A. Pagden, The fall of natural man, Cambridge 1982; T. Todorov, Die Eroberung Amerikas, Frankfurt 1985; M. León-Portilla, Bernardino de Sahagun, first anthropologist, Norman 2002; J. J. Klor de Alva (Ed.), The Work of Bernardino de Sahagun. Pioneer ethnographer of sixteenth-century Aztec Mexico, Albany 1988.

F. Ansätze indianischen Christentums und ihr Scheitern

237. Inquisitionsprozeß gegen einen indianischen Adligen (1539)

Die *Junta Magna* von 1568 beschloß die Installation des Tribunals der Hlg. Inquisition als Behörde in Lima (1570) und Mexiko (1571), um die Altchristen und deren Nachkommen sowie die *conversos* aus dem Judentum und Islam „äußerst maßvoll und sanft“ zu überwachen. Ausdrücklich wird in den Anweisungen Philipps II. festgehalten, daß die Inquisition nicht gegen die Indios vorgehen darf. Vor der Installation des Inquisitionstribunals hatten die Bischöfe Westindiens weitgehende inquisitorische Vollmachten in ihren Bistümern. Der erste Bischof von Mexiko, der Humanist und Franziskaner Juan de Zumárraga (†1548), organisierte einen schändlichen Prozeß gegen Don Carlos Ometochtzin, den indianischen Fürsten von Tezcoco, weil dieser zur Religion seiner Ahnen zurückkehren wollte und die von den Franziskanern in den Kollegien praktizierte Erziehung (u.a. Zölibat, s. Text 239) ablehnte. Der Prozeß und die Verbrennung des Don Carlos führten zu Protesten und Beschwerden bei der Krone, die Zumárragas Verhalten tadelte und Wiederholungen streng verbot. Sieht man genauer hin, so richtet sich die Kritik des Don Carlos nicht nur gegen den Versuch der Franziskaner, die christliche Sittenlehre einzuführen, sondern auch gegen die Entmachtung der Vornehmen und die Förderung der einfachen Indios. – Mit dem Prozeß gegen Don Carlos erlitt das von den Franziskanern erträumte „indianische Christentum“ einen ersten Rückschlag. Dieses war zunächst ein Missionsprojekt und bestand im wesentlichen darin, in den armen und tugendhaften Indios „weiches Wachs“ zur Schaffung eines vom franziskanischen Ideal geprägten Christentum zu sehen. Es ging also zunächst um eine „Franziskanisierung der Indios“. Zu einem wirklich indianischen Christentum kam es erst, als die Indios selbst ihre Sicht des Christentums zur Sprache brachten (s. Texte 242, 245-249) – oft gegen den Widerstand der Missionare. Als gescheitert können die Ansätze indianischen Christentums nur insofern bezeichnet werden, als man darunter die Schaffung einer einheimischen Kirche mit einem einheimischen Klerus versteht.

Besagter Don Carlos rief diesen Zeugen herbei, stellte ihn vor sich und sagte diesem Zeugen: „Francisco, komm herbei, höre, Bruder ..., daß ich Dir sage, daß in Wahrheit alles, was in dem Kolleg gelehrt wird, Betrug ist. [...] Sieh, daß die Brüder des Heiligen Franziskus eine Art Doktrin, eine Lebensweise und eine Art, sich zu kleiden und eine Art des Gebetes haben. Die vom hlg. Augustinus haben eine andere Art, und die vom Heiligen Dominikus wieder eine andere, und die Kleriker noch eine andere, wie wir alle sehen. Und genauso war es bei denen, die an unseren Göttern festhielten, daß nämlich die aus Mexiko eine Art, sich zu kleiden, eine Art zu beten, zu opfern und zu fasten hatten, und in anderen Dörfern hatte man eine andere. [...] Laßt uns dem folgen, was unsere Vorfahren besaßen und befolgten, und laßt uns auf die Weise leben, wie sie gelebt haben. [...] Es ist aber nicht ratsam, daß wir auf das schauen, was die Patres predigen. Sie betreiben ihren Beruf, legen Nachdruck darauf und strengen an, keine Frauen zu haben und schätzen die Dinge der Welt und die Frauen gering. Die Patres mögen tun, was sie predigen, zu guter Stunde, denn es ist ihre Aufgabe; unsere Aufgabe allerdings ist dies nicht. [...] Bruder, was schaden denn die Frau oder der Wein den Männern? Haben die Christen vielleicht nicht viele Frauen und betrinken sie sich nicht, ohne daß die Patres sie daran zu hindern vermögen? Was ist das also, wozu die Patres uns zwingen wollen? [...] Laßt uns vor den Patres flüchten und das tun, was unsere Vorfahren taten, ohne daß jemand dies zu verhindern suchte. Zu ihrer Zeit setzte sich das einfache Volk weder auf Bettzeug noch auf Matten. Heute tut und sagt jeder, was er will: es dürfte niemanden geben, der uns an dem hinderte noch da vorschriebe, was wir tun wollen. [...] Die Herrschaft ist unser und gehört uns.“

Quelle: H. von der Bey, „Auch wir sind Menschen so wie ihr!“ Franziskanische Dokumente des 16. Jahrhunderts zur Eroberung Mexikos, Paderborn 1995, 225–228. – *Lit.*: Delgado, Abschied 191–234; LThK[3] 10, 1500f: Art. Zumárraga (M. Delgado); M. León-Portilla, Los franciscanos vistos por el hombre náhuatl (in: Estudios de cultura náhuatl 17, Mexiko 1984, 261–339); Proceso criminal del Santo Oficio de la Inquisición, y del Fiscal en su nombre, contra Don Carlos, indio principal de Tezcuco, México 1910; Borges, Historia 1, 299–320; R. E. Greenleaf, Zumárraga and the Mexican Inquisition, 1536-1543, Washington 1961; Prien, Lateinamerika 196ff.

238. Pedro de Quiroga: Lebensbericht eines Neubekehrten (um 1563)

Der Indio, der hier sein Leben nicht ohne Ironie erzählt, ist eine literarische Gestalt. Er dürfte aber für viele Indiobiographien aus den höheren Schichten repräsentativ sein: Er ist bei drei Spaniern – einem *Conquistador*, einem Kaufmann und einem Einsiedler – in die Schule gegangen und dokumentiert so die sittliche und religiöse Vielfalt der nach Amerika gekommenen Europäer. Es gab darunter auch Christen, die durch ihr Lebensbeispiel überzeugend wirkten. So konnten die Indios das Kolonialystem kritisieren und dennoch das Christentum als befreiende Religion annehmen.

Ich gehöre zum Volk der Inka und bin ein Verwandter der Könige, die diese Reiche eroberten und in Besitz hatten, wohlgeachtete und gefürchtete Leute. [...] Mit Feindseligkeit und Gewalt habt ihr uns angegriffen und besiegt. [...] Ich näherte mich einem jener Kommandeure, einem wohlgesitteten und mutigen Spanier, er möge mich vor eurem Toben beschützen, damit ich nicht das Los der vielen Tausend Indios teilte, die an jenem Tag ihr Leben ließen. Dieser bediente sich lange Zeit meiner. [...] Ich hatte dieses üble und mühsame Leben satt. [...] So ließ ich den Krieg und faßte den Entschluß, mit einem Kaufmann zu leben, dessen Leben und Stand mir ruhiger und für die Indios weniger schädlich erschien. [...] Der sprach mir als erster von eurem Gott, daß ich Christ werden und mich eurer Religion anschließen solle, ... unterwies mich und führte mich in die Dinge des Glaubens ein, wenn auch wirr und unzulänglich und oberflächlich, ohne die notwendigen Mittel dazu. So erhielt ich, was ich nicht verstand, die Taufe und den Glauben an Jesus Christus. [...] Gewiß, ich hatte den Wunsch zu wissen, jedoch nicht, was mir zum Vorteil gereichte, sondern was erforderlich war, um Mensch sein zu können. Zu diesem Zweck bedachte mich Gott mit einem besseren Herrn, als ich ihn hätte erbitten und wünschen können; das war ein Mann, den ihr einen Eremiten nennt, freiwillig ärmlich gekleidet, der alles, was ihr liebt und euch verschafft, geringschätzte. Er war ein Mann von heiligmäßigem Lebensstil und frommen Sitten; er fürchtete Gott und suchte nur den Himmel. So begann ich zu erkennen, daß es unter euch Gute und Schlechte gab und daß nicht alles so zerrüttet war, wie ich dachte. Dieser gute Mann verabscheute eure schlechten Werke und beweinte mit kummervollen Tränen, was ihr uns antatet, und tröstete die Menschen meines Volkes, wo immer er sie leiden sah, indem er uns verkündete, Gott werde sich unser erbarmen und seiner Heimsuchung ein Ende bereiten, wenn wir ihn anriefen, ihn anerkennen und ihm dienen wollten. Ich merkte, daß ihr diesen Mann, weil er gut und gerecht war, verfolgtet und verachtetet all dessentwegen, was er zum Wohle der Ureinwohner dieses bedauernswerten Reiches sagte und tat. Da dieser aber in mir den Willen und die Bereitschaft fand, lehrte er mich den wahrhaftigen Weg und führte mich in den heiligen Glauben an Christus ein. Er nährte mich mit der Speise der Lehre, von der ich bis dahin nicht gekostet hatte noch wußte, daß die Menschen solches vermochten. Er selbst war die Lehre, die er mir gab; und dies alles mit einer solchen Liebe zu Gott und den Nächsten, daß immer, wenn ich mich an diesen Mann erinnere, ich mich nicht halten kann und über seine Abwesenheit und seinen Tod weinen muß. Gott nahm ihn zu sich, denn die Erde war eines solchen Menschen nicht würdig.

Quelle: Delgado, Gott 168–169. – *Lit.*: P. Quiroga, Coloquios de la verdad, Sevilla 1922; M. M. Marzal, Historia de la antropología indigenista: México y Perú, Lima 1981; F. Armas Medina, Cristianización del Perú (1532–1600), Sevilla 1953.

239. Mexiko: Debatten um ein Kolleg für Indianer (um 1570)

Die ersten Franziskaner der Mexiko-Mission gründeten 1536 Kollegien, um die Kinder indianischer Vornehmer in Lesen und Schreiben, Latein, Grammatik und Rhetorik, Logik und Philosophie, Musik und indigener Medizin zu unterrichten. Das unmittelbare Ziel bestand sicherlich darin, einfach herauszufinden wie lernfähig die Indianer waren; man hegte aber bestimmt auch den Traum, langfristig einen einheimischen Klerus heranbilden zu können. Von Anfang an war das Projekt umstritten, aber nach dem Prozeß gegen Don Carlos (s. Text 237) wurde für die Franziskaner klar, daß die in der Grammatik begabtesten Indios eher zur Ehe als zur Ehelosigkeit neigten, wie Bischof Juan de Zumárraga 1540 in einem Brief an Karl V. festhielt, in dem er aus diesem Grund das Kolleg Santiago Tlatelolco (Mexiko-City) auch zur Disposition stellte. In den 40er und den 60er Jahren stand das Kolleg unter Dauerbeschuß der Antiindigenisten. Ab 1546 übertrugen die Franziskaner die Leitung des Kollegs an die Einheimischen. Aufgrund schlechter Ergebnisse sahen sie sich aber 1570 gezwungen, das Kolleg erneut zu übernehmen bzw. neu zu gründen. Es bestand bis ins 17. Jahrhundert hinein, konnte aber der Kirche Mexikos kaum einen Priester schenken (es gibt einige Ausnahmen, aber der Forschungsstand ist wenig klar). Sahagún, der von Anfang an im besagten Kolleg Lehrer war und die Indios sehr schätzte (s. Text 236), faßt hier die Argumente für und wider das Kolleg zusammen.

Die Spanier und die anderen Ordensleute, die dies hörten, lachten sehr und machten sich darüber lustig. Denn sie meinten aus Erfahrung, daß niemand imstande wäre, so unbegabte Menschen Grammatik zu lehren. Nachdem man aber mit ihnen zwei oder drei Jahre gearbeitet hatte, lernten sie alle Teile der Grammatikkunst sowie Lateinisch sprechen und verstehen, ja sogar Lateinisch zu schreiben und epische Gedichte zu verfassen. [...] Als die Laien und die Kirchenleute sahen, daß diese [die Indianer] Fortschritte machten und weitere Begabungen erkennen ließen, begannen sie, dieser Sache zu widersprechen und viele Einwände zu erheben, um ihren Fortgang zu verhindern. [...] Sie sagten, daß man diese, da sie ja nicht Priester werden sollten, die Grammatik auch nicht lehren sollte, denn das hieße, sie in Gefahr der Häresie zu bringen; bei der Lektüre der Heiligen Schrift würden sie daraus entnehmen, daß die alten Patriarchen viele Frauen hatten und daß dies auch ihrem eigenen Brauch entsprach, weshalb sie nicht werden glauben wollen, was wir ihnen jetzt predigten, daß nämlich ein jeder nicht mehr als eine Frau haben darf und mit ihr kirchlich verheiratet sein sollte (in facie ecclesiae). Sie erhoben weitere Einwände dieser Art, auf die man antwortete, daß wir, auch wenn sie nicht Priester werden sollten, erfahren wollten, wie weit ihre Begabung reiche. [...] Denjenigen, die meinten, wir würden sie in die Gefahr der Häresie bringen, sagten wir, daß wir nicht dies, sondern genau das Gegenteil beabsichtigten, nämlich daß sie die Glaubenssachen besser verstehen; und da sie ja einem christlichen Fürsten unterworfen waren, wäre es ein Leichtes, jeder Häresiegefahr Abhilfe zu schaffen.

Quelle: R. Ricard, La conquista espiritual de México, México 1986, 344f. – *Lit.*: Borges, Historia 1, 715–730; M. Cayota, Siembra entre brumas, Montevideo 1990; ders., Die indianische Kirche, in: A. Rotzetter u.a. (Hgg.), Von der Conquista zur Theologie der Befreiung, Zürich 1993, 35–107; E. C. Frost, Die Anfänge der Inkulturation. Das Tlatelolco-Projekt, in: ebd., 126–144; Delgado, Abschied 191–234; L. Gómez Canedo, La educación de los marginados durante la época colonial, México 1982; J. M. Kobayashi, La educación como conquista, México 1985; Prien, Geschichte 204–261.

240. G. de Mendieta: Keine indianischen Priester (1596)

Der Franziskaner Mendieta (1525–1604) rechtfertigt hier die Verweigerung der Priesterweihe und auch des Ordensstandes an die Indios. Die Statuten der Franziskaner waren hierzu besonders streng. Auch die frühen Konzilien untersagten den Indios als Neuchristen Priesterweihe und Ordensstand bis in die vierte Generation nach der Bekehrung, so etwa das Erste Konzil von Mexiko (1555) und das Zweite Konzil von Lima (1567). Das Dritte Konzil von Lima (1582) und das Dritte Konzil von Mexiko (1585) sind hingegen weniger streng und – je nach Interpretation – lassen sogar die Tür für die Priesterweihe der Indios und Mestizen in begründeten Fällen offen. Im 17. Jh. häufen sich die Interventionen zugunsten der Indios. Der Dominikaner und Bischof Alonso de la Peña Montenegro hält 1668 in seinem einflußreichen Handbuch für die Indianerpfarrer (*Itinerario para párrocos de Indios*) fest, daß die Priesterweihe der Indios aus legitimer Ehe von den Dekreten des Dritten Limakonzils und den Gesetzen der Krone nicht nur nicht verboten, sondern sogar für zweckmäßig gehalten wird. Für ihn sind die Indios der Priesterweihe fähig und sollen als sprach- und kulturkundige Einheimische für die Pfründe der Indianerpfarreien sogar vorgezogen werden. Diese Mentalitätsänderung führte dazu, daß vor allem in Mexiko eine beträchtliche Zahl von Indios und Mestizen die Priesterweihe empfing, auch wenn die vom Jesuiten Francisco Javier Clavijero 1780 angegebene Zahl von Tausenden Indios, die seit Ende des 16. Jh.s zu Priestern geweiht wurden, übertrieben sein dürfte.

„Was ist also der Grund, weshalb man diese [tüchtigen] Indianer nicht in die Orden aufnimmt, weder als Laienbrüder noch als Priester, während in der Urkirche die zum Glauben neubekehrten Heiden und Juden zu Priestern und Bischöfen gewählt wurden? Eher wäre dies für die Bekehrung und das gute christliche Leben ihres ganzen Volkes vom Vorteil, da sie seine Sprachen selbstverständlich besser beherrschen. Das Volk würde auch die Christenlehre aus dem Munde der Einheimischen williger annehmen denn von fremden." Dazu könnte man kurz und bündig antworten, daß es zur Zeit der Urkirche in der Tat so geschah und es damals zweckmäßig war; denn Gott wirkte Wunder in jenen Neubekehrten, und diese waren Heilige, die sich sogleich wegen des Bekennen des Namens Jesu Christi zum Martyrium anboten. Aber in diesen Zeiten hat die Kirche, erleuchtet durch den Heiligen Geist und belehrt durch die vielen Rückfälle, die man in den Neuchristen beobachtet hat, durch Worte der Höchsten Priester, der Stellvertreter Christi auf Erden, verfügt, daß man bis zum vierten Verwandtschaftsgrad die Nachfahren von Ungläubigen aller Art nicht zu den Ordensgelübden zuläßt; und dies hat auch unser Orden in seinen Statuten besonders festgehalten. [...] Ein großer Gelehrter, nicht aus den spanischen Königreichen, sondern Ausländer, seinem Wissen vertrauend, behauptete, daß diese neue Kirche Indiens im Irrtum sei, weil sie keine der konvertierten Eingeborenen zu Priestern mache, wie dies die Urkirche getan habe; er war der Ansicht, daß den Indios die heiligen Weihen verliehen und sie zu Priestern der Kirche gemacht werden müßten. Und der hochgelehrte und religiöse P. Fr. Juan de Gaona [Johannes von Gent] überzeugte ihn von seinem Irrtum in öffentlichem Streitgespräch und erlegte ihm auf, Buße zu tun.

Quelle: G. de Mendieta, Historia eclesiástica indiana, Madrid 1973, 2, 60–61 (Buch IV, Kap. 23). – *Lit.*: Borges, Historia 1, 261–279; R. V. de la Rosa, „Reinheit des Blutes", in: Sievernich, Conquista 271–291; J. Specker, Der einheimische Klerus in Spanisch-Amerika im 16. Jahrhundert, in: J. Beckmann (Hg.), Der einheimische Klerus in Geschichte und Gegenwart, Schöneck-Beckenried 1950, 73–97; F. Zubillaga, Intento de clero indígena en Nueva España en el siglo XVI y los jesuitas (in: Anuario de Estudios Americanos 26, 1969, 426–469); Prien, Geschichte 255ff.

LATEINAMERIKA II. 1600–1800

A. KIRCHE UND MISSION IN DER KOLONIALGESELLSCHAFT

241. Peru: Klöster, Spitäler und Universität im barocken Lima (1629)

Zwischen 1608 und 1622 bereiste der spanische Karmelit und Theologieprofessor Antonio Vázquez Espinosa (†1630) Spanisch-Amerika. In seinem Werk *Compendio y descripción de las Indias Occidentales* (1629) hat er uns eine umfassende Beschreibung des Zustands der Kolonialgesellschaft im Barock hinterlassen. Die städtischen Zentren blühten. Männer- und Frauenorden errichteten dort ihre Klöster (a). Für die Armenfürsorge wurden Spitäler gegründet (b), für Bildung und Erziehung Kollegien und Universitäten (c). Alles in allem hatten Lima und Mexiko-City den Lebensstandard spanischer Städte. Die Kolonialgesellschaft war eine „gemischte" Gesellschaft, in der ein jeder gemäß seiner sozialen Rangordnung seinen Platz hatte: Spanier, Kreolen (in Amerika geborene Nachfahren der Spanier), Mestizen (aus Indios und Spaniern), Indios, Schwarze und Mulatten. Um 1600 keimt unter Kreolen und Indios eine gemeinsame „amerikanische" Identität (s. Texte 259–262), die um 1800 zu den Unabhängigkeitskämpfen führen wird. In der barocken Kolonialgesellschaft nahm auch – in Sakralkunst, Festen und Prozessionen, in Kongregationen, Bruderschaften und Wallfahrten – jene Form des katholischen Christentums Gestalt an, die für die lateinamerikanische Volksreligiosität bis heute prägend wurde.

a) Über die Klöster

Diese berühmte Stadt [Lima] hat vorzügliche Männerklöster der Dominikaner, der Franziskaner, der Augustiner, der Merzedarier und der Gesellschaft Jesu. [...]
[Die Gesellschaft Jesu] führt eine Kongregation von Priestern, zu der, gutes Beispiel gebend, das Domkapitel gehört; eine Kongregation von Studenten; eine Kongregation von Laien, zu der 800 Männer aller Stände des Gemeinwesens gehören. [...] Eine andere Kongregation ist die der Chorknaben. [...] Es gibt eine Kongregation der Indios und eine der Neger. Und sie alle versammeln sich an den Sonntagen nachmittags in verschiedenen Kapellen, wo sie nach einer öffentlichen geistlichen Lesung ihre Katechese haben. Der Pater, der für diese verantwortlich ist, lädt manchmal einen anderen ein, die Katechese zu halten. Damit die zahlreichen Sklaven, die sich draußen vor den Toren des Kollegs um die Pferde kümmern, nicht auf die gute Lehre und Unterweisung verzichten müssen, geht ein Pater hinaus und hält ihnen von einem Podest aus eine Ansprache. All diese Kongregationen, besonders die der Laien ... feiern jeden Monat ihr Fest mit Kommunion, wobei das Allerheiligste Sakrament mit bemerkenswertem Schmuck und mit großer Andacht ausgestellt wird. [...]
Diese Stadt hat sechs berühmte und vorzügliche Frauenklöster: ... das Kloster der Chorfrauen der Menschwerdung, ... das Kloster von Mariä Empfängnis ... nach der Franziskanerregel, ... das Dreifaltigkeitskloster des Benediktinerordens. [...] Später wurde mit Hilfe des Eifers des hlg. Erzbischofs Toribio Alfonso Mogrovejo das Kloster der Klarissen gegründet. [...] Es gibt auch ein Kloster der Barfüßerinnen des Hlg. Josefs von Empfängnis, das ebenfalls der Regel des Hlg. Franziskus folgt. [...] Zuletzt wurde das Kloster der Hlg. Katharina von Siena gegründet, das der Regel des Hlg. Dominikus folgt.

b) Über die Spitäler

Nicht weniger berühmt ... ist die Bruderschaft der Nächstenliebe und das von ihr betreute Spital ... für arme und kranke Frauen; es führt auch eine Klosterschule für arme Mädchen. [...] Nicht weniger wichtig für die Erziehung der Mädchen ist das Kloster vom Orden Unserer Lieben Frau vom Berge Karmel. [...] Hier werden die Töchter wichtiger Personen erzogen. [...] Das Königliche Spital St. Andreas ... kann mit den besten der Welt standhalten, denn es nimmt ohne Schranken und ohne Ansehen der Person die Kranken aller Art auf, die in verschiedene Säle verteilt werden. [...] Es hat zahlreiche Sklaven und Sklavinnen für den Armendienst. [...] Mancher Saal hat für mehr als 500 Betten Platz. [...] Das berühmte Spital St. Annen wurde für die Pflege der Indios vom sehr frommen Jerónimo de Loaysa, dem ersten Erzbischof Perus, gegründet. [...] Es kann bis zu 1000 Betten mit allem Nötigen ausstatten. Da die Indios ihre Mahlzeiten mit Mais, Kräutern und Aji-Pfeffer gewohnt sind, werden diese nach ihrer Art zubereitet. [...] In einem anderen Spital mit dem Namen Hlg. Geist werden die Seeleute gepflegt. [...] Das Spital St. Diego wird von den Brüdern des Johannes vom Gott geführt; darin werden die Rekonvaleszenten und die Alten gepflegt.

c) Über die Universität

Die Universität mit den königlichen Schulen ist so vorzüglich, daß sie nach keiner anderen auf der Welt zu schielen braucht. Denn ihre Gründer, Kaiser Karl V. und dann Philipp II. ..., haben sie erweitert, geadelt und bereichert, ausgestattet mit denselben Privilegien wie die von Salamanca. Sie haben die Prima-Lehrstühle [wichtigste Lehrstühle: die Vorlesungen fanden zu Beginn des Vormittags statt und dauerten 90 Minuten] mit 1000 und die Vísperas-Lehrstühle [die Vorlesungen fanden zu Beginn des Abends statt und dauerten 60 Minuten] mit 600 Goldpesos dotiert. Es gibt Lehrstühle für scholastische Theologie, für die Hlg. Schrift, für Recht und Kirchenrecht – alle als Prima- und Vísperas-Lehrstühle –, für die Institutionen, den Codex, die Dekreten, es gibt drei Lehrstühle für Philosophie, einen für die Sprache der Indios, um jene Priester zu lehren, die deren Pfarrer oder Katecheten sein sollen – denn bevor sie zu solchen Ämtern zugelassen werden, müssen sie eine Bestätigung und ein Zeugnis des Professors für die Sprache der Indios haben. Fast alle Professoren sind in Westindien geboren, besonders in dieser Stadt. [...] Das Kollegium dieser Universität ist eher groß, denn es hat mehr als 80 Doktoren und Magister, und die des Königlichen Gerichtshofes gehören noch dazu. [...] Am Vorzüglichsten ist das Amphitheater, in dem die Festakte und die Versammlungen stattfinden, da es sehr groß und feierlich ist. [...] Die akademischen Grade werden wie in Salamanca verliehen.

Quellen: (a) A. Vázquez de Espinosa, Compendio y descripción de las Indias Occidentales, Madrid 1992, 2, 594–603; (b) ebd., 603–607; (c) ebd., 607f. – *Lit.*: Borges, Historia 1, 699–714. 761–778; P. Morandé, Die Herausbildung des Barockethos als Kern der iberoamerikanischen kulturellen Identität, in: P. Hünermann/J. C. Scannone (Hgg.), Ein lateinamerikanisch-deutsches Dialogprogramm, Mainz 1993, 1, 337–366; L. Schell Hobermann/S. M. Socolow (Hgg.), Cities and society in colonial Latin America, Albuquerque 1986; Prien, Geschichte 291–326; Mayeur, Geschichte 9, 615–660 (D. Deslandres).

242. Mexiko: Der Kult der Jungfrau von Guadalupe (1649)

„Nur Trauerblumen und Trauergesänge gibt es hier in Mexiko, in Tlatelolco, ja dort ist's, wo Leid gefühlt wird“ – so klagt ein aztekischer Gesang unmittelbar nach der Eroberung Mexikos durch Hernán Cortés (s. Text 221). Auch das Religionsgespräch von 1524 zwischen den ersten zwölf Franziskanern der Mexiko-Mission und aztekischen Priestern und Vornehmen ist von der bitteren Klage der Letzteren geprägt (s. Text 235). Toribio de Benavente (Motolinía), einer dieser Franziskaner, sah angesichts des dramatischen Zusammenstoßes zwischen Spaniern und Azteken nach menschlichem Ermessen keine Möglichkeit zur Evangelisation – es sei denn, daß Gott ein Wunder wirke. Auf dem nördlich von México-Tenochtitlán gelegenen Hügel Tepeyac, wo einst ein Tempel für die Göttin Tonantzin Cihuacóatl („Unsere verehrte Mutter Frau-Schlange") stand, fand vom 9.–12.12.1531 das ersehnte Wunder statt: Eine dunkelhäutige Jungfrau erschien viermal dem getauften Indio Juan Diego Cuauhtlatoatzin („Sprechender Adler") mit dem Wunsch, er solle zum Bischof (zum Franziskaner Juan de Zumárraga) gehen und ihm sagen, man möge ihr, der immerwährenden Jungfrau Maria, auf dem Hügel Tepeyac ein geweihtes Heiligtum errichten. Als Juan Diego ein drittes Mal beim Bischof vorsprach, geschah das Wunder der Einprägung des Gnadenbildes Unserer Lieben Frau von Guadalupe in seinen Umhang: Das mexikanische „Guadalupe-Ereignis", das mit der Guadalupe-Tradition der spanischen Extremadura (der Heimat der Franziskaner) nur den Namen gemeinsam hat, war geboren. Obwohl die Franziskaner skeptisch waren, da sie den Verdacht hegten, daß die Indios unter der Lieben Frau von Guadalupe letztlich nur ihre alte Göttin Tonantzin anbeten wollten, hat es sich dennoch im kollektiven Gedächtnis der Mexikaner als konstitutives Element ihrer nationalen und katholischen Identität tief eingegraben. Entscheidend dafür war die neue Sicht, welche die vier „Guadalupe-Evangelisten" (die Kreolen Miguel Sánchez †1674, Lasso de la Vega †1660?, Luis Becerra Tanco †1672, Francisco de Florencia SJ †1695) im „marianischen" 17. Jh. verbreiteten. Im Guadalupe-Ereignis sahen sie nicht Synkretismus, sondern den Ausdruck einer ganz besonderen göttlichen Bevorzugung Mexikos. Erst 1649 wurde der Erscheinungsbericht publiziert. Am 31.7.2002 wurde der Indio Juan Diego in Mexiko-City heilig gesprochen (vgl. Text 262).

Zehn Jahre waren seit der Eroberung der Hauptstadt México vergangen; Pfeile und Schilde ruhten, und die Bewohner von Berg und See lebten in Frieden.
Der Glaube öffnete bereits seine Blütenkrone und die Kenntnis von Ipalnemohuani, dem wahren Gott, begann zu grünen und zu blühen.
Damals im Jahre 1531, als einige wenige Tage im Monat Dezember vorüber waren, trug es sich zu, daß es da einen kleinen Macehual gab, einen armen Mann aus dem Volke.
Sein Name war Juan Diego, und er soll in Cuauhtitlan gelebt haben.
Was die Sachen Gottes betrifft, so gehörte alles noch zu Tlatelolco.
Es war Samstag, sehr früh am Morgen. In Erfüllung der Dienste Gottes und seiner Gebote bereits unterwegs, war er gerade bei dem kleinen Hügel angekommen, der Tepeyac heißt; es begann schon zu tagen.
Da vernahm er von der Spitze des Hügels her Gesang, als ob viele kostbare Vögel abwechselnd sängen und der Hügel ihnen Antwort gäbe. Über alle Maßen lieblich und wonnevoll war ihr Gesang, und er übertraf sogar den des Coyoltototl und anderer herrlicher Singvögel. [...]
Als plötzlich nun der Gesang verstummte, als alles ruhig geworden war, da hörte er, das man dort oben auf dem Hügel nach ihm rief: *„Juantzin, Juan Diego-Tzin"*.
Nun wagte er, dorthin zu gehen, von wo er gerufen wurde. [...] Auf dem Gipfel des Hügels angekommen, sah er dort eine vornehme Frau stehen.
Sie forderte ihn auf, näher zu ihr zu kommen.
Als er vor sie hingetreten war, da bewunderte er ihre Schönheit, die über alle Maßen vollkommen war.
Ihr Gewand leuchtete, erstrahlte wie die Sonne. [...]
Er fiel vor ihr nieder und vernahm ihren Hauch, ihre Stimme: sehr wohltuend war sie, sehr lieblich, wie von jemandem, der ihn voll Zärtlichkeit und Liebe an sich zog.
Sie sprach zu ihm: „Höre mich an, Juantzin, geringstes meiner Kinder. Wohin führt dich dein Weg?" [...]

„Sei gewiß und halte fest in deinem Herzen, geringstes meiner Kinder, daß ich die immerwährende heilige Jungfrau Maria bin, die Mutter des einzig wahren heiligen Gottes, des Lebensspenders, des Schöpfers der Menschen, des Herrn des Nah und Bei, des Himmels und der Erde. Ich wünsche sehr und ich möchte gerne, daß man mir hier an diesem Ort mein Heiligtum errichtet.
Dort werde ich sie erweisen, werde ich sie spüren lassen, werde ich den Menschen meine ganze Liebe schenken, meinen mitfühlenden Blick, meinen Trost, meine Hilfe.
Denn ich bin eure mitfühlende Mutter, die deinige und die aller Menschen, die ihr in Gemeinschaft dieses Landes bewohnt.
Und auch aller übrigen Menschen jedweder Herkunft, die mich lieben, die zu mir flehen, die mich suchen, die auf mich ihr Vertrauen setzen.
Dort werde ich ihrem Flehen, ihren Klagen Gehör schenken, um zu lindern, um zu heilen all ihr Elend, all ihre Schmerzen und Pein.
Damit nun Wahrheit und Wirklichkeit werden kann, was mein mitfühlender und barmherziger Blick begehrt, mache dich auf zum Palast des Bischofs von México und sage ihm, daß ich dich als Boten und Verkünder meines innigen Wunsches entsende, hier an der ebenen Stelle mir ein Haus, mein Heiligtum zu errichten. Erzähle ihm alles, was Du staunend gesehen, geschaut und gehört hast."

Quelle: R. Nebel, Santa María Tonantzin Virgen de Guadalupe. Religiöse Kontinuität und Transformation in Mexiko, Immensee 1992, 136–138. – *Lit.*: Nebel, ebd.; D. Brading, Mexican Phoenix: our Lady of Guadalupe, Cambridge 2001; V. Elizondo, Unsere Liebe Frau von Guadalupe, Luzern 1999; J. Lafaye, Quetzalcóatl y Guadalupe, México 1977; M. Sievernich, Die Offenbarung der „Frau" am Himmel, in: Adveniat (Hg.), Licht und Schatten: 1492–1992, Essen 1991, 9–16; E. Chávez, Our Lady of Guadalupe and Saint Juan Diego. The historical evidence, Lanham, Md. 2006.

243. Mexiko: Eine Debatte über die Gelehrsamkeit der Frau (1690/91)

Sor („Schwester") Juana Inés de la Cruz (1651–1695), „die zehnte Muse von Mexiko" genannt, war eine Frau mit scharfsinnigem Verstand und glänzender, spitzer Feder. Sie gehört zu den großen Dichterinnen der spanisch sprechenden Welt überhaupt. Im barocken Mexiko wurde sie bewundert, zugleich aber als Frau in die Schranken gewiesen. 1690 erschien ihre Streitschrift *Carta Atenagórica* (Athenagorischer Brief). Darin kritisierte sie eine Predigt des berühmten portugiesischen Jesuitenpaters António Vieira (1608–1697), der unter Berufung auf Paulus die Frauen maßregelte. Besagte Streitschrift war mit dem Begleitbrief des Bischofs von Puebla, Manuel Fernández de Santa Cruz, vom 25.11.1690 versehen, den er unter dem Pseudonym Sor Filotea de la Cruz verfaßt hatte (a) und der zugleich Lob und Tadel für Sor Juana Inés de la Cruz enthält. Daraufhin verfaßte diese ihre „Antwort auf Schwester Philothea", aus der (b) entnommen wurde und in der das Recht der Frau auf Studium und Teilnahme am gelehrten Disput verteidigt wird. Die Debatte aus dem barocken Mexiko mutet heute sehr modern an.

a) Filotea de la Cruz: Welches Wissen einer Frau geziemt (1690)

Ich mißbillige die allgemein verbreitete Ansicht derer, die die Beschäftigung der Frauen mit den Wissenschaften nicht gutheißen. Denn viele widmeten sich den Studien und wurden dafür vom heiligen Hieronymus mit Lob bedacht. Es ist zwar wahr, daß der hlg. Paulus den Frauen nicht erlaubte zu lehren, er untersagte ihnen jedoch nicht, zu lernen, um zu Wissen zu gelangen. Er wollte nur der Gefahr zuvorkommen, daß unser für die Eitelkeit immer anfälliges Geschlecht hochmütig werde. Die göttliche Weisheit nahm dem Namen Sarai einen Buchstaben und fügte dem des Abram

einen hinzu, nicht weil der Name des Mannes mehr Buchstaben haben müsse als der der Frau, wie viele meinen, sondern weil der Buchstabe i am Namen Sara Besitz und Herrschaft bedeutet. Sarai heißt „meine Herrin“, und es geziemte sich nicht, daß im Hause Abraham diejenige Herrin war, die Dienerin sein sollte.
Wissen, das Hochmut erzeugt, will Gott bei der Frau nicht, aber Wissen, das die Frau im Stande des Gehorsams läßt, verwirft der Apostel nicht. [...] Ich verlange nicht, daß Ihr Euer Wesen verleugnet und auf die Bücher verzichtet, aber daß Ihr Euch vervollkommnet und bisweilen das Buch Jesu Christi lest. [...] Euer Gnaden hat viel Zeit auf das Studium der Philosophen und Dichter verwendet, nun müssen die Taten vollkommener und die Bücher frömmer werden.

b) Sor Juana Inés de la Cruz: An Schwester Philotea (1691)

Zweifellos ist für das Verständnis vieler Passagen der Heiligen Schrift eine genaue Kenntnis der Geschichte notwendig, der Sitten, Gebräuche, Zeremonien, Sprichworte und sogar der Art und Weise, wie man zu jener Zeit, als sie geschrieben wurde, sprach, um zu wissen, worauf einige Ausdrücke anspielen und sich beziehen. [...]
Es werden mehr Kenntnisse verlangt, als die glauben, die mit mageren Lateinkenntnissen oder vier Begriffen aus der Logik die Bibel auslegen wollen und sich an das „Lasset die Frauen schweigen in der Gemeinde“ [1 Kor 14,34] klammern. Und auch eine andere Stelle – „Eine Frau lernt in der Stille“ [1 Tim 2,11] – ergreift eher Partei für die Frauen als gegen sie, denn sie befiehlt ihnen zu lernen, und daß sie während des Lernens schweigen müssen, versteht sich von selbst. Es steht auch geschrieben: „Höre Israel und schweige“ [Dtn 27,9] – hier ist die Gesamtheit der Männer und Frauen gemeint, und allen wird befohlen zu schweigen, denn wer zuhört und lernt, muß aufmerksam sein und schweigen. Wie dem auch sei, ich wünschte, diese Interpreten und Exegeten des heiligen Paulus würden mir erklären, wie sie dies verstehen: „Lasset die Frauen schweigen in der Gemeinde“ [1 Kor 14,34]. Entweder verstehen sie darunter konkret Kanzel und Pult oder allgemein die Kirche als Gesamtheit der Gläubigen. Wenn sie das erstere meinen ... – warum tadeln sie dann diejenigen, die privat Studien betreiben? Wenn sie das Verbot des Apostels im übertragenen Sinne verstehen, daß es den Frauen nämlich nicht einmal erlaubt ist, privat zu schreiben oder zu studieren – wieso hat dann die Kirche einer Gertrude, einer Theresa, einer Brigida, der Klosterfrau von Agreda und vielen anderen erlaubt zu schreiben?

Quellen: (a) Sor Juana Inés de la Cruz, Die Antwort an Schwester Philotea, Frankfurt 1991, 10–11; (b) ebd., 61–63. – *Lit.*: O. Paz, Sor Juana Inés de la Cruz oder die Fallstricke des Glaubens, Frankfurt 1991; H. Wustmans, „Und so lag die Welt erhellt in wahrerem Licht, und ich erwachte“, Frankfurt u.a. 2001; dies., Auf der Suche nach einer eigenen Sprache, in: M. Delgado / G. Fuchs (Hgg.), Die Kirchenkritik der Mystiker. Bd. 2, Freiburg (Schweiz)/Stuttgart 2005, 307–324; S. Merrim (Hg.), Feminist perspectives on Sor Juana Inés de la Cruz, Detroit 1991.

244. Mission im Barock

Die Mission im Barock hatte zwei Schwerpunkte: einerseits die Ausrottung der nach der ersten Evangelisation gebliebenen Formen indianischen „Götzendienstes“, andererseits die Festigung des indianischen Christentums durch Katechese und Visitationen. Offene pagane Religiosität (Tempel, Götzen, offene Riten) war im Schatten der ersten Evangelisation zerstört worden. Nun galt es, auch den verborgenen „Götzendienst“ aufzuspüren und auszurotten, d.h. den sogenannten Synkretismus oder die Mischreligiosität. Im 17. Jh. fanden solche Kampagnen vor allem in den Anden statt, während sie im Gebiet des Aztekenreiches eher Ende des 16. Jh.s stattfanden. Die zahlreichen Instruktionen zur Ausrottung des „Götzendienstes“, unter denen die des Jesuiten

Pablo José de Arriaga (†1622) herausragt, enthalten auch genaue Beschreibungen desselben und sind so eine Quelle ersten Ranges, um die indianischen Religionen und die Synkretismen nach der ersten Evangelisation zu erforschen. Nach der „Sowohl-als-auch-Mentalität" waren die Indios in der Regel bereit, das Christentum anzunehmen; sie wollten sich aber von ihren alten religiösen Gewohnheiten verständlicherweise nicht trennen (a). (b) entspricht hingegen dem typischen Visitationsbericht eines Bischofs im Barock: die christliche Frömmigkeit der einfachen Indios wird gelobt, ja verklärt, ihre Unterdrückung durch das Kolonialsystem angeprangert. Der Autor, Juan de Palafox y Mendoza (1600–1659), war Bischof von Puebla und zeitweise auch Vizekönig Mexikos; sein Bericht war an den König adressiert.

a) P. J. de Arriaga: Die „Sowohl-als-auch-Mentalität" der Indianer (1621)

Ein anderer Irrtum, noch allgemeiner als der vorerwähnte [die Indios meinten, ihre *Huacas* oder „Götzenbilder" seien für sie dasselbe wie die Heiligenbilder für die Christen], besteht darin, daß sie meinen, beide Religionen annehmen und sie gleichzeitig einhalten zu können. So kenne ich einen Ort, in dem sie aus demselben Tuch, aus dem sie einen Umhang für das Bild Unserer Lieben Frau angefertigt haben, auch ein Hemd für die Huaca machten: denn sie meinen und sagen, daß sie die Huacas anbeten und zugleich den Vater, den Sohn und den Heiligen Geist für Gott halten sowie Jesus Christus anbeten können; daß sie den Huacas opfern und sie feiern können, wie gewohnt, während sie zugleich in die Kirche kommen, die heilige Messe hören, ja die Beichte und die Kommunion empfangen können.

b) J. de Palafox y Mendoza: Über die Frömmigkeit und das Leben der Indios (1640)

Es gibt kein Haus, gleich wie arm es sein mag, das nicht einen Raum zum Beten hat, den sie *Santo Cali* nennen und Wohnort Gottes und der Heiligen ist; dort haben sie ihre Bilder aufgestellt; was sie aus ihrer Arbeit und ihrem Schweiß sparen können, geben sie für diese heiligen und nützlichen Juwelen aus, und jener Raum ist zum Beten reserviert, um sich dorthin mit großer Ehrfurcht und in Stille zurückzuziehen, wenn sie die Kommunion empfangen haben. Am Tag vor der Kommunion fasten sie, besonders die Indianerinnen, sehr streng; da sie nun wünschen, daß die Reinheit der Seele der des Leibes entspricht, ziehen sie frische Kleider an und waschen sie sich die Füße, denn sie sollen barfuß in die Kirche hineingehen; wenn sie aus der Kirche zurückkommen streuen sie gute Düfte über die Heiligenbilder aus Zeichen der Ehrfurcht; an jenem Tag sperren sie sich ein, um vor ihnen zu beten, oder verweilen sie den ganzen Tag in den Kirchen oder sie besuchen die Kirchen der Stadt oder Ortschaft, in der sie sich befinden, und all dies mit so großer Demut und Andacht, daß es uns, den Dienern Gottes, zu lernen gibt. [...] Die Andacht beim Beten, beim lauten Aussagen der Christenlehre und beim Besuch der heiligen Messe ist bemerkenswert, ebenso wie sie in den Kirchen verweilen, die Männer von den Frauen getrennt, mit großer Ehrfurcht, mit gesenkten Augen, in tiefster Stille, mit den passenden Demutszeichen und Kniebeugungen, mit so großen Verbeugungen und einer so großen Ordnung, daß ich bezweifle, daß es eine so vollkommene und fromme Religion gibt, die diesen äußeren Kult mit größerer Demut ausübt und verrichtet. [...]

Noch bewundernswerter ist m.E., Herr, daß diese eingeborenen Indios, die so arm und so nackt sind, diejenigen sind, die die Welt kleiden und bereichern, in Westindien etwa alles Kirchliche und Zeitliche. Denn ihre Nacktheit, Armut und Arbeit unterstützt und erbaut die Kirchen, vergrößert ihre Einkünfte, unterstützt und bereichert die

Orden, und ihnen verdanken wir großteils die Bewahrung des Kirchlichen. Und was das Zeitliche betrifft, so macht ihre Arbeit die Minen fruchtbar und nützlich, bebaut die Felder, übt die Berufe und Künste des Gemeinwesens aus, macht die Gerichtsdiener mächtig, bezahlt die Vorgesetzten, hilft den Untergebenen, ohne daß es weder oben noch unten irgendeine Sache gibt, von der die Indios nicht die Hände und Füße jener weitläufigen Länder wären; wenn daher die Indios verschwänden, verschwände auch Westindien gänzlich; denn sie sind es, die Westindien bewahren und wie fleißige Bienen den Wabenhonig produzieren, damit andere ihn essen, und wie sehr sanfte Schafe bieten sie ihre Wolle zur Deckung fremder Bedürfnisse an.

Quelle: (a) Delgado, Abschied 326f; (b) G. García (Hg.), Documentos muy raros para la historia de México, México 1982, 635–636. 648. – *Lit.*: P. J. de Arriaga, Eure Götter werden getötet. „Ausrottung des Götzendienstes in Peru" (1621), hg. v. K. A. Wipf, Darmstadt 1992; Delgado, Gott 193–224; ders., Abschied 113–190; P. Duviols, La lutte contre les religions autochthones dans le Pérou colonial, Lima/Paris 1971; K. Mills, Idolatry and its enemies. Colonial Andean religion and extirpation, 1640–1750, Princeton, N.J. 1997; C. Alvarez de Toledo, Politics and reform in Spain and New Spain. The life and thought of Juan de Palafox, 1600–1659, Oxford 2000; BBKL 6, 1993, 1443–1447: Art. Palafox y Mendoza (C. v. Collani).

B. Indianische und mestizische Stimmen

245. Morgengebet der evangelisierten Ketschua (um 1600)

Die Missionare übersetzten zentrale Texte in die verschiedenen indianischen Sprachen; aber sie predigten auch in den Sprachen der Eingeborenen und schufen neue Gesänge und Gebete, in denen sie die Naturmystik der Indios nachempfanden und christlich zu kanalisieren versuchten. Zugleich regten sie entsprechende indianische Initiativen an. Vorliegender Text ist z.B. eine Hymne oder Psalmennachdichtung aus dem Ketschua-Bereich. 105 solcher Hymnen wurden zu Beginn des 20. Jahrhunderts aus der mündlichen Überlieferung gesammelt. Sie sind von einer einfachen und eindrucksvollen Lyrik und fügen sich meisterhaft in die dichterische Tradition der Ketschua-Sprache ein.

Schon erwacht die Erde und läßt ihr Licht erstrahlen,
um ihren Schöpfer zu ehren.
Schon fegt diese Erde die grauen Wolken fort,
hat ihren schwarzen Umhang abgestreift,
um ihren Schöpfer zu ehren.
Schon ist *Inti*, der Herr der Sterne, glühend aufgegangen,
hat seine Strahlen wie goldene Haare ausgebreitet,
um seinen Schöpfer zu ehren. [...]
Schon tummeln sich in der Lagune kristallklar
sich kräuselnden Wassern die Fische,
um ihren Schöpfer zu ehren. [...]
Nur der Mensch, der doch im Hause Gottes lebt,
hat sich nicht schön gemacht,
um seinen Schöpfer zu ehren.
Nur der Mensch, der doch Gottes Kind nach seinem Bilde ist,
hat sich nicht schön gemacht,
um Gott, seinem Schöpfer, zu huldigen.
Nur der Mensch will nicht die Sünden des Tages und der Nacht
bereuen und sein Leben läutern,
um Gott, seinem Schöpfer, zu huldigen.

Nur der Mensch will nicht hören,
daß er sich ganz erneuern muß,
um Gott, seinem Schöpfer, auf der ganzen Welt zu huldigen.
Unser Glaube lehrt uns, daß wir in Reue leben müssen,
da Gott, unser Schöpfer, uns sonst bestrafen wird.
Steine, Bäume, Tiere, alles, was geschaffen ist,
befolgt Gottes Gebot,
nur der Mensch flieht immer seine Stimme. [...]
Du, mein Vater, der du bist die Quelle der Barmherzigkeit,
mach durch deine Liebe, daß ich glaube und deiner
Stimme folge, läutre mein unreines Wort,
entfeßle meine stammelnde Zunge,
auf daß ich zusammen mit den Engeln deine Größe, du
mein höchster Schöpfer, preise bis in alle Ewigkeit.

Quelle: Delgado, Gott 263–265. – *Lit.*: Ebd., 249–251; Delgado, Abschied 79–112; R. Konetzke, Die Bedeutung der Sprachenfrage in der spanischen Kolonisation Amerikas (in: JGSLA 1, 1964, 72–116); J. Lara, La poesía quechua, México 1979; J. A. Lira, Himnos quechuas católicos cuzqueños, Lima 1955; M. Razzeto (Hg.), Ketschua-Lyrik, Leipzig 1990.

246. Garcilaso de la Vega: Die Inka suchten den wahren Gott (1609)

Die gängige Verteufelung der indianischen Religionen durch die Missionare, die selbst die darin vorkommenden Analogien mit dem Christentum als teuflische „Nachäffung" der wahren Religion bezeichneten (so die durch den Theologen und Peru-Missionar José de Acosta um 1590 vertretene *opinio communis*, s. Text 222), weckte bei den gebildeten Mestizen und Indianern den Wunsch nach apologetischer Rehabilitierung der indianischen Kulturen und Religionen. Der Autor, Sohn eines spanischen Hauptmanns und einer Inkaprinzessin, versucht nun, die Inka als Anbeter des unbekannten wahren Gottes darzustellen, und empfiehlt den Missionaren, den christlichen Gott mit dem indianischen Namen zu bezeichnen, wie man es bei der Evangelisation der europäischen Antike getan hatte.

Die Inka-Könige und ihre Amautas, die Philosophen, verehrten nicht nur die Sonne als sichtbaren Gott ..., sondern sie suchten auch mit natürlichem Eifer den wahren, höchsten Gott, Unsern Herrn, der Himmel und Erde erschaffen hat, [... und den sie] *Pachacámac* nannten: dies ist ein zusammengesetzter Name, und zwar besteht er aus *pacha*, was soviel wie Welt, Weltall bedeutet, und *cámac*, dem Partizip des Präsens des Verbs *cama*, was beseelen heißt, und dieses Verb leitet sich von dem Substantiv *cama*, die Seele, her. *Pachacámac* bedeutet derjenige, der dem Weltall Seele verleiht, und in seiner eigentlichen und vollständigen Bedeutung will es sagen: derjenige, der mit dem Weltall tut, was die Seele mit dem Leib tut. [...] Diese von mir ausgesprochene Wahrheit, daß die Indianer mit diesem Namen unseren wahren Gott suchten und bezeichneten, hat der Teufel, der Vater der Lüge, welcher Wahrheit mit Lüge und Lüge mit Wahrheit verkleidet, zu seinem Verdruß und zum Nutzen der Wahrheit bestätigt. Denn sobald er sah, daß unser Heiliges Evangelium gepredigt ward und die Indianer sich taufen ließen, sagte er zu einigen seiner Sippe im Tale, das heute *Pachacámac* heißt (ob des berühmten Tempels, den man dort diesem unbekannten Gott errichtet hatte), daß der Gott, den die Spanier predigten, und er ein und dasselbe wären. [...] Der Name *Pachacámac* wird von den spanischen Historikern verabscheut, weil sie die Bedeutung des Wortes nicht verstehen. Andererseits tun sie recht daran, denn der Teufel, der sich für Gott ausgab, sprach in jenem überaus prunkvollen Tempel unter diesem Namen, den er für sich gebrauchte. Wenn man mich aber, der ich durch die unendliche Barmherzigkeit ein christlich-katholischer Indianer bin, heute fragte. Wie heißt Gott in deiner Sprache?, dann würde ich antworten: *Pachacámac* – weil es in jener allgemeinen Sprache Perus keinen anderen Namen für Gott als diesen gibt, und alle anderen, die die Historiker nennen, sind völlig unzutreffend, da sie entweder nicht aus der allgemeinen Sprache stammen oder durch die Sprache irgendwelcher einzelner Provinzen entstellt oder Neubildungen der Spanier sind.

Quelle: G. de la Vega, Wahrhaftige Kommentare zum Reich der Inka, Berlin [2]1986, 52–54. – *Lit.*: Delgado, Abschied 113–190; M. M. Marzal, Historia de la antropología indigenista: México y Perú, Lima 1981; F. G. Crowley, Garcilaso de la Vega, el Inca and his sources in Comentarios reales de los Incas, The Hague 1971.

247. Ein Mayapriester: Das Christentum als Anfang aller Übel (17. Jh.)

Die indianischen Priester und Zauberer waren naturgemäß die schlimmsten Feinde der Missionare, denn sie wurden von diesen auch gezielt bekämpft und depotenziert. Vorliegender Text eines Maya-Priesters aus dem 17. Jh. macht – rhetorisch sehr gekonnt – das Christentum für den Anfang aller Übel nach der Conquista und Evangelisation verantwortlich. Im Schatten des Jahres 1992 wurde dieser Text auch von vielen Theologen zustimmend zitiert, ohne die literarische Eigenart des Textes und die Absicht des Autors zu berücksichtigen. Der Text legt in der Tat verschiedene Interpretationsspuren – Vorwurf an die eigene Mayapriesterschaft wegen Versagens bei der Deutung der Zeichen in der Conquista-Zeit, nachchristlicher Synkretismus und nativistischer Chiliasmus – nahe und sollte auch kritisch gelesen werden, wenn aus der Opferperspektive nicht ein undifferenzierter Besiegtenkult (*victimismo*) werden soll.

Erst durch die verrückte Zeit, durch die verrückten Priester gelangte zu uns die Traurigkeit, gelangte zu uns das Christentum. Denn die ‚guten Christen' kamen hierher mit dem wahren Gott, doch das war der Anfang unseres Elends, der Anfang der Besteuerung, der Anfang des Almosens, die Ursache, aus der die geheime Zwietracht hervorging, der Anfang der Kämpfe mit Feuerwaffen, der Anfang der Zusammenstöße, der Anfang der Beraubung von allem, der Anfang der Sklaverei wegen der Schulden, der Anfang der den Schultern auferlegten Schulden, der Anfang des Sterbens durch das Schwert, der Anfang des ständigen Streits, der Anfang des Leidens. Es war der Anfang des Werks der Spanier und der Patres, der Anfang davon, daß sie sich der Häuptlinge, der Schulmeister und der Finanzbeamten bedienten. [...] Die Ärmsten protestierten nicht gegen den, der sie nach ihrem Empfinden versklavte, gegen den Antichristen auf Erden, den Völkertiger, die Völkerwildkatze, den Aussauger des armen Indios. Doch der Tag wird kommen, an dem die Tränen ihrer Augen zu Gott gelangen werden und die Gerechtigkeit Gottes sich mit einem Schlag auf die Welt herniedersenken wird.

Quelle: Delgado, Abschied 32f. – *Lit.*: Borges, Historia 2, 199–258; ConcD 26 (1990), Themenheft Dezember („1492–1992, Die Stimme der Opfer"); D. de Landa, Bericht aus Yucatán, Leipzig 1990.

248. Indianische Bruderschaft der Jungfrau von Copacabana (1613)

Im Schatten der Evangelisation wurden vielfach die indianischen „Götzen“ durch den christlichen Gott, die Jungfrau und die Heiligenbilder ersetzt. Beim Erfolg dieser Substitutionsmethode spielte die Tatsache eine wichtige Rolle, daß um 1600 die sakrale bildende Kunst weitgehend in den Händen der Indios und Mestizen lag. Anfangs begegnen die spanischen Christen ihren Werken mit Mißtrauen, weil sie befürchten, daß die indianischen Neuchristen nicht nach den erforderlichen Maßstäben arbeiten und deren Bilder eine Ähnlichkeit mit den alten Göttern aufweisen könnten. Aber schließlich setzen sich die indianischen Künstler mit ihrem „Synkretismus“ durch: Die Verehrung Unserer Lieben Frau von Copacabana am Titicaca-See geht auf eine solche Geschichte aus dem Jahre 1613 zurück und leitet in den Anden die Wende zugunsten einer Indianisierung der sakralen bildenden Kunst ein. Vorliegender Text handelt von den Schwierigkeiten eines indianischen Künstlers, ein von ihm angefertigtes Bild der Jungfrau vom Bischof anerkennen zu lassen, weil es nicht ganz dem iberischen Kunstkanon entsprach. Der letzte, hier nicht abgedruckte Teil des Textes hält fest, daß der indianische Künstler schließlich Anerkennung fand und seine Madonna in der Kirche von Copacabana feierlich inthronisiert wurde. Die Indios von Titicaca-See hatten nun ihre Bruderschaft der Lieben Frau von Copacabana mit einem von ihnen selbst angefertigten Bild.

Dann kam ich nach Choquisaca, um vom Herrn Bischof die Erlaubnis zu erbitten, eine Bruderschaft Unserer Lieben Frau zu gründen und Kirchenmaler und -bildhauer zu werden. Samt meinem Gesuch, in dem ich ihm sagte, ich möchte Maler und Bildhauer werden, brachte ich ihm ein Bild der Jungfrau, auf eine Tafel gemalt, um es ihm zu zeigen. Und er sagte mir, er wolle mir keine Erlaubnis erteilen, weder als Maler noch als Bildhauer der Jungfrau; und wenn ich trotzdem Maler werden wolle, so solle ich die Äffin mit ihren Äffchen malen, denn er wollte mir nicht die Erlaubnis geben, Maler von sakralen Bildern zu sein. Er fügte hinzu, er werde mich streng bestrafen, wenn ich weiterhin Bilder der Jungfrau schnitzen und malen sollte. Ich ging fort und sagte: Jesus, heilige Maria, Gott und seine Mutter mögen mir helfen, denn sie [die Kirchenführer] sagten mir, das Bild sei nicht gut, es gleiche einem Mann mit Bart, habe viele Fehler und sei nicht gut geworden. Und sie sagten mir, ich solle solche Bilder nicht mehr anfertigen. Und nachdem sie das Bild Unserer Lieben Frau gesehen hatten, lachten alle sehr darüber und warfen dem Maler viele Fehler vor. Das Bild ging von Hand zu Hand, sie alle betrachteten es, jeder Spanier hielt es in der Hand und lachte, als er es sah. Und sie sagten mir, daß die Eingeborenen keine Bilder der Jungfrau, weder gemalte noch geschnitzte, machen könnten. Daraufhin war ich fast ohnmächtig und sehr verängstigt und betrübt, denn ich hatte das Bild zum Bischof hingebracht, und er konnte sich darüber nur lustig machen. Danach ging ich in die Kirche, um Gottes Erbarmen zu erbitten, damit ich künftig beim Malen Unserer Lieben Frau und den anderen Arbeiten eine gute Hand habe; in meinem Gebet bat ich um Erlaubnis zur Vollendung dieses Werkes sowie um eine gute Hand als Bildhauer und Maler.

Quelle: Delgado, Abschied 166–167. – *Lit.*: Ebd., 113–190; A. Ramos Gavilán, Historia del santuario de Nuestra Señora de Copacabana, Lima 1988; Borges, Historia 1, 593–614. 835–854; V. Salles-Reese, From Viracocha to the Virgin of Copacabana, Austin/Tex. 1997; Prien, Geschichte 291–326; M. M. Marzal, El sincretismo iberoamericano, Lima 1985; P. Morandé, Synkretismus und offizielles Christentum in Lateinamerika, München 1992; Th. Schreijäck (Hg.), Die indianischen Gesichter Gottes, Frankfurt 1992.

249. Chronik des Indio F. Guamán Poma de Ayala (ca. 1615)

Der Indio Felipe Guamán Poma de Ayala (1532?–1615?) wuchs unter der Obhut christlicher Priester auf und war Assistent oder Dolmetscher von Cristóbal de Albornoz, des um 1570 in den Anden mit der Ausrottung des „Götzendienstes“ betrauten Visitators. Später hat er dreißig Jahre lang die Anden – wie er immer wieder sagt: „auf der Suche nach den Armen Jesu Christi“ – durchquert. Dabei führte er mit Papier und Tinte einen persönlichen Feldzug gegen korrupte *Corregidores* (koloniale Provinzrichter), *Encomenderos* (quasi Feudalherren des Kolonialsystems) und *Padres de Doctrinas* (Indiopfarrer), um die Mißstände anzuprangern sowie die unterworfene und weitgehend verachtete indianische Kultur zu rehabilitieren. Sein Werk, bestehend aus ca. 1200 Einzelblättern aus einem Papier von sehr guter Qualität im Format 14,5 x 20,5 cm, die zu Heften zusammengenäht wurden, war bis 1908 verschollen und konnte erstmals 1936 gedruckt werden. Etwa ein Drittel der Blätter ist mit Federzeichnungen versehen, die wertvolle Auskunft über religiöse Bräuche, Sitten, Gesellschaftsstruktur und Agrartechniken der vorspanischen Vergangenheit geben (Bd. 1), aber auch die Eroberung und die frühe Kolonialgesellschaft aus indianischer Sicht kritisch darstellen (Bd. 2). Der dritte Teil (Bd. 3) besteht schließlich aus einem fiktiven Gespräch des Autors mit dem spanischen König, um ihm seine guten Ratschläge zur Behebung der Mißstände zu unterbreiten. (a) stellt die Wirren der Conquistazeit kritisch dar; (b) prangert die Ausbeutung der Indios durch die Indiopfarrer an, die sehr viele Hausdiener beschäftigten, sie schlecht behandelten und – trotz Zölibats – die Witwen und Jungfrauen so bedrängten, daß in Lima ein Haus für die Kinder der Indiopfarrer geführt werden mußte; (c) beschreibt die aktive Teilnahme der Indios am Leben einer Pfarrgemeinde, da sie in der Kirche verschiedene Ämter innehatten und in Abwesenheit des Pfarrers die Gemeinde selbständig führten.

a) Über die Conquista

Keinen Tag taten sie [die ersten Conquistadores] etwas anderes als einzig und allein an das Gold, das Silber und die Reichtümer Perus zu denken, wie ein Verzweifelter, dumm, verrückt und durch die Habgier nach Gold und Silber um den Verstand gebracht. Zuweilen aßen sie nichts, in Gedanken an Gold und Silber. Zuweilen veranstalteten sie ein großes Fest, und es schien, als hätten sie alles Gold und Silber in den Händen. Sie waren wie eine Hauskatze, die sich freut, wenn sie die Maus in ihren Krallen hält. Wenn nicht, so lauert sie; und all ihr Sinnen und Trachten geht dahin, bis sie die Maus fängt; unaufhörlich kehrt sie dorthin zurück. So war es auch mit den ersten Männern [der Conquista]. Selbst den Tod fürchteten sie nicht aufgrund ihrer Sucht nach Gold und Silber. Schlimmer noch aber sind die jetzigen Spanier, Richter, Patres und Kommenden-Inhaber. Mit ihrer Gier nach Gold und Silber fahren sie zur Hölle. [...]

Wie die Spanier sich im ganzen Land dieses Reiches jeweils paarweise zerstreuten, einige sich ihre Indios *yanaconas* [persönliche Diener] verschafften und jeder sein Glück suchte. Sie wählten ihre Mittel, indem sie den Indios große Übel und Schäden bereiteten, sie um Gold und Silber angingen, ihnen Kleidung und Nahrung raubten, woraufhin diese erschraken, da sie neue Leute sahen, die sie nie zuvor gesehen hatten. So versteckten sie sich und flohen vor den Christen im ganzen Reich. [...]

Wie sie, nachdem sie das Land erobert und ausgeraubt hatten, damit begannen, die Frauen und Jungfrauen zu nehmen und sie mit Gewalt zu schänden. Und wenn sie nicht wollten, töteten sie sie wie Hunde und straften sie, ohne Gott oder die Gerechtigkeit zu fürchten. Und es gab keine Gerechtigkeit. Wie die ersten Spanier das Land mit nur zwei Worten eroberten, die sie lernten, indem sie sagten „*Ama mancha. Noca Ynga*“, sie mögen keine Angst haben, sie seien der Inka. Sie schrien die Indios an und diese flohen in Furcht. Weder mit Waffengewalt noch unter Blutvergießen noch mit Arbeit eroberten sie [das Land].

b) Über den Amtsmißbrauch der Indiopfarrer

Wie die Patres und Pfarrer der Indiodörfer sehr jähzornige, autoritäre und arrogante Herrscher sind; sie tragen schwere Verantwortung dafür, daß die besagten Indios aus Angst fliehen. Besagte Priester erinnern sich nicht daran, daß Unser Herr Jesus Christus arm und demütig wurde, um die armen Sünder zu sammeln und in seine heilige Kirche zu führen – und von dort in das Himmelreich. Besagte Patres und Indiopfarrer haben bei sich ihre Geschwister, Kinder oder Verwandte oder irgendeinen Spanier, Mestizen oder Mulatten, oder sie haben Sklaven oder Sklavinnen oder viele Indioknechte und -mägde, die von ihnen mißhandelt werden. [...] Wie besagte Patres und Indiopfarrer besagte Indios beschäftigen: zwei Indios in der Küche, einen für die Maultiere, einen anderen für den Gemüsegarten, einen anderen für die Pforte. [...] Wie besagte Indiopfarrer Webereien betreiben und die Witwen und Jungfrauen bedrängen ... und so werden die Indiofrauen zu großen Huren ... und so vermehren sich nicht die Indios in diesem Königreich, sondern die Mestizen – und es gibt kein Heilmittel.

c) Über das indianische Christentum

Besagte Indiofrauen dieser Königreiche, die sehr fromme Christinnen sind, gehen in die Nonnenklöster. Sie können lesen, schreiben, musizieren und nähen. Sie können den Haushalt führen und kochen wie die Spanierinnen. [...] Alles, was die Spanierinnen können, können sie noch besser. [...]
Besagte tüchtige Indios haben Ämter in der Kirche: großen und kleinen Fiscal [Katechet und Meßner zugleich], Chorsänger. Wenn die Indiopfarrer fehlen oder abwesend sind, beerdigen sie die Toten mit ihren Litaneien, Gebeten und Totengebeten. Das Vorabendgebet zu den großen Kirchenfesten verrichten sie mit Musik und Gesang, und sie beten zur Muttergottes das ‚Salve regina'. An den Sonntagen und Kirchenfesten begleiten sie ihre Gebete mit Musik und Gesang. [...] Die Christin tauft, indem sie das Kind mit Gottes Wasser begießt und sagt: „Ich taufe dich, Juan oder Juana, im Namen des Vaters und des Sohnes und des Hlg. Geistes, Amen, Jesus" ..., damit das Kind, wenn es in Abwesenheit der besagten Patres stirbt, nicht ohne Taufe in den Limbus kommt.

Quelle: (a) Felipe Guamán Poma de Ayala, Nueva crónica y buen gobierno, Madrid 1987, 2, 380. 402; (b) ebd., 594–596; (c) ebd., 882. – *Lit.*: Delgado, Abschied 113–190; ders., Die Vision eines Indio (in: KatBl 17, 1992, 424–428); L. Kilger, Die Mission in Peru um 1600, Schöneck-Beckenried 1948; M. Steiner, Guamán Poma de Ayala und die Eroberer Perús, Saarbrücken 1992; R. Adorno, Guaman Poma and his illustrated chronicle from colonial Peru, Copenhagen 2001; LThK[3] 1, 1323: Art. Ayala (J. Meier); RGG[4] 1, 1029: Art. Ayala (P. Süß).

C. Die Jesuitenreduktionen und ihr Ende

250. Die Jesuitenreduktionen

Reduktionen hatte es schon im 16. Jh. gegeben. Für die Ordensleute, besonders für die Franziskaner der Mexiko-Mission, waren sie eine Form der *conquista espiritual*, also der sanften Unterwerfung und Evangelisation, und der Rückführung (lat.: *reducere*) bzw. Seßhaftmachung zerstreuter oder halbnomadischer indianischer Stämme. Las Casas selbst hatte 1537 diese Methode im Verapaz-Gebiet (Guatemala) praktiziert (s. Text 232). Auch die Krone hielt die Reduktionen für zweckmäßig und erließ dazu einige Gesetze: z.B. über den Bau einer Kirche in der Mitte der Siedlung, über die Eigenschaften, die der Ort besitzen müßte, an dem die Reduktion gegründet werden sollte (genügend Wasser, Land und Wald, Äcker und Weideland) oder um zu verbieten, daß in den Reduktionen und Indiodörfern Spanier (Siedler und Händler), Schwarze, Mulatten oder Mestizen wohnen und leben. In die Geschichte eingegangen sind besonders die Reduktionen, die die Jesuiten ab 1610 im Siedlungsgebiet der Guaraní – also im Grenzgebiet zwischen dem spanischen und dem portugiesischen Amerika – gründeten, um ihre Methode der „conquista espiritual" zu praktizieren (a). Richtig entfalten konnten sie sich erst ab 1641 nach der Zerschlagung der „Bandeirantes" oder „Paulistaner", portugiesische Siedler aus der Gegend um São Paulo, die immer wieder in die Reduktionen einfielen, um die Indios zu versklaven. (b) enthält einen Bericht der Jesuitenpatres Justo Mansilla und Simón Maceta vom 10.10.1629 über einen solchen Raubzug. Die Patres begleiteten die gefangenen Indios nach São Paulo und reisten später nach Bahia, um vom Generalgouverneur die Befreiung aller Gefangenen und Wiedergutmachung zu erwirken. Bei der Vertreibung der Jesuiten 1767–1768 lebten nach vorsichtigen Schätzungen ca. 100 000 Menschen in den Reduktionen. In der Beurteilung der Jesuitenreduktionen scheiden sich weiterhin die Geister. Für die einen waren sie ein „heiliges Experiment" oder eine „verwirklichte Utopie", die unter den Bedingungen des Kolonialismus einen Kulturwandel bei den Guaraní möglichst schonend lenkte; für andere eine klerikalpaternalistische Theokratie, ja eine Art „geistliches Konzentrationslager".

a) A. R. de Montoya: Was sind Jesuitenreduktionen? (1630)

Er [P. Marciel de Lorenzana] gründete die erste Reduktion, die die Gesellschaft [Jesu] in jener Provinz [Paraguay] errichtete. Wir nennen „Reduktionen" Ortschaften von Indianern, die ihrer alten Gewohnheit nach in den Bergen, im Bergland, in Tälern und an verborgenen Bachbetten in drei, vier oder sechs einzelnen Hütten, zwei, drei oder mehr *leguas* voneinander entfernt lebten, die nun der kluge Eifer der Patres in große Ansiedlungen und zu einem zivilisierten und humanen Leben zusammenführte und zur Nutzung der Baumwolle, um sich zu bekleiden, denn üblicherweise lebten sie nackt, selbst ohne zu bedecken, was die Natur verborgen hat. Diese Reduktion hieß San Ignacio und lag 25 *leguas* von Asunción entfernt.

b) Paraguay: Greueltaten der „Bandeirantes" (1629)

Vierzig Jahre lang haben die Einwohner von São Paulo die Gesetze des Königs, unseres Herrn, verhöhnt und mißachtet und Gott beleidigt, ohne an die Bestrafung zu denken, die ihrer harrt. Fortwährend nehmen sie bei ihren Überfällen freie und gleichberechtigte Indianer mit Waffengewalt gefangen und verschleppen sie, um sie selbst als Sklaven zu halten oder zu verkaufen. Kürzlich ... haben sie die Reduktionen der Jesuitenpater der Provinz Paraguay angegriffen und all jene, die wir unterwiesen, mitgenommen. [...] Von schwerwiegender Bedeutung in dieser ganzen Angelegenheit ist, daß das heilige Evangelium nun so an Wertschätzung verloren hat und seine Prediger so in Verruf gekommen sind, daß nicht allein die Tür für das Predigen des Evangeliums unter all diesen Heiden verschlossen ist, sondern daß die Indianer sogar glauben, wir hätten sie unter dem Vorwand, sie das Gesetz Gottes zu lehren, zusammengeholt, um sie den Portugiesen auszuliefern. Sie sagen auch, wir hätten sie belogen, weil wir immer behauptet hätten, daß sie bei uns sicher wären und daß die Portugiesen, die auch Christen und Untertanen desselben Königs sind, diejenigen, die bei den Patres leben, kein Leid zufügen würden, da sie auch Christen wären und Kinder Gottes. Da so eine Greueltat ungestraft und ohne wirksame Gegenmaßnahme bleibt, habe ich den Eindruck, daß wir gezwungen sein werden, diese Heiden aufzugeben, die wir Jahr für Jahr zusammengeholt haben, um sie auf Befehl Seiner Heiligkeit und Majestät unter soviel Mühen und Anstrengungen zu unterweisen.

Quellen: (a) A. Ruiz de Montoya, La conquista espiritual del Paraguay, Rosario (Argentinien) 1989, 58; (b) E. Rodríguez Monegal (Hg.), Die Neue Welt, Frankfurt 1982, 340–344. – *Lit.*: Borges, Historia 1, 535–548; Delgado, Gott 292–307; A. Armani, Città di Dio e città del Sole, Rom 1977; Ph. Caraman, Ein verlorenes Paradies, München 1979; B. Melià, Und die Utopie fand ihren Ort, in: Sievernich, Conquista 413–429; P. C. Hoffmann, Der Jesuitenstaat in Südamerika 1609–1768, Weißenhorn 1994; K. Schatz, Die Jesuitenreduktionen, in: B. Schlegelberger/M. Delgado (Hgg.), Ihre Armut macht uns reich, Berlin 1992, 74–89; Prien, Geschichte 262–290; Dussel, Church 351–362; W. Reinhard, Gelenkter Kulturwandel im 17. Jahrhundert (in: HZ 223, 1976, 529–590); H. Gründer, Der „Jesuitenstaat" in Paraguay. „Kirchlicher Kolonialismus" oder „Entwicklungshilfe" unter kolonialem Vorzeichen? (in: Geschichte und Kulturen 1, 1988, 1–25); J. Meier (Hg.), „... usque ad ultimum terrae", Göttingen 2000; ders. (Hg.), Jesuiten aus Zentraleuropa in Portugiesisch- und Spanisch-Amerika, Aschendorff 2006.

251. Paraguay: Alltagsleben in den Reduktionen (1697)

Der Südtiroler Jesuit Anton T. Sepp (1655–1733) gibt uns hier z.T. verklärte Einblicke in das Alltagsleben der Reduktionen. Bescheidenheit, Einfalt und Sittsamkeit der Indios erfreuen das Herz des Missionars, dessen Bericht an die Briefe vieler moderner Glaubensboten an die Freunde und Wohltäter in der Heimat erinnert. Viele Berichte von Missionaren des 16. und 17. Jh.s vermitteln den Eindruck, daß bei den einfachen, unverdorbenen Indios „der Glaube lebt".

Diese Dörfer liegen, wie gesagt, fast alle oben auf einem Hügel an den sehr fischreichen Flüssen Uruguay oder Paraná. Sie zählen je nach Stärke der Völkerschaft, Familien oder Behausungen sieben-, acht-, neunhundert, viele sogar tausend und mehr Familien. Unter einer Familie versteht sich: Vater und Mutter, Tochter und Sohn samt allen Kindern. So kommen sieben-, acht- oder noch mehr tausend Seelen auf ein Dorf, denn die Indios sind sehr fruchtbar. Das Dorf hat bei der Kirche einen überaus großen, schönen Platz zum Promenieren, der vierhundert Fuß breit und ebenso lang ist. Die Häuser werden an breiten Straßen verteilt wie in den Städten Europas, doch mit diesem großen Unterschied: sie sind sehr niedrig, und die Indios wohnen darin ganz ohne Estrich oder hölzernen Boden auf der nackten Erde. Die Mauern bestehen nicht aus Steinen, sondern aus gestampfter Erde. Das Dach ist mit Stroh bedeckt, außer bei wenigen, die wir mit gebrannten Ziegeln zu decken begonnen haben. Weder Fenster noch Rauchfang oder Kamin haben die Häuser und sind deshalb kohlschwarz und den ganzen Tag voller Rauch, so daß ich, wenn ich meine Kranken besuche, die ich täglich aufzusuchen pflege, wegen des Rauches schier ersticken muß und mir neulich die Augen vierzehn Tage lang dermaßen wehgetan, gebrannt oder getränt haben, daß ich vermeinte, das Augenlicht zu verlieren. [...] Die Tür des Hauses ist drei Spannen breit und sechs Spannen hoch. Sie ist nicht aus Brettern, sondern aus Ochsenhaut. Sie wird nie verschlossen, weil in dem Haus nichts ist, was man stehlen könnte. Diese Tür führt, wie gesagt, in Stube, Küche, Kammer, Keller und Speisekammer, weil die Stube, die Kammer, der Keller, die Küche, die Speisekammer nichts anderes ist als eine einzige finstere Strohhütte. In dieser liegen Vater und Mutter, Schwester und Bruder, Kinder und Kindeskinder, vier Hunde und drei Katzen oder noch mehr, Mäuse und Ratten, daß es nur so wimmelt, Grillen, Käfer, die man in Tirol Schwaben (Schaben) nennt und Tausendfüßler. Alles dies in einer so engen, niedrigen, kleinen Hütte. Welche unerträglichen Gerüche dieses alles verursacht, ist leicht vorzustellen. Doch dessenungeachtet muß einer täglich bis zu zwanzig oder dreißig Bettlägerige und Alte in einem solchen Palast aufsuchen: ihnen die Sakramente geben, den Sterbenden beistehen, den Hausvater und die Hausmutter trösten. So sind diese Besuche. Wahrlich, wahrlich, ehrwürdige Patres, geliebte Brüder, in diesen armen, verlassenen Indios finde ich wirklich meinen armen, leidenden Jesus. Hier wird mein Herz mit unaussprechlichem Trost erfüllt, sooft ich in dergleichen Krippe meines Herrn Jesu hineingehe.

Quelle: Delgado, Gott 302–303. – *Lit.*: J. Mayr, Anton Sepp. Ein Südtiroler im Jesuitenstaat, Bozen 1988; M. M. Marzal, La utopía posible, Lima 1992, 1, 369–385; BBKL 9, 1995, 1390–1393: Art. Sepp v. Rainegg (N. M. Borengässer); LThK[3] 9, 473: Art. Sepp v. Rainegg (M. Sievernich); K. Schatz, Die südamerikanischen Jesuiten-Reduktionen im Spiegel der Berichte deutscher Missionare, in: J. Meier (Hg.), „... usque ad ultimum terrae", Göttingen 2000, 167–181.

252. Paraguay: Der Sonntag in den Reduktionen (1771)

Mit verständlicher Nostalgie beschreibt der aus den Reduktionen vertriebene Jesuit José Cardiel (1704–1781) den dortigen Sonntagsablauf. Er gewährt uns dabei nicht nur Einblick in die katechetische Methode in der autochthonen Sprache, sondern auch in die klosterähnlichen Züge des Reduktionslebens: stundenlange Gottesdienste, Bestrafung der unentschuldigt Fernbleibenden durch Peitschenhiebe. Die Reduktionen blieben bis zum Schluß ein gelenktes Experiment vom Kulturwandel in einer vor spanischen Siedlern und Händlern geschützten Zone. Aber gerade in den Reduktionen hat das koloniale Christentum Inkulturationsleistungen zustande gebracht. Dazu gehört zuallererst die Pflege der Guaraní-Sprache, die dank der philologischen und katechetischen Arbeiten der Jesuiten eine Blüte erfuhr und heute neben dem Spanischen offizielle Amtssprache Paraguays ist. Dazu gehören schließlich auch die bildenden Künste und die Musik, Bereiche, in denen die begabten Guaraní ihre ganze Geschicklichkeit entfalteten.

Jeden Sonntagmorgen, wenn die Patres beim Gebet versammelt sind, kommen alle Alter und Geschlechter auf dem Platz zusammen, Männer und Frauen, Mädchen und Jungen getrennt, wie gewöhnlich. Wenn die Patres ihr Gebet beschließen, werden die Türen geöffnet und die Frauen betreten die Kirche durch den dreiteiligen Haupteingang, während die Männer durch die Seiteneingänge eintreten. Die Jungen bleiben im Hof der Patres, die Mädchen gehen zum Friedhof. Mitten in der Kirche, zwischen Männern und Frauen und mit dem Rücken den letzteren zugewandt, stellen sich vier Indios mit den hellsten Stimmen auf, alle anderen knien. Die vier stimmen das Vaterunser und die anderen Gebete an, die von allen wiederholt werden. Im Anschluß daran setzen sich alle, während die vier stehen bleiben und den Katechismus eröffnen. Zwei von ihnen fragen: „Gibt es Gott?" Darauf antworten zwei: „Ja, es gibt ihn." Die zwei fahren fort: „Wie viele Götter gibt es?" Und die beiden anderen antworten: „Nur einen einzigen." Alle antworten dasselbe, und so geschieht es auch mit allem anderen, wie schon bei der Beschreibung der Unterweisung der Jungen gesagt. Dies geschieht natürlich alles in ihrer eigenen Sprache, denn wenn Lateinisch oder Kastilisch gesprochen würde, was sie nicht verstehen, hätte es keinen Nutzen. [...] All das, was die Männer und Frauen in der Kirche tun, tun auch die Jungen mit ihren Alcaldes [Bürgermeister eines Indiodorfes] im Hof und die Mädchen auf dem Friedhof.
Im Anschluß daran tritt der Pater des Wochenturnus ein und hält eine religiöse Lehransprache, wozu auch die Kinder gekommen sind. [...] Nach der Messe geht jeder an seinen Ort, die Männer und Jungen zum Hof der Patres, die Frauen und Mädchen zum Friedhof. Später wiederholt auf dem Hof einer der begabtesten Chorknaben die Ansprache für alle. [...] Nach der Ansprache zählen die Sekretäre der Siedlung anhand von Listen nach Alter und Geschlecht alle nach, um zu sehen, ob jemand in der Messe gefehlt hat; sie berichten das dem Pfarrer, und dieser prüft, ob ein Hindernis vorgelegen hat. Wenn sich einer schuldig gemacht hat, so sucht er ihn auf und bestraft ihn. Die Strafe besteht aus fünfundzwanzig Peitschenhieben.

Quelle: Delgado, Gott 305–306. – *Lit.*: J. Guillermo Durán (Hg.), Monumenta catechetica hispanoamericana. (Siglos XVI–XVIII). 2 Bde., Buenos Aires 1984–1990; B. Melià, La création d'un langage chrétien dans les réductions des Guaraní au Paraguay. 2 Bde., Straßburg 1969; ders., „Das Wort ist alles", in: B. Schlegelberger/M. Delgado (Hgg.), Ihre Armut macht uns reich, Berlin 1992, 110–124; W. Reinhard, Gelenkter Kulturwandel im 17. Jahrhundert (in: HZ 223, 1976, 529–590).

253. Franziskaner in Kalifornien (1787)

Nicht die Vertreibung der Jesuiten 1767–1768, deren Reduktionen zumeist von den Franziskanern übernommen werden konnten, sondern erst die Wirren der Aufklärungs- und Unabhängigkeitszeit brachten die missionarische Expansion der katholischen Kirche zum Erliegen. Ende des 18. Jh.s war sie aber noch ungebrochen, als Franziskaner unter der Leitung des Mallorquiners Junípero Serra (1713–1784) im heutigen US-Staat Kalifornien eine Mission nach der anderen im Geiste der Reduktionen gründeten, an die heute nur noch die wohlklingenden Namen kalifornischer Städte zwischen San Diego und San Francisco sowie die hier und da mit Liebe restaurierten Missionskirchen erinnern. Die Indios, die von den Franziskanern nach der sanften Methode der „conquista espiritual" in Siedlungen zusammengeführt und dort mit dem Christentum und den abendländischen Kulturtechniken vertraut gemacht wurden, sind zumeist untergegangen – und nicht gerade während der spanischen Kolonialzeit.

In keiner der zahlreichen Missionen, die in den zweihundert *leguas* zwischen San Diego und hier [San Francisco] gegründet wurden, haben wir irgendwelchen „Götzendienst" gefunden, sondern lediglich einen bloß negativen Unglauben; ... wir haben unter ihnen einige Formen des Aberglaubens und eitle Riten gefunden, und unter den Alten einige Betrügereien, indem sie sagen, daß sie es sind, die den Regen schicken, die Eichel wachsen lassen, die Walfische hierher kommen lassen, den Fisch machen usw. Aber es ist ein Leichtes, sie zu überzeugen und des Betrugs zu überführen. [...] Immer wenn sie krank werden, führen sie es darauf zurück, daß ein feindlicher Indianer ihnen Schaden zugefügt hat; und sie verbrennen die Toten – was wir bisher nicht verhindern konnten. [...] Dank der Glaubenspredigt geben sie nach und nach die Vielweiberei auf und werden zu unserem hlg. katholischen Glauben zusammengeführt; und alle, die zum Glauben zusammengeführt wurden, leben in einer Ortschaft unter der Kirchenglocke und gehen zweimal am Tag in die Kirche, um die Christenlehre zu beten. Was sie an Weizen, Mais und Bohnen usw. ernten, ist Gemeindeeigentum. Sie ernten bereits Obst aus Kastilien wie Pfirsiche und Granatäpfel usw., die man von Anfang an gesetzt hatte.

Quelle: F. Palou, Junípero Serra y las misiones de California, Madrid 1988, 232–235. – *Lit.*: M. J. Geiger, The life and times of Fray Junípero Serra. 2 Bde., Washington 1959; M. F. Sullivan, Westward the bells, New York 1971; J. A. Sandos, Converting California, New Haven, London 2004.

D. Sklaverei

254. Alonso de Sandoval: Sklaverei und Mission (1627)

Bis zu Beginn des 17. Jh.s hatte man in den neuankommenden schwarzen Sklaven kaum das Ziel missionarischer Bemühungen gesehen. Erst die Jesuiten leiten hier eine Wende ein. Mit seinem wirkungsreichen Missionshandbuch *De instauranda Aethiopum salute* (1627) will der Jesuit Alonso de Sandoval (1576–1652) in seinem eigenen Orden für die Mission unter den Schwarzen werben. Für Sandoval ist die Sklaverei ein bedauerliches Faktum; seine Kräfte konzentriert er deshalb nicht auf deren Aufhebung; er bemüht sich vielmehr, mit jesuitischer Realpolitik eine seelsorgerische Hinwendung zu den Schwarzen zu erreichen. Er und sein Schüler Pedro Claver (1580–1654), der „Sklave der Sklaven", belassen es nicht bei der Spendung von Sakramenten, sondern praktizieren innerhalb der bestehenden Rahmenbedingungen mit den Schwarzen in Cartagena – dem Hauptumschlagplatz für den Sklavenhandel in Spanisch-Amerika – die äußersten Formen der Nächstenliebe, zu der die Gerichtsrede Jesu Christi seine Jünger ermahnt. Ihren Mühen zum Trotz führte jedoch die Schwarzenmission in Lateinamerika ein Schattendasein. In (a) beschreibt Sandoval die Mißhandlung der Schwarzen, um bei den Jesuiten Empathie mit fremdem Leid zu wecken; in (b) zeigt er, daß die Schwarzen genauso glaubensfähig sind „wie wir", denn auch sie sind als Menschen mit Verstand und freiem Willen ausgestattet worden.

a) Die Mißhandlung der Negersklaven

Wer könnte, einmal abgesehen von den Prügeln, von denen man ohne Ende erzählen könnte, all das beschreiben, die Mißhandlung mit Fesseln, mit eisernen Ketten, Fuß und Handschellen, Halsstöcken, aneinandergeketteten Fußeisen, Halskragen und anderen Erfindungen, mit welchen sie sie einschüchtern, unter Druck setzen und strafen? Etwas davon traf jener Mann (eine ernstzunehmende Person, die, wie ich weiß, in diesen Dingen gewiß nicht übertrieben hat), als er mit Verwunderung feststellte, er habe während seiner dreijährigen Haft in Algier beobachtet, daß die Christen ihre Gefangenen in einer Woche mehr quälten als die Mauren die ihren in einem Jahr. [...] In einigen Belangen war die Unmenschlichkeit so ungeheuerlich, daß es ihnen besser ergangen wäre, wenn sie Tiere gewesen wären; wie Kaiser Octavian sagte, im Hause des Herodes sei es vorteilhafter gewesen, ein Schwein denn ein Sohn zu sein.

b) Von der Glaubensfähigkeit der Negersklaven

Aus dem Gesagten folgen zwei Dinge. Einmal: Diese Schwarzen sind keine wilden Tiere, wie ich einige habe sagen hören, die sie hier als zum Christentum unfähig abstempeln wollen, noch dürfen sie als Kinder oder liebenswürdige Minderjährige ohne jeden Verstand eingeschätzt werden, da sie einfach erwachsene Menschen sind und als solche getauft werden müssen, wozu sie ihrerseits den Willen und die anderen notwendigen Akte erbringen müssen, wie wir unsererseits die Unterweisung zu geben haben, mehr oder weniger angepaßt an die Aufnahmefähigkeit, die wir bei ihnen antreffen, denn diese Unterschiede in der Verständigkeit finden sich in jedem Volk. Zum anderen: Da die Aufnahmefähigkeit dieser Menschen nicht die der Spanier ist, sind die Seelsorger und Diener des Evangeliums dazu verpflichtet, sie ausführlich zu unterrichten und ihrer Unterweisung im Katechismus mehr Zeit einzuräumen. Weder wurden wir selbst gelehrt geboren, noch haben wir in den Schulen und im Katechismusunterricht die Dinge des Glaubens so schnell gelernt, wie wir es von diesen armen *Bozales* [gerade aus Afrika gekommenen Sklaven] erwarten; [der mangelnde Lernerfolg] liegt nämlich nicht in ihrem Verstand, sondern in unserer Sprache, denn diese, nicht jener ist es, was ihnen fehlt. Sie haben nämlich einen freien Willen, den sie in allen menschlichen Handlungen gebrauchen, zu denen sich ihnen Gelegenheit bietet; so führen sie Kriege und schließen Frieden, heiraten, kaufen und verkaufen, tauschen und wechseln wie wir. [...] Warum wollen wir, indem wir uns hinter ihrer Ungebildetheit verschanzen, mit diesen Menschen nicht arbeiten, die so bedürftig und auf Hilfe angewiesen sind?

Quelle: (a) Delgado, Gott 271; (b) ebd., 275–277. – *Lit.*: Ebd., 266–277; M. Teipel, Die Versklavung der Schwarzen, Münster 1999; CEHILA (Hg.), Escravidão negra e História da Igreja na américa Latina e no Caribe, Petrópolis 1987; R. Gray, Black Christians and White Missionaries, New Haven 1990; H. Loth, Sklaverei, Wuppertal 1981; Ch. Verlinden, Die transantlantische Zwangsmigration afrikanischer Neger und ihre Folgen, in: G. Klingenstein u.a. (Hgg.), Europäisierung der Erde?, München 1980, 73–94; Borges, Historia 1, 321–338; Dussel, Church 363–374.

255. Afrobrasilianische Proteste bei der Kurie (1684/86)

Anfangs der 80er Jahre des 17. Jh.s begegnet uns Lourenço da Silva de Mendouça, ein Afrobrasilianer vermutlich königlich-kongolesischer Abstammung und 1682 in Madrid zum Procurator der schwarzen „Bruderschaft Unserer Lieben Frau Stern der Neger" ernannt, als ein anerkannter Führer der schwarzen Gemeinschaft in Lissabon und Madrid. Um 1684 reiste er nach Rom, um Papst Innozens XI. eine Petition gegen die schlechte Behandlung christlicher Sklaven durch ihre christlichen Herren in Amerika und die Institution der „ewigen Sklaverei" zu übergeben. Die vom Papst mit der Petition befaßte Congregatio de Propaganda Fide verurteilte in zwei Stellungnahmen der Jahre 1684 und 1686 den atlantischen Sklavenhandel und die Formen seiner Organisation.

[Aus der Petition des Lourenço da Silva (1684):] Niemand, der das Wasser der hlg. Taufe erhalten hat, sollte Sklave bleiben, und alle, die von christlichen Eltern geboren wurden oder künftig geboren werden, sollen frei bleiben, unter Strafe der Exkommunikation ... in Erinnerung daran, daß Gott seinen Sohn gesandt hat, um die Menschheit zu erlösen. [...]
[Aus der Erklärung der Propaganda Fide vom 6.3.1684:] Neue und dringende Appelle seitens der Neger der indischen Länder bei Seiner Heiligkeit, und von ihm weitergeleitet an diese Hlg. Kongregation, haben keine geringe Bitterkeit bei seiner Heiligkeit und den Eminenzen ausgelöst. Sie haben festgestellt, daß in diesen Ländern [Amerikas] die verwerfliche Unsitte, menschliches Blut zu verkaufen, und zwar manchmal auch unter Betrug und Gewaltanwendung, weiterhin geübt wird. Dies stellt einen abscheulichen Verstoß gegen die katholische Freiheit dar, zu ewiger Sklaverei nicht nur die zu verdammen, die als Sklaven gekauft und verkauft wurden, sondern auch deren Söhne und Töchter, die ihnen geboren wurden, obwohl sie [getauft und so] zu Christen gemacht worden sind.
Dazu kommt noch ein größerer Schmerz, ausgelöst durch die Nachricht, daß diese [Sklaven] so grausam gefoltert wurden, daß unzählige Seelen verloren gingen. Sie waren verzweifelt angesichts der Mißhandlungen, die ihnen seitens der selben christlichen Herren zuteil wurden, die sie doch hätten schützen und behüten sollen. Durch den so ausgelösten Haß ist der Fortschritt der Missionare in der Verbreitung des hlg. Glaubens behindert worden.

Quelle: R. Gray, Black Christians and White Missionaries, New Haven 1990, 24. 19f (nach: Archiv der Propaganda Fide: Scritture originale riferite nelle Congregazioni generali, 490, fol 140). – *Lit.*: Gray, ebd.; H. Fragoso, Sklaverei in Brasilien, in: Sievernich, Conquista 167–200; J. T. López García, Dos defensores de los esclavos negros, in: P. Richard (Hg.), Raíces de la teología latinoamericana, San José 1987, 67–71; J. Meier, Der Überlebenskampf der Negersklaven, in: W. Dreier (Hg.), Entdeckung, Eroberung, Befreiung, Würzburg 1993, 66–81; V. Willeke, Kirche und Negersklaven in Brasilien 1550–1888 (in: NZM 32, 1976, 15–26).

256. J.-B. Labat: Negersklaven in den französischen Antillen (um 1700)

Während seines Aufenthaltes auf verschiedenen Antilleninseln (1694–1705) scheint der Dominikanerpater Jean-Baptiste Labat (†1738) ein detailliertes Tagebuch geführt zu haben, aufgrund dessen er später seinen 1722 in sechs Bänden erschienenen Reisebericht verfaßte. Das Werk erlebte alsbald eine Reihe von Auflagen und wurde in mehrere Sprachen übersetzt. Im vorliegenden Text warnt er vor den islamischen Negersklaven und hält einige Vorschläge zur besseren Behandlung der Sklaven fest. Sein Werk ist voll von solchen oft detaillierten Empfehlungen, denn Labats Ziel war nicht die Abschaffung der Sklaverei, sondern die Verbesserung der Lebensbedingungen der Sklaven in den Plantagen.

Fast alle Neger sind Götzendiener, nur einige, die in der Gegend des Cap Verde wohnen, sind der mohammedanischen Religion zugetan. Wenn nun von diesen letzteren einige nach den Inseln gebracht werden, muß man sich hüten, sie zu kaufen; denn sie nehmen niemals die christliche Religion an und sind außerdem schrecklichen Lastern ergeben. Es ist daher äußerst wichtig, daß sich diese Religion weder unter den Negern noch im Land einschleicht. [...] Alle Personen, die Neger kaufen wollen, lassen sie genau untersuchen, ob sie keinen Leibesfehler haben, eine Aufgabe, die gewöhnlich, der Wundarzt des Hauses zu übernehmen pflegt. Sind sie nun verkauft und in die Plantagen gebracht worden, muß man vor allen Dingen den unersättlichen Geiz und die abscheuliche Grausamkeit einiger Plantagenbesitzer zu mildern suchen, die sie sogleich nach ihrer Ankunft zur Arbeit schicken und ihnen nicht einmal Zeit lassen, sich zu verschnaufen. Wer sie auf solche Art behandelt, hat weder Mitleid noch Urteilskraft, er versteht nicht einmal, seinen eigenen Vorteil wahrzunehmen.

Quelle: J.-B. Labat, Pater Labats Sklavenbericht. Abenteuerliche Jahre in der Karibik 1690–1705, hg. v. H. Pleticha, Stuttgart 1984, 190–191. – *Lit.*: Ebd.; LThK^3 6, 577: Art. Labat (J. Meier).

E. Kolonialprotestantismen

257. Niederländer in Brasilien (um 1650)

Nicht nur in Afrika und Asien (vgl. Texte 29ff. 142), sondern auch in Amerika suchten die Niederländer im 17. Jh. das koloniale Erbe der Portugiesen anzutreten und unterhielten von 1630–1654 im Nordosten Brasiliens (Pernambuco) eine Kolonie. Der reformiert-kalvinistische Glaube war dort offizielle Religion, bei gleichzeitiger Toleranz gegenüber Juden und Katholiken. Über die Religion der Tapúya-Indianer und die Ausbreitung des reformierten Christentums äußert sich eine kirchliche Quelle wie folgt:

Ihre religiösen Anschauungen bilden ein seltsames Gemisch von Götzenanbeterei, Aberglauben und dem, was ihnen die katholischen Missionare beigebracht haben. Einzelne Indianer kennen sogar die Glaubensartikel und das Vaterunser, wenn auch nur in ihrer Sprache. [...]
Wäre für diese zügellose Gesellschaft eine milde, gesetzlich geregelte Sklaverei nicht viel besser als die ungebundene Freiheit, für die sie nicht reif ist? Der Tapúya muß einer zivilisierten Nation unterstehen, sonst richtet er Unheil an. Auf Wunsch der W.I.C. [niederländische Westindien-Gesellschaft] haben wir den Wilden Missionare gesandt. Aber wo sind die Früchte ihrer Mühe und Arbeit? Nach wie vor fröhnen die Rothäute den greulichen Lasten der Hurerei und Trunksucht und denken gar nicht daran, ihre Leidenschaften zu zügeln. Es gibt nur ein Mittel, sie allmählich zu bändigen. Man muß ihnen die Kinder nehmen und Indianerknaben und -mädchen auf Kosten der Gesellschaft als Christen erziehen lassen.

Quelle: H. Wätjen, Das holländische Kolonialreich in Brasilien. Ein Kapitel aus der Kolonialgeschichte des 17. Jahrhunderts, Gotha 1921, 259f. – *Lit.*: F. L. Schalkwijk, The Reformed Church in Dutch Brazil (1630–1654), Zoetermeer 1998; C. R. Boxer, The Dutch in Brazil 1624–1654, Oxford 1957; Bastian, Protestantismus 56ff; Prien, Lateinamerika 172ff.

258. Mission der Herrnhuter in der Karibik (1739)

1732 entsandte die Brüdergemeinde in Herrnhut erstmals Missionare nach den dänischen Jungferninseln. Seit 1736 wirkte Friedrich Martin auf St. Thomas. In den Verhältnissen der kolonialen Gesellschaft wandten sich die Brüdermissionare vor allem an die schwarze Sklavenbevölkerung. Als Nikolaus Ludwig Graf von Zinzendorf 1739 das Missionsgebiet besuchte, zählte die Gemeinde auf St. Thomas etwa 700 Personen, verteilt auf 52 Plantagen. Über den Besuch berichtet der Herrnhuter Historiograph Christian Oldendoorp:

Am folgenden Tage (es war Sonnabend, da die Neger den Nachmittag frey haben) bekam der Graf einen tieferen Eindruck von der unter den Negern waltenden Gnade Gottes. Die Brüder Friedrich Martin und Matthäus Freundlich waren mit ihm und den neu angekommenen zwey Ehepaaren auf die Brüderplantage gegangen, wo sich viel hundert Neger versamelt hatten. Friedrich Martin fiel unter freyem Himmel mit der ganzen Versammlung auf die Knie, und brachte Gott mit brennendem Herzen im Gebet das schuldige Dankopfer für alle Barmherzigkeit und Treue, die er sowol an den Gefangenen als an dem ganzen versamelten Volke bisher gethan hatte. Unter fröhlichen Lobgesang gingen sie darauf ins Haus, in welchem aber nur der kleinste Theil der versamelten Neger Platz hatte. Nachdem diese, wie bisher gewöhnlich war, eine Stunde lang im Lesen Unterricht gehabt hatten, ging der Gottesdienst an. Nach dem Gesang that der Mitälteste aus den Negern Abraham, ein gesalbtes und eindringendes Gebet zum Heiland, wobey die ganze Versamlung in eine selige Bewegung des Herzens gesetzt, und mit göttlichem Trost erfüllet wurde. Da Martin noch sehr schwach war, so ersuchte er den Herrn Grafen, eine Rede an die Negergemeine zu halten. Er that es, und redete von dem Glauben des Apostels Thomas, der den Heiland an seinen Wunden erkant, und als seinen Herrn und Gott bekant hat. Wie ihn dabei das unvermuthete laute und mit Thränen begleitete Bekentniß vieler hundert Neger (das Jesus Christus ihr Herr sei, der sie als verlorene und verdammte Menschen erlöset habe) in freudiges Erstaunen gesetzt hat, kan in seiner Lebensbeschreibung nachgesehen werden. [...]
Am 15ten Februar hielt er seine Abschiedsrede an die Neger, nach welcher er ihnen folgenden Aufsatz in creolischer Sprache vorlas: „Meine herzlich geliebten Freunde. Ich bin diesen weiten Weg hergekommen, um euch zu sehen, und freue mich, daß ich einen Anfang unter euch sehe, welches ich mir vor mehr als sechs Jahren gewünscht habe, als ich meine ersten Brüder zu euch schickte, euch zu lehren. [...] Viertens [weise ich Euch eindringlich darauf hin], daß ihr euren Herren und Frauen getreu, und euren Meisterknechten ... gehorsam sein, und alle eure Arbeit mit Liebe und Emsigkeit thun möget, als ob es für euch selbst geschähe. Ihr müßt wissen, daß Christus einen jeden seiner Kinder selbst an die Arbeit stellet; denn der Herr hat alles selbst gemacht, Könige, Herren, Knechte und Sklaven; und jeder muß, solange wir in der Welt leben, gern in dem Stande bleiben, darein ihn Gott gesetzt hat, und mit Gottes weisem Rathe zufrieden seyn. [...] Fünftens wünsche ich, daß ihr allezeit an die anderen Neger oder Wilden, welche durch die Brüder an so vielen Orten zu Jesu gerufen sind, denken möget; denn bey euch haben wir zuerst angefangen, und so viele Brüder und Schwestern sind hier unter der Arbeit an euren Seelen, und unter dem Gebet für euch, gestorben. Ich hoffe, daß ihr, die ihr die ersten gewesen, nicht die letzten werden sollt."

Quelle: C. G. A. Oldendorp, Geschichte der Mission der evangelischen Brüder auf den caraibischen Inseln St. Thomas, S. Croix und S. Jan. 2. Teil, Barby 1777 (= Hildesheim etc. 1995), 585f. 592–595. – *Lit.*: H. Beck, Brüder in vielen Völkern, Erlangen 1981, 41–60.

F. Vorboten der Unabhängigkeit

259. Mexiko: Gegen die Benachteiligung der Kreolen (1771)

Während des 18. Jh.s häufen sich die Proteste der Kreolen wegen ihrer Benachteiligung gegenüber den „echten" im Mutterland geborenen Spaniern. Von den Bischofssitzen und den wichtigsten Posten in Justizverwaltung und Militär waren sie ausgeschlossen, weil man an deren Loyalität zweifelte, aber auch weil man dachte, wer in Amerika geboren sei, könne nicht so tüchtig und klug wie die Europäer sein. In den Ordensgemeinschaften wurde vielfach um des Friedens willlens die sogenannte Rotation praktiziert: nach einem Spanier wurde ein Kreole zum Oberen gewählt und umgekehrt. Die strukturelle Benachteiligung der Kreolen – gegen die sich diese Eingabe der Stadt Mexiko vom 2.5.1771 an Karl III. (span. König 1759–1788) wendet, um nun aus den Europäern Ausländer zu machen, die eher benachteiligt werden sollten – ist einer der Hauptfaktoren, die zum Unabhängigkeitskampf führten.

Es ist nicht das erste Mal, daß Übelwollen und Vorurteil das Ansehen der Amerikaner angefochten haben und sie hinstellen wollen, als seien sie unwürdig für die Erlangung jeder Art von Ehrungen. Man führt diesen Krieg gegen uns seit der Entdeckung Amerikas. Bei den eingeborenen Indianern stellte man sogar ihre Vernünftigkeit in Frage. Mit nicht geringerer Ungerechtigkeit gibt man vor, daß wir, die wir von europäischen Eltern in diesem Lande geboren sind, kaum genügend Verstand besitzen, um Menschen zu sein. [...] Man schloß uns von den Bischofssitzen und anderen hohen geistlichen Würden und auf weltlichem Gebiet von den erstrangigen Ämtern in Heer, Verwaltung und Justiz aus. Das heißt das Völkerrecht umstürzen. Es ist der Weg nicht nur zum Verlust Amerikas, sondern auch zum Ruin des Staates. [...] Die Vergebung der Ämter an Einheimische unter Ausschluß der Fremden ist ein Grundsatz, den die Gesetze aller Reiche vertreten, der von allen Nationen angenommen und von der natürlichen Vernunft eingegeben wird und der in die Herzen und Wünsche der Menschen eingeprägt ist. [...] Aber hinsichtlich der Vergebung ehrenvoller Ämter müssen die europäischen Spanier hier in Amerika als Ausländer betrachtet werden, denn gegen sie sprechen dieselben Gründe, mit denen alle Völker die Anstellung von Ausländern verboten haben. Die Europäer sind Ausländer in Amerika der Natur nach, obwohl nicht nach dem bürgerlichen Recht.

Quelle: R. Konetzke, Lateinamerika seit 1492, Stuttgart 1971, 37–38. – *Lit.*: D. A. Brading, The first America. The Spanish monarchy, Creole patriots and the liberal State, 1492–1867, Cambridge 1991; M. Delgado, Die Metamorphosen des Messianismus in den iberischen Kulturen, Immensee 1994, 65–88; A. Gerbi, La disputa del Nuevo Mundo. Historia de una polémica, 1750–1900, México 1982; J. Lafaye, Quetzalcóatl y Guadalupe, México 1977, 99–204; Borges, Historia 1, 281–298.

260. Peru: Aufstand des Túpac Amaru II. (1780–1781)

Túpac Amaru hieß der letzte, 1572 von den Spaniern in Cuzco enthauptete legitime Inka. Túpac Amaru II. ließ sich nun der Kazike José Gabriel Condorcanqui nennen, als er 1780–1781 seinen antikolonialen Aufstand anführte. Was wollte er damit erreichen? Einige Forscher vertreten die nativistisch-messianische Linie: in seinem Aufstand gipfelt dann die „andine Utopie", wonach seit dem Tod Atahualpas und Túpac Amaru I. die Indiobevölkerung immer wieder auf einen mythischen Helden oder Inka *redivivus* gewartet habe, der das alte Reich wieder errichtet und sie zum großen Kampf gegen die fremden Invasoren sammeln würde. Für Jürgen Golte hingegen entspringt der Aufstand denselben ökonomischen Dominanten wie die zahlreichen bäuerlichen Rebellionen, die in den sechziger und siebziger Jahren des 18. Jh.s die Anden erschütterten, und richtet sich primär gegen das Handelsmonopol der Corregidores oder Provinzrichter, unter dem nicht nur die einfachen Indios litten (durch willkürliche Verteuerung der Produkte), sondern auch jene Kaziken, die wie J. G. Condorcanqui Landbesitzer, Transportunternehmer und Maultierhändler waren. (a) zeigt, daß die anführenden Kaziken an eine breite Allianz aus dem kreolischen Bürgertum, den mestizischen Kleinbürgern und den indianischen Bauern gegen die Corregidores und Europäer gedacht hätten, doch die unkontrollierten Aktionen der Bauernheere entwickeln eine eigene Dynamik, und der Konflikt gewinnt einen nativistisch-messianischen Charakter. Aus Angst vor einer Belagerung rief der Bischof von Cuzco selbst die Geistlichkeit zu den Waffen, was von anderen Bischöfen scharf kritisiert wurde. (b) belegt, wie gekonnt Túpac Amaru mit seiner „Exodustheologie“ das Handelsmonopol der Corregidores anprangerte, die nach dem Sonntagsgottesdienst vor der Kirche Handel trieben. Nach der Niederschlagung des Aufstandes wurde Túpac Amaru 1781 als „Rebell“ von vier Pferden gevierteilt.

a) Indianer und Kreolen gegen die Europäer (1780)

[Edikt für die Provinz Chichas:] Don José Gabriel Tupac Amaru, Indio von königlichem Blut und fürstlichem Geschlecht: Ich lasse die kreolischen Landsleute, Bewohner der Provinz von Chichas und Umgebung, wissen, daß ich angesichts des harten Jochs, das uns mit soviel Tribut niederdrückt und der Tyrannei derer, die dafür Verantwortung tragen, ohne unsere miserable Verfassung in Erwägung zu ziehen, die mich ebenso verzweifeln läßt wie die Ruchlosigkeit dieser Leute, beschlossen habe, dieses unerträgliche Joch abzuschütteln und die schlechte Regierung zu zügeln, die wir durch die Befehlshaber dieser Korps erleiden. Das ist der Grund, weshalb der Richter dieser Provinz Tinta den Tod auf öffentlichem Schafott gefunden hat, zu deren Verteidigung eine Menge von *Chapetones* [neuangekommene Europäer, in der Regel Spanier] aus Cuzco gekommen sind, meine geliebten Kreolen mitschleifend, welche ihre Kühnheit und ihren Wagemut mit ihrem Leben bezahlten. Ich fühle nur mit den kreolischen Landsleuten, denen ich wünschte, es möge ihnen kein Schaden zustoßen, vielmehr sollten wir wie Brüder zusammenstehen und vereint die Europäer vernichten.

b) Kritik der kolonialen Ausbeutung durch die Justiz (1781)

Wir hingegen, unglückliche Indios, haben unter größerem Stöhnen und mit mehr Tränen in so vielen Jahrhunderten keine Erleichterung gefunden; und obwohl die königliche Größe und Erhabenheit unseres Monarchen sich herabließ, uns durch die königliche Verordnung zu befreien, geriet uns die Gunst dieser Erleichterung zu noch größerer Zerrüttung, zu zeitlichem und geistlichem Ruin: der Grund dafür mag darin liegen, daß der Pharao, der uns verfolgt, peinigt und anfeindet, nicht ein einzelner ist, sondern viele es sind, die so ruchlos und von so verderbtem Herzen sind wie diese Richter, ihre Stellvertreter, Eintreiber und Häscher; zweifellos teuflische und verderbte Menschen, von denen ich glaube, daß sie dem grausigen Höllenchaos entstiegen sind und von unsäglichen Harpyien gesäugt wurden, weil sie so frevelhaft, grausam und tyrannisch sind. Von ihren Höllentaten anzufangen hieße in höchstem Maße die Neros und Attilas heiligzusprechen, von deren Greueltaten die Geschichte zu erzählen weiß und die zu hören allein die Glieder zittern und die Herzen weinen macht. Diese können noch entschuldigt werden, weil sie letzten Endes Ungläubige waren; jene Richter aber, allemal getauft, verleugnen in ihren Werken das Christentum. [...] Sie gehen sonntags kaum zur Messe und wenn, dann mit viel Gezeter und Theater, und die Nachbarn übernehmen von ihnen ihr schlechtes Beispiel. Sie vertreiben die Gläubigen aus der Kirche durch ihre Eintreiber und Gerichtsdiener, so daß die Indios und die Spanier des geistlichen Ertrages der Messe verlustig gehen. An den Kirchentüren postieren sie sich wie Wärter, um sie [die Gläubigen] ins Gefängnis zu schleppen, wo sie sie zwei oder drei Monate lang festhalten, bis sie ihre Schulden bezahlt haben. Sie sind es, die die Kirchen vergewaltigen, die Priester quälen bis aufs Blut, die heiligen Bilder mißachten und den Gottesdiensten fernbleiben unter dem Vorwand, sie erlitten sonst finanzielle Ausfälle. Um ihre eigenen Interessen nicht zu beschneiden, wenden sie sich gegen die wachsamen und in der Verkündigung gewissenhaften Pfarrer. Sie wollen nämlich erreichen, daß diese, wenn der Eifer um die göttlichen Gebote und um ihre Erfüllung erkalte, sich an Gewaltanwendung, Bestechung und Mißachtung nicht mehr stören.

Quelle: (a) Delgado, Gott 312; (b) Delgado, Gott 313–315. – *Lit.*: Ebd., 308–316; I. Bouisson/H. Schottelius, Die Unabhängigkeitsbewegungen in Lateinamerika 1788–1826, Stuttgart 1980; A. Flores Galindo, Buscando un Inca, Lima 1987; M. Burga, Andean millenarian movements. Their origins, originality and achievements, 16th–18th centuries, Washington 1996; L. E. Fisher, The last Inca revolt, 1780–1783, Norman 1966; J. Golte, Determinanten der Entstehung und des Verlaufs bäuerlicher Rebellion in den Anden vom 18. zum 20. Jahrhundert (in: JGSLA 15, 1978, 41–74); J. Klaiber, Religión y justicia en Túpac Amaru, in: P. Richard (Hg.), Raíces de la teología latinoamericana, San José 1987, 73–84; J. Pérez, Los movimientos precursores de la emancipación en Hispanoamérica, Madrid 1977; J. Szemin-ski, La utopía tupamarista, Lima 1983.

261. Juan Pablo Viscardo: Brief an die Spanier in Amerika (1792)

Der Jesuit Juan Pablo Viscardo (1748–1798) war peruanischer Kreole und lebte nach der Vertreibung der Jesuiten 1767 vor allem in London. Unter dem Schutz der britischen Regierung schrieb er 1792 einen aufsehenerregenden „Brief an die amerikanischen Spanier“, in dem er sie ermutigt, Partei für die Unabhängigkeit zu ergreifen. Der Brief ist durchzogen vom Optimismus der Aufklärung, der auch von Simón Bolívar und den anderen Befreiern Lateinamerikas geteilt wird: Mit der Unabhängigkeit soll Lateinamerika quasi ein neues Gelobtes Land für alle Unterdrückten und Freiheitsliebenden der Welt werden (Utopie des ewigen Friedens).

Die Zeit ist gekommen, ... und wenn wir uns nur ein wenig bemühen, wird die weise Freiheit, diese kostbare Gabe des Himmels, in Verbindung mit allen Tugenden und gefolgt vom Wohlstand, ihre Herrschaft in der neuen Welt beginnen, und die Tyrannei wird gänzlich ausgelöscht sein. [...] Der weise und tugendhafte Spanier, der im Schweigen die Unterdrückung seines Vaterlandes erträgt, wird unsere Sache loben. Man wird den nationalen Ruhm eines immensen Reiches wiedererstehen sehen, das sicherer Zufluchtsort aller Spanier sein wird, die über die brüderliche Gastfreundschaft hinaus, die sie dort immer genossen haben, nun auch die Gesetze der Vernunft und der Gerechtigkeit frei atmen könnten. Gott gebe, daß dieser Tag, der glücklichste, der jemals angebrochen sein wird, nicht nur für Amerika, sondern für die ganze Welt, Gott gebe, daß er unverzüglich kommt. [...] Wie viele werden, die Unterdrückung und das Elend fliehend, uns mit ihrem Fleiß, mit ihrem Wissen bereichern und unsere geschwächte Bevölkerung stärken! So wird Amerika die Menschen aus allen Enden der Erde sammeln, und seine Bewohner werden durch das gemeinsame Interesse einer einzigen großen Familie von Brüdern verbunden sein.

Quelle: J. L. Romero/L. A. Romero (Hgg.), Pensamiento político de la emancipación, Caracas 1985, 1, 57f. – *Lit.*: M. Batllori, El abate Viscardo, Madrid 1995; D. A. Brading/G. Gutiérrez/M. M. Marzal, Juan Pablo Viscardo y Guzmán (1748–1798). 3 Bde., Lima 1999; I. Bouisson/H. Schottelius, Die Unabhängigkeitsbewegungen in Lateinamerika 1788–1826, Stuttgart 1980.

262. Mexiko: Geschichtstheologische Emanzipation der Kreolen (1794)

Die Thomas-Legende, wonach einige Riten und Sitten der Indios auf eine Urevangelisierung durch den Apostel Thomas zurückzuführen seien, begegnet uns in Amerika bereits um die Mitte des 16. Jahrhunderts, zunächst im Schatten der ersten Jesuitenmission in Brasilien. Aus ihr wurde eine Legitimation der Conquista und Zwangsmission abgeleitet, denn die Indios hätten sozusagen den empfangenen Glauben gegen den „Götzendienst" getauscht. Um 1600 finden die Missionare Spuren des Apostels so gut wie in ganz Amerika und identifizieren ihn mit dem „weißen Gott" der indianischen Traditionen. Kreolische Ordensleute werden die Thomastradition allerdings umdeuten: nicht mehr die Indios seien am Götzendienst schuld, sondern die Kirche, die sie während so vieler Jahrhunderte allein gelassen hat. Die Kreolen fühlen sich langsam als Amerikaner und sehen in der Geringschätzung und Verteufelung der indianischen Traditionen auch eine Beleidigung ihrer eigenen langsam keimenden kulturellen Identität. Der Kreolisierungsprozeß der Thomastradition erreicht seinen Höhepunkt am Ende der Kolonialzeit, als der Dominikaner Servando Teresa de Mier (1763–1827) bei einer Predigt am Guadalupe-Fest vom 12.12.1794 in Mexiko die Guadalupe-Tradition und die Thomastradition zusammenführt: nicht erst im Schatten der spanischen Conquista und Evangelisation seien das Evangelium und die Jungfrau von Guadalupe nach Mexiko gekommen, sondern bereits in der Apostelzeit, genauso wie die Jungfrau bereits damals dem Apostel Jakobus in Spanien erschienen sei. Der politischen Emanzipation ging so die geschichtstheologische voraus (vgl. Text 242).

1. Das Bild Unserer Lieben Frau von Guadalupe ist nicht auf den Bauernmantel des Juan Diego, sondern auf den Umhang des Hlg. Thomas gemalt, des Apostels dieses Reiches.
2. Bereits vor 1750 Jahren wurde das Bild Unserer Lieben Frau von Guadalupe schon feierlich verehrt und angebetet durch die zu Christen gewordenen Indios auf der Hochebene dieser Sierra von Tenanyuca, wo der Hlg. Thomas ihr einen Tempel errichtete.
3. Von unserer Religion soeben erst abgefallene Indios haben dann das Bild geschändet, auch wenn sie es nicht auslöschen konnten; der Hlg. Thomas hat es daraufhin versteckt. Zehn Jahre nach der Conquista erschien dem Juan Diego die Himmelskönigin, erbat sich einen Tempel und übergab ihm beim letzten Mal ihr altes Bild, damit er es zum Herrn Zumárraga [dem ersten Bischof von Mexiko-Stadt] bringe.
4. Das Bild unserer Frau ist ein Gemälde aus den Anfängen des ersten Jahrhunderts der Kirche; aber wie seine Bewahrung ist auch seine Gestaltung jedem menschlichen Eifer überlegen, als ob sich die Jungfrau Maria selbst zu Lebzeiten auf natürliche Weise in Leinen eingeprägt hätte. [...]

O wenn mir doch Zeit bliebe, euch zu zeigen, daß die Indios schon zu Beginn der Kirche Christen wurden, so bewiese ich euch unter ihnen nicht nur die Kenntnis von dem einen Gott und seinen souveränen Eigenschaften, sondern sogar von der Dreifaltigkeit, der Menschwerdung, der Eucharistie und von den anderen Glaubensartikeln unserer Religion; Kommunion, Ohrenbeichte, vierzigtägiges Fasten gab es unter ihnen und andere Praktiken der Kirche, auch das in Mexiko bis zur Conquista bewahrte Mönchsinstitut. All das war vom Hlg. Thomas gelehrt und wurde im Laufe der Zeiten verunstaltet.

Quelle: Delgado, Gott 316–318. – *Lit.*: M. Delgado, Die Jungfrau von Guadalupe, der Apostel Thomas und die kreolischen Emanzipationsbestrebungen in Mexiko um 1800, in: K. Koschorke (Hg.), Transkontinentale Beziehungen in der Geschichte des Außereuropäischen Christentums, Wiesbaden 2002, 315–327; LThK[3] 7, 247: Art. Mier (M. Delgado); J. V. Lombardi, The political ideology of Fray Servando Teresa de Mier, propagandist for independence, Cuernavaca 1968; E. Marroquín, Fray Servando Teresa de Mier, in: P. Richard (Hg.), Raíces de la teología latinoamericana, San José 1987, 85–96.

LATEINAMERIKA III. 1800–1890

A. AUF DEM WEG ZUR UNABHÄNGIGKEIT

263. Der Bischof von Michoacán über die Situation um 1810

Die Französische Revolution steht – eher als die Amerikanische – am Anfang des Unabhängigkeitskampfes Lateinamerikas. Bereits 1804 erklärte das „Sklavenhaus“ Haiti seine Unabhängigkeit. In Spanisch-Amerika gärte es überall. Aber erst nach der Besetzung Spaniens durch Napoleon 1810 beginnt die heiße Phase des Unabhängigkeitskampfes – wie aus diesem Brief von Bischof Manuel Abad y Queipo an den König vom 30.5.1810 ersichtlich wird. Fast alle Städte wählten damals eine autonome Regierung, die sich bereits von Spanien lossprach oder zur späteren formellen Unabhängigkeit führte. Die Einladung von Vertretern Spanisch-Amerikas zu den Cortes (Generalständen) von Cádiz 1812 konnte den Unabhängigkeitsprozeß nicht mehr aufhalten. Die Länder im Sog der „bolivarianischen“ Revolution strebten eine republikanische Regierung an, in Mexiko hingegen neigte man eher zu einer von Spanien unabhängigen Monarchie (1821). Auch Brasilien optierte für die monarchische Lösung (1822). Die Unabhängigkeit Lateinamerikas speist sich aus vielen geistigen Wurzeln, nicht zuletzt auch aus dem politischen Denken der Scholastik (Francisco de Vitoria, Bartolomé de Las Casas, Francisco Suárez), und ist im allgemeinen ein kreolisches Phänomen. Die formale Unabhängigkeitserklärung der einzelnen Kolonien erfolgte in der Regel auf einer einberufenen verfassungsgebenden Versammlung, in der Menschen europäischer Abstammung und spanischer Sprache und Kultur sich als „Amerikaner“ betrachteten. Der Unabhängigkeitskampf in Spanisch-Amerika endet mit der Schlacht von Ayacucho (25.12.1824).

Unsere Besitzungen in Amerika und besonders Neuspaniens finden sich zu einem allgemeinen Aufstand sehr geneigt, wenn die Weisheit Eurer Majestät ihm nicht vorbeugt. Der elektrische Funke der Französischen Revolution, der gleichzeitig auf alle übrigen Völker übersprang, die einen zerstörte und die anderen im Inneren erschütterte, setzte auch diese [amerikanischen] Länder in Bewegung und trug in sie die ersten Anfänge der Zwietracht und den glühenden Wunsch nach Unabhängigkeit hinein. [...] Unsere Amerikaner, die das Eigenleben des spanischen Volkes für erloschen hielten, glaubten das Mutterland auf immer verloren, seitdem es von fremden Truppen besetzt war, und erachteten auch die Wiedereroberung und die mit so viel Heldenmut geführte Verteidigung für unmöglich. Seitdem begannen sie, wie es natürlich war, mit mehr Nachdruck sich mit der Unabhängigkeit zu befassen und mit den Mitteln, sie zu verwirklichen, für den hypothetischen und deutlich erkennbaren Fall, daß das Mutterland sich nicht wieder von seiner Ohnmacht erhole. [...] Das ist die allgemeine Lage unserer amerikanischen Besitzungen und besonders Neuspaniens. Überall wünscht man lebhaft die Unabhängigkeit und ist mit ihr einverstanden.

Quelle: R. Konetzke, Lateinamerika seit 1492, Stuttgart 1971, 44. – *Lit.*: D. A. Brading, Church and State in Bourbon Mexico. The diocese of Michoacán, 1749–1810, Cambridge 1994; ders., The first America, Cambridge 1991; I. Bouisson/H. Schottelius, Die Unabhängigkeitsbewegungen in Lateinamerika 1788–1826, Stuttgart 1980; J. L. Romero/L. A. Romero (Hgg.), Pensamiento político de la emancipación. 2 Bde., Caracas 1985; R. Vargas Ugarte, El episcopado en los tiempos de la emancipación sudamericana, Lima [3]1962; Dussel, Geschichte 139–149; Dussel, Church 90ff; Prien, Geschichte 368–510; ders., Lateinamerika 245ff; Borges, Historia 1, 815–834; Mayeur, Geschichte 10, 760–796 (Y. Saint-Geours/B. Plongeron).

264. Mexiko: Priester im Unabhängigkeitskampf

Der Unabhängigkeitskampf spaltete auch die Kirche. Im allgemeinen kann gesagt werden, daß der hohe Klerus und die Bischöfe, die ja aus Spanien kamen, dem Mutterland treu blieben, während der niedere Klerus, zumeist bestehend aus Kreolen, Mestizen und Indios, die Unabhängigkeitsbestrebungen unterstützte. In Mexiko führten Priester wie Miguel Hidalgo und José María Morelos den Kampf an. Hidalgo (a) versuchte, eine Allianz von Indios, Mestizen und Kreolen gegen die Spanier zu schmieden; in seinem Bauernheer kämpften aber – im Namen der Jungfrau von Guadalupe – praktisch nur Indios und Mestizen. Ähnlich wie der Aufstand von Túpac Amaru II. in den Anden (s. Text 260) hatte Hidalgos Kampf Züge einer sozialen Revolution, konnte daher die kreolische Oberschicht nicht gewinnen und war zum Scheitern verurteilt. Am 27.7.1811 wurde Hidalgo erschossen. Sein Nachfolger Morelos versuchte (b), die Ausartung des Unabhängigkeitskampfes in einen Aufstand der Farbigen gegen die Weißen zu verhindern, konnte aber das Vertrauen der Kreolen nicht gewinnen und scheiterte ebenfalls. Die Unabhängigkeit Mexikos wurde erst möglich, als die katholischen Kreolen, die sich nach der spanischen Revolution von 1820 durch die liberale und antiklerikale Wende der Regierung des Mutterlandes bedroht fühlten, unter Führung von Agustín de Iturbide am 24.2.1821 die Unabhängigkeit proklamierten – nicht zuletzt zum Schutz der katholischen Religion. Simón Bolívar (1783–1830), der Befreier Südamerikas, war hingegen ein liberaler Freimaurer, der aber den Nutzen der Religion gerade beim mexikanischen Unabhängigkeitskampf (c) erkannte.

a) Aus den Manifesten Hidalgos an die Amerikaner (1810)

Für das Glück des Reiches ist es notwendig, Macht und Befehlsgewalt den Händen der Europäer zu entreißen. Dies ist der ganze Zweck unserer Unternehmung, zu der wir durch die Stimme der Nation und die in den Herzen aller Kreolen lebendigen Gefühle ermächtigt sind. Angesichts des heiligen Feuers, das uns entflammt, und der Gerechtigkeit unserer Sache, wacht auf, Söhne des Vaterlandes, denn der Tag des Ruhmes und der öffentlichen Glückseligkeit Amerikas ist gekommen. [...] Zerreißen wir, Amerikaner, die schmachvollen Bande, die uns so lange Zeit gefesselt haben. Vereinigen wir uns alle, die auf diesem glückhaften Boden geboren wurden. Betrachten wir von heute an alle, die keine Amerikaner sind, als Ausländer und Feinde unserer Vorrechte. Berufen wir einen Kongreß ein, der sich aus Vertretern aller Städte und Ortschaften dieses Reiches zusammensetzt. Dieser hat zum Hauptzweck, unsere heilige Religion zu bewahren und milde und wohltuende Gesetze zu erlassen, die den besonderen Umständen jeder Bevölkerung angepaßt sind. [...] Wir werden freien Gebrauch von den so reichen Hervorbringungen unserer Länder machen, und ihre Bewohner werden aller Wonnen teilhaftig sein, mit denen der göttliche Schöpfer diesen weiten Kontinent verschwenderisch bedacht hat.

b) Erlaß José Maria Morelos' (13.10.1811)

Ich erkläre, daß unser Plan allein dahin geht, die politische und militärische Regierung, die in Händen der Europäer liegt, auf die Kreolen übergehen zu lassen, die am besten die Rechte Ferdinands VII. [spanischer König in französischer Gefangenschaft] bewahren werden. [...] Da die Weißen die ersten Repräsentanten des Reiches sind und zuerst die Waffen zur Verteidigung der Eingeborenen der Ortschaften und der übrigen farbigen Bevölkerung erhoben und sich mit ihnen verbanden, sollen wegen dieses Verdienstes die Weißen Gegenstand unserer Dankbarkeit sein und nicht des Hasses, der sich gegen sie auszubilden beginnt. [...] Da es nicht unser Plan ist, gegen die Reichen vorzugehen, bloß weil sie reich sind, noch weniger gegen die reichen Kreolen, soll sich niemand erdreisten, nach dem Besitz von jemand zu greifen, mag dieser noch so reich sein, denn eine solche Handlung ist gegen jedes Recht, vor allem gegen das göttliche Gesetz, das uns zu stehlen verbietet und Fremdes sich gegen den Willen des Eigentümers anzueignen, ja sogar in Gedanken fremde Sachen zu begehren.

c) Mexiko: Simón Bolívar über die Rolle der Religion (1815)

Glücklicherweise haben die Führer der Unabhängigkeit in Mexiko mit höchster Treffsicherheit den Fanatismus ausgenutzt, indem sie die berühmte Jungfrau von Guadalupe zur Königin der Patrioten proklamierten, sie in allen schwierigen Fällen anrufen und sie in ihren Fahnen führen. Hiermit hat sich die politische Begeisterung mit der Religion vermischt, und diese Mischung hat eine ungestüme Hingabe für die heilige Sache der Freiheit erzeugt. Die Verehrung dieses Bildes in Mexiko ist überschwenglicher, als auch der schlaueste aller Propheten sie je inspirieren könnte.

Quelle: (a) R. Konetzke, Lateinamerika seit 1492, Stuttgart 1971, 48; (b) ebd., 49–50; (c) S. Bolívar, Reden und Schriften zu Politik, Wirtschaft und Gesellschaft, hg. v. H.-J. König, Hamburg 1985, 39. – *Lit.*: C. Arango Zuluaga, Crucifijos, sotanas y fusiles. La participación de la iglesia en las luchas armadas de los pueblos latinoamericanos, Bogotá 1991; C. M. de Bustamante, Tres estudios sobre Don José Maria Morelos y Pavón, México 1963; D. A. Brading (Ed.), Caudillo and peasant in the Mexican Revolution, Cambridge 1980; H. M. Hamill, The Hidalgo revolt, Gainesville 1966; H. J. Miller, Padre Miguel Hidalgo, Edinburg, Tex. 2004; J. L. Romero/L. A. Romero (Hgg.), Pensamiento político de la emancipación. 2 Bde., Caracas 1985; J. Lafaye, Quetzalcóatl y Guadalupe, México 1974, 172–188; Dussel, Geschichte 139–149; Prien, Geschichte 368–510; Mayeur, Geschichte 10, 760–796 (Y. Saint-Geours/B. Plongeron).

265. Forderung nach einem Denkmal für Las Casas (1813)

Im Schatten des Unabhängigkeitskampfes wurde Las Casas' „Ganz Kurzer Bericht über die Zerstörung Westindiens" (Las Casas, WA 2, 25–138), in dem die Greueltaten in den ersten Dekaden der Conquista festgehalten und die Spanier – Las Casas meinte Conquistadores und Encomenderos, nicht Missionare und gute Spanier – als Tyrannen und Feinde des Menschengeschlechts bezeichnet werden, mehrfach aufgelegt. Kreolen wie Servando Teresa de Mier, ein ehemaliger Dominikaner (s. Text 262), schrieben Vorworte, die von der Dialektik Wir(unterdrückte) Amerikaner gegen Ihr-Spanier (und Feinde des Menschengeschlechts) geprägt waren. Bolívar und die anderen Befreier instrumentalisierten gleichfalls Las Casas' prophetische Anklage der frühen Kolonialzeit, um den Unabhängigkeitskampf zu rechtfertigen. Die Kreolen schlüpften faktisch in die Opferrolle der Indios und traten auch in ihre Rechte ein. Sie sahen daher in Las Casas, dem „Vater der Indios", eine Art „Schutzpatron" Amerikas.

Wenn ihr nach Beendigung dieses Krieges frei werdet, so verlangt die Dankbarkeit, daß das erste von freien Händen errichtete Denkmal dem himmlischen Menschen gewidmet wird, der so sehr für die Freiheit der Altamerikaner und gegen die Schrecken der Conquista kämpfte, nämlich unserem unermüdlichen Anwalt, unserem wahren Apostel, dem vollkommenen Vorbild der evangelischen Nächstenliebe, der aufgrund des Votums des Universums, wenn man von einigen Spaniern absieht, die Ehre der Altäre verdiente. Casas, dreihundert Jahre lang von den Spaniern verfolgt, sollte unter seinen Kindern Zuflucht finden. Versammelt um diese Statue besiegelt eure Verträge und singt eure Freiheitshymnen: keinen angenehmeren Duft kann man dem Schutzgeist Amerikas bieten, dem Bischof von Cuzco und Chiapa, damit er uns Anrecht auf seinen Segen gewährt. Sein Schatten wird euch den Respekt aller Völker verschaffen, und niemand wird denken können, daß das Volk des Casas nicht tugendhaft ist. [...] Ich würde ihm diese Inschrift setzen, die so schlicht wie der Held ist: „Fremder!

Wenn du die Tugend liebst, bleib hier stehen und verehre ihn. Dieser hier ist Casas, der Vater der Indios“.

Quelle: J. L. Romero/L. A. Romero (Hgg.), Pensamiento político de la emancipación, Caracas 1985, 2, 52. – *Lit.*: LThK[3] 7, 247: Art. Mier (M. Delgado); J. V. Lombardi, The political ideology of Fray Servando Teresa de Mier, propagandist for independence, Cuernavaca 1968; R. Tisnes, Una edición granadina de la „Brevísima relación de la destrucción de las Indias“, in: CEHILA (Ed.), B. de Las Casas (1474–1974) e historia de la Iglesia en América Latina, Barcelona 1976, 121–136.

266. Kolumbien: Politischer Katechismus (1814)

Zur Propaganda-Schlacht im Schatten des Unabhängigkeitskampfes gehören auch die vielen, zumeist von Angehörigen des niederen Klerus geschriebenen „politischen“ Katechismen, die dem einfachen Volk in Frage-Antwort-Form die Unabhängigkeit als gerechte und heilige Sache darlegen. In diesem Katechismus des Priesters V. J. F. de Sotomayor werden die drei Hauptargumente zur Rechtfertigung der spanischen Herrschaft seit dem 16. Jh. (die päpstliche Schenkung, die Conquista und die Evangelisation) widerlegt.

Welche Titel hat man herangezogen, um die Abhängigkeit [Amerikas von Spanien] zu begründen? – Drei, nämlich die päpstliche Schenkung, die Conquista und die Ausbreitung der christlichen Religion.
War denn die päpstliche Schenkung kein legitimer Titel? – Nein, denn der Stellvertreter Jesu Christi kann nicht das schenken, was ihm niemals gehörte; und noch weniger als Papst oder Nachfolger des heiligen Petrus, der nie eine zeitliche Autorität oder Herrschaft besaß. [...]
Und die Conquista? Ist sie denn nicht ein gerechter Grund, um Amerika zu beherrschen? – Die Conquista ist nichts anderes als das Recht des Stärkeren gegen den Schwächeren. [...]
Was können wir aber über die Ausbreitung der christlichen Religion sagen, ist denn diese ein gerechter Titel für die Abhängigkeit? – Zu denken, daß sie unter uns nur deswegen verkündet wurde, um uns zu unterjochen, ist eine Beleidigung der christlichen Religion selbst. [...]
Aus all dem in dieser Lehreinheit Gesagten ergibt sich also, daß die genannte Abhängigkeit keine legitime Rechtsgrundlage gehabt hat. [...] Die Erklärung unserer Unabhängigkeit und der Krieg, den wir zu deren Erhaltung führen, sind daher gerecht und heilig.

Quelle: J. Fernández de Sotomayor, Catecismo o instrucción popular, Cartagena de Indias 1814, 7–29. – *Lit.*: C. Arango Zuluaga, Crucifijos, sotanas y fusiles. La participación de la iglesia en las luchas armadas de los pueblos latinoamericanos, Bogotá 1991; J. L. Romero/L. A. Romero (Hgg.), Pensamiento político de la emancipación. 2 Bde., Caracas 1985; Dussel, Geschichte 139–149; D. A. Brading, The first America, Cambridge 1991; Dussel, Church 81–105; Prien, Geschichte 368–510; Mayeur, Geschichte 10, 760–796 (Y. Saint-Geours/B. Plongeron).

267. Simón Bolívar: Über die Rechte des Indio (1825)

Die Unabhängigkeit brachte auch die Abschaffung der spanischen Schutzgesetze für die Indios und eine formelle Gleichberechtigung derselben als Bürger mit sich, wie aus diesem Dekret Bolívars vom 4.7.1825 ersichtlich wird. Die gut gemeinte Emanzipation schlug aber zumeist fehl: zum einen weil die Indios an den neuen Status nicht gewohnt waren, sich bei den Gesetzen nicht auskannten und so leichte Beute der neuen lokalen Machteliten wurden; zum anderen weil ihre kulturellen Rechte nicht mehr geschützt wurden und sie so Gefahr liefen, ihre Identität zu verlieren. In den kreolischen Republiken und neuen Staaten kamen die Indios schnell in den Ruf, eine fortschrittshemmende Bevölkerung zu sein, die man um jeden Preis modernisieren müsse. Die neue Säkularreligion wurde mit Gesetzen und Schulen verbreitet (ihre Apostel waren die Richter, Bürgermeister und Lehrer), die der kulturellen Eigenart der Indios vielfach weniger Rechnung als das Evangelisationsprojekt der Kolonialzeit trugen. Mancherorts wie in der argentinischen Pampa wurde im 19. Jh. ähnlich wie im amerikanischen wilden Westen die Jagd auf die unzivilisierten Indios systematisch praktiziert. Erst um 1900, im Schatten des Indigenismus, werden kreolische Intellektuelle in den Ländern mit einem großen indigenen Bevölkerungsanteil die Indiofrage als kulturelle Frage entdecken und Debatten über die Identität dieser jungen Staaten führen.

1. Kein Individuum des Staates darf direkt oder indirekt den persönlichen Dienst der peruanischen Eingeborenen fordern, wenn nicht zuvor ein frei ausgehandelter Vertrag über das Entgelt seiner Arbeit zustande gekommen ist.
2. Den Präfekten der Departamentos, den Intendanten, Gouverneuren und Richtern, den kirchlichen Prälaten, Priestern und deren Vikaren, den Grundbesitzern, Bergwerks- und Webereibesitzern ist verboten, die Eingeborenen gegen ihren Willen in faenas, séptimas, mitas, ponguajes und anderen Arten von häuslichen und üblichen Diensten zu beschäftigen.
3. Für öffentliche Arbeiten von allgemeinem Nutzen, die die Regierung anordnen mag, sollen nicht nur die Eingeborenen herangezogen werden, wie bisher geschehen, sondern es sollen entsprechend ihrer Anzahl und ihren Fähigkeiten alle Bürger beitragen. [...]
7. Die Eingeborenen sollen nicht mehr Kirchengebühren zahlen müssen, als die bestehenden oder künftigen Gebührenverordnungen anzeigen.
8. Die Pfarrer und ihre Vikare können diese Gebühren nicht ohne Hinzuziehung des Intendanten oder Gouverneurs des Dorfes mit den Eingeborenen vereinbaren.

Quelle: S. Bolívar, Reden und Schriften zu Politik, Wirtschaft und Gesellschaft, hg. v. H.-J. König, Hamburg 1985, 75. – *Lit.*: Ebd.; M. Kossok, Simón Bolívar und das historische Schicksal Spanisch-Amerikas, Berlin 1984.

B. Rom und die neuen Staaten

268. Leo XII.: Enzyklika „Etsi iamdiu“ (24.9.1824)

Im Verlauf des Unabhängigkeitskampfes Spanisch-Amerikas mischte sich auch Rom ein. Zwei päpstliche Enzykliken sind besonders bedeutsam: *Etsi longissimo* Pius’ VII. vom 30.1.1816 und *Etsi iamdu* Leos XII. vom 24.9.1824. In der ersten Enzyklika werden die Bischöfe ermahnt, „den Menschen mit größtem Nachdruck die gebührende Treue und den notwendigen Gehorsam gegen den spanischen Monarchen zu empfehlen“. Sie wurde nach dem Wiener Kongreß aus dem Geist der Restauration heraus und ohne Druck der spanischen Regierung ausgestellt, da man dachte, wenn die Französische Revolution in Europa besiegt ist, müsse nun auch in Spanisch-Amerika die alte Ordnung wiederhergestellt werden. Trotz des Drucks der spanischen Regierung ermahnt die zweite Enzyklika hingegen die Bischöfe nicht zur selben Aufgabe, sondern „lediglich“ dazu, im lateinamerikanischen „Bürgerkrieg“ Frieden zu stiften und die dem tugendhaften katholischen König Ferdinand VII. (1808, 1814–1833) „in Europa“ loyalen Spanier zu loben.

Es freut Uns gewiß, daß eine so ernste Angelegenheit dank Eures Einflusses mit Gottes Hilfe bald das glückliche Ende finden wird, das Wir erwarten: wenn Ihr nur Eurer Herde die strahlenden und einzigartigen Tugenden Unseres innig geliebten Sohnes, Ferdinand, des katholischen Königs Spaniens, erklärt ... und wenn Ihr mit dem nötigen Eifer allen die erhabenen und unvergleichlichen Verdienste jener in Europa residierenden Spanier darlegt, die ihr Hab und Gut und ihr Leben zur Zierde und Verteidigung der Religion und der legitimen Gewalt geopfert und so ihre immerwährende Treue unter Beweis gestellt haben.

Quelle: P. de Leturia, Relaciones entre la Santa Sede e Hispanoamérica 1493–1835, Rom 1959, 2, 269. – *Lit.*: ebd.; ders., Der Heilige Stuhl und das spanische Patronat in Amerika (in: HJ 46, 1926, 1–71); ders., La acción diplomática de Bolívar ante Pío VII (1820–1823), Caracas 1984; A. Gutiérrez, La Iglesia que entendió el libertador Simón Bolívar, Maracaibo 1981; Dussel, Geschichte 139–149; Dussel, Church 105–117; Prien, Geschichte 368–510; Borges, Historia 1, 815–834; HKG(J) 6/1, 197–206 (R. Aubert); Mayeur, Geschichte 10, 760–796. 918–970 (Y. Saint-Geours/B. Plongeron; J.-A. Meyer).

269. Ein Bericht über den Zustand der Kirche (1825)

Im Zuge des Unabhängigkeitskampfes blieben viele Bistümer vakant, da die dem König loyalen Bischöfe nach Spanien zurückkehrten. Die neuen Regierungen bemühten sich vielfach, das Erbe des spanischen Patronats anzutreten. 1821 entsandte der chilenische Senat einen Prokurator nach Rom, der über zwei Gesuche verhandeln sollte. Nach dem ersten sollte Rom einen Chilenen als Gesandten schicken, dem chilenischen Staatsoberhaupt (General O'Higgins) das Patronatsrecht gewähren, wie einst den spanischen Königen, und Santiago zum Erzbistum erheben. Das zweite Gesuch beantragte einen Gesandten, Chilenen oder nicht, das Patronat und die Ernennung von Bischöfen für die vakanten Bistümer. Daraufhin schickte Pius VII. am 3.7.1823 Giovanni Muzi als apostolischen Vikar nach Chile mit Befugnissen auch für die Plata-Region und in Begleitung des jungen Domherrn Giovanni M. Mastai (des späteren Pius IX.). Was die Lösung der kirchlichen Geschäfte (Bischofsfragen) in Chile und der Plata-Region betrifft, so ist die Muzi-Mission gescheitert, nicht zuletzt weil dieser nicht sehr diplomatisch war. Nützlich war seine Mission in anderen Hinsichten: Er konnte die Loyalität jener Länder zu Rom sichern und wertvolle Berichte über deren politischen und religiösen Zustand schreiben. Im August 1825 sandte Muzi diesen Bericht nach Rom.

Die Wahl der Kandidaten, die für das Bischofsamt in Frage kommen, ist sehr schwierig. Die Regierungen schlagen keine anderen als bekennende Patrioten vor. In der Tat kommt es aber selten vor, daß solche Kandidaten sich für das Wohl der Kirche interessieren. Es schiene mir sicherer, daß das Wahlverfahren in Rom stattfände, wie man es gewöhnlich immer getan hat [nicht aber während der Kolonialzeit aufgrund des Patronats] und daß man äußerst sorgfältig Informationen über die Gefühle und das Verhalten der Kandidaten einholt. Ein päpstlicher Gesandter mit der Befugnis, das Verfahren vor Ort abzuschließen, befände sich in Beklemmung und käme gar manchmal in Versuchung, das Kirchenrecht zu beugen.
Die Pressefreiheit verursacht einen immensen Schaden, weil verschiedene Bücher und Schriften in Umlauf sind, ohne daß der kirchliche Ordinarius dies verhindern kann. [...] Die Kultfreiheit, die per Gesetz oder via facti eingeführt worden ist, stellt nicht nur eine Beleidigung der Katholischen Religion dar, sondern verletzt auch das allgemeine Empfinden der Völker, die treue Anhänger der bisher herrschenden Religion sind.
Die Ordensgemeinschaften sind an vielen Orten nicht mehr vorhanden; wo sie noch existieren, tun sie dies in der Regel außerhalb jeder Observanz. Es wäre nötig, daß sie vom Generalpater in Rom abhingen und daß jeder Orden [in Amerika] einen Generalvikar hätte, der dem Ordensgeneral in Rom unmittelbar unterstünde. [...]
Seit die Befürworter der Unabhängigkeit regieren, sind die heiligen Missionen, die es bei den Indianern gab, sei es um sie zu bekehren oder um sie im Glauben zu bewahren, verlassen. Alle Franziskaner, die als Missionare aus Spanien kamen und der Jurisdiktion der amerikanischen Provinzoberen nicht unterstellt waren, sind geflüchtet oder als Gefangene geblieben. Man denkt nicht daran, sie [in den Missionen] zu ersetzen; und dasselbe geschieht mit anderen Ordensleuten. Ohne die Unterstützung und

die Fürsorge der Regierungen ist vergebliche Mühe, an die heiligen Missionen zu denken, zumindest was die Einführung der Missionare betrifft.
Über diese Sachen könnte man in Rom beraten und Position beziehen, falls die Deputierten aus Amerika erschienen. Wenn man ein Grundeinvernehmen erzielt hat, könnte man versuchen, einen oder mehrere päpstliche Gesandte nach Amerika auszusenden, damit sie sich um die Umsetzung des in Rom Beschlossenen kümmern.

Quelle: P. de Leturia/M. Batllori (Hgg.), La primera misión pontificia a Hispanoamérica 1823–1825. Relación oficial de Mons. Giovanni Muzi, Vatikanstadt 1963, 574–575. – *Lit.*: ebd.; P. de Leturia, Der Heilige Stuhl und das spanische Patronat in Amerika (in: HJ 46, 1926, 1–71); Dussel, Geschichte 139–149; Dussel, Church 106ff; Prien, Geschichte 395–400; Borges, Historia 1, 799–814; HKG(J) 6/2, 132–139 (O. Köhler); Mayeur, Geschichte 10, 760–796 (Y. Saint-Geours/B. Plongeron); Mayeur, Geschichte 11, 918–970 (J.-A. Meyer).

270. Ecuador: Konkordat vom 26.9.1862

Nach der faktischen Anerkennung der neuen Republiken durch Papst Gregor XVI. mit der Konstitution *Sollicitudo Ecclesiarum* vom 5.8.1831 folgt eine Phase, in der die neuen Republiken und Rom über gegenseitige Anerkennung und einvernehmliche Regelung der offenen Patronatsfragen und kirchlichen Geschäfte verhandeln. Diese Phase mündet in die Konkordate, die unter dem Lateinamerikakenner Pius IX. (s. Kommentar zu Text 269) unterzeichnet wurden (Bolivien 1851, Guatemala und Costa Rica 1852, Haiti 1860, Nicaragua und Honduras 1861, El Salvador, Venezuela und Ecuador 1862). Mit diesen Konkordaten erhält die katholische Kirche einen privilegierten Status – manchmal, wie im vorliegenden Konkordat mit Ecuador, unter Verbot aller anderen Kulte – und die Erziehungshoheit, während Rom den Regierungen der neuen Republiken einige Patronatsrechte wie etwa das Präsentationsrecht von Kandidaten für die vakanten Bischofsstühle gewährt. Gleichzeitig achtet Rom peinlich darauf, daß – anders als im spanischen Patronat – Bischöfe und Klerus freie Kommunikation mit dem Heiligen Stuhl haben. Daß der spanische König dies untersagen konnte, war Rom seit dem 16. Jh. ein großes Ärgernis, weil es die *libertas ecclesiae* wesentlich einschränkte. In einem Brief an Leo XII. vom 7.8.1826 hatte Giustiniani, der erste Nuntius in Lateinamerika, über das formell noch existierende spanische Patronat festgehalten: „Die Gesetze Indiens sind so unbillig, daß sie den Bischöfen nicht gestatten, ohne Erlaubnis des Obersten Rates von Indien über ihre Diözesen nach Rom zu berichten. Und um zu verhindern, daß die Prälaten dem Verbote zum Trotz eine so heilige unumgängliche Pflicht erfüllen, befahl König Karl III. in einem sehr scharfen Dekret, daß sogar die dem Prokurator zum Besuch ad limina erteilten Vollmachten das Vidimus des Rates tragen müßten. [...] Die der kirchlichen Obrigkeit in Amerika bereiteten Hindernisse reichen hin, um alle Grundsätze des Kirchenrechts zu zerstören und in Spanien eine Art anglikanischer Suprematie einzuführen" (Leturia, Der Heilige Stuhl, 61). Gerade dies wollte Rom bei den neuen Republiken vermeiden.

1. Die Römische, Apostolische, Katholische Religion wird weiterhin die Religion der Republik Ecuador sein, mit allen Rechten und Privilegien, die ihr aufgrund des göttlichen Gesetzes und der kirchenrechtlichen Bestimmungen zustehen. Ein davon abweichender Kult oder eine von der Kirche verurteilte Gesellschaft wird daher in Ecuador niemals erlaubt werden können. [...]
3. Die Erziehung der Jugend an den Universitäten, Kollegien, Fakultäten, öffentlichen und privaten Schulen, wird in allem der Lehre der Katholischen Kirche entsprechen. Hierfür werden die Bischöfe das ausschließliche Recht erhalten, die Lehrbücher für die kirchlichen Wissenschaften wie in Hinblick auf die religiöse und sittliche Lehre zu bestimmen. [...]
5. Da dem Römischen Priester in der universalen Kirche der Ehrenprimat und der Jurisdiktionsprimat göttlichen Rechtes zustehen, werden sowohl die Bischöfe wie der Klerus freie Kommunikation mit dem Heiligen Stuhl haben. Daher wird keine weltliche Obrigkeit der vollen und freien Ausübung besagter Kommunikation Hindernisse

auflegen dürfen, indem sie etwa Bischöfe, Klerus und Volk dazu zwingt, sich der Vermittlung der Regierung zu bedienen, um sich in ihren Nöten an den Römischen Stuhl wenden zu können, oder indem sie Bullen, Breves und Schreiben desselben dem exequatur der Regierung unterstellt. [...]

12. Kraft des Patronatsrechtes, das der Höchste Priester dem Präsidenten Ecuadors gewährt, wird dieser im Sinne der heiligen Canones würdige Priester für die Erzbistümer und Bistümer vorschlagen dürfen. Sobald ein Bischofsstuhl frei wird, wird hierzu der Erzbischof die anderen Bischöfe um ihr Votum für die Wiederbesetzung des freien Bischofsstuhls bitten; wenn es sich um den Stuhl des Erzbischofs handelt, wird der dienstälteste Bischof die Voten sammeln und dem Präsidenten eine Liste von mindestens drei Kandidaten unterbreiten, der einen davon wählen und dem Höchsten Priester vorschlagen wird, damit dieser ihm die kanonische Einsetzung nach der Form und den Regeln verleiht, die die heiligen Canones vorschreiben. Falls die Bischöfe, aus welchem Grund auch immer, ihre Liste nicht binnen sechs Monaten unterbreiten, kann dies der Präsident Ecuadors allein tun; und falls er dies binnen drei Monaten nicht tut, bleibt die Wahl dem Heiligen Stuhl vorbehalten, wie jener selbst ersucht hat.

Quelle: F. J. Hernáez (Hg.), Colección de bulas breves y otros documentos relativos a la Iglesia de América y Filipinas, Brüssel 1879 (Vaduz ^{N}1964), 2, 629–633. – *Lit.*: P. de Leturia, Der Heilige Stuhl und das spanische Patronat in Amerika (in: HJ 46, 1926, 1–71); ders., Relaciones entre la Santa Sede e Hispanoamérica 1493–1835. Bd. 2, Rom 1959; Dussel, Geschichte 159–168; Prien, Geschichte 423–506; Borges, Historia 1, 815–834; HKG(J) 6/1, 584–589 (P. J. Corish); HKG(J) 7, 685–768 (F. Zubillaga); Mayeur, Geschichte 10, 760–796 (Y. Saint-Geours/B. Plongeron); ebd. 11, 918–970 (J.-A. Meyer).

271. Stimmen im Umfeld des I. Vatikanums (1869–1870)

Während das spanische Patronat im 16. Jh. die Teilnahme der Bischöfe Spanisch-Amerikas am Trienter Konzil untersagen konnte, wurde in den neuen nationalen Konkordaten die ungehinderte direkte Kommunikation mit Rom festgehalten (s. Text 270). Aus diesem Grund nahmen die meisten lateinamerikanischen Bischöfe, nämlich 52, am I. Vatikanum teil. Zusammen mit der Gründung des Lateinamerikanischen Pius-Kollegs 1858 in Rom durch Pius IX. zur Heranbildung einer theologisch besser qualifizierten und romtreueren Kleruselite trug die Konzilserfahrung zur Rombindung des lateinamerikanischen Katholizismus wesentlich bei. Die lateinamerikanischen Bischöfe gehörten zur Partei der Infallibilisten, wobei sich bei vielen erst während des Konzils selbst diese Überzeugung einstellte. Der chilenische Bischof José Hipólito Salas ist sich zwar bereits vor dem Konzil des Jurisdiktionsprimats des Nachfolgers Petri bewußt, aber erst nach dem Konzil kommt auch die Unfehlbarkeit dazu.

[Aus einem Pastoralbrief vom 5.8.1869:] [Der Papst ist] der erste im Glauben, der erste in der Liebe; der erste unter den Aposteln; der erste, als es nötig war, den Platz von Judas, dem Verräter, neu zu besetzen; der erste, der den Glauben durch ein Wunder bestätigt; der erste, der die Juden bekehrt; der erste, der die Heiden [in die Kirche] aufnimmt; der erste überall: in Jerusalem, in Antiochien und schließlich auch in Rom.

[Aus einem Pastoralbrief vom 29. September 1870:] [Der Papst ist] Stellvertreter Christi, Nachfolger des heiligen Petrus, unzerstörbarer Stein, Fundament der Kirche, gegen die die Pforten der Hölle niemals bestehen werden, der Papst ist Fürst des ganzen katholischen Episkopats, Zentrum der katholischen Einheit, Vater und Lehrmeister der Christen, oberster Chef des Reiches Gottes auf Erden, der Mund der Kirche, das Herz der Kirche, der unfehlbare Doktor und Lehrmeister der Wahrheit, der große Priester, noch größer als Melchisedek und Aaron, der die Stadt und den Erdkreis segnet, damit Stadt und Erdkreis nicht untergehen und verlorengehen.

Quelle: J. Villegas, El Concilio Vaticano I y la Iglesia en América Latina, in: Pontificia Commissio pro America Latina (Hg.), Los últimos cien años de la evangelización en América Latina, Vatikanstadt 2000, 1434–1436. – *Lit.*: Villegas, ebd.; Dussel, Geschichte 159–168; Dussel, Church 117ff; Prien, Geschichte 401–510; Borges, Historia 1, 815–834; HKG(J) 7, 685–768 (F. Zubillaga); Mayeur, Geschichte 11, 918–970 (J.-A. Meyer).

C. Volksreligion und Zustand der Kirche und Missionen

272. Indianische Religiosität in den Anden (1801)

Die Amerikareise Alexanders von Humboldt dauerte fünf Jahre (vom 16.7.1799 bis zum 3.8.1804) und führte durch Venezuela, Kuba, Neugranada, Quito, Peru, Mexiko, nochmals Kuba und in die Vereinigten Staaten. Die wissenschaftlichen Erträge seiner „Reise in die Äquinoktialgegenden des Neuen Kontinents" veröffentlichte er während der folgenden drei Jahrzehnte in 34 französischsprachigen Bänden. Humboldt hat außerdem insgesamt neun handschriftliche Reisetagebücher hinterlassen, in denen er seine Eindrücke über Land und Leute während der Amerikareise festhält. Darin finden sich interessante Beobachtungen über die lateinamerikanische Volksreligiosität um 1800, die er aus erster Nähe machen konnte, waren doch häufig die Pfarrer seine Gastgeber. Der Text beschreibt ein Volksfest in den Anden, bei dem indianische und iberische Bräuche sich harmonisch vermischen, denn die Indios spielen dieselben Musikinstrumente (Trommel und Pfeife), die bei den spanischen Dorffesten klingen, und führen zur Ehre des Altarsakramentes einen von den Missionaren eingeführten Tanz vor. Humboldt hält dies alles freilich für einen Beleg dafür, daß die Indios bloß ihre „Götzen" gegen die christlichen getauscht hätten.

Das Fest des Hlg. Franziskus brachten wir in dem neuen Dorf la Ascensión zu, so nennt man ein paar Häuser auf einem hohen Bergjoch. Ein knabenartig junger Pfarrer nahm in einem Schuppen, der Kirche, alle Handlungen vor, die man in Rom in Sankt Peter tut. Lehmklumpen waren die Leuchter des Altars. Dem Altar gegenüber war ein Tisch gesetzt, über dem eine Strohdecke hing. Das stellte den Chorstuhl vor. Das merkwürdigste von allem aber war der indianische Tanz während der Messe. Der Capitán de los Indios war harlekinartig herausgeputzt, ein Helm von Linnen, mit siebzehn Glasketten behangen und einem Schweif von Bändern. Sein glattes Haar flog medusenartig um die Schultern. Zahllose Rosenkränze um den Hals. Ein kurzer Weiberrock bis ans Knie, barfuß, aber um die Waden Leder, mit zahllosen Schellen behangen. Einen Stab in der Hand. Zwei Gefährten mit ähnlichen Schellen, aber aus Dürftigkeit im Putz weit ärmer. Der Pfarrer empfing die Indianer an der Kirchentür, sie schwangen die Stäbe vor dem Geistlichen und tanzten eine Art Ballet vor dem Altar, nach dem Takt einer Trommel und einer Pfeife, ein Indianer spielte beide Instrumente zugleich. Die Bewegung der Füße war sehr einfach, ein Auftreten nach dem Takt, um die Schellen klingen zu lassen, woraus ein Geräusch fast wie bei einem Bolero mit Kastagnetten entstand. Desto zusammengesetzter war die Bewegung der Arme, das Schwingen der Stäbe und das Durcheinanderlaufen, alles mit unendlicher Gravität und prätentionsvoller Miene. Mit angehender Messe hörte der Tanz auf, aber wie erstaunten wir, als beim Abendmahl, der Priester hielt eben den Kelch und die Hostie empor, wieder die indianische Musik erscholl. Die maskierten Herren tanzten bacchantenartig um den Priester, über eine Viertelstunde lang – Tanz im ernsthaftesten Augenblick des christlichen Blutopfers. Nach dem Ballet vollendete der Priester die Abendmahlfeier, forderte Zuecos, und nun begann die Prozession. Wie rasend tanzten die Indianer eine Art Kette durch den Zug der Prozession, schwangen die Stäbe vor den christlichen Götzenbildern. Ich habe das Ganze gezeichnet.

Quelle: A. von Humboldt, Die Wiederentdeckung der Neuen Welt, hg. v. P. Kanut Schäfer, München 1992, 261–262. – *Lit*.: J. Meier, Die Kirche in Spanisch-Amerika um 1800 nach den Reiseschilderungen Alexanders von Humboldt (in: CrSt 17, 1996, 485–516); W. Greive (Hg.), Alexander von Humboldt, Loccum 1993; B. Zilly, Der Sertão als Wiege der Nation? in: D. Briesemeister u.a. (Hgg.), Brasilien im Umbruch, Frankfurt 1996, 275–293.

273. Ecuador: Über die Dekadenz des Klerus in Quito (1805)

Francisco José de Caldas (1768–1816), ein aufgeklärter Kreole aus Neu-Granada, nahm an der botanischen Expedition des José Celestino Mutis teil und stand auch in Verbindung mit Alexander von Humboldt. Wie dieser hat er uns wissenschaftliche Werke und Reiseschilderungen hinterlassen. Schonungslos beschreibt Caldas hier die sittliche Dekadenz des Ordenslebens und des Klerus in Quito zur Zeit des Unabhängigkeitskampfes. Besonders gravierend findet er das schlechte Bildungsniveau und das Desinteresse an den Naturwissenschaften.

Niemand führt ein gemeinsames Leben. [...] Das gemeinsame Eigentum, das den frommen Opfern des Volkes zugunsten des Kultes und der religiösen Sitten entstammt, befindet sich in den Händen der Prälaten. [...] Der Provinzialobere, Schiedsrichter der Reichtümer seiner Brüder, nimmt für sich davon, soviel er will. [...] Daher diese grenzenlose Gier nach dem Provinzialamt und anderen einträglichen Ämtern. [...] Von daher rühren die Habgier, das Eigentum, die Sinnenfreude, die schönen Kleider, die Ausgaben, die Mißachtung der Regel und die vollkommene Korruption, die wir in fast allen Mitgliedern dieser Institutionen beobachten.

Die Wissenschaften befinden sich im gleichen Zustand wie die Sitten. Die Observanz und die Aufklärung gehen Hand in Hand. [...] Ich hörte jemandem, die astronomischen Gesetze Keplers als Fabel beschimpfen. [...] Wozu soll ich die Absurditäten berichten, die ich so oft gehört habe? [...]

Es gibt zwei Kollegien für die Erziehung der Jugend. Das erste, das San Fernando heißt, ist dem Predigerorden anvertraut. Was können wir von derart ausgebildeten Lehrern erwarten? Die wahnsinnigen Lehren des Philosophen; der Unsinn der Schule, der mit unvorstellbarem Eifer und ebensolcher Hartnäckigkeit verteidigt wird; eine grenzenlose Anhänglichkeit an die Lehren des hlg. Thomas; wenig Strenge bei der Arbeit und der Disziplin; lange Zeit dem Müßiggang und der Ruhe gewidmet; große Sorgfalt auf das schmucke Äußere – das sind die Prinzipien, nach denen diese Maschine läuft. Wird sie denn Bürger bilden können?

Eine erstaunliche Zahl von Doktoren aller Alter, Klassen und Stände, versammelt unter einem Rektor, den sie selbst wählen, bildet die Universität Quito. Wenn wir von denjenigen absehen, die mit dem Wissensstand der Kollegien ihres Vaterlands unzufrieden waren und in aller Stille zu Autodidakten wurden, so haben die anderen vom Doktor nur den Namen. Eine grenzenlose Laxheit der Prüfer weckt in den Jugendlichen das Verlangen nach einem Titel, der sie schmückt und zugleich keine Kenntnisse von ihnen abverlangt. In den Annalen dieser Institution findet man unter der unvorstellbaren Zahl ihrer Doktoren keine einzige Ablehnung. Wird Quito vielleicht jenes privilegierte und einzigartige Land sein, das den Volksspruch *Non omnes doctores* Lügen straft?

Quelle: F. J. de Caldas, Un peregrino de las ciencias, Madrid 1992, 343–345. – *Lit*.: W. Krauss, Die Aufklärung in Spanien, Portugal und Lateinamerika, München 1973; B. Lavalle (Ed.), L'Amérique espagnole à l'époque des Lumières, Paris 1987; M. Pérez González, Caldas y la Expedición Botánica, Bogotá 1984; Prien, Geschichte 356–367.

274. Uruguay: Bericht über eine ehemalige Reduktion (1825)

Giovanni Muzi, der erste päpstliche Gesandte nach Lateinamerika (s. Kommentar zu Text 269), hat auf der Rückfahrt nach Rom seine – apologetisch gefärbten – Eindrücke über eine ehemalige Reduktion in der Nähe Montevideos festgehalten und damit bezeugt, daß die Franziskaner die gute Arbeit der Jesuiten fortsetzten. Erst als viele Missionare nach der Unabhängigkeit nach Spanien zurückkehrten, blieben die Indios der ehemaligen Reduktionen Jahrzehnte lang sich selbst überlassen.

Ich sah eine von diesen Indianerortschaften, die einst von den Jesuiten gegründet und später von den Portugiesen zerstört wurden; da diese nun Herren der Provinz sind, wo jene standen, versuchen sie, die Indianer in Siedlungen zurückzuführen. Eine dieser Ortschaften ist östlich von Montevideo entstanden; und es ist bewundernswert, wie diese Indianer die heiligen Bräuche, die sie von den Jesuiten lernten, bewahren. Die ganze Ortschaft bildet eine Reduktion, die ihre Kirche und ihren Kaplan hat, der ein Franziskaner ist. Die Reduktion hat auch ihre Weiler, in denen mehrere Familien wohnen. Jeder Weiler hat seine Kapelle, die morgens und abends von allen Familien zum Gebet besucht wird. Die heilige Messe wird mit Chorgesang und Musik gefeiert; alles so, wie man es zur Zeit der Jesuiten tat. Wenn sie keinen Kaplan bekommen konnten, hat nun der Kazike die trockene Messe gefeiert, aber mit Chorgesang. Dies zeigt, daß die Wohltaten der Jesuiten andauern. Es ist unglaublich, wie sehr die Zahl dieser Indianer seit der Aufhebung der Jesuiten zurückgegangen ist. Von 141000 im Jahre 1767 zählt man nun ca. 5000. Dies zeigt, daß die Religion erbaut und die Philosophie zerstört.

Quelle: P. de Leturia/M. Batllori (Hgg.), La primera misión pontificia a Hispanoamérica 1823–1825, Vatikanstadt 1963, 519. – *Lit.*: Ebd.; P. de Leturia, Der Heilige Stuhl und das spanische Patronat in Amerika (in: HJ 46, 1926, 1–71); Dussel, Geschichte 139–149; Prien, Geschichte 395–400.

275. Kuba: Katholizismus und die Religion der Afroamerikaner (um 1880)

1963, im Alter von 104 Jahren, erzählte der ehemalige entflohene Sklave Esteban Montejo seine Lebensgeschichte. Sie wurde in viele Sprachen übersetzt und 1971 auch auf Deutsch vertont (*El Cimarrón*). Es handelt sich dabei um seine persönliche Darstellung. Der Quellenwert ist begrenzt bzw. liegt gerade in der Art und Weise, wie ein einfacher Mann aus dem Volke die Dinge sieht. Im vorliegenden Text teilt uns Montejo seine Sicht des Katholizismus und der afrikanischen Religionen Kubas am Ende des 19. Jh.s mit.

Der Katholizismus verfällt immer in Geisterglauben. Das kann man als sicher ansehen. Einer, der bloß katholisch ist – das gibt es nicht. Die Reichen früher waren katholisch, aber von Zeit zu Zeit hörten sie auf die Zauberer. [...] Noch heute gibt es viele Leute, die sagen einem: „Ich bin katholisch und apostolisch." Ach Unsinn!, das Märchen sollen sie jemand anders erzählen. Hier hat der Kleinste und der Größte sein Büchlein, seine Zauberregel. Niemand ist einfach so was Reines. Alle Religionen haben sich hier in diesem Land vermischt. Der Afrikaner brachte seine, die stärkste, und der Spanier brachte auch seine, die war aber nicht so stark. Man muß sie alle respektieren. Das ist meine Politik.
Bei den afrikanischen Religionen gibt es mehr Unterhaltung. Man tanzt, singt, amüsiert sich, kämpft. [...] Wenn die Sonne unterging, bildeten sich Gruppen. *Quimbumbia* und Hexerei waren dasselbe. Fast immer schlugen sie Trommeln. Die gleichen

Trommeln wie beim *palo*. Die *quimbumbia* war eine Sache der Kongoneger. Hier gab es einmal eine Zeit, da teilten sich die Zauberer in zwei Gruppen auf, die sich bekämpften. Sie pflanzten schön ordentlich eine Bananenstaude in die Mitte eines Kreises. Dann bearbeitete jeder Zauberer die Pflanze, damit sie Frucht bringen sollte. Sie gingen um sie herum und knieten nieder, gaben ihr drei oder vier Schluck Schnaps, und wer es fertigbrachte, daß die Staude Frucht trug, hatte gewonnen. Der Gewinner aß die Frucht, und wenn er wollte, teilte er sie mit seinen Leuten.

Quelle: Der Cimarrón. Der Lebensbericht eines entflohenen Sklaven aus Cuba, hg. v. M. Barnet, Frankfurt 1976, 146–147. – *Lit.*: J. Meier, Der Überlebenskampf der Negersklaven, in: W. Dreier (Hg.), Entdeckung, Eroberung, Befreiung, Würzburg 1993, 66–81; M. Teipel, Die Versklavung der Schwarzen, Münster 1999; R. Gray, Black Christians and White Missionaries, New Haven 1990; CEHILA (Hg.), Escravidão negra e História da Igreja na américa Latina e no Caribe, Petrópolis 1987.

D. PROTESTANTISMUS

Die Unabhängigkeitsbewegung in den spanischen und portugiesischen Kolonien hatte zwischen 1808 und 1825 zur Entstehung von Nationalstaaten geführt. Diese waren einerseits um politische Liberalisierung, Säkularisierung und wirtschaftliche Öffnung bemüht, andererseits mußte eine nationale Identität erst geschaffen werden. Das System der kolonialen Staatskirche wurde überwunden, jedoch blieb der Katholizismus insofern eine wichtige Größe, als er den Zusammenhalt der neu entstandenen Gesellschaften garantierte. Gleichwohl war von nun an die Ausbreitung des protestantischen Glaubens möglich. Die ersten Protestanten waren sog. Residenten, ausländische Kaufleute und Seeleute, die sich temporär in Lateinamerika aufhielten und in sog. Auslandsgemeinden die Religion ihres Herkunftslandes praktizierten (276a). Rechtlich blieb die Ausübung des Protestantismus meist auf den privaten Bereich beschränkt, da allein der Katholizismus staatlich anerkannt war (276b). Auch protestantische Einwanderer aus Europa gründeten eigene Gemeinden, in denen sie meist das Bekenntnis ihrer Heimat weiterpflegten (277). Bibelkolporteure waren vor allem an der Verbreitung des Evangeliums interessiert (278). Etwas später setzte die angelsächsische Missionsbewegung ein, die zur Gründung konfessioneller Gemeinden unter der ehemals katholischen Bevölkerung führte (279). Deutsche Missionare der Herrnhuter Kirche wandten sich in Nicaragua an die indianische Bevölkerung und schufen seit Mitte des 19. Jh.s an der Atlantikküste eine protestantische Volkskirche mährischen Bekenntnisses (280). Trotz seiner punktuellen Verbreitung blieb der Protestantismus in der lateinamerikanischen Gesellschaft des 19. Jh.s eine marginale Größe (281). Ihre Anerkennung und Bedeutung mußten sich die Protestanten in einem mühsamen Prozeß erkämpfen.

276. Englische Auslandsgemeinde in Rio de Janeiro (1819ff)

a) Die erste anglikanische Kirche Südamerikas (1819)

Ein Handelsvertrag zwischen Portugal und England am 19.2.1810 hatte den protestantischen (akatholischen) englischen Untertanen erstmals die Ausübung ihrer Religion in Brasilien zugebilligt. Die anglikanische Gemeinde in Rio de Janeiro wurde so die erste protestantische Gemeinde im Land, ihre 1819 erbaute Kapelle die erste anglikanische – möglicherweise sogar die erste protestantische – Kirche auf lateinamerikanischem Boden. Der englische Geistliche Robert Walsh berichtet über die englischen Anglikaner in Rio de Janeiro:

Das Kirchengebäude steht an der Rua dos Barbonos und ist bekanntlich die erste [anglikanische Kirche], die in Südamerika erbaut wurde. Bevor sie [1819] errichtet wurde, wurden [anglikanische] Gottesdienste nur gelegentlich an Bord von [briti-

schen] Schiffen ... in der Bucht [von Rio de Janeiro] abgehalten, und die Engländer an Land nutzten diese Gelegenheit. Aber im Jahre 1810 wurde in einem Artikel des Vertrages [der britischen] mit der brasilianischen Regierung festgehalten, daß es den Engländern gestattet ist, eine Kirche für ihre Gottesdienste zu bauen, sofern diese nicht als öffentliches Bauwerk, sondern als Privathaus errichtet wird und keine Glocken hat. [...]
Der [katholische] Bischof von Rio [José Caetano da Silva Coutinho] unterstützte diese Sache mit Eifer. Er ist nicht nur ein toleranter und liberaler Mann, sondern ist auch ein Mann von gesundem Menschenverstand und von Wissen über die Welt. Er vertrat die Sache in seiner charakteristischen Art gegenüber den wenigen, die noch Widerstand leisteten. „Die Engländer", sagte er, „haben in Wirklichkeit keine Religion, aber sie sind stolze und eigensinnige Menschen. Wenn ihr ihnen widersprecht, werden sie darauf bestehen und diesen Punkt zur Grundsatzfrage erheben. Wenn ihr aber ihre Wünsche erfüllt, werden sie diese Kapelle bauen und nie hingehen."

b) Rechtsstellung der Protestanten (1824)

Brasilien hatte sich am 7.9.1822 von Portugal losgesagt. Die Verfassung der neuen Monarchie unter Dom Pedro I. vom 24.3.1824 gestand den Protestanten erstmals die Ausübung ihrer Religion zu. In ähnlicher Weise wie in Brasilien war auch in den Verfassungen der neu entstandenen Staaten im übrigen Lateinamerika die Religionsfreiheit und zugleich die Vorrangstellung der katholischen Kirche bestimmt.

Art. V – Die katholische Religion wird weiterhin die Religion des Kaiserreichs sein. Alle anderen Religionen sind erlaubt, solange die Gottesdienste zu Hause bzw. im privaten Bereich abgehalten werden, in zu diesem Zweck bestimmten Häusern, die äußerlich in keiner Weise als Kirchengebäude zu erkennen sein dürfen.

Quelle: (a) R. Walsh, Notices of Brazil in 1828 and 1829, London 1830, 1, 322–324; (b) D. A. Reily, História documental do Protestantismo no Brasil, São Paulo 1993, 40. – *Lit.*: (a) Prien, Geschichte 748–753; Bastian, Protestantismus 111–114; C. J. Hahn, História do culto protestante no Brasil, Sao Paulo 1989, 70–84 (= C. J. Hahn, Evangelical Worship in Brazil: its Origins and Development, University of Edinburgh [unveröffentlichte Diss.]); (b) Bastian, Protestantismus 103–109; Dussel, Geschichte 139–149; Dussel, Church 318ff; Prien, Geschichte 401–511; A. G. Mendonça, A History of Christianity in Brazil (in: International Review of Mission 85, 1996, 367–388).

277. Brasilien: Probleme einer deutschen Einwanderergemeinde (1833)

Protestantische Siedler wanderten während der ersten Hälfte des 19. Jh.s vorwiegend aus Deutschland nach Brasilien ein. Die erste Gruppe stammte aus Kirnbecherbach (Hessen) und war zusammen mit ihrem Pfarrer Friedrich Sauerbronn am 13.1.1824 in Rio de Janeiro angekommen. In Nova Friburgo gründeten die deutschen Kolonisten im Mai 1824 zusammen mit einigen schweizerischen Familien die erste deutschsprachige protestantische Gemeinde Lateinamerikas. In der Kaiserlichen Kolonie Nova Friburgo waren die protestantischen Siedler unmittelbar der brasilianischen Regierung unterstellt. In einem Schreiben wandte sich Pfarrer Sauerbronn 1833 direkt an den Monarchen Dom Pedro II. und wies auf die verzweifelte Lage hin, in der er sich zusammen mit den übrigen Kolonisten befand.

[...] Durch außerordentliche Versprechungen vom gewesenen Kais[erlichen] Brasilianischen Agenten ... Kretzschmar angelockt, habe ich die beste Pfarrei in der schönsten Gegend Deutschlands verlassen, und ging an der Spitze von 334 meiner Glaubensgenossen nach Brasilien. Am 13. Januar 1824 kamen wir nach einer langen gefährlichen und beschwerlichen Reise in Armação [Hafenort bei Rio de Janeiro] an. Daselbst mußten wir 3 Monate verweilen, und nachdem wurden wir auf die Kolonie Neu-Freyburg gesendet, wo man mir endlich, nach vielen Reklamationen, mein Gehalt von 400 *Milreis* bewilligte, kaum den dritten Teil von dem, was ich in Deutschland hatte. Dieses Gehalt wurde mir bis zur Abreise Sr. Majestät des Kaisers Don Pedro I. richtig ausbezahlt. Nach dieser Zeit erhielt ich nur die Hälfte ... Die geschätzt[en] Kolonisten auf [den] hiesigen Colonien sind größtenteils abgezogen, teils in die Hauptstadt, teils in andere Gegenden von Brasilien. Meine Lage wird mit jedem Tage trauriger, indem ich von den vorzüglichsten Lebensbedürfnissen entblößt bin und oft am Morgen nicht weiß, wie ich die nötigsten Lebensmittel für mich und meine große Familie hernehmen soll. Kurz, wenn mir nicht die schnellste Hülfe zuteil wird, so ist Verzweiflung mein Los.

Quelle: F. Hepp (Hg.), A imigração alemã em Nova Friburgo, Nova Friburgo 1987 (unveröffentlichte Material- und Quellensammlung). – *Lit.*: Bastian, Protestantismus 114–121; J. Fischer, Geschichte der Evangelischen Kirche Lutherischen Bekenntnisses, in: C. Jahn (Hg.), Es begann am Rio dos Sinos, Erlangen 1970, 85–200; H.-J. Prien, Evangelische Kirchwerdung in Brasilien, Gütersloh 1989, 27–58. 68f; Prien, Geschichte 753–767; F. Schröder, Brasilien und Wittenberg, Leipzig 1936, 317–320; R. Spliesgart, „Verbrasilianerung" und Akkulturation, Wiesbaden 2006.

278. Private Initiativen zur Bibelverbreitung (1826)

Noch bevor die britische und die amerikanische Bibelgesellschaften ihre offiziellen Vertreter nach Lateinamerika sandten, verteilten einzelne Laien mit großem Engagement Bibeln an das Volk. Dies wurde von den liberalen politischen Kräften durchaus begrüßt, da es ihren Ideen von Aufklärung und Fortschritt entsprach. Der britische Händler S. R. McKay berichtet über seine Erfahrung in Rio de Janeiro in einem Brief vom 22.5.1826 an John Jackson von der Britischen und Ausländischen Bibelgesellschaft (BFBS):

Im Juli 1824 überließ Kapitän Tanner aus Devonshire meinem Freund Peter Gilfillan ein Paket mit zwanzig Bibeln und hundert Neuen Testamenten, ... und das Ganze wurde bei mir hinterlassen. Ich brachte gleich alles nach bestem Wissen unter die Leute; den größten Teil verkaufte ich und der Rest wurde kostenlos verteilt. Kurz bevor er die Stadt [Rio de Janeiro] verließ, überreichte mir Herr [Edmund] Pink ebenfalls ein Paket mit zweihundert Neuen Testamenten, die meinem verehrten Freund Fowke, Leutnant auf dem Schiff Seiner Majestät namens *Blanche*, anvertraut waren. Dem Wunsch dieses Herrn entsprechend verteile ich die Testamente, indem ich sie verkaufe oder verschenke. [...]

Meiner Erfahrung nach ist das Neue Testament nicht so begehrt wie die [vollständige] Bibel ... Der einzige Grund, den ich dafür sehe, ist, daß die Leute, die die Hlg. Schrift besitzen möchten, lieber die ganze Bibel und nicht nur einen Teil von ihr haben möchten. Ich habe gesehen, wie sehr sich die Leute danach sehnen, die Bibel zu besitzen, aber ich denke, daß in der Mehrheit der Fälle dies nicht durch die Liebe zu ihrem segensreichen Inhalt hervorgerufen wird, sondern durch die Neugier, das kennenzulernen, was ihnen so lange vorenthalten war. Aber es ist zu hoffen, daß während diese Neugier befriedigt wird, der Einfluß des göttlichen Wortes seine Untersuchung begleitet, daß die Überzeugung sich so verfestigt, und daß die gewonnenen Kenntnisse der göttlichen Dinge sich so vertiefen, daß die Menschen die Weisheit für das ewige Leben erlangen. Auf jeden Fall ist es, welches Motiv auch immer sie dazu bewegt, ein hoffnungsvoller Umstand zu sehen, daß nach der Hlg. Schrift verlangt wird; und solange diese Gesinnung offenkundig ist, bin ich von dem Wunsch beseelt, sie so umfangreich zu befriedigen wie die Umstände es ermöglichen.

Quelle: D. A. Reily, História documental do Protestantismo no Brasil, São Paulo 1993, 75.– *Lit.*: Bastian, Protestantismus 109; Prien, Geschichte 742–747.

279. Brasilien: Angelsächsischer Missionsprotestantismus (1862)

Erster Missionar der nordamerikanischen Presbyterian Church war Ashbel Green Simonton (1833–1867) aus West Hannover/Pennsylvania. Nach einem Erweckungserlebnis und dem Theologiestudium hatte er sich 1859 nach Brasilien begeben. Am 19.5.1861 feierte Simonton seinen ersten Gottesdienst in Rio de Janeiro und es kam zu zahlreichen Bekehrungen. Die erste (Wieder-)Taufe von Bekehrten, unter ihnen ein Brasilianer, vollzog er am 12.1.1862. Der Tag gilt als Gründungsdatum der Presbyterianischen Kirche in Brasilien. Simonton selbst berichtet darüber in seinem Tagebuch:

Am Sonntag, den 12. [Januar 1862], feierten wir das Abendmahl des Herrn und nahmen Henry E. Milford und Cardoso Camilo de Jesus auf, nachdem sie ein Glaubensbekenntnis abgelegt hatten. So gründeten wir eine Kirche Jesu Christi in Brasilien. Es war ein Augenblick voller Freude und Zufriedenheit. Viel früher als mein geringer Glaube es erwartet hatte, gestattete uns Gott, die ersten Früchte der Missionsarbeit zu ernten. [...] Das Abendmahl wurde von Herrn [Francis Joseph Christopher] Schneider und von mir geleitet, auf Englisch und Portugiesisch. Herr Cardoso wurde auf seinen Wunsch hin und mit unserem Einverständnis nach gründlicher Prüfung und nach einem gewissen Zögern getauft. Er legte eine Prüfung ab, die Herrn Schneider und mich vollkommen zufriedenstellte, und er ließ für uns keinen Zweifel an der Ernsthaftigkeit seiner Bekehrung. Gott sei Dank für die Bestätigung unseres schwachen Glaubens, da wir sehen, daß wir das Evangelium nicht vergeblich verkünden.

Quelle: M. A. Rizzo (Hg.), Simonton. Inspirações de uma existência, São Paulo 1962, 82, zitiert nach: D. A. Reily, História documental do Protestantismo no Brasil, São Paulo 1993, 118. – *Lit.*: Bastian, Protestantismus 130–146; Prien, Geschichte 825–843; C. J. Hahn, História do culto protestante no Bra-sil, São Paulo 1989, 153–167.

280. Nicaragua: Herrnhuter Indianergemeinden (1849)

Von Jamaika aus kamen deutsche Missionare der Herrnhuter Brüdergemeinde 1849 an die Ostküste Nicaraguas in das Gebiet der Mosquitia, das damals unter britischem Einfluß stand und zwischen 1860 und 1894 autonomes Reservat war. Die Brüdermissionare wandten sich zunächst an die städtische Mischlingsbevölkerung der Kreolen. Seit 1855 wirkten sie auch unter den Indianer von den Stämmen der Miskito, Sumu und Rama. Das Erlernen der Indianersprachen und die intensive Bekehrungsarbeit der Brüder trugen ebenso zum Erfolg ihrer Mission bei wie die Ausbildung indianischer Gemeindehelfer und Pastoren. So gingen protestantische Formen in die indianische Kultur ein und trugen zu ihrer Erneuerung bei. Ergebnis ist bis heute ein ethnischer Protestantismus an der Atlantikküste Nicaraguas (heute: Provinz Zelaya). Der Missionar Heinrich Ziock berichtet über eine Debatte mit Bewohnern eines Dorfes im Norden der Mosquitia:

Aber auch geistliche Gespräche wurden geführt, und zwar benutzen die Indianer unser Beisammensein gern, um sich Klarheit in Bezug auf die Anwendung der einzelnen „christlichen Gesetze", wie sie das Wort Gottes nennen, zu verschaffen. An die Besprechung dieser Gesetze schließen sich lebhafte Wortgefechte an, welche sie untereinander führen. Zuletzt wird, nachdem das ganze Für und Wider besprochen worden ist, dem Missionar die Endentscheidung über die strittige Frage übertragen. Daher muß ich genau den einzelnen Auseinandersetzungen folgen, um ein endgültiges Urteil fällen zu können. In dieser Weise hielten sie mich einmal in *Sandyhay* bis Mitternacht fest, während ich, todmüde von der Reise, mich nach meiner Hängematte sehnte. [...] Der dritte Gegenstand der Besprechung war die Frage der Sonntagsheiligung. Ich will sie hier gewiß nicht aufrollen, aber das bemerken, daß die Indianer in dieser Beziehung sehr strenge Ansichten haben und nur gestatten, daß die allernotwendigsten Arbeiten verrichtet werden. In Quamvatla ist es z.B. passiert, daß eine Frau vom *Wita* [Häuptling] zu längerer Strafarbeit verurteilt wurde, weil sie am Sonntag Morgen ihrem Manne einen abgesprungenen Hemdenknopf angenäht hatte. – Wenn die Indianer aber auf Reisen sind oder sich als Arbeiter verdungen haben, so kommen sie manchmal in Lagen, in denen sie nach ihrer Ansicht den Tag des Herrn entheiligen müssen. Klagte sich doch einmal ein Mann mir gegenüber dieser Sünde an und zwar aus dem Grunde, weil er von dem Fleisch eines Rindes genossen, von welchem er gewußt, daß es am Sonntag geschlachtet worden sei. Er habe anfänglich nichts davon essen wollen; aber nachdem er den ganzen Tag gefastet, sei er abends so hungrig gewesen, daß er der Versuchung nicht länger habe widerstehen können.

Quelle: H. Ziock, Moskitiküste. Bericht Br. Ziocks von seiner 2. Missionsreise vom 17.–20. April 1891 (in: Missionsblatt der Brüdergemeinde 55, 1891, 365–379, hier 368. 370f); auch in: E. von Oertzen u.a. (Hgg.), The Nicaraguan Mosquitia in Historical Documents 1844–1927, Berlin 1990, 225. 227. – *Lit.*: L. Rossbach, „... die armen wilden Indianer mit dem Evangelium bekannt machen“, in: K. Meschkat u.a. (Hgg.), Mosquitia. Die andere Hälfte Nicaraguas, Hamburg 1987, 65–98; dies., Indian life through the eyes of Moravian missionaries, in: von Oertzen u.a. (Hgg.), Mosquitia [wie oben] 41–59.

281. Mexiko: Zivile Stellung der Protestanten (1843)

Trotz der religiösen Toleranz gegenüber Protestanten blieb ihre gesellschaftliche Stellung marginal. Gemischtkonfessionelle Ehen wurden sowohl vom katholischen Klerus als auch der katholischen Oberschicht abgelehnt und mitunter durch demütigende Verfahren sanktioniert. Ein Beispiel ist der Bericht des deutschen Händlers Adolph Riensch, der sich elf Jahre in Mexiko aufhielt und hier eine Katholikin heiratete.

Erst als Haas versprach, katholisch zu werden, erklärte der alte Herr sein Einverständnis. [...] Man hat dem armen Verliebten seitens der katholischen Pfarrer arg mitgespielt. Er mußte sich zuerst von dem *Cura* [Priester] in Ausübung der Pflichten und Vorschriften der katholischen Kirche unterrichten lassen, im Büßergewand gekleidet an die verschlossenen Kirchentür pochen, auf die Frage von innen, wer draußen stände, die Antwort geben: „Ein armer verlorener Sünder, der bittet, in den Schoß der allein seligmachenden Religion wieder aufgenommen zu werden“ u.a.m. Nun kamen die weiteren Formalitäten, welche damit endeten, Eltern und Verwandtschaft abzuschwören. [...] Aber es vergingen Wochen – eine qualvolle Zeit für den jungen Katholiken –, bevor alle Schwierigkeiten aus dem Weg geräumt waren und die Vegas sich anschickte, die eheliche Verbindung ins Leben treten zu lassen. [...] Bevor indes diese Formalität stattfand, mußte der arme Haas noch mit einem Wachslicht in feierlicher Prozession in den Straßen umherziehen und eine Generalbeichte ablegen sowie das feierliche Versprechen geben, alle Pflichten, welche die Kirche den Verheirateten vorschreibt, zu erfüllen.

Quelle: A. Riensch, Erinnerungen aus meinem Leben während der Jahre 1830–1858, Hamburg 1960, 81, zitiert nach: Bastian, Protestantismus 114f. – *Lit.*: Ebd., 121–130.

LATEINAMERIKA IV. 1890–1945

A. DER KATHOLIZISMUS WIRD RÖMISCHER UND EUROPÄISCHER

282. Das Lateinamerikanische Plenarkonzil von 1899 in Rom

Mit einem Schreiben vom 25.12.1898 berief Leo XIII. das erste lateinamerikanische Plenarkonzil in Rom ein. Darin heißt es, seit dem 400. Jahrestag der Entdeckung Amerikas (1892) habe er sich mit der Frage intensiv beschäftigt, wie man über die Interessen der „lateinischen Rasse“ (sic) wachen könne, zu der mehr als die Hälfte der Neuen Welt gehört. Dazu schien ihm am zweckmäßigsten, alle Bischöfe der neuen Staaten zu einem Konzil zu bitten, wobei er ihnen die Wahl des Ortes frei ließ. Die meisten optierten aus praktischen Gründen für Rom. Der Papst ging gerne darauf ein, denn er sah darin nicht zuletzt einen Beweis ihrer Liebe zum Hlg. Stuhl. Das Konzil befaßte sich mit Fragen des Glaubens, des Kultes, der Kirchendisziplin und -ordnung, des Umgangs mit den Nicht-Katholiken, die das Konzil noch „Ketzer“ nennt, und schließlich mit der Seelsorge bzw. der Mission. Das Konzil wurde am 28.5.1899 feierlich eröffnet und am 9.7.1899 abgeschlossen. Die Auswahl dokumentiert die Bewußtseinslage der katholischen Kirche in Sachen Ökumene (a) und Heidenmission (c) sowie die wichtige Rolle, die bei der Erneuerung des Katholizismus die katholischen Universitäten in Lateinamerika (b) und das 1858 von Pius IX. gegründete Lateinamerika-Kolleg in Rom (d) spielen sollten. Aus diesem Kolleg gingen bereits die meisten Bischöfe hervor, die an dem Plenarkonzil teilnahmen.

a) Über den Umgang mit Nicht-Katholiken

Unsere Gläubige sollen wissen, daß ihnen in keiner Weise erlaubt ist, religiöse Veranstaltungen zusammen mit den Ketzern abzuhalten, in denen der Glaube oder die Kommunion in heiligen Dingen geteilt werden; und daß es absolut verboten ist, an den Predigten oder Gottesdiensten, die bei solchen Zusammenkünften stattfinden, teilzunehmen, so daß man den Eindruck erweckt, man schließe sich ihnen an. Diejenigen, die dies tun und sich den Ketzern als ihre Gastgeber, Förderer und allgemeine Verteidiger ausliefern, verfallen der Exkommunikation *latae sententiae,* die dem Römischen Priester besonders vorbehalten ist.

b) Gründung katholischer Universitäten

Es wäre wünschenswert, daß jede Republik oder jedes Gebiet Lateinamerikas über eine wirklich katholische Universität verfügte, die Zentrum der Naturwissenschaften, der Geisteswissenschaften und der Künste wäre. Auch wenn dieses Ziel nicht überall sofort erreicht werden kann, muß man schon jetzt den Weg vorbereiten und die Mittel hierfür suchen.

c) Über die Indianermission

Es ist eine schwere Pflicht der kirchlichen wie der weltlichen Autoritäten, den Stämmen, die noch im Heidentum verharren, durch die Predigt des Evangeliums die Zivilisation zu bringen. [...] Die Bischöfe und die Priester, die wissen, daß im Gebiet ihrer Jurisdiktion Indios existieren, die noch nicht bekehrt wurden, dürfen nicht denken, sie erfüllen ihre seelsorglichen Pflichten, wenn sie lediglich die Gläubigen betreuten und sich nicht bemühten, jene aus der Finsternis des Unglaubens zu holen und zu Christus zu berufen. [...] Da, wie die Erfahrung zeigt, das größte Hindernis für die Verkündigung des Glaubens unter den Ungläubigen in der Unkenntnis der eingeborenen Sprachen besteht, muß dafür Sorge getragen werden, daß die Priester, die zu deren Bekehrung bestimmt werden oder Pfarreien betreuen, in deren Gebiet Ungläubige leben, die Sprache des jeweiligen Stammes lernen. [...] Nichts hat der Heilige Stuhl häufiger und dringender empfohlen, als daß die Missionare die Sprachen der Völker, zu deren Evangelisierung sie bestimmt wurden, frühzeitig lernen und zu beherrschen versuchen.

d) Empfehlung des „Seminario Pío-Latino-Americano“ in Rom

Für den geistlichen Nutzen ganz Lateinamerikas empfehlen wir sehr das Lateinamerikanische-Pius-Kolleg in Rom, in dem – in der Hauptstadt des christlichen Erdkreises und unter den Augen der Römischen Priester – so viele und so wichtige Prediger des Evangeliums und Seelsorger ausgebildet wurden, und wo jetzt viele andere ausgebildet werden, die würdige Nachfolger jener sein werden. Wir befehlen also, daß die Bischöfe unserer Bistümer es beschützen und fördern; und wir erklären, daß an dieses Kolleg nur solche Schüler geschickt werden sollen, die gesund sind und darüber hinaus über einen scharfen Verstand und männlichen Mut verfügen.

Quelle: (a) Pontificia Commissio pro America Latina, Acta et decreta concilii plenarii Americae Latinae in urbe celebrati anno domini MDCCCXCIX, Vatikanstadt 1999 (Faksimile der Erstausgabe von 1906), 96 (Titel II, Kap. 4); (b) ebd., 394–395 (Titel IX, Kap. 3); (c) ebd., 435–437 (Titel XI, Kap. 3); (d) ebd., 419 (Titel XI, Kap. 7). – *Lit.*: Pontificia Commissio pro America Latina (Hg.), Los últimos cien años de la evangelización en América Latina, Vatikanstadt 2000; Prien, Geschichte 885–890; HKG(J) 7, 685–768 (F. Zubillaga); Mayeur, Geschichte 11, 918–970 (J.-A. Meyer); Dussel, Church 129ff; R. Azzi u.a. (Hgg.), Theologiegeschichte der Dritten Welt. Lateinamerika, München 1993, 220 – 230.

283. Brasilien: Einwanderung aus dem nicht-iberischen Europa

Der Zustrom europäischer Einwanderer in der zweiten Hälfte des 19. und der ersten Hälfte des 20. Jh.s führte zu einer Diversifizierung und Modifizierung des brasilianischen Katholizismus. Im besonderen waren es Deutsche, Italiener und Polen, die in den katholischen Traditionen ihrer Heimat verwurzelt waren und diese nun nach Brasilien mitbrachten. Häufig bildeten sie Sprachgemeinden, die vom Heimatklerus betreut wurden. Im Süden und einigen Regionen Zentralbrasiliens war ein „Einwanderungskatholizismus“ vorherrschend, dessen Klerus sich vollständig aus den Nachkommen der Einwanderer rekrutierte. (a) schildert die Situation der Gemeinde „Igreja da Glória“ in Juiz de Fora (Minas Gerais/Brasilien). Deutsche Einwanderer, die seit 1856 hier lebten, hatten sich zur Gemeinde zusammengefunden und wurden zunächst von dem brasilianischen Priester der Hauptkirche bedient. Nach der Ankunft niederländischer Redemptoristen erlangte die Gemeinde 1894 als eigene Pfarrei Selbständigkeit. Der Text entstammt den Aufzeichnungen eines niederländischen Missionars aus dem Jahr 1893. In (b) betont João Becker (Erzbischof von Porto Alegre), ein brasilianischer Bischof deutscher Herkunft, das Recht der deutschen Einwanderer auf Seelsorge in ihrer Muttersprache, ein Prinzip, das die katholische Kirche bei der modernen Migrantenseelsorge in Mitteleuropa (Gastarbeitergeneration) auch hochgehalten hat und zur Gründung von muttersprachlichen „Ausländermissionen“ z.B. in Deutschland geführt hat.

a) Entwicklung einer katholischen Einwanderergemeinde (1893)

Juiz de Fora ist eine sehr ausgedehnte Gemeinde von ungefähr 30 000 Seelen. Die Stadt selbst, die vor 20 Jahren noch ein kleiner Ort ohne jede Bedeutung war, hat sich während dieser Zeit sehr entwickelt; sie hat fast 20 000 Einwohner und wächst immer weiter. In der Gemeinde gibt es viele französische, polnische und vor allen Dingen italienische und deutsche Einwanderer. Innerhalb des Stadtgebietes gibt es drei Kirchen: die Mutterkirche mit dem Vikar Dr. Café, die *Igreja dos Passos* mit zwei Priestern und die Kirche der Deutschen. Darüber hinaus befinden sich zwei oder drei Meilen außerhalb der Stadt die Kapellen „Capela do Grama, de Sao Pedro, de Santana“ u.s.w.

Im Allgemeinen ist das Volk sehr friedlich; aber der religiöse Indifferentismus ist groß. Vor unserer Ankunft gingen 80 Prozent nicht in die Sonntagsmesse und die Messe an Festtagen, und noch geringer war die Zahl derer, die Ostern feiern. Sehr viele lebten und leben noch in ungültigen Beziehungen, und der größte Teil verstarb ohne Empfang der Sakramente. [...]

Beiläufig wollen wir noch erwähnen, daß die Situation in fast allen Gemeinden dieser Diözese gleich, wenn nicht sogar schlechter war. Gleichwohl genoß die Diözese von Mariana das Privileg, vom hlg. Bischof Dom Vicoso (von 1844 bis 1875) geleitet zu werden, und sie gilt noch als die bestorganisierteste Brasiliens. Von daher kann man sich eine Vorstellung vom religiösen und moralischen Niveau dieses armen Landes machen.

b) Über das Recht deutschsprachiger Katholiken auf ihre Kultur (1912)

Die deutschbrasilianischen Katholiken sollen und müssen ihre Eigenart, ihre Sprache und Literatur, Sitten und guten Gebräuche voll und ganz bewahren. Und sollte es notwendig sein, werde ich dafür einstehen. Denn der Verlust solcher kultureller Werte wäre jammerschade.

Quelle: (a) Congregatio Sanctissimi Redemptoris, Crônica da Nossa Casa em Juiz de Fora sob o título de N.ª Sr.ª da Glória (1894–1923), in: Centro da Memória da Igreja de Juiz de Fora: Arquivo. Seminário Arquidiocesano Santo Antônio, Juiz de Fora – MG. Signatur: Isaho V.I.39, 13f; (b) P. F. Diel, „Ein katholisches Volk, aber eine Herde ohne Hirte“, St. Augustin 2001, 61. – Lit.: F. Weber, Gewagte Inkulturation, Mainz 1996; J. Meier, „... dem zerfallenden und dem Verderben zueilenden Katholizismus Brasiliens Hülfe bringen“ (in: ZMR 77, 1993, 3–24); Mayeur, Geschichte 11, 943–955 (J.-A. Meyer).

284. Brasilien: Schwierigkeiten mit der Volksreligiosität

Ein deutscher Missionar drückt hier seine Schwierigkeiten mit der brasilianischen Volksreligiosität aus, die für ihn vielfach dem Aberglauben gleichzusetzen ist. Polnische und italienische Katholiken hatten hingegen damit weniger Probleme.

Infolge der mangelhaften religiösen Bildung schießt der Aberglaube üppig ins Kraut. Gott kommt weniger in Betracht als die Heiligen. Der heilige Geist und das heiligste Herz Jesu hingegen erfreuen sich besonderer Verehrung, aber nicht als Gott, sondern weil sie „heilig“ sind. Jeder Brasilianer hat seinen Hausaltar, auf dem zahlreiche Heilige (Santos) aufgestellt sind. Wer unter diesen sich am hilfreichsten erweist, erhält den Ehrenplatz; ist er aber schwerhörig, dann stellt man ihn in die Ecke. Legt er auch dann noch nicht seine Hartherzigkeit ab, so muß er den Zorn der Menschen fühlen und wird zur Strafe draußen in den Regen gestellt.

Quelle: P. F. Diel, „Ein katholisches Volk, aber eine Herde ohne Hirte“, St. Augustin 2001, 343. – *Lit.*: F. Weber, Gewagte Inkulturation, Mainz 1996; J. Meier, „... dem zerfallenden und dem Verderben zueilenden Katholizismus Brasiliens Hülfe bringen“ (in: ZMR 77, 1993, 3–24).

B. Konfessionelle Pluralisierung

285. Protestantische Auslandskubaner in den USA (1880)

In den Vereinigten Staaten von Amerika schlossen sich zahlreiche ausgewanderte Kubaner dem protestantischen Glauben an. So entstand in New York 1866 die Iglesia de Santiago Apóstol sowie weitere kubanische protestantische Gemeinden, v.a. auf Key West. Deren Mitglieder zeichneten sich während der Zeit des kubanischen Unabhängigkeitskampfes 1868 bis 1898 durch ihren ausgeprägten Patriotismus aus. Mit der Unabhängigkeit Kubas setzte eine Rückkehrbewegung der Emigranten in ihre Heimat ein. Die Protestanten bildeten nun Zellen, von denen aus sich der Protestantismus auf Kuba ausbreitete. Über die Entstehung der Exilsgemeinden in den USA schreibt 1880 Joaquín de Palma, vermutlich erster protestantischer kubanischer Pastor:

Die wenigen Kubaner, welche die „Santiago“-Kirche [in New York] aufbauten, waren die Vorkämpfer der Bekehrung der lateinischen Rasse Amerikas zur Reinheit des evangelischen Glaubens. Dies ist auch die erste organisierte Kirche gewesen, wo das Gebetbuch [d.h. das anglikanische Common Book of Prayer] in spanischer Sprache gelesen worden ist. Wir dürfen behaupten, daß die Mission „Santiago“ ... als Mutterkirche des [kubanischen] Protestantismus betrachtet werden kann, nicht nur wegen ihrer geschichtlichen Einmaligkeit, sondern auch wegen des Einflusses, den sie ausgeübt hat. [...] Mehrere der ursprünglichen Mitglieder der in Key West gegründeten Episkopalgemeinde haben vorher zur „Santiago“-Gemeinde gehört. Genau wie dies die erste Episkopalkirche ist, in welcher die spanische Sprache gebraucht wird, so habe ich die Ehre, als erster Kubaner – vor fast 10 Jahren – für das Pfarramt ordiniert worden zu sein.

Quelle: T. Tschuy, Hundert Jahre Kubanischer Protestantismus (1868–1961), Frankfurt a. M. 1978, 71f. – *Lit.*: G. Castellanos, Misión a Cuba y motivos de Cayo Hueso, La Habana 1944; M. A. Ramos, Panorama del protestantismo en Cuba, San José 1986, 91–106.

286. Brasilien: Anfänge der Pfingstbewegung (1911)

Die beiden schwedischen Baptisten Daniel Berg (1885–1963) und Gunnar Vingren (1879–1933) waren in den Jahren 1902 und 1903 in die USA ausgewandert und hatten sich dort der beginnenden Pfingstbewegung angeschlossen. Berg gehörte zur Kirche William Durhams in Chicago, Vingren studierte an der Bibelschule Charles Parhams' in Topeka/Kansas. Gemeinsam kamen sie Ende 1910 nach Belém/Pará im Nordosten Brasiliens und wirkten in der dortigen Baptistengemeinde. Aufgrund unterschiedlicher Ansichten über das Wirken des Hlg. Geistes wurden Berg und Vingren zusammen mit weiteren 18 Baptisten – vermutlich am 13.6.1911 – aus der Gemeinde ausgeschlossen. Fortan feierten sie eigene Gottesdienste. Dies war der Beginn der unabhängigen Pfingstbewegung in Brasilien und der Gründung weiterer Pfingstgemeinden (Assembleias de Deus). Über die Abspaltung berichtet Daniel Berg:

Eines Abends erschien der [baptistische] Ortsprediger in unserem einfachen Lokal. Als er die Tür öffnete, schlug ihm eine Welle von Gesang und Gebeten entgegen. Wir erhoben uns und baten ihn, an unserem improvisierten Gottesdienst teilzunehmen. Er lehnte ab und erklärte, daß es nun an der Zeit sei, eine Entscheidung zu fällen. Weiterhin sagte er, daß er in letzter Zeit immer wieder Diskussionen über Fragen der Lehre gehört hätte, was zuvor nie geschehen war. Er beschuldigte uns, Zweifel und Unruhe zu säen und Separatisten zu sein.
Gunnar Vingren erhob sich und erklärte, daß wir keine Spaltung wünschten. Im Gegenteil, wir wünschten die Einheit aller. Wenn nur alle die Erfahrung der Geisttaufe machten, würden wir uns nie trennen, vielmehr wären wir dann mehr als Brüder, wie eine Familie.
Der Ortsprediger meldete sich wieder zu Wort. Die Diskussion war offen. Er sagte, daß die Bibel tatsächlich über die Geisttaufe spreche sowie davon, daß Jesus Kranke geheilt habe, aber, so fügte er hinzu, dies war für *jene* Zeit. Er sagte, es wäre absurd, wenn gebildete Menschen unserer Zeit glaubten, daß solche Dinge heute noch geschehen könnten. Wir sollten realistisch sein, fuhr er fort, und nicht Zeit mit Träumen und falschen Prophezeiungen verschwenden. Heutzutage hätten wir Wissen, um davon Gebrauch zu machen. „Wenn ihr euch nicht korrigieren laßt und euren Irrtum nicht erkennt, dann ist es meine Pflicht, alle baptistischen Gemeinden über die Ereignisse zu informieren, damit sie Vorkehrungen gegen eure falsche Lehre treffen". [...]
In der Hoffnung, Unterstützung zu finden, ließ der Prediger seinen Blick in die Runde schweifen. Vergeblich. Dann wandte er sich an mich und Bruder Vingren und sagte: „Ich habe einen Entschluß gefaßt. Von nun an könnt ihr hier nicht mehr zusammenkommen. Sucht euch einen anderen Ort. Nach all dem, was hier geschehen ist, wünschen wir euch nicht mehr hier." Dann wandte er sich an die kleine Gruppe [der Anwesenden] und fragte: „Wie viele von euch stimmen mit der falschen Lehre überein?"
Achtzehn Menschen hoben entschlossen die Hand. Sie wußten, daß dies ihren Ausschluß aus der [baptistischen] Kirche bedeutete.

Quelle: D. Berg, Enviado por Deus, Rio de Janeiro [3]1973, 42–46, nach: D. A. Reily, História documental do Protestantismo no Brasil, São Paulo 1993, 373. 375. – *Lit.*: W. J. Hollenweger, Enthusiastisches Christentum: die Pfingstgeschichte in Geschichte und Gegenwart, Wuppertal/Zürich 1969, 79–88; C. J. Hahn, História do culto protestante no Brasil, Sao Paulo 1989, 335–352; W. Read, New patterns of church growth in Brazil, Grand Rapids 1965, 117–143; EKL[3] 1 (1986) 292–295: Art. Assembleias de Deus no Brasil (H.-J. Prien); Prien, Geschichte 857–875; Bastian, Protestantismus 201–203.

287. Panama-Kongreß 1916: Anfänge innerprotestantischer Vernetzung

Entgegen den Beschlüssen der Weltmissionskonferenz in Edinburgh 1910 (vgl. Text 70) sahen die nordamerikanischen Missionen auch das katholische Lateinamerika als protestantisches Missionsfeld an. Die dortigen Katholiken galten ihnen als nur oberflächlich christianisiert. Mitten im 1. Weltkrieg wurde so 1916 in Panama der „Kongreß über christliche Arbeit in Lateinamerika" einberufen. Ziel dieser – von nordamerikanischen Gesellschaften dominierten – Veranstaltung war die systematische Organisation der Missionsarbeit. Durch Einladung katholischer Beobachter, die freilich nicht erschienen, suchte man zugleich ein ökumenisches Signal zu geben. Im Unterschied zum Lateinamerikanischen Plenarkonzil 1899 in Rom (s. Text 282) und analog zu Edinburgh 1910 bemühte man sich um eine Situationsanalyse und Strukturkritik. Dabei wurde der aufkommende Nationalismus der lateinamerikanischen Gesellschaften besonders hervorgehoben und als Stimulus für den Aufbau eigenständiger Kirchen und die Organisation nationaler und gesamtkontinentaler Kooperation benannt.

Nationale Ideale als einigendes Motiv:
Jede Übersicht über die Kräfte, die auf die Einheit Lateinamerikas hinwirken, wäre nicht vollständig, wenn die starke nationalistische Grundhaltung in diesen Ländern nicht berücksichtigt würde. Es ist unvermeidlich, daß dieses Gefühl in den evangelischen Kirchen in der Zukunft stark sein wird. [...]
1. Die starke nationalistische Stimmung innerhalb der Kirchen
Wohl in keinem anderen Land außer Japan haben die Missionare eine so starke nationalistische Stimmung angetroffen wie in einigen lateinamerikanischen Ländern. Dieser [Nationalismus] ist eine Haltung, die dort überall eine positive Resonanz finden wird. Besonders stark zeigte sich dies im Blick auf die evangelischen Kirchen in Brasilien, Chile, Puerto Rico und Mexiko. Wenn gut geschulte Führer nach und nach ausgebildet und dort in Leitungsfunktionen gebracht werden, kann davon ausgegangen werden, daß sich eine stärkere Kirche entwickelt ... Tatsächlich ist der Wunsch nach einer nationalen Kirche, zu der alle evangelischen Christen gehören, in einigen Teilen Lateinamerikas ebenso wie in China zu erkennen, obwohl noch weit weniger organisiert. [...]
Eine weiterer Beweis für diesen unterschwelligen Wunsch nach einer nationalen evangelischen Kirche bei den Südamerikanern ist in Mexiko zu finden. Prediger, die vorher bei Missionsstationen angestellt waren, zum Teil aus den Vereinigten Staaten, aber zum größten Teil Mexikaner, haben eine Bewegung gegründet, die von Ausländern und missionarischer Unterstützung unabhängig sein will. Sie weigerten sich, etwas mit Missionsstationen zu tun zu haben, und setzten diese mit einer ausländischen Invasion gleich. Sie appellierten insbesondere an den Patriotismus der Menschen und natürlich an ihre Vorurteile. Zeitweise gab es in den mexikanischen Kirchen in San Antonio, Texas, eine so starke Bewegung, daß die konfessionellen Kirchen faktisch menschenleer wurden und sich alle Mexikaner in einer immensen „*Iglesia Evangelica Independente*“ zusammenfanden. Diese Bewegung wuchs eine Zeit lang rapide. Die Pfarrer erhielten kein festgelegtes Gehalt. Die Bewegung scheiterte im wesentlichen an den finanziellen Problemen, auch wenn noch einige starke Gemeinden existieren und gute Arbeit leisten. Auch wenn die Missionare die Bewegung für egoistisch hielten, belegte doch der große zeitweilige Erfolg das starke Echo, das der Nationalismus hervorruft, und die Tendenz bei allen Menschen, eine vereinigte nationale Kirche zu wünschen, die sich weigert, die kirchlichen Unterschiede wie in den Vereinigten Staaten anzuerkennen.

Quelle: Committee on Cooperation in Latin America (Hg.), Christian Work in Latin America III, New York 1917, 65ff. – *Lit.*: Bastian, Protestantismus 162–170; Prien, Geschichte 794–800. 914–924; RGG[4] 6, 845f.: Art. Panama-Kongreß (1916) (H.-J. Prien).

288. Anfänge einer afrobrasilianischen Religion: Umbanda (1939)

Umbanda ist eine genuin brasilianische Religion, die alle Gesellschaftsschichten vereint. Umbanda verbindet Elemente des (weißen) Spiritismus in der Tradition von Alan Kardec, der (schwarzen) afrobrasilianischen Kulte (Candomble, Macumba), indianischer Religiosität sowie des Christentums. Im Zentrum der Religion steht der Glaube an eine Welt geistlicher Wesen: Gottheiten, mythische Gestalten sowie die Seelen der Verstorbenen. Diese inkarnieren sich im kultischen Geschehen in eingeweihten Medien und ermöglichen so die Kommunikation mit der realen Welt der Menschen. Die Ausübung der Umbanda-Religion erfolgte zu Beginn unter dem Deckmantel des Spiritismus, erst 1934 wurde sie gesetzlich erlaubt. Als Gründer der Umbanda gilt Zélio de Moraes, der eine erste Kultstätte unterhielt und zwischen 1930 und 1937 weitere sieben sog. Umbanda-Plätze (terreiros) in Rio de Janeiro einrichtete. Mit ihrem Zusammenschluß zur Föderation der „União Espírita da Umbanda do Brasil" im Jahr 1939 war die neue Religion endgültig etabliert. In einem Gründungsmythos ist überliefert, wie der 17-jährige Zélio de Moraes angeblich am 15.11.1908 an einer spiritistischen Sitzung teilnahm und zum entscheidenden Protagonisten der Emanzipation der Umbanda-Religion wurde.

Zélio wurde eingeladen, an der Sitzung [eines spiritistischen Zirkels] teilzunehmen ... [und er] wurde [dort] gegen seinen Willen von einer merkwürdigen und fremden Kraft überfallen. [...] Dies löste unter den Anwesenden einen großen Tumult aus, vor allem deshalb, weil gleichzeitig [weitere] überraschende Erscheinungen von *Caboclos* [indianisch-weiße Mischlinge] und *Preto Velhos* [Vorfahren der Schwarzen] geschahen. Der Sitzungsleiter fand das alles absurd und sprach von „ihrem spirituellen Rückstand" [gegenüber den Geister des Spiritismus]. Er ermahnte sie streng und forderte sie auf hinauszugehen. [...]
Erneut überfiel eine fremde Kraft den jungen Zélio und sprach durch ihn: „Warum habt Ihr die Anwesenheit der genannten Geister zurückgewiesen, wenn Ihr ihre Botschaft nicht einmal gehört habt? Liegt das vielleicht an ihrer sozialen Herkunft und Farbe?" Bei dieser Ermahnung des Geistes (Entidade), der in dem Medium Zélio anwesend war, gab es einen großen Aufruhr. [...]
Noch in Trance sagte das Medium Zélio: „Wenn Ihr einen Namen wollt, dann soll es dieser sein: Ich bin der *Caboclo das sete encruzilhadas* [Caboclo der sieben Kreuzungen], denn für mich gibt es keine versperrten Wege." Der Hellseher wandte sich an den Geist und sagte, daß er sich zwar als *Caboclo* ausweise, aber er könne an ihm Stücke priesterlicher Kleider sehen. Der Geist antwortete darauf: „Was Du an mir siehst, sind Reste einer früheren Existenz. Ich war Priester und mein Name war Gabriel Malagrida. Wegen Hexerei wurde ich im Jahr 1761 in Lissabon im Feuer der Inquisition geopfert. Aber während meiner letzten physischen Existenz gewährte mir Gott das Privileg, als brasilianischer *Caboclo* geboren zu werden."
Und noch durch das Medium kündigte er den Auftrag an, den er aus dem Jenseits bekommen hatte: die Fundamente einer Religionsgemeinschaft zu legen, in der alle Geister von Indianern und *Preto velhos* die Bestimmungen des spirituellen Planes ausführen könnten, und daß er am folgenden Tag [16.11.1908] um 20 Uhr in der Wohnung des Mediums erscheinen und einen Tempel gründen würde, in dem Gleichheit für alle, Lebende [Inkarnierte] und Tote [Desinkarnierte], herrschen würde.

Quelle: D. F. Trindade, Umbanda e sua história, São Paulo 1991, 59–61. – *Lit.*: R. Bastide, The African Religions of Brazil, Baltimore1978, 304–352; D. Brown, Umbanda, Ann Arbor 1986; H. Figge, Geisterkult, Besessenheit und Magie in der Umbanda-Religion Brasiliens, Freiburg/München 1973; H. Horsch, Die Ausbreitung afrobrasilianischer Kulte als Herausforderung für die Evangelisation Brasiliens, Diss. Erlangen-Nürnberg 1984, 395–406; R. Ortiz, A morte branca do feitiçeiro negro, Petrópolis 1978; I. Wulfhorst, Der „Spiritualistisch-christliche Orden", Erlangen 1985, 44–71.

289. Brasilien: Einwandererkirche und Drittes Reich (1934)

Die deutschstämmigen Protestanten in Brasilien waren einerseits z. T. vom nationalsozialistischen Aufbruch in Deutschland begeistert, andererseits wurde der Nationalismus in erster Linie über die Idee des Volkstums rezipiert. Gleichwohl wirkten sich die inneren Auseinandersetzungen der deutschen Protestanten auch in Brasilien aus. Die nationalsozialistische Pfarrerschaft in Brasilien organisierte sich in der Bewegung der „Deutschen Christen Brasiliens" und ernannte am 31.12.1933 Erich Knäpper zu ihrem Landesleiter. Über deren Ziele äußert sich Knäpper in einer Mitteilung vom 24.4.1934 an den Präses der Lutherischen Synode Ferdinand Schlünzen; diese dürfte ebenso an die Präsidenten der übrigen drei Synoden deutschstämmiger Gemeinden ergangen sein.

Der Evg. Luth. Synode von Santa Catarina, Paraná und anderen Staaten teile ich ergebenst mit, daß ich unter dem 31.12.33 zum Landesleiter der ‚Deutschen Christen' für Brasilien ernannt worden bin. Unser Hauptanliegen soll sein, in Auswirkung der Reichskirche auch hier aus den vier Synoden, die in allzu lockerem Zusammenhange stehen, eine Einheit zu schaffen, die dem Staate als eine Kirche gegenübertreten kann. In Rio Grande do Sul besteht seit längerer Zeit die Nationalsozialistische Pfarrerschaft, die 2/3 aller Pfarrer als Pg. [Parteigenossen] umfaßt, eine Fachschaft im Rahmen der Partei. Alle Pg. sind wiederum Deutsche Christen. Der Aufgabenkreis der NS-Pf[arrerschaft] ist ein großer, da er z.B. sich auch um die Lebensinteressen der Synode wie der Auslandspfarrer bemüht. Es ist möglich, daß die NS-Pf[arrerschaft] ebenfalls auf ganz Brasilien ausgedehnt wird. Für den Bereich ihrer Synode würde ein Landesvertrauensmann ernannt werden. Ich warte aber Ihre Zeilen auf meinen heutigen Brief ab. Heil Hitler – Knäpper.

Quelle: M. Dreher, Kirche und Deutschtum in der Entwicklung der Evangelischen Kirche Lutherischen Bekenntnisses in Brasilien, Göttingen 1978, 123. – *Lit.*: Ebd., 119–148; H.-J. Prien, Evangelische Kirchwerdung in Brasilien, Gütersloh 1989, 436–461; ders., (Hg.), Das Evangelium im Abendland und in der Neuen Welt, Frankfurt 2000, 572–603.

C. Gesichter des lateinamerikanischen Katholizismus

290. Brasilien: Antônio Conselheiro und seine Bewegung „Os canudos"

Der Laie Antônio Vicente Mendes Maciel (1830–1897), genannt „Conselheiro" (Ratgeber), zog Ende des 19. Jh.s als Asket und Wanderprediger durch das brasilianische *Sertão* oder Hinterland und erreichte bald großes Ansehen bei der einfachen Landbevölkerung (a), die ihn als Propheten verehrte. Sein unorthodoxes Auftreten rief beim Klerus und Bischof Mißtrauen hervor, so daß dieser seine Predigttätigkeit in den Pfarreien verbot (b), nicht zuletzt weil Conselheiro eine strenge Moral und eine eher integralistische Sicht des Christentums predigte. Nach dem Sturz von Kaiser Dom Pedro II. 1889 und der Ausrufung der Republik unter dem fortschrittsgläubigen Motto „Ordem e progresso" (Ordnung und Fortschritt) sollte nun Brasilien mit dem Zeitgeist in Einklang gebracht werden, d.h.: Trennung von katholischer Kirche und Staat, Einführung von Religionsfreiheit und Zivilehe, Abschaffung des Adels. Conselheiro verdammte die neue Zeit als Werk des Teufels und propagierte messianische Prophezeiungen von der Wiederkehr des sagenumwobenen portugiesischen Königs Dom Sebastião (†1578, Sebastianismus), um sein katholisches Reich zu restaurieren und der gottlosen Republik ein Ende zu setzen. Viele einfache Menschen folgten Conselheiro auf seinem Weg ins brasilianische Hinterland, um dort das gelobte Land zu finden und eine messianische Kontrastgesellschaft aufzubauen. Zwischen 1896–1897 führte das Heer gegen sie den sogenannten „Krieg der Canudos". Conselheiro starb am 22.9.1897. Heute ist er eine der meisterforschten Persönlichkeiten der Geschichte Brasiliens.

a) Anfänge Conselheiros während des Kaiserreiches (1877)

Ein Individuum, der sich Antônio Conselheiro nennt, ist im nördlichen Sertão aufgetreten. Er hat großen Einfluß auf den Geist der unteren Volkschichten und bedient sich seines seltsamen Äußeren und seiner asketischen Sitten, um die Unwissenden und Einfältigen für sich zu vereinnahmen. Er hat sich den Bart und das Haar wachsen lassen, kleidet sich mit einem Gewand aus Wolle und ißt kaum etwas; er hat fast die Gestalt einer Mumie. In Begleitung von zwei Jüngern verbringt er seine Zeit beim Beten des Rosenkranzes, beim Singen der Litaneien, beim Predigen und bei der Beratung der Menschenmenge, die er dort sammelt, wo die Priester es ihm erlauben;

unter dem Vorwand der religiösen Gefühle sammelt er das Volk und führt es nach seinem Geschmack. Er scheint intelligent, aber nicht kultiviert zu sein.

b) Predigtverbot durch den Erzbischof von Bahia (1882)

Da wir in Erfahrung gebracht haben, daß in den Pfarreien des Zentralgebietes dieses Erzbistums ein Individuum mit dem Namen Antônio Conselheiro dem Volk, das zusammenkommt, um ihn zu hören, abergläubische Lehren und eine zu strenge Moral predigt, die die Gewissen beunruhigen und die Autorität der Pfarrer beeinträchtigen, befehlen wir Ew. Hochwürden, in Ew. Pfarrei solche Mißstände nicht zu dulden und den Pfarreiangehörigen mitzuteilen, daß wir ihnen ganz und gar untersagen, sich zu versammeln, um solche Reden zu hören. Denn die heilige Aufgabe, das Volk zu unterweisen, steht allein den Dienern der Religion zu und fällt einzig und allein in die Kompetenz der katholischen Kirche. Ein Laie, gleich wer er sein mag, selbst wenn er gebildet und tugendhaft ist, hat hierfür keine Autorität.

c) Prophezeiungen Conselheiros gegen die Republik (1889)

Ich sage es Euch und es ist die Wahrheit: während die Nationen geteilt sind und mit sich selbst streiten – Brasilien mit Brasilien, England mit England, Preußen mit Preußen – , wird Dom Sebastião mit seinem ganzen Heer aus den Wellen des Meeres emporsteigen. Seit den Anfängen der Welt wurde er mit seinem ganzen Heer verzaubert und er hat es erneut in Kriegszustand versetzt. Als er verzaubert wurde, hat er sein Schwert in die Scheide gesteckt und in einem Felsen versteckt. Und er sagte: Auf Wiedersehen Welt, du wirst vielleicht mehr als Tausend Jahre alt werden, aber nicht zwei Tausend. An diesem Tag, an dem er mit seinem ganzen Heer emporsteigen wird, wird er alle über das Schwert springen lassen, alle, die in der Republik eine Rolle gehabt haben. Das Ende des Krieges wird im Heiligen Haus in Rom stattfinden, und das Blut wird bis zum Hohen Rat reichen.

Quelle: (a) Euclydes da Cunha, Les terres de Canudos, Rio de Janeiro 1947, 117; (b) ebd., 122–123; (c) ebd., 121. – *Lit.*: E. Hoornaert, Antônio Conselheiro, negociador do sagrado, in: S. Branão (Hg.), História das Religiões no Brasil, Recife 2001, 39–77; CEHILA (Hg.), Antônio Conselheiro e a tragédia de Canudos, São Paulo 1986; Alexandre H. Otten, „Só Deus é grande“, São Paulo 1990; M. I. Pereira de Queiroz, O Messianismo no Brasil e no Mundo, São Paulo 1991; Prien, Geschichte 842–849; D. Bartelt, Nation gegen Hinterland. Der krieg von Canudos in Brasilien, Stuttgart 2004.

291. Mexiko: Die „Cristiada“ (1926–1929)

Die kirchenfeindlichen Maßnahmen der Verfassung von 1917 (Verstaatlichung aller Kirchen, Aufhebung des Wahlrechts des Klerus, Zulassungsbeschränkung auf einen Priester pro 15 000 Einwohner u.v.m.) wurden unter P. E. Calles in 33 Artikeln verschärft, die an allen Kirchentüren angeschlagen wurden und am 31.7.1926 in Kraft traten (darunter u.a. Ausweisung aller ausländischen Priester, Verhaftung vieler anderer Priester, Unterdrückung der katholischen Laienorganisationen). Die Bischöfe sprachen die Exkommunikation über alle aus, die bei der Ausführung der neuen Gesetze mitwirken würden. Darüber hinaus untersagten sie den Priestern, unter solchen Umständen den öffentlichen katholischen Kult in den Kirchen zu feiern, wobei diese für die Gläubigen weiterhin offen bleiben sollten, und empfahlen die Entwicklung einer Art Katakombenkirchen. Schließlich hießen sie die *Cristiada* bzw. den Volksaufstand der bäuerlichen katholischen Bevölkerung (der sogenannten *Cristeros*) gut, die im Namen der Figur des Christkönigs gegen die Regierung kämpften. In der Enzyklika *Iniquis afflictisque* vom 18.11.1926 prangerte Papst Pius XI. die antichristlichen Gesetze der mexikanischen Regierung an und drückte seine

Bewunderung für die *Cristeros* aus. Die heiße Phase des Kampfes mit zahlreichen Opfern auf beiden Seiten wurde 1929 mit dem Abtreten Calles und der Vereinbarung eines modus vivendi zwischen Regierung und Episkopat beendet. Die Spannungen dauerten aber bis 1941 an, als unter Avila Camacho eine Politik des Respekts vor den religiösen Gefühlen des mexikanischen Volkes eingeleitet wurde. In (a) berichtet der Jesuit Miguel Pro (1891–1927) humorvoll von seiner Tätigkeit als heimlicher Seelsorger in Mexiko-City und wie er dabei die Geheimpolizei austrickste. Pro wurde später verhaftet, der Teilnahme an der Ermordung Präsident Alvaro Obregóns beschuldigt und am 23.11.1927 ohne Prozeß erschossen. Bald darauf galt er als Märtyrer; er wurde 1988 selig gesprochen. In (b) berichtet der *Cristero* Francisco Campos über die Gründe der Bauern für die Teilnahme an der *Cristiada*.

a) Seelsorge nach dem Verbot des katholischen Kultes

Einmal, es war 6 Uhr morgens, wollte ich in einem Hause der eucharistischen Stationen die hlg. Kommunion austeilen. Plötzlich kommt eine Dienerin hereingelaufen mit dem Schreckensruf: „*Los Técnicos*“ (unser Deckname für die Polizei). Alles wurde bleich, Verwirrung über der ganzen Linie! Ich mahnte: „Nur schön ruhig bleiben! Tut eure Kommunionschleier weg, verteilt euch über die einzelnen Zimmer und macht nicht zu viel Lärm!“

Ich trug an diesem Tage eine Mütze und einen hellgrauen Straßenanzug, der schon etwas verschlissen und an einigen Stellen verfärbt war. Dazu zündete ich mir noch eine Zigarette an und paffte mächtige Wolken. Das heiligste Sakrament hatte ich auf der Brust geborgen. So erwartete ich die Eindringlinge.

„Hier wird verbotener Kultus abgehalten!“ schrieen sie mir entgegen. Ich drauf: „Macht mir doch keine dummen Witze!“ „Doch, mein Herr, hier wurde eine öffentliche Kulthandlung vorgenommen.“

„Herrschaften, tischt mir doch keine solchen Enten auf!“

„Wir haben den Priester hier hereingehen sehen!“

„Was Sie nicht sagen, Sie Spaßvögel! Wetten wir ein halbes Glas „Lebenswasser“, daß kein Pfarrer hier ist?“

„Wir haben Auftrag, eine Haussuchung vorzunehmen. Kommen Sie mit!“ [...]

Natürlich wurde kein Priester gefunden, und die schlauen *Técnicos* mußten sich damit begnügen, vor der Türe einen Beobachtungsposten zu beziehen. Dort verabschiedete ich mich von ihnen mit den Worten: „Wenn ich nicht eine Absprache mit einer Dame hätte, würde ich gern bei Ihnen bleiben, bis Sie den unverschämten Geistlichen, der die verdienstvolle Wachsamkeit einer so löblichen Polizei derart zum Besten zu halten wagt, gefaßt haben.“

b) Über die Gründe des Volksaufstands 1926–1929

Am 31. Juli 1926 vertrieben einige Herren Gott, Unseren Herrn, aus seinen Tempeln, seinen Altären, seinen katholischen Familienheimen; aber andere erreichten seine Rückkehr; diese Männer haben nicht darauf geachtet, daß die Regierung sehr viele Soldaten hatte, sehr viele Waffen, sehr viel Geld, um sie zu bekämpfen; darauf haben sie nicht geachtet; sie achteten hingegen auf die Verteidigung ihres Gottes, ihrer Religion, ihrer Mutter, die die Hlg. Kirche ist; das ist es, worauf sie geachtet haben. Diesen Männern machte es nichts aus, ihre Häuser, ihre Eltern, ihre Familien und ihr Hab und Gut zu verlassen; sie zogen aus in die Schlachtfelder, um Gott, Unseren Herrn, zu suchen. Die Bäche, die Berge, die Bergwälder, die Hügel sind Zeugen dafür, daß jene Männer zu Gott, Unseren Herrn, unter dem Heiligen Namen „Viva Cristo Rey“ sprachen, aber auch „Viva la Santísima Virgen de Guadalupe“, „Viva México“. Dieselben Orte sind Zeugen dafür, daß jene Männer den Erdboden mit ihrem Blut tränkten und –

nicht zufrieden damit – ihr Leben hingaben, damit Gott, Unserer Herr, zurückkäme. Und als Gott, Unser Herr, sah, daß jene Männer ihn wirklich suchten, gab er sich die Ehre, in ihre Tempel zurückzukehren, zu ihren Altären, zu den Familienheimen der Katholiken, wie wir es nun sehen; und er gab der heutigen Jugend den Auftrag, daß sie künftig, wenn die Gelegenheit wieder käme, das Beispiel, das uns unsere Vorfahren hinterließen, nicht vergessen sollte.

Quelle: (a) A. Dragon, Opfertod in Mexiko, Saarbrücken 1933, 123–125; (b) A. Azkue, La Cristiada, Barcelona 2000, 42–43. – *Lit.*: J.A. Meyer, The Cristero Rebellion, Cambridge 1976; D. C. Bailey, ¡Viva Cristo Rey!, London 1974; J. A. Foley, Colima, Mexico and the Cristero Rebellion, Chicago 1979; LThK^3 7, 213–216: Art. Mexiko III (J. Meier); M. Sievernich, Märtyrer im mexikanischen Kirchenkampf (in: GuL 61, 1988, 285–302); P. C. Stanchina, Das Verhältnis von Staat und Kirche in Mexiko seit der Revolution von 1910/17 bis heute, München 1978; H. W. Tobler, Die mexikanische Revolution, Frankfurt 1984; Mayeur, Geschichte 12, 1169–1179 (J.-A. Meyer).

292. Peru: Streit zwischen Indigenisten und Hispanisten

Die Frage, ob denn die Indios wirklich Christen geworden seien, beschäftigte in den 20er und 30er Jahren des 20. Jh.s Intellektuelle aus dem Lager der Indigenisten wie der Hispanisten, die zu gegensätzlichen Urteilen kamen. José Carlos Mariátegui (1894–1930), der Vater des lateinamerikanischen Marxismus, sieht in der von den Indios mit Begeisterung aufgenommenen prunkvollen Liturgie des barocken Katholizismus das entscheidende Überzeugungsmittel der Missionare, zugleich aber auch den Grund für die oberflächliche Bekehrung der Indios (a). Der katholische und hispanistische Autor Victor Andrés Belaúnde (1883–1966), Zeitgenosse und dialektischer Gegner Mariáteguis, bewertet hingegen diesen Sachverhalt anders (b). Er gibt zu, daß der prunkvolle katholische Kult tatsächlich zur Verbreitung der neuen Religion beigetragen hat; diese hat aber durchaus die Seele der Indios erreicht und verwandelt, wie man es an der Reaktion auf das Leid und im Marienkult sehen könne.

a) José Carlos Mariátegui: Die Christianisierung der Indios (1928)

Der Katholizismus war durch seine prunkvolle Liturgie und durch seinen pathetischen Kult mit einer Voraussetzung ausgestattet, die vielleicht einzigartig war, um eine Bevölkerung zu fesseln, die sich nicht von einem zum anderen Moment zu einer spirituellen und abstrakten Religiosität bekehren konnte. Und er besaß außerdem eine erstaunliche Leichtigkeit, sich in jeder historischen Epoche oder in jedem historischen Klima zu akklimatisieren. Das Werk, das viele Jahrhunderte zuvor im Abendland begonnen worden – die Absorption der antiken Mythen und die Aneignung heidnischer Vorgaben –, wurde in Peru fortgesetzt. Der Marienkult z.B. fand am Titicaca-See – dort, wo die Theokratie der Inka herzustammen scheint – sein berühmtestes Heiligtum. [s. Text 248] Emilio Romero, ein intelligenter und gelehrter Autor, macht interessante Beobachtungen über diesen Aspekt der Ersetzung der Götter der Inkas durch die katholischen Heiligenfiguren und Riten. Er schreibt: „Die Indios vibrierten förmlich mit ihren Gefühlen angesichts der Feierlichkeit des katholischen Ritus. Sie sahen das Bild der Sonne in der schimmernden Brokatstickerei der Meßgewänder und der Chormäntel; und sie sahen die Regenbogenfarben an den Chorhemden aus feinsten Seidenfäden auf violettem Grund. Vielleicht sahen sie das Symbol der *Quipus* in dunkelvioletten Quasten der Gewänder der Geistlichen und in den Schnüren um die Kutte der Minderbrüder." [...] Die reine Äußerlichkeit und der Zierat des Katholizismus bezauberten die Indios leicht. Die Evangelisierung und die Katechesierung fanden wegen dieses Mangels an Widerstandskraft bei den Eingeborenen aber auch nie zu ihrer eigentlichen Vollendung. Für ein Volk, das niemals einen Unterschied zwischen dem Spirituellen und dem Weltlichen gemacht hatte, umfaßte der politische Bereich auch den kirchlichen. Die Missionare zwangen ihm nicht das Evangelium, sondern den Kult, die Liturgie auf, indem sie diese geschickt an die einheimischen Sitten und Riten anpaßten. Das ursprüngliche Heidentum lebte unter dem katholischen Kult daher weiter fort.

b) Victor Andrés Belaúnde: Antwort auf J. C. Mariátegui (1931)

Wenn man unter Katholizismus nur die Liturgie, nicht aber den Geist versteht, so erklärt sich, daß Mariátegui den Standpunkt vertritt, das missionarische Werk habe die religiöse Seele des Indios nicht verwandelt und der katholische Kult sei nur an die Seite des primitiven Fetischismus getreten. Es ist heikel, von heute aus die Ergebnisse des Missionswerkes zu beurteilen, die der säkulare Klerus unter ungünstigen Bedingungen in der späten Kolonialzeit und in der Republik bewahrt hat. Andererseits ist es nahezu unmöglich, unter den Massen eine Religion von so tiefer, komplexer und geheimnisvoller Spiritualität in Reinkultur zu erhalten, wie es der Katholizismus ist. Selbst in fortgeschrittenen Ländern und in gebildeten Gesellschaften leben atavistische Reste des Aberglaubens mit dem katholischen Idealismus zusammen. Solch innige Verbindung sollte uns nicht überraschen; ihr Erscheinen unter den eingeborenen Massen zeigt ja lediglich eine schicksalhafte menschliche Unzulänglichkeit an. Demgegenüber gibt es im wesentlichen unleugbare Belege für den Einzug des katholischen Geistes bei den eingeborenen Massen. Zwei wesentliche muß ich hier andeuten: Die Reaktion auf das Leid ist heute, jedenfalls im allgemeinen, nicht durch kalte fatalistische Resignation, sondern durch Gebet und Hoffnung gekennzeichnet; der zweite Beleg besteht in der Verbreitung und Intensität der Marienverehrung. Beide Tatsachen scheinen unlösbar miteinander verbunden. [...]

Man kann nicht von der Religionspsychologie des Indios sprechen ohne ein vertieftes Studium der Geschichte und des gegenwärtigen Lebens der Wallfahrtsorte, allen voran von Copacabana und Guadalupe [s. Texte 242 und 248]. Der Marienkult, den die Spanier brachten, ersteht in neuen Inkarnationen und Gestaltungen wie eine natürliche Blüte auf amerikanischem Boden. Die Legende, Tatsache oder Fiktion – der Unterschied interessiert uns im Augenblick wenig – wird durch reine Indios verbreitet; Indios sind ihre Initiatoren und Offenbarer. Der Marienkult ist wie im Mittelalter der Kult der Volksseele. [...] Ein neues Band verbindet die beherrschende und die beherrschte Rasse: Indio, Mestize und Weiße fordern diese gemeinsame Mütterlichkeit ein.

Quelle: (a) Delgado, Gott 330–331; (b) Delgado, Gott 336–337. – *Lit.*: Delgado, Abschied 323–330; ders., Gott 321–340; ders., Missionstheologische und anthropologische Gemeinsamkeiten und Unterschiede zwischen Katholiken und Protestanten im Entdeckungszeitalter (in: ZMR 87, 2003, 93–111); M. Sarkisyanz, Vom Beben in den Anden, München 1985; M. M. Marzal, La transformación religiosa peruana, Lima 1983; ders., El sincretismo iberoamericano, Lima 1985; P. Morandé, Synkretismus und offizielles Christentum in Lateinamerika, München 1992; R. Nebel, Santa María Tonantzin Virgen de Guadalupe, Immensee 1992; O. Paz, Das Labyrinth der Einsamkeit, Frankfurt 1979; Th. Schreijäck (Hg.), Die indianischen Gesichter Gottes, Frankfurt 1992; E. Rosner, Gottes Indiogesichter, Mainz 1993; G. Kruip, Kirche und Gesellschaft im Prozeß ethisch-historischer Selbstverständigung, Münster 1996.

293. Brasilien: Schwarzafrikanische Volksreligiosität (1941)

Der österreichische Schriftsteller Stefan Zweig, 1938 nach Brasilien ausgewandert, wo er 1942 gemeinsam mit seiner Frau aus dem Leben schied, beschreibt hier die Volksreligiosität der Afrobrasilianer in der Stadt Salvador Bahia. Die Schilderung vermittelt einen Eindruck des emotionalen Charakters besagter Volksreligiosität sowie der Intensität und Inbrünstigkeit, welche sich bis zur Ekstase zu steigern vermögen und den europäischen Betrachter in ihren Bann ziehen. Auch Zweig hält die prunkvolle Liturgie für einen Vorzug des Katholizismus.

Ich fragte den freundlichen Geistlichen, der mich begleitete, ob Bahia noch immer wie einst die Stadt der Frömmigkeit sei. Er lächelte leise und sagte: „Ja, die Leute hier sind sehr fromm. Aber sie sind es auf ihre Art.“ [...] Die Neger sind seit Jahrhunderten die treuesten, die eifrigsten, die leidenschaftlichsten Anhänger der Kirche gewesen, nur daß die Form der Gläubigkeit auch innerlich bei ihnen einen anderen Farbton aufweist. [...] Am Katholizismus lockte sie die Pracht, das Geheimnisvolle, das Farbige, das Üppige des Ritus, und schon Anchieta [einer der ersten Jesuiten-Missionare Brasiliens, †1591] berichtete vor 400 Jahren, daß die Musik das Beste an Bekehrung bei ihnen vollbringe. Und noch heute ist bei diesem gutmütigen, leicht in seinen Sinnen erregbaren Volk Religion mit Festlichkeit, mit Freude, mit Schauspiel unlösbar verbunden; jeder Umzug, jede Prozession, jede Messe hat für sie etwas Beglückendes. Darum ist Bahia die Stadt der religiösen Feste. [...] So gehört nicht viel besonderes Glück dazu, in Bahia ein solches Volksfest zu sehen; aber ich hatte dieses Glück und noch dazu an dem Tage, da der Feiertag des Stadtheiligen Bomfim gefeiert wird. Dieser im Kalender nicht auffindbare Bomfim hat in Bahia eine eigene Kirche, die etwa anderthalb Stunden abseits der Stadt ... auf einem Hügel liegt und während einer ganzen Festwoche den Mittelpunkt der verschiedensten Feierlichkeiten bildet. [...] Aber die eigentliche, die unvergeßliche Zeremonie dieser Woche ist die Kirchenwaschung, die *lavagem do Senhor de Bomfim*. Charakteristisch schon für Bahia, wie dieser nirgendwo anders [aus]geübte Brauch entstanden ist. Die Kirche des Bomfim war ursprünglich eine Negerkirche. Und anscheinend hatte einmal ein Priester der Gemeinde aufgetragen, es gehöre sich doch, am Tag vor dem Fest des Heiligen die Kirche gründlich zu reinigen und den Fußboden mit Wasser zu scheuern. Die schwarzen Christen nahmen den Auftrag gerne an. [...] Aber gemäß ihrem kindlichen, naiven Gemüt verwandelte sich dies Reinemachen der Kirche (wie jeder religiöse Akt) zum Fest. Sie rieben und fegten um die Wette, als wollten sie ihre eigenen Sünden abwaschen, Hunderte, Tausende drängten sich von nah und fern hinzu, immer mehr von Jahr zu Jahr. Und mit einem Mal war aus dem Brauch ein Volksfest geworden, ein so stürmisches, ekstatisches, daß die Geistlichkeit Anstoß daran nahm und es abstellte. Aber der Wille des Volkes nach seinem Fest hat sich das *lavagem do Senhor de Bomfim* wieder erzwungen; heute ist es ein Fest der ganzen Stadt und eines der eindrucksvollsten, die ich zeitlebens gesehen.

Quelle: S. Zweig, Brasilien, ein Land der Zukunft, Frankfurt ²1981, 267–270. – *Lit.*: R. Bastide, The African Religions of Brazil, Baltimore1978, 191–201. 220–239; J.L. Matory, Black Atlantic religion, Princeton, N. J. 2005; V. Berkenbrock, Die Erfahrung der Orixás, Bonn 1995; H. Figge, Geisterkult, Besessenheit und Magie in der Umbanda-Religion Brasiliens, Freiburg/München 1973; F. Rehbein, Heil im Christentum und in afro-brasilianischen Kulten, Bonn 1989; RGG⁴ 1, 170–173: Art. Afrobrasilianische Kulte; J. Baumgartner (Hg.), Wiederentdeckung der Volksreligiosität, Regensburg 1979; St. Kriesel, Der Körper als Paradigma, Luzern 2001.

D. Das Aufkommen der sozialen Frage

294. Gabriela Mistral: Für ein soziales Christentum (1925)

Die Enzyklika *Rerum novarum* (1891) Leos XIII. über die soziale Frage wurde nur langsam in Lateinamerika rezipiert. Das soziale Bewußtsein mußte im kreolischen Katholizismus nach der Unabhängigkeit erst geweckt werden. Eine Vorreiterrolle spielte hierbei Chile. Auch engagierte Laien und Intellektuelle wie die Dichterin Gabriela Mistral (1889–1957, 1945 erhielt sie den Nobelpreis für Literatur) trugen dazu bei. Im Werk Mistrals schimmert eine gänzlich undogmatische Frömmigkeit durch, verbunden mit der Tendenz zu einem mystischen, franziskanischen Christentum. Klarsichtig hat sie die Entfremdung zwischen den arbeitenden Volksmassen und der Kirche wahrgenommen und ein soziales Christentum gefordert, für das sie Vorbilder im katholischen Belgien und in Deutschland sieht. Das soziale Erwachen wird dann zur Gründung der Katholischen Aktion in den verschiedenen Ländern Lateinamerikas als Ausdruck der „neuen Christenheit" führen.

Ein schmerzliches Schauspiel ist derzeit in Lateinamerika die absolute Entfremdung, die zwischen den Volksmassen und der Religion, oder besser gesagt, zwischen Demokratie und Christentum stattfindet. [...] Was ich gesehen habe, ist dies: unser Christentum, anders als das angelsächsische, hat sich von der sozialen Frage getrennt, oder es hat sie mindestens gering geschätzt, und hat den Gerechtigkeitssinn aus dem Blick genommen oder stillgelegt, bis dieser Sinn unter uns wieder erstand und ihm seine Leute entrissen hat. [...] Das arbeitende Volk hat sich in seinem Los, in einer schier mittelalterlichen Knechtung, verlassen gefühlt, und es hat schließlich diese Trennung zwischen Religion und menschlicher Gerechtigkeit vollzogen. Zu ihm sind die Agitatoren gelangt, um ihm zu sagen, daß das Christentum nichts als eine Art Sirenengesang ist, mit dem man seine Bestrebungen und Ansprüche zum Einschlafen bringen möchte; die politischen Führer haben ihm versichert, daß die Suche nach dem Himmelreich mit der Schaffung eines Reiches auf Erden, d.i. mit dem wirtschaftlichen Wohlstand, inkompatibel ist. [...] Die schlechten Hirten haben ihm gesagt, daß zwischen beiden Sachen keine Allianz möglich ist; und das Volk ist denjenigen gefolgt, die Brot und Dach für seine Kinder versprechen. Wir dürfen nicht so viele Seelen verlieren; auch wenn die unseren sehr teuer sind, wird uns Gott die Preisgabe der Menschenmengen nicht verzeihen, die fast die ganze Welt ausmachen. Der Katholizismus muß zurückerobern, was er durch Nachlässigkeit oder Egoismus von sich entfremdet hat. [...] Was das katholische Belgien zugunsten seiner Arbeiter und Bauern tut, stellt ein enormes Programm dar; diejenigen unter uns, die es kennen, werden rot vor Scham; was die deutschen Katholiken derzeit tun, ist auch eine heroische Sache, die in unseren Ländern wie ein alarmierender Radikalismus anmuten würde. Man muß sich auf eine ähnliche Aktion vorbereiten und sich dabei mit dem Verlust vieler Privilegien abfinden, die wir hier verschmitzt Rechte nennen.

Quelle: (a) G. Mistral, Escritos políticos, hg. v. J. Quezada, México u.a. 1994, 272–275. – *Lit.*: L. Vargas Saavedra (Hg.), Prosa religiosa de Gabriela Mistral, Santiago 1978; C. Taylor (Hg.), Sensibilidad religiosa de Gabriela Mistral, Madrid 1975; Gabriela Mistral, hg. v. H. Rheinfelder, München 1955; Dussel, Geschichte 168–188; Prien, Geschichte 611–617; HKG(J) 7, 713–718 (F. Zubillaga).

295. A. Hurtado: Über die soziale Lage und die Kirche Lateinamerikas (1947)

Der Jesuit Alberto Hurtado (1901–1952) gründete in Chile bedeutende Sozialwerke wie das „Hogar de Cristo“, trat in Wort und Tat für die Anwendung der katholischen Soziallehre ein und übte großen Einfluß auf die Katholische Aktion und die katholische Gewerkschaftsbewegung Chiles aus. 1994 wurde er selig gesprochen. Bei einer Privataudienz vom 8.10.1947 konnte er Papst Pius XII. ein auf französisch verfaßtes Memorandum über die soziale, religiöse und politische Situation Lateinamerikas und vor allem Chiles überreichen, aus dem nachfolgende Textauszüge übernommen wurden. Das Memorandum zeichnet sich aus durch freimütige Sprache, scharfe Analyse der Situation und Nennung der Schwächen des lateinamerikanischen Katholizismus, aber auch durch konstruktive Lösungsvorschläge sowie durch die Fähigkeit, vom Protestantismus zu lernen.

Lateinamerika befindet sich in einer entscheidenden historischen Phase; seine Länder sind einem rapiden Industrialisierungsprozeß unterworfen, der von der Investition ausländischen Kapitals, vor allem aus den Vereinigten Staaten, ausgelöst wurde. Tag für Tag entstehen neue Städte, für die keine religiösen Dienste vorgesehen sind und die allen Einflüssen des Sittenverfalls und der marxistischen Propaganda ausgesetzt sind. Europa sieht in Lateinamerika einen leichten Ausweg für seinen Bevölkerungsüberschuß. Die Mehrheit dieser Einwanderer ist Sauerteig der sozialen Revolution. Um diese Herausforderung zu meistern, ist die Kirche sehr schlecht ausgerüstet, ganz zu schweigen vom Klerus, der kaum 22 000 Welt- und Ordenspriester für 130 Millionen Katholiken zählt. [...] Die schwerste Gefahr besteht m.E. darin, daß wir uns des Ernstes der Lage nicht einmal bewußt sind. Man glaubt, daß wir uns noch inmitten von tief katholischen Ländern befinden; man denkt, daß die sozialen Unruhen lediglich auf die Wirkung des russischen Goldes und die protestantische Propaganda auf die der US-amerikanischen Dollars zurückzuführen sind. Der Klerus, die Bischöfe eingeschlossen, scheint die immense Tragödie nicht angemessen wahrzunehmen, die uns unvorbereitet erwischen wird. [...]

Das soziale Engagement der Katholiken scheint mehr auf die Verhinderung des kommunistischen Vormarsches denn auf die Entproletarisierung der Massen zu zielen. Nirgendwo ist auch nur ein Versuch zu sehen, die Lehren aus den Sozialenzykliken in die Tat umzusetzen; selbst die Verbreitung ihrer Lehren wird mit äußerster „Vorsicht“ betrieben, um sich von den herrschenden Klassen nicht zu entfremden. Die Arbeitermasse kommt ohne uns nach oben und merkt dies auch ganz genau. Die Jugend der Katholischen Aktion hat ein wenig soziales Engagement gezeigt und ist dafür von einigen Bischöfen kritisiert worden; auch haben sie damit den Verdacht auf sich gezogen, Sympathisanten des Kommunismus zu sein. [...]

Das größte Problem scheint mir darin zu liegen, daß große Teile der Gläubigen das Vertrauen in die Hierarchie verloren haben. Man wirft ihr im allgemeinen vor, die soziale Stunde, die wir leben, nicht zu verstehen; und da sie mit den herrschenden Klassen so verquickt ist, nimmt man ihr nicht ab, sie wolle dem Proletariat dienen.

Der Kommunismus ist ein sehr schweres Problem, aber es gibt die Tendenz, ihn mit eher negativen Mitteln zu bekämpfen, indem man die Bildung von Kampfgruppen fördert, die uns zu einem blutigen und unfruchtbaren Krieg führen können. Andererseits hat man Angst, die Verbreitung der katholischen Soziallehre und das soziale Engagement zu fördern.

Die protestantische Kampagne ist groß und hat Erfolg. Dieser ist nicht so sehr die Frucht des amerikanischen Goldes als vielmehr des Durstes nach Gott. Wo die Priester fehlen, gehen die Protestanten von Haus zu Haus, predigen das Evangelium und praktizieren die Nächstenliebe.

Um das Volk besser zu erreichen, müßte man m. E. den Gottesdienstbesuch in den Arbeitervierteln ermöglichen. Andernfalls wird die Masse überhaupt ohne Kontakt mit der Kirche bleiben. Man müßte auch einen Aufruf an die Laien richten und ihnen dabei Vertrauen schenken, damit sie soziales Engagement zeigen.

Quelle: A. Magnet, El Padre Hurtado, Santiago 1977, 303–304, 307. – *Lit.*: A. Hurtado, ¿Es Chile un país católico?, Santiago 1992; M. Sievernich, Anwalt der Armen in Chile (in: GuL 67, 1994, 28–52); J. A. Castellón Covarrubias, Identificarse con Jesucristo sirviéndolo en su misión, Rom 1996; Dussel, Geschichte 168–188; Prien, Geschichte 611–617; HKG(J) 7, 685–768 (F. Zubillaga).

LATEINAMERIKA V. 1945–1990

A. AUF DEM WEG ZU EINEM LATEINAMERIKANISCHEN CHRISTENTUM

296. Zusammenschluß protestantischer Kirchen (CELA) 1949

1949 fand in Buenos Aires die Erste Lateinamerikanische Evangelische Konferenz (Conferencia evangélica latinoamericana, CELA I) statt. Sie war ausschließlich von Lateinamerikanern initiiert und vereinigte 56 Delegierte aus 15 Staaten. In ihrem Aktionsplan forderten die Teilnehmer ein verstärktes soziales Engagement in zahlreichen Bereichen. Darüber hinaus sprachen sie sich für eine Nationalisierung der kirchlichen Arbeit aus – Indiz für das Erwachen eines lateinamerikanischen protestantischen Bewußtseins. In diesem Sinne erfolgte ein Aufruf an die protestantischen Einwandererkirchen, deren Identität sich oftmals an der Kultur und Sprache des Herkunftslandes ihrer Mitglieder festmachte.

Angesichts der bedeutenden Arbeit, die die evangelischen Kirchen ausländischer Zunge seit mehr als einem Jahrhundert leisten, um die religiösen und kulturellen Werte ihrer jeweiligen Gemeinschaften zu bewahren, bringen wir unsere Anerkennung für ihre Pionierleistungen bei der Verbreitung des Evangeliums in den entstehenden Gesellschaften [Lateinamerikas im 19. und 20. Jh.] zum Ausdruck. Zugleich laden wir diese Kirchen brüderlich dazu ein, sich in ihrem Handeln nicht nur auf die Bewahrung ihrer traditionellen Werte zu beschränken ... damit sich die nachwachsenden Generationen, die immer weniger Halt im Glauben und der Sprache ihrer Väter finden, sich mit ihren lateinamerikanischen Vaterländern als wahrhaft evangelische Bürger identifizieren. Dazu empfehlen wir ihnen aufs Wärmste, daß sie ihre Arbeit in ihren Herkunftssprachen mit einer engagierten Tätigkeit in der jeweiligen nationalen Sprache [Spanisch und Portugiesisch] verbinden, um diese Jugendlichen nicht zu verlieren.

Quelle: El cristianismo evangélico en la América Latina, Buenos Aires 1949, 54. – *Lit.*: Bastian, Protestantismus 203–210; Prien, Geschichte 924–926.

297. Die Errichtung des CELAM 1955

Im Juli/August 1955 fand in Rio de Janeiro die I. Generalversammlung des Lateinamerikanischen Episkopats statt. Sie wurde von Papst Pius XII. einberufen. Zum ersten Male nach dem Plenarkonzil von 1899 (s. Text 282) trafen sich die lateinamerikanischen Bischöfe wieder, aber diesmal nicht in Rom, sondern in Lateinamerika. Die Versammlung gehört zu den wichtigsten vorkonziliaren Ereignissen des lateinamerikanischen Katholizismus. Das darin verabschiedete

Dokument prägte die pastorale Arbeit bis zur Rezeption des II. Vatikanischen Konzils. Die Antwort auf die neuen Herausforderungen, nämlich auf die soziale Frage und auf die „protestantischen Kampagnen", wurde skizziert, wenn auch vielfach in einem vorökumenischen Geist. Die in Rio versammelten Bischöfe ersuchten darüber hinaus den Hlg. Stuhl um die Errichtung eines ständigen Lateinamerikanischen Bischofsrates (Consejo Episcopal Latinoamericano: CELAM) mit besonderen, im vorliegenden Text genannten Aufgaben. Die vom CELAM organisierten Generalversammlungen des Lateinamerikanischen Episkopats (1968 Medellín, 1979 Puebla, 1992 Santo Domingo) haben nicht nur den lateinamerikanischen Katholizismus entscheidend geprägt, sondern sind auch weltkirchlich beachtet und rezipiert worden (vgl. Texte 303 und 305).

Die Generalversammlung des Lateinamerikanischen Episkopats hat einstimmig beschlossen, den Hlg. Stuhl hochachtungsvoll um die Errichtung eines Lateinamerikanischen Bischofsrates auf folgender Basis zu ersuchen:
1) Der Lateinamerikanische Bischofsrat soll aus den Vertretern der Nationalen Bischofskonferenzen bestehen; jede Bischofskonferenz soll einen Vertreter hierzu ernennen.
2) Der Rat soll folgende Aufgaben haben: a) Das Studium der Dinge, die die Kirche in Lateinamerika interessieren; b) die Koordination von Aktivitäten; c) die Förderung und Unterstützung der katholischen Werke; d) die Vorbereitung neuer Versammlungen des Lateinamerikanischen Episkopats, wenn diese vom Hlg. Stuhl einberufen werden.
3) Der Rat soll jährlich tagen.

Quelle: Documento de Rio de Janeiro, Lima 1991, 56. – *Lit.*: CELAM (Hg.), Bodas de plata, 1955–1980, Bogotá 1980; CELAM (Hg.), Elementos para su historia, 1955–1980, Bogotá 1982; H. J. Mohr (Hg.), Entstehung und Arbeitsweise des Lateinamerikanischen Bischofsrates, Essen 1980; LThK[3] 2, 985–986: Art. CELAM (J. Sayer); Prien, Geschichte 890–893.

298. Argentinien: Ruf nach einem starken christlichen Staat (1953)

Die Regierung des argentinischen Präsidenten Juan Perón (1946–1955) war von den Grundsätzen der politischen Souveränität, der nationalen wirtschaftlichen Entwicklung und der sozialen Gerechtigkeit geprägt. Perón wurde von den Gewerkschaften und großen Teilen der Bevölkerung gestützt. Mit seinem populistischen und zugleich autoritären Stil schuf er das politische System des „Peronismus". Perón verstand sich als aktiver Christ und entsprach mit seiner antiliberalen Politik den Forderungen des konservativen katholischen Klerus. In einer Rede anläßlich der VII. Versammlung der Katholischen Aktion ACA (Acción Católica Argentina) der Erzdiözese von Rosario äußert sich Kardinal Caggiano über das Verhältnis des Katholizismus zur Sozialpolitik Peróns.

Die Katholische Aktion beabsichtigt weder die Gewerkschaften noch die politischen Parteien zu führen, weil auch die Kirche dies nicht beabsichtigt. Vielmehr beabsichtigt sie, die Menschen zu christianisieren, damit sie gute Gewerkschaftler und gute katholische Bürger werden, die ihren Glauben nicht verraten – etwa indem sie an den Urnen für jene [laikale Parteien] stimmen, die ohne Gott sind, oder für die Verteidiger einer säkularen Schule, für die Befürworter der Ehescheidung oder für diejenigen, die die Trennung von Staat und Kirche befürworten. Wir wollen uns nicht auf den Raum der Kirche begrenzen. Wir treten heraus, denn wir haben das Recht, die soziale Gerechtigkeit sowie menschlichere und dem christlichen Glauben angemessenere Löhne für unsere arbeitenden Brüder zu unterstützen und zu verteidigen.

Quelle: L. M. Caimari, Perón y la Iglesia Católica, Buenos Aires 1995, 305. – *Lit.*: Dussel, Geschichte 177f; G. Rodríguez Melgarejo, Ekklesiologie konkret, in: P. Hünermann/G.-D. Fischer (Hgg.), Gott im Aufbruch, Freiburg 1974, 70–118; Prien, Geschichte 584–592.

299. Kuba: Kirche und Revolution (1960)

Unter der Führung Fidel Castros gelang es einer Gruppe von Aufständischen 1959, den Militärdiktator Fulgencio Batista zu stürzen. Die neue Regierung setzte einen revolutionären Prozeß in Gang, der die Umverteilung des Landbesitzes, die Ausweitung staatlicher Sozialleistungen und eine importsubstituierende Industrialisierung beinhaltete. Die Reformen wurden von der katholischen Kirche zunächst begrüßt. Die Annäherung der Regierung an die Sowjetunion und an das marxistische Gesellschaftsmodell führten jedoch zunehmend zu Dissonanzen mit der Hierarchie. In einem Hirtenbrief äußerte sich der kubanische Episkopat am 7.8.1960 über das kubanische Modell.

Wirklich war es für die Kirche Grund zur Genugtuung, als vor mehr als einem Jahr bekannt wurde, daß eine Landreform geplant sei, die nach gerechter Entschädigung der Grundeigentümer Hunderttausenden von Bauern gestatten würde, selbst Eigentümer der Ländereien zu werden, auf denen sie arbeiten. Voll Hoffnung und Freude hat sie auch von den großen Industrialisierungsprojekten vernommen, durch die die Regierung, ohne die Privatindustrie zu zerstören, neue Produktionsquellen erschließen will, die das schwere Problem der Arbeitslosigkeit lösen helfen könnten.
Die Kirche sah auch mit Befriedigung, daß Regierungsstellen sich auf jede Weise bemühten, die Lebenskosten zu senken und das Einkommen der ärmsten Bevölkerungsschichten zu heben; und sie war sehr zufrieden mit der Vermehrung von Schulen und Krankenhäusern. [...]
In den letzten Monaten hat die Regierung von Kuba enge wirtschaftliche, kulturelle und diplomatische Beziehungen mit den wichtigsten kommunistischen Ländern, vor allem mit der Sowjetunion aufgenommen. Vom seelsorglichen Standpunkt hätten wir nichts zu dem streng wirtschaftlich-ökonomischen Charakter dieser Beziehungen zu sagen. Was uns jedoch aufs tiefste beunruhigt, ist die Tatsache, daß aus Anlaß dieser Beziehungen Presse, Beamte, Gewerkschaftsführer und sogar einige hochgestellte Regierungsmitglieder wiederholt und aufs wärmste die Lebensform jener Völker gepriesen ... haben. [...]
Das macht uns große Sorge, weil Katholizismus und Kommunismus zwei grundverschiedene Leitbilder vom Menschen und von der Welt haben, die sich niemals in Einklang bringen lassen.

Quelle: H.-J. Prien, Lateinamerika: Gesellschaft, Kirche, Theologie, Göttingen 1981, 1, 282–285. – *Lit.*: Dussel, Geschichte 254–259. 401f; Prien, Geschichte 1006–1026; J. Eagleton (Hg.), Christians and Socialism. Documentation of the Christians for Socialism Movement in Latin America, Maryknoll 1975, 136–140; LThK[3] 6, 498f: Art. Kuba (J. Meier); Mayeur, Geschichte 12, 1179–1187 (J.-A. Meyer).

300. Brasilien: Katholiken an der Seite der Militärdiktatur (1964)

In den 60er Jahren kamen in verschiedenen Ländern Lateinamerikas Militärregierungen an die Macht. Als Ordnungsfaktor gegenüber befürchteter kommunistischer Infiltration wurden sie vielfach von der katholischen Kirche begrüßt. So auch in Brasilien, wo General Castelo Branco am 1.4.1964 gegen die Regierung des reformorientierten Sozialdemokraten João Goulart putschte. Bereits am 19.3.1964 hatten in São Paulo einflußreiche konservative Katholiken mit einem

„Marsch der Familie mit Gott für die Freiheit“ gegen Präsident Goulart demonstriert. Am 4.4.1964 veröffentlichte die Gruppe ein Manifest mit dem Titel „Brasilien hat sich für die Freiheit entschieden“:

Brasilien hat sich für die Freiheit entschieden. Unsere Leute waren vor die Wahl gestellt, sich entweder dem atheistischen Kommunismus zu unterwerfen oder für die Unabhängigkeit im Rahmen unserer authentischen christlichen Traditionen zu entscheiden.
Brasilien ist mit Gott für die Freiheit marschiert. [...] Das Volk der größten katholischen Nation der Welt kennt die Wahrheit der göttlichen Offenbarung: in Treue zu ihrer evangelischen Berufung schreitet sie voran: „Wenn der Sohn euch dann befreit, werdet ihr wahrhaftig frei sein“ (Joh 8,36). Der unparteiische Beobachter kommt nicht umhin, in dem „Wunder vom April“ [gemeint ist der Putsch] eine einzigartige Aktion der göttlichen Vorsehung zu sehen. Es ist das erste Mal in der ganzen Welt, daß der Kommunismus so schnell besiegt wurde, ohne daß ein Schuß abgegeben wurde und ohne das Opfer nur eines einzigen Lebens. Diese Lektion ist ein Anreiz für die Völker, die sich unter der Herrschaft der entwürdigendsten aller Tyranneien befinden.
Die Atheisten und Gottesgegner wurden von denjenigen besiegt, die sich auf den göttlichen Schutz berufen. Während die Frauen den Rosenkranz ergriffen, ergriffen die Männer die Waffen. Die Mutter aller Brasilianer [die Hlg. Jungfrau der unbefleckten Empfängnis] verteidigte ihre Söhne.

Quelle: F. L. Lopes S.J., O Brasil escolheu a liberdade, in: O Estado de S. Paulo 4.4.1964, zitiert nach: F. Prandini/V. Petrucci/R. Dale (Hgg.), As relações Igreja – Estado no Brasil. Bd. 1: Durante o governo do Marechal Castelo Branco 1964–1967, São Paulo 1986, 25f. – *Lit.*: Dussel, Geschichte 234–244.

B. Das II. Vatikanische Konzil und die Konzilsrezeption

301. Ein lateinamerikanischer Bischof auf dem Konzil

Der Beitrag der lateinamerikanischen Bischöfe zum Zweiten Vatikanischen Konzil (1962-1965) war von einigen Ausnahmen abgesehen eher bescheiden. Dies mag damit zusammenhängen, daß sie und der lateinamerikanische Katholizismus auf die großen Themen des Konzils (Dialog mit der Welt von heute, Ökumene, stärkere Beteiligung der Laien an den Strukturen und Sendung der Kirche, neue theologische Einsichten) im allgemeinen nicht vorbereitet waren. Zu den Ausnahmen gehören der chilenische Bischof Manuel Larraín (†1966), damals Präsident des CELAM, und der brasilianische Bischof Hélder Câmara (†1999), damals Vizepräsident des CELAM. Beide äußerten sich im Zusammenhang mit der prophetischen Aufgabe der Kirche und der Kirche der Armen. Der Text dokumentiert einen Auszug aus der Rede Larraíns vom 23.10.1963 über die prophetische Aufgabe des Volkes Gottes während der Diskussion der Textvorlage für die dogmatische Konstitution über die Kirche *Lumen gentium*. (Vgl. auch Text 98)

Es sei mir nun erlaubt, etwas über die prophetische Aufgabe des Volkes Gottes hinzuzufügen. Die prophetische Aufgabe des Volkes Gottes impliziert für alle die schwere Pflicht zu predigen und Zeugnis abzulegen. Das Volk Gottes ist – durch seine Worte, seine Taten und sein ganzes Leben – „Zeuge“ oder „Märtyrer“ des Geheimnisses Christi unter den Menschen. Man sagt mit Recht vom gesamten Volk Gottes, was der Evangelist über Johannes den Täufer sagte: „Er war nicht selbst das Licht, er sollte nur Zeugnis ablegen für das Licht.“ [Joh 1,8] [...] Neben der Predigt verlangt die Sendung der Kirche auch das Zeugnis eines evangelischen Lebensstils. Wie der hlg. Cyprian schrieb: „Wir Christen sprechen nicht von großen Dingen, wir leben sie.“ Der evangelische Lebensstil muß deutlich und ständig wahrgenommen werden – durch eine reale, nicht bloß fiktive Armut, durch die Keuschheit der Liebe, durch den freiwilligen Gehorsam, durch das Gebet und das Fasten, durch die Verfolgungen und die Nächstenliebe.

Quelle: M. Larraín, Escritos completos, Bd. 1: La Iglesia en su vida íntima, hg. v. P. de la Noi, Santiago de Chile 1988, 89–91. – *Lit.*: J. O. Beozzo (Hg.), Cristianismo e Iglesias de América Latina en vísperas del Vaticano II, San José 1992; G. Gutiérrez, Die Kirche und die Armen in lateinamerikanischer Sicht, in: H.-J. Pottmeyer u.a. (Hgg.), Die Rezeption des Zweiten Vatikanischen Konzils, Düsseldorf 1986, 221–247; J. Meier (Hg.), Kirche und Katholizismus seit 1945, Bd. 6: Lateinamerika, Paderborn 2009.

302. Revolution und Gewalt

Die Rezeption des Konzils ging in Lateinamerika Hand in Hand mit einem tiefgreifenden sozialen Wandel. Das Bewußtsein, daß eine radikale Veränderung der Gesellschaft nötig sei, um ein demokratischeres, gerechteres und wirtschaftlich unabhängigeres Lateinamerika zu gestalten, war allgemein vorhanden. Selbst Christdemokraten, wie der Venezolaner Rafael Caldera, sprachen sich 1962 für eine „Revolution in Freiheit" aus und meinten damit einen dritten Weg zur Umgestaltung des Kontinents, der sich nach rechts gegen die Militärdiktaturen und nach links gegen den Kommunismus abgrenzte. Umstritten waren nur die Mittel, die zur Umwandlung Lateinamerikas führen sollten. Die Palette reichte von friedlichen Reformen bis zur gewaltsamen sozialen Revolution, die einen neuen Anfang ermöglichen sollte. Das Beispiel Kubas und der Versuch Che Guevaras, die Revolution nach Südamerika zu exportieren (legendär ist sein „Aufruf zum Aufstand der Dritten Welt" vom Herbst 1966), hatten Teile des Klerus begeistert, die, wie etwa der Kolumbianer Camilo Torres (1929–1966, er hatte an der Universität Löwen Soziologie studiert), den revolutionären Weg „als Christenpflicht" in der historischen Stunde Lateinamerikas für unumgänglich hielten (a) und dafür von den Bischöfen scharf verurteilt wurden. Papst Paul VI. ließ es nicht bei einer Verurteilung der revolutionären Gewalt und einer Betonung der Lehre vom Widerstandsrecht gegen Gewaltherrschaft unter gewissen Umständen bewenden, sondern ging in der Enzyklika *Populorum progressio* vom 26.5.1967 (b) auch auf die Probleme der sogenannten Dritten Welt im allgemeinen und Lateinamerikas im besonderen ein. Dem Papst war bewußt, daß die in *Gaudium et spes* angeschnittenen Fragen der Gerechtigkeit und des Friedens in der Menschheitsfamilie ausführlicher behandelt werden müßten. Die Botschaft der Enzyklika ist bei allem Verständnis für die berechtigten Anliegen der Dritten Welt angesichts der himmelschreienden Ungerechtigkeit klar: nicht die soziale Revolution, sondern gerechte Entwicklung und Erziehung werden auf die Dauer den Weltfrieden sichern. In Lateinamerika wirkte die Enzyklika wie ein Trompetenstoß. Sie fand eine treue Aufnahme, z.T. aber auch eine Verschärfung in der „Botschaft der Bischöfe der Dritten Welt" vom 15.8.1967, worunter sich – unter der geistigen Führung von Hélder Câmara – neun brasilianische Bischöfe befanden.

a) Der Weg von Camilo Torres (1965)

Ich bin Revolutionär – als Kolumbianer, als Soziologe, als Christ und als Priester.
Als Kolumbianer, weil ich dem Kampf meines Volkes nicht fernbleiben kann.
Als Soziologe, weil meine wissenschaftlichen Einsichten in die Wirklichkeit mich zu der Überzeugung gebracht haben, daß es unmöglich ist, ohne Umsturz zu sachgerechten und wirksamen Lösungen zu kommen.
Als Christ, weil Nächstenliebe das Wesen des Christseins ausmacht und weil man das Wohlergehen der Mehrheit der Menschen nicht ohne Revolution erreichen kann.
Als Priester, weil Revolution eine vollkommene Selbsthingabe für den Nächsten verlangt und weil eine solche Selbsthingabe ein Erfordernis der Bruderliebe ist – ein unerläßliches Erfordernis, um das Opfer der Heiligen Messe wahrzunehmen, das ja nicht in der individuellen Hingabe besteht, sondern in der Hingabe eines ganzen Volkes durch die Vermittlung Christi. [...]

Aufruf an die Christen:
Die Revolution kann friedlich sein, wenn die wenigen Mächtigen keinen bewaffneten Widerstand leisten. Revolution heißt: eine Regierung einsetzen, die den Hungernden zu essen gibt, die Nackten kleidet und die Unwissenden unterrichtet, kurz, Liebe übt, dies aber nicht nur gelegentlich oder vorübergehend tut und nicht nur einige wenige befriedigt, sondern sich um die große Masse unserer Brüder und Schwestern kümmert. Aus diesem Grunde ist die Revolution dem Christen nicht nur gestattet, sondern sie ist seine Pflicht, wenn sie die einzige wirksame und hinreichende Möglichkeit ist, die *Liebe zu allen* durchzusetzen. Es ist sicher, daß „alle Macht von Gott kommt“ (Röm 13,1), aber der heilige Thomas sagt, daß in der konkreten Geschichte das Volk bestimmt, wer die Macht ausüben soll.
Wenn die Macht sich gegen das Volk richtet, dann ist sie ungesetzlich, und wir nennen sie tyrannisch. Wir Christen dürfen und müssen gegen die Tyrannei zu Felde ziehen. Unsere gegenwärtige Regierung ist tyrannisch, weil sie nur von 20 % aller Wähler unterstützt wird und weil ihre Entscheidungen von der privilegierten Minderheit diktiert werden. [...]
Ich habe die Vorrechte und Pflichten eines Priesters aufgegeben, aber ich habe deshalb nicht aufgehört, ein Priester zu sein. Ich glaube, aus Nächstenliebe habe ich mich der Revolution verschworen. Ich habe es aufgegeben, die Messe zu lesen, um in der Lage zu sein, den Nächsten zu lieben auf dem irdischen Feld der Wirtschaft und der sozialen Spannungen. Wenn mein Nächster nichts mehr gegen mich hat, wenn die Revolution durchgekämpft ist, dann will ich wieder die Messe lesen. [...] Nach der Revolution werden wir Christen sagen können, daß wir ein System errichtet haben, in dem die Liebe zum Nächsten oberster Grundsatz ist.
Der Kampf wird lang sein, laßt uns heute schon beginnen.

b) Enzyklika „Populorum progressio“ von Paul VI. (1967)

Es gibt ganz sicher Situationen, deren Ungerechtigkeit zum Himmel schreit. Wenn ganze Völker, die am Mangel des Notwendigsten leiden, unter fremder Herrschaft gehindert werden, irgend etwas aus eigener Initiative zu unternehmen, zu höherer Bildung aufzusteigen, am sozialen und politischen Leben teilzunehmen, dann ist die Versuchung groß, solches gegen die menschliche Würde verstoßende Unrecht mit Gewalt zu beseitigen.
Trotzdem: Jede Revolution – ausgenommen im Fall der eindeutigen und lange dauernden Gewaltherrschaft, die die Grundrechte der Person schwer verletzt und dem Gemeinwohl des Landes ernsten Schaden zufügt – zeugt neues Unrecht, bringt neue Störungen des Gleichgewichts mit sich, ruft neue Zerrüttung hervor. Man kann das Übel, das existiert, nicht mit einem noch größeren Übel vertreiben.
Man verstehe Uns recht: wir müssen uns der gegenwärtigen Situation mutig stellen und ihre Ungerechtigkeiten tilgen und aus der Welt schaffen. Das Entwicklungswerk verlangt kühne bahnbrechende Umgestaltungen. Drängende Reformen müssen unverzüglich in Angriff genommen werden. Alle müssen sich hochherzig daran beteiligen, vor allem jene, die durch Erziehung, Stellung, Einfluß große Möglichkeiten haben. Möchten sie doch, Beispiel gebend, wie es einige Unserer Brüder aus dem Episkopat taten, aus ihrem eigenen Vermögen etwas opfern. [...]
Das Elend bekämpfen und der Ungerechtigkeit entgegentreten heißt nicht nur die äußeren Lebensverhältnisse bessern, sondern auch am geistigen und sittlichen Fortschritt aller arbeiten und damit zum Nutzen der Menschheit beitragen. Der Friede besteht nicht einfach im Schweigen der Waffen, nicht einfach im immer schwankenden Gleichgewicht der Kräfte. Er muß Tag für Tag aufgebaut werden mit dem Ziel einer

von Gott gewollten Ordnung, die eine vollkommenere Gerechtigkeit unter den Menschen herbeiführt.

Quelle: (a) F. Nuscheler/H. Zwiefelhofer (Hgg.), Christliche Revolution?, Mannheim/Ludwigshafen 1970, 107; C. Torres, Revolution als Aufgabe des Christen, Mainz [4]1981, 28–29; (b) Populorum progressio Nr. 30–32 und 76–77, hier zitiert nach: Texte zur katholischen Soziallehre, Kevelaer 1977, 446–447. 463–464. – *Lit.*: E. Stehle, Der Weg der Gewalt. Camilo Torres, Aschaffenburg 1975; H. Lüning (Hg.), Camilo Torres, Hamburg 1969; G. Adler (Hg.), Revolutionäres Lateinamerika, Paderborn 1970; R. McAfee Brown, Von der gerechten Revolution, Stuttgart 1982; A. Antweiler, Fortschritt und Entwicklungshilfe, Altenberge 1983; R. Antoncich/J. M. Munárriz, Die Soziallehre der Kirche, Düsseldorf 1988; P. Hünermann/J. C. Scannone (Hgg.), Lateinamerika und die katholische Soziallehre, Mainz 1993; G. Kruip, Entwicklung oder Befreiung?, Saarbrücken 1988. J. O. Beozzo, Das Zweite Vatikanische Konzil und die Kirche in Lateinamerika, in: K. Koschorke (Hg.), Transkontinentale Beziehungen in der Geschichte des Außereuropäischen Christentums, Wiesbaden 2002, 219–242; J. Meier (Hg.), Kirche und Katholizismus seit 1945, Bd. 6: Lateinamerika, Paderborn 2009.

303. II. Generalversammlung des Episkopats in Medellín (1968)

Die nunmehr vom CELAM (s. Text 297) vorbereitete II. Generalversammlung des Lateinamerikanischen Episkopats hatte auf Vorschlag von Bischof Manuel Larraín (†1966) „Die Kirche in der gegenwärtigen Umwandlung Lateinamerikas im Licht des Konzils" zum Thema. Nach einer langen Vorbereitungszeit fand sie vom 24.8.–6.9.1968 in der kolumbianischen Stadt Medellín und in einem sozial brodelnden Lateinamerika statt. Im Vorfeld von Medellín forderte Bischof Hélder Câmara am 25.4.1968 in Paris eine strukturelle Revolution für Lateinamerika. In vielen Vorträgen von Theologen keimte die sog. „Theologie der Befreiung". Allgemein kann gesagt werden, daß die Bischöfe sich in Medellín – dem pastoralen Charakter des II. Vatikanischen Konzils folgend, aber im selektiven wie kreativen Rückgriff auf die Konzilstexte – um eine theologische Begründung ihrer Äußerungen bemühen und die Aufgabe der Kirche angesichts der Probleme Lateinamerikas definieren. (a) dokumentiert in einer vom Pathos nicht freien Sprache das Bewußtsein und den ökumenischen Geist der Bischöfe, aber auch ihre Befürwortung des der christlichen Arbeiterjugend entlehnten methodischen Dreischritts Sehen-Urteilen-Handeln und der von *Populorum progressio* postulierten ganzheitlichen Entwicklung; (b) befürwortet wiederum – nicht ohne Einfluß von Paulo Freire – die befreiende Erziehung als Weg zur ganzheitlichen Entwicklung; (c) begründet schließlich die vorrangige Option für die Armen, die als größter theologischer Beitrag Lateinamerikas an die Weltkirche zu beurteilen ist.

a) Bewußtsein der historischen Stunde und ökumenischer Geist

Als Christen glauben wir, daß diese historische Etappe Lateinamerikas eng mit der Heilsgeschichte verbunden ist.
Als Hirten mit einer gemeinsamen Verantwortung möchten wir uns mit dem Leben aller unserer Völker verpflichtend verbinden in der angstvollen Suche nach geeigneten Lösungen für ihre vielfachen Probleme. Unsere Sendung ist es, zur ganzheitlichen Entwicklung des Menschen und der Gemeinschaften des Kontinents beizutragen.
Wir glauben, daß wir uns in einem neuen historischen Abschnitt befinden. Er erfordert Klarheit zum Sehen, Deutlichkeit zum Beurteilen und Solidarität zum Handeln. [...]
Wir rufen alle Menschen guten Willens auf, an der Wahrheit, Gerechtigkeit, Liebe und Freiheit, an dieser Wandlungsaufgabe unserer Völker beim Anbruch eines neues Zeitalters mitzuarbeiten.
In besonderer Weise wenden wir uns an die Kirchen und christlichen Gemeinschaften, die mit uns am selben Glauben an den Herrn Jesus teilhaben. Während dieser Konfe-

renz haben unsere Brüder dieser christlichen Konfessionen an unserer Arbeit und unseren Hoffnungen teilgenommen. Gemeinsam mit ihnen werden wir Zeugen dieses Geistes der Zusammenarbeit sein.

b) Eine befreiende Erziehung

Unsere Überlegungen über diesen „Problemkreis" führen dazu, eine Sicht der Erziehung vorzuschlagen, die der von uns verfochtenen ganzheitlichen Entwicklung für unseren Kontinent mehr entspricht; wir könnten sie die „befreiende Erziehung" nennen, d.h., die den zu Erziehenden zum Subjekt seiner eigenen Entwicklung wandelt. Die Erziehung ist tatsächlich der Schlüssel, um die Völker aus aller Knechtschaft zu befreien und sie „von weniger menschlichen zu menschlicheren Lebensbedingungen" aufsteigen zu lassen, wobei berücksichtigt wird, daß der Mensch „für seinen Erfolg oder sein Versagen verantwortlich ist".

Deshalb muß die Erziehung auf allen Ebenen schöpferisch werden, denn sie muß den neuen Gesellschaftstyp vorwegnehmen, den wir in Lateinamerika suchen. Sie muß ihre Bemühungen auf die Personalisierung der neuen Generation gründen, indem sie deren Bewußtsein von ihrer menschlichen Würde vertieft, ihre freie Selbstbestimmung begünstigt und ihren Gemeinschaftssinn fördert.

Sie muß offen sein für den Dialog, um an jenen Werten reicher zu werden, die die Jugend für die Zukunft als gültig erkennt und entdeckt, und so das Verständnis der Jugendlichen unter sich und mit den Erwachsenen fördern. Das wird die Jugendlichen befähigen, sich „das Beste des Vorbildes und der Lehren ihrer Eltern und Lehrer zunutze zu machen und die Gesellschaft von morgen zu bilden".

Die Erziehung muß außerdem mit aufrichtiger Wertschätzung die lokalen und nationalen Besonderheiten bejahen und sie in die pluralistische Einheit des Kontinents und der Welt integrieren. Sie muß schließlich die neuen Generationen für den fortwährenden und organischen Wandel, den die Entwicklung mit sich bringt, befähigen.

Dies ist die befreiende Erziehung, die Lateinamerika braucht, um sich von den ungerechten Knechtschaften zu befreien, vor allem von unserem eigenen Egoismus. Dies ist die Erziehung, die unsere ganzheitliche Entwicklung verlangt.

c) Option für die Armen

In der Situation der Armut und sogar des Elends, in der der größte Teil des lateinamerikanischen Volkes lebt, haben wir Bischöfe, Priester und Ordensleute das Nötige zum Leben und eine gewisse Sicherheit, während den Armen das Notwendigste fehlt und sie in Angst und Unsicherheit leben. Es gibt genügend Fälle, in denen die Armen fühlen, daß ihre Bischöfe oder ihre Pfarrer und Ordensleute sich nicht wirklich mit ihnen, mit ihren Problemen und Ängsten, identifizieren und daß sie nicht immer diejenigen unterstützen, die mit den Armen arbeiten oder sich für sie einsetzen. [...]

Deshalb wollen wir, daß die Kirche Lateinamerikas den Armen die Frohe Botschaft verkündet und mit ihnen solidarisch ist. Sie soll den Wert der Güter des Gottesreiches bezeugen und demütige Dienerin aller Menschen unserer Völker sein. Ihre Hirten und die übrigen Mitarbeiter des Gottesvolkes müssen ihrem Leben und ihren Worten, ihren Haltungen und ihren Taten den notwendigen Zusammenhang mit den Forderungen des Evangeliums und den Bedürfnissen der lateinamerikanischen Menschen geben.

Der besondere Auftrag des Herrn, „den Armen die Frohe Botschaft zu verkünden", muß uns zu einer Verteilung der Kräfte des apostolischen Personals führen, die den ärmeren und bedürftigeren und aus irgendwelchem Grunde ausgeschlossenen Sektoren wirklichen Vorrang gibt, indem man die Initiativen und Studien, die mit diesem Ziel bereits unternommen werden, ermutigt und beschleunigt.

Quelle: (a) Die Kirche Lateinamerikas. Dokumente der II. und III. Generalversammlung des Lateinamerikanischen Episkopats in Medellín und Puebla, Bonn o.J. [1985], 15. 17f; (b) ebd., 50; (c) ebd., 115–117. – *Lit.*: G. Gutiérrez, Die Kirche und die Armen in lateinamerikanischer Sicht, in: H.-J. Pottmeyer u.a. (Hgg.), Die Rezeption des Zweiten Vatikanischen Konzils, Düsseldorf 1986, 221–247; S. Galilea, Lateinamerika in den Konferenzen von Medellín und Puebla, in: ebd., 85–103; J. O. Beozzo, Das II. Vaticanum und der kulturelle Wandel in Lateinamerika, in: P. Hünermann (Hg.), Das II. Vatikanum. Christlicher Glaube im Horizont globaler Modernisierung, Paderborn 1998, 165–204; M. Delgado, Kritische Anmerkungen zur selektiven Rezeption des II. Vatikanums in Lateinamerika, in: ebd., 205–209; ders., Befreiung durch Erziehung?, in: Th. Knauth/J. Schroeder (Hg.), Über Befreiung. Befreiungspädagogik, Befreiungsphilosophie und Befreiungstheologie im Dialog, Münster 1998, 227–240; NZM 45 (1989) Themenheft 3: („Bekehrung einer Kirche: 30 Jahre Medellín"); Prien, Geschichte 898–906; $LThK^3$ 7, 29f: Art. Medellín (G. Collet); Mayeur, Geschichte 13, 490–523 (O. Compagnon); J. Meier (Hg.), Kirche und Katholizismus seit 1945. Bd. 6: Lateinamerika, Paderborn 2009; A. Bucher u. a. (Hg.), Die vorrangige Option für die Armen der katholischen Kirche in Lateinamerika. 2 Bde., Eichstätt 1994, Aachen 2000; J. O. Beozzo, Das Zweite Vatikanische Konzil und die Kirche in Lateinamerika, in: K. Koschorke (Hg.), Transkontinentale Beziehungen in der Geschichte des Außereuropäischen Christentums, Wiesbaden 2002, 219–242.

304. Merkmale der Theologie der Befreiung

Im Schatten von Medellín entstand die sog. Theologie der Befreiung als eine theologische Bewegung und Reflexion kontext- und handlungsbezogenen Typs. Sie will eine neue Art von Theologie sein (a), die nicht dem metaphysischen Verstehen oder dem Paradigma Glaube und Vernunft, sondern dem sozialen Verändern und dem Paradigma Glaube und Gerechtigkeit den Vorrang gibt, wozu der methodische Dreischritt Sehen-Urteilen-Handeln wichtig ist. Entsprechend dem revolutionären Klima, in dem sich der nachkonziliare theologische Aufbruch Lateinamerikas vollzog, befürworten die meisten Befreiungstheologen nicht die Entwicklung, sondern die soziale Revolution (b), die sie u.a. unter Rückgriff auf die in den 60er Jahren weit verbreitete Abhängigkeits- oder Dependenztheorie sowie auf Kategorien und Teile der marxistischen Gesellschaftsanalyse begründen. Die Theologie der Befreiung wurzelt von Anfang an in einer spirituellen Erfahrung (c), die in Anlehnung an das Konzil (*Lumen gentium* 8) und die Gerichtsrede Jesu (Mt 25) im konkreten Armen ein Sakrament der Gottesbegegnung sieht. Sie hat auch eine neue Methode der Bibelauslegung entwickelt, die vor allem in den Basisgemeinden praktiziert wird und im wesentlichen darin besteht, die Bibel in Korrelation mit der sozialen Wirklichkeit zu bringen, um nach der Methode von Paulo Freires Pädagogik der Unterdrückten die Armen und Laien ihrer Situation bewußt zu machen und als Hörer des Wortes zum Sprechen zu bringen, damit sie sich selbst und uns evangelisieren (d). Diese Art von Bibelauslegung führte zu einer neuen katechetischen Methode, deren erste reife Frucht der Erwachsenenkatechismus „Vamos caminando" des peruanischen Bistums Cajamarca ist (e). Er zeichnet sich durch eine eindeutige Konzentration auf die Evangelien und auf das Zeugnis der Praxis Jesu unter besonderem Rückgriff auf das Exodusbuch und die prophetisch-messianische Tradition aus. Das von Anfang an umstrittene katechetische Experiment von Cajamarca wurde nach der Emeritierung des Bischofs José Dammert Bellido 1992 immer mehr in Frage gestellt, was zu einer binnenkirchlichen Kontroverse führte. Viele Christen Lateinamerikas haben ihr Engagement für die Armen und die Gerechtigkeit mit dem (Märtyrer-)Tod bezahlt. Der prominenteste davon ist Oscar Romero, Bischof von San Salvador, der am 24.3.1980 während der Wandlung am Altar erschossen wurde. (f) gibt Zeugnis von seiner theologischen Sicht der politischen Dimension des Glaubens und der Option für die Armen.

a) Gustavo Gutiérrez: Eine neue Art von Theologie

Aus all diesen Gründen müssen wir festhalten, daß die Theologie der Befreiung uns vielleicht nicht so sehr ein neues Thema aufgibt als vielmehr eine *neue Art*, Theologie zu betreiben. Theologie als kritische Reflexion auf die historische Praxis ist also eine befreiende Theologie, eine Theologie der befreienden Veränderung von Geschichte und Menschheit und deshalb auch die Umgestaltung jenes Teils der Menschheit, der – als *ecclesia* vereint – sich offen zu Christus bekennt. Theologie beschränkt sich dann nicht mehr darauf, die Welt gedanklich zu ergründen, sondern versucht, sich als ein Moment in dem Prozeß zu verstehen, mittels dessen die Welt verändert wird, weil sie – im Protest gegen die mit Füßen getretene menschliche Würde, im Kampf gegen die Ausbeutung der weitaus größten Mehrheit der Menschen, in der Liebe, die befreit, und bei der Schaffung einer neuen, gerechten und geschwisterlichen Gesellschaft – sich der Gabe des Reiches Gottes öffnet.

b) Gustavo Gutiérrez: Nicht Entwicklung, sondern soziale Revolution

In letzter Zeit ist viel von Entwicklung gesprochen worden. Man baute auf die Hilfe der reichen Länder zugunsten der Entwicklung der armen Völker. Man versuchte sogar, eine gewisse Entwicklungsmystik zu schaffen. Die Initiativen zur Entwicklung, die während der fünfziger Jahre in Lateinamerika mit allem Nachdruck ergriffen wurden, weckten Hoffnungen. Da sie jedoch nicht bis an die Wurzeln des Übels reichten, waren sie zum Scheitern verurteilt und riefen statt dessen Verwirrung und Frustration hervor.
Eine der wichtigsten Ursachen für diese Lage muß in der Tatsache gesucht werden, daß Entwicklung in einer primär wirtschaftlichen oder modernisierenden Sicht häufig von internationalen Organisationen betrieben wurde, die in enger Verbindung mit Gruppen oder Regierungen stehen, in deren Händen die Wirtschaft der ganzen Welt liegt. Änderungen, die man anstrebte, blieben innerhalb des formalen und institutionellen Rahmens des Bestehenden, ohne daß dieser seinerseits in Frage gestellt wurde. Man vermied es also peinlichst, die großen internationalen Interessenträger in der Wirtschaft und ihre natürlichen Verbündeten, die nationalen herrschenden Gruppen, anzugreifen. Schlimmer noch: In vielen Fällen waren diese vermeintlichen Änderungen nichts anderes als neue und getarnte Formen, die Macht der großen Wirtschaftsgruppen ins Spiel zu bringen.
Entwicklungsideologie wurde gleichbedeutend mit Reformismus und Modernisierung. Ihre Maßnahmen sind ängstlich und auf lange Sicht unwirksam, wenn nicht falsch, und bewirken schließlich das Gegenteil einer wirklichen Umgestaltung. Die armen Länder werden sich mehr und mehr dessen bewußt, daß ihre Unterentwicklung wegen der Art der Beziehungen, die andere Länder mit ihnen unterhalten, nichts weiter ist als ein Subprodukt der Entwicklung dieser Völker. Sie sehen immer deutlicher, daß sie selbst nie dazu kommen werden, sich zu entwickeln, es sei denn, sie kämpfen dafür, daß die Herrschaft der reichen Länder über sie gebrochen wird. [...] Nur ein radikales Zerbrechen des gegenwärtigen Standes der Dinge, eine tiefgreifende Umgestaltung in den Eigentumsverhältnissen, ein Ergreifen der Macht von Seiten der ausgebeuteten Klassen und eine soziale Revolution, die die bestehende Abhängigkeit zerbricht, ermöglicht den Schritt in eine anders geartete, sozialistische Gesellschaft.

c) Hélder Câmara: Die Spiritualität der Theologie der Befreiung

Irre ich mich, o Herr?
Ist der Gedanke eine Versuchung,
Du treibest mich ständig
hinzugehen und zu verkünden,
daß es notwendig ist, ja dringend,
von Deiner Gegenwart im Sakrament
überzugehen
zu Deiner anderen Gegenwart
einer ebenso realen,
im Abendmahl des Armen?
Die Theologien mögen's erörtern.
Tausend Unterscheidungen werden sie
vorbringen ...
Aber wehe dem, der sich von Dir nährt
und dann keine offenen Augen hat,
um Dich zu entdecken,
wie Du Dir im Müll Deine Nahrung
suchst,
von überall verstoßen,
wie Du unter unmenschlichen
Bedingungen,
unter dem Zeichen
völliger Unsicherheit lebst.

d) Bibelauslegung der Basisgemeinde von Solentiname (1973)

[Aus der Auslegung von Lk 4,16–30:] Eine der Frauen sagt: – Was Jesus da in dem Buch dieses Propheten liest, ist eine Voraussage der Befreiung. Und es ist auch eine Lehre für uns, die viele Christen noch nicht begriffen haben. Denn einer kann in die Kirche gehen und Tag und Nacht singen, ding, dong, ding, dong, ohne daß er mit einem Gedanken daran dächte, wie viele Gefangene es noch gibt, wieviel Ungerechtigkeit rings um uns herum, wieviel Kummer, wie viele Menschen ohne Bildung – das ist genauso wie blind sein –, wie viele Mißhandlungen in diesem Land, wie viele Frauen, die alle Tage die Augen voller Tränen haben. Und wenn da irgendwo schon wieder einer abgeführt wird – was kümmert uns das! „Irgend etwas wird er wohl verbrochen haben", sagen wir, und damit hat sich's.

e) Aus dem Erwachsenenkatechismus „Vamos Caminando" (1977)

Was wir jetzt erzählen, geschah vor vielen, vielen Jahren, achthundert Jahre vor Christi Geburt. Das Land Israel war sehr reich. Aber die Reichtümer befanden sich in den Händen von wenigen, und es gab immer mehr Arme. Die Prasserei einiger weniger Reicher verstieß gegen das Elend der anderen. Die Mächtigen verhöhnten die Rechte der Niedrigen. Indessen ging das Beten weiter, unterstützt von den Reichen. Die Frommen suchten ihren Vorteil und wollten sich das Leben nicht schwermachen,

indem sie die Ungerechtigkeit aufdeckten. Das Volk hatte sich daran gewöhnt, in der Ausbeutung zu leben. Da erwählte Gott Amos, einen *campesino* und Schafhirten, um sein Prophet zu werden und allen die Augen zu öffnen. So sprach Amos:
„Höret diese Worte: ihr Toren, die ihr die Gerechtigkeit mit Füßen tretet, ihr, die ihr den Schwachen mit Füßen tretet und ihm sein Getreide abnehmt. Ihr knebelt gute Menschen nieder, nehmt Geschenke an und schlagt den Armen vor Gericht. Was ich will, ist die Gerechtigkeit allüberall und daß das Gute wie ein Fluß ist, der immer Wasser führt" (nach Amos 5,7–24).
Und der Campesino Amos hatte Streit mit den Behörden und mit den Priestern.
Kommt, wir sprechen miteinander: Was wir jetzt miterleben, gleicht der Lage zur Zeit des Amos. Kannst du einige konkrete Dinge aufführen? Gibt es auch heutzutage Campesinos, die den Mund auftun, um Mißstände anzuprangern? Wo zum Beispiel? [...] Und wir, was tun wir?

f) Oscar Romero: Die politische Dimension des Glaubens

Als Kirche sind wir keine politischen Experten, und wir wollen Politik nicht mit den ihr eigenen Mechanismen treiben. Dennoch ist das Hineingehen in die Welt, in der Leben und Tod der armen Mehrheiten auf dem Spiele stehen, dringend und notwendig, damit der Glaube an den Gott des Lebens und die Nachfolge Christi nicht verbal, sondern wirklich geschehen. [...]
Je nachdem, ob es den Armen nützt, wird die Kirche dieses oder jenes politische Vorhaben unterstützen. Wir glauben, daß die Kirche nur so ihre Identität und Transzendenz behalten kann, indem sie sich am sozio-politischen Prozeß in unserem Land beteiligt und ihn von den Armen aus beurteilt, indem sie allen Befreiungsbewegungen, die Gerechtigkeit und Frieden für die Massen bringen, Impulse gibt. [...] Die ersten Christen sagten: *Gloria Dei, vivens homo.* Wir könnten konkreter sagen: *Gloria Dei, vivens pauper* – die Ehre Gottes ist der Arme, der lebt. Wir glauben, daß wir – von der Transzendenz des Evangeliums her – sagen können, was wirkliches Leben für die Armen ist, und wir glauben auch, daß wir wissen werden, was die ewige Wahrheit des Evangeliums ist, wenn wir an der Seite der Armen stehen und versuchen, ihnen Leben zu ermöglichen. Die politische Dimension des Glaubens entdeckt man (nur) im praktischen und konkreten Dienst an den Armen.

Quellen: (a) G. Gutiérrez, Theologie der Befreiung, Mainz [10]1992, 83; (b) Ebd., 90–91; (c) H. Camara, Der Traum von einer anderen Welt, München 1987, 139; (d) E. Cardenal, Das Evangelium der Bauern von Solentiname, Wuppertal 1980, 81; (e) Equipo pastoral de Bambamarca/Bambamarca-Gruppe Tübingen (Hgg.), Vamos caminando/Machen wir uns auf den Weg, Freiburg (Schweiz)/Münster 1983, 134–135; (f) M. Sievernich (Hg.), Impulse der Befreiungstheologie für Europa, München/Mainz 1988, 66f. – *Lit.*: (a und b) Lexikaartikel Theologie der Befreiung bzw. Befreiungstheologie in: NHThG[2] 5, 147–158 (K. Füssel), StL[7] 5, 457–460 (M. Sievernich), LThK[3] 2, 130–137 (G. Collet/Th. Hausmanninger/G. Gutiérrez/N. Mette), RGG[4] 1, 1207–1210 (W. Altmann/D. Mourkojannis); E. Dussel, Herrschaft und Befreiung, Freiburg (Schweiz) 1985; L. und C. Boff, Wie treibt man Theologie der Befreiung?, Düsseldorf 1986; R. Frieling, Befreiungstheologien, Göttingen [2]1986; P. Hünermann/G.-D. Fischer (Hgg.), Gott im Aufbruch, Freiburg 1974; L. Boff, Eine kreative Rezeption des II. Vatikanums aus der Sicht der Armen, in: E. Klinger/K. Wittstadt (Hgg.), Glaube im Prozeß, Freiburg 1984, 628–654; K. Rahner (Hg.), Befreiende Theologie, Stuttgart 1977; H. Goldstein, Kleines Lexikon zur Theologie der Befreiung, Düsseldorf 1991; Bibliothek der Theologie der Befreiung, Düsseldorf 1987ff; I. Ellacuria/J. Sobrino (Hgg.), Mysterium liberationis. Grundbegriffe der Theologie der Befreiung. 2 Bde., Luzern 1995–1996; L. Boff u.a. (Hgg.), Werkbuch Theologie der Befreiung, Düsseldorf 1988; M. Delgado u.a. (Hgg.), Blutende Hoffnung, Luzern 2000; M. Sievernich, Von der Utopie zur Ethik (in: ThPh 71, 1996, 33–46); (c) U. Eigenmann, Politische Praxis des Glaubens, Freiburg (Schweiz) 1984; J. de Broucker (Hg.), Die Bekehrungen eines Bischofs, Wuppertal 1978; J. Toulat, Helder Camara, München 1990; E. Bonnin (Hg.), Spiritualität und Befreiung in Lateinamerika, Wuppertal 1984; G. Gutiérrez, Aus der eigenen Quelle trinken, Mainz/München 1986; I. Ellacuría, Spiritualität im Geist Christi, in: G. Collet

(Hg.), Der Christus der Armen, Freiburg 1988, 201–209; (d) L. Boff, Die Neuentdeckung der Kirche, Mainz 1980; Th. Schmeller, Das Recht der Anderen, Münster 1994; C. Mesters, Vom Leben zur Bibel – von der Bibel zum Leben. 2 Bde., Mainz/München 1983; M. Manzanera, Lateinamerikanische kirchliche Basisgemeinschaften, München 1988; E. Klinger/R. Zerfaß (Hgg.), Die Basisgemeinden, Würzburg 1984; A. Reiser/P. G. Schoenborn (Hgg.), Basisgemeinden und Befreiung, Wuppertal 1981; F. Weber, Gewagte Inkulturation, Mainz 1996; (e) E. Klinger/W. Knecht/O. Fuchs (Hgg.), Die globale Verantwortung, Würzburg 2001; R. Estela/C. Trabert/J. de Roubaix, El camino que se hace al andar, Lima 1992; (f) O. A. Romero, Die notwendige Revolution, München/Mainz 1982; E. L. Stehle (Hg.), In meiner Bedrängnis, Freiburg 1993; J. Delgado, Oscar Arnulfo Romero, Madrid 1986; G. Collet/J. Rechsteiner (Hgg.), Vergessen heißt verraten, Wuppertal 1990; P. G. Schoenborn, Alphabete der Nachfolge, Wuppertal 1996; L. Weckel, Um des Lebens willen, Mainz 1998.

305. III. Generalversammlung in Puebla (1979)

Die III. Generalversammlung des Lateinamerikanischen Episkopats in Puebla (26.1–13.2.1979) fand unter einem neuen Papst und im Schatten des Streits um die Theologie der Befreiung (s. Text 304) statt. Die Aufgabe von Puebla war, einerseits die Kontinuität zu Medellín zu wahren, andererseits sich neuen, bisher vernachlässigten Themen der Konzilsrezeption zuzuwenden, wie etwa den ekklesiologischen, christologischen und missiologischen Fragen. In der Folge von *Evangelii nuntiandi* (8.12.1975) behandelt Puebla das Thema „Kirche und Kultur“ und die Evangelisierung der iberoamerikanischen Kulturen und geht das Problem der autochthonen und minoritären Kulturen (indianische Urbevölkerung, Afroamerikaner) gründlicher als Medellín an. Im Schatten der befreiungstheologischen Entdeckung der Volksreligiosität als Ausdruck der Weisheit des Volkes beschäftigt sich Puebla intensiv mit ihr (a) und betrachtet sie grundsätzlich positiv, ohne deswegen zu vergessen, auf die Gefahren derselben aufmerksam zu machen, d.h. sie stellt eine wichtige Evangelisierungsaufgabe dar. In Kontinuität zu Medellín bekräftigt Puebla die vorrangige Option für die Armen (b).

a) Volksreligiosität

Die Religion des lateinamerikanischen Volkes ist in ihrer ausgeprägtesten kulturellen Form Ausdruck des katholischen Glaubens. Es ist ein Volkskatholizismus. [...]
Die Religiosität des Volkes ist in ihrem Kern ein Schatz von Werten, der mit christlicher Weisheit auf die großen Existenzfragen Antwort gibt. Die katholische Volksweisheit hat eine große Fähigkeit zur Lebenssynthese. [...]
Als positive Elemente der Volksfrömmigkeit sind zu nennen: Die Gegenwart der Dreifaltigkeit, die in der Anbetung und biblischen Darstellung zum Ausdruck kommt, sowie das Gefühl der Vorsehung Gottvaters; Christus, der in seinem Geheimnis der Menschwerdung (Weihnachten, das Christkind), in der Kreuzigung, in der Eucharistie und der Anbetung des Heiligsten Herzens gefeiert wird, die Liebe zu Maria ... sie wird verehrt als Unbefleckte Mutter Gottes und Mutter der Menschen, als Königin unserer Länder und des gesamten Kontinents; die Heiligen als Schutzpatrone, die Verstorbenen; das Bewußtsein der Würde des Menschen und der solidarischen Brüderlichkeit; das Bewußtsein von der Sünde und die Notwendigkeit der Sühne; die Fähigkeit, den Glauben in einer umfassenden Sprache zum Ausdruck zu bringen, die den Rationalismus überwindet (Gesang, Bilder, Geste, Farbe, Tanz); der Glaube, der sich äußert zu bestimmten Zeiten (Feste) und an bestimmten Orten (Heiligtümer und Kirchen); die Sensibilität für die Wallfahrt. [...]
Die negativen Aspekte haben verschiedene Ursachen. Ererbt sind der Aberglaube, die Magie, der Fatalismus, die Götzenanbetung der Macht, der Fetischismus und der Ritualismus. Aus der Verformung der Katechese entstanden starres Festhalten an alten Formen, Mangel an Information, Ignoranz, synkretistische Neudeutung, Reduzierung des Glaubens auf einen bloßen Vertrag in der Beziehung zu Gott. Bedrohungen auf

diesem Gebiet sind der von den Medien verbreitete Säkularismus, das Konsumdenken, die Sekten, die östlichen und agnostischen Religionen, ideologische, wirtschaftliche, gesellschaftliche und politische Manipulationen, ein verweltlichter und politischer Messianismus, die Entwurzelung und Proletarisierung der Stadtbevölkerung als Folge der kulturellen Veränderung. Wir müssen feststellen, daß viele dieser Phänomene wirkliche Hindernisse für die Evangelisierung darstellen.

b) Bekräftigung der Option für die Armen

Mit erneuerter Hoffnung auf die belebende Kraft des Geistes machen wir uns wieder die Auffassung der 2. Vollversammlung [von Medellín, s. Text 303] zu eigen, die eine klare und prophetische, vorrangige und solidarische Option für die Armen zum Ausdruck brachte. [...] Wir bestätigen die Notwendigkeit der Umkehr der gesamten Kirche im Sinne einer vorrangigen Option für die Armen mit Blickrichtung auf deren umfassende Befreiung.

Die überwiegende Mehrheit unserer Brüder lebt weiterhin in Armut und sogar im Elend, das noch zugenommen hat. [...]

Wir stellen fest, daß das Engagement für die Armen seitens der nationalen Episkopate und zahlreicher Kreise von Laien, Ordensmännern, Ordensfrauen und Priestern tiefgreifender und realistischer geworden ist. Dieses im Entstehen begriffene, jedoch reale Zeugnis veranlaßt die lateinamerikanische Kirche dazu, die schweren Ungerechtigkeiten anzuklagen, die aus den Mechanismen der Unterdrückung herrühren.

Die Armen, die ihrerseits von der Kirche ermutigt wurden, haben begonnen, sich zu organisieren, um ihren Glauben in seiner Fülle zu leben und ihre Rechte zu fordern. Die prophetische Anklage der Kirche und ihre konkreten Verpflichtungen gegenüber den Armen haben ihr in nicht wenigen Fällen Verfolgungen und Bedrängnisse verschiedener Art eingetragen. Die Armen selbst waren die ersten Opfer dieser Bedrängnisse.

Quelle: (a) Die Kirche Lateinamerikas. Dokumente der II. und III. Generalversammlung des Lateinamerikanischen Episkopats in Medellín und Puebla, Bonn o.J. [1985], 225. 227 (Nr. 444, 448, 454, 456); (b) ebd., 327 (Nr. 1134–1137). – *Lit*.: A. López Trujillo, De Medellín a Puebla, Madrid 1980; E. Dussel, De Medellín a Puebla, México 1979; B. Schlegelberger/J. Sayer (Hgg.), Von Medellín nach Puebla, Düsseldorf 1980; H. Schöpfer (Hg.), Kontinent der Hoffnung, München/Mainz 1979; S. Galilea, Lateinamerika in den Konferenzen von Medellín und Puebla, in: H.-J. Pottmeyer u.a. (Hgg.), Die Rezeption des Zweiten Vatikanischen Konzils, Düsseldorf 1986, 85–103; G. Gutiérrez, Arme und Befreiung in Puebla, in: ders., Die historische Macht der Armen, München/Mainz 1984, 80–124; L. Boff, Puebla aus der Sicht der unterdrückten Lateinamerikas (in: ZMR 64, 1980, 161–191); P. E. Arns, Was hat Puebla für die Kirche in Lateinamerika gebracht? (in: Herder Korrespondenz 33, 1979, 235–241); H.-J. Prien, Puebla, in: ders. (Hg.), Lateinamerika: Gesellschaft, Kirche, Theologie, Göttingen 1981, 2, 61–208; G. Sánchez, Religiosidad popular y opción por los pobres, México 1988; K. Rahner u.a. (Hgg.), Volksreligion – Religion des Volkes, Stuttgart u.a. 1979; LThK[3] 8, 738f: Art. Puebla (G. Collet).

C. Der Streit um die Theologie der Befreiung

306. Nicaragua: Die sandinistische Revolution (1979)

Mit der sandinistischen Revolution wurde im Juli 1979 erstmals ein lateinamerikanisches Land von einer revolutionären Bewegung regiert, die in ihren Reihen viele befreiungstheologisch geprägte Christen, Priester und Theologen hatte. Der Sieg der Revolution wurde von diesen und Freunden der Theologie der Befreiung aus der ganzen Welt, aber auch von den Bischöfen Nicaraguas überschwenglich gefeiert, die wie etwa der Bischof von Managua Miguel Obando y

Bravo die Revolution als legitimen Aufstand gegen Gewaltherrschaft im Sinne von *Populorum progressio* (s. Text 302) rechtfertigten. Für viele schien das messianische Reich der Wahrheit und der Freiheit, der Gerechtigkeit und des Friedens im Lande der Vulkane eine Heimat auf Erden zu finden. Aus der Nähe zwischen Sandinismus und Theologie der Befreiung entwickelte sich alsbald eine besondere Form politischer Theologie, die den Streit um den marxistischen Charakter einiger befreiungstheologischer Tendenzen verschärfte. Dazu gehören Phänomene wie die von der Regierung geförderte Volkskirche, die oft als Klassenkirche verstanden wurde, sowie Versuche, etwa das Vaterunser und das Credo in Einklang mit der Revolutionsdoktrin neu zu formulieren. Manche Versuche dieser Art wie nachfolgender Text sind theologisch durchaus interessant, während andere eine plumpe Politisierung des Glaubens darstellen. Je mehr der Sandinismus so zur (politischen) Kirche wurde, desto mehr distanzierten sich die nicaraguanischen Bischöfe und Rom von ihm.

Nicaraguanisches Vaterunser

Unser Vater, Du wohnst auch in diesem unseren Land, Nicaragua. Hier wollen wir dich suchen und dir begegnen – bei unserem täglichen Bemühen, unser Vaterland zum Wohle aller wiederaufzubauen.
Geheiligt werde dein Name durch unsere Einheit. Geheiligt werde dein Name durch unsere Solidarität mit den Bedürftigsten, durch unseren unermüdlichen Einsatz für Gerechtigkeit und Frieden.
Dein Reich komme. Bald möge es kommen zu den Hungrigen, zu den Weinenden, zu denen, die sich nach deiner Gerechtigkeit sehnen, zu denen, die schon seit Jahrhunderten auf ein menschenwürdiges Leben warten. Gib uns Hoffnung, damit wir nicht müde werden, es zu verkünden und uns für es einzusetzen, trotz so vieler Konflikte, Bedrohungen und Unzulänglichkeiten. Gib uns einen klaren Blick, damit wir in dieser Stunde unserer Geschichte den Horizont wahrnehmen und erkennen, auf welchem Weg dein Reich zu uns kommt.
Dein Wille geschehe, wie im Himmel so auf Erden. Dein Wille, daß wir nur dich Vater nennen und miteinander wie Brüder und Schwestern leben, möge sich auch in Nicaragua erfüllen. Dein Wille möge auch in der Kirche von Nicaragua geschehen, die ihre Einheit hat in Jesus, deinem Sohn und unserem Herrn, dem guten Hirten, der die Herde zusammenführt, in einer Kirche der Armen, die Jesus seliggepriesen und denen er das Evangelium anvertraut hat, in einer Kirche, in der wir unter der Führung des Geistes Jesu ein Herz und eine Seele sein und alles miteinander gemeinsam haben wollen. [...]

Quelle: D. Sölle/H. Goldstein (Hgg.), „Dank sei Gott und der Revolution", Reinbek bei Hamburg 1984, 5–9. – *Lit.*: T. Borges Martínez, Die Revolution kämpft gegen die Theologie des Todes, Freiburg (Schweiz) 1984; G. Heinen, Mit Christus und der Revolution, Stuttgart 1995; R. Aragón/E. Löschke, Die Kirche der Armen in Nicaragua, Frankfurt 1996; P. Casaldáliga, Kampf und Prophetie, Mödling 1990; L. Zambrano, Entstehung und theologisches Verständnis der „Kirche des Volkes" (Iglesia Popular) in Lateinamerika, Frankfurt u.a. 1982; J. Meier (Hg.), Kirche und Katholizismus seit 1945. Bd. 6: Lateinamerika, Paderborn 2009; L. N. O'Shaughnessy, The church and revolution in Nicaragua, Athens, Ohio 1986; LThK[3] 7, 800f: Art. Nicaragua (W. L. Bender).

307. Ernesto Cardenal: Kuba als Referenzmodell

Der Priester und Poet Ernesto Cardenal, Kultusminister der ersten sandinistischen Regierung, gehört zu denjenigen, die im Sandinismus eine befreiungstheologische Variante des kubanischen Referenzmodells sahen und den sozialistischen neuen Menschen mit dem christlichen identifizierten.

Der neue Mensch ist der Mensch ohne Egoismus, der solidarische Mensch, der für seinen Nächsten lebt, der dafür lebt, seinem Nächsten zu dienen; es ist der Mensch einer sozialistischen Gesellschaft, in der der Mensch den Menschen nicht mehr ausbeutet, in der der Wert eines Menschen nicht mehr nach dem gemessen wird, was er einem anderen wegnimmt, sondern nach dem, was er einem anderen gibt. In Kuba werden die Kinder im Geist Che Guevaras erzogen, das heißt im Geist der Nächstenliebe. Und ich glaube, in der kubanischen Jugend sieht man schon sehr deutlich diesen Typ des Neuen Menschen. [...] Der Neue Mensch in Kuba ist der gleiche Neue Mensch, von dem im Neuen Testament die Rede ist, der neue christliche Mensch.

Quelle: E. Cardenal, Die Stunde Null, Wuppertal [2]1980, 25. – *Lit.*: E. Cardenal, Chrétiens du Nicaragua, Paris 1980; T. Cabestrero (Hg.), Priester für Frieden und Revolution, Wuppertal 1983; G. Heinen, Mit Christus und der Revolution, Stuttgart 1995; F. Betto, Nachtgespräche mit Fidel, Freiburg (Schweiz) 1986; B. Kern, Theologie im Horizont des Marxismus, Mainz 1992; M. Sievernich, Von der Utopie zur Ethik (in: ThPh 71, 1996, 33–46); Dussel, Geschichte 294–340; Dussel, Church 173ff.

308. Instruktion der Glaubenskongregation vom 6.8.1984

Seit der Entstehung der Theologie der Befreiung gibt es einen Prozeß von Rezeption und Kritik seitens des Lehramtes. Die Dokumente von Medellín und Puebla, die II. Römische Bischofssynode (1971) und *Evangelii nuntiandi* enthalten befreiungstheologisches Gedankengut. Die Internationale Theologische Kommission der Römischen Glaubenskongregation warnte 1977 zwar vor Reduktionismen, beurteilte aber den befreiungstheologischen Ansatz alles in allem wohlwollend und ausgewogen. Zu einer scharfen Kritik kam es erst im Schatten der sandinistischen Revolution und der übersteigerten Hoffnungen, die diese bei vielen Befreiungstheologen wachgerufen hatte. Mitte der achtziger Jahre widmete die Römische Glaubenskongregation der Theologie der Befreiung zwei Instruktionen. In der ersten, *Libertatis nuntius* (1984), wird zwar das Grundanliegen der Theologie der Befreiung positiv gewürdigt; aber die römische Stoßrichtung besteht eher darin, vor Abweichungen und Gefahren zu warnen und die Anleihen beim Marxismus zu verurteilen, die zu einem politischen Messianismus führen könnten. Diese erste Instruktion rief weltweit eine lebhafte Kontroverse hervor. Die zweite Instruktion, *Libertatis conscientia* (1986), begründet hingegen theologisch den befreienden Charakter des Christentums und betont, daß die Hauptaufgabe der Kirche erzieherischer und evangelisierender Natur ist.

Die „Befreiungstheologien" haben zwar das Verdienst, die großen Texte der Propheten und des Evangeliums über die Verteidigung der Armen wieder aufgewertet zu haben, doch verwechseln sie darüber hinaus in verderblicher Weise den *Armen* der Schrift mit dem *Proletariat* von Marx. Dadurch wird der *christliche* Sinn der Armut pervertiert und der Kampf für die Rechte der Armen verwandelt sich in eine Klassenauseinandersetzung im ideologischen Sinn des Klassenkampfes. Die *Kirche der Armen* bezeichnet dann eine Klassenkirche, die sich der Notwendigkeit des revolutionären Kampfes als Etappe zur Befreiung bewußt geworden ist und die diese Befreiung in ihrer Liturgie feiert.
Eine analoge Bemerkung muß bezüglich des Ausdrucks *Volkskirche* gemacht werden. Vom pastoralen Standpunkt aus kann man darunter die vorrangigen Adressaten der Evangelisierung verstehen, diejenigen, denen sich wegen ihrer Lebensbedingungen die pastorale Liebe der Kirche besonders zuwendet. Man kann von der Kirche auch als vom „Volk Gottes" sprechen, d.h. vom Volk des Neuen Bundes, den Christus geschlossen hat.
Die „Befreiungstheologien", von denen wir hier sprechen, verstehen aber unter *Volkskirche* eine Klassenkirche, die Kirche des unterdrückten Volkes, das es „bewußtzumachen" gilt für den organisierten Befreiungskampf. Das so verstandene Volk wird für manche sogar zum Glaubensgegenstand. [...]

Die neue *Hermeneutik*, die in den „Befreiungstheologien" vertreten wird, führt zu einer im wesentlichen *politischen* „relecture" der Schrift. So wird dem Ereignis des *Exodus* eine vorrangige Bedeutung zugemessen, insofern er Befreiung aus der politischen Knechtschaft ist. Auch das *Magnifikat* wird politisch gelesen. Der Fehler besteht hier nicht darin, daß man für eine politische Dimension der biblischen Berichte aufmerksam ist, sondern darin, daß aus ihr die wichtigste und ausschließliche Dimension gemacht wird, was zu einer verkürzenden Lektüre der Schrift führt.
Ebenso stellt man sich in die Perspektive eines zeitlichen Messianismus, der eine der radikalsten Ausdrucksformen der Säkularisierung des Reiches Gottes und seines Verschwindens in der Immanenz der menschlichen Geschichte darstellt.
Indem man auf diese Weise die politische Dimension privilegiert, gelangt man dazu, die *radikale Neuheit* des Neuen Testaments zu leugnen und vor allem die Person unseres Herrn Jesus Christus zu verkennen, der wahrer Gott und wahrer Mensch ist, sowie den spezifischen Charakter der Befreiung, die er uns gebracht hat und die zuerst Befreiung von der Sünde ist, der Quelle aller Übel.
Andererseits entfernt man sich eben dadurch von der Tradition, daß man die autorisierte Auslegung durch das Lehramt ablehnt, indem man sie als eine klassenbedingte Auslegung verurteilt. Dadurch beraubt man sich eines wesentlichen theologischen Auslegekriteriums und in dem dadurch entstandenen Leerraum greift man zu den radikalsten Thesen der rationalistischen Exegese. So übernimmt man unkritisch den Gegensatz zwischen dem *„Jesus der Geschichte"* und dem *„Christus des Glaubens"*.

Quelle: Instruktion der Kongregation für die Glaubenslehre über einige Aspekte der „Theologie der Befreiung" (6.8.1984), Bonn 1984, 12–24. – *Lit.*: H. J. Venetz/H. Vorgrimler (Hgg.), Das Lehramt der Kirche und der Schrei der Armen, Freiburg (Schweiz) 1985; J. B. Metz (Hg.), Die Theologie der Befreiung: Hoffnung oder Gefahr für die Kirche?, Düsseldorf 1986; J. Ratzinger, Politik und Erlösung, Opladen 1986; J. L. Segundo, Theology and the Church. A response to Cardinal Ratzinger and the whole church, San Francisco 1987; R. Hoffmann (Hg.), Gottesreich und Revolution, Münster 1987; N. Greinacher, Konflikt um die Theologie der Befreiung, Zürich 1985; H.-J. Prien (Hg.). Lateinamerika. Gesellschaft, Kirche, Theologie. Bd. 2: Der Streit um die Theologie der Befreiung, Göttingen 1981.

309. Aus der Enzyklika „Sollicitudo rei socialis" (1987)

Wie bereits angemerkt, hat die Theologie der Befreiung lehramtlicherseits nicht nur Kritik, sondern auch positive Aufnahme gefunden. Als Beispiel für letzteres möge folgender Ausschnitt aus *Sollicitudo rei socialis* (1987) gelten, die 20 Jahre nach *Populorum progressio* [s. Text 302b] veröffentlicht wurde und den zwei Instruktionen über die Theologie der Befreiung von 1984 und 1986 folgte. Sie nimmt zentrale theologische Anliegen der Theologie der Befreiung wie die vorrangige Option für die Armen und die Rede von den Strukturen der Sünde auf und betont zugleich, daß Entwicklung und Befreiung zusammen gehören.

Ich möchte hier auf eines davon [von den neuen Themen der kirchlichen Soziallehre] besonders hinweisen: auf die *Option* oder *vorrangige Liebe* für die Armen. Dies ist eine Option oder ein besonderer Vorrang in der Weise, wie die christliche Liebe ausgeübt wird; eine solche Option wird von der ganzen Tradition der Kirche bezeugt. Sie bezieht sich auf das Leben eines jeden Christen, insofern er dem Leben Christi nachfolgt; sie gilt aber gleichermaßen für unsere *sozialen Verpflichtungen* und daher auch für unseren Lebensstil sowie für die entsprechenden Entscheidungen, die hinsichtlich des Eigentums und des Gebrauchs der Güter zu treffen sind. [...]
Es ist richtig hinzuzufügen, daß Streben nach Befreiung von jeder Form der Knechtschaft von Mensch und Gesellschaft ein edles und berechtigtes Anliegen ist. Darauf zielt gerade die Entwicklung hin oder, besser gesagt, die Befreiung *und* Entwicklung,

wenn man die enge Verbindung zwischen diesen beiden Vorgängen berücksichtigt. [...] Das Haupthindernis, das es für eine wahre Befreiung zu überwinden gilt, sind die *Sünde* und die *Strukturen*, die sie schrittweise hervorbringt, wenn sie sich vermehrt und ausbreitet.

Quelle: Johannes Paul II., Enzyklika *Sollicitudo rei socialis* (30.12.1987), Bonn 1987, 52. 57 (Nr. 42 und 46). – *Lit.*: P. Hünermann/J. C. Scannone (Hgg.), Lateinamerika und die katholische Soziallehre. 3 Bde., Mainz 1993; R. Antoncich/J. M. Munárriz, Die Soziallehre der Kirche, Düsseldorf 1988; R. Prantner (Hg.), Die Sozialenzyklika Papst Johannes Paul II. *Sollicitudo rei socialis* im Widerstreit der Meinungen, Wien 1989; J. Schasching (Hg.), In Sorge um Entwicklung und Frieden, Wien 1988; G. Kruip, Entwicklung oder Befreiung?, Saarbrücken 1988.

D. Entwicklungen im Protestantismus

310. Nicaragua: Indianische protestantische Kirchen (1982)

Die Machtübernahme der Sandinisten 1979 wurde von den protestantischen Indianern an der Atlantikküste zunächst begrüßt. Aufgrund ihrer kulturellen Besonderheit und ihrer relativ autonomen Stellung im Land kam es zunehmend zu Konflikten mit der zentralistisch agierenden sandinistischen Regierung. Einige der indianischen Brüder schlossen sich den Contra-Rebellen an. Die Leitung der Herrnhuter Kirche (Iglesia Moraba), die nach wie vor die wichtigste gesellschaftliche Kraft der Region war, vertrat überwiegend eine vermittelnde Position. In einer Erklärung äußerte sich der Bischof der Herrnhuter Kirche von Nicaragua John F. Wilson im Februar 1982:

[...] Wir schlagen vor, uns mit allen unseren Brüdern und Schwestern um den besten Weg zu bemühen, um im Einklang mit den Plänen zur wirtschaftlichen und sozialen Entwicklung an der Küste zu handeln. Wir fordern die Behörden auf, uns über diese Pläne informiert zu halten und sie mit dem Volk, den staatlichen Sicherheitsbeamten und den Angehörigen der Regierung zu diskutieren ... Wir bieten unsere Mitarbeit an, indem wir das Verständnis für die Situation an der Atlantikküste fördern und dazu beitragen, Unzulänglichkeiten und Irrtümer zu verringern, die nicht aus böser Absicht, sondern aus Unkenntnis über diesen Teil des Landes entstehen. Die nicaraguanischen Kirchen können, wenn sie zusammenarbeiten, die wichtige Funktion eines Mittlers übernehmen und der Welt das wahre Bild des Lebens unseres Volkes zeigen gegenüber Verzerrungen, Verleumdungen, wirtschaftlichen, politischen und sogar militärischen Drohungen.

Die kleine Herrnhuter Kirche von Nicaragua ruft die Christen der Welt und vor allem unsere Brüder und Schwestern in den Vereinigten Staaten auf, direkte Informationskanäle offen zu halten. Sie bittet sie, sich nicht von Interessen manipulieren zu lassen, die zwar vorgeben, unsere Rechte und die der einheimischen Völker zu verteidigen, sich in Wirklichkeit jedoch niemals mit unserem Schicksal oder unseren Menschenrechen befaßt haben.

Die Herrnhuter Kirche, die in der Mehrzahl aus Einheimischen besteht, ruft die indigenen Völker in der Welt auf, mit uns solidarisch zu sein und uns zu helfen, eine neue Gesellschaft aufzubauen, die Anfang zur Befreiung der übrigen indigenen Völker von Nord- und Südamerika sein könnte.

Quelle: Konstruktiv bei der Konfliktlösung. Die Herrnhuter Brüdergemeinde und die Umsiedlung der Miskito-Indianer (in: Junge Kirche 43, 1982, 558–563), 563. – *Lit.*: C. Hale, Der Konflikt der Miskito mit dem nicaraguanischen Staat 1979–1985, in: K. Meschkat u.a. (Hgg.), Mosquitia. Die andere Hälfte Nicaraguas, Hamburg 1987, 255–276; K. Meschkat, Anmerkungen und Dokumente zum Autonomieprojekt für die Atlantikküste Nicaraguas, in: dies. u.a. (Hgg.), Mosquitia 277–304; Zur Situation in

Nicaragua (in: Junge Kirche 45, 1984, 471–476); R. Reyes/J. K. Wilson, Ráfaga. The life story of a Nicaraguan Miskito Comandante, London 1992; H.-J. Prien, Die Haltung der nichtkatholischen Kirchen zum Revolutionsprozeß in Nikaragua, in: ders. (Hg.), Das Evangelium im Abendland und in der Neuen Welt, Frankfurt 2000, 537–572.

311. Rubem Alves, ein protestantischer Befreiungstheologe

Die Theologie der Befreiung stellt eine genuin lateinamerikanische Antwort auf die Verhältnisse von Dependenz, Gewalt und Militärregierungen auf dem gesamten Kontinent dar. Ihre erste systematische Artikulation stammt von dem brasilianischen Presbyterianer Rubem Alves, dessen 1968 abgeschlossene Dissertation 1969 in Englisch (Towards a theology of human hope) und 1970 in Spanisch (Religión: Opio o instrumento de liberación) veröffentlicht wurde. Im Vorwort der späteren brasilianischen Ausgabe schildert er seine persönlichen Erfahrungen aus dem Jahr 1964, als er nach Abschluß seines Magisterstudiums nach Brasilien zurückkehrte. Die Repression der Militärs wurde der Auslöser für seine Arbeit zur Theologie der Befreiung.

Ich kehrte nach Brasilien zurück. Ich begann zu lernen, mit der Angst zu leben. Zuvor waren es nur Albträume gewesen. Jetzt stand die Angst vor mir in dem Mann, der meinen Paß prüfte und ihn mit einer Namensliste verglich. Ich stand innerlich vor einem Abgrund, täuschte aber Ruhe vor ..., bis mir der Paß zurückgegeben wurde. Auf dem Weg vom Flughafen in meine Wohnung, im Auto eines Freundes, bestätigten sich meine Befürchtungen: „Hör mal, Rubem, an das Oberste Konzil [der presbyterianischen Kirche] wurde eine Anklageschrift gegen sechs Pfarrer geschickt, und Du bist einer von ihnen. Und es geht auch das Gerücht um, daß Du bei dem ID-IV [Abteilung des Militärs] in Juiz de Fora verraten wurdest.“ [...]
Es waren mehr als vierzig Beschuldigungen [gegen uns]: daß wir predigten, Jesus habe mit einer Prostituierten Geschlechtsverkehr gehabt; daß wir uns amüsierten, wenn unsere Söhne Haßtiraden gegen die Amerikaner auf die uns von ihnen gespendeten Milchpulverdosen (es waren die Jahre des Programms „Nahrungsmittel für den Frieden“) schrieben; daß wir mit Geldern aus der Sowjet-Union subventioniert wären. Gut an dem Dokument war seine Absurdität: nicht mal die Dümmsten würden glauben können, daß wir so vieler Verbrechen schuldig seien. Aber das Tragische bestand gleichzeitig darin: daß Kirchenleute, Brüder, Pfarrer und Presbyter ... bereit waren, uns zu verraten. [...]
Zu dieser Zeit lud mich die United Presbyterian Church (USA) zusammen mit dem Präsidenten des theologischen Seminars in Princeton zu einer Doktorarbeit ein. [...]
Am Anfang sollte [mein] Buch eine Ekklesiologie werden. Es sollte sie in einer Sprache darstellen, die alle verstehen könnten: [als] eine Übung in Utopie, die Zeichen einer Gemeinschaft, die nirgends existiert (sie ist unsichtbar) und die genau aus diesem Grund überall ist (sie ist katholisch, universal), ein Horizont des Wunsches, etwas, das noch nicht geboren wurde. [...] Es wurde eine andere Sache: eine Meditation über die Möglichkeit von Befreiung. Und so gab ich [dem Buch] den Titel „Auf dem Weg zu einer Theologie der Befreiung“. Das war das Jahr 1968.

Quelle: R. Alves, Sobre Deuses e caquis. Vorwort zu: ders., Da esperança, Campinas 1987 (= Towards a theology of human hope, Washington 1969), 29. 30. 36. 39. – *Lit.*: E. Dussel, Formulierung der Theologie der Befreiung (1968–1972), in: R. Azzi u.a. (Hgg.), Theologiegeschichte der Dritten Welt: Lateinamerika, Gütersloh 1993, 284–310; R. Spliesgart, Befreiungstheologie im Wandel (in: Jahrbuch für kontextuelle Theologien 3, 1995, 95–113); Bastian, Protestantismus 223–241; Prien, Geschichte 1026–1041.

312. Neopfingstliche Strömungen (ab ca. 1980)

Seit Ende der 1970er Jahre entstanden zahlreiche neopfingstliche oder charismatische Gruppierungen und trugen zum raschen Wachstum des Protestantismus in ganz Lateinamerika bei. Die Bewegung knüpft an die klassische Pfingstbewegung an, wendet sich aber verstärkt an die Mittel- und Oberschichten der Gesellschaft. Neopfingstliche Gruppen sind meist um eine charismatische Führungspersönlichkeit organisiert und zeichnen sich durch ein autoritäres Grundkonzept aus. Sie wenden sich gegen jede Art von theologischem und politischem Liberalismus und vertreten eine präsentische Eschatologie, nach der die Christen einen geistlichen Krieg zu führen haben, der die Durchsetzung des Reiches Gottes in der gegenwärtigen Gesellschaft bringen soll. In einer Predigt in der honduranischen Kirche Vida Abundante (wörtl.: Leben im Überfluß) vertritt José Collado 1989 eine „Theologie des Wohlstandes" (prosperity gospel) als Gegenkonzept zu der von Befreiungstheologen propagierten Solidarität mit den Armen. Dabei wird der persönliche erworbene Wohlstand als Zeichen des Reiches Gottes verstanden (a). Harold Caballeros, Pastor der 1983 von ihm gegründeten Kirche El Shaddai, propagiert in einer Predigt ein religiös-nationalistisches Gesellschaftsmodell für Guatemala vermittels des individuellen Verhaltens und der Herrschaft von Christen in dem Land. Mit Serrano Elías wurde 1991–1993 schließlich ein Mitglied von El Shaddai Präsident Guatemalas (b).

a) Honduras: „Vida Abundante" (1989)

Es reicht jetzt mit dem Evangelium des Leidens! Das Evangelium der Freude soll anfangen, jedes Leben auszufüllen, jedes Heim und jeden Platz auf der Welt. Weil Jesus eine Botschaft von großer Freude verkündet. Das Evangelium der Freude. Die Engel sangen das Freudenevangelium bei der Geburt Jesu, und dieses Evangelium verkünden wir heute an allen Orten. [...]
Den Christen in der ganzen Welt wurde ein Evangelium der falschen Demut beigebracht. Ich sage es noch einmal: Die Christen wurden überall ein Evangelium der falschen Demut gelehrt. Demut wurde losgelöst von seiner eigentlichen Bedeutung und seinem Kontext interpretiert. Demut bedeutet nicht Armut, in keinem Fall. Ein Reicher kann demütig sein, und ein Armer kann demütig sein. Demut ist nicht Armut. [...]
Schlagt Eure Bibeln auf und lest selber, überzeugt euch selber: Geliebte, ich will, daß es euch in einigen Dingen gut gehe. (Gemeinde: Nein!) In allen Dingen! Es geht um Prosperität in allen Bereichen. Du sollst in *allen* Bereichen prosperieren. Welche sind es? In allen! Alle Dinge sind alle Dinge! (Rufe: Amen, Amen, Halleluja) Alle Dinge heißt alles. Was ist alles? Deine Schuhe, deine Wäsche, deine Kleider, dein Schrank, dein Schlafzimmer, dein Eßzimmer, dein Häuschen, dein Auto, deine Arbeit, dein Studium, deine Henne, deine Kuh ..., Alles prosperiert in Gott (Rufe: Halleluja; Applaus).

b) Guatemala: Die Kirche „El Shaddai" (1990)

Wenn die Situation in Guatemala so ist, wie sie ist, dann ist das nicht die Schuld der Regierung. Es ist die Schuld [von uns Christen als] dem Leib Christi, der im Moment nicht betet, nicht schreit, keine Gebete, Bitten, Gesuche vor den Thron Gottes bringt, der nicht für die „Könige" und die gegenwärtigen Machthaber „betet" (vgl. 1 Petr 2,13), so daß Guatemala ruhig und gelassen leben könnte. [...] Diese [gegenwärtige] Generation hält die Bestimmung der gesamten Nation in ihren Händen. Die Bestimmung Guatemalas liegt heute in den Händen der christlichen Kirche. Diese christliche Kirche, die in dieser Zeit in Guatemala besteht, besitzt ... den Schlüssel für die Bestimmung, die Zukunft unserer Nation, unserer Söhne, Enkel u.s.w. [...] Gott hat uns unsere Nation übergeben. [...] Weil Gott einen Plan für Guatemala hat. Gott will diese Nation und dieses Land befreien, aber er will Euch und mich dazu gebrauchen. Jeder einzelne von uns wird vor dem Thron Gottes verantwortlich dafür sein, wenn wir diese Gelegenheit verstreichen lassen, die Gott uns gerade bietet.

Quelle: (a) K. Braungart, Heiliger Geist und politische Herrschaft bei den Neopfingstlern in Honduras, Frankfurt a. M. 1995, Anhang 3, VI–VII. XII; (b) P. Sánchiz Ochoa, Evangelismo y poder. Guatemala ante el nuevo milenio, Sevilla 1998, 137–138. – *Lit.*: Bastian, Protestantismus 258–260; H. Schäfer, Protestantismus in Zentralamerika, Frankfurt u.a. 1992, 67–88; Mayeur, Geschichte 13, 524–536 (O. Compagnon).

E. Aufbruch und Vielfalt

313. Charismatischer Katholizismus (1977)

Die charismatische Bewegung beschränkte sich nicht auf den protestantischen Bereich, sondern war seit den 1970er Jahren zunehmend auch im Raum der katholischen Kirche anzutreffen. So verzeichnete in Brasilien die „Katholische charismatische Erneuerungsbewegung" regen Zulauf unter Laien, Priestern und Ordensleuten. Im Auftrag der Brasilianischen Bischofskonferenz CNBB wurde 1977 eine Studie über die Bewegung durchgeführt, die zahlreiche Aussagen ihrer Anhänger über ihr „neues Leben im Geist" enthält. Ein Laie, der seit knapp drei Jahren eine Gebetsgruppe leitete, äußerte sich über die katholische Pfingstbewegung:

Die ‚Charismatische Erneuerung' weckt in der [katholischen] Kirche einen großen Geschmack an der Lektüre der Heiligen Schriften. Sie bringt uns dazu, den Wert des Gebets (Lk 21,36) wieder zu entdecken und bewußter an den Sakramenten teilzunehmen. [...]

Das charismatische Gebet bedeutet keine Weltflucht. Seit dem Zweiten Vatikanum kamen in der Kirche viele Bewegungen auf und zugleich eine übertriebene Forderung nach gesellschaftlichem Handeln. Paradoxerweise scheitert jedoch gewöhnlich ein Aktivismus ohne Gebet. Denn diese beiden Aspekte ergänzen sich: Gebet und Aktion. Merkt euch dies: Wenn die Menschen an den Gebetsgruppen teilnehmen, dann verändern sie sich und legen mit konkreten Zeichen ein Zeugnis für ihren Glauben ab. Das Gebet befähigt uns, durch das Beispiel der eigenen Lebensführung zu bezeugen, daß Jesus Christus der Herr ist. Dies erachte ich für die wirksamste Predigt des Evangeliums. [...] Gleichwohl gibt es bei jedem wöchentlichen Treffen [unserer charismatischer Gruppe] unzählige Zeugnisse von wunderbaren Beispielen des gesellschaftlichen Handelns und des Glaubens. Denn es gilt, wie Jesus sagt: „Man zündet keine Lampe an, um sie unter den Scheffel zu stellen!" (Mt 5,15)

Quelle: P. R. de Oliveira/L. Boff/J. B. Libânio/E. Bettencourt, Renovação carismática católica. Uma análise sociológica, interpretações teológicas, Petrópolis 1978, 137–139. – *Lit.*: W. Hollenweger, Zur katholischen Pfingstbewegung (in: ThLZ 12, 1975, 952–960).

314. Anerkennung des religiösen Pluralismus (1985)

Erstmals in den 80er Jahren kam es zu quasi-offiziellen Kontakten zwischen Vertretern afrobrasilianischer Kulte und des katholischen Episkopats. Beispiel ist der Briefwechsel zwischen dem Erzbischof von Salvador (Brasilien), Dom Avelar Brandão Vilela, und dem Leiter der „Kultstätte des Weißen Hauses" des Candomblé. Der Candomblé ist eine in Brasilien entstandene Religion, in der sich zahlreiche Elemente der westafrikanischen Yorùbá-Kultur erhalten haben. Die „Kultstätte des weißen Hauses" (yorùbá: Ilê Axé Iyá Nassô Oká) in Salvador/Bahia ist eines der ältesten und bedeutendsten Zentren des Candomblé. Als 1985 eine neue Priesterin (port.: mãe-de-santo; yorùbá: ialorixá) bestimmt wurde, machte der Leiter des Kultzentrums Antônio Agnelo Pereira dem Erzbischof darüber Mitteilung und erhielt von diesem folgende Antwort:

Antonio Agnelo Pereira,
[ich wünsche Ihnen] Frieden! Haben Sie Dank für die Mitteilung, daß Altamira Cecília dos Santos, Oxum Tominwá [Name in Yoruba], für das Amt der *Ialorixá* [Priesterin] des *Ilê Axé Iyá Nassô Oká* [Name in Yoruba] in der Kultstätte ‚Weißes Haus‘ auserwählt wurde. Danke für die Aufmerksamkeit. Gott ist der ewige Vater und Jesus Christus ist unser göttlicher Erlöser! Auf daß er in allen Herzen regiere!
Avelar, Kardenal B. Vilela Salvador, 24.3.1985

Quelle: Arquivo da Sociedade Beneficente e Recreativa São Jorge do Engenho Velho, zitiert nach: O. Serra, Águas do Rei, Petrópolis 1995, 256f. – *Lit.*: R. Becker, Trance und Geistbesessenheit im Candomblé von Bahia, Münster 1995; V. Berkenbrock, Die Erfahrung der Orixás, Bonn 1995; RGG[4] 1, 170–173: Art. Afrobrasilianische Kulte (R. Motta); R. Bastide, The African Religions of Brazil, Baltimore1978, 191–201.

315. Eine Ethnoliturgie: Die „Missa dos Quilombos“ (1980)

Auch nach dem Zweiten Vatikanischen Konzil wurde die römische Liturgie von zahlreichen Befreiungstheologen als stereotyp und kolonialistisch empfunden, da sie die kulturellen und spirituellen Gegebenheiten der afroindolateinischen Menschen zu wenig berücksichtigte. Ergebnis waren zahlreiche liturgische Neuschöpfungen auf der Basis lateinamerikanischer Musiktraditionen (sog. Ethnoliturgien). Die *Missa dos Quilombos* („Fliehdorf-Messe“) von Milton Nascimento, Pedro Casaldáliga und Pedro Tierra reflektiert die Geschichte der Sklaven und der aktuellen Situation der schwarzen Bevölkerung Brasiliens und verbindet diese in einem Akt der Inkulturation mit der befreienden Botschaft des Evangeliums. Ein Gebet richtet sich an den dreieinigen Gott:

[...] Im Namen Gottes, der uns Menschen alle / aus Zärtlichkeit und Staub erschaffen hat. / Im Namen des Vaters, der alles Fleisch erschaffen hat, / das schwarze und das weiße, / rot von Blut./ Im Namen des Sohnes, Jesus unseres Bruders, / der farbig geboren wurde, / aus der Rasse Abrahams. / Im Namen des Hlg. Geistes, / der Fahne des Liedes, / der [bei den religiösen Festen der Kolonialzeit] maskierten Schwarzen.
Im Namen des wahrhaftigen Gottes, / der uns von Anfang an / ohne Trennung geliebt hat. / Im Namen der Drei, / die ein einziger Gott sind, / der war, der ist und der sein wird.
Im Namen des Volkes, das in der Gnade des Glaubens, / auf den Ruf Xangôs [afrobrasilianische Gottheit], auf ein Quilombo [Zufluchtsort entlaufener Sklaven] hofft – als Ostern, das es befreit.

Quelle: M. Nascimento/P. Casaldáliga/P. Tierra, Missa dos Qilombos (Langspielplatte: EMI-Odeon) Rio de Janeiro 1982. – *Lit.*: E. Hoornaert, Geschichte der Kirche in Brasilien, Mettingen 1972, 118–121 (zu den Fliehdörfern); H. Goldstein (Hg.), Tage zwischen Tod und Auferstehung, Düsseldorf 1984, 84–103; ders., Art. Liturgie, in: ders. (Hg.), Kleines Lexikon zur Theologie der Befreiung, Düsseldorf 1991, 139–141; V.M. de Carvalho, Aspectos da música na liturgia católica na América Latina do Vaticano II aos dias atuais. in: Diálogos Latinoamericanos 16/2009, 90–114.

316. Debatten im Umfeld der 500-Jahr-Feiern

In den Debatten anläßlich der 500-Jahr-Feiern der Entdeckung Amerikas sind verschiedene Tendenzen zu beobachten, von denen hier drei dokumentiert werden. Die Befreiungstheologen (a) distanzieren sich von der Kolonialmission und entdecken die Indianer, Afroamerikaner und die Frauen als besondere Gruppen von Unterdrückten, die zu neuen Formen der Theologie der Befreiung führen sollen. Die Indianer (b) erlangen ein neues Selbstbewußtsein und fordern von den Staaten und Kirchen Anerkennung ihrer territorialen Ansprüche sowie Respekt für ihre Kulturen und Religionen. Der Papst schließlich (c), der sich dessen bewußt ist, daß die Conquista und Evangelisation Lateinamerikas ein historischer Prozeß mit Licht und Schatten ist, bittet Indianer und Afroamerikaner, jedem zu verzeihen, der ihnen Unrecht getan hat, spricht ihnen Mut zu und verspricht ihnen die Solidarität und Unterstützung der katholischen Kirche.

a) Ein Brief an die Theologen der Dritten Welt (6.6.1986)

Wir danken Gott für sein Heilswerk an den indigenen Völkern jenseits der westlichen christlichen Vermittlungen. So erkennen wir die Form an, in der diese indigenen und afroamerikanischen Völker ihren Glauben und ihre Weisheit gestaltet haben; ebenfalls halten wir es für nötig, in deren Kontinuität Theologie zu betreiben. Unzweifelhaft sind die Fortschritte der Theologie der Befreiung, vor allem in ihrer Verwurzelung in den Kämpfen und Hoffnungen der am stärksten verwestlichten Sektoren unter den Unterdrückten. In aller Rechtschaffenheit sehen wir die Forderung an uns und an Sie, die theologische Reflexion den indigenen und afroamerikanischen Völkern und der Frau gegenüber ernsthaft zu artikulieren, stets gegenwärtig in ihrem Kampf und in der Weisheit der Geschichte Lateinamerikas. Das sind vorrangige Aufgaben unserer Aktion und Reflexion.

b) Manifest indianischer Völker (1986)

Wir Eingeborenen, Vertreter von 30 Nationalitäten aus 15 Ländern Lateinamerikas, versammelt anläßlich der Zweiten ökumenischen Beratung zur *Pastoral Indígena* Lateinamerikas in Quito, Ecuador vom 30.6. bis 6.7.1986, erklären im Hinblick auf die Nähe der Feiern zum 500. Jahrestag der sogenannten Entdeckung und angeblichen Erstevangelisierung Amerikas unsere totale Ablehnung dieser triumphalistischen Feiern ... und fordern ...

1. Von den Staaten:

a) Aufgabe der integrationistischen und assimilationistischen Politiken und der folkloristischen Indienstnahme unserer Kulturen.

b) Rechtliche Anerkennung unseres fundamentalen Besitzrechtes der territorialen Räume, die uns von jeher zu Recht gehören, um die durch die künstliche nationale Grenzziehung geschaffenen Trennungen zu überwinden, welche die Realität der Eingeborenenvölker nicht zur Kenntnis nehmen.

c) Anerkennung und Achtung unseres Rechtes auf gemeinschaftlichen Besitz an natürlichen Ressourcen des Bodens und der Bodenschätze, die zu unseren territorialen Räumen gehören. Grundlegende Forderung besteht darin, daß die Regierungen diese Ressourcen nicht an nationale und internationale Gesellschaften verkaufen.

d) Achtung und Anerkennung unserer selbstverwalteten Organisationen und schließlich unserer eigenen Regierungssysteme, fundamentales Element unserer Selbstbestimmung.

e) Erlaubnis zur Organisation und Ausübung eines eigenen Erziehungssystems, für die Rückgewinnung und Entwicklung unserer kulturellen Werte zur Behauptung unserer Identität.

2. Von den Kirchen:

a) Aufgabe einer Evangelisierung und Pastoral, die mit dem herrschenden System verbündet ist, das zum Völkermord an den Eingeborenen und den anderen unterdrückten Sektoren der Gesellschaft führt.

b) Praxis einer authentischen Evangelisierung, der Begleitung, des Dialogs und der Achtung gegenüber unseren Kämpfen, Glaubensüberzeugungen und religiösen Praktiken.
c) Einheit der Kirchen in einer ökumenischen Pastoral gegen das Eindringen der zersplitternden Sekten und religiösen Körperschaften, die unsere Kulturen zerstören.

c) Botschaft von Johannes Paul II. (13.10.1992)

[Aus der Botschaft an die Indianer]: Die Botschaft, die ich euch heute auf amerikanischem Boden anvertraue, im Andenken an fünf Jahrhunderte der Präsenz des Evangeliums unter euch, soll ein Aufruf zur Hoffnung und zum Vergeben sein. In dem Gebet, das Jesus Christus uns gelehrt hat, sagen wir: „Vater unser ... Und vergib uns unsere Schuld, wie auch wir vergeben unseren Schuldigern." Jesus hat „Worte des ewigen Lebens" (Joh 6,68); er weiß, „was im Menschen ist" (vgl. Joh 2,25). Im Namen Jesu Christi bitte ich euch als Hirte der Kirche, „jedem zu verzeihen, der euch Unrecht getan hat", all denen zu vergeben, die während dieser fünfhundert Jahre euren Vorfahren und euch Schmerz und Leiden zugefügt haben. [...] Die Kirche, die euch während dieser fünfhundert Jahre auf eurem Weg begleitet hat, wird alles in ihrer Macht Stehende tun, daß die Nachkommen der alten Völker Amerikas in der Gesellschaft und in den kirchlichen Gemeinschaft den Platz annehmen, der ihnen zukommt.
[Aus der Botschaft an die Afroamerikaner:] Allen ist das schwere Unrecht bekannt, das jenen schwarzen Bevölkerungsgruppen des afrikanischen Kontinents angetan wurde, als man sie gewaltsam ihrem Boden, ihren Kulturen und Überlieferungen entriß, um sie als Sklaven nach Amerika zu bringen. [...] Daher fordere ich euch bei diesem Gedenken an die 500 Jahre auf, eure Identität zu verteidigen, euch eurer Würde bewußt zu sein und sie fruchtbar zu machen. [...]

Quelle: (a) Delgado, Gott 355; (b) Aporte de los pueblos indígenas de América latina a la teología cristiana, Quito 1986, 85–87; (c) Neue Evangelisierung, Förderung des Menschen, Christliche Kultur, Bonn 1992, 192–193. 195. – *Lit.*: P. Rottländer (Hg.), Blick zurück nach vorn, Bonn 1992; E. Kräutler, 500 Jahre Lateinamerika – kein Grund zum Feiern, Wien 1992; H. Waldenfels (Hg.), 500 Jahre Lateinamerika, Bonn 1993; G. Müller-Fahrenholz (Hg.), Christentum in Lateinamerika, Regensburg 1992; W. Dreier u.a. (Hgg.), Entdeckung, Eroberung, Befreiung, Würzburg 1993; M. Sievernich/D. Spelthahn (Hgg.), Fünfhundert Jahre Evangelisierung Lateinamerikas, Frankfurt 1995; L. Accattoli (Hg.), Wenn der Papst um Vergebung bittet, Innsbruck 1999; Mayeur, Geschichte 13, 519–523 (O. Compagnon).

317. Ökumene und Befreiung (1989)

Daß die Basisgemeinden Lateinamerikas nicht nur auf lokaler Ebene eine wichtige Rolle spielen, sondern sich zunehmend auch über Konfessions- und Landesgrenzen hinweg vernetzen konnten, zeigen die „Interekklesialen Treffen Kirchlicher Basisgemeinden". Das siebte Treffen dieser Art fand vom 10.–14.7.1989 in Duque de Caxias (Brasilien) statt. Neben 1800 Delegierten aus unterschiedlichen Basisgemeinden Brasiliens und anderer lateinamerikanischer Länder nahmen auch fast 200 Vertreter von zwölf protestantischen, der anglikanischen und der orthodoxen Kirchen teil. Das Abschlußdokument, das als Brief „an die Brüder und Schwestern aus dem Volk Gottes in Lateinamerika" gerichtet ist, läßt die ökumenische Ausrichtung der Basisgemeinden deutlich erkennen.

Zum Abschluß des [zweiten] Tages fand auf dem Hauptplatz von Duque de Caxias eine große Demonstration statt. Mehr als zehntausend Menschen feierten einen ökumenischen Gottesdienst. [...]

Unsere Basisgemeinden [so heißt es in der verabschiedeten Erklärung] vollziehen hautnah nach, was die ersten Christen in ihren Gemeinschaften an Freude, Miteinander und Dienstbereitschaft praktizierten. [...]
Die Gemeinden ermutigen die Menschen, sich zusammenzuschließen und dem Volk den Dienst der Befreiung zu leisten, den Jesus den Armen seiner Zeit geleistet hat. Als Zeichen ihrer Reife fordern sie die Bischöfe auf, sich stärker für eine neue Gesellschaft zu engagieren ... . In [den Basisgemeinden] manifestieren sich die Gaben des Heiligen Geistes und werden die Vielzahl und die Vielfalt der Ämter wieder sichtbar, die das Leben des Volkes fördern sollen und in denen Solidarität greifbar werden soll. So stellen sie das allgemeine Priestertum aller Gläubigen heraus, und die Laien werden aufgewertet ... .
Allmählich finden in den Gemeinden auch Indianer und Schwarze ihren Platz, ihre Identität und ihre Aufgabe wieder. Hier erfahren auch die Frauen ihre Würde und ihren Wert ... . Das deutlichste Zeichen für das Reich Gottes, das unser Treffen am nachhaltigsten geprägt hat, war indes das Bemühen um Ökumene. [...] Ohne Ökumene werden wir dem Auftrag, mit dem Jesus Christus uns betraut hat, unmöglich gerecht. Wenn alle, die an ihn glauben, in Einheit leben, geben sie damit Zeugnis von der Einheit, die nach Gottes Willen zwischen Männern und Frauen aller Völker auf der bewohnten Erde herrschen soll.
[...] Das Volk in den Basisgemeinden ist gemeinsam mit der ökumenischsten menschlichen Aufgabe beschäftigt, die man sich nur denken kann: an der Befreiung zu arbeiten und für die Befreiung zu kämpfen.

Quelle: Brasilien: Volk Gottes in Lateinamerika auf dem Weg zur Befreiung. Brief des Siebten Interekklesialen Treffen Kirchlicher Basisgemeinden (in: Weltkirche 6, 1989, 194–195). – *Lit.*: H. Goldstein, Art. Basisgemeinde, kirchliche, in: ders. (Hg.), Kleines Lexikon zur Theologie der Befreiung, Düsseldorf 1991, 17–22; F. Weber, Gewagte Inkulturation, Mainz 1996, 103–113.

AUSFÜHRLICHES VERZEICHNIS DER TEXTE

STANDARDWERKE UND ABGEKÜRZT ZITIERTE LITERATUR

- R. Azzi u.a., Theologiegeschichte der Dritten Welt: Lateinamerika, Gütersloh 1993.
- D. B. Barret/G. T. Kurian/T. M. Johnson (Hgg.), World Christian Encyclopedia. 2 Bde, Oxford ²2001 (Abk.: *WCE*).
- J.-P. Bastian, Geschichte des Protestantismus in Lateinamerika, Luzern 1995 (Abk.: *Bastian, Protestantismus*).
- P. Borges, Historia de la Iglesia en Hispanoamérica y Filipinas (Siglos XV-XIX). 2 Bde, Madrid 1992 (Abk.: *Borges, Historia*).
- G. Collet (Hg.), Theologien der Dritten Welt, Immensee 1990.
- M. D. David (Hg.), Asia and Christianity, Bombay 1985.
- M. Delgado (Hg.), Gott in Lateinamerika: Texte aus 5 Jahrhunderten, Düsseldorf 1991 (Abk.: *Delgado, Gott*).
- M. Delgado, Abschied vom erobernden Gott, Immensee 1996 (Abk.: *Delgado, Abschied*).
- E. Dussel, Die Geschichte der Kirche in Lateinamerika, Mainz 1988 (Abk.: *Dussel, Geschichte*).
- E. Dussel, The Church in Latin America 1492–1992, Maryknoll 1992 (Abk.: *Dussel, Church*).
- J. C. England u.a. (Hgg.), Asian Christian Theologies. Bd. 1-3, Delhi/Maryknoll 2002–2004 (Abk.: *England, ACT*).
- R. E. Frykenberg, Christianity in India. From Beginnings to the Present, New York / Oxford 2008.
- H.-W. Gensichen, Art. Asien. Christliche Kirchen (in: TRE 1, 1979, 173–195).
- H.-W. Gensichen, Missionsgeschichte der neueren Zeit, Göttingen ³1976.
- S. Gilley / B. Stanley (Hgg.), World Christianities c.1815 – c.1914, Cambridge 2006 (Abk.: *Gilley/Stanley, World Christianities*).
- H. Gründer, Welteroberung und Christentum, Gütersloh 1992 (Abk.: *Gründer, Welteroberung*).
- H. Gründer, Eine Geschichte der europäischen Expansion, Darmstadt 2003.
- W. Hage, Das orientalische Christentum, Stuttgart 2007.
- A. Hastings, A History of African Christianity 1950–1975, Cambridge 1979 (Abk.: *Hastings, Christianity*).
- A. Hastings, The Church in Africa, Oxford 1994/ Repr. Oxford 1996 (Abk.: *Hastings, Africa*) A. Hastings (Hg.), A World History of Christianity, London 1999.
- K. Hock, Das Christentum in Afrika und dem Nahen Osten, Leipzig 2005 (Abk.: *Hock, Christentum*).
- F. Huber, Das Christentum in Ost-, Süd- und Südostasien sowie Australien , Leipzig 2005.
- E. Isichei, A History of Christianity in Africa, London 1995.
- Ogbu U. Kalu (Hg.), African Christianity: An African Story, Pretoria 2005/ Repr. Trenton, NJ (u.a.) 2007 (Abk.: *Kalu, African Christianity*).
- K. Koschorke, Art. Asien. Christentumsgeschichte (in RGG⁴ 1, 1998, 818–829).
- K. Koschorke (Hg.), „Christen und Gewürze". Konfrontation und Interaktion kolonialer und indigener Christentumsvarianten, Göttingen 1998.
- K. Koschorke (Hg.), Transkontinentale Beziehungen in der Geschichte des außereuropäischen Christentums, Wiesbaden 2002.
- K. Koschorke (Hg.), African Identities and World Christianity in the Twentieth Century. In cooperation with J.H. Schjoerring, Wiesbaden 2005.
- M. K. Kuriakose (Hg.), History of Christianity in India: Source materials, Madras 1982/ Repr. Dehli 2003 (Abk.: *Kuriakose, History*).
- B. de Las Casas, Werkauswahl. 4 Bde., hrsg. von M. Delgado, Paderborn u.a. 1994–1997 (Abk.: *Las Casas, WA*).
- K. S. Latourette, A History of the Expansion of Christianity. Bd. 1–7, Grand Rapids ᴺ1976.
- F. Ludwig, Christentum in Afrika, in: C. Auffahrth u.a. (Hgg.), Wörterbuch der Religionen, Stuttgart 2006.
- F. Ludwig / A. Adogame, European Traditions in the Study of Religion in Africa, Wiesbaden 2004 (Abk.: *Ludwig/Adogame, European Traditions*).
- St. Neill, History of Christianity in India. 2 Bde, Cambridge 1984-85/ Repr. 2002-2004 (Abk.: *Neill, History*).
- J.-M. Mayeur u.a. (Hgg.), Geschichte des Christentums. 14 Bde Freiburg i.B. u.a. 1991–2004/ Repr. Freiburg i.B. u.a. 2005-2007 (Abk.: *Mayeur, Geschichte*).
- H. McLeod (Hg.), World Christianities c.1914 – c.2000, Cambridge 2006 (Abk.: *McLeod, World Christianities*).

- J. Meier / V. Straßner (Hg): Kirche und Katholizismus seit 1945. Bd. 6: Lateinamerika und Karibik, Paderborn etc. 2009.
- S. H. Moffett, A History of Christianity in Asia. Vol. I: Beginnings to 1500; Vol. II: 1500-1900, San Francisco 1992 /Maryknoll 2005 (Abk. *Moffett, Asia*).
- H.-J. Prien, Die Geschichte des Christentums in Lateinamerika, Göttingen 1978 (Abk.: *Prien, Geschichte*).
- H.-J. Prien, Das Christentum in Lateinamerika (KiE IV/6), Leipzig 2007 (Abk.: *Prien, Lateinamerika*).
- W. Raupp (Hg.), Mission in Quellentexten. Geschichte der Deutschen Evangelischen Mission von der Reformation bis zur Weltmissionskonferenz Edinburg 1910, Erlangen 1990 (Abk.: *Raupp, Mission*).
- W. Reinhard, Geschichte der europäischen Expansion. 4 Bde, Stuttgart 1985–1990 (Abk.: *Reinhard, Expansion*).
- L. O. Sanneh, Disciples of All Nations. Pillars of World Christianity, Oxford 2008.
- E. Schmitt (Hg.), Dokumente zur Geschichte der europäischen Expansion. 7 Bde, München 1984 - 2008 (Abk.: *Schmitt, Dokumente*).
- M. Sievernich u.a. (Hgg.), Conquista und Evangelisation. 500 Jahre Orden in Lateinamerika, Mainz 1992 (Abk.: *Sievernich, Conquista*).
- B. Sundkler/C. Steed, A History of the Church in Africa, Cambridge 2000 / Repr. Cambridge 2001 (Abk.: *Sundkler/Steed, History*).
- S. C. Sunquist u.a. (Hgg.), A Dictionary of Asian Christianity, Grand Rapids u.a. 2001 (Abk.: *Sunquist, Dictionary*).
- T. K. Thomas (Hg.), Christianity in Asia. North-East Asia, Singapore 1979.

In Vorbereitung ist folgende Darstellung, die auf den vorliegenden Quellenband bezogen ist. Sie enthält auch eine Begründung der diesem Band zugrunde liegenden Periodisierung:

- K. Koschorke, Grundriss der Außereuropäischen Christentumsgeschichte (Asien, Afrika, Lateinamerika) 1450–2000, Göttingen: Vandenhoeck & Ruprecht.

Abkürzungen, Zeichen

Die verwendeten Abkürzungen für Zeitschriften und Reihen entsprechen denen von: S. M. Schwertner (Hg.), Internationales Abkürzunsgverzeichnis für Theologie und Grenzgebiete, Berlin ^{2}1992.

Eckige *Klammern* [ ] innerhalb der Texte bezeichnen redaktionelle Erläuterungen. *Kürzungen,* die mehr als einen Satz umfassen, werden durch eckige Klammern und drei Punkte angezeigt: [...]; Kürzungen von nicht mehr als einem Satz nur durch drei Punkte.

QUELLENNACHWEISE

Quellennachweise erfolgen jeweils bei den betreffenden Dokumenten. Für die freundliche Gewährung der *Abdruckgenehmigung* für die folgenden *deutschsprachigen* Texte und Übersetzungen sei den betreffenden Verlagen bestens gedankt.

- J. Althausen (Hg.), Christen Afrikas auf dem Weg zur Freiheit, Erlangen: Erlanger Verlag für Mission und Ökumene (vormals: Verlag der Ev.-Luth. Mission) 1979, S. 49ff: Text Nr. 197; S. 277–283 (Auszug): Text Nr. 200.
- F. Ansprenger, Politische Geschichte Afrikas im 20. Jahrhundert, München: Beck 1997, S. 14: Text Nr. 168a1.
- J.-P. Bastian, Geschichte des Protestantismus in Lateinamerika, Luzern: Edition Exodus 1995, S. 114f (Auszug): Text Nr. 281.
- J. Baumgartner, Evangelisierung in indianischen Sprachen, in: M. Sievernich u.a (Hgg.), Conquista und Evangelisation. Fünfhundert Jahre Orden in Lateinamerika, Mainz: Grünewald 1992, S. 326f: Text Nr. 234a.
- H. J. Becken, Wo der Glaube noch jung ist, Erlangen: Erlanger Verlag für Mission und Ökumene (vormals: Verlag der Ev.-Luth. Mission) 1985, S. 37: Text Nr. 172a; S 39f (Auszug): Text 172b.
- H. von der Bey, „Auch wir sind Menschen so wie ihr!“ Franziskanische Dokumente des 16. Jahrhunderts zur Eroberung Mexikos, Paderborn: Schöningh 1995, S. 225–228 (Auszug): Text Nr. 237.
- U. Bitterli (Hg.), Die Entdeckung und Eroberung der Welt: Dokumente und Berichte, München: Beck 1980f, Bd. 1: S. 253–259 (Auszug): Text Nr. 145; S. 191–194 (Auszug): Text Nr. 120; Bd. 2: S. 97f. (Auszug): Text Nr. 30.
- S. Bolívar, Reden und Schriften zu Politik, Wirtschaft und Gesellschaft, hrsg. von H. J. König, Obertshausen: Ryborsch 1985, S. 39: Text Nr. 264c; S. 75 (Auszug): Text Nr. 267.
- K. Braungart, Heiliger Geist und politische Herrschaft bei den Neopfingstlern in Honduras, Frankfurt am Main: Vervuert 1995, Anhang 3, VI–VII. XII (Auszug): Text Nr. 312a.
- E. Cardenal, Das Evangelium der Bauern von Solentiname: Gespräche über das Leben Jesu in Lateinamerika, Wuppertal: Hammer 1980, S. 81: Text Nr. 304d.
- E. Cardenal, Die Stunde Null, Wuppertal: Hammer ²1980, S. 25: Text Nr. 307.
- China und seine Christen, Hamburg: Evangelisches Missionswerk/Göttingen: Vandenhoeck und Ruprecht 1982, S. 20 (Auszug): Text Nr. 90b; S. 27 (Auszug): Text Nr. 95a.
- Der Cimarrón: die Lebensgeschichte eines entflohenen Negersklaven aus Cuba / von ihm selbst erzählt. Nach Tonbandaufnahmen hrsg. von M. Barnet, Frankfurt am Main: Suhrkamp 1976, S. 146–147 (Auszug): Text Nr. 275.
- F. L. Cooley, Die ökumenische Bewegung in Indonesien, in: R. Italiaander (Hg.), Indonesiens verantwortliche Gesellschaft, Erlangen: Erlanger Verlag für Mission und Ökumene (vormals: Verlag der Ev.-Luth. Mission) 1976, S. 295: Text Nr. 97.
- H. W. Debrunner, Schweizer im kolonialen Afrika, Basel: Baseler Afrika Bibliographien 1991, S. 70: Text Nr. 168b.
- J. W. DeGruchy/C. Villa-Vicencio, Wenn wir wie Brüder beieinander wohnten ... Von der Apartheid zur Bekennenden Kirche – Stellungnahmen südafrikanischer Theologen, Neukirchen-Vluyn: Neukirchener Verlag 1984, S. 175–185 (Auszug): Text Nr. 213a; S. 192–196 (Auszug): Text Nr. 213b; S. 196f (Auszug): Text Nr. 213c.
- Demokratie in Afrika. Kirchliche Stellungnahmen zum politischen Wandel, Bonn: Evangelische Zentralstelle für Entwicklungshilfe 1992, S. 25: Text Nr. 216b.
- P. F. Diel, „Ein katholisches Volk, aber eine Herde ohne Hirte“: der Anteil deutscher Orden und Kongregationen an der Bewahrung deutscher Kultur und an der Erneuerung der katholischen Kirche in Süd-Brasilien (1824–1935/38), St. Augustin: Gardez!-Verlag 2001, S. 61: Text Nr. 283b; S. 343: Text Nr. 284.
- M. N. Dreher, Kirche und Deutschtum in der Entwicklung der Evangelischen Kirche Lutherischen Bekenntnisses in Brasilien, Göttingen: Vandenhoeck und Ruprecht 1978, S. 123: Text Nr. 289.
- Epd-Dokumentation 21/1986, Evangelischer Pressedienst, S. 28–40 (Auszug): Text Nr. 213d.
- J. Freytag/H.-J. Margull, Junge Kirchen auf eigenen Wegen, Neukirchen-Vluyn: Neukirchener Verlag 1972, S. 29f (Auszug): Text Nr. 206.
- G. Gutiérrez, Theologie der Befreiung, Mainz: Grünewald ¹⁰1992, S. 83: Text Nr. 304a; S. 90–91 (Auszug): Text 304b.
- A. von Humboldt, Die Wiederentdeckung der Neuen Welt: erstmals zusammengestellt aus dem unvollendeten Reisebericht und den Reisetagebüchern, hrsg. von P. Kanut Schäfer, München/Wien:

Hanser 1992, S. 261–262: Text Nr. 272.
- Instruktion über einige Aspekte der „Theologie der Befreiung". Kongregation für die Glaubenslehre, Stein am Rhein: Christiana 1984, S. 12–24 (Auszug): Text Nr. 308.
- D. Jeyaraj, Inkulturation in Tranquebar: der Beitrag der frühen dänisch-halleschen Mission zum Werden einer indisch-einheimischen Kirche (1706–1730), Erlangen: Erlanger Verlag für Mission und Ökumene (vormals Verlag der Ev.-Luth. Mission) 1996, S. 173 (Auszug): Text Nr. 34; S. 187: Text Nr. 36.
- Johannes Paul II., Enzyklika Sollicitudo rei socialis (30.12.1987), Bonn: Sekretariat der Deutschen Bischofskonferenz 1987, S. 52 und 57 (Auszug): Text Nr. 309.
- T. Kneifel, Zwischen Versöhnung und Gerechtigkeit. Südafrika: Der Spagat der Kirchen nach der Apartheid, Hamburg: Evangelisches Missionswerk 1998, S. 126f (Auszug): Text Nr. 213e.
- R. Konetzke, Lateinamerika seit 1492, Stuttgart: Klett 1971, S. 37–38 (Auszug): Text Nr. 259; S. 44 (Auszug): Text Nr. 263; S. 48 (Auszug): Text Nr. 264a; S. 49–50 (Auszug): Text Nr. 264b.
- J. L. Krapf, Reisen in Ostafrika ausgeführt in den Jahren 1837–1855, Münster: Lit 1994, S. 498: Text Nr. 161.
- M. Kropp (Hg.), Die Geschichte des Lebna-Dengel, Claudius und Minas (CSCO 504), Louvain: Peeters 1988, S. 3–26 (Auszug): Text Nr. 124.
- G. Krüger, Zwischen Gott und Staat. Die unabhängigen Kirchen Südafrikas, Köln 1989, S. 61: Text Nr. 171a; S. 62: Text Nr. 171c.
- J.-B. Labat, Pater Labats Sklavenbericht. Abenteuerliche Jahre in der Karibik 1690–1705, hg. v. H. Pleticha, Stuttgart: Thienemann Edition Erdmann 1984, S. 190–191 (Auszug): Text Nr. 256.
- M. León-Portilla/R. Heuer (Hgg.), Rückkehr der Götter: die Aufzeichnungen der Azteken über den Untergang ihres Reiches, Frankfurt/Main: Vervuert 1986, S. 110f (Auszug): Text Nr. 221.
- J. de Léry, Brasilianisches Tagebuch 1557, Tübingen/Basel: Edition Erdmann 1967, S. 278–279, 283–284, 290 (Auszug): Text Nr. 233b.
- D. Livingstone, Zum Sambesi und quer durchs südliche Afrika 1849–1856, hg. von H. Pleticha, Stuttgart: Thienemann Edition Erdmann ²1985, S. 22–26 (Auszug): Text Nr. 162.
- E. MacInnis, Religionspolitik im kommunistischen China: Theorie und Praxis in Dokumenten, Göttingen: Vandenhoeck und Ruprecht 1974, S. 32f: Text Nr. 90a; S. 45f: Text Nr. 90c; S. 126–129 (Auszug): Text Nr. 90d; S. 267: Text Nr. 95b.
- A. Merensky, Mein Missionsleben in Transvaal, hrsg. von U. van der Heyden, Berlin: Edition Ost 1996, S. 35, 40 (Auszug): Text Nr. 155.
- R. Nebel, Santa María Tonantzin Virgen de Guadalupe. Religiöse Kontinuität und Transformation in Mexiko, Immensee: Neue Zeitschrift für Missionswissenschaft 1992, S. 136–138 (Auszug): Text Nr. 242.
- Neue Evangelisierung, Förderung des Menschen, Christliche Kultur, Bonn: Sekretariat der Deutschen Bischofskonferenz 1992, S. 192–193 und 195 (Auszug): Text Nr. 316c.
- F. Nuscheler/H. Zwiefelhofer (Hgg.), Christliche Revolution?, Mannheim/Ludwigshafen: Pesch-Haus-Verlag 1970, S. 107 (Auszug): Text Nr. 302a.
- J. K. Nyerere, Freedom and Development, London 1973, übers. in: Arbeitsgemeinschaft ev. Kirchen in Deutschland e.V., Afrikanischer Sozialismus. Aus den Reden und Schriften von Julius K. Nyerere, 1974, S. 67f: Text Nr. 204.
- G. A. Oldendoorp, Geschichte der Mission der evangelischen Brüder auf den caraibischen Inseln S. Thomas, S. Croix und S. Jan, Nachdruck der Ausgabe Barby: Laux/Leipzig: Weidmann 1777, Hildesheim/Zürich/New York: Olms 1995, S. 585f und 592–595 (Auszug): Text Nr. 258.
- A. Pieris, Theologie der Befreiung in Asien: Christentum im Kontext der Armut und der Religionen, Freiburg im Breisgau/Basel/Wien: Herder 1986, S. 112f: Text Nr. 102.
- G. Pögl/R. Kroboth (Hgg.), Heinrich der Seefahrer oder die Suche nach Indien, Wien: Thienemann Edition Erdmann 1989, S. 282f (Auszug): Text 113; S. 239–242 (Auszug): Text Nr. 114; S. 228–234 (Auszug): Text Nr. 127.
- J. Pögl (Hg.), Die reiche Fracht des Pedro Álvares Cabral. Seine Indische Fahrt und die Entdeckung Brasiliens 1500–1501, Stuttgart: Thienemann Edition Erdmann 1986, S. 124f, 137f, 169f (Auszug): Text Nr. 5c.
- Ludovico de Varthema, Reisen im Orient, in: J. Osterhammel/F. Reichert (Hgg.), Fremde Kulturen in alten Berichten. Bd. 2, Sigmaringen: Thorbecke 1996, S. 189f, 209f und 211 (Auszug): Text Nr. 2.
- H.-J. Prien (Hg.), Lateinamerika: Gesellschaft – Kirche – Theologie. Bd. 1, Göttingen: Vandenhoeck und Ruprecht 1981, S. 282–285 (Auszug): Text Nr. 299.
- D. Rauchenberger, Johannes Leo der Afrikaner. Seine Beschreibung des Raumes zwischen Nil und Niger nach dem Urtext, Wiesbaden: Harrassowitz 1999, S. 335 (Auszug): Text Nr. 108.
- W. Raupp (Hg.), Mission in Quellentexten: Geschichte der Deutschen Evangelischen Mission von

der Reformation bis zur Weltmissionskonferenz Edinburgh 1910, Erlangen: Erlanger Verlag für Mission und Ökumene (vormals: Verlag der Ev.-Luth. Mission)/Bad Liebenzell: Verlag der Liebenzeller Mission 1990, S. 78ff (Auszug): Text Nr. 140; S. 146–148 (Auszug): Text Nr. 35; S. 288f (Auszug): Text Nr. 54; S. 412ff (Auszug): Text Nr. 167c; S. 414–417 (Auszug): Text Nr. 167d; S. 418f: Text 167e; S. 429f (Auszug): Text Nr. 168a2; S. 430: Text Nr. 168a3.

- E. Rodríguez Monegal (Hg.), Die Neue Welt, Frankfurt am Main: Suhrkamp 1982, S. 340–344 (Auszug): Text Nr. 250b.
- E. Schmitt (Hg.), Dokumente zur Geschichte der europäischen Expansion, München: Beck 1986ff, Bd. 2: S. 105–135 (Auszug): Text Nr. 218; S. 135f: Text Nr. 4; S. 142ff (Auszug): Text Nr. 6; S. 230–237 (Auszug): Text Nr. 8; Bd. 3: S. 453ff (Auszug): Text Nr. 121; S. 475–478: Text Nr. 15; S. 484–487 (Auszug): Text Nr. 28; S. 499f: Text Nr. 232; S. 522ff (Auszug): Text Nr. 26.
- H. Schulze/I. U. Paul, Europäische Geschichte, Quellen und Materialien, München: Oldenbourg 1994, S. 1064ff (Auszug): Text Nr. 167b.
- G. C. Schwebell (Hg.), Die Geburt des modernen Japan in Augenzeugenberichten, Düsseldorf: Rauch 1970, S. 94–96 (Auszug): Text Nr. 56a; S. 119–121 (Auszug): Text Nr. 56b.
- P. Sebald, Christian Jacob Protten Africanus (1715–1769) – erster Missionar einer deutschen Missionsgesellschaft in Schwarzafrika, in: W. Wagner (Hg.), Kolonien und Missionen, Münster/Hamburg: Lit 1994, 109–121 (Auszug): Text Nr. 142.
- L. Senghor, Negritude und Humanismus, Düsseldorf/Köln: Diederich 1967, S. 234ff (Auszug): Text Nr. 203.
- M. Sievernich (Hg.), Impulse der Befreiungstheologie für Europa: ein Lesebuch, München: Kaiser /Mainz: Grünewald 1988, S. 66f (Auszug): Text Nr. 304f.
- M. Sievernich (Hg.), Franz Xaver. Briefe und Dokumente 1535–1552, Regensburg 2006: Text Nr. 10b–Text Nr. 13 (Auszüge).
- D. Sölle/H. Goldstein (Hg.), „Dank sei Gott und der Revolution“: Christen in Nicaragua, Reinbek bei Hamburg: Rowohlt 1984, S. 5–9 (Auszug): Text Nr. 306.
- Sor Juana Inés de la Cruz, Die Antwort an Schwester Philotea, Frankfurt/Main: Verlag Neue Kritik 1991, S. 10–11 (Auszug): Text Nr. 243a; S. 61–63 (Auszug): Text Nr. 243b.
- W. Spiewok, Der Beitrag der deutschen Humanisten für die Entdeckungsfahrten portugiesischer Seefahrer im späten Mittelalter, in: D. Buschiner/W. Spiewok (Hgg.), Das große Abenteuer der Entdeckung der Welt im Mittelalter, Greifswald: Reineke 1995, S. 95–104 (Auszug): Text Nr. 112.
- Texte zur katholischen Soziallehre, hrsg. vom Bundesverband der Katholischen Arbeitnehmer-Bewegung Deutschlands, Kevelaer: Ketteler 1977, S. 446–447 und 463–464 (Auszug): Text Nr. 302b.
- C. Torres, Revolution als Aufgabe des Christen, München: Kaiser/Mainz: Grünewald ^{4}1981, S. 28–29 (Auszug): Text Nr. 302a.
- S. Torres/V. Fabella/K. Appiah-Kubi, Dem Evangelium auf der Spur. Theologie in der Dritten Welt, Frankfurt: Lembeck 1980, S. 20–33 (Auszug): Text Nr. 211.
- T. Tschuy, Hundert Jahre kubanischer Protestantismus (1868–1961): Versuch einer kirchengeschichtlichen Deutung, Frankfurt am Main/Bern/LasVegas: Lang 1978, S. 71f (Auszug): Text Nr. 285.
- S. Uhlig/G. Bühring, Damian de Góis' Schrift über Glaube und Sitten der Äthiopier, Wiesbaden: Harrassowitz 1994, S. 88f, 269ff (Auszug): Text Nr. 110; S. 37–41, 195–201 (Auszug): Text 123.
- Vamos caminando – Machen wir uns auf den Weg: Glaube, Gefangenschaft und Befreiung in den peruanischen Anden, hrsg. von Equipo Pastoral de Bambamarca, Freiburg (Schweiz): Edition Exodus/Münster: Edition Liberación ^{3}1983, S. 134–135: Text Nr. 304e.
- Vasco da Gama, Die Entdeckung des Seewegs nach Indien. Ein Augenzeugenbericht 1497–1499, hg. von G. Giertz, Stuttgart: Thienemann Edition Erdmann ^{2}1986, S. 56f (Auszug): Text Nr. 115; S. 81f, 85–88 (Auszug): Text Nr. 5a; S. 91f, 95f, 121 (Auszug): Text Nr. 5b.
- Garcilaso de la Vega, Wahrhaftige Kommentare zum Reich der Inka, Berlin: Rütten und Loening ^{2}1986, S. 52–54 (Auszug): Text Nr. 246.
- S. Zweig, Brasilien, ein Land der Zukunft, Frankfurt/Main: Insel-Verlag ^{2}1981, S. 267–270 (Auszug): Text Nr. 293.

REGISTER

(Zahl und Buchstabe beziehen sich auf die **Texte**, nicht auf die Seiten.)

I. LÄNDER / REGIONEN

II. PERSONEN / GRUPPEN

III. Sachen / Themen